박 선 영
경찰수사

박선영
경찰수사

초판 1쇄 2024년 8월 14일

지은이 박선영
발행인 김재홍
교정/교열 김혜린
디자인 박효은, 김혜린
마케팅 이연실

발행처 도서출판지식공감
등록번호 제2019-000164호
주소 서울특별시 영등포구 경인로82길 3-4 센터플러스 1117호(문래동1가)
전화 02-3141-2700
팩스 02-322-3089
홈페이지 www.bookdaum.com
이메일 jisikwon@naver.com

가격 40,000원
ISBN 979-11-5622-890-5 13350

ⓒ 박선영 2024, Printed in South Korea.

– 이 책은 저작권법에 따라 보호받는 저작물이므로 무단전재와 무단복제를 금지하며, 이 책 내용의 전부 또는
  일부를 이용하려면 반드시 저작권자와 도서출판지식공감의 서면 동의를 받아야 합니다.
– 파본이나 잘못된 책은 구입처에서 교환해 드립니다.

Police Investigation

박선영 경찰수사

경찰승진시험
경찰실무종합
수사경과대비

| 박선영 편저 |

모든 범죄는 흔적을 남긴다
경찰수사의 처음과 끝

경찰 채용
시험에
특화된 교재

머리말

경찰 채용시험에서 수사는 단일과목에서는 제외되었지만, 경찰학의 주요 파트이고 형사법의 수사와 증거에 포함되어 사실상 수사는 경찰업무와 시험에서 아직도 중요성이 높다 할 것입니다.

'수사는 경찰업무의 시작이며 끝'이라 할 수 있습니다.

형사, 수사, 외사, 교통사고 조사, 여성 청소년 범죄, 보안 수사 등 모든 분야에서 경찰은 사실 수사 업무를 하고 있다 할 것입니다.

강력범죄수사팀, 지능범죄수사팀, 과학수사팀, 수사지원팀에 지원하기 위해서도 수사과목을 공부해 수사 경과를 취득해야 함은 물론이고 수사권 조정 이후 기소, 불기소를 순경, 경장 계급에서 수사 후 결정하는 경우도 상당히 있어 경찰업무에서 수사의 중요성은 더 높아가고 있습니다. 광역수사대, 국가수사본부, 중대범죄수사대 등 범죄수사는 명실상부한 '경찰 업무의 핵심'이라 할 수 있습니다.

경찰 관련 학과에서 혹은 경찰 실무자들에게는 여전히 경찰 수사 실무는 체계적으로 이론과 실무를 접목하여 공부해야 할 분야입니다.

이제 '경찰 수사 이론부터 수사 실무'까지 경찰수사 기법 전반을 공부하여 유능한 범죄수사관으로 경력을 쌓고 승진할 수 있도록 본 책을 발간하게 되었습니다.

과학수사, 사이버수사, 프로파일링, 탐정 등 민간부문에서도 범죄 수사에 대한 관심이 높아지는 것을 감안한다면 경찰 관련 학과 필수 과목으로 혹은 현직경찰관의 실무과목으로 여전히 그 중요성은 있다 할 것입니다.

수사권 조정 이후 경찰청에서는 경찰의 수사역량을 높이기 위한 여러 정책을 수립하고 있으며 수사역량 강화, 청년 경찰이 되고자 하는 경찰 관련 학과 학생들을 위해 '경찰수사' 교재가 보탬이 되길 바랍니다.

무더운 여름
연구실에서

CONTENTS

| 제1편 | 수사

| 제 2 편 | 형사

POLICE INVESTIGATION

박선영
경찰
수사

제1편
수사

제1장

수사의 일반이론

제1장 수사의 일반이론

제1절 수사 일반론

1 수사의 의의 기출

형사사건에 관하여 **범죄의 혐의 유무를 밝혀 공소제기와 유지여부**를 결정하기 위해 범죄사실을 조사하고 범인 및 증거를 발견·수집·보전하는 수사기관의 활동이다(형사소송법 제195조). 수사실행 전(前) 단계에서 이루어지는 내사나 수사단서 수집은 광의의 수사개념이나, 협의의 수사개념에는 포함되지 않는다. 수사는 수사기관이 범죄의 혐의가 있다고 인정할 때에 개시된다(내사, 불심검문, 변사체 검시는 수사 아님).

(1) 형식적 의의의 수사와 실질적 의의의 수사 기출

① 형식적 의의 수사는 수사 과정에서 '어떤 수단과 방법을 선택할 것인가'하는 **절차**적인 측면에서의 수사개념으로 **합법성을 요구**하며 인권보장과 공공복리를 추구한다.

② 실질적 의의 수사는 범인, 범행동기, 범행의 수단과 방법 등 목적 또는 **내용**에 관한 실체적 측면에서의 합리성, **실체적 진실발견**을 목적으로 하는 수사

(2) 구별개념 기출

일반경찰활동은 **범죄예방과 사회질서유지**를 목적으로 하고 수사는 이미 발생한 사건의 해결을 목적으로 한다. 공소제기·재판과 같은 순수한 소송절차와 달리 범죄수사는 수사의 대상이 되는 사건은 그 자체가 특정되어 있지 않고 탄력성·기동성·광역성·임기응변성 등이 요구된다.

2 수사의 목적 기출

(1) 피의사건의 진실규명

수사기관이 단서를 통해 범죄에 관한 주관적 혐의를 발견하고, 범인 및 범죄사실에 관한 증명을 하여 객관적 혐의로 발전시키는 데 있다. 수사를 통하여 규명된 피의사건의 진상을 토대로 법률적 평가를 거쳐 **기소여부를 결정**한다.

(2) 공소의 제기 및 유지(**범죄수사의 제1차적 목적**)

검거된 범인과 수집된 증거를 토대로 공소가 제기되고 필요시에는 공소유지를 위한 보강수사가 행해진다. 범죄수사의 궁극적 목적은 유죄판결(**범죄수사의 궁극적 목적**)을 얻는 데 있다.

(3) 형사소송법의 목적 실현

형사소송법의 절차면에 관한 목적인 **공공의 복리와 기본적 인권보장**, 실체면에 관한 목적인 실체적 진실발견은 형사절차의 일부분인 범죄수사에 있어서도 해당된다.

3 수사의 과정 기출

하강과정 (연역적) 추리과정	범죄의 진상을 파악하고 심증을 형성하기 위한 과정으로 엄격한 의미에서의 증거는 필요 없고 용의자의 조사 등 법관의 **심증형성**에 이르기 위한 수사이다(**하나의 사실**에서 다수의 추리선을 전개하는 과정).
상승과정 (귀납적) 추리과정	수사관이 검사 및 법관에게 심증을 형성할 수 있도록 증거를 수집하는 과정이다. 고소·고발수사는 피고소인이 특정되어 있는 등 사실관계가 보다 확실하므로 수사의 중심이다. 현행범인 수사는 증거가 확실하여 피의자로 입건되므로 상승과정이다(**다수의 사실**에서 하나의 사실을 추론하는 것이다).

범죄수사는 일반적으로 하강과정을 거쳐 상승과정으로 발전하는 것이 일반적이나, 사실이 명백한 현행범 체포의 경우에는 상승과정의 활동만이 전개된다. 즉, **하강과정이 없는 경우가 있을 수 있으나**, 수사의 종결권은 원칙적으로 검사에게 있고, 유·무죄 판결 또는 체포·구속적부심에 대한 결정은 법원이 하므로 **상승과정은 반드시 존재**하여야 한다.

4 수사의 대상

범죄수사를 통하여 명확하게 해야 할 범죄의 실체면, 즉 사실적 내용(사실적 실체면)과 법률적 내용(법률적 실체면)을 의미한다.

(1) 수사의 사실적 내용(사실적 실체면) 기출

'사건의 범인이 누구인가', '그 범인은 어떠한 행위를 하였는가'하는 사실적 실체면을 명확하게 하고 행위사실을 명확하게 하여야 한다. 수사의 실체면은 법률적 평가에 앞서 구체적인 행위를 명확하게 하는 활동이다. **범행재현의 3요소는 수사요소의 충족, 행위의 필연성, 사건의 형태성**이다.

㉠ 수사요소의 충족

범행이 재현되려면 필요한 수사의 요소가 충족되어야 하며, 소송절차에 있어서는 수사요소를 '요증사실'이라고도 한다. 수사의 요소는 '4하의 원칙', '6하의 원칙', '8하의 원칙'으로 설명할 수 있다.

4하의 원칙	주체, 일시, 장소, 행위
6하의 원칙	주체, 일시, 장소, 동기, 수단과 방법, 결과
8하의 원칙	주체, 일시, 장소, 공범, 동기, 객체, 수단과 방법, 결과

㉡ 행위의 필연성

범행의 재현을 위해서는 수사요소의 현실성이 요구되고 필연적 조건도 필요하다. 수사의 요소를 명확하게 하기 위해서는 범행동기, 경과, 조건 등이 필연적으로 범죄 발생으로 이어져야 한다.

㉢ 사건의 형태성

수사자료를 총체적으로 집약하는 것으로 일부의 증거로 사건 전체를 파악하는 것으로 수집된 자료나 증거의 **상호관계를 합리적으로 결부**시켜야 한다.

(3) 수사의 법률적 내용

범죄 행위를 사실적으로 명확하게 한 후에 그 행위를 법률적으로 평가하여 범죄가 되는지 특히 **법률적 실체면**을 명확하게 해야 한다. 형벌법령에 규정된 **범죄구성요건, 위법성, 책임성, 가벌성, 소송조건** 등을 확인한다.

5 수사의 지도원리 기출

(1) 실체적 진실주의

공소권행사의 적정 내지 형사재판의 공정을 위해서는 피의사건의 진상파악이 필요하다. 공판절차와 수사절차에서 지도원리로 진술거부권, 변호인선임권, 증거보전청구권 등을 보장하고 임의성이 없는 자백의 증거능력을 배척하고 있다.

(2) 무죄추정의 법리

유죄판결이 확정될 때까지는 피의자는 무죄로 추정된다. 피의자의 인신구속에 대한 제한 원리로 작용하므로 임의수사의 원칙, 구속적부심사제도, 접견교통권의 보장, 고문의 절대적 금지, 위압적·모욕적 신문의 금지 등이다.

(3) 필요 최소한도의 법리

수사는 인권 제한적 성격이 있으므로 강제수사와 임의수사의 경우도 필요 최소한도의 범위 내에서만 허용되어야 한다.

(4) 적정절차의 법리

적정절차의 법리는 형사절차의 기본원리이고 수사의 지도원리이다. 인권보장을 위해 적정절차의 법리는 수사절차에서 중요하다.

6 수사의 전개과정

범죄수사는 수사의 단서에서 **수사착수(범죄인지), 개시(입건), 현장관찰 및 수사 활동, 송치, 공소제기, 공판, 판결**의 과정으로 전개된다.

(1) 범죄수사의 단계

① 수사의 단서

범죄를 인지하여 수사를 개시하게 되는 자료로 변사자 검시, 현행범인 체포, 고소·고발, 자수 등이 해당되나 피해신고, 불심검문, 밀고, 투서, 소문, 언론의 보도 등도 포함한다.

② 내사 기출

신문 등 출판물의 기사, 익명의 신고, 소문 등에 의하여 범죄혐의 유무를 조사할 만한 가치가 있는 내용이 있을 때 입건하지 아니하고 조사하는 단계이다. 사법경찰관은 내사(內査) 결과 범죄혐의가 없다고 인정될 때에는 경찰서장에게 보고한 후 지시를 받아 내사사건종결처리부에 기재하여 내사종결한다.

> **피내사자에 대한 조사**
>
> 1. 참고인 조사 형식으로 한다.
> 2. 진술조서 작성 시 진술거부권, 변호인의 조력을 받을 권리가 보장된다.
> 3. 체포·구속 등 대인적 강제처분은 불가능하나 대물적 강제처분 및 출입국 금지요청 사실조회, 미행·잠복, 사진촬영은 가능하다.

③ 범죄인지

수사기관이 고소·고발·자수·수사지휘 이외의 원인에 의하여 범죄혐의를 인지하고 수사를 착수하는 것으로 수사에 착수한 때에 **범죄인지 보고서**를 작성한다. 범죄인지

보고서는 인적 사항, 범죄경력, 범죄사실, 죄명 및 적용법조, 수사단서 인지경위를 기재한다. 수사를 먼저 진행하고 조치를 취한 후 사후에 범죄인지 보고서를 작성·보고한다. 기출

④ 수사의 개시(입건)

사건을 수리하여 수사를 개시하는 것을 입건이라 하고 사건을 접수 또는 수리하여 범죄사건부에 기록하는 단계로서 입건된 때부터 피의자의 신분이 된다. 입건 이전에는 용의자 또는 혐의자이다. 기출

⑤ 현장관찰: 범인, 범행일시, 범행장소, 범행동기, 범행방법 등을 파악하기 위해 현장관찰을 행한다. '범죄현장은 증거의 보고이다.'

⑥ 기초수사: 수사방침을 수립하기 위한 자료를 수집하기 위해 현장중심수사, 피해중심수사, 피해품중심수사 등을 행한다.

⑦ 수사방침의 수립

수사의 실행 전에 현장에서 수집된 여러 가지 자료를 검토하여 수사를 어떠한 방향으로 전개할 것인가를 결정하여야 한다. 이를 수사방침의 수립이라고 한다. 중요한 사건에 있어서는 수사회의를 개최하고 수사관의 의견을 종합하여 수사방침을 결정하여야 한다.

⑧ 수사의 실행

일반 형사범: 체포는 48시간을 초과할 수 없고 구속의 경우 경찰에서는 체포 또는 구속한 날로부터 10일 이내, 검사는 1차 10일을 연장하여 수사기관에서는 **최대 30일**까지 구속할 수 있다. 고소·고발사건은 수리한 때로부터 2개월 이내에 수사를 완료하여야 하며, 이 기간 내에 종료하지 못한 경우에는 검사의 지휘를 받아야 한다.

 – 국가보안법 위반사범: 경찰에서는 1차 10일 연장이 가능하고 검사는 2차에 한하여 20일을 연장할 수 있어 최대 **50일까지 구속이 가능**하다. 다만, 동법 제7조(찬양·고무 등), **제10조(불고지)의 경우 일반 형사범 구속기간과 동일하여 30일**까지 구속할 수 있다.

⑨ 사건의 송치: 사법경찰관은 사건에 대하여 진상을 파악하고 적용할 법령과 처리의견을 제시할 수 있을 때 사건을 검찰청에 송치한다. 사건을 송치함으로써 수사는 일단 종결된다.

⑩ 사건 송치 후의 수사:

사건을 송치 후에도 피의자의 여죄가 발견되면 주임검사에게 보고 후 지휘를 받아 수사한다. 검사의 공소제기 또는 공소유지를 위한 보강수사 지시가 있을 경우에 추가적인 수사활동이 시작된다.

⑪ 수사의 종결 기출

수사의 종결권은 검사에게 있으나 **20만원 이하**의 벌금 또는 구류, 과료에 처할 범죄 사건으로 **즉결심판**에 의하여 처리될 경미사건은 관할경찰서장이 종결한다.

ⓐ 공소제기: 범죄의 혐의가 충분하고 소송조건 및 처벌조건을 구비하여 유죄의 판결을 얻을 수 있는 경우에 검사는 공소를 제기한다.

ⓑ 혐의의 불기소처분

공소권없음	피의사건에 관하여 **형면제**의 사유가 있는 경우 피의사건에 관하여 **소송조건이 결여**된 경우
죄가안됨	**위법성조각**사유나 책임조각사유가 있는 경우 친족, 동거가족의 범인은닉, 증거인멸의 경우
혐의없음	• 충분한 범죄의 **객관적 혐의**가 없는 경우 • 유죄판결을 받기에는 **증거**가 불충분한 경우 • 피의자의 자백에 대하여 **보강증거**가 없는 경우 • 피의사실을 **특정할 수 없는** 경우
각하	고소인 또는 고발인의 진술이나 고소장에 의하여 혐의없음, 죄가안됨, 공소권없음 사유에 해당함이 명백한 경우

ⓒ 기소유예: 피의사건에 대하여 범죄의 혐의가 인정되고 소송조건이 구비되었으나 범인의 **연령, 성행, 지능과 환경, 피해자에 대한 관계, 범행의 동기·수단과 결과, 범행 후의 정황 등을 참작**하여 공소를 제기하지 아니하는 경우를 말한다(형사소송법 제247조). 다만, 검사만이 이 처분을 할 수 있다.

ⓓ 기소중지: 피의자의 소재가 판명되지 않은 경우 기소중지하고 사건을 잠정으로 중단한다. 불기소처분과 다르다.

ⓔ 공소보류: 검사는 국가보안법위반의 죄를 범한 자에 대하여 형법 제51조의 사항을 참작하여 공소제기를 보류할 수 있으며, 공소보류를 받은 자가 공소의 제기 없이 2년을 경과한 후에는 소추할 수 없다(국가보안법 제20조 제1항).

ⓕ 타관송치(경찰의견은 이송): 검사는 사건이 그 소속 검찰청에 대응한 법원의 관할에 속하지 아니한 때에는 사건을 서류·증거물과 함께 관할법원에 대응하는 검찰청의 검사에게 송치하여야 한다.

1 범죄수사의 3대 근간_{기출}

(1) 범죄는 **인간의 행동**이다:

생물학적·심리학적 특징이 징표로 남아 이를 단서로 수사를 진행할 수 있다
(**예** 혈액, 정액, 수법, 동기, 언어, 인상, 습관 등)

(2) 범죄는 **사회적 행동**이다:

사회적 활동이 징표로 남아 이를 단서로 수사를 진행할 수 있다.
(**예** 목격자, 도구입수, 인심, 소문, 성명 등)

(3) 범죄는 물건 기타의 **자연현상**을 수반하는 행동이다:

필연적으로 자연과학적 법칙에 따른 흔적(**예** 현장의 변화, 지문, 족적, 물건의 이동 등)이
남아 이를 단서로 수사를 진행할 수 있다.

2 범죄징표_{기출}

범죄징표는 범죄에 의해 나타나는 내적·외적 현상으로 수사수단에 의해서 수집되는 범죄
징표는 주로 외적으로 표현되는 징표이며, 이를 범적(범죄의 흔적)이라고 한다. 수사의 대상
이 되는 범죄징표는 수사수단에 의해 수집되어야 하며 수사자료로 된다.

생물학적 범죄징표		인상, 지문, 혈액형, 언어, 기타의 신체 특징	
심리적 범죄징표	보통심리	범행동기	원한, 치정, 미신, 이욕
		범행결의	불안, 초조, 친지와의 상담 등 심리적 갈등, 흉기·용구의 준비, 현장의 사전답사, 알리바이 공작 등
		범행 중	목적달성에 용이한 방법, 숙지·숙달된 기술 선호
		범행 후	특수한 꿈·잠꼬대, 피해자에 대한 위로, 친지 등에의 고백, 자살, 도주, 증거인멸, 변명준비 등
	이상심리		심리과장으로 합리적인 일관성이 결여
사회관계에 의한 범죄징표		사회적 지문(**예** 성명, 가족, 주거, 경력, 직업 등), 목격자, 소문	

자연현상에 의한 범죄징표	지문, 족적, 일시, 물건의 특징, 물건의 이동
문서에 의한 범죄징표	문자, 잉크, 종이의 질(지질)의 감정

(1) 범죄징표의 기능

범인 및 범죄사실의 발견을 위한 수사자료로 활용되고 범인, 범죄일시, 범행장소, 물건 등 수사요소를 확정하는 데 이용된다(**피해자 특징 제외**). 범죄징표의 형태에 따라 수사 방식이 결정된다.

(2) 생물학적 특징

① 피의자의 인상특징, 사진, 몽타쥬 :

얼굴모양, 안색, 머리모양, 머리색, 눈 모양, 눈썹형, 콧날, 귀모양, 수염, 입 모양 등 사람의 특징을 통하여 수배 또는 범죄수법 자료로 이용한다

② 지문: 지문은 만인부동, 종생불변의 특성 때문에 개인식별에 효과적임

③ DNA지문

염기서열이 반복된 구조의 차이를 나타내고 개인차가 있고 패턴이 다르다. 단 일란성 쌍둥이만 동일하다.

④ 혈액형

개인의 동일성을 적극적으로 증명할 수는 없으나 혈액형이 다른 경우에 소극적으로 동일인이 아니라는 것을 증명한다. 혈액형은 타액, 콧물, 땀, 정액, 소변, 눈물 등에서도 검출할 수 있으므로 이러한 것들이 묻어 있을 가능성이 있는 물건, 즉 담배꽁초, 손수건, 코 푼 종이, 양말, 침구, 내의 등의 수집에 유의하여야 한다.

⑤ 기타

장애여부, 이(耳)형, 치(齒)형도 개인식별 유력한 자료가 된다. 그 외에도 모발의 특징, 음성, 동작 등도 수사에 활용될 수 있는 생물학적 특징에 의한 징표이다.

(3) 심리적특징 범죄 징표

인간의지의 외적 표현인 행위에는 인간의 심리가 작용하여 심리적 흔적을 남긴다. 범죄 심리에 관한 지식은 범죄징표 발견은 물론 진술, 도주, 증거인멸, 위장 등의 심리를 포착하여 수사 수단의 기술로 이용된다. 범죄자의 성격은 사회 환경적인 것으로 가정환경, 교우관계, 교육정도, 직업관계, 집단관계 등의 수사자료를 제공한다.

보통심리는 정상인의 심리과정으로서, 범행과 관련하여 동기·결의·범행 및 범행 후 각각 심리적 특징에 의한 범죄징표를 수반한다. 이상심리란 범행의 심리과정에 합리적인 일관성을 결한 것으로 정신병자, 이상 성격자의 심리를 말한다.

범행의 동기	범행에는 거의 동기를 수반한다.
범행의 결의	범죄행위 시 불안, 초조, 친지와의 상담 등의 심리적 갈등이 나타나고, 흉기나 용구의 준비, 형장의 사전답사, 알리바이 공작 등 범죄실행 준비를 한다.
범행의 심리	범인은 목적달성에 필요하고 익숙한 방법과 기술을 사용하려한다.
범행 후의 심리	범행 후 범인은 보통 흥분과 긴장의 해소로 안도감과 후회와 체포에 대한 공포심을 가지고 있어 꿈·잠꼬대, 피해자에 대한 위로(성묘, 장례식 등에의 참여), 친지 등에의 고백, 자살, 도주, 증거인멸 공작, 변명준비 등을 행한다.

(4) 사회관계 범죄징표

사회관계는 범행의 동기, 범인의 성격, 범인의 도주로 등에 영향을 미치나, 반대로 범죄가 사회관계에 영향을 미쳐 소문의 형태로 범적을 남기는 경우도 있다.

사람은 사회와의 연대관계를 갖고 있는데, 과거의 사회 관계인 종적 사회관계와 현재의 사회관계인 횡적 사회관계로서 표시되는 것을 사회적 지문이라고 한다. 직업을 추정할 수 있는 자료로는 범인의 **착의, 조발, 회화, 범행의 방법, 직업**에 따른 특징이다. 성명, 가족, 경력(전과) 등도 범인을 알 수 있는 자료이다.

예 범행현장에 범인의 것으로 추정되는 옷에서 짧은 머리카락이 많이 발견되는 경우 범인의 직업은 이발사로 추정된다.

(5) 자연현상에 의한 범죄징표 기출

① 범행일시

범죄일시는 범죄의 특정의 중요요소이다. 연, 월, 일, 시는 **사회적 요소**(예 일력, 일기, 신문 등)와 **자연현상**(예 일출, 일몰)을 모두 고려해야 한다. 예를 들면, 살인사건의 경우 범행현장에 남겨진 범인의 족적에 진흙과 물기가 남아 있고 사건 당일 0시에서 03시 사이 비가 내렸다면 범인은 0시 이후 침입한 것으로 추정할 수 있다.

② 물건의 특정

범죄에는 **흉기(범행수단) 또는 도품(피해물건)** 등 여러 물건이 관련되는데, 범죄사실의 확정을 위해서는 이러한 물건의 특정이 필요하다. 물건의 특정은 구성물질을 과학적으로 확정하는 것과 동일성을 다른 유사한 물건과 비교하여 찾아내는 것이다.

예를 들면 대량생산품이 아닌 공예품, 서화, 골동품인 경우에는 제조자의 판단, 판매자의 판단, 규격·형상의 비교 등에 의해 어느 정도 물건의 개별 특정이 가능하다.

특히 소지자의 성명표시가 되어 있거나 사용자의 습벽의 흔적, 모자의 접는 방식, 의복의 주름, 구두 뒤축의 마모상태, 자동차나 기구의 사용 습벽, 마멸형상 또는 인체의 부착물·혈액·정액·체액·분뇨 등 인체의 유류물이 남은 경우는 특정이 가능하다.

(5) 문서에 의한 범죄징표

글자는 필적감정이 가능하고, 잉크의 경우 사용자·제조회사·제조연도 추정이 가능하다. 종이의 질을 통해 용도를 알 수 있다. (예 지폐, 각종 인쇄물)

3 수사선

수사선이란 범죄사실에 공통되는 추리의 선으로 A가 수사선상에 올랐다는 것은 구체적인 인물이 추리대상이 되었다는 것을 말한다. **개인특징**(신체적특징, 성격, 습성), **사회적관계**(환경, 행동유형, 소문), **자연과학적 특징**(물건특징, 자연현상, 이동)을 들 수 있다. 기출

수사선은 범적을 분석하고 어떠한 범죄에서 비롯된 것인가 라는 원인을 캐는 **'징표에서 범죄로'**의 추리적 체계화인 데 비하여, 범죄징표이론은 어떤 범행이 그러한 범적을 만들었는가라는 결과를 캐는 **'범행에서 징표'**를 찾아내는 방식이다.

4 수사의 수단

수사의 수단은 범죄의 흔적으로서 발견된 징표를 수사기관이 입수하는 방법, 즉 구체적인 사건의 수사에 필요한 자료를 입수하는 방법을 말한다. 용의자 조사. 참고인 조사, 풍설의 탐문 등 사람에 대한 조사, 현장관찰, 추리의 선에 따라 수사자료 입수 등의 방법이 동원된다. 수사의 방향은 횡적수사(관계 있는 자료발견)와 종적수사(자료의 관찰로 범인도달)로 구분된다. 기출

구분	횡적수사	종적수사
의의	범행에 관계 있는 **자료의 발견·수집**을 목적(폭을 넓히는 수사) **예** 현장관찰, 탐문수사, 행적수사, 미행 수색, 감별수사 해당	수집된 자료의 성질, 특징 등을 깊이 관찰하여 **범인에 도달**(깊이 파고드는 수사) **예** 유류품 수사, 수법수사, 장물수사, 인상특징수사, 수배수사
특징	광범위한 자료수집으로 사건의 신중한 판단 및 수사의 확실성을 기할 수 있다. (비경제적)	특정의 자료를 통한 집중적 수사활동으로 신속한 범인 검거를 기대할 수 있다.

5 범죄수사의 추리

(1) 추리의 개념

범죄의 결과인 범죄흔적, 범죄정보 등 각종 수사자료를 수집·종합하여 관찰·분석·판단함으로써 범인과 범죄사실을 추리하는 방법으로 수사선상에 떠오른 여러 사람의 용의자를 대상으로 그들에 대한 시간적·장소적 상황, 범행 전후의 상태, 알리바이 등 점을 추리하여 판단을 내리고, 용의자를 범인의 적격자로 추정하여 수사를 개시한다.

(2) 추리의 대상 및 요소

대상은 범죄의 사실적 내용인 **범인과 범죄사실**이고 추리의 요소에는 파악 방법에 따라 4하·6하·8하의 요소가 있으며, 범인·일시·장소·동기·방법·결과 그리고 공범과 객체이다.

(3) 추리의 종류

귀납적 추리 (집중적 추리)	다수의 용의자 중에서 합리성 있는 추리를 하여 진범인에 도달하는 추리 방법이다. **(상승과정)** **예** 다수의 용의자 중 피해품이 집 안에 있는 것을 알 수 있는 가족 중 지목
연역적 추리 (전개적 추리)	하나의 범죄사실로써 다수의 용의자를 상정하여 거기에서 합리성 있는 추리를 전개하는 것이다. **(하강과정)** **예** 알리바이를 통해 여러 명 중 진범 지목

(4) 추리의 방법 기출

추리의 방법에는 어떤 일반적인 정형이 있는 것이 아니며, 과학적 지식과 건전한 상식에 의하여 추리하고 객관적인 증거의 수집을 통하여 그 추리의 과정을 시정해 나가야 한다.

> **추리 시 유의사항**
>
> 1. 추리에 앞서 범죄수사의 가능성(범죄흔적)과 관련된 수사자료를 완전히 수집한다.
> 2. 수집된 수사자료를 감식·검토한다.
> 3. 과학적 지식과 상식을 이용하여 범인 및 범죄사실에 대한 합리적인 추리를 한다.
> 4. 예측 가능한 사태의 추이를 고려하여 추리를 하여야 한다.
> 5. 자료의 수집이나 감식·검토의 과정에서 직감이나 상상을 기록해 두었다가 후에 의문점을 깊이 파헤치는 자세가 필요하다.
> 6. 과거에 취급한 동 종류의 사건을 해결한 예를 참작하여 자료 검토 시에 나타난 현 상태에 대하여 가장 합리적인 설명방법이 필요하다.

(5) 수사의 구조론

1) 규문적 수사관(觀)

수사절차는 수사기관이 피의자를 조사하는 절차로 보는 견해로 **수사기관에 중심**을 두는 이론이다. 강제처분은 **수사기관의 고유한 권한**이므로 영장으로 피의자신문을 위한 구인은 허용된다.

2) 탄핵적 수사관(觀)

수사는 법원의 재판을 위한 활동이며 수사기관의 공판 준비단계라고 이해하는 이론이다. 강제처분은 재판을 위하여 법원이 행하는 것이며 영장은 **명령장**의 성질을 가지며 피의자 신문을 위한 구인은 허용되지 않는다.

3) 소송적 수사관(觀)

수사는 기소·불기소를 위한 절차로 검사를 판단자로 하고 사법경찰관리와 피의자 또는 변호인을 대립하는 당사자로 이해하는 이론이다. 수사절차의 독자성을 강조하며 피의자를 수사의 주체로 파악하며 **강제수사는 공소제기 전에만** 허용된다.

6 수사의 조건

수사개시와 수사실행의 조건으로 수사권의 발동과 행사에 관한 기준이다(탄핵주의 소송구조). 수사는 인권침해적 처분을 수반하는 경우가 있어 수사에 있어서 수사권의 발동과 행사에 대한 실정법적 제한이 필요하다. 기출

(1) 일반적 조건

1) 필요성
임의수사, 강제수사(체포의 필요성, 구속의 필요성, 압수·수색·검증의 필요성) 모두 수사의 목적상 필요한 경우에 한해서 허용된다.

2) 상당성
범죄인지의 상당성(피해가 극히 경미한 경우 범죄인지권 남용)과 수사방법에 있어서 상당성(범의유발형 함정수사)이 요구된다.

(2) 수사 개시의 조건:
수사기관이 범죄수사 개시는 주관적인 혐의로 족하고 범죄혐의는 구체적인 사실에 근거하여 **주위의 사정을 합리적으로 판단**하여 그 유무를 결정하여야 한다.

> **일반적 소송조건** 기출
>
> 소송조건이 결여되어 공소제기의 가능성이 없게 되는 경우에는 수사의 필요성도 부인된다고 보아야 한다. **친고죄나 반의사불벌죄인 경우 고소나 처벌희망 의사표시가 없더라도 그 가능성이 있는 경우 원칙적으로, 수사는 가능하다고 본다**(통설·판례도 제한적으로 허용). 그러나 고소의 가능성이 없는 경우에 수사는 제한되거나 허용되지 않는다.

7 수사의 원칙 기출

(1) 범죄수사의 3대원칙(3S의 원칙) 기출

① 신속착수의 원칙:
범죄수사는 신속히 착수하여 죄증이 인멸되기 전에 수사를 수행·종결해야 한다(초동수사).

② 현장보존의 원칙:
범죄 현장에는 수사의 단서가 될 만한 자료가 존재하며 현장을 보존하고 관찰하여야 성공적인 수사를 실행할 수 있다(**범죄현장을 '증거의 보고'**).

③ 공중협력을 원칙

목격자나 전문가에 의해 소문의 형태로 전파되어 이를 단서로 수사에 착수 또는 사건 해결의 실마리가 될 수 있다. 범죄첩보의 수집, 참고인·목격자 확보(**사회는 '증거의 바다'**)

(2) 수사의 가본원칙(수사지도원리의 제도적 표현)기출

① 임의수사의 원칙: 수사는 대상자의 승낙에 의한 임의수사를 원칙으로 한다.

② 강제수사법정주의:

강제처분에 대한 법률적 규제를 그 내용으로 하는 강제수사법정주의는 헌법상의 원칙(헌법 제12조 제1항)으로서 강제수사는 형사소송법에 특별한 규정이 있는 경우에 한하여 예외적으로 허용한다(형사소송법 제199조 제1항).

③ 영장주의

강제처분에 관한 영장주의는 헌법상의 원칙(헌법 제12조 제3항)이므로 수사기관의 강제처분에 관하여는 영장주의 원칙이 적용된다. 다만 엄격한 요건하에 영장주의의 예외가 허용된다.

④ 수사비례의 원칙: 수사는 수사의 결과에 다른 이익과 수사로 인한 법익침해가 과도하게 하여서는 안 된다는 원칙

⑤ 수사비공개의 원칙(수사밀행의 원칙):

수사의 개시와 실행은 공개하지 아니한다는 원칙으로 수사는 비공개

⑥ 자기부죄강요금지(自己負罪强要禁止)의 원칙

헌법은 자기부죄거부의 특권(헌법 제12조 제2항)과, 고문의 절대적 금지(헌법 제12조 제2항)를 명시하고 형사소송법은 피의자의 진술거부권을 보장하므로(형사소송법 제244조의3) 자기부죄강요금지의 원칙을 수사의 기본원칙으로 이해할 수 있다.

⑦ 제출인 환부의 원칙

압수물을 환부함에 있어서는 **피압수자(제출인)에게 환부함**을 원칙으로 한다. 형사절차는 사인간의 실체법상 권리관계에 관여하지 아니함을 원칙으로 하므로 압수물을 환부하는 경우에 피압수자(제출인)에게 환부하여야 한다. 다만, 압수물이 장물인 경우에는 피해자를 보호하기 위하여 **일정요건 하에 피해자 환부를 허용**하고 있다(형사소송법 제219조, 제134조).

(3) 범죄수사상 준수원칙

선증후포의 원칙 (선증거수집후 체포의 원칙)	사건에 관하여 **증거를 확보한 후에 범인을 체포**하여야 한다.
법령준수의 원칙	관련 법규를 숙지하고 준수하여야 한다.
민사관계불간섭의 원칙	범죄수사는 형사사건에 한하여 행하여질 수 있다.
종합수사의 원칙	정보자료와 수사자료를 종합하여 상황을 파악하고, 기술과 지식·조직을 동원하여 체계적이고 조직적인 종합수사를 행하여야 한다.

(4) 수사실행의 5대 원칙기출

　1) 자료 완전수집의 원칙(⇨ **수사의 제1법칙**)

　　수사자료의 수집활동을 기초수사라 하는데 수사의 제1법칙은 기초수사를 통해 자료를 완전히 수집하여 사건의 진상파악을 위한 자료수집을 명확히 하여야 한다.

　2) 자료 감식·검토의 원칙

　　수집된 자료를 과학적인 감정을 통하여 자료의 범죄의 관련성을 과학적으로 발견하는 과정이 필요하다.

　3) 적절한 추리의 원칙:

　　수사자료를 수집하여 범인과 범죄 사실에 대하여 동기와 사건 수법 등에 대하여 추측을 해 볼 필요가 있다. 따라서 사건의 추측은 범인과 범죄사실에 대하여 행하여진다.

　4) **검증적 수사**의 원칙 기출

　　어떤 추측이 정당한 것인가를 밝히기 위해 추측을 모두 각도에서 검토해야 한다는 원칙을 말한다. 추리의 타당성을 검증한 후 증명으로 발전할 수 있다. 이 과정은 다른 자료수집을 통하여 반복한다.

　5) 사실판단 증명의 원칙:

　　수사관의 주관적 판단은 그 진실성이 객관적으로 증명되어야 한다.

제3절 수사기관

1 의의

수사기관은 법률상 범죄수사의 권한이 인정되어 있는 국가기관으로 현행 형사소송법은 탄핵주의에 의거하여 재판기관과 수사기관을 분리하고 있다.

(1) 종류

① 검사

한국에서 검찰은 소추기관인 동시에 수사기관으로 검사는 수사개시권, 수사지휘권, 수사종결권을 행사하고 있다.

② 사법경찰관리

사법경찰관리는 임무와 권한이 지역적·사항적으로 제한을 받지 않는 **일반사법경찰관리**와 제한을 받는 **특별사법경찰관리**로 구분한다.

㉠ 일반사법경찰관리

ⓐ 검찰수사서기관·검찰수사사무관·검찰수사주사·검찰수사주사보,경무관·총경·경정·경감·경위는 사법경찰관에 속하며, 검찰서기·검찰서기보, 경사·경장·순경은 사법경찰관리에 속한다(형사소송법 제196조, 검찰청법 제47조).

ⓑ 형사소송법 제196조 의거 사법경찰관은 검사의 지휘를 받아 수사를 할 수 있으나, 사법경찰관리는 검사 또는 사법경찰관의 지휘를 받아 수사의 보조를 할 수 있음에 불과하다. 다만, 경찰공무원법 부칙 제6조에 의거하여 경찰청 및 해양경찰청에 근무하는 경무관은 형사소송법 제196조의 적용을 받지 아니한다.

㉡ 특별사법경찰관리

ⓐ 특별사법경찰관리는 삼림·해사·세무·전매·군수사기관 기타 특별한 사항에 관하여 사법경찰관리의 직무를 행하는 자를 말한다(형사소송법 제197조).

ⓑ 특별사법경찰관리에는 **법률상 당연히 사법경찰관리의 권한**이 있는 자(예 교도소장)와 **검사장의 지명**에 의해서 사법경찰관리로서의 권한이 인정되는 자(예 교도관)가 있다. 선장 또는 선원도 사법경찰관리의 직무를 행할 권한이 있다.

2 경찰 수사권 조정 _{기출}

(1) 독자적 수사권 부여 찬성론

① 이론적 근거

㉠ 국민의 편익 저해

사법경찰관이 작성한 피의자신문조서는 증거능력이 부인되고 검찰의 피의자신문 조서는 증거능력이 인정된다. 따라서 사건이 검찰로 송치된 후 피의자에 대한 **검 찰의 중복 조사**가 이루어지고 있다. 변사자검시도 검사의 지휘를 받아 처리하도록 되어 있어 유가족이 사체를 인도받을 때까지 검사의 지휘를 기다려야 하는 불편을 야기한다.

㉡ 현실과 법규범과의 괴리

경찰이 인지한 대부분의 범죄에 대한 수사개시는 사법경찰관의 독자적 판단에 의 하여 이루어지고 있음에도 형소법상 반드시 검찰의 수사지휘를 받아 진행하도록 되어 있다. 사실상의 수사는 경찰이 진행하고 있음에도 검찰은 수사의 개시, 진행, 종결을 지휘하고 있어 현실과 규범이 괴리되는 현상이 나타난다.

㉢ 명령통일의 원리에 위배

수사과정의 명령·지휘가 경찰내에서 이루지는 것이 명령통일의 원리에 적합하나, 경찰은 검사와 상급경찰의 이중의 지휘를 받아 수사행정의 효율화를 저해한다.

㉣ 권한과 책임의 불일치

수사의 지휘는 검사에게 받고 있으나 수사의 부진이나 중요 강력사건 검거 지연의 경우에도 경찰이 책임을 지거나 비난을 받게 된다.

㉤ 경찰업무의 과중화

검찰은 광범위한 수사지휘권을 행사하여 수사지휘와 관계없는 지시와 인력동원(예 벌과금 징수, 제조사업무의 처리, 감정 유치 피의자의 감호, 검찰파견근무, 호송업 무 등)까지 경찰의 기본업무 수행에까지 어렵게 하고 있다.

㉥ 사기저하

수사업무를 사실상 사법경찰관리가 처리하고 있음에도 검사의 지휘를 받아 수사하 도록 되어 있어 사법경찰관들의 주체성, 책임감이 낮아진다.

㉦ 검찰의 권력 독점

검찰이 수사권과 공소권을 행사하고 있어 검사가 권력을 독점하고 있다. 따라서 피의자가 방어권을 제대로 보장받지 못하는 경우가 발생하고 검찰과 피의자 사이 의 '무기평등의 원칙'에 위배되고 견제장치가 없어 검찰의 권력남용의 우려가 있다.

② 독자적 수사권 부여의 범위

　㉠ 경찰에게 독립적 수사권 부여(영미법계 방향)

　　경찰의 **독자적인 수사개시 및 종결권**과 검사의 관여함이 없이 법관에 대하여 **영장**을 청구할 수 있는 권리를 인정하고, 검찰은 기소권, 공소유지권만을 보유하고 공소유지 활동 범위 내의 수사 및 증거보강요청권을 인정하여 경찰에 대한 수사지휘와 감독권은 인정하지 않는다(상호 대등한 협력).

　㉡ 사건의 중요도에 따른 수사권 부여

　　경미한 사건에 대하여는 경찰의 독자적인 수사권을 인정하고, 법적 판단이 어려운 경우와 중요 범죄에 대해서는 검찰에 수사권을 인정하고 필요시 경찰이 검찰수사를 보조하는 방안이다(검찰 전담사건에 대하여는 **부분적인 상하복종**관계).

(2) 독자적인 수사권 부여 반대론

　① 수사는 공소제기 위한 행위:

　　수사는 공소를 제기 여부를 결정하기 위한 행위이므로 소추권을 갖는 법률전문가인 검사가 주체가 되어야 한다.

　② 적정절차와 인권존중:

　　법률전문가가 아닌 사법경찰관이 수사의 개시와 종결을 결정하게 될 경우 수사의 합목적성만을 중요시 한 채 적정절차와 인권존중의 측면이 소홀하게 된다.

　③ 법집행의 왜곡방지:

　　검사가 수사의 과정을 지휘하여 법률지식의 미흡에서 발생하는 법집행의 왜곡을 방지하고, 인권보호가 가능하다.

　④ 경찰 권력 집중의 방지:

　　정보력을 가지고 있는 경찰이 수사권까지 가지게 되는 경우에 경찰로의 권력 집중현상이 나타날 수 있다.

　⑤ 범죄에 대한 효율적 대처:

　　지능화, 흉포화, 기동화가 되어가는 범죄현상에 효율적으로 대처하기 위해 경찰은 검찰의 수사지휘를 받아 수사력 강화의 측면에서 도움이 된다.

(3) 시기상조론

　범죄수사의 대부분을 경찰에 의존하고 있는 현실이므로 사법경찰관을 제1차적 수사기관으로 하고 검사와 상호협력하는 것 또는 경찰관에게 독자적인 수사권을 부여하는 것이 입법론상으로 타당하다고 인정되나, **인권옹호**라는 관점에 비추어 경찰수사권의 독립은 시기상조라는 견해가 있다. 원칙적으로 경찰의 수사권 독립에는 찬성하나 영·미의 예에서 알 수 있듯이 **지방자치경찰제와 연계**하여 논의되어야 한다는 견해가 있다.

(4) 결론

경찰의 독자적 수사권의 확보는 진정으로 인권보장과 실체적 진실의 발견에 기초해야 한다. 경찰수사권 독립을 위해서는 정확하고 신속한 수사 관련 서비스를 제공할 수 있는 법적지식과 인권보장이라는 역량을 갖추어나가도록 노력을 기울여야 할 것이다.

4 경찰수사기구

(1) 경찰청 기출

① 수사과

　㉠ 수사1계

　　ⓐ 수사경찰 인력관리 및 교육지도

　　ⓑ 수사예산 및 경비의 관리

　　ⓒ 수사경찰제도 및 운영에 관한 기획

　　ⓓ 범죄통계 관리 및 수사지식정보 공유

　　ⓔ 수사절차 관련 법령에 대한 연구

　　ⓕ 경찰수사연수원의 교육운영 지도

　㉡ 수사 2계

　　ⓐ 불법시위 관련사건 수사지도

　　ⓑ 수배자 수사상황 수집

② 형사과

　㉠ 강력계

　　ⓐ 민생치안 종합계획 추진 및 관계기관 협조

　　ⓑ 살인·강도·강간 및 방화범죄에 관한 대책과 수사 지도

　　ⓒ 변사사건의 수사 지도

　　ⓓ 초동수사 및 수사긴급배치 훈련 지도

　　ⓔ 도범·장물에 대한 대책 및 수사 지도

　　ⓕ 기타 강력범 등 중요사건의 현장 지도

ⓛ 폭력계 기출

ⓐ 조직폭력, 일반폭력에 대한 대책 및 수사지도

ⓑ 단순약취 · 유인, 인신매매사건에 대한 대책 및 수사지도

ⓒ 공갈 · 협박사건에 관한 수사지도

ⓓ 행불사건에 관한 업무지도

ⓔ 우범자 관찰보호 업무지도

ⓕ 음료 · 음식물 등에 대한 이물질 투입사건 수사지도

ⓖ 도주사건 수사지도

ⓗ 도박사건 수사지도

ⓘ 폭발물사고, 열차 · 항공기 · 선박사고 및 건물붕괴 등의 안전사고와 관련된 범죄의 수사 지도

③ 과학수사센터

계별		사무분장
과학수사계	서무반	• 일반서무, 보안업무, 급여 및 후생복지 • 국립과학수사연구소 운영 및 감독 · 지원
	예산장비반	• 과학수사센터 예산편성 및 집행 • 과학수사장비 개발보급 및 관리
	기획분석반	과학수사센터 업무기획, 과학수사 홈페이지 구축, 과학수사자문위원 구성, 과학수사 교육계획 수립 · 시행
자료운영계	시스템, 입력실	지문자동검색시스템(AFIS)관리, 범죄첩보분석시스템(CIAS) 관리, 지문자료 입력 및 수정
	주민반	만 17세 이상의 주민등록증발급신청서의 십지지문을 접수 · 관리
	전과기록반	• 사법경찰관서에서 작성 · 송부한 수사자료표 집중 보관 · 관리 • 피의자 동일인 여부 확인, 전과자 관리 및 인적 사항 도용자 색출 후 사법경찰관서에 회보조치
	축 · 복사반	주민등록증발급신청서, 전과자료, 기타 자료 등을 16mm 필름에 축 · 복사하여 영구보관
	처분정리반	형사처분내용 정리, 외국인지문원지 수집정리
범죄정보지원계	범죄분석반	범죄사건 분석(criminal profiling)
	범죄정보관리반	범죄정보 기획 · 관리
	수배반	기소중지 · 지명수배 전산관리
	수법반	범죄수법자료 분류 및 관리

	현장지문반	현장지문 · 무인지문 감정으로 용의자 등 신원확인
	신원확인반	변사자 · 신원불상자 신원확인, 변사자수배카드 입력
	족 · 윤적반	현장유류족적과 용의자 신불, 타이어 등과 동일 여부 감정
증거분석계	거짓말탐지기반	컴퓨터 거짓말탐지기를 이용하여 용의자 등의 진술 진위 여부 판단
	몽타주반	범죄피해자, 관계자 등 목격자 진술을 토대로 용의자의 몽타주 작성
	형사사진반	• 범죄현장의 유류지문 · 변사자지문 · 족흔 · 타이어흔 등 채취된 자료를 정밀사진 촬영 · 확대하여 대조 및 증거자료로 활용 • CCTV(폐쇄회로카메라 TV)영상 및 비디오 채증물 정밀 사진 판독 • 과학수사기법 · 프로그램개발

④ 특수수사과

㉠ 중대 범죄의 첩보수집 및 수사

㉡ 국민경제 · 보건 및 환경 등과 관련된 중요사건 수사

㉢ 정부에서 고발되는 중요사범의 수사

⑤ 마약지능수사과(경찰청사무분장규칙(훈령 제528호) 제24조, 개정 2008.8.8.)

㉠ 지능 1계

ⓐ 통화관련 범죄의 수사지도

ⓑ 불법도청 등 사생활침해사범 수사지도

ⓒ 금융 및 경제사범의 수사지도

ⓓ 몰카 및 공정거래관련 사범의 수사지도

ⓔ 금융정보분석원(FIU)제공 특정금융거래정보관련 업무

ⓕ 해당 범죄의 민원 및 이의사건 처리

ⓖ 기타 다른 업무에 속하지 아니한 형법 및 특별법 위반사범의 수사지도

㉡ 지능 2계

ⓐ 공무원범죄의 수사지도

ⓑ 병무 및 군수물자관련 범죄의 수사지도

ⓒ 무역 및 밀수사범의 수사지도

ⓓ 농 · 수 · 축산물 관련 범죄의 수사지도

ⓔ 문화관광에 관한 범죄의 수사지도

ⓕ 총기관련 범죄의 수사지도

ⓖ 보건위생 및 환경사범의 수사지도

ⓗ 직업안정에 관한 범죄의 수사지도

ⓘ 선거관련 사범의 수사지도

ⓙ 해당 범죄의 민원 및 이의사건 처리

ⓒ 마약계

ⓐ 마약범죄에 대한 대책 수립 및 마약수사 기획

ⓑ 마약수사 인력·예산·장비 관리

ⓒ 마약수사 공조 등 관련기관 협력업무

ⓓ 마약범죄 수사지도 및 조정

ⓔ 마약수사기법 연구·개발 및 교육

⑥ 사이버테러대응센터

㉠ 협력 운영팀

ⓐ 서무, 예산, 장비 및 시스템 관리

ⓑ 사이버테러태책 종합계획 수립

ⓒ 사이버범죄 신고접수, 상담 및 초동조치

ⓓ 사이버테러관련 대외협력 및 홍보

㉡ 수사 1,2,3팀

ⓐ 해킹·바이러스 유포 등 사이버테러형 사건 수사 및 지도

ⓑ 사이버테러관련 검색 및 경보

㉢ 기획 수사팀

ⓐ 사이버 수사 기획 및 지도

ⓑ 일반 사이버범죄 중 신종범죄, 공공기관 관련사건, 전국적·국제적 공조가 필요한 사건 수사

ⓒ 기타 사이버관련 중요사건 수사

ⓓ 위법사이트 검색 및 관련 조치

㉣ 기술지원팀

ⓐ 사이버테러 예방전력 연구 및 개발

ⓑ 사이버범죄관련 보안·수사기법 연구

ⓒ 사이버수사 기술 지원

(2)경찰서(서울특별시지방경찰청과 경찰서의 조직 및 사무분장규칙안)

① 형사과

형사지원팀	• 범죄단속 계획수립 및 관리 • 미제사건 및 장물수배서 관리 • 수사첩보수집 관리 • 형사업무 취급사건 관리	• 벌과금등 형집행 업무 • 형사소관 타 수사기관 협조 • 우범자 관찰 및 자료 관리 • 기타 당직편성 등 형사지원업무	
과학수사팀	• 전산실 운영 및 관리 • 범죄통계 작성 및 관지 • 수사자료표	• 현장감식 및 수사장비 관리 • 수배 및 공조 업무 • 기타 과학수사활동 지원	
강력범죄 수사팀	(강력) 1팀	살인, 강도, 강간, 방화, 절도, 마약사범 등 강력범 수사	강력팀 그룹
	(강력) 2팀		
	(강력) 3팀		
	(강력) 4팀		
	(폭력) 1팀	일반 폭력사범 등 수사	폭력팀 그룹
	(폭력) 2팀		
	(폭력) 3팀		

② 수사과

수사지원팀	• 서무 · 예산관리 • 범죄단속계획 수립 · 관리 • 사건접수, 송치관리 • 기타 당직편성 등 수사지원업무	• 각종 영장관리 • 압수물관리 • 범죄 피해자보호관련 업무	
유치관리팀	유치장 관리 및 호송		
지능범죄 수사팀	(지능)1팀 (지능)2팀	• 집회 · 시위, 선거, 공무원, 사이버 관련 범죄수사 • 보건, 환경사범 등 특별법범 수시 * 관서별 탄력적 팀 편성 시에도 집회 · 시위, 선거관련 범죄는 업무체계상 지능1팀에 업무분장	지능특수팀 그룹
	(경제)1팀	사기, 횡령, 배임사건 수사	경제팀 그룹
	(경제)2팀		
	(경제)3팀		

수사의 일반이론

001 다음 중 범죄수사의 개념에 포함되지 않는 것은 모두 몇 개인가?

14 2차

> ㉠ 경찰관의 불심검문
> ㉡ 사인의 현행범 체포
> ㉢ 검사의 공판정에서의 피고인 신문
> ㉣ 법원의 피고인 구속

① 1개   ② 2개   ③ 3개   ④ 4개

해설

모두 범죄수사에 포함되지 않는다.
㉠ 수사는 범죄혐의가 있을 때 시작하는 것으로 단순히 범죄혐의 여부를 확인하는 **내사, 경찰관의 불심검문, 변사체 검시, 경찰의 주택가 순찰** 등 수사활동으로 볼 수 없다.
㉡㉢㉣: **사인의 현행범 체포, 법원의 피고인 구속** 등은 수사기관의 활동이라 볼 수 없다. 검사의 공판정에서의 피고인 신문은 수사가 아니다.

002 수사에 대한 설명 중 가장 적절하지 <u>않은</u> 것은?

16 승진

① 형식적 의의의 수사는 수사과정에서 어떠한 수단과 방법으로 행할 것인가 하는 절차적 측면의 수사개념이다.
② 실질적 의의의 수사는 목적 또는 내용에 관한 실체적 측면에서의 수사를 말하는 것으로 합리성이 요구된다.
③ 형식적 의의의 수사는 형사소송법의 절차적 이념인 인권보장과 공공복리의 조화를 추구한다.
④ 검사의 공판정에서의 피고인 신문은 수사에 해당한다.

해설

④ 수사는 수사기관의 활동이어야 하나, 피고인 신문은 수사기관의 활동이라 볼 수 없다.

ANSWER   001 ④ / ㉠, ㉡, ㉢, ㉣   002 ④

003 다음은 수사의 조건을 설명한 것이다. 가장 적절하지 <u>않은</u> 것은?

13 2차

① 수사의 조건이란 수사권의 발동과 행사의 조건을 말한다.

② 수사는 수사기관의 객관적 혐의에 의하여 개시하며, 구체적 사실에 근거를 둔 혐의일 것을 요한다.

③ 체포 · 구속을 위한 범죄혐의는 객관적 혐의를 말하며 이때 범죄혐의는 증거에 의해 뒷받침되어야 한다.

④ 수사의 상당성은 특히 강제수사의 경우에 강조된다.

해설
② 수사는 수사기관의 **주관적 혐의**에 의하여 개시하나 구체적 사실에 근거하여 주위의 사정을 합리적으로 판단하여 범죄의 혐의유무를 결정해야 한다.

004 수사의 조건에 관한 설명이다. 이에 대한 설명으로 가장 적절하지 <u>않은</u> 것은?

16 2차

① 범의유발형 함정수사는 수사의 필요성에 반하기 때문에 허용되지 않는다.

② 수사의 조건이란 수사권의 발동(개시)과 행사(실행)의 조건을 말한다.

③ 수사의 필요성은 강제수사뿐만 아니라 임의수사의 경우에도 그 조건이 되며, 수사의 필요성이 없음에도 불구하고 행하는 수사처분은 위법한 수사처분이다.

④ 피의자를 체포 · 구속할 때는 증거에 의해 뒷받침되는 객관적 혐의가 있어야 한다.

해설
① 범의 유발형 함정수사는 **수사의 상당성**에 반하기 때문에 허용되지 않는다.

005 수사의 조건의 관한 설명으로 가장 적절하지 <u>않은</u> 것은?

12승진

① 수사기관의 범죄수사를 개시함에 있어서는 주관적 혐의만으로도 족하다.

② 수사의 결과에 의한 수사로 인한 법익침해가 부당하게 균형을 잃는 것은 수사의 필요성을 결한 것이다.

③ 친고죄의 경우에는 고소의 의사표시가 없더라도 그 가능성이 있는 경우에는 수사가 허용된다고 보는 것이 판례의 입장이다.

④ 수사의 필요성은 강제수사뿐만 아니라 임의수사의 경우에도 그 조건이 되며 수사의 필요성이 없음에도 불구하고 행하는 수사처분은 위법한 수사처분이다.

해설

② 수사 이익과 법익침해가 부당하게 균형을 잃는 것은 수사의 **상당성**을 결한 것이다.

006 수사의 조건에 대한 설명 중 가장 적절한 것은?(다툼이 있는 경우 판례에 의함)

13승진

① 체포·구속을 위한 범죄혐의는 객관적 혐의를 말하며, 이는 일반시민이 범죄의 혐의를 인정하는 경우를 말한다.

② 친고죄의 경우 고소제기의 가능성이 있으면 고소가 없더라도 수사는 가능하다.

③ 규문주의 소송구조에서는 수사의 조건이 강조된다.

④ 범의유발형 함정수사는 수사의 필요성에 반하기 때문에 허용되지 않는다.

해설

① 체포·구속의 범죄혐의는 객관적 혐의와 **증거에 의해 뒷받침**이 되어야 한다.

③ 규문주의 소송구조는 인권보장보다는 **신속한 소송진행** 등을 위한 것이다. 따라서 규문주의 소송구조에서 수사의 조건이 강조된다고 할 수 없다.

④ 범의유발형 함정수사는 **수사의 상당성**에 반하기 때문에 허용되지 않는다.

007 수사의 조건에 대한 설명으로 적절하지 <u>않은</u> 것은 모두 몇 개인가?(다툼이 있으면
14 1차 판례에 의함)

> ㉠ 규문주의 소송구조에서는 수사의 조건이 강조된다.
> ㉡ 친고죄의 경우 고소의 가능성이 없으면 수사의 필요성은 부인된다.
> ㉢ 수사는 수사기관의 주관적 혐의만으로도 개시할 수 있다.
> ㉣ 범의유발형 함정수사는 수사의 필요성에 반하기 때문에 허용되지 않는다.

① 1개 　　　　 ② 2개 　　　　 ③ 3개 　　　　 ④ 4개

해설

㉠ 규문주의 소송구조는 인권보장보다는 신속한 소송진행 등을 위한 것이므로 규문주의 소송구조에서 수사의 조건이 강조된다고 할 수는 없다.
㉣ 범의유발형 함정수사는 **수사의 상당성**에 반하기 때문에 허용되지 않는다.

008 범인의 인상, 지문, 혈액형, DNA, 기타 신체특징 등의 형태에 해당하는 범죄징표
16승진 로 가장 적절한 것은?

① 범인의 생물학적 특징에 의한 징표
② 범인이 심리적 특징에 의한 징표
③ 범인의 사회관계에 의한 징표
④ 자연현상에 의한 징표

해설

① 범인의 인상, 지문, 혈액형, DNA, 기타 신체특징 등의 형태는 범인의 생물학적 특징에 의한 범죄
징표이다.

범인의 생물학적 범죄징표	인상, 지문, 혈액형, 언어, 기타의 신체 특징		
범인의 심리적 범죄징표	보통심리	범행동기	원한, 치정, 미신, 이욕
		범행결의	불안, 초조, 친지와의 상담 등 심리적 갈등, 흉기·용구의 준비, 현장의 사전답사, 알리바이 공작 등
		범행 중	목적달성에 용이한 방법, 숙지·숙달된 기술 선호
		범행 후	특수한 꿈·잠꼬대, 피해자에 대한 위로, 친지 등에의 고백, 자살, 도주, 증거인멸, 변명준비 등
	이상심리		심리과장으로 합리적인 일관성이 결여
범인의 사회관계에 의한 범죄징표	사회적 지문(예 성명, 가족, 주거, 경력, 직업 등), 목격자, 소문		
자연현상에 의한 범죄징표	지문, 족적, 일시, 물건의 특징, 물건의 이동		
문서에 의한 범죄징표	문자, 잉크, 종이의 질(지질)의 감정		

009 범죄징표는 일반적으로 범인의 생물학적 특징에 의한 범죄징표, 범인의 심리적 특징에 의한 범죄징표, 범인의 사회관계에 의한 범죄징표, 자연현상에 의한 범죄징표, 문서에 의한 범죄징표로 분류된다. 다음 중 범인의 생물학적 특징에 의한 범죄징표는 모두 몇 개인가?

13 2차

| ㉠ 성명 | ㉡ 혈액형 | ㉢ 미신 | ㉣ DNA | ㉤ 인상 | ㉥ 원한 |

① 2개   ② 3개   ③ 4개   ④ 5개

해설
㉠ 범인의 **사회관계**에 의한 범죄징표이다.
㉢㉥ 범인의 **심리적 특징**에 의한 범죄징표이다.

010 수사수단의 방향 중 종적수사에 해당하는 설명은 모두 몇 개인가?

10 1차

| ㉠ 시간과 노력에 비해 비경제적이다. |
| ㉡ 수집된 자료에 의한 수사이다. |
| ㉢ 범인에게 도달하는 수사이다. |
| ㉣ 범행에 관련된 모든 자료의 발견 · 수집이 목적이다. |

① 1개   ② 2개   ③ 3개   ④ 4개

해설
㉠㉣: 횡적수사 / ㉡㉢: 종적수사

구분	횡적수사	종적수사
의의	폭을 넓혀 가는 수사로 범행에 관계있는 자료의 발견 · 수집을 목적으로 하는 수사활동(**자료수집을 위한 수사**)	깊이 파고드는 수사로 수집된 특정자료의 성질, 특징 등을 깊이 관찰하여 범인에 도달하는 수사활동(**자료수집에 의한 수사**)
종류	현장관찰, 탐문수사, 행적수사, 미행수색, 감별수사	유류품 수사, 수법수사, 장물수사, 인상특징수사, 수배수사
단점	노력과 시간에 있어 **비경제적**이다.	한정된 자료로 **판단을 그르칠 가능성**이 있다.
장점	광범위한 자료수집으로 사건의 **신중한** 판단 및 수사의 확실성을 기할 수 있다.	특정의 자료를 통한 집중적 수사활동으로 신속한 범인 검거를 기대할 수 있다.

011 수사의 수단에 관한 설명이다. 이에 대한 설명으로 가장 적절하지 <u>않은</u> 것은?

16 2차

① 추리수사는 듣는수사와 보는 수사의 보충적 수사로 추리의 선에 따라 수사자료를 입수하는 수사수단이다.

② 횡적수사는 폭을 넓혀 가는 수사이며, 범행과 관계있는 자료의 발견·수집을 목적으로 하는 수사활동으로 현장관찰, 탐문수사가 이에 해당한다.

③ 종적수사는 깊이 파고드는 수사이며, 수집된 특정 자료의 성질, 특징 등을 깊이 통찰하여 범인에 도달하는 수사활동으로 유류품수사, 행적수사가 이에 해당된다.

④ 횡적수사는 노력과 시간에 있어 비경제적이고, 종적수사는 한정된 자료로 판단을 그르칠 가능성이 있다.

> **해설**
> ③ 행적수사는 횡적수사의 종류에 해당한다.

012 수사수단의 방향을 설명하는 개념으로 횡적수사와 종적수사가 있다. 종적수사에 해당하는 것은 모두 몇 개인가?

11 2차

㉠ 탐문수사	㉡ 수법수사	㉢ 행적수사	㉣ 장물수사	㉤ 미행
㉥ 감별수사	㉦ 인상특징수사	㉧ 수색	㉨ 유류품 수사	㉩ 현장관찰

① 3개   ② 4개   ③ 5개   ④ 6개

> **해설**
> ㉠㉢㉤㉥㉩: 횡적수사 / ㉡㉣㉦㉨: 종적수사

013 수사자료에 대한 설명으로 틀린 것은?

10 1차

① 수사자료는 수사과정에서 범인 및 범죄사실을 명백히 하는데 이용된다.

② 수사자료의 종류에는 기초자료, 사건자료, 감식자료, 참고자료가 있다.

③ 수사자료 중 외근형사가 평소 외근활동을 하면서 관내 우범자 동향을 관찰하여 수집하는 자료는 사건자료이다.

④ 수사자료는 공판에서 증거로 제출되기도 한다.

해설

③ 수사자료 중 외근형사가 평소 외근활동을 하면서 관내 우범자 동향을 관찰하여 수집하는 자료는 기초자료이다.

기초자료	구체적인 사건수사와 관계없이 범죄가 발생하였을 때 수사에 제공하기 위하여 평소의 수사활동을 통하여 수집되는 자료 (널리 범죄와 관계있는 사회적 사정·통계, 죄를 범할 우려가 있는 자 수사상 주의를 요한다고 인정되는 자의 동향 등에 대한 자료)
사건자료	구체적인 사건수사와 관련하여 그 사건의 수사방침수립과 범인 및 범죄사실의 발견을 위하여 수집되는 자료 내탐에 의한 자료: 탐문, 미행, 잠복 등의 결과 유형의 자료: 유류(물)품 무형의 자료: 수법, 구술, 냄새

014 수사자료에 관한 다음 설명 중 적절하지 않은 것은 모두 몇 개인가?

14 2차

㉠ 수사자료의 종류는 기초자료, 감식자료, 사건자료, 참고자료가 있다.

㉡ 기초자료는 범죄해결을 위해 범죄 발생 후 수집하는 자료이다.

㉢ 죄를 범할 우려가 있는 자의 동향(우범자동향)은 사건자료에 해당한다.

㉣ 수사과정의 반성, 분석, 검토를 통하여 얻어진 자료는 참고자료에 해당한다.

㉤ 사건자료에는 유류품, 수법, 탐문에 의한 자료 등이 있다.

① 1개　　　　② 2개　　　　③ 3개　　　　④ 4개

해설

㉡ 기초자료는 **범죄 발생 전** 수집하는 자료이며, 구체적인 범죄사건과 관계없이 범죄가 현실적으로 발생하였을 때 수사에 제공하기 위하여 수사활동을 통하여 수집되는 자료이다.

㉢ 죄를 범할 우려가 있는 자의 동향(우범자 동향)은 범죄 발생 전 평소 수사활동을 통하여 수집되는 자료로 기초자료에 해당한다.

015 수사자료의 종류에 관한 다음 내용 중 〈보기1〉, 〈보기2〉 및 〈보기3〉을 가장 적절하게 연결한 것은?

12 3차

〈보기1〉
㉠ 구체적인 범죄사건과 관계없이 범죄가 현실적으로 발생했을 때 수사에 제공하기 위하여 평소 수사활동을 통해 수집되는 자료
㉡ 구체적인 범죄사건 수사와 관련하여 그 사건의 수사방침 수립과 범인 및 범죄사실의 발견을 위하여 수집되는 모든 자료
㉢ 수사를 과학적으로 추진하기 의하여 과학의 지식과 기술을 이용해서 범인의 발견·범죄의 증명에 활용되는 자료
㉣ 수사과정의 반성·분석·검토를 통하여 얻어진 자료로서 차후의 수사에 활용될 수 있는 자료

〈보기2〉
ⓐ 사건자료 ⓑ 참고자료 ⓒ 기초자료 ⓓ 감식자료

〈보기3〉
㉮ 내탐에 의한 자료(탐문, 미행, 은신, 파수 등)
㉯ 수사성패의 교훈과 새로 발견된 범행수법
㉰ 지문, 유전자, 혈액형
㉱ 죄를 범할 우려가 있는 자의 동향(우범자 동향)

① ㉠ – ⓑ – ㉮
② ㉡ – ⓐ – ㉯
③ ㉢ – ⓓ – ㉰
④ ㉣ – ⓒ – ㉱

해설
㉠ – ⓒ – ㉱, ㉡ – ⓐ – ㉮, ㉢ – ⓓ – ㉰, ㉣ – ⓑ – ㉯

016 범죄징표와 수사선에 대한 설명으로 **틀린** 것은?

09 2차

① 범죄징표이론은 합리적 지식에 기초한 이론면이다.

② 수사선은 추리와 자료수집의 선이다.

③ 범죄징표란 기존사실을 기초로 하여 수사선을 방사함으로써 진전되는 것이다.

④ 수사선은 범죄징표에서 범죄로의 추리의 체계화이다.

해설

③ 수사선은 범죄징표이론을 특정사건 수사에 응용하는 것으로 수사는 확정된 사실이 수집되고 다시 수집된 기정의 사실을 기초로 미확정의 사실을 향하여 수사선을 방사함으로써 진전되는 것이다.

구분	범죄징표	수사선
특징	합리적 지식에 기초한 이론면이다.	범죄징표이론을 특정사건의 수사에서 응용하는 것으로 수사는 확정된 사실이 수집되고, 다시 기정의 사실을 기초로 미확정의 사실을 향하여 수사선을 방사함으로써 진전되는 것이다.
비교	**'어떠한 범행이 그러한 범적을 남기는 가'라는 결과**를 확인하는 '범행에서 징표'로의 방법이다.	범적을 보고 **'어떠한 범죄에서 비롯된 것이 다.'라는 원인**을 밝히는 '범죄징표에서 범죄로'의 추리의 체계화이다.

017 범죄수사 3대원칙으로 가장 적절하지 **않은** 것은?

16 승진

① 신속착수의 원칙   ② 현장보존의 원칙

③ 공중협력의 원칙   ④ 사실판단 증명의 원칙

해설

④ 범죄수사 3대원칙(3S의 원칙)에는 현장보존의 원칙, 공중협력의 원칙, 신속착수의 원칙이 있다. 사실판단증명의 원칙은 수사실행의 5원칙이다.

ANSWER   016 ③   017 ④

018 다음은 수사의 제 원칙을 설명한 것이다. 가장 적절하지 <u>않은</u> 것은?

13 2차

① 수사의 기본원칙으로 영장주의, 강제수사 법정주의, 자기부죄강요금지의 원칙, 임의수사의 원칙, 제출인 환부의 원칙, 수사비공개원칙, 수사비례의 원칙이 있다.

② '범죄현장은 증거의 보고'라는 말처럼 범죄현장이 멸실되지 않도록 보존하고 철저히 관리하여야 한다는 내용은 현장보존의 원칙과 관련이 있다.

③ 수사실행의 5원칙으로 수사자료의 완전수집의 원칙, 수사자료의 감식·검토의 원칙, 적절한 추리의 원칙, 검증적 수사의 원칙, 사실판단의 증명의 원칙이 있다.

④ 범죄수사의 3대원칙(3S원칙)으로 신속착수의 원칙, 현장보존의 원칙, 법령엄수의 원칙이 있다.

> **해설**
> ④ 범죄수사의 3대원칙(3S원칙)으로 현장보존의 원칙, **공중협력의 원칙**, 신속착수의 원칙이 있다. 법령엄수의 원칙은 범죄수사상의 준수원칙이다.

019 수사의 기본이념과 원칙에 대한 다음 설명 중 옳은 것은 모두 몇 개인가?

12 3차

> ㉠ 수사실행의 5원칙은 수사자료 완전수집의 원칙, 수사자료 감식·검토의 원칙, 적절한 추리의 원칙, 종합수사의 원칙, 사실판단 증명의 원칙이 있다.
>
> ㉡ 수사지도원리의 제도적 표현인 수사의 기본원칙으로는 제출인환부의 원칙, 자기부죄강요금지원칙, 영장주의, 수사공개원칙, 임의수사의 원칙, 강제수사법정주의, 수사비례원칙이 있다.
>
> ㉢ 범죄수사상의 준수원칙에서 '사건에 관하여 증거를 확보한 후 범인을 체포하여야 한다.'는 내용은 선포후증의 원칙에 대한 설명이다.
>
> ㉣ 수사비례원칙은 강제수사에만 적용된다.

① 0개   ② 1개   ③ 2개   ④ 3개

> **해설**
> ㉠ 수사실행의 5원칙은 수사자료 완전수집의 원칙, 수사자료 감식·검토의 원칙, 적절한 추리의 원칙, **검증적 수사의 원칙**, 사실판단 증명의 원칙이 있다. 종합수사의 원칙은 범죄수사상의 준수원칙이다.
> ㉡ 수사지도원리의 제도적 표현인 수사의 기본원칙으로는 제출인환부의 원칙, 자기부죄강요금지원칙, 영장주의, **수사비공개원칙**, 임의수사의 원칙, 강제수사법정주의, 수사비례원칙이 있다.
> ㉢ 범죄수사상의 준수원칙에서 '사건에 관하여 증거를 확보한 후 범인을 체포하여야 한다.'는 내용은 **선증후포**의 원칙에 대한 설명이다.
> ㉣ 수사비례의 원칙은 임의수사와 강제수사 모두에 필요하다.

020 수사의 여러 원칙에 대한 설명 중 가장 적절하지 <u>않은</u> 것은?

11 1차

① 수사실행 5대 원칙의 진행순서는 일반적으로 수사자료 완전수집의 원칙 → 수사자료 감식 · 검토의 원칙 → 적절한 추리의 원칙 → 검증적 수사의 원칙 → 사실판단 증명의 원칙 순이다.

② 수사실행 5대 원칙 중 사실파단 증명은 수사사항의 결정 → 수사방법의 결정 → 수사실행 순으로 검토한다.

③ 수사기관이 압수물을 환부함에 있어서는 제출인에게 환부함을 원칙으로 한다.

④ 강제수사법정주의, 자기부죄강요금지의 원칙, 영장주의의 원칙은 헌법상의 원칙이다.

해설

② 검증적 수사의 원칙에서 검증하는 순서는 수사사항의 결정 → 수사방법의 결정 → 수사실행 순이다.

021 다음 중 수사에 대한 설명으로 <u>틀린</u> 것은 모두 몇 개인가?

12 1차

㉠ 사인의 현행범체포는 수사가 아니나 경찰관의 불심검문은 수사처분에 해당한다.

㉡ 수사요소의 충족 중 4하 원칙은 주체, 일시, 장소, 행동 · 결과이다.

㉢ 살인사건 용의자 A, B, C에 대하여 알리바이수사를 통해 C를 진범으로 판단하는 것은 하강과정에 해당한다.

㉣ 수사는 당사자주의적 과념 희박, 법률적인 색채의 미약, 법적안정성의 요청 등을 특성으로 한다.

㉤ 수사실행의 5대 원칙 중에서 제1법칙은 수사자료 완전수집의 원칙이다.

① 1개　　　　② 2개　　　　③ 3개　　　　④ 4개

해설

㉠ 사인의 현행범체포는 수사기관의 활동이 아니므로 수사가 아니며, **수사의 단서**에 해당한다.

㉢ 상승과정에 해당한다. 하강과정은 하나의 범죄사실로 다수의 용의자를 선정하여 거기에서 합리성 있는 추리를 전개하는 것이다.

㉣ 수사는 탄력성, 임기응변성, 기동성, 합목적성의 요청, 법률적인 색체의 미약, 당사자주의 관념희박, 대상의 다양성과 불예측성을 특성으로 한다. **법적안정성의 요청은 이에 해당하지 않는다.**

ANSWER　020 ②　021 ③ / ㉠, ㉢, ㉣

022 다음 설명 중 옳지 <u>않은</u> 것은 모두 몇 개인가?

11 경간

> ⊙ 수사실행 5대원칙 중 적절한 추리의 원칙에서 검증하는 순서는 '수사사항의 결정 → 수사방법의 결정 → 수사의 실행'순이다.
> ⓛ 수사개시를 위한 범죄혐의는 주관적 혐의를 말하며, 다만 구체적 사실에 근거를 둔 혐의일 것을 요한다.
> ⓒ 고소·고발 사건 접수 시 범죄인지서를 작성해야 한다.
> ② 경찰관 내사, 불신검문, 변사체검시, 주택가 순찰 등은 수사활동에 포함된다.
> ⓜ 실질적 의의의 수사는 목적 또는 내용에 관한 실체적 측면에서의 수사를 말하는 것으로 합리성이 요구된다.
> ⓗ 형사 A가 강도사건에 있어 '범인이 왜 그 시간을 택했는가, 그 시간이 행위의 어떤 점에 영향을 주었는가' 등을 조사하는 이유는 사건의 형태성을 규명하고자 하는 것이다.

① 2개　　　　② 3개　　　　③ 4개　　　　④ 5개

해설

⊙ 검증하는 순서는 '수사사항의 결정 → 수사방법의 결정 → 수사의 실행'이다.
ⓒ 고소, 고발, 자수, 검사 수사지휘의 경우 **범죄인지서를 작성하지 않는다.**
② 단순히 범죄혐의 여부를 확인하는 내사, 경찰관의 불심검문, 변사체 검시,순찰는 수사활동이 아니다.
ⓗ 형사 A가 강도사건에 있어 '범인이 왜 그 시간을 택했는가, 그 시간이 행위의 어떤 점에 영향을 주었는가' 등은 **행동의 필연성**을 규명하고자 하는 것이다.

023 사법경찰관의 수사활동 중 검사의 사전 지휘를 요하지 <u>않은</u> 것은?

11 해경

① 압수장물의 피해자 환부
② 사법경찰관리가 관할 외에서 수사하는 경우(긴급을 요하는 경우 제외)
③ 압수물의 위탁보관과 폐기
④ 실황조사

해설

사전에 검사의 지휘를 받지 않는 경우	체포한 현행범 석방,행정검시, 이송할 때, 실황조사를 할 때 내사종결, 긴급체포된 자 석방, 수사개시

024 경찰에 독자적 수사권한을 부여하자는 논거에 대한 설명으로 가장 거리가 먼 것은?

10 승진

① 명령통일의 원리에 위배하고 있다.

② 피의자신문조서에 대한 증거능력의 차등으로 인해 이중 조사가 이루어지고 있다.

③ 법률전무가인 검사가 수사의 전과정을 지휘함으로써 법률지식의 미흡에서 올지도 모르는 법집행의 왜곡을 막고, 국민의 인권옹호에 더 충실할 수 있다.

④ 국가공권력의 대표격인 수사권을 공소권까지 가지고 있는 소수의 검사에게 독점시켜 견제장치 없는 현실에서는 검찰의 권력남용의 우려가 있다.

> **해설**
>
> ③ 법집행의 왜곡방지에 대한 내용으로 경찰에 독자적 수사권 부여에 대한 반대론 입장이다.
>
> | 찬성론 | 반대론 |
> |---|---|
> | ㉠ 국민의 편익저해 | |
> | ㉡ 현실과 법규범의 괴리 | ㉠ 수사란 공소제기를 위한 행위 |
> | ㉢ 행정조직원리인 명령통일의 원리에 위배 | ㉡ 적정절차와 인권존중 |
> | ㉣ 권한과 책임의 불일치 | ㉢ 법집행의 왜곡방지 |
> | ㉤ 경찰업무의 과중화 | ㉣ 경찰로의 권력집중 방지 |
> | ㉥ 수사요원의 사기저하 | ㉤ 범죄에 대한 효율적 대치 |
> | ㉦ 검찰로의 권력집중 | ㉥ 경찰국가화 |
> | ㉧ 공소권의 순수성 보장 | |

025 수사의 종결형식에 대한 설명 중 가장 적절하지 않은 것은?

① 피의사실이 인정되지 아니하거나 피의사실을 인정할 만한 증거가 없는 경우 혐의 없음 처분을 한다.

② 피의사건에 대하여 소송조건이 결여된 경우는 공소권 없음 처분을 한다.

③ 피의사실이 범죄를 구성하지 아니하는 경우는 죄가안됨 처분을 한다.

④ 고소장 기재에 의해 고소사실을 처벌 할 수 없음이 명백한 경우는 각하처분을 한다.

> **해설**
>
> ③ 혐의 없음이다. 죄가안됨은 위법성 조각사유나 책임조각사유가 필요하다.

026 다음 중 수사의 종결형식에 대하여 <u>틀린</u> 것은 모두 몇 개인가?

> 가. 피의사실이 인정되지만 피의자가 사망한 경우 '공소권 없음'
> 나. 고소고발사건에 대하여 혐의 없음, 죄가안됨, 공소권 없음이 명백한 경우 '각하'
> 다. 고소인이 소재불명인 경우에는 '기소중지'
> 라. 상해죄에 있어서 정당방위가 인정된다면 '죄가안됨'
> 마. 피의자의 행위가 구성요건해당성이 있으나 이를 입증할 증거가 불충분한 경우 '혐의없음'
> 바. 강간죄의 경우 수사 도중 고소가 취소되면 '공소권 없음'

① 1개   ② 2개   ③ 3개   ④ 4개

해설
다: 참고인 중지.
바: **친고죄가 아니므로** 수사가 가능하다.

제2장

범죄수사

제2장 범죄수사

제1절 수사첩보

1 수사첩보 기출

수사첩보는 수사와 관련된 범죄첩보(대상자, 혐의내용, 증거자료)와 정책첩보(수사제도 및 형사정책 개선, 범죄예방 및 검거대책)를 말한다. 적시성, 정확성, 활용성 필요

(1) 평가

구분	수사첩보		일반첩보
	범죄첩보	정책첩보	
특보(10점)	• 전국단위 기획수사에 활용될 수 있는 첩보 • 2개 이상의 지방청과 연관된 중요사건 첩보 등 경찰청에서 처리	전국적 활용 · 시행	**상보(15점~20점)**
중보(5점)	2개 이상 경찰서와 연관 지방청 처리	지방청 활용 · 시행	**중보(5점~10점)**
통보(2점)	경찰서 단위	경찰서 활용 · 시행	**통보(2점)**
기록(1점)	추후 활용할 가치가 있는 첩보	추후 활용 · 시행	보완(1점)
참고	수사업무에 참고	수사업무에 참고	

(2) 수집기준량(견문수집 및 처리규칙)

수사 · 형사 외근 요원은 **4건 이상**의 수사첩보를 수집 · 보고하고, 수사내근 1건 이상, 지구대 · 파출소 · 분소직원은 **2건 이상**의 수사첩보를 수집 · 보고하도록 한다.

(3) 제출방법

수사첩보는 **CIAS(Crime Intelligence Analysis System)**를 통하여 작성, 제출하고 수사 중이거나 수사종결된 사건 및 허위의 사실을 첩보로 제출해서는 안 되며, 평가 책임자가 사실확인을 요구할 수 있다.

(4) 첩보 평가 및 기록관리 책임자

경찰청 과학수사센터장, 지방경찰청 및 경찰서 형사과장, 단 형사과 미설치 관서는 수사과장으로 하되 수사, 형사기능이 분리된 관서는 수사, 형사과장이 죄종별로 분류하여 평가한다.

(5) 이송

첩보는 수집관서에서 처리하는 것이 원칙이나 평가 책임자는 첩보에 대해 **범죄지, 피내사자의 주소 · 거소 또는 현재지** 중 관할권이 없는 경우 이송할 수 있다.

> **범죄첩보의 특징** 기출
>
> 1. 시한성: 수집시기 및 내사착수시기가 중요하며 시간이 경과함에 따라 가치 감소
> 2. 가치변화성: 수사기관에 필요성에 따라 가치가 달라지고 일반인에게는 불필요한 경우도 있다.
> 3. 결합성: 기초첩보가 다른 첩보와 결합하여 사건첩보가 되거나, 하나의 사건첩보가 다른 사건첩보와 결합 · 가공함으로써 다른 범죄첩보가 된다.
> 4. 결과지향성: 범죄첩보는 수사를 시작하여 사건으로서 이어져야 한다.
> 5. 혼합성: 범죄첩보는 원인과 결과가 필요하다.

1) 범죄첩보분석시시템(Criminal Inteligence Analysis System)

수사첩보의 작성, 수집 평가, 배당 등 전과정을 전산화한 시스템으로서 경찰청 과학수사 센터에서 구축 · 운영하고 있다.

> **수사정보비지급**
>
> 1. 근거규정: 수사정보비취급규칙(훈령 제514호)
> 2. 수사정보비의 용도(동규칙 제2조)
>   ① 범죄 및 형사자료 수집비: 국내외의 각종 범죄수법, 형사제도 범죄기사, 지식자료 등을 수집하기 위하여 필요한 경우에 사용한다.
>   ② 범죄정보수집비: 수사경찰관이 확보한 정보원 또는 기타 각종 제보자에게 지급하는 경우에 사용한다.
>   ③ 활동비: 수사경찰관이 근무함에 있어서 스스로 범죄정보를 수집하거나 내사, 미행 또는 감사활동을 하는 경우에 사용한다.
>   ④ 특수공작비: 마약범, 밀수범, 위조범 등 특수한 범죄를 수사하는 경우에 루트잠복, 매수자 가장, 중개자 매수, 비밀공작원의 투입 등 사범 검거에 필요한 각종 수사공작비로서 한다.

⑤ 일반범죄수사비: 살인, 방화, 강도범 등 일반범죄에 있어서 범인추척, 증거수집, 비밀공작원의 확보 및 활동, 공범자와의 접선공작 등 수사활동에 필요한 경우에 사용한다.

⑥ 수사지원비: 경찰청에서는 지방경찰청, 지방경찰청에서는 경찰서의 신청에 의하여 특수상황을 참작하여 수사비를 지원할 필요가 있을 경우에 사용한다.

⑦ 기타
- 범죄검거 유공자 시상금
- 중요사건의 범인수색비 및 현상비
- 현장증거 감식비
- 수사경찰관이 수사업무를 수행하거나 일반인이 수사에 협조하다가 부상을 입었을 경우의 긴급치료비
- 범죄수사를 위한 긴급 회의 시의 회의비

② 수사첩보의 수집

경찰관이 업무를 수행하면서 문제의식을 가지고 사물을 관찰함으로써 정확한 사회문제 파악을 하고 경찰 범죄와 관련된 수사첩보를 발굴·수집하여야 한다. 관계기관·단체, 비공식 조직 등과의 연락을 하고 **탐문, 관찰, 내탐, 불심검문(면담, 질문, 조사)** 기타 활동을 통하여 범죄첩보를 입수하고 정보원 관리를 한다.

(1) 수사첩보의 수집요령

① 사전의 준비
적합한 상대방을 선정하고 편한 분위기의 시간과 장소를 선택한다. 면담 전에 취미·기호 등을 알아두면 도움이 된다.

② 면담
적당한 화제를 내놓아서 상대방의 긴장과 불안을 없애고 편안한 말씨나 태도로 대한다. 대화의 내용은 상대방이 6할, 경찰관이 4할 정도의 비율로 한다(상대방의 안색·동작의 변화 등에 유의). 명령 또는 강요하는 것 같은 인상을 주지 않도록 하여야 한다.

③ 보고
보고시기가 늦어지면 첩보의 가치는 감소하므로 수사상 참고사항 또는 범죄에 관계 있다고 인정되는 사항은 상사에게 신속하게 보고하여야 한다.

(2) 첩보의 종합적 검토

이해관계 또는 다른 목적이 있는지 여부를 확인하기 위해서 첩보제공자에 대하여는 그 성별, 연령, 직업, 경력, 자산, 사회적 지위, 성격, 소행, 전과의 유무 등을 종합하여 첩보의 신빙성 여부와 정보제공의 이유를 검토하여야 한다.

(3) 첩보의 처리(수사첩보 수집 및 처리규칙 제8조)

입수한 수사첩보는 **CIAS**를 통하여 신속처리하고 입수한 첩보와 관련하여 당해 관서에서 처리하기가 적합하지 않은 사유가 있는 경우 상급관서에서 처리할 수 있도록 지체 없이 보고한다. 또한 특별승진 또는 포상하고, 수사착수 전에 누설되는 일이 없도록 보안을 유지한다.

제2절 수사의 단서

1 수사기관 직접체험에 의한 경우

(1) 현행범인의 체포(형사소송법 제212조)

현행범은 수사기관뿐만 아니라 사인(私人)도 체포할 수 있고, 현행범 체포로 인하여 수사가 시작된다.

(2) 불심검문 기출

경찰관은 수상한 거동 기타 주위의 사정을 합리적으로 판단하여

  ㉠ 어떠한 죄를 범하였다고 의심할 만한 상당한 이유가 있는 자(피의자)

  ㉡ 범하려 하고 있다고 의심할 만한 상당한 이유가 있는 자(우범자) 또는

  ㉢ 이미 행하여진 범죄나 행하여지려고 하는 범죄행위에 관하여 그 사실을 안다고 인정되는 자(참고인)를 정지시켜 질문할 수 있다(경찰관직무집행법 제3조).

불심검문의 실시요령 및 사후조치

1. 실시요령
   ㉠ 정지: 대상을 정지시키고, 여유를 두고 말을 건다.
   ㉡ 검문요령
      행선지, 출발지, 용건, 경유지, 주소, 본적, 출생지, 직업, 성명, 연령, 가정 상황 및 주위상황을 질문하고 시간·장소·복장·소지품 관계, 검문 중 안색의 변화, 태도·동작의 변화, 휴대품의 포기, 검문 후 자기가 말하였던 길로 가지 않은 모양
   ㉢ 소지품 검사
      종류 및 수량, 소지품은 가능한 한 상대방에게 꺼내도록 한다.
   ㉣ 신체수색·검사
      승낙을 얻고, 장소와 위치를 선정하여 은닉의 우려가 있는 머리카락, 입, 귀, 옷깃, 소매 끝, 벨트 속, 바지의 무릎대, 장갑, 신발, 구두 밑 등에 주의
   ㉤ 사고방지
      상대방의 행동에 세심한 주의를 하고 뜻밖의 공격에 대비하고 경찰봉 등의 기자재를 언제나 사용할 수 있도록 준비해 둔다.
   ㉥ 동행 시 유의사항
      임의동행 시 양쪽 팔을 잡는 등 강제연행이 되지 않도록 하고, 6시간을 초과하여 경찰관서에 머물게 해서는 안 된다. 자살할 우려가 있으므로 주의를 기울인다.

---

2. 사후조치: 협력에 사의를 표하고, 상대방을 납득시키고, 헤어진 후 상대방의
   행동에 주의한다.

3. 불심검문 시 한계
   ㉠ 정지
      앞에서 가로 막거나 뒤에서 어깨에 손을 얹는다.
   ㉡ 소지품 검사
      신체수색이나 휴대품 조사
   ㉢ 동행
      당해인에게 불리한 경우, 교통소통에 장애가 되는 경우

(3) 변사자 검시(형사소송법 제222조) 기출

자연사 이외의 부자연사에 의한 사체를 변사자라 한다. 변사체의 사안을 규명하여 자·타살 여부를 명확히 하고 **범죄에 기안한 것**일 때에는 수사의 단서가 된다. 신원불상 변사체의 신원을 파악함으로써 범죄수사에 활용하고 사체를 유가족에게 인도함을 목적으로 한다.

수사기관이 사망의 원인에 대하여 법률적 판단을 하는 **검시(檢視)**와 의사가 행하는 것으로 사망의 원인에 대하여 의학적 판단을 하는 **검시(檢屍)**가 있다.

① 변사사건 처리의 법적 근거

　㉠ **형사소송법 제222조**(변사자 검시)

　　변사자 또는 변사의 의심 있는 사체가 있는 때에는 그 소재지를 관할하는 지방검찰청 검사가 검시하여야 한다. 범죄의 혐의를 인정하고 긴급을 요할 때에는 영장없이 검증할 수 있다. 검사는 사법경찰관에게 검시를 명할 수 있다.

　㉡ 벌칙 기출

　　ⓐ 형법 제163조(변사자검시방해죄)

　　ⓑ 경범죄처벌법 제1조 제6호(시체현장변경 등), 제1조 제7호(요부조자등신고불이행)

　　ⓒ 의료법 제26조(변사체의 신거): 의사·치과의사·한의사 및 조산사는 사체를 검안하여 변사한 것으로 의심되는 사체의 소재지를 관할하는 경찰서장에게 신고하여야 한다.

② 변사사건 처리요령 기출

　㉠ 변사체 발견·보고

　　ⓐ 경찰관은 변사자 또는 변사로 의심되는 사체를 발견하거나 사체가 있다는 신고

를 받았을 때에는 즉시 **관할 경찰서장**에게 보고하여야 한다(범죄수사규칙 제31
조 제1항).

ⓑ 사법경찰간은 형사소송법 제222조 규정에 따른 검시가 이루어질 수 있도록 즉
시 **관할 지방 검찰청 또는 지청의 검사에게 보고하여 지휘**를 받아야 한다(동
조 제2항).

> **보고사항**
>
> 1. 발견일시 · 장소와 발견자의 주거, 직업, 성명, 연령
> 2. 발견경위, 발견자의 신고일시, 사망의 추정 년 · 월 · 일 · 시, 사체의 상황
> 3. 의견, 사인(특히 범죄행위의 기인 여부), 소지금품 등 증거품 및 참고사항
> 4. 변사자의 주거, 직업, 성명, 연령, 성별(판명되지 않을 때에는 인상, 체격,
>   추격, 연령, 특징, 착의 등)

ⓛ 검시의 대행 기출

   ⓐ **사법경찰관**은 검사로부터 검시 대행 지휘를 받았을 때에는 **직접 검시**하여야 한다.

   ⓑ 사법경찰관은 의사를 참여시켜 사체를 검시하고 그 결과를 경찰서장과 검사에
게 보고하여야 한다.

   ⓒ 사법경찰관은 검시를 할 때 검시조서를 작성하여야 하며, **변사자의 가족, 친
족, 이웃사람, 관계자 등의 진술조서**를 작성하였을 때에는 의사의 사체검안서
와 촬영한 사진 등과 같이 검시조서에 첨부하여야 한다.

ⓒ 검시의 참여인

   검시를 함에 있어서는 사법경찰관리는 검시에 특별한 지장이 없다고 인정할 때에
는 **변사자의 가족 · 친족 · 이웃사람 · 친구, 시 · 군 · 구 · 읍 · 면 · 동의 공무원**
그밖에 필요하다고 인정되는 자를 참석시켜야 한다.

ⓓ 검시시의 조사사항(범죄수사규칙 제34조 제1항)

   ⓐ 변사자의 등록기준지 또는 국적 · 주거 · 직업 · 성명 · 연령과 성별

   ⓑ 변사장소 주의의 지형과 사물의 상황

   ⓒ 변사자의 위치 · 자세 · 인상 · 치아 · 전체의 형상 · 인상 · 문신 그밖의 특징

   ⓓ 사망의 추정연월일시

   ⓔ 사인(특히 범죄행위에 기인하는가의 여부)

   ⓕ 흉기 그 밖의 범죄행위에 사용되었다고 의심되는 물건

   ⓖ 발견 일시와 발견자

   ⓗ 의사의 검안과 관계인의 진술

ⓘ 소지금품 및 유류품

ⓙ 착의 및 휴대품

ⓚ 참여인

ⓛ 중독사의 의심이 있을 때에는 증상, 독물의 종류, 중독에 이른 경위 등

⑪ 검시를 행함에 있어서 주의사항(동규칙 제34조 제2항) 기출

　ⓐ 검사에 착수하기 전에 **변사자의 위치·상태 등이 변하지 않도록 현장을 보존**할 것

　ⓑ 변사자의 소지금품이나 그밖에 유류한 물건으로서 수사에 필요가 있다고 인정할 때에는 이를 보존하는 데 유의할 것

　ⓒ 잠재지문과 변사자 지문채취에 유의하고 의사로 하여금 **사체검안서**를 작성하게 할 것

　ⓓ 자살자나 **자살의 의심 있는 시체를 검시할 때에는 교사자 또는 방조자의 유무, 유서**기출가 있을 때에는 그 진위를 조사할 것

⑭ 검시에 연속된 수사(동규칙 제36조)

　ⓐ 사법경찰관이 검시를 한 경우에 사망이 범죄에 기인한 것으로 인정될 때에는 즉시 경찰서장과 당해 검시를 지휘한 검사에게 보고하는 동시에 수사를 개시하여야 한다(동조 제1항).

　ⓑ 사법경찰관은 검시의 경우에 있어서 수사에 필요한 때에는 **압수·수색·검증영장**을 발부받아 검증을 하되 의사에게 사체의 해부를 위촉하여야 한다. 다만, 긴급을 요할 때에는 영장 없이 검증을 할 수 있으나, 이 경우에는 사후에 **지체 없이 영장**을 발부받아야 한다(동조 제2항).

　ⓒ 이러한 검증을 한 경우에는 **검증조서와 감정서**만을 작성하고 검시조서의 작성을 생략할 수 있다(동조 제3항).

⑮ 사체의 인도(동규칙 제37조) 기출

　ⓐ 사법경찰관은 변사체를 검시한 결과 사망의 원인이 범죄로 인한 것이 아니라는 점이 명백히 인정되었을 때에는 검사의 지휘를 받아 소지금품 등과 같이 사체를 신속히 유족 등에게 인도하여야 한다.

　ⓑ 다만 사체를 인수할 자가 없거나, 그 **신원이 판명되지 않은 때**에는 사체가 현존하는 지역의 **시장, 군수, 구청장**에게 인도하여야 한다. 사체를 인도하였을 때에는 인수자로부터 **사체 및 소지금품인수서**를 받아야 한다.

　ⓓ 변사체는 후일을 위하여 매장함을 원칙으로 한다.

◎ 사진의 촬영과 지문의 채취(동규칙 제35조)

　　사법경찰관은 변사자에 관하여 검시·검증·해부·조사 등을 하였을 때에는 특히, 인상, 전신의 형상, 착의 그밖에 특징 있는 **소지품 촬영, 지문의 채취** 등을 하여 사후의 수사 또는 신원조사에 지장을 초래하지 않도록 하여야 한다.

ⓩ 가족관계의 등록 등에 관한 법률에 의한 통보 기출

　　ⓐ 사법경찰관은 변사체의 검시를 한 경우에 사망자의 등록기준지가 분명하지 않거나 사망자를 인식할 수 없을 때에는 가족관계의 등록 등에 관한 법 제90조 제1항의 규정에 따라 지체 없이 **사망지역의 구·시·읍·면의 장**에게 검시조서를 첨부하여 사망통지서를 송부하여야 한다.

　　ⓑ 사법경찰관은 ⓐ에 따라 통보한 사망자의 등록기준지가 분명하여졌거나 사망자를 인식할 수 있게 된 때에는 가족관계의 등록 등에 관한 법률 제90조 제2항의 규정에 의하여 지체 없이 그 취지를 해당 구·시·읍·면의 장에게 통보하여야 한다.

> **가족관계의 등록 등에 관한 법률**
>
> 제90조(**등록불명자 등의 사망**) ① 사망자에 대하여 등록이 되어 있는지 여부가 분명하지 아니하거나 사망자를 인식할 수 없는 때에는 국가경찰공무원은 **검시조서를 작성·첨부하여 지체 없이 사망지의 시·읍·면의 장에게 사망의 통보**를 하여야 한다.
> ② 사망자가 등록이 되어 있음이 판명되었거나 사망자의 신원을 알 수 있게 된 때에는 국가경찰공무원은 지체 없이 사망지의 시·읍·면의 장에게 그 취지를 통보하여야 한다.
> ③ 제1항의 통보가 있은 후에 제85조에서 정한 사람이 사망자의 신원을 안 때에는 그 날부터 **10일 이내**에 사망의 신고를 하여야 한다.

⑤ 변사자의 수배요령

ㄱ 변사사건의 수배는 **긴급사건 수배요령**에 준하여 행하고, 긴급사건수배를 받는 지방경찰청에서는 긴급수배를 하여야 한다.

ㄴ **신원이 발견되지 않은 사건으로서 계속 수사할 필요가 있을 때에는 변사자수배카드**를 작성·관리한다. 기출

ㄷ 변사자 발생 경찰서에서는 지문규칙 제8조에 의거하여 십지지문을 채취하여 경찰청과학수사센터에 조회하여 신원을 파악하는 한편, 변사자의 인상과 특징 등을 사진촬영하여 **변사자수배카드**를 작성·활용한다. 지문조회 시는 반드시 성별·연령·사망일시 및 장소 등을 기입·조회한다.

㉣ 경찰서에 작성한 변사자수배카드는 당해 지방경찰청에 송부하고, 지방경찰청에서는 그 카드를 피의자사진관리규정에 의한 신체특징종별기준법에 의거 분류·보관하여 연고자 열람 또는 경찰조회 등에 활용한다.

㉤ 타 시·도 연고지 경찰서에 수배가 필요한 때에는 변사자수배카드의 필요매수를 작성하여 연고지 지방경찰청에 한하여 수배한다.

사법검시 기출

1. 목적: 변사체의 **사인규명, 신원불상 변사체의 신원파악 및 유족에게 인도**하는 등 그 처리에 신속·적정을 기하기 위함이다.
2. 처리방침
- 변사자의 사인을 규명하여 자·타살 여부에 대한 명확한 판단
- **자연재해사, 행려병사**로 인한 시체 등 범죄와 관련이 희박한 사건은 사법검시 대상에서 제외하여 **행정검시로 완결**
- 변사사건의 처리지연으로 국민의 선량한 풍속감정을 해치거나 유족의 원성을 사는 일이 없도록 신속한 변사사건의 처리 및 시체를 유가족에게 인도

구분	사법검시 Ⅰ	사법검시 Ⅱ
대상	• 익사, 소사, 감전사, 추락, 약물 또는 가스중독사, 산업재해사, 교통사고 시체(단, **도주차량에 의한 사체, 암장시체, 표류익사체 제외**)기출 • 원거리, 도서지역 등 검사의 직접 검시로 시간이 현저하게 지연되는 지역의 모든 변사사건	• 살인, 강도 등 중요 강력사건에 기인한 변사사건 • 범죄 기인 여부 또는 **사인이 불명하여 부검을 요하는 변**사사건기출 • 유족이 사인을 다투는 사건 • **사회이목이 집**중된 변사사건 또는 중요인사에 대한 변사사건기출
요건	• 의사의 소견, 유족·발견자·목격자 등의 진술 및 현장조사결과 범죄에 기인하지 않은 **사실이 분명**하거나 • 범죄사실이 특정되어 고의 또는 과실에 기인한 변사체로서 • 부검이 필요가 없거나 **유족이 사인을 다투지 않는 변**사사건에 한함	
절차	발생보고 및 지휘건의 ⇨ 검사지휘 ⇨ 검시·검안·수사 ⇨ 유족에게 시체인도(신고를 접수한 때로부터 **12시간 이내**) ⇨ 종결	발생보고 및 지휘건의 ⇨ 검사지휘 ⇨ **압수·수색영장, 검증영장** ⇨ **부검** ⇨ 시체인도(신고를 접수한 때로부터 **24시간 이내**) ⇨ 수사 ⇨ 보고 ⇨ 범인검거 또는 내사종결기출

⑥ 행정검시 기출

행정검시는 **범죄와 관련이 없는 사체에 대한 처리를 간소화**하고 범죄에 기인되지 아니한 사체는 사법검시의 대상에서 제외하여 간단한 행정검시로 끝낼 수 있도록 하였다. 수재·낙뢰·파선 등 자연재해로 인한 사망자나 행려병사자로서 범죄에 기인되지 아니한 것이 명백한 사체는 행정검시를 진행한다.

㉠ 절차(동규칙 제3조) 기출

ⓐ 지구대장·파출소장은 관내에서 **변사체로 발견되거나 사체가 있다**는 신고를 받았을 때에는 즉시 범죄수사규칙 제31조 제2항에 의거하여 **지방검찰청 또는 지청의 검사**에게 보고하는 것과 동일한 내용을 **경찰서장**에게 보고하여야 한다.

ⓑ 지구대장·파출소장의 보고를 받은 경찰서징은 변사체가 행정검시에 해당한다고 인정할 때에는 지구대장등에게 행정검시를 명하고 행정검시의 명을 받은 지구대장등은 **의사의 검안을 거쳐 행정검시조서를 작성**하고 사체는 **즉시 유족에게 인도**하여야 한다.

ⓒ 행정검시를 행한 지구대장등은 **행정검시조서, 의사 검안서, 사체인수서를 첨부**하여 처리결과를 보고하여야 한다. 경찰서장은 지구대장등이 보고한 변사사건 발생보고서에 행정검시 결과보고서를 첨부하여 일자 순으로 빠짐없이 철하고 색인을 기록한 행정검시부를 비치하여야 한다.

㉡ 유의사항(동규칙 제4조)

지구대장등은 행정검시 도중에 사체가 **범죄**에 기인한 것으로 의심될 경우에는 지체 없이 **경찰서장에게 보고**하여야 하며, 경찰서장은 수사에 착수하여야 한다.

(4) 타시건 수사 중 범죄발견

수사 중인 당해 피의자 또는 그 이외의 자에 대해서 새로운 **범죄혐의**를 발견하게 되면 수사의 단서가 된다(별도의 사건번호). 새로 인지한 범죄사실에 대해서 고발이 소추조건인 경우에는 고발을 의뢰하거나 또는 이첩하고, 중요사건인 경우에는 **상급청에 보고**하여야 한다(공무원범죄인 경우에는 **소속장에게 수사개시를 통보**).

(5) 보도·기사·풍설 등 기출

범죄에 관한 신문 기타 출판물의 기사, 익명의 신고 또는 풍설이 있을 때에는 특히 출처에 주의하여 그 진상을 내사한 후 범죄혐의가 있다고 인정할 때에는 즉시 수사에 착수하여야 한다. 다만, 내사를 빙자하여 막연히 **관계인의 출석을 요구하거나 물건을 압수하는 일이 없도록 하여야 한다**(사법경찰관리집무규칙 제20조 제1항).

2 타인에 의한 단서

(1) 고소

범죄의 피해자 또는 기타 고소권자가 수사기관에 대하여 범죄사실을 신고하여 범인의 소추를 구하는 의사표시이다. 고소는 **수사기관에 대한 신고**로 법원에 진정서를 제출하거나 범인의 처벌을 희망한 것만으로는 고소가 아니다. **고소인 자신이 직접 범행일시, 장소와 방법 등까지 구체적으로 상세히 지적하여 범죄사실을 특정할 필요는 없다.**
도난신고 등과 같이 피해사실을 신고하는 정도로 그치는 경우에는 고소가 아니다.

① 친고죄

㉠ 친고죄는 형사소송법상 고소가 있어야 하는 범죄로서, 친고죄에 있어서 고소는 수사의 단서일 뿐만 아니라 **소송조건**이 되므로 고소가 없으면 검사는 공소를 제기할 수 없다.

㉡ 수사

경찰관은 친고죄에 해당하는 범죄가 있음을 인지한 경우에 **즉시 수사를 하지 않으면 증거수집 등 그밖의 사후 수사가 현저히 곤란하게 될 우려**가 있다고 인정될 때에는 **고소권자가의 고소가 제출되기 전에도 수사할 수 있다.** 다만, 고소권자의 명시한 의사에 반하여 수사할 수 없다(범죄수사규칙 제49조).

사건수사 중 그 사건이 친고죄인 것을 알았을 경우에는 고소권자의 의사를 확인하고, 강제수사는 가능한 한 고소를 수리한 후에 진행하여야 한다.

> **친고죄와 반의사불벌죄**
>
> 1. 친고죄
>   피해자의 명예보호와 침해이익의 경미성을 감안하여 피해자의 처벌희망의 의사표시가 있을 때 비로소 수사 및 공소를 제기할 수 있는 범죄이다. **강간죄, 사자명예훼손죄, 모욕죄** 등과 같이 신분관계의 유무를 묻지 않고 성립하는 절대적 친고죄이다.
> 2. 반의사불벌죄
>   비교적 경미하고 주로 피해자 개인의 법익을 침해하는 범죄에 관하여 피해자가 **처벌을 희망하지 않는다는 명시적 의사표시**가 있으면 처벌하지 못한다는 범죄이다(폭행죄, 협박죄, 명예훼손죄).

	친고죄	반의사불벌죄
절대적	비밀침해죄 업무상비밀누설죄 사자명예훼손죄 모욕죄 특허법, 저작권법, 실용신안법	과실치상죄 폭행, 협박죄, 명예훼손죄 출판물명예훼손죄 외국원수모욕죄, 명예훼손죄 외국국기, 국장모독죄,
상대적	절도, 사기, 공갈, 횡령, 배임, 장물, 권리행사방해죄등	근로기준법, 부정수표단속법, 교통사고처리특례법, 정보통신망법등

(2) 고소권자 기출

① 피해자(범죄로 인한 직접적 피해자에 한함), 피해자의 법정대리인, 피해자가 사망한 경우에는 그 **배우자, 직계친족, 형제자매, 단 피해자의 명시한 의사에 반하지 못한 다.** 피해자의 법정대리인이 피의자거나 법정대리인의 친족이 피의자인 때에는 피해자의 친족이 독립하여 고소가능하다.

② **사자명예훼손**의 경우에는 그 친족이나 자손이 고소할 수 있다. 친고죄에 대하여 고소할 자가 없는 경우에 이해관계인의 신청이 있으면 **검사는 10일 이내에 고소권자를 지정**하여야 한다.

③ 고소권은 일신적인 권리로서 **상속·양도의 대상이 되지 않는다.** 그러나 특허권·저작권은 인정이 되므로 특허권·저작권이 이전된 이후 범죄로 인한 침해가 계속되는 경우에는 그 권리의 이전에 따라 이전 전에 이루어진 침해에 대한 고소권도 이전된다.

④ 고소의 제한

㉠ 자기 또는 배우자의 직계존속은 고소하지 못한다.(형사소송법 제224조)

㉡ 다만, **성폭력범죄**(성폭력범죄의 처벌 등에 관한 특례법 제17조)의 경우 자기 또는 배우자의 직계존속을 고소할 수 있고, **고소기간은 범인을 알게 된 날부터 1년**이다. 가정폭력범죄(가정폭력범죄의 처벌 등에 관한 특례법 제6조)에 대하여는 그 행위자가 자기 또는 배우자의 직계존속이라도 고소할 수 있다.

⑤ 고소기간 기출

㉠ 비친고죄에 대한 고소는 소송조건이 아니라 수사의 단서에 불과하므로 고소할 수 있는 기간은 원칙적으로 제한이 없으나, 친고죄에 대하여는 **범인을 알게 된 날로부터 6개월**을 경과하면 고소하지 못한다. 다만, 고소할 수 없는 불가항력의 사유가 있는 때에는 그 사유가 없어진 날로부터 기산한다(형사소송법 제230조).

ⓛ 성폭력범죄 중 친고죄에 대하여는 **범인을 알게 된 날로부터 1년**을 경과하면 고소하지 못한다(성폭력범죄의 처벌 등에 관한 특례법 제18조).

ⓒ 결혼목적약취 · 유인죄로 약취 · 유인된 자가 혼인을 한 경우의 고소는 혼인의 무효 또는 취소의 재판이 확정된 날로부터 진행된다.

ⓔ 고소할 수 있는 자가 수인인 경우에 **고소기간은 개별적으로 진행**되므로 1인의 기간 해태는 타인의 고소에 영향을 미치지 않는다.

고소처리사건의 처리 기출

1. 고소 또는 고발된 사건은 접수한 날로부터 **2개월 이내**에 수사를 완료하여야 한다.
   경찰관은 위의 기간 내에 수사를 완료하지 못한 때에는 그 이유를 경찰서장에게 보고하고 지방검찰청 또는 지청의 검사에게 지휘를 받아야 한다.
   (사법경찰관리집무규칙 제39조 제2항, 범죄수사규칙 제48조)
2. 민원사무처리에 관한 법률 시행령 제23조에 따라 **30일이 경과하거나 고소 · 고발인의 요청이 있는 때에는 고소 · 고발인 등에게 처리진행상황을 통지**하여야 한다.

고소사건의 조사 시의 조사사항(사법경찰관리집무규칙 제38조)
1. 고소권의 유무(자기 또는 배우자의 직계존속에 대한 고소 여부)
2. 친고죄에 있어서는 형사소송법(제230조)에 의한 소정의 고소기간의 경과 여부
3. 피해자의 명시한 의사에 반하여 공소를 제기할 수 없는 사건(반의사불벌죄)에 대하여는 처벌을 희망하는가 여부

---

⑥ 고소의 방법

ⓛ 고소는 서면으로 하는 것을 원칙으로 한다.
   경찰관은 서면에 의한 고소 · 고발을 받았을 때에는 그 취지가 불분명할 경우 고소 · 고발인에게 **보충서면을 제출**하게 하거나 진술조서를 작성하여야 한다(범죄수사규칙 제43조 제2항). 이때 고소인진술조서를 작성하고 피고소인의 인적 사항, 범죄사실, 고소의 취지, 피고소인에 대한 처벌희망 여부 등을 상세히 청취하여야 한다.

ⓒ 대리고소: 대리에 의한 고소는 가능하나, 대리인으로서의 위임장이 필요하다(사법경찰관리집무규칙 제37조, 범죄수사규칙 제45조).

⑦ 고소의 취소

고소의 **제1심판결선고 전까지 취소**할 수 있다(형사소송법 제232조 제1항). 고소를 취소한 자는 고소제기기간 내일지라도 다시 고소할 수 없다(동조 제2항).

⑧ 고소 · 고발 각하사유(대검 고소 · 고발 각하제도 운영지침)

㉠ 각하처분의 개념

각하처분은 고소인 · 고발인의 권익을 보호하고 피고소 · 피고발인에 대한 인권침해를 방지하기 위하여 **고소 · 고발사건에 한하여 행하여지는 불기소처분의** 일종이다. 기소를 위한 **수사의 임의성이 없다고 명백하게 인정**되는 경우, 피의자 또는 참고인을 조사하지 않고 행하는 종국처분이다. 고소 · 고발사건이 각하사유에 해당하더라도 고소인 · 고발인이 고의로 출석을 기피하거나 소재불명된 경우를 제외하고는 다른 고소인 · 고발인의 처리와 동일하게 **고소인 · 고발인의 진술을 청취한 후 각하**결정을 하여야 한다.

㉡ 각하사유 기출

ⓐ 수리된 고소 · 고발장의 기재, 고소 · 고발인의 진술, 또는 피고소인 · 고발인 · 참고인의 진술 등에 의하여 **고소 · 고발된 사실을 처벌할 수 없음이 명백**하여 더 이상 수사를 진행할 필요가 없다고 인정되는 고소 · 고발사건

- 고소 · 고발사실이 **특정되지 아니하거나 범죄를 구성하지 아니할 경우**: 정신질환자 등에 의한 고소 · 고발로서 고소 · 고발사실을 특정할 수 없는 사건, 과실재물손괴나 단순 민사사안등 고소 · 고발사실이 범죄를 구성하지 아니하는 사건
- **죄가안됨**이 명백한 사건: 형사미성년자에 대한 고소 · 고발 등
- **공소시효가 완성**된 사건: 고소인 또는 고발인의 진술에 의하더라도 이미 공소시효가 완성되었고, 더 이상 조사하더라도 공소시효의 변경가능성이 전혀 없어 실체수사의 필요가 없는 경우
- **동일한 사건에** 관하여 확정판결이 있거나 공소가 세기되었음에도 고소 · 고발된 사건
- **반의사불벌죄**의 경우 처벌을 희망하지 아니하는 의사표시가 있거나 처벌을 희망하는 의사표시가 철회되었음에도 고소 · 고발된 사건
- 피의자가 **사망 또는 피의자인 범인이 존속하지 아니하게 되었음**에도 고소 · 고발된 사건

ⓑ 동일한 사안에 대하여 **이미 검사의 불기소처분이 존재하거나 혐의없음**을 이유로 진정 · 내사종결되어 다시 수사할 가치가 없다고 인정되는 경우, 다만, 고소인 또는 고발인이 새로운 증거가 발견된 사실을 소명한 때에는 예외로 함

ⓒ 고소 또는 고발이 법률에 위반되어 이를 단서로 수사를 개시함이 법률에 위반되는 결과를 초래한 경우

- 자기 또는 배우자의 직계존속에 대한 고소·고발(형사소송법 제224조, 제235조)

  다만, 고소·고발된 범죄사실이 **사안이 중하거나 죄질이 불량하여 수사를 개시함이 상당하다고 판단**되는 때에는 별도의 인지절차를 밟아 수사를 개시(성폭력범죄의 처벌 등 에 관한 특례법 제17조 참고)
- **고소를 취소한 자가 다시 고소한 경우**(형사소송법 제232조 제1항)

ⓓ 고소권한이 없는 자에 의한 고소:

  친고죄에 대하여 범죄피해자가 아니거나 법정대리인 등 형사소송법 제225조 내지 제228조의 규정에 의한 고소권자가 아닌 자에 의하여 제기된 고소사건

ⓔ 고소장 또는 고발장만으로는 수사를 진행할 가치가 없다고 인정되는 경우

- 고소인, 고발인의 진술 내지 조력 없이는 실체적 진실을 규명할 수 없는 사건에 관하여 고소·고발인의 **출석을 회피하거나 소재불명**되어 진술을 청취할 수 없는 경우
- 고소·고발인이 자신의 **법적책임을 회피할 목적이나 제3자에게 법적 책임을 전가**할 목적으로 고소·고발장을 제출한 후 출석요구에 불응하거나 소재불명되어 피고소·고발인이나 참고인 등을 조사하여도 실체적 진실을 규명할 수 없음이 명백한 사건
- 고소인 또는 고발인이 고소·고발사건에 대하여 **1회 이상 진술을 하였다가 출석을 회피하거나 소재불명이 된 경우**에도 각하사유에 해당함이 명백한 경우에는 각하의견 송치함.

(3) 고발

고발은 고소권자와 범인 이외의 사람이 범죄사실을 수사기관에 신고하여 범인의 소추를 구하는 의사표시이다(형사소송법 제234조 제1항). 고발은 일반적으로 수사개시의 단서에 불과한 것이나, 다음의 ⓐ~ⓖ는 예외로 소송 조건이 될 수 있다.기출 누구든지 범죄사실이 있다고 사료할 때에는 고발할 수 있다.

  ⓐ 독점규제 및 공정거래에 관한 법률, ⓑ 물가안정에 관한 법률, ⓒ 관세법
  ⓓ 전투경찰대설치법, ⓔ 출입국관리법, ⓕ 조세범처벌법

① 고발의 절차 기출

고소는 대리로 할 수 있으나, 고발은 대리로 할 수 없다. 서면으로 고발장을 제출한 경우에는 그 내용을 상세히 진술하게 하기 위하여 **보충진술조서**를 작성하고, 서면에 의한 고발취소장을 제출한 경우에도 그 취소의 내용을 명확히 하기 위하여 진술조서를 작성하는 것이 좋다.

고발할 경우에는 범인을 지정하는 경우 **진범인임을 요하지 않고 반드시 범인을 지정할 필요는 없다.**

고소 · 고발의 비교

1. 공통점
- 방식이나 절차가 동일하다.
- 개인이 모두 범죄의 소추를 구할 수 있다.
- 수사개시의 단서가 되나 특정한 경우 소송조건이 된다.

2. 차이점
- 주체: 고소는 규정된 자에 한하나, **고발은 누구든지 가능**하다.
- 기간: 고소는 친고죄의 경우는 범인을 알게 된 날로부터 6개월 이내로 제한되나, **고발은 제한이 없다.**
- 대리: 고소는 허용되나, 고발은 허용되지 않는다.
- 취소: 고소는 제1심판결선고 후에는 취소가 불가능 하나, 고발은 제한이 없다.

고소 · 고발의 접수(범죄수사규칙 제42조)

1. 경찰관은 고소 · 고발이 잇는 때에는 이를 접수하되, 다음에 해당되는 경우에는 수리하지 않고 반려할 수 있다.
   ① 고소 · 고발사실이 범죄를 구성하지 않을 경우
   ② 공소시효가 완성된 사건
   ③ 동일한 사안에 대하여 **이미 법원의 판결이나 수사기관의 처분이 존재**하여 다시 수사할 가치가 없다고 인정되는 사건. 다만, 고소 · 고발인이 새로운 증거가 발견된 사실을 소명한 때에는 예외로 함
   ④ **피의자가 사망하였거나 피의자인 법인이 존속하지 않게 되었음**에도 고소 · 고발된 사건
   ⑤ 반의사불벌죄의 경우, **처벌을 희망하지 않는 의사표시가 있거나 처벌을 희망하는 의사가 철회**되었음에도 고소 · 고발된 사건
   ⑥ 형사소송법 제233조의 규정에 의해 **고소 권한이 없는 자가 고소**한 사건
   ⑦ 형사소송법 제244조, 제232조, 제235조에 의한 고소 제한규정에 위반하여 고소 · 고발된 사건
2. 전항에 의한 반려 시 그 사유와 이의를 제기할 수 있음을 고지하여야 한다.
3. 전항의 이의제기가 있는 경우, **심사위원회를 개최하여 수리 여부를 결정**할 수 있다.
4. 고소 · 고발은 관할 여부를 불문하고 접수하여야 한다. 단, 고소 · 고발사건 이송 및 수사촉탁에 관한 규칙 제4조에 규정된 관할권이 없어 계속 수사가 어려운 경우에는 제190조에 따라 책임수사가 가능한 관서로 인계하여야 한다.

고소 · 고발사건 이송 및 수사촉탁

1. 사건의 이송
   ① 책임 수사관서: 사건에 대하여 **범죄지, 피의자 주소, 거소 또는 현재지** 중 어느 1개의 관할권이 있는 한 사건을 접수한 경찰관서가 사건을 이송하지 아니하고 수사촉탁 등 공조수사를 활용하여 수사 · 송치함을 원칙으로 한다.
   ② 사건의 이송
   다음 각 호에 해당하는 경우에는 필요한 수사를 한 후 사건의 관할권이 있는 경찰관서로 이송할 수 있다.
   ⓐ 사건에 대해 일체의 관할권이 없는 경우 다만, 사건 접수 시 관할권이 있었으나 이후 관할권이 없어진 경우는 제외
   ⓑ 타 경찰관서로부터 이송요청이 있고, 이송의 필요성이 인정되는 경우
   ⓒ 이송심의위원회의 이송결정이 있는 경우
   ⓓ 기타 사건을 이송해야 할 상당한 사유가 있는 경우
   ③ 사건이송의 제한
   위 ⓐ~ⓓ 사유로 이송하는 경우에는 이송심의위원회의 결정을 받아 이송함을 원칙으로 한다. 다만, **경찰청장은 심의를 받지 않고 이송할 수 있는 사건의 범위를 정할 수 있다.** 동일 법원의 관할 내 경찰관서간에는 제1항의 경우에도 불구하고 이송할 수 없다.

2. 이송심의위원회
   위원회는 위원장 1인과 3인 이상의 위원으로 구성한다. 위원회는 수사과장을 위원장으로 하고 수사업무 담당 계장 또는 팀장을 위원으로 하며 실무담당자를 간사로 둘 수 있다. 위원장 또는 위원이 되어야 할 자가 유고 시 그 직무대리자가 당해 자격으로 참석할 수 있다.
   ① 임무
   ㉠ 경찰관서간 관할권 경합시 책임수사관서
   ㉡ 제6조, 제8조에 의한 사건 이송의 적합성
   ㉢ 기타 사건 신속 · 공정 처리를 위해 필요한 사항
   ② 위원회 소집
   ㉠ 위원장은 결정을 위해 필요하다고 인정하는 때에 위원회를 소집할 수 있다.
   ㉡ 위원장은 경찰관서로부터 이송심의요청서를 접수한 때로부터 **2일 이내**에 위원회를 소집하여야 한다.

③ 심의 · 의결

심의는 위원장 및 **3인 이상의 위원이 참석**하여야 하며 간사는 심의 · 의결권을 가지지 않는다. 위원장과 위원은 동등한 의결권을 가지며 참석자 과반수의 찬성으로 의결한다. 다만, **가부 동수인 경우에는 위원장이 결정**한다.

위원회는 소집된 때로부터 **48시간 이내에 안건을 심의 · 의결**해야 하며, 심의 · 의결된 때로부터 **24시간 내에 결정 내용을 해당 경찰관서에 통보**하여야 한다.

3. 수사촉탁

① 다른 경찰관서에 소재하는 수사대상에 대하여 수사를 촉탁할 수 있다. 다만, 피의자 조사는 현장진출이 곤란한 경우에 한한다. 동일 지방경찰청 내 또는 경찰청장이 별도 지정한 경찰관서에서는 구치소, 교도소, 대용감방에 수용된 자에 대한 조사를 위하여 수사촉탁 할 수 없다. 다만, 울릉경찰서는 예외로 한다.

② 수사촉탁은 촉탁서에 의해야 하고 수사진행사항을 알 수 있는 수사기록 원본 또는 사본을 첨부하여야 한다.

③ 수사촉탁 처리기한

㉠ 피의자 조사 **1개월**

㉡ 고소인, 고발인, 참고인 등 **조사 15일**

㉢ 소재수사, 사건기록 사본 **송부 10일**

㉣ 처리기한 내에 촉탁사항에 대한 수사를 완료하지 못하는 경우에는 촉탁한 수사관과 협의하여 **처리기한을 연장**하고 수사보고 하여야 한다.

(4) 자수

범인 자신이 수사기관에 대하여 **자발적으로 자기의 범죄사실을 신고**하여 소추를 구하는 의사표시이다. 자수는 범인이 자발적으로 하여야 하므로 수사기관의 조사에 응하여 **자기의 범죄사실을 진술하는 자백**과는 다르고, 반의사불벌죄에 대하여 고소권을 가진 자에게 자발적으로 자기의 범죄사실을 고하여 그 고소를 맡기는 자복과 다르다.

자수에 대하여 그 형을 감경 또는 면제할 수 있도록 규정하고 있다(**임의적 감면**).

① 자수의 방법

자수의 수단 · 방법에 대해서는 법률상 특별한 제한이 없다. 반드시 범인 자신이 신고하지 않고 타인을 시켜서도 자수할 수 있으나 **제3자에게 자수의사를 전달하여 달라고 한 것만으로는 자수라고 할 수 없다**(대리인에 의한 자수는 허용되지 아니한다).

② 자수의 시기

자기의 범죄사실을 신고하는 자수의 시기에는 제한이 없다. 범죄사실이 발각된 후에 신고하거나, 지명수배를 받은 후라 할지라도 체포 전에 자발적으로 신고한 이상 자수에 해당한다.

(5) 피해신고

피해신고를 접수한 경찰관은 사건의 대소를 막론하고 피해자의 입장에서 조속한 수리를 하여야 한다(서면, 112신고). 구술신고의 경우에는 **피해신고서를 작성**하여야 하며, 피해신고서에 그 내용을 충분히 기재하지 아니하였거나 기재할 수 없을 때에는 진술조서를 작성하여야 한다. 피해신고가 있는 경우에는 관할구역 여부를 불문하고 이를 접수하여야 한다(범죄수사규칙 제29조 제1항).

① 피해신고서 작성요령

ⓐ 신고인 및 피해자의 인적 사항 기재(피해신고서식에는 피해자란과 신고인란이 구별되어 있으므로 해당 구분에 따라서 기입함).

ⓑ 피해일시 및 장소, 피해금품의 품목, 수량, 시가 및 소유자 등의 기재

ⓓ 피해상황의 기재, 기타 참고사항 기재

제3절 수사의 자료

1 수사자료의 의의

수사자료는 범인 및 범죄사실을 명백히 하고 범죄와 범인과의 관계를 추리·판단하기 위한 **유형·무형의 증거가치**가 있는 자료와 **수사활동에 도움이 되는 자료**를 말한다.

특정의 구체적 사건자료에 국한되지 않고 소송절차에서 범인 및 범죄 사실을 명백히 하기 위하여 증거방법을 조사하여 얻어지는 증거자료(증언 및 증거물의 상태)는 소송의 목적이 되는 특정의 구체적 사건처리에 필요한 한도로 그 수집 및 조사가 국한되나, 수사자료는 이미 일어난 사건은 물론 앞으로 일어날 사건의 해결을 위해서 **평소에 수집하는 기초자료**까지를 포함한다.

2 수사자료의 종류 기출

기초자료	수사에 제공하기 위하여 **평소의 수사활동**을 통하여 수집되는 자료로서 ① 범죄와 관계있는 사회적 사정·통계, ② 죄를 범할 우려가 있는 자, ③ 기타 수사상 주의를 요한다고 인정되는 자의 동향 등에 대한 자료가 있다.
사건자료	구체적인 사건수사와 관련하여 **수사방침수립과 범인 및 범죄사실의 발견**을 위하여 수집되는 자료를 말한다. • 유형의 자료: 유류(물)품 • 무형의 자료: 수법, 구술, 냄새 • 내탐에 의한 자료: 탐문, 미행, 잠복 등의 결과
감식자료	• 수사를 과학적으로 추진하기 위하여 **과학적 지식과 기술을 이용**하여 감식을 함으로써 범인을 발견, 범죄의 증명에 활용되는 자료를 말한다. 지문, 수법·사진 등의 자료가 있다.
참고자료	수사의 **반성·분석·검토**를 통하여 얻어진 자료로 수사성패의 교훈, 새로운 범행수법 등이 있다.

3 수집방법

(1) 수집시기

① 사전수집: 범죄사건과 관계없이 앞으로 발생이 예상되는 범죄수사에 대비하여 평소에 각종 자료를 수집하는 것을 말한다.

② 사건현장에서의 수집: 사건현장의 **족적, 지문, 유류물품, 목격자** 등 유형·무형의
　자료를 수집하는 것을 말한다.

③ 사후수집: 송치한 후에도 새로운 자료를 수집 검사에게 송치하여야 한다.

(2) 사건자료 수집 시 유의사항

　자료발견 시 실황조사서 작성, 제3자 참여, 사진촬영 등이 필요하고 자료발견 시 주위에
있던 자의 인적 사항 확인, 보관 및 송부 시의 훼손방지에 유의한다.

제4절 내사

1 내사

수사에 착수하기 이전에 범죄혐의 유무에 대하여 드러내지 않고 **은밀하게 조사**하는 것을 내사(內査)라고 한다.(진정서, 탄원서, 투서 등) 내사의 대상이 된 자를 피내사자라고 하고 이 밖에도 **용의자 · 피진정인 · 피탄원인도 내사의 대상자**가 될 수 있다.

2 법적 근거

① 형사소송법 제199조 제2항

② 범죄수사규칙 제28조

③ 사법경찰관리 집무규칙 제20조

④ 경찰내사처리규칙(경찰청훈령 제468호)

3 내사의 대상 및 종류

(1) 대상

범죄첩보 및 진정 · 탄원과 범죄에 관한 **언론 · 출판물 · 인터넷** 등의 정보, 익명의 신고 또는 풍문 중에서 사회적 영향 등을 고려하여 그 **진상을 확인할 가치가 있는 사안**을 대상으로 한다.

(2) 종류

첩보내사	범죄첩보에 대한 내사
진정 · 탄원내사	서면으로 접수되는 진정 · 탄원사건 등에 대한 내사
일반내사	첩보, 탄원을 제외하 내사

4 주의사항

(1) 임의적 조사 기출

수사착수 전의 임의수사행위이므로 내사를 빙자하여 관계인의 출석을 요구하거나 물건을 압수하는 일이 없도록 하여야 한다. 임의 **제출방식에 의한 압수와 자진출석에 의한 조사** 등 임의적인 방법에 의한다.

(2) **비공개원칙** 준수

피내사자들은 무고하게 진정·탄원에 의하여 내사의 대상이 될 수 있으므로 조사가 진행되는 동안 관계인들의 명예가 훼손되지 않도록 한다.

(3) 인권보장

피내사자가 직접 조사를 받을 때에는 변호인 선임권·접견교통권·진술거부권 등 방어권을 보장해 주어야 하고 **경찰관직무집행법 제3조**는 임의동행의 대상이 되는 피내사자에게도 적용될 수 있으므로 **가족에 대한 연락기회 부여, 변호인의 조력**을 받을 수 있는 권리의 고지, **답변을 강요당하지 않을 권리의 고지** 등이 피내사자에게도 지켜져야 한다.

5 내사 착수 기출

① 첩보내사는 해당 범죄첩보의 사본을 첨부하고 내사할 대상 및 내용, 내사가 필요한 이유 등을 기재한 **서면**에 의하여 소속 경찰관서의 수사부서의 장에게 보고하고 그 지휘를 받아 내사에 착수한다.

② 진정·탄원내사는 접수된 서면에 대하여 소속 경찰관서의 수사부서의 장의 지휘를 받아 내사에 착수한다.

③ 일반내사는 내사할 대상 및 내용, 내사가 필요한 이유 등을 기재한 서면에 의하여 소속 경찰관서의 수사부서의 장에 보고하고 그 지휘를 받아 내사에 착수한다.

④ 경찰관서의 수사부서의 장은 수사단서로서 내사할 가치가 있다고 판단한 경우에는 ①과 ③의 보고를 받지 않고도 소속 경찰관에게 각각 ①과 ③의 내사를 지휘할 수 있다. 이 경우에도 내사할 대상 및 내용, 내사가 필요한 이유 등을 기재한 서면에 의하여야 한다.

⑤ 경찰관서의 수사부서의 장은 내사사건의 특성 등을 파악하여 내사사건을 배당하고 지휘하여야 하며 필요하다고 인정할 경우 해당 **경찰관서의 장에게 이를 보고**하여야 한다.

6 이첩 기출

토지 또는 사물관할이 없거나 범죄특성 등을 보고 관할이 다른 것은 **내사착수 전에 관할 있는 경찰관서 및 해당기관에 이첩**하여야 한다.

7 등재절차

내사는 지휘를 받은 직후 바로 기록표지 상단 중앙부에 별지 형식의 접수인을 찍어 수리하여야 한다(첩보내사사건은 첩보내사사건부에, 진정·탄원내사사건부에, 일반내사사건은 일반내사사건부에 각각 소정의 사항을 기재하여야 한다).

8 내사의 진행

피내사자의 가족현황·재산상태·교우관계·건강상태·주소지 등 개인의 신상에 관한 정보를 확보하여 범죄혐의 유무판단의 기초자료로 삼도록 한다.

(1) 수집된 자료의 보완·정확성 검토

① 마약범죄·식품범죄 혐의가 있을 때에는 국립과학수사연구소 등 전문기관에 감정의뢰 등을 하고, 목격자·참고인 등과의 면접을 통해 진위를 파악하도록한다.

② 내사 대상자에 대하여 미행·잠복을 하거나 수상한 행위에 대해서는 은밀한 방법으로 확인해보도록 한다.

③ 긴급통신제한조치가 필요하면 영장을 발부받아 집행할 수 있고 '수사상 필요한 때'에는 물품이나 증거에 대해서도 압수·수색영장을 발부받아 압수한다.

④ 압수·수색·검증, 통신제한조치, 통신사실 확인자료 등 대물적 강제조치가 이루어진 경우에는 비고란에 해당되는 강제조치의 종류와 일련번호를 기재하고, 해당되는 강제조치 관리대장의 비고란에 내사사건번호를 기재하여 특별관리하여야 한다.

(2) 피내사자 조사

피내사자에 대하여 **임의적인 방법으로 출석요구**를 하거나 임의동행을 하여 필요할 사항에 대해 조사하고 수집된 자료나 참고인 진술과 피내사자의 진술에 근거하여 범죄혐의 유무에 관한 판단을 한다. 어떤 시점에서 혐의가 명백하게 되었을 때에는 형사입건 전이라 하더라도 **긴급체포**도 가능하다.

9 내사 종결 기출

(1) 범죄혐의가 인정되어 수사할 필요가 있는 경우에는 내사를 종결하고 범죄사건부에 등재하여 수사하여야 한다. **긴급체포한 경우에는 즉시 검사의 승인을 얻는 등 입건**하여야 한다.

(2) 내사사건처리

　　① 내사종결: **혐의없음, 죄가안됨, 공소권없음** 등에 해당하여 입건의 필요가 없는 경우

　　② 내사중지: 피내사자 또는 참고인 등의 **소재불명**으로 사유 해소 시까지 내사를 계속할 수 없는 경우는 내사중지를 한다.

　　③ 내사병합: 동일 또는 유사한 내용의 내사사건이거나 경합범으로 다른 사건과 병합처리할 필요가 있는 사안은 내사 병합을 한다.

　　④ 내사이첩: 토지 또는 사물관할이 없거나 범죄특성 및 병합처리 등을 고려하여 다른 경찰관서 및 수사기관에서 내사할 필요가 있는 경우

(3) 진정·탄원내사는 다음에 해당하는 경우 공람종결 할 수 있다

　　① **3회 이상 반복 진정하여 2회 이상 그 처리결과를 통지**한 진정과 같은 내용인 경우

　　② 무기명 또는 가명으로 한 경우

　　③ 단순한 풍문이나 인신공격적인 내용인 경우

　　④ 완결된 사건 또는 재판에 불복하는 내용인 경우

　　⑤ **민사소송 또는 행정소송**에 관한 사항인 경우

(4) 진정·탄원 등 내사사건을 종결하였을 때는 종결한 날로부터 **7일 이내**에 진정인 등에게 처분결과를 통지해 주어야 한다.

제5절 범죄인지

1 범죄인지 기출

고소, 고발 등 타인의 신고로 수사기관이 수사를 개시하지 않고 **수사기관 자신의 체험에 의해 직접 범죄혐의를 인정**함으로써 수사를 개시하는 것이다. 범죄인지의 원인은 **범죄정 보입수, 피해신고접수, 불심검문, 변사체검시, 신문기사, 진정 및 투서, 현행범인의 체포** 등이 있다.

(1) 범죄인지의 요건

　① 범죄혐의 존재:

　　범죄혐의가 있다고 판단되는 때에는 사법경찰관은 그 범죄를 수사하여야 하므로 범 죄인지를 통하여 수사가 개시되게 된다. 범죄혐의는 수사기관의 **주관적 혐의를 의미 한다.**

　② 수사조건의 구비:

　　수사권을 행사하려면 수사의 조건(**수사의 필요성과 상당성**)을 충족해야 한다. 즉, 범죄인지는 수사의 목적달성을 위해 필요한 때에 하여야 하고, 수사비례의 원칙에 따 라 얻어지는 이익이 수사로 인하여 침해되는 법익보다 클 때에 범죄인지가 행해진다.

(2) 범죄인지의 주체

검사, 일반사법경찰관, 특별사법경찰관은 범죄인지의 주체가 된다. 사법경찰리는 수사 를 보조하는 자이므로 인지권한이 없다.

(3) 범죄인지의 절차

범죄인지 전에 범죄혐의 유무에 관하여 내사를 하여야 한다. 내사 결과 범죄혐의가 인정 되는 때에는 **검사는 범죄인지서**를 작성하고, 사법경찰관은 **범죄인지보고서**를 작성하 되, 피의자 **인적 사항·범죄사실·적용법조 등**을 기재하고 특히 수사의 단서와 인지 경 위 등을 명백히 기재하여야 한다.

(4) 범죄인지의 효과

범죄인지에 의하여 입건되었을 때 피내사자 또는 용의자는 **피의자**로 된다. 일단 범죄를 인지하게 되면 사법경찰관은 수사를 종결할 의무를 갖게 되고, 사법경찰관이 수사를 종

결할 경우 의견서를 작성하여 **관할 지방검찰청·검사장 또는 지청장에게 송치**하여야
한다.

2 사건의 수리 기출

형사사건이 수사기관에 접수되어 사건번호가 부여되는 절차로 수사사건이 수리되므로 수
사의 개시와 사건의 수리는 일치하나, 한 수사기관에서 이미 접수된 사건이 다른 수사기관에
수리되는 타관송치는 서로 일치하지 않을 수도 있다. 사건의 수리는 입건뿐만 아니라 수사의
개시 여부와 상관없이 수사관서에 **사건이 접수되는 것**

(1) 사건 수리사유

① 범죄를 **인지**한 경우

② 사법경찰관이 **고소·고발 또는 자수**를 받은 경우

③ 다른 사법경찰관으로부터 **사건의 송치**를 받은 경우

④ 군사법경찰관으로부터 사건의 송치를 받은 경우

⑤ 검사로부터 특정사건에 대하여 **수사지휘**를 받은 경우

제6절 임의수사와 강제수사

수사기관은 그 목적을 달성하기 위하여 법률이 정한 범위 내에서 필요한 조사를 할 수 있다(형사소송법 제199조 제1항). 임의적 방법에 의할 것을 요구하는 임의수사가 원칙이고 **강제수사는 법률에 특별한 규정이 있는 경우에만 예외적으로 허용**된다. 또한 영장주의 원칙에 따라 일부 법정된 예외를 제외하고는 법관이 발부한 영장이 요구된다.

1 임의수사 기출

상대방의 승낙(동의)을 얻어 행하는 수사방법으로 상대자의 승낙을 구할 때에는 **승낙을 강요하거나 강요의 의심을 받을 염려가 있는 태도나 방법**을 취하여서는 안 된다(범죄수사규칙 제6조 제2항).

예 피의자 또는 피의자 아닌 자에 대한 출석요구 및 진술청취, 통역·번역 또는 감정의 위촉, 공무소 기타 공공단체의 사실조회, 실황조사, 촉탁수사, 임의동행, 승낙검증, 거짓말탐지기 검사, 승낙수색 등

(1) 출석요구

수사기관은 피의자나 참고인에 대해서 진술을 듣기 위하여 출석을 요구할 수 있다(형사소송법 제200조, 사법경찰관리집무규칙 제16조 제1항). 출석을 요구할 때에는 사법경찰관의 명의로 출석요구서 또는 참고인 출석요구서를 발부하여야 하며 필요한 경우에는 전화 등으로 요구할 수 있다. 출석한 피의자 또는 참고인 출석요구서를 발부할 때에는 출석요구서발부부 및 출석요구통지부에 필요사항을 등재하고 소속경찰관서장의 결재를 받아 행하고 그 처리상황을 명백히 정리하여야 한다. 전화로 출석요구를 할 때 또한 같다.

(2) 피의자 신문

① 수사기관이 수사에 필요한 경우에 피의자의 출석을 요구하여 피의자를 신문하고 그 진술을 듣는 절차를 말한다(형사소송법 제200조).

② 임의성의 확보

㉠ 경찰관은 조사를 할 때에는 고문, 폭행, 협박, 신체구속의 부당한 장기화 그밖에 진술의 임의성에 관하여 의심받을 만한 방법을 취하여서는 아니된다.

© 경찰관은 조사를 할 때에는 희망하는 진술을 상대자에게 시사하는 등의 방법으로 진술을 유도하거나 진술의 대가로 이익을 제공할 것을 약속하거나 그밖에 진술의 진실성을 잃게 할 염려가 있는 방법을 취하여서는 아니된다.

© 경찰관은 부득이한 사유가 있는 경우 이외에는 심야에 조사하는 것을 피하여야 하고, 소속 경찰관서 사무실에서 하여야 하며 부득이한 사유로 그 이외의 장소에서 할 경우에는 소속 경찰관서장의 사전 승인을 받아야 한다.

③ 진술 거부권 등의 고지

일체의 진술을 하지 아니하거나 개개의 질문에 대하여 진술을 하지 아니할 수 있다는 것, 진술을 하지 아니하더라도 불이익을 받지 아니한다는 것, 진술은 법정에서 유죄의 증거로 사용될 수 있다는 것, 신문을 받을 때에는 변호인을 참여하게 하는 등 변호인의 조력을 받을 수 있다는 것

④ 위의 내용을 알려준 때에는 **피의자가 진술을 거부할 권리와 변호인**의 조력을 받을 수 있다는 것을 행사할 것인지의 여부를 질문하고, 이에 대한 피의자의 답변을 조서에 기재하여야 한다. 이 경우 피의자의 답변은 피의자로 하여금 자필로 기재하게 하거나 검사 또는 사법경찰관이 피의자의 답변을 기재한 부분에 기명날인 또는 서명하게 하여야 한다.

⑤ 변호인의 선임

경찰관은 피의자 또는 사건관계인이 변호인을 선임하는 경우에는 변호인과 연명 날인한 선임서를 제출하게 하여야 한다. 변호인 추천은 금지된다.

⑥ **변호인의 참여**(동법 제242조의2, 신설 2007.6.1.)

㉠ 검사 또는 사법경찰관은 피의자 또는 그 변호인·법정대리인·배우자·직계친족·형제자매의 신청에 따라 변호인을 피의자와 접견하게 하거나 정당한 사유가 없는 한 피의자에 대한 신문에 참여하게 하여야 한다.

㉡ 신문에 참여하고자 하는 변호인이 2인 이상인 때에는 **피의자가 신문에 참여할 변호인 1인을 지정한다.** 지정이 없는 경우에는 검사 또는 사법경찰관이 이를 지정할 수 있다.

㉢ 신문에 참여한 변호인은 신문 후 의견을 진술할 수 있다. 다만, 신문 중이더라도 **부당한 신문방법에 대하여 이의를 제기**할 수 있고, 검사 또는 사법경찰관의 승인을 얻어 의견을 진술할 수 있다.

㉣ 변호인의 의견이 기재된 피의자 신문조서는 변호인에게 열람하게 한 후 변호인으로 하여금 그 조서에 기명날인 또는 서명하게 하여야 한다.

ⓜ 검사 또는 사법경찰관은 변호인의 신문참여 및 그 제한에 관한 사항을 피의자신문조서에 기재하여야 한다.

(3) 참고인 조사

① 검사 또는 사법경찰관은 수사에 필요한 때에는 피의자가 아닌 자의 출석을 요구하여 진술을 들을 수 있다. 이 경우 그의 동의를 받아 영상녹화할 수 있다(동법 제221조).

② 참고인은 강제로 소환당하거나 신문당하지 않는다. 다만, 참고인이 출석 또는 진술을 거부하는 경우에 검사는 1회 공판기일 전에 한하여 증인신문을 청구할 수 있다.

③ 참고인에 대한 출석요구, 진술조서작성방법 등은 피의자에 대한 것과 같다. 다만, 피의자는 피의자신문조서를 작성하는 데 반하여, 참고인은 참고인진술조서를 작성하여야 한다.

④ 참고인 조사를 할 때 참고인에 대하여 진술거부권을 고지할 필요가 없다.

⑤ 조사원칙의 예외(국가보안법상 제18조 제1항의 특칙): 참고인일지라도 정당한 이유 없이 2회 이상 출석요구에 불응 시 구속영장에 의하여 강제구인을 할 수 있다.

(4) 감정 · 통역 · 번역의 위촉(형사소송법 제221조 제2항)

① 감정의 위촉

특별한 학식 · 경험이 있는 제3자에게 그 **학식 · 경험을 토대로 한 경험법칙의 결과나 구체적 사실에 관한 판단의 결과를 알려 주도록 요청**하는 수사방법이다. 감정인을 참고인으로 조사할 수 있다. 감정유치처분이 필요하다고 인정할 때에는 검사는 감정유치를 청구할 수 있고(동법 제221조의3), 감정의 위촉을 받은 자는 판사의 허가를 얻어 감정에 필요한 처분을 할 수 있다(동법 제221조의4) ⇨ 강제수사

감정(범죄수사규칙 제 167조, 제168조)

1. 감정의뢰서
   ㉠ 경찰관은 국립과학수사연구원 등에 감정을 의뢰할 때에는 별지 제101호 서식의 감정의뢰서를 작성하여 의뢰하여야 한다.
   ㉡ 경찰관은 전항 이외의 감정기관이나 적당한 학식 경험이 있는 자에게 감정 위촉을 하는 경우에는 별지 제102호 서식의 감정위촉서에 따라 의뢰하며 이 경우 감정인에게 예단이나 편견을 생기게 할 만한 사항을 기재해서는 아니된다.
   ㉢ 사법경찰관은 「형사소송법」 제221조 규정에 따른 감정을 위촉하며 「형사소송법」 제172조 제3항의 유치처분이 필요할 때에는 별지 제104호 서식의

감정유치신청서를 검사에게 제출하여 검사의 청구로 관할 법원 **판사의 감정유치장**을 발부받아야 한다.

ⓔ 사법경찰관이 감정을 의뢰하거나 위촉하는 경우에 감정에 관하여 타인의 주거, 간수자 있는 가옥, 건조물, 항공기, 선박, 기차 및 자동차 내에 들어가야 하거나, 신체의 검사, 시체의 해부, 분묘의 발굴, 물건의 파괴를 필요로 할 때에는 별지 제105호 서식의 **감정처분허가신청서를 검사에게 제출하여 검사의 청구로 관할 법원 판사의 감정처분허가장을 발부받아 감정인에게 교부**하여야 한다.

2. 감정서

① 경찰관은 감정을 위촉하는 경우에는 감정인에게 감정의 일시, 장소, 경과와 결과를 관계자가 용이하게 이해할 수 있도록 간단명료하게 기재한 감정서를 제출하도록 요구하여야 한다.

② 경찰관은 감정인이 여러 사람인 때에는 공동의 감정서를 제출하도록 요구할 수 있다.

③ 경찰관은 감정서의 내용이 불명확하거나 누락된 부분이 있을 때에는 이를 보충하는 서면의 제출을 요구하여 감정서에 첨부하여야 한다.

② 통역의 위촉

㉠ 외국인, 농자(聾者), 아자(啞者)에 대하여 피의자 신문을 하는 경우에는 통역을 통해서 피의자신문조서를 작성하여야 한다.

㉡ 통역인에 대하여는 별도로 참고인진술조서를 작성한다.

㉢ 통역인에 대한 참고인진술조서 작성 시 ⓐ통역인 인적 사항, ⓑ통역가능 여부, ⓒ 통역경험 여부, ⓓ진실대로 통역하겠다는 신술이 포함되어야 한다.

(5) 실황조사 기출

① 실황조사란 수사기관이 **강제력을 사용하지 않고** 범죄현장 그밖의 범죄관련 장소 · 물건 · 신체 등의 존재 · 상태를 **5관의 작용**으로 실험 · 경험 · 인식한 사실을 명확히 하는 수사활동이다.

② 수사상 필요하다고 인정할 때에는 범죄현장 또는 기타 장소에 임하여 실황을 조사하여야 하고, **실황조사한 때에는 실황조사서**를 작성하여야 한다(범죄수사규칙 제135조, 사법경찰관리직무규칙 제49조).

③ 실황조사는 실무상 검증과 다를 바 없으나 다만, **강제력이 따르지 않고** 검사의 지휘를 받지 않는다는 점에서 검증과 구별된다.

(6) 공무소 등에의 사실조회

① 수사상 필요한 때에는 공무소 기타 공사단체에 범죄경력, 전과, 신원 등 조회하여 그 회답을 요구할 수 있다(형사소송법 제199조 제2항).

② 조회를 의뢰받은 자는 회답의무가 있으나 그 **이행을 강제할 수 없다.**

(7) 촉탁수사

공조수사의 일종으로 타 수사기관에게 수사를 의뢰하는 것이다. 촉탁사항에는 제한이 없으나, 수사의 성질상 직접 수사하여야 할 필요가 있을 때에는 출장수사를 하여야 한다.

2 강제수사

강제수사란 수사기관의 강제처분을 말하고 상대방의 의사를 불문하고 강제로 수사하는 방법이다. 헌법상 보장되는 기본적 인권을 침해하므로 법령에 정한 절차와 요건에 따라 **필요 최소한도**로 행하여야 한다. 현행법상의 강제수사의 방법으로 **체포영장에 의한 체포, 긴급체포, 현행범인 체포, 피의자의 구속, 압수·수색·검증, 통신제한조치, 수사상 증거보전, 증인신문의 청구, 수사상 감정유치, 기타 감정**에 필요한 처분을 들 수 있다.

(1) 체포영장에 의한 체포

체포란 **죄를 범하였다고 의심할 만한 상당한 이유**가 있는 피의자를 단시간 동안 일정한 장소에 위치하는 제도이다. 수사 초기에 피의자의 신병 확보를 목적으로 하며, **체포기간이 48시간을 초과하지 않는 점**에서 구속과 구별된다.

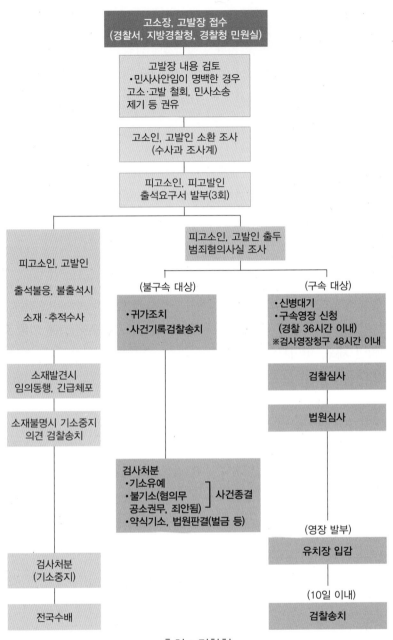

출처 : 경찰청

① 요건 기출

    ㉠ 피의자가 죄를 범하였다고 의심할 만한 상당한 이유가 있고 정당한 이유 없이 출석요구에 불응하거나 불응할 우려가 있어야 한다.

ⓛ 다액 **50만원 이하의 벌금, 구류 또는 과료**에 해당하는 사건에 관하여는 피의자가 일정한 주거가 없는 경우 또는 정당한 이유 없이 출석요구에 응하지 아니한 경우에 한하여 체포할 수 있다.**(경미범죄특칙)**

체포영장신청서 작성 ⇨ 체포영장신청부 기재 ⇨ **체포영장 신청** ⇨ **체포영장 청구** ⇨ 체포영장발부 ⇨ 체포영장 제시 및 집행 ⇨ 범죄사실 등 고지 ⇨ 체포영장 집행원부 기재 ⇨ 체포통지(24시간 이내) ⇨ 구속영장 신청 또는 석방(48시간 이내)

③ 집행절차 기출

사법경찰관이 검사에게 체포영장을 **신청**하고 검사가 법관에게 **청구**하여 법관이 발부한 영장에 의하여 체포한다. 사법경찰관이 체포영장을 신청함에는 **소속경찰관서장**에게 보고하여 그 지휘를 받아야 한다. 체포영장을 집행할 때에는 상대방에게 체포영장을 제시하여야 한다.

㉠ 체포영장을 신청할 경우에는 체포영장신청부에 사건번호, 신청일시, 신청자 관직 및 성명, 피의자 인적 사항, 죄명, 유효기간 등을 기재하여야 한다.

㉡ 체포영장에 의하여 피의자를 체포한 경우에는 체포·구속영장 집행원부에 영장번호, 피의자 죄명, 영장유효기간, 처리상황 등을 기재하여야 한다.

㉢ 긴급집행: 체포영장은 발부되었으나 소지하고 있지 않은 경우에 급속을 요할 때에는 피의자에게 범죄사실의 요지와 체포영장이 발부되었음을 고지하고 집행할 수 있으며, 집행을 완료한 후에는 신속히 체포영장(원본)을 제시하여야 한다.

㉣ 미란다 원칙의 고지: 체포의 이유와 범죄사실의 요지, 변호인을 선임할 수 있음을 고지하고 변명의 기회를 준 후 확인서를 받아 수사기록에 편철한다.

㉤ 인지

㉥ 체포·구속 통지

ⓐ 피의자를 체포·구속한 때에는 변호인이 있는 경우에는 변호인에게, 변호인이 없는 경우에는 피의자의 법정대리인, 배우자, 직계친족과 형제자매 중 **피의자가 지정한 자에게 체포·구속의 통지**를 하여야 한다.

ⓑ 경찰관은 피의자를 체포·구속한 때에는 피의자와 변호인, 피의자 법정대리인, 배우자, 직계친족과 형제자매, 가족, 동거인, 고용주 중 피의자가 지정한 자에게 **체포·구속 적부심사를 청구할 수 있음을 통지**하여야 한다(24시간 이내에 사법경찰관 명의로 서면에 의해 통지).

ⓒ 경찰관은 전항에 의한 통지를 할 때에는 전화 또는 모사전송기 그 밖의 상당한

방법으로 체포·구속의 통지를 할 수 있다. 이 경우에도 사후에 지체 없이 서면으로 체포·구속의 통지를 하여야 한다(통지서 사본은 그 사건기록에 편철).

> **체포통지서의 기재사항**
>
> 1. 피의자의 인적 사항   2. 체포일시 및 장소, 구금 장소
> 3. 변호인선임권   4. 체포·구속의 적부심사청구권
> 5. 범죄사실 및 체포의 이유   6. 사법경찰관 명의로 발송

(3) 긴급체포기출

피의자가 **사형, 무기 또는 장기 3년 이상의 징역이나 금고**에 해당하는 죄를 범하였다고 의심할 만한 상당한 이유가 있어야 하고 증거를 인멸할 염려 및 도망할 염려가 있어야 한다.

피의자를 우연히 발견한 경우 등과 같이 긴급을 요하여 판사의 체포영장을 발부받을 수 없어야 한다. 긴급체포 후 구속영장을 청구하지 아니하거나 발부하지 못하여 석방한 피의자는 영장 없이는 동일한 범죄사실에 관하여 다시 체포하지 못한다.

> 긴급체포 ⇨ 범죄사실 등 고지 ⇨ 긴급체포서 작성 ⇨ 긴급체포원부 기재 ⇨ 긴급체포 통지 ⇨ 긴급체포 승인건의 ⇨ 구속영장 신청 또는 석방

ㄱ 긴급체포서 작성: 사법경찰관이 긴급체포를 하였을 때에는 즉시 범죄사실의 요지, 긴급체포의 사유 등을 기재하여 긴급체포서를 작성한다.

ㄴ 긴급체포 통지 기출

  ⓐ 변호인이 있는 경우에는 변호인에게, 변호인이 없는 경우에는 피의자의 법정대리인, 배우자, 직계친족, 형제자매 중 피의자가 지정한 자에게 체포한 때로부터 **늦어도 24시간 내에 체포의 통지**를 하여야 한다.

  ⓑ 통지대상이 없어 체포의 통지를 하지 못한 경우에는 그 취지를 기재한 서면을 수사기록에 편철을 하여야 한다. 체포의 통지는 급속을 요하는 경우 전화 또는 모사전송기 기타 상당한 방법으로 할 수 있으나 사후에 지체 없이 서면통지를 하여야 한다.

ㄷ 긴급체포 승인건의 기출

  ⓐ 긴급체포한 때로부터 **12시간 이내** 검사에게 긴급체포한 사유와 체포를 계속할 사유 등을 긴급체포승인건의서에 기재하여 긴급체포 승인건의를 하여야 한다. 다

만, 기소중지된 피의자를 당해 수사관서가 위치하는 특별시, 광역시, 도 이외의 지역에서 긴급체포한 경우에는 **24시간 내에 긴급체포 승인건의**를 할 수 있다.

ⓑ 급속을 요하는 경우에는 모사전송으로 긴급체포 승인건의를 할 수 있다.

ⓒ 검사가 긴급체포를 승인하지 아니한 때에는 사법경찰관은 피의자를 즉시 석방한 후 석방일시와 사유를 기재한 서면을 작성하여 사건기록에 편철하여야 한다.

ⓡ **구속영장 청구**: 긴급체포한 피의자에 대해서는 **긴급체포서를 첨부**하여 지체 없이 구속영장을 청구하여야 하며 **48시간을 경과해서는 안 된다**. 이 시간 내에 구속영장을 청구하지 아니하거나 청구 후 구속영장을 발부받지 못한 때에는 검사의 지휘를 받아 **피의자를 즉시 석방**하여야 한다.

ⓐ 긴급체포 후 석방된 자 또는 그 변호인·법정대리인·배우자·직계친족·형제자매는 통지서및 관련 서류를 열람하거나 등사할 수 있다.

ⓑ 사법경찰관은 긴급체포한 피의자에 대하여 구속영장을 신청하지 아니하고 석방한 경우에는 **즉시 검사에게 보고**하여야 한다.

ⓒ 검사는 긴급체포 후 구속영장을 청구하지 아니하고 피의자를 석방한 경우에는 석방한 날로부터 **30일 이내에 서면**으로 다음의 사항을 법원에 통지하여야 한다. 이 경우 긴급체포서의 사본을 첨부하여야 한다(신설 2007.6.1.).

- 긴급체포 후 석방된 자의 인적 사항
- 긴급체포의 일시·장소와 긴급체포하게 된 구체적 이유
- 석방의 일시·장소 및 사유
- 긴급체포 및 석방한 검사 또는 사법경찰관의 성명

ⓜ **체포적부심사 청구**: 긴급체포되거나 현행범인으로 체포된 피의자 또는 위법하게 체포된 피의자도 체포적부심사를 청구할 수 있다(대판 1997.8.27.97모21).

긴급체포의 대상이 되는 범죄 기출

1. 형법: 제170조(**실화**-벌금형), 제230조(**공문서부정행사**-2년 이하의 징역), 제236조(**사문서부정행사**-1년 이하의 징역) 제267조(**과실치사**-2년 이하의 금고),
   제307조 제1항(명예훼손-2년 이하의 징역), 제360조(점유이탈물횡령-1년 이하의 징역)
   제246조(도박죄-500만원 이하의 벌금 또는 과료),
   제364조(업무상 과실장물 취득·알선 등-1년 이하의 금고),
   제269조 제2항(동의 낙태죄-1년 이하의 징역)

2. 청소년보호법 제51조(청소년유해매체물 표시 및 포장을 하지 않은 자, 청소년유해업소를 출입시킨 자, 청소년에게 주류, 담배를 판매한 자 등-2년 이하의 징역)

* 식품위생법 위반, 업무상 과실치사상죄, 부동의낙태죄, 음주운전, 음주측정거부는 긴급체포대상이다.

(4) 현행범인 체포 기출

① 현행범인 기출

㉠ 범죄의 실행 중인 자로서 범죄의 실행행위에 착수하여 아직 범죄종료에 이르지 아니한 자를 말하고, 미수범의 경우 실행의 착수가 있으면 충분하며, 교사범·방조범의 경우에는 정범의 실행행위가 개시된 때에 실행행위에 착수한 것으로 본다.

㉡ 범죄의 실행 직후인 자로서 범행과의 시간적·장소적 근접성, 범행 후의 경과, 범인의 거동, 휴대품, 범죄의 태양과 결과, 범죄의 경중 등을 고려하여 합리적으로 판단한다.

② 준현행범인(형사소송법 제211조 제2항) 기출

㉠ 범인으로 호창되어 추적되고 있는 자

㉡ 장물이나 범죄에 사용되었다고 인정함에 충분한 흉기 기타의 물건을 소지하고 있는 자

㉢ 신체 또는 의복류에 현저한 증적이 있는 자

㉣ 누구임을 물음에 대하여 도망하려 하는 자

㉤ 다만, 다액 50만원 이하의 벌금, 구류 또는 과료에 해당하는 죄의 현행범인은 **주거가 분명하지 아니한 때에 한하여 현행범으로 체포**할 수 있다(경미범죄특칙).

③ 절차 기출

현행범인은 **누구든지 영장 없이 체포**할 수 있는데 사전영장주의의 예외이다. 검사 또는 사법경찰관리가 아닌 자가 현행범인을 체포한 때에는 **즉시 검사 또는 사법경찰관리에게 인도**하여야 한다. 사법경찰관리가 현행범인의 인도를 받은 때에는 체포자의 성명·주거, 체포의 사유를 물은 후 필요한 때에는 체포자에 대하여 경찰관서에 동행함을 요구할 수 있다.

㉠ 현행범인을 체포하였을 때에는 체포의 경위를 상세히 **현행범인체포서에 작성**하여야 한다.

ⓛ 경찰관은 현행범인을 인도받은 때에는 치포자로부터 성명, 주민등록번호, 주거, 직업, 체포일시·장소 및 체포의 사유를 청취하여 현행범인인수서를 작성하여야 한다.

ⓒ 위 ⓛ의 경우에 현행범인인 때에는 범행과의 시간적 접착성과 범행의 명백성이 인정되는 상황을, 준현행범인 때에는 범행과의 관련성이 강하게 인정되는 상황을 현행범인체포서 또는 인수서에 구체적으로 기재하여야 한다.

ⓔ 경찰관은 현행범인을 체포하거나 인도받은 경우에는 현행범인체포원부에 필요한 사항을 등재하여야 한다.

> **현행범인 체포절차**
>
> 1. 경찰관 체포 시
>   범죄사실 등 고지 ⇨ **현행범인체포서 작성** ⇨ **현행범인체포원부 기재** ⇨ 체포통지 ⇨ 구속영장 신청 또는 석방
>
> 2. 사인체포 시
>   현행범인 인도 ⇨ **현행범인인수서 작성**(체포자 경찰관서 동행요구 가능) ⇨ 현행범인체포원부기재 ⇨ 체포통지 ⇨ 구속영장 신청 또는 석방

④ 석방 기출

ㄱ 검사 또는 사법경찰관이 피의자를 현행범으로 체포한 때에는 **48시간 이내에 구속영장을 청구**하여야 하며, 이 시간 내에 구속영장을 청구하지 아니하거나 청구 후 구속영장을 발부받지 못하였을 때에는 검사의 지휘를 받음이 없이 소속 경찰관서장의 지휘를 받아 피의자를 **즉시 석방**하여야 한다.

ㄴ 체포된 현행범인을 석방한 때에는 그 사실을 검사에게 보고하고, 석방사유와 일시를 기재한 서면을 기록에 편철한다.

(5) 구속기출

① 피의자가 죄를 범하였다고 의심할 만한 상당한 이유가 있고, 일정한 주거가 없거나 증거를 인멸할 염려가 있는 때 도망이나 도망의 염려가 있어야 한다.

② 법원은 위의 구속사유를 심사함에 있어서 **범죄의 중대성, 재범의 위험성, 피해자 및 중요 참고인 등에 대한 위해 우려 등을 고려**하여야 한다(신설 2007.6.1.).

③ 다액 50만원 이하의 벌금, 구류 또는 과료에 해당하는 사건에 관하여는 **일정한 주거가 없을 때에만 구속할 수 있다(경미범죄특칙)**

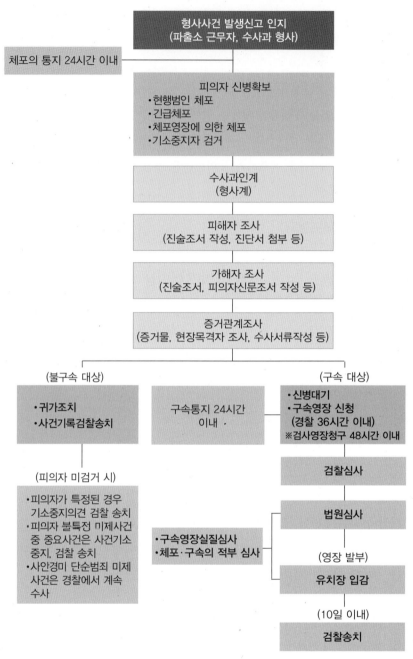

형사사건 발생신고 인지
(파출소 근무자, 수사과 형사)

체포의 통지 24시간 이내

피의자 신병확보
• 현행범인 체포
• 긴급체포
• 체포영장에 의한 체포
• 기소중지자 검거

수사과인계
(형사계)

피해자 조사
(진술조서 작성, 진단서 첨부 등)

가해자 조사
(진술조서, 피의자신문조서 작성 등)

증거관계조사
(증거물, 현장목격자 조사, 수사서류작성 등)

(불구속 대상)

• 귀가조치
• 사건기록검찰송치

구속통지 24시간
이내 ·

(구속 대상)

• 신병대기
• 구속영장 신청
  (경찰 36시간 이내)
※검사영장청구 48시간 이내

(피의자 미검거 시)

• 피의자가 특정된 경우
  기소중지의견 검찰 송치
• 피의자 불특정 미제사건
  중 중요사건은 사건기소
  중지, 검찰 송치
• 사안경미 단순범죄 미제
  사건은 경찰에서 계속
  수사

• 구속영장실질심사
• 체포·구속의 적부 심사

검찰심사

법원심사

(영장 발부)

유치장 입감

(10일 이내)

검찰송치

출처 : 경찰청

○ 사전구속영장 기출

> 구속영장 신청서 및 신청부 작성 ⇨ 구속영장**신청** ⇨ 구속영장**청구** ⇨ 구인을 위한 구속영장발부 ⇨ **구속영장실질심사** ⇨ 구금을 위한 구속영장 발부 ⇨ 영장제시 및 집행 ⇨ 범죄사실 등 고지 ⇨ 구속영장 집행원부 기재 ⇨ 구속통지(**24시간** 이내)

○ 체포영장, 긴급체포, 현행범인 체포에 따른 구속영장

> 구속영장 신청서 및 신청부 작성 ⇨ 영장**신청(36시간** 이내) ⇨ 영장**청구(48시간** 이내) ⇨ 구속영장실질심사 ⇨ 영장발수 ⇨ 영장제시 및 집행 ⇨ 범죄사실 등 고지 ⇨ 구속영장 집행원부 기재 ⇨ 구속**통지(24시간** 이내)

○ 구속영장 발부: 검사의 청구에 의하여 판사가 발부한 구속영장에 의해 피의자를 구속할 수 있다. 사법경찰관은 검사에게 신청하여 검사의 청구로 관할지방 법원 판사의 구속영장을 받아 피의자를 구속할 수 있다.

○ 구속영장 신청의 시간적 제판:

체포 후 **48시간 이내에 구속영장을 청구**하여야 하므로, 사법경찰관은 늘어도 **36시간 이내에 검사에게 구속영장을 신청**하여야 한다.

○ 구속영장 청구 시 첨부서류

체포한 피의자를 구속하는 경우에는 체포영장, 긴급체포서, 현행범인체포서 또는 현행범인인수서를 구속영장청구기록에 첨부한다. 구속의 이유와 필요성으로 입증하기 위하여 체포영장을 청구할 때보다 더욱 구체적인 증거자료를 제출하여야 한다.

④ 판사의 구속 전 피의자심문(**구속영장실질심사제도**) 기출

구속영장의 청구를 받은 판사가 피의자를 직접 심문하여 구속사유를 판단하는 것을 말한다.

○ 대상

ⓐ 체포영장에 의한 체포, 긴급체포 또는 현행범 체포에 의하여 체포된 피의자에 대하여 구속영장을 청구받은 판사는 지체없이 피의자를 심문하여야 한다. 이 경우 특별한 사정이 없는 한 구속영장이 청구된 날 다음 날까지 심문하여야 한다(동법 제201조의 제1항).

ⓑ ⓐ 외의 피의자에 대하여 구속영장을 청구받은 판사는 피의자가 죄를 범하였다고 의심할 만한 이유가 있는 경우에 구인을 위한 구속영장을 발부하여 피의자를 구인한 후 심문하여야 한다. 다만, 피의자가 도망하는 등의 사유로 심문할 수 없는 경우에는 그러하지 아니한다(형사소송법 제201조 제2항).

ⓛ 방법 및 절차

    ⓐ 판사는 체포된 피의자의 경우에는 즉시, 미체포된 피의자의 경우에는 피의자를 인치한 후 즉시 검사·피의자 및 변호인에게 심문기일과 장소를 통지하여야 한다. 이 경우는 검사피의자가 체포되어 있는 때에는 심문기일에 피의자를 출석시켜야 한다.

    ⓑ 검사와 변호인은 심문기일에 출석하여 의견을 진술할 수 있다.

    ⓒ 피의자를 심문하는 경우 법원사무관 등은 심문의 요지 등을 조서로 작성하여야 한다.

    ⓓ 판사는 공범의 분리심문이나 그 밖에 수사상의 비밀보호를 위하여 필요한 조치를 하여야 한다.

⑤ 사후절차

    ㉠ **구속적부심사**(동법 제214조의2)

        ⓐ 체포 또는 구속된 피의자에 대하여 법원이 체포 또는 구속의 적부여부와 필요성을 심사하는 제도이다. 체포 또는 구속된 피의자 또는 그 변호인, 법정대리인 배우자, 직계친족, 형제자매나 가족, 동거인 또는 고용주는 관할법원에 체포 또는 구속의 적부심사를 청구할 수 있다.

        ⓑ 청구를 받은 법원은 청구서가 접수된 때부터 **48시간 이내**에 체포 또는 구속된 피의자를 심문하고 수사관계서류와 증거물을 조사하여 그 청구가 이유 없다고 인정한 때에는 **결정으로 이를 기각**하고, 이유 있다고 인정한 때에는 결정으로 체포 또는 구속된 피의자의 석방을 명하여야 한다. 심사청구 후 피의자에 대하여 공소제기가 있는 경우에도 또한 같다.

    ㉡ 사법경찰관은 피의자를 체포 또는 구속한 날로부터 **10일 이내에 수사를 종결**하고 사건과 피의자를 검찰로 송치하여야 한다.

    ㉢ 구속 전 피의자 심문, 구속적부심사를 위해 법원이 **수사서류 및 증거물을 접수**한 날로부터 검찰청에 반환한 날까지의 기간, **감정유치장에 의한 유치기간은 전체 구금일수에는 산입**되고, **수사기관의 구속기간에는 산입되지 않는다**(동법 제201조의2 제7항).

    ㉣ 재구속 제한 기출

        ⓐ 구속되었다가 석방한 피의자는 **다른 중요한 증거를 발견한 경우를 제외하고 동일범죄사실로 다시 구속하지 못한다**(동법 제208조 제1항).

        ⓑ 체포·적부심에 의하여 석방된 피의자는 **도망하거나 죄증을 인멸하는 경우를**

제외하고는 동일한 범죄사실에 관하여 재차 체포 또는 구속하지 못한다(동법 제214조의3 제1항).

ⓒ 보증금납입조건부 석방된 피의자는 도망한 때, 도망하거나 죄증을 인멸할 염려 가 있다고 믿을 만한 충분한 이유가 있는 때, **출석요구를 받고 정당한 이유 없 이 출석하지 아니한 때, 주거의 제한 기타 법원이 정한 조건을 위반한 때**를 제외하고는 동일 범죄사실로 다시 구속하지 못한다(동법 제241조의3 제2항).

	체포			구속
	체포	긴급체포	현행범체포	
요건	혐의의 상당성 체포사유 **(출석불응, 우려)** 경미범죄 특칙 **(주거미정, 출석불응)**	장기 3년 이상 긴급성, 필요성 **(도주, 증거인멸)**	현행범, 명백성, 필요성 경미범죄제한 **(주거불분명)**	혐의상당성 주거부정, 도주, 증거인멸 경미범죄제한
체포구속 후 절차	체포통지 48시간 내 영장청구 피의자 석방 석방보고	체포통지 48시간 내 영장청구 피의자 석방 석방보고	체포통지 48시간 내 영장청구 피의자 석방 석방보고	구속통지 석방보고
기간	48시간	48시간	48시간	경찰10일 검찰10일 (10일 내 연장)

(6) 압수 · 수색

압수는 증거물 또는 몰수할 것으로 예상되는 **물건의 점유를 취득하는 강제처분**이다.

수색은 증거물 또는 몰수할 물건을 발견하기 위하여 **신체, 물건 또는 주거 기타 장소에 강제력을 행사**하는 것이다. 범죄의 혐의가 구속의 경우에 요구되는 정도에 이를 것을 요 하지 않고, 이때의 범죄혐의는 단순한 혐의로도 충분하다.

① 압수의 종류

압류	점유취득과정 자체에 강제력이 가하여지는 경우	**영장**에 의한 압수
영치	유류물과 임의제출물을 점유하는 경우	임의제출
제출명령	일정한 물건의 제출을 명하는 처분(법원)	

② 압수절차(범죄수사규칙)

    ㉠ 영장신청 · 청구 · 발부

      소속경찰관서장의 지휘를 받아 **사법경찰관 명의로 검사에게 신청, 검사의 청구**로 판사가 발부한 영장에 의하여 압수 · 수색할 수 있다(피의자의 신원, 죄명, 압수 · 수색을 필요로 하는 사유, 영장의 유효조건 등을 기재한 신청서를 소명자료로 제출).

    ㉡ 영장 제시(동규칙 제113조)

      영장확인(압수장소 · 물건 · 유효기간 사전확인) ⇨ 신분고지 ⇨ 영장제시

    ㉢ 영장집행(동규칙 제113조):

      압수조서와 압수목록 작성기출: 압수조서에는 압수경위를, 압수목록에는 압수물건의 특징을 각각 구체적으로 기재한다. **피의자신문조서 · 진술조서 · 검증조서 · 실황조사서**에 압수의 취지를 기재하여 압수조서에 갈음할 수 있다(조서와 목록에 간인). 소유권 포기의 의사표시가 있을 경우 소유권포기서를 제출하여야 한다.

    ㉣ 사후절차: 영장은 집행일시와 집행자의 이름을 적어 기록에 첨부한다.

    ㉤ 영장 재신청

      영장을 신청하였으나 그 발부를 받지 못한 경우와 영장의 유효기간이 경과된 경우는 동일한 범죄사실에 관하여 영장을 재신청할 경우 그 취지를 보고

③ 수색절차 기출

    ㉠ 영장의 집행은 **검사의 지휘에 의하여 사법경찰관리가 집행**한다. 다만, 필요한 경우에는 재판장은 법원서기관 또는 서기에게 그 집행을 명할 수 있다(피의자 기타의 관계자를 참여 가능).

    ㉡ 공무소 안 또는 타인의 주거, 간수자 있는 가옥 · 건조물 · 항공기 또는 선차 안 이외의 장소인 때에는 되도록 **제3자의 참여를 얻어서** 하여야 한다. 어려울 경우 다른 경찰관을 참여하게 하고 수색

    ㉢ 영장의 집행에 있어서는 시정을 열거나 개봉 기타 필요한 처분을 할 수 있다.

    ㉣ 수색에 착수한 후 이를 일시 중지한 경우에는 그 장소를 폐쇄하거나 간수자를 두어서 사후의 수색을 계속함에 지장이 없도록 하여야 한다.

    ㉤ 수색을 하였을 때에는 수색의 상황과 결과를 명백히 한 **수색조서를 작성**하여야 한다. 수색을 함에 있어서 처분을 받는 자에게 압수 · 수색 · 검증영장을 제시하지 못하였을 때 또는 참여인을 얻을 수 없었을 때에는 수색조서에 그 취지를 기재하고 이유를 명백히 해 두어야 한다.

ⓐ 증거물 또는 몰수물이 없을 때에도 그 취지의 **수색증명서를 교부**하고, 압수물이 있을 경우 압수목록을 기재한 **압수증명서를 교부**한다.

④ 압수 · 수색의 구체적 요령

㉠ 피의자의 주거, 점포, 사무소, 근무처, 정부의 집 등 수색을 요하는 장소에 대하여 면밀히 파악한다.

㉡ 압수 · 수색현장 출입구에 출입통제요원을 배치하고, 작업의 원활화, 증거인멸의 방지를 위하여 원칙적으로, 사무실 등에서는 사원 등의 출입을 금한다.

㉢ 참여인 등의 거동에 주의하여 증거품의 발견 또는 증거인멸의 방지에 힘쓴다. 압수물에 대하여 그 수, 금액, 기일 등에 대하여 참여인에게 확인시킨 다음에 압수한다.

㉣ 가능한 한 **약도**를 작성하여 압수물이 소재한 장소를 기입하여 두고 **사진촬영**한다.

⑤ 압수물의 처리

㉠ 자청보관이 원칙이나 위탁보관(운반 또는 보관에 불편한 압수물)도 가능하다. 보관자는 특별한 약정이 없으면 임치료를 청구할 수 없다.

㉡ 폐기처분:

위험발생의 우려가 있는 압수물은 폐기처분하고 폐기조서를 작성, 사진을 촬영하여 첨부

생산 · 제조 · 소지 · 소유 또는 유통이 금지된 압수물로서 부패의 염려가 있거나 보관하기 어려운 압수물은 소유자 등 권한 있는 자의 동의를 받은 후 검사의 지휘를 받아 폐기할 수 있다(신설 2007.6.1.).

㉢ 대가보관(동법 제132조)

ⓐ 압수한 물건으로서 몰수하여야 할 압수물이 멸실, 파손, 또는 부패의 염려가 있거나 보관하기 어려운 경우에는 검사의 지휘를 받아 이를 매각하여 대가를 보관할 수 있다 몰수하여야 할 물건이 아닌 이상 **멸실 · 부패의 염려가 있어도 환가처분이 허용되지 않는다(필요적 몰수+임의적 몰수)**.

ⓑ 몰수대상인 압수물이 동시에 **증거물인 때에도 대가 보관**할 수 있다. 환가처분을 할 때는 검사, 피해자, 피고인 또는 변호인에게 미리 통지하여야 한다.

ⓒ 환부하여야 할 압수물 중 환부를 받을 자가 누구인지 알 수 없거나 그 소재가 불명한 경우로서 그 압수물의 멸실 · 파손 · 부패 또는 현저한 가치 감소의 염려가 있거나 보관하기 어려운 압수물은 **매각하여 대가를 보관**할 수 있다(신설 2007.6.1.).

> ## 폐기, 대가보관 시 주의사항(범죄수사규칙 제130조)
>
> 1. 경찰관은 압수물에 관하여 폐기 또는 대가보관의 처분을 할 때에는 다음 사항에 주의하여야 한다.
>   ① 폐기처분을 할 때에는 사전에 반드시 사진을 촬영해 둘 것
>   ② 그 물건의 상황을 사진, 도면, 모사도 또는 기록 등의 방법에 의하여 명백히 할 것
>   ③ 특히 필요가 있다고 인정될 때에는 해당 압수물의 성상, 가격 등을 감정해 둘 것. 이 경우에는 재감정할 경우를 고려하여 그 물건의 일부를 보존해두어야 한다.
>   ④ 위험발생, 멸실, 파손 또는 부패의 염려가 있거나 보관하기 어려운 물건이라는 등 폐기 또는 대가보관의 처분을 하여야 할 상당한 이유를 명백히 할 것
> 2. 경찰관은 폐기 또는 대가보관의 처분을 하였을 때에는 각각 폐기조서 또는 대가보관조서를 작성하여야 한다.

㉣ 환부 기출

압수물을 종국적으로 소유자 또는 제출인에게 반환하는 법원 또는 수사기관의 처분이다.

소유자 등의 청구가 있을 것을 요하지 않고, 법원 또는 수사기관의 결정에 의한다. **압수의 효력은 상실**되고 환부를 받은 자에게 **실체법상의 권리를 확인하는 효력까지 가지는 것은 아니다.**

필요적환부	• **체포 시 영장 없이 압수**한 후 사후압수수색영장을 발부받지 못한 경우 • 증거에 공할 물건이 아니거나 몰수대상물도 아닌 물건 등 압수를 계속할 **필요가 없다**고 인정되는 경우
압수장물	• 피해자에게 환부할 명백한 이유가 있을 때에는 피고사건의 종결 전이라도 피해자에게 환부할 수 있다(형사소송법 제134조). • 인도청구권에 대하여 사실상·법률상 다소라도 의문이 있는 경우에는 환부가 불가능하다.

㉤ 가환부 기출

압수의 효력을 존속시키면서 **압수물의 소유자·소지자 또는 보관자 등에게 잠정적으로 환부하는 제도**이다. 압수를 계속할 필요가 있다고 인정되는 압수물일지라도 증거에 공할 압수물은 소유자, 소지자, 보관자 또는 재출인의 청구에 의하여 가환부할 수 있다. 증거에만 공할 목적으로 압수한 물건으로서 **그 소유자 또는 소지자가 계속 사용하여야 할 물건은 사진촬영 기타 원형보존의 조치를 취하고 신속히 가환부** 하여야 한다.

절차	소유자·소지자 또는 보관자의 청구 ⇨ 검사·피해자·피고인 또는 변호인 등 이해관계인에게 통지 ⇨ 법원 또는 수사기관의 결정
효력	압수 자체의 효력을 잃는 것은 아니고, 가환부를 받은 자는 압수물에 대한 **보관의무**를 가지며, 이를 임의로 처분하지 못하고 법원 또는 수사기관의 필요가 있을 때에는 이를 제출하여야 한다.

⑥ 압수·수색의 제한 기출

  ㉠ 우체물의 압수(동법 제219조, 제107조)

    ⓐ 피고인·피의자가 발송하였거나 피고인·피의자에게 대하여 발송된 우체물 또는 전신에 관한 것으로서 체신관서 기타가 소지 또는 보관하는 물건의 제출을 명하거나 압수를 할 수 있다(피고사건과 관계가 있다고 인정할 수 있는 것에 한하여 제출을 명하거나 압수).

  ㉡ 공무상 비밀과 압수(동법 제219조, 제111조): 공무원 또는 공무원이었던 자가 소지 또는 보관하는 물건에 관하여는 본인 또는 그 해당 공무소가 직무상 비밀에 관한 것임을 신고한 때에는 그 **소속 공무소 또는 당해 감독관공서의 승낙**이 있어야 압수할 수 있다.

  ㉢ 군사상 비밀을 요하는 장소에서의 압수(동법 제219조, 제110조): 군사상 비밀을 요하는 장소는 그 **책임자의 승낙**이 있어야 압수·수색이 가능하다. 다만, 책임자는 국가의 중대한 이익을 해하는 경우를 제외하고 승낙을 거부하지 못한다.

  ㉣ 업무상 비밀에 관한 물건과 압수(동법 제219조, 제112조): **변호사, 변리사. 공증인, 공인회계사, 세무사, 대서업자, 의사, 한의사, 치과의사, 약사, 약종상, 조산사, 간호사, 종교의 직에 있는 자** 또는 이러한 직에 있던 자가 업무상 위탁을 받아 소지 또는 보관하는 물건으로 타인의 비밀에 관한 것은 압수를 거부할 수 있다. 다만, 그 타인의 승낙이 있거나 중대한 공익상 필요가 있을 때에는 예외로 한다.

  ㉤ 공무소, 공용, 군용항공기 등에서의 책임자의 참여(동법 제219조, 제123조 제1항): 공무소, 군사용의 **항공기 또는 선거 내에서 책임자에게 참여**할 것을 통지하여야 압수·수색이 가능하다.

  ㉥ 주택주 등의 참여(동법 제123조 제2항): 타인의 주거, 간수자 있는 가옥, 건조물, 항공기 또는 선거 내에서 압수·수색영장의 집행함에는 **주거주, 간수자 또는 이에 준하는 자를 참여**하게 하여야 한다. 이상의 자를 참여하게 하지 못할 때에는 인거인 또는 지방공공단체의 직원을 참여하게 하여야 한다.

Ⓢ 여자의 신체수색(동법 제124조) 기출

신체수색 시	**성년의 여자**를 참여하게 하여야 한다.
신체검사 시	성년의 여자 또는 **의사**를 참여
유치장 입감 시 신체검사	**성년의 여성근무자**

ⓞ 야간집행의 제한(동법 제125조, 제126조)

ⓐ 일출 전, 일몰 후에는 압수·수색영장에 야간집행을 할 수 있다는 기재가 없으면 그 영장을 집행하기 위하여 타인의 주거, 간수자가 있는 가옥, 건조, 항공기 또는 선차 내에 들어가지 못한다.

ⓑ 야간집행 제한의 예외

- **도박, 기타 풍속을 해하는 행위에 상용**된다고 인정하는 장소
- **여관, 음식점 기타 야간에 공중이 출입할 수 있는 장소**(공개된 시간에 한함)

⑦ 영장에 의하지 아니한 압수·수색 기출

㉠ **체포·구속현장**에서의 압수·수색(동법 제216조)

ⓐ 검사 또는 사법경찰관은 **체포영장에 의한 체포, 긴급체포 또는 현행범인 체포에 의하여 체포하거나 구속영장에 의하여 피의자를 구속하는 경우에 필요한 때**에는 영장 없이 타인의 주거나 타인이 간수하는 가옥, 건조물, 항공기, 선차 내에서 피의자를 수사할 수 있다. 이 경우에도 **주거주나 간수자의 참여 없이 압수·수색·검증**을 할 수 있고, 야간집행 제한규정의 적용을 받는다.

ⓑ 피의자를 추적하여 건물 내에 따라 들어간 경우에는 체포, 구속 그 자체에 해당된다.

ⓒ **현행범인의 체포를 위해서 일지라도 검사와 사법경찰관이 아닌 사인은 타인의 주거를 수색할 수 없다.**

ⓓ 체포에 착수한 경우에는 피의자가 도주한 경우에도 압수·수색이 허용된다. 급속을 요하는 경우는 주거지 등 제한과 야간집행의 제한을 받지 않는다(동법 제220조).

㉡ 피고인의 **구속현장**에서 압수·수색 또는 검증

검사 또는 사법경찰관이 피고인에 대한 구속영장을 집행하는 경우에 필요한 때에는 그 집행현장에서 영장 없이 압수·수색 또는 검증을 할 수 있다. 결과를 법관에게 보고하거나 압수물을 제출할 것을 요하지 않는다.

㉢ **범행 중 또는 범행 직후의 범행장소**에서의 압수·수색(동법 제216조 제3항)

ⓐ 범행 중 또는 범행 직후의 범죄장소에서 긴급을 요하여 법관의 영장을 발부받을

수 없을 때는 영장 없이 압수 · 수색 또는 검증을 할 수 있다. 이 경우에는 사후에 지체 없이 영장을 받아야 한다.

ⓑ 피의자가 현장에 있거나 체포되었을 것을 요건으로 하지 않는다. **급속을 요하는 경우에는 주거주나 간수자의 참여 없이 압수 · 수색 또는 검증을 할 수 있고 야간집행의 제한을 받지 아니한다.**

ⓓ **긴급체포**된 자의 압수 · 수색(동법 제217조, 전문개정 2007.6.1.)

ⓐ 긴급체포된 자가 소유 · 소지 또는 보관하는 물건에 대하여 긴급히 압수할 필요가 있는 경우에는 체포한 때로부터 **24시간 이내에 한하여 영장없이 압수 · 수색 또는 검증**을 할 수 있다.

ⓑ 압수한 **물건을 계속 압수할 필요가 있는 경우에는 지체 없이 압수 · 수색영장을 청구**하여야 한다. 이 경우 압수 · 수색영장의 청구는 체포한 때로부터 **48시간 이내**에 하여야 한다.

압수 · 수색영장을 발부받지 못한 때에는 **압수한 물건을 즉시 반환**하여야 한다.

ⓜ 임의제출한 물건의 압수(동법 제218조)

ⓐ 검사, 사법경찰관은 피의자 기타인의 유류한 물건이나 소유자, 소지자 또는 보관자가 **임의로 제출한 물건을 영장 없이 압수**할 수 있다(동법 제 218조).

ⓑ 대상은 증거물 또는 몰수물에 제한되지 않으며 반드시 권한에 기한 소지 또는 보관한 자일 것을 요하지 않는다.

ⓒ 임의성 확보를 위하여 제출자로 하여금 **임의제출서를 제출**하도록 하여야 한다. 임의 제출한 물건을 압수한 경우에도 **압수조서와 압수목록을 작성**하여야 한다.

⑧ 금융실명거래 및 비밀보장에 관한 법률

㉠ 금융기관에 종사하는 자는 **명의인의 서면상 요구나 동의**를 받지 아니하고는 그 금융거래의 내용에 대한 정보 또는 자료를 타인에게 제공하거나 누설하여서는 안 된다. 누구든지 금융기관에 종사하는 자에게 거래정보 등의 제공을 요구하여서는 안 된다.

㉡ **법원의 제출명령 또는 법관이 발부한 영장**에 의해 그 사용목적에 필요한 최소한의 범위 안에서 거래정보 등을 제공하거나 그 제공을 요구하는 경우에는 예외로 한다.

㉢ 금융기관의 거래정보 누설 시에는 5년 이하 징역 또는 3,000만원 이하의 벌금에 처한다. 사법경찰관에게 거래 명의자의 정보를 제공한 금융기관은 제공한 날부터 **10일 이내** 명의자에게 제공사실을 통보하여야 한다.

ⓔ 사법경찰관은 다음에 해당하는 경우에는 금융실명거래 및 비밀보장에 관한 법률 제4조의2 제2항에 따라 해당 **금융기관에 통보유예를 신청**하여야 한다.

> ⓐ 사람의 생명이나 신체의 안전을 위협할 우려가 있을 경우
> ⓑ 증거인멸·증인위협 등 공정한 사법절차의 진행을 방해할 우려가 명백한 경우
> ⓒ 질문·조사 등 범죄수사절차의 진행을 방해하거나 과도하게 지연시킬 우려가 명백한 경우

(7) 검증

강제력을 사용하여 사람, 장소, 물건의 성질·형상을 5관의 작용에 의하여 인식하는 강제처분으로 강제력이 따른다는 점에서 실황조사와 다르다. 법원의 검증은 증거조사의 일종으로 영장이 요구되지 않으나, **수사기관의 검증은 강제처분으로 원칙적으로 영장**이 요구된다. **검증은 범죄혐의가 확정적으로 발견된 뒤**에 행하게 된다는 점에서, 변사자 검시와 다르다.

① 절차 기출

사전검증영장	사법경찰관영장 **신청** ⇨ 검사영장 **청구** ⇨ 영장 발부 ⇨ 집행 (형사소송법 제215조)
사후검증영장	범행 중 또는 범행 직후의 범죄장소에서의 검증 (동법 제216조 제3항) 변사자의 검시로 범죄의 혐의를 인정하고 긴급 시(검사의 지휘) (형사소송법 제222조 제2항, 범죄수사규칙 제36조 제2항)
영장 없이 행하는 검증	체포현장에서의 검증(형사소송법 제216조 제1항 제2호) 긴급체포된 자의 검증(동법 제217조) - 24시간 내

② 처분: 검증을 함에는 **신체의 검사, 시체의 해부, 분묘의 발굴, 물건의 파괴** 기타 필요한 처분을 할 수 있다(형사소송법 제219조, 제140조).

③ 사후절차: 검증 후에는 검증의 결과를 기재한 **검증조서를 작성**하여야 한다.

④ 신체검사

신체검사는 **검증의 유형**이고 신체 자체를 검사의 대상으로 하는 점에서 신체 외부와 착의에 대한 수색인 신체수색으로 나뉜다. 전문적 지식과 경험을 요하는 감정으로서의 신체검사인 혈액채취, x선 촬영과는 구별된다.

㉠ 영장을 요하지 않는 신체검사

체포현장에서의 신체검사, 체포, 구속된 피의자에 대한 지문·족적의 재취, 신장과 체중·흉위 측정은 영장을 요하지 않는 신체검사이다.

신체검사 시 주의사항

1. 대상자의 건강과 명예를 해하지 아니하도록 주의해야 한다.
2. 피고인 아닌 자의 신체검사는 증적의 존재를 확인할 수 있는 현저한 사유가 있는 경우에 제한된다.
3. 여자의 신체검사는 **의사나 성년의 여자를 참여**시켜야 한다.

사체검증 시 주의사항

1. 사체의 해부 또는 분묘의 발굴을 하는 때에는 예를 잃지 아니하도록 주의하고 미리 유족에게 통지해야 한다.
2. 사체의 착의, 부착물, 분묘 안의 매장물로서 수사상 필요하다고 인정되는 물건에 대하여는 **유족으로부터 임의제출을 받거나 압수 · 수색 · 검증영장에 의하여 압수**하여야 한다.

(8) 통신제한조치기출 (통신비밀보호법 제5조, 제6조)

범죄를 계획 · 실행하고 있거나 실행하였다고 의심할 만한 충분한 이유가 있고 다른 방법으로는 그 **범죄의 실행을 저지하거나 범인의 체포 또는 증거수집이 어려운 때**에 한한다.

검열	우편법에 의한 우편물, 소포를 **당사자 동의 없이 개봉** 기타의 방법으로 지득 · 채록 · 유치하는 것
감청	**유선, 무선, 광선 및 기타의 전자적 방식**에 의하여 모든 종류의 음향, 문언, 부호 또는 영상의 송수신을 당사자의 동이 없이 전자장치, 기계장치 등을 사용하여 전기통신을 청취하여 그 내용을 지득 · 채록 · 방해하는 것

① 통신수사의 종류 기출

구분	통신제한조치	통신사실확인자료	통신자료
근거	통신비밀보호법	통신비밀보호법	전기통신사업법
대상	280개 대상범죄에 대하여 검열과 감청으로 행함	(1) **모든 범죄**에 대하여 행함 (2) 가입자의 **전기통신일시, 전기통신개시·종료시간, 발·착신 통신번호 등** 상대방의 가입자번호, 사용도수, 인터넷의 로그기록자료, 휴대폰의 위치추적자료, 인터넷의 접속지 추적자료	(1) 이용자의 인적 사항(**성명, 주민등록번호, 전화번호, ID,주소, 가입 및 해지일자**) (2) **특정시간, 특정유동IP**를 통신사업자에게 제시하고 가입자 정보만을 요구하는 경우
절차	(1) 범죄수사목적 　－ 법관허가 (2) 국가안보 목적 　－ 고등법원수석부판사 **허가 또는 대통령 승인** (3) 사후통지의무 (4) 긴급처분가능	(1) 통신제한조치와 동일 예외) 일반수사목적일 경우 연장불가 (2) 참고인 다수 시 1건으로 신청 가능 긴급처분 － 반드시 **36시간** 이내에 허가	경찰서장 및 지방청·경찰청과장 이상 결재권자의 직책, 직급, 성명을 명기하여 사법경찰관리가 요청할 수 있다.

② 통신제한 조치 기간 기출

　수사를 위한 통신제한 조치는 **2개월을 초과할 수 없고 연장허가**를 받아야 한다.

　국가안보를 위한 통신제한조치는 **4개월이며, 4개월 범위 내에서 연장**이 가능하다. 연장 횟수에 제한이 없다.

③ 허기 절차 기출

　검사는 법원에 대하여 **각 피의자별 또는 각 피내사자별로 통신제한조치**를 허가하여 줄 것을 청구할 수 있다. 사법경찰관은 검사에 대하여 피의자별 또는 피내사별로 통신제한조치에 대한 허가를 신청하고, 검사는 법원에 대하여 그 허가를 청구할 수 있다.

④ 관할 기출

　ⓐ 통신제한조치의 관할은 통신당사자의 **쌍방 또는 일방의 주소지·소재지, 범죄지, 통신당사자와 공범관계에 있는 자의 주소지·소재지**를 관할 지방법원 또는 지원을 말한다.

　ⓑ 통신사실 확인자료의 관할은 **피의자, 피내사자의 주소지·소재지, 범죄지 또는 해당 가입자의 주소지·소재지를 관할 지방법원 또는 지원**을 말한다.

⑤ 허가신청방법

통신제한조치 및 통신사실확인자료제공 요청의 허가신청을 할 때에는 **각 피의자별 또는 각 피내사자별로 신청**기출 하여야 하고 피의자 또는 피내사자가 아닌 경우 **다수 의 가입자에 대하여 1건의 허가신청서로 요청**할 수 있다.

⑥ 집행 기출

통신제한조치는 청구 또는 신청한 검사·사법경찰관 또는 정보수사기관의 장이 집행 한다. 체신관서 기타 관련기관 등에 그 집행을 대신할 수 있다. 통신제한조치 허가신 청은 **반드시 서면**으로 하여야 한다. 통신사실 확인자료 및 통신자료 제공요청은 팩 스에 의하여 할 수 있다(신분증 제시).

⑦ 통신제한조치의 집행 또는 통신사실 확인자료 제공요청이 불가능하거나 필요없게 된 경우에는 허가서번호, 허가서 발부일자 및 수령일자, 수령자 성명, 집행불능의 사유 를 기재하여 통신제한조치허가서 또는 통신사실확인자료 제공요청 허가서를 반환하 여야 한다.

⑧ 긴급처분 기출

㉠ 검사·사법경찰관 또는 정보수사기관의 장은 **국가안보를 위협하는 음모행위, 직 접적인 사망이나 심각한 상해의 위험을 야기할 수 있는 범죄 또는 조직범죄의 계획이나 실행 등과 같은 긴박한 상황**이 있고, 법원의 허가나 대통령의 승인에 필요한 절차를 거칠 수없는 긴급한 사유가 있는 경우에 한하여 긴급처분을 할 수 있다. 그 통신제한조치를 집행한 때부터 **36시간 이내에 법원의 허가**를 받아야 하 며, 법원의 허가를 받지 못한 때에는 즉시 그 통신제한조치를 중지하여야 한다.

긴급통신수사 기출

1. 사법경찰관이 긴급통신제한조치를 할 경우에는 미리 검사의 지휘를 받아야 한 다. 다만, 특히 급속을 요하여 **미리 지휘를 받을 수 없는 사유가 있는 경우에 는 긴급통신제한조치의 집행착수 후 지체없이 검사의 승인**을 얻어야 한다. (긴급감청서를 작성)

2. 사법경찰관은 긴급통신제한조치 및 긴급통신사실확인자료 제공을 요청하였을 경우에는 **36시간 이내에 법원의 허가**를 받아 허가서 표지사본을 전기통신사업 자에게 송부하여야 한다.

3. 사법경찰관은 긴급통신제한조치 후 36시간 이내에 허가를 받지 못한 경우에는 즉시 집행을 중지하여야 하며 체신관서로부터 인계받은 우편물이 있는 경우 **즉 시 반환**하여야 한다.

4. 사법경찰관은 긴급으로 통신사실확인자료를 제공받았으나 36시간 내 허가를 받지 못한 경우에는 제공받은 **자료는 분쇄시키고 파일은 삭제하는 방법으로 폐기**하여야 하고 허가신청서 등 관련서류 및 폐기에 대한 수사보고서를 기록에 첨부하여야 한다.

5. 사법경찰관은 긴급한 사건으로 발신기지국의 위치추적자료(실시간 위치추적)를 제공받았으나 허가를 받기 전 조기에 검거된 경우에는 그 즉시 전기통신사업자에게 전화 등으로 자료제공의 중단을 요청하고 반드시 **36시간 이내에 법원의 허가를 받은 후 허가서 사본을 전기통신사업자에게 송부**하여야 한다.

6. 사법경찰관은 긴급통신제한조치가 단시간 내에 종료되어 법원의 허가를 받을 필요가 없는 경우에는 지체없이 긴급통신제한조치통보서를 작성하여 관할 지방검찰청 검사장 또는 지청장에게 송부하여야 한다.

⑨ 통지 기출

㉠ 단시간 내에 종료되어 법원의 허가를 받을 필요가 없는 경우 사법경찰관은 지체없이 긴급통신제한조치통보서를 작성하여 관할 지방검찰청검사장 또는 지청장에게 송부, **지검장은 7일 이내에 이를 법원장에게 송부**한다.

ㄴ 사법경찰관은 통신제한조치를 집행한 사건에 대하여 검사로부터 공소를 제기하거나 제기하지 않는 처분(기소중지 결정을 제외한다)의 통보를 받거나 내사사건에 관하여 입건하지 않는 처분을 한 때에는 그 날로부터 **30일 이내에 그 대상이 된 가입자에게 통신제한조치를 집행한 사실과 집행기관 및 그 기간 등을 서면으로 통지**하여야 한다.

ㄷ 사법경찰관은 통신사실 확인자료의 제공을 받은 사건에 관하여 검사가 공소를 제기하거나 공소를 제기하지 않는 처분(기소중지 결정을 제외한다)의 통보를 받거나 내사사건에 대하여 자체적으로 입건하지 않는 처분을 한 때에는 그 처분을 한 날로부터 **30일** 이내에 그 대상이 된 전기통신의 가입자에게 통신사실확인자료 제공을 받은 사실과 제공요청기관 및 그 기간 등을 서면으로 통지하여야 한다.

ㄹ 사법경찰관은 다음 각 호의 어느 하나에 해당하는 사유가 있어 **통지유예 승인**을 받은 경우에는 그 사유가 해소된 날로부터 30일 이내에 각각 제1항과 제2항의 규정에 의한 통지를 하여야 한다.

ⓐ 국가의 안전보장·공공의 안녕질서를 위태롭게 할 현저한 우려가 있는 때
ⓑ 사람의 생명·신체에 중대한 위험을 초래할 염려가 현저한 때

ⓜ 검사는 송·수신이 완료된 전기통신에 대하여 압수·수색·검증을 집행한 경우 그 사건에 관하여 공소를 제기하거나 공소의 제기 또는 입건을 하지 아니하는 처분(기소중지결정을 제외한다)을 할 때에는 그 처분을 한 날부터 30일 이내에 수사대상이 된 가입자에게 압수·수색·검증을 집행한 사실을 서면으로 통지하여야 한다.

⑩ 범죄수사를 위한 통신제한조치의 대상범죄(통신비밀보호법 제5조) 기출

　　㉠ 형법

　　　　내란의 죄, 외환의 죄 중 제92조 내지 제101조의 죄,

　　　　국교에 관한 죄 중 제107조, 제108조, 제111조 내지 제113조의 죄,

　　　　공안을 해하는 죄 중 제114조, 제115조의 죄,

　　　　폭발물에 관한 죄,

　　　　공무원의 직무에 관한 죄 중 제127조, 제129조 수뢰 내지 제133조의 죄,

　　　　도주와 범인은닉의 죄 기출

　　　　방화와 실화의 죄 중 제164조 내지 제167조·제172조·제173조·제174조·제175조의 죄,

　　　　아편에 관한 죄, 통화에 관한 죄, **유가증권**, 우표와 인지에 관한 죄 중 제214조 내지 제217조, 제223조 및 제224조

　　　　살인의 죄(**자살방조**)

　　　　체포와 감금의 죄, 협박의 죄 중 제283조제1항, 제284조, 제285조

　　　　약취(略取), 유인(誘引) 및 인신매매의 죄,

　　　　강간과 추행의 죄 중 제297조 내지 제301조의2, 제305조의 죄,

　　　　신용, 업무와 경매에 관한 죄 중 제315조의 죄,(**경매 입찰 방해**)기출

　　　　권리행사를 방해하는 죄 중 제324조의2 내지 제324조의4·제324조의5

　　　　절도와 강도의 죄 중 제329조 내지 제331조, 제332조 제333조 내지 제341조,

　　　　사기와 공갈의 죄 중 제350조(**공갈**), 제350조의2, 제351조의 죄,

　　　　장물에 관한 죄 중 제363조의 죄

　　㉡ 군형법

　　　　반란의 죄, 이적의 죄, 지휘권 남용의 죄, 지휘관의 항복과 도피의 죄, 수소이탈의 죄, 군무태만의 죄중 제42조의 죄, 항명의 죄, 폭행·협박·상해와 살인의 죄, 군용물에 관한 죄, 위령(違令)의 죄 중 제78조·제80조·제81조의 죄

　　㉢ **국가보안법**에 규정된 범죄

　　㉣ 군사기밀보호법에 규정된 범죄

ⓜ 「군사기지 및 군사시설 보호법」에 규정된 범죄

ⓗ 마약류관리에관한법률에 규정된 범죄중 제58조 내지 제62조의 죄

ⓢ 폭력행위등처벌에관한법률에 규정된 범죄중 제4조 및 제5조의 죄

ⓞ 총포 · 도검 · 화약류 등의 안전관리에 관한 법률에 규정된 범죄중 제70조 및 제71조 제1호 내지 제3호의 죄

ⓩ 특정범죄 가중처벌 등에 관한 법률에 규정된 범죄중 제2조, 제8조, 제11조,

ⓩ 특정범죄 가중처벌 등에 관한 법률에 규정된 범죄중 제3조 내지 제9조의 죄

⑪ 국가안보를 위한 통신제한 조치 기출

   ⓐ **정보수사기관의 장**은 상당한 위험이 예상되는 경우 또는 「국민보호와 공공안전을 위한 테러방지법」에 따라 그 위해를 방지하기 위하여 이에 관한 정보수집이 특히 필요한 때에는 통신제한조치를 할 수 있다.

> ⓐ 통신의 일방 또는 쌍방당사자가 내국인인 때에는 **고등법원 수석부장판사의 허가**기출를 받아야 한다. 다만, 군용전기통신법 제2조의 규정에 의한 군용전기통신(작전수행을 위한 전기통신에 한한다)에 대하여는 그러하지 아니하다.
> ⓑ 대한민국에 적대하는 국가, 반국가활동의 혐의가 있는 **외국의 기관 · 단체와 외국인, 대한민국의 통치권이 사실상 미치지 아니하는 한반도 내의 집단이나 외국에 소재**하는 그 산하단체의 구성원의 통신인 때 및 제1항 제1호 단서의 경우에는 **서면으로 대통령의 승인**기출을 얻어야 한다.

   ⓛ 정보수사기관의 장은 국가안보를 위협하는 음모행위, 직접적인 사망이나 심각한 상해의 위험을 야기할 수 있는 범죄 또는 조직범죄 등 중대한 범죄의 계획이나 실행 등 긴박한 상황에 있고 제7조 제1항 제2호에 해당하는 자에 대하여 대통령의 승인을 얻을 시간적 여유가 없거나 통신제한조치를 긴급히 실시하지 아니하면 국가안전보장에 대한 위해를 초래할 수 있다고 판단되는 때에는 소속 장관(국가정보원장을 포함한다)의 승인을 얻어 통신제한조치를 할 수 있다.

   ⓒ ⓛ에 의하여 긴급통신제한조치를 한 때에는 지체없이 제7조의 규정에 의하여 대통령의 승인을 얻어야 하며, **36시간 이내에 대통령의 승인**을 얻지 못한 때에는 즉시 그 긴급통신제한조치를 중지하여야 한다.

범죄수사

001

09 2차

수사기관이 피의자 진술을 영상녹화하는 경우에 대한 설명 중 적절하지 <u>않은</u> 것은?

① 피의자의 진술을 영상녹화 할 경우에는 피의자의 동의가 있어야 한다.

② 피의자 진술이 영상녹화 시에는 조사의 개시부터 종료까지의 전 과정 및 객관적 정황을 영상녹화하여야 한다.

③ 피의자의 영상녹화가 완료된 때에는 피의자 또는 변호인 앞에서 지체없이 그 원본을 봉인하고 피의자로 하여금 기명날인 또는 서명하게 하여야 한다.

④ 원본을 봉인하기 전에 피의자 또는 변호인이 녹화물의 시청을 요구하는 때에는 영상녹화물을 재생하여 시청하게 하여야 한다.

> **해설**
>
> ① 피의자의 진술은 영상녹화 할 수 있고 **영상녹화사실을 알려주어야 한다.**(제224조의2 제1항) 즉, 고지하면 족하고 **동의를 받을 필요는 없다.** 다만, 피의자 아닌 자(참고인)의 경우에는 그의 동의를 받고 영상녹화 할 수 있다.(제221조 제1항)

002

11 2차

피의자신문과정에 변호인 참여와 관련하여 틀린 것은 모두 몇 개인가?

> ㉠ 피의자가 변호인의 참여 하에 신문받기를 원하는 경우 변호인이 참여할 수 있는 상당한 시간을 부여한다.
>
> ㉡ 변호인 참여 신청이 신문방해, 수사기밀 누설 등 수사에 현저한 지장을 초래할 우려가 있다고 인정되는 경우에는 참여를 제한할 수 있다.
>
> ㉢ 피의자 또는 사건관계인이 변호인을 선임하는 경우에 변호인선임계를 제출할 필요는 없다.
>
> ㉣ 변호인은 신문내용을 촬영, 녹음, 기록할 수 있으며, 피의자를 대신하여 답변할 수 있다.
>
> ㉤ 경찰관은 피의자가 요청할 경우, 특정 변호인을 추천해 줄 수 있다.
>
> ㉥ 사법경찰관은 신문에 참여하고자 하는 변호인이 2인 이상이고 피의자가 신문에 참여할 변호인을 지정하지 않는 경우에는 직접 지정할 수 있다.

① 1개   ② 2개   ③ 3개   ④ 4개

> **해설**
>
> ㉢ 경찰관은 피의자 또는 사건관계인이 변호인을 선임하는 경우에는 변호인과 연명날인한 **선임서를 제출하게 하여야 한다.**(범죄수사규칙 제58조 제1항)
>
> ㉣ 변호인은 신문내용을 촬영, 녹음, 기록하거나 피의자를 **대신하여 답변할 수 없다.**
>
> ㉤ 경찰관은 변호인의 선임에 관하여 특정의 변호인을 **시사하거나 추천하여서는 아니된다.**(범죄수사규칙 제58조 제2항)

ANSWER **001** ①   **002** ③ / ㉢, ㉣, ㉤

003

다음 보기 중 긴급체포 대상인 범죄는 모두 몇 개인가?(단, 형법상 법정형을 기준으로 한다)

| ㉠ 부동의 낙태죄 | ㉡ 업무상실화죄 | ㉢ 무면허 운전 |
| ㉣ 과실치사죄 | ㉤ 업무상과실치상죄 | ㉥ 업무상과실치상죄 |

---

① 2개　　　　② 3개　　　　③ 4개　　　　④ 5개

> **해설**

㉢ 무면허운전(도로교통법 제152조 제1호, 1년 이하 징역)
㉣ 과실치사죄(형법 제267조, 2년 이하 금고)
㉥ 업무상과실장물취득죄(형법 제 364조, 1년 이하 금고)는 **체포할 수 없다.**

㉠ **부동의낙태죄**(형법 제270조 제2항, 3년 이하의 징역)
㉡ **업무상실화죄**(형법 제171조, 3년 이하의 금고)
㉤ **업무상과실치상죄**(형법 제268조, 5년 이하의 금고)는 긴급체포 할 수 있다.

긴급체포할 수 없는 범죄	
형법	명예훼손(제307조 제1항, 2년 이하 징역), 사자명예훼손(제308조, 2년 이하의 징역) 동의낙태(제 269조 제2항, 1년 이하 징역) 과실치상(제266조 제2항, 벌금형), 과실치사(제267조, 2년 이하 금고) 공문서부정행사(제230조, 2년 이하의 징역), 사문서부정행사(제236조, 1년 이하 징역) 폭행(제260조 제1항, 2년 이하의 징역) 도박(제246조 제1항, 벌금형) 업무상 과실장물취득, 알선 등 (제346조, 1년 이하 금고) 실화(제170조, 벌금형) 점유이탈횡령(제360조,1년 이하 징역) 도주(제145조 제1항, 1년 이하 징역)
도로교통법	음주운전(0.2% 미만) (제148조의2 제2항 제2호, 1년 이하 징역) 무면허운전(제152조 제1호, 1년 이하 징역) 업무상과실재물손괴(제151조, 2년 이하 금고)
청소년 보호법	청소년유해매체물 표시 및 포장을 하지 않은 자 (제59조 제1호, 제2호, 2년 이하 징역) 청소년에게 주류 · 담배를 판매한자(제59조 제6호, 2년 이하의 징역) 청소년 유해업소를 출입시킨 자(제59조 제8호, 2년 이하의 징역)
성폭력 특례법	업무상위력에 의한 추행(제10조, 2년 이하) 공중밀집장소에서의 추행(제11조, 1년 이하) 통신매체이용음란(제13조, 2년 이하) 성적 목적을 위한 공공장소 침입행위(제12조, 1년 이하)

004 다음 중 ( )의 숫자를 모두 더하면 얼마인가?

12 1차

> ⊙ 사법경찰관은 기소중지된 피의자를 당해 수사관서가 위치하는 특별시, 광역시, 도 이외의 지역에서 긴급체포한 경우에는 ( )시간 이내에 긴급체포 승인건의를 할 수 있다.
> ⓒ 친고죄에 대하여 고소할 자가 없는 경우에 이해관계인의 신청이 있으면 검사는 ( )일 이내에 고소할 수 있는 자를 지정하여야 한다.
> ⓒ 고소는 제( )심 판결 선고 전까지 취소할 수 있다.

① 23 ② 24 ③ 35 ④ 59

해설

24+10+1= 35
⊙ 사법경찰관은 기소중지된 피의자를 당해 수사관서가 위치하는 특별시, 광역시, 도 이외의 지역에서 긴급체포한 경우에는 (10)시간 이내에 긴급체포 승인건의를 할 수 있다.(범죄수사규칙 제81조 제4항)
ⓒ 친고죄에 대하여 고소할 자가 없는 경우에 이해관계인의 신청이 있으면 검사는 (10)일 이내에 고소할 수 있는 자를 지정하여야 한다.(형사소송법 제228조)
ⓒ 고소는 제(1)심 판결 선고 전까지 취소할 수 있다.(형사소송법 제232조 제1항)

005 형사소송법에서 정의하는 준현행범인이 <u>아닌</u> 것은?

10 2차

① 범인으로 호칭되어 추적되고 있는 자
② 신체 또는 의복류에 현저한 증적이 있는 자
③ 범죄의 실행 즉후인 자
④ 누구임을 물음에 대하여 도망하려 하는 자

해설

③ **준현행범인**은 범인으로 **호칭**되어 추적되고 있는 자.
신체 또는 의복류에 현저한 증적이있는 자.
누구임을 물음에 대하여 도망하려는 자.
장물이나 범죄에 사용되었다고 인정함에 충분한 흉기 기타 물건을 소지하고 있는 자를 말한다.(형사소송법 211조 제2항)

006 체포 절차에 대한 설명 중 옳지 <u>않은</u> 것은 모두 몇 개인가?

11 1차

> ⊙ 형사소송법상 체포통지는 체포 후 지체 없이 서면으로 하도록 규정되어 있다.
> ⓒ 정당한 이유 없이 수사기관의 출석요구에 응하지 아니하는 경범죄처벌법위반(불안감 조성)의 피의자에 대해서는 체포영장을 발부받을 수 있다.
> ⓒ 사법경찰관은 긴급체포 후 36시간 내에 관할지방검찰청 또는 지청의 검사에게 긴급체포 승인건의를 하여야 한다.
> ⓔ 경찰관은 사인(私人)인 체포자로부터 현행범인을 인도받은 때에 성명, 주민등록번호, 주거, 직업, 체포일시·장소 및 체포의 사유를 청취하여 현행범인체포서를 작성하고, 현행범인체포원부에 필요한 사항을 등재하여야 한다.

① 1개   ② 2개   ③ 3개   ④ 4개

해설

ⓒ 사법경찰관은 긴급체포 후 **12시간** 내에 관할지방검찰청 또는 지청의 검사에게 긴급체포승인건의를 하여야 한다. 다만, 기소중지된 피의자를 당해 수사관서가 위치하는 특별시, 광역시, 도 또는 특별자치도 이외의 지역에서 긴급체포한 경우에는 24시간내에 긴급체포승인건의를 할 수 있다.(범죄수사규칙 제81조 제4항)

ⓔ 사법경찰관리가 현행범인을 인도받았을 때에는 체포한 사람으로부터 그 성명·주민등록번호·직업·주거 및 체포의 일시·장소·사유를 청취한 후 **현행범인 인수서**를 작성하여야 한다.(검사의 사법경찰관리에 대한 수사지휘 및 사법경찰관리의 수사준칙에 관한 규정 제37조 제3항)

007 구속 전 피의자 심문에 대한 설명으로 가장 옳은 것은?

10 2차

① 경찰관은 검사로부터 형사소송법 제201조의2(구속영장 청구와 피의자 심문)의 규정에 따라 심문기일과 장소를 통지받은 때에 지정된 기일과 장소에 체포된 피의자를 출석시켜야 한다.

② 검사와 변호인은 심문기일에 출석하여 의견을 진술하여야 한다.

③ 피의자심문을 하는 경우 법원이 구속영장청구서, 수사 관계 서류 및 증거물을 접수한 날은 구속기간에 이를 산입한다.

④ 심문할 피의자에게 변호인이 없는 때에는 지방법원판사는 직권으로 변호인을 선정할 수 있다. 이 경우 변호인의 선정은 피의자에 대한 구속영장 청구가 기각되어 효력이 소멸한 경우를 제외하고는 제1심까지의 효력이 있다.

해설

② 검사와 변호인은 심문기일에 출석하여 의견을 진술할 수 있다.(형사소송법 제201조의2 제4항)

③ 피의자심문을 하는 경우 법원이 구속영장청구서·수사 관계 및 서류 및 증거물은 **접수한 날로부터 구속영장을 발부하여 검찰청에 반환한 날까지의 기간은 구속기간에 이를 산입하지 아니한다.**(형사소송법 제201조의2 제7항)

④ 심문할 피의자에게 변호인이 없는 때에는 지방법원판사는 직권으로 변호인을 **선정하여야 한다.** 이 경우 변호인의 선정은 피의자에 대한 구속영장 청구가 기각되어 효력이 소멸한 경우를 제외하고는 제1심까지 효력이 있다.(형사소송법 제 201조의2 제8항)

008 압수조서에 대한 설명으로 가장 적절하지 <u>않은</u> 것은?

12승진

① 압수한 경우에는 목록을 작성하여 소유자, 소지자, 보관자 기타 이에 준할 자에게 교부하여야 한다.

② 임의제출물의 압수와 영장에 의한 압수 시에 모두 작성한다.

③ 피의자신문조서에 압수의 취지 및 경위를 기재하는 것으로 압수조서를 대신할 수 있으며 별도로 압수목록을 첨부할 필요가 없다.

④ 제출자가 소유권 포기의사를 표할 경우 소유권포기서를 제출받아 압수조서에 첨부한다.

> **해설**
>
> ③ 실황조사서, 진술조서, 피의자신문조서, 검증조서에 압수의 취지를 기재하여 압수조서에 갈음할 수 있다. (범죄수사규칙 제119조 제3항) 다만, **압수목록은 작성하여야 한다.**

009 압수 · 수색과 관련된 설명 중 가장 적절한 것은?

13승진

① 압수 · 수색영장 집행 시 피의자는 참여할 수 없다.

② 여자의 신체에 대한 수색을 할 때에는 반드시 의사를 참여시켜야 한다.

③ 임의제출물의 압수에는 영장이 필요 없다.

④ 피의자가 피의자의 집이 아닌 제3자의 주거에 있을 때는 피의자의 체포를 위하여 영장 없이 제3자의 주거를 수색할 수 없다.

> **해설**
>
> ① 경찰관은 압수 · 수색영장을 집행함에 있어 수사상 특히 필요가 있을 때에는 **피의자등을 참여**하게 하여야 한다.(범죄수사규칙 제114조 제1항)
> ② 경찰관은 여자의 신체에 대하여 수색할 때에는 **성년의 여자**를 참여하게 하여야 한 다.(형사소송법 제124조, 범죄수사규칙 제116조 제3항)
> ④ 검사 또는 사법경찰관은 피의자를 체포 또는 구속하는 경우에 필요한 때에는 영장 없이 타인의 주거나 타인이 간수하는 가옥, 건조물, 항공기, 선차 내에서의 피의자를 수색을 할 수 있다. 피의자가 존재할 개연성이 있다면 피의자의 주거지가 아닌 제3자의 주거지도 영장 없이 피의자를 수색할 장소에 포함한다.

010 압수·수색에 관한 다음 설명 중 옳지 않은 것은 모두 몇 개인가?

11 경간

> ㉠ 임의제출물을 압수한 경우에는 압수조서를 작성하지 않아도 된다.
> ㉡ 압수물의 가환부 대상은 증거에 공할 목적으로 압수한 물건과 몰수할 압수물이다.
> ㉢ 수사기관은 필요한 때에는 피고사건과 관계가 있다고 인정할 수 있는 것에 한정하여 우체물 또는 통신비밀보호법 제2조 제3호에 따른 전기통신에 관한 것으로서 체신관서, 그 밖의 관련기관 등이 소지 또는 보관하는 물건의 제출을 명하거나 압수를 할 수 있다.
> ㉣ 피의자가 피의자의 집이 아닌 제3자의 주거에 있을 때는 피의자 체포를 위하여 영장 없이 제3자의 주거를 수색할 수 있다.
> ㉤ 사법경찰관은 압수물의 대가보관 처분을 위한 검사의 지휘가 있을 때에는 지체 없이 피해자, 피의자 또는 변호인에게 그 취지를 통지하여야 한다.

① 없음   ② 1개   ③ 2개   ④ 3개

해설

㉠ 경찰관은 소유자, 소지자 또는 보관자가 임의 제출한 물건을 압수할 때에는 되도록 제출자에게 임의제출서를 제출하게 하고 **압수조서와 압수목록을 작성**하여야 한다. 이 경우에는 제출자에게 압수증명서를 교부하여야 한다.(범죄수사규칙 재123조 제3항)
㉡ 압수를 계속할 필요가 있다고 인정되는 압수물일지라도 증거에 공할 압수물은 가환부 할 수 있다.(임의적 가환부)(형사소송법 제133조 제1항) **몰수물은 원칙적으로 가환부의 대상이 되지 않는다.**

011 「통신비밀보호법」상 통신사실확인자료에 해당하지 않는 것은?

11 승진

14 1차

① 발·착신 통신번호 등 상대방의 가입자 번호
② 컴퓨터 통신 인터넷 사용자가 전기통신역무를 이용한 사실에 관한 컴퓨터 통신 또는 인터넷 로그기록
③ 정보통신망에 접속된 정보통신 기기의 위치를 확인할 수 있는 발신기지국 위치 추적자료
④ 이용자의 성명·주소·가입 또는 해지일자에 관한 자료

해설

④ 이용자의 성명·주소·가입 또는 해지일자에 관한 자료는 **통신자료**에 해당한다.

012 통신수사에 대한 설명 중 가장 옳은 것은?

11 승진

① 존속협박, 경매입찰방해, 미성년자간음, 공무집행방해, 폭력행위 등 처벌에 관한 법률 위반(공동협박)은 모두 통신제한조치 대상범죄이다.

② 통신사실 확인자료 제공요청은 대상범죄이다.

③ 통신제한조치로 취득한 자료는 범죄로 인한 징계절차나 통신의 당사자가 제기하는 손해배상 소송에서는 사용할 수 없다.

④ 사법경찰관은 통신제한조치를 집행한 사건에 관하여 검사로부터 공소를 제기하거나 제기하지 아니하는 처분(기소중지 결정을 포함한다)의 통보를 받거나 내사사건에 관하여 입건하지 아니하는 처분을 한 때에는 그 날부터 30일 이내에 대상자에게 서면으로 통지하여야 한다.

해설

① 경매입찰방해(형법 제315조), 폭력행위등처벌관한법률위반(공동협박)(폭력행위 등 처벌에 관한 법률 제2조 제2항 제1호)은 통신제한조치 대상범죄에 해당하지만(통신비밀보호법 제5조 제1항 제1호), 존속협박(형법 제283조 제2항), 미성년자간음(형법 제302조), 공무집행방해(형법 제136조)는 통신제한조치 대상범죄에 해당하지 않는다.

③ 통신제한조치의 집행으로 인하여 취득된 우편물 또는 그내용과 전기통신의 내용은 통신제한조치의 목적이 된 제5조 제1항(범죄수사를 위한 통신제한조치의 허가요건)에 규정된 범죄나 이와 관련되는 범죄를 수사·소추하거나 그 범죄를 예방하기 위하여 사용하는 경우, **이 범죄로 인한 징계절차에 사용하는 경우, 통신의 당사자가 제기하는 손해배상소송에서 사용하는 경우, 기타 다른 법률의 규정에 의하여 사용하는 경우 외에는 사용할 수 없다.**(통신비밀보호법 제12조)

④ 사법경찰관은 제6조 제1항(범죄수사를 위한 통신제한조치의 허가절차) 및 제8조 제1항(긴급통신제한조치)의 규정에 의한 통신제한조치를 집행한 사건에 관하여 검사로부터 공소를 제기하거나 제기하지 아니하는 처분(기소중지결정을 제외한다)의 통보를 받거나 내사사건에 관하여 입건하지 아니하는 처분을 한 때에는 그 날부터 30일 이내에 우편물 검열의 경우에는 그 대상자에게, **감청의 경우에는 그 대상이 된 전기통신의 가입자에게 통신제한조치를 집행한 사실과 집행기관 및 그 기간 등을 서면으로 통지**하여야 한다.(통신비밀보호법 제9조의2 제2항)

013 「통신비밀보호법」상 긴급통신제한조치와 관련된 내용이다. 이 경우 甲은 몇 시간 이내에 법원의 허가를 받아야 하는가?

15 실무승진

A경찰서 보안과 甲경위는 국가보안법위반 범죄를 수사하면서 감청이 필요하였으나 법원의 허가를 받을 시간적 여유가 없는 긴박한 사정으로 인하여 사전에 법원의 허가를 받지 않고 감청을 실시하였다.

① 집행한 때로부터 36시간 이내　　② 집행한 때로부터 60시간 이내

③ 집행한 때부터 70시간 이내　　④ 집행한 때부터 80시간 이내

해설

① 검사, 사법경찰관 또는 정보수사기관의 장은 긴급통신제한조치의 집행착수 후 지체없이 법원에 허가청구를 하여야 하며, 그 **긴급통신제한조치를 한 때부터 36시간 이내**에 법원의 허가를 받지 못한 때에는 즉시 이를 중지하여야 한다.

ANSWER　　012 ②　　013 ①

014 다음 설명 중 가장 적절하지 <u>않은</u> 것은?

① 인터넷의 로그기록자료는 통신사실확인자료에 해당한다.

② 범죄수사를 위한 통신제한조치 허가기간은 원칙적으로 2개월을 초과할 수 없다.

③ 긴급한 사유가 있는 때에는 법원의 허가 없이 통신제한조치를 할 수 있다.

④ 국가안보를 위한 통신제한조치는 검사 또는 사법경찰관이 청구 또는 신청의 주체가 된다.

해설

④ 대통령이 정하는 **정보수사기관의 장**은 국가안전보장에 상당한 위험이 예상되는 경우 또는 국민 보호와 공공안전을 위해 대테러활동에 필요한 경우에 한하여 그 위해를 빙지하기 위하여 이에 관한 정보수집이 특히 필요한 때에는 통신제한조치를 할 수 있다.(통신비밀보호법 제7조 제1항) 국가안보를 위한 통신제한조치의 주체는 **정보 수사기관의 장**이다.

015 「통신비밀보호법」상 국가안보를 위한 통신제한조치에 대한 설명으로 가장 올바르지 <u>않은</u> 것은?

① 검사 또는 사법경찰관이 청구 또는 신청의 주체가 된다.

② 대한민국에 적대하는 국가에 대한 통신제한조치는 대통령의 승인을 받아야 한다.

③ 통신의 일방 또는 쌍방 당사자가 내국인일 때에는 고등법원 수석부장판사의 허가를 받아야 한다.

④ 통신제한조치의 기간은 4개월을 초과하지 못하고 그 기간 중 통신제한조치의 목적이 달성되었을 경우에는 즉시 종료하여야 한다.

해설

① **대통령이 정하는 정보수사기관장**은 국가안전보장에 상당한 위험이 예상되는 경우 또는 「국민보호와 공공안전을 위한 테러방지법」 제2조 제6호의 대테러활동에 필요한 경우에 한하여 그 위해를 방지하기 위하여 이에 관한 정보수집이 특히 필요한 때에는 통신제한조치를 할 수 있다.

ANSWER   014 ④   015 ①

116 · 제1편 **수사**

016 보기 중 통신수사에 대한 설명으로 옳지 <u>않은</u> 것은 모두 몇 개인가?

12
승진변형

> ⊙ 모든 범죄에 대해 통신제한조치를 할 수 있다.
>
> ⓛ 한 사건에 대해 통신제한조치 대상자가 여러 명인 경우 통신제한조치허가서는 대상자에 따라 각각 청구해야 한다.
>
> ⓒ 통신제한조치를 할 때에는 통신기관에 통신제한조치허가서 표지의 사본을 교부하여야 한다.
>
> ② 통신자료와 통신사실 확인자료는 감청이 아니기 때문에 통신제한조치허가서는 필요없고, 관서장 명의 협조공문으로 통신기관으로부터 자료를 제공받을 수 있다.
>
> ⓜ 긴급통신제한조치를 한 경우는 반드시 그 집행한 때로부터 36시간 이내에 법원의 허가를 받아야 하며 법원의 허가를 받지 못한 때에는 즉시 그 통신제한조치를 중지하여야 한다.

① 1개   ② 2개   ③ 3개   ④ 4개

해설

⊙ 통신제한조치의 경우 **통신비밀보호법 제5조에 규정되어 있는 280개의 범죄에 대해서만** 할 수 있다.(통신비밀보호법 제5조 제1항)

② 통신자료는 관서장의 협조공문으로 자료를 제공받을 수 있다. 다만, **통신사실확인자료**제공을 요청하는 경우에는 요청사유, 해당 가입자와의 연관성 및 필요한 자료의 범위를 기록한 서면으로 관할 **지방법원(보통군사법원을 포함한다) 또는 지원**의 허가를 받아야 한다.(통신비밀보호법 제13조 제2항)

ⓜ **긴급통신제한조치가 단시간 내에 종료되어 법원의 허가를 받을 필요가 없는 경우**에는 그 종료 후 7일 이내에 관할 지방검찰청검사장은 이에 대응하는 법원장에게 긴급통신제한조치를 한 검사, 사법경찰관 또는 정보수사기관의 장이 작성한 긴급통신제한조치 통보서를 송부하여야 한다.(통신비밀보호법 제8조 제5항)

017 통신수사와 관련한 설명 중 적절하지 <u>않은</u> 것은 모두 몇 개인가?

13 승진

> ㉠ 가입자의 전기통신일시, 인터넷의 로그기록자료, 전기통신의 송·수신 방해는 통신사실 확인자료에 해당한다.
> ㉡ 범죄수사를 위한 통신제한조치 허가신청은 사건단위로 신청한다.
> ㉢ 사법경찰관은 통신제한조치를 집행한 사건에 관해 검사로부터 공소를 제기하거나 제기하지 아니하는 처분(기소중지 포함)의 통보를 받거나 내사사건에 관하여 입건하지 아니한 처분을 한 때에는 그 날부터 30일 이내에 대상자에게 통지해야 한다.
> ㉣ 통신제한조치로 취득한 자료는 범죄로 인한 징계절차에 사용될 수 있으나, 통신의 당사자가 제기하는 손해배상소송에는 사용할 수 없다.

① 1개   ② 2개   ③ 3개   ④ 4개

해설

㉠ 가입자의 전기통신일시, 인터넷의 로그자료는 통신사실확인자료에 해당하며, 전기통신 송·수신 방해는 통신제한조치에 해당한다.
㉡ 사법경찰관은 통신제한조치의 허가요건이 구비된 경우에는 검사에 대하여 **각 피의자별 또는 각 피내사자별**로 통신제한조치에 대한 허가를 신청하고, 검사는 법원에 대하여 그 허가를 청구할 수 있다.
㉢ 긴급통신제한조치의 규정에 의한 통신제한조치를 집행한 사건에 관하여 검사로부터 공소를 제기하거나 제기하지 아니하는 처분(**기소중지결정을 제외**한다)의 통보를 받거나 내사사건에 관하여 입건하지 아니하는 처분을 한 때에는 그 날부터 30일 이내에 우편물검열의 경우에는 그 대상자에게, 감청의 경우에는 그 대상이 된 전기통신의 가입자에게 통신제한조치를 집행한 사실과 집행기관 및 그 기간 등을 서면으로 통지하여야 한다.
㉣ 통신제한조치의 집행으로 인하여 취득된 우편물 또는 그 내용과 전기통신의 내용은 통신제한조치의 목적이 된 제5조 제1항(범죄수사를 위한 통신제한조치의 허가요건)에 규정된 범죄나 이와 관련되는 범죄를 **수사·소추하거나 그 범죄를 예방**하기 위하여 사용하는 경우, 이 범죄로 인한 징계절차에 사용하는 경우, 통신의 당사자가 제기하는 **손해배상소송**에서 사용하는 경우, 기타 다른 법률의 규정에 의하여 사용하는 경우 외에는 **사용할 수 없다**.

018

「통신비밀보호법」상 범죄수사를 위한 통신제한조치에 대한 설명으로 옳은 것은 모두 몇 개인가?

> ㉠ 검사는 법원에 대하여 각 사건별로 통신제한조치를 허가하여 줄 것을 청구할 수 있다.
>
> ㉡ 통신제한조치 청구사건의 관할법원은 그 통신제한조치를 받을 통신당사자의 쌍방 또는 일방의 주소·소재지, 범죄지 또는 통신당사자와 공범관계에 있는 자의 주소지·소재지를 관할하는 지방법원 또는 지원(보통군사법원을 포함한다)으로 한다.
>
> ㉢ 통신제한조치의 기간은 4월을 초과하지 못하고, 그 기간 중 통신제한조치이 목적이 달성되었을 경우에는 즉시 종료하여야 한다. 다만, 소명자료를 첨부하여 4월의 범위 안에서 통신제한조치기간의 연장을 청구할 수 있다.
>
> ㉣ 존속협박죄(형법 제283조 제2항)는 통신제한조치 대상범죄이다.

① 1개   ② 2개   ③ 3개   ④ 4개

해설

㉠ 사법경찰관은 통신제한조치의 허가요건이 구비된 경우에는 검사에 대하여 **각 피의자별 또는 각 피내사자별**로 통신제한조치에 대한 허가를 신청하고, 검사는 법원에 대하여 그 허가를 청구할 수 있다.(통신비밀보호법 제6조 제2항)

㉢ 범죄수사를 위한 통신제한조치의 기간은 **2월**을 초과하지 못하고, 그 기간 중 통신제한조치의 목적이 달성되었을 경우에는 즉시 종료하여야 한다. 다만, 통신제한조치의 허가요건이 존속하는 경우에는 소명자료를 첨부하여 2월의 범위 안에서 통신제한조치기간의 연장을 청구할 수 있다.(통신비밀보호법 제6조 제7항)

㉣ 존속협박죄(형법 제283조 제2항)는 통신제한조치 **대상범죄가 아니다.**

019

13 2차

다음은 「통신비밀보호법」상 처벌대상이다. 법정형이 중한 것부터 순서대로 가장 적절하게 나열된 것은?

> ㉠ 통신제한조치 집행대장을 비치하지 아니한 자
> ㉡ 법원의 허가를 받지 못하였음에도 긴급통신제한조치를 즉시 중지하지 아니한 자
> ㉢ 불법 감청·검열, 공개되지 아니한 타인간의 대화를 녹음 또는 청취한 자
> ㉣ 통신제한조치에 관여한 통신기관의 직원 또는 그 직에 있었던 자로서 통신제한 조치에 관한 사항을 외부에 공개하거나 누설한 자

① ㉢ → ㉠ → ㉡ → ㉣
② ㉢ → ㉠ → ㉣ → ㉡
③ ㉢ → ㉣ → ㉡ → ㉠
④ ㉢ → ㉣ → ㉠ → ㉡

해설

㉢ 1년 이상 10년 이하의 징역과 5년 이하의 자격정지의 형사처벌 대상이 된다.
㉣ 7년 이하의 징역의 형사처벌 대상이 된다.
㉠ 5년 이하의 징역 또는 3천만원 이하의 벌금의 형사처벌 대상이 된다.
㉡ 3년 이하의 징역 또는 1천만원 이하의 벌금의 형사처벌 대상이 된다.

제3장

현장수사

제1절　초동수사

1 초동수사

사건발생 초기에 **증거를 발견**하고 범인을 체포하기 위하여 행하는 긴급수사 활동을 말한다. 초동수사에서는 **사건인지, 긴급전파, 출동, 긴급배치, 현장수사, 현장탐문**이 주로 이루어진다.

(1) 중요긴급사건 처리 기출

> 사건인지 ⇨ 긴급**전파** ⇨ 긴급**출동** ⇨ 긴급**배치** ⇨ 긴급조치(범인체포, 긴급처치, 사태진압, 확산방지) ⇨ 긴급채증 ⇨ 현장보존

수사계획(사건의 분석·종합판단, 수사방침 결정, 수사방향 결정, 구체적 수사계획), 수사실행(현장중심수사, 피해자중심수사, 감식수사, 기타전문수사), 사건처리(검거, 미리)의 순서로 진행된다.

(2) 초동수사의 목적기출

범인의 체포(제1의 목적), 수사긴급배치, 참고인 및 그의 진술의 확보, 사건 초기의 상황확보가 필요하다.

(3) 수사지휘

수사지휘권자가 ㉠체포·구속에 관한 사항, ㉡영장에 의한 압수·수색·검증에 관한 사항 ㉢송치의견에 관한 사항, ㉣사건 이송 등 책임수사관서 변경에 관한 사항을 서면 수사지휘를 할 때에는 **수사지휘서**를 작성하거나 수사서류의 결재·수사지휘란에 기재하여야 한다.

(4) 보고

지구대장·파출소장은 경찰서장에게 보고, 경찰서장이 지방청장에게 보고, 지방청장은 경찰청장에게 보고하고 사건발생 또는 검거 시 보고하되 필요시 첩보입수·수(내)사 착수 시 및 중요수사진행 시 보고하여야 한다. 보고의 대상은 다음과 같다.

㉠ 정부시책에 중대한 영향을 미치거나 사회, 정치적 문제로 대두될 만한 사건

㉡ 장·차관, 국회의원, 자치단체장, 판·검사, 대학총장과 관련된 사건

㉢ 신문·방송에 보도되거나, 보도가 예상되는 사건

㉣ 경찰관이 관련된 사건 또는 범죄수사 및 경찰제도, 치안정책 결정에 영향을 미치는 사건

㉤ 외국인이 관련된 사건 중 한미행정협정(SOFA) 대상 사건 또는 국교에 중대한 영향을 끼칠 수 있는 사건

㉥ 다음 형법·특별법범 중 피해규모, 광역성, 연쇄성, 신분, 수법 등에 비추어 사회 이목을 끌만한 중요사건(내란·외란·국교에 관한 죄, 공안을 해하는 죄)

㉦ 폭발물에 관한 죄, 살인죄, 도주와 범인은닉의 죄(유치인 도주 및 사망사고 포함)

㉧ 방화·실화의 죄, 통화에 관한 죄, 과실사상의 죄, 약취와 유인의 죄(유괴·납치 포함)

㉨ 강·절도·폭력(총기이용범죄포함), 중요 마약·사이버범죄

㉩ 교통방해죄 및 대형환경오염사범(유조선 전복 등), 중요수배자 검거

㉪ 공직선거법, 국민투표법, 집시법 등 기타 주요 특별법 위반사건

2 초동수사의 방법

(1) 신고접수 및 보고

냉정·침착한 태도로 사건청취 후 사건의 진위를 파악한다. 신고하게 된 동기와 긴급성 여부를 잘 파악하고 관할을 불문, 친절하게 접수하여야 한다. 경찰관은 범죄현장을 직접 관찰할 필요가 있는 범죄를 인지하였을 때에는 신속히 그 현장에 가서 필요한 수사를 하여야 한다.

(2) 최초 현장임장자

① 최초로 도착한 경찰관은 수사간부 기타의 현장책임자가 도착할 때까지 현장의 책임자로서의 임무를 수행하여야 한다. 범행이 계속되고 있을 때에는 즉시 진압하여 현행범으로 체포하여야 한다.

② 부상자가 있는 때에는 구호의 조치를 취하여야 하고, 부상자를 구호하거나 이동시킬 때에는 범죄현장을 파괴하지 않도록 하여야 하고, 사진을 촬영하거나 표시하는 등의 조치가 필요하다.

③ 임장조사

응급구호조치 시 청취할 사항: 응급구호조치를 하는 동시에 그 자로부터 범인의 성명, 범행의 원인, 피해자의 주거, 성명, 연령, 목격자 등

사망자가 있을 때: 사망시간을 확인하여 기록하고 사망자는 현장에 그대로 둔다.

현장보존을 하고 사망시각을 기록해야 한다.

④ 현장보존은 범죄현장의 상태를 범죄발생 당시 상태로 일정기간 보존하는 것이다.

(3) 현장지휘간부의 조치사항

임무·담당구역 등을 명확하게 하고 수사긴급배치에 필요한 조치를 한다. 현장지휘간부는 관할경찰서의 임장요원 중 한 명을 보고·연락책임사로 지정하여 보고·연락을 하게 한다.

(4) 본서의 조치

경찰서장, 지방경찰청장 등에 보고하고 경찰관서에 대한 수배를 하고, 수사기관의 현장 급파를 한다. 경찰서 직원에 대한 소집 후 긴급배치를 실시한다.

(5) 상황실장 초동조치요령

상황실장은 상황실에서 112신고와 무전망을 청취하고, 112및 교통순찰차, 형기차량, 싸이카 등 현장진출 지시 및 도주로 차단 지령과 현장상황파악 및 조치 철저히 한다. 필요시 긴급배치 및 검문소를 운용하고 관내 순찰지구대에 대한 긴급사건을 지시하고 직원을 소집한다.

(6) 수사 긴급배치

중요사건이 발생한 경우에는, 신속한 경찰력 배치, 범인의 도주로 차단, 검문검색을 통하여 범인을 체포하고 현장을 보존하는 등 초동조치 및 범죄수사자료를 수집한다.

① 종별 및 사건범위(동규칙 제3조) 기출

구분	갑호배치	을호배치
사건범위	1. 살인사건 • 강도, 강간, 약취 · 유인, 방화살인 • 2명 이상 집단살인 및 연쇄살인 2. 강도사건 • 약취강도 및 해상강도 • 금융기관 및 **5,000만원 이상 다액 강도** • 총기, 폭발물 소지 강도 • 연쇄강도 3. 방화사건 • 관공서, 산업시설, 시장 등의 방화 • 보험금 취득목적 방화 • 기타 계획적인 방화 4. 기타 중요사건 • 총기, 대량의 탄약 및 폭발물 절도 • 조직폭력사건 • 약취유인 또는 인질강도 • 구인 또는 구속피의자 도주	1. 다음사건 중 갑호 이외의 사건 • 살인, 강도, 방화 • 중요상해치사사건 • **1억원 이상 다액절도** • 관공서 및 국가 중요시설 절도 • 국보급 문화재 절도사건 2. 기타 경찰관서장이 중요하다고 판단하여 긴급배치가 필요하다고 인정하는 사건
경력동원 (동규칙 제7조)	형사(수사)요원, 지구대 · 파출소 · 검문소 요원은 가동력 **100%**	형사(수사)요원 가동력 100% 지구대 · 파출소 · 검문소 요원은 가동력 **50%**

② 발령권자(동규칙 4조) 기출

　㉠ 긴급배치를 사건발생지 관할경찰서 또는 인접경찰서에 시행할 경우는 **발생지 관할 경찰서장**이 발령하고 인접 경찰서가 타시 · 도지방경찰청 관할인 경우도 같다.

　㉡ 긴급배치를 사건발생지 지방경찰청의 전경찰관서 또는 인접지방경찰청에 시행할 경우는 **발생지 지방경찰청장이 발령**한다. 전국적인 긴급배치는 경찰청장이 발령한다.

③ 실시(동규칙 제9조)

　㉠ 발령권자는 긴급배치를 함에 있어, **긴급배치수배서**에 의해 신속히 긴급배치수배를 하여야 한다. 범행현장 및 부근의 교통요소, 범인의 도주로, 잠복, 배회처등 예상되는 지점 또는 지역에 경찰력을 배치하고, **탐문수사 및 검문검색**을 실시한다.

　㉡ **관외 중요사건 발생**을 관할서장보다 먼저 인지한 서장은 신속히 **지방경찰청장**에게 보고하는 동시에 관할을 불문, 초동조치를 취하고 즉시 관할서장에게 사건을 인계하여야 하며, 필요한 경우 공조수사를 하여야 한다.

④ 긴급배치의 생략 해제사유 기출

생략사유	• 사건 이후 기간이 경과하여 범인을 체포할 수 없다고 인정될 때 • 범인의 인상착의가 확인되지 아니하거나 사건내용이 애매하여 긴급배치에 필요한 **자료를 얻지 못할 때** • 범인의 성명, 주거, 연고선등이 특정되어 **조속히 체포**할 수 있다고 판단된 때 • 기타 사건의 성질상 긴급배치가 필요하지 않다고 인정될 때
해제사유	• 범인을 **체포**하였을 때 • **허위신고 또는 중요사건에 해당되지 않음**이 판단되었을 때 • 긴급배치 효과가 없다고 인정될 때

⑤ 교양 훈련실시 기출

  ㉠ 경찰청: 지방경찰청·서 대상 **연 1회** 이상

  ㉡ 지방경찰청: 관할경찰서 대상 **반기 1회** 이상

  ㉢ 경찰서: 자체계획에 의거 **분기 1회** 이상

3 광역수사

 수사 범위가 범죄발생지역에 한하지 않고 인근경찰관서의 관할지역까지 걸치게 하는 수사활동을 말한다. **범죄행위, 사건관계자, 범인의 연속적 범행, 사건의 성질상 여러 소관부서의 협력이 필요한 사건이다.** 기출

(1) 종합수사지휘본부 기출

 경찰정장은 전국 또는 2개 이상 시·도에 걸친 광역수사가 필요하다고 인정하는 때에는 경찰청에 **종합수사지휘본부**를 설치·운영할 수 있다. ㉠수사본부의 지휘, 통제, 조정 및 감독, ㉡종합적인 수사계획, ㉢수사본부의 수사상황 등에 분석, ㉣해당사건에 대한 각 지방경찰청의 공조가 가능하다.

 ① 구성

  ㉠ 지휘본부장 1명, 부본부장 1명, 전임관 1명과 수사지도, 연락 요원 및 기타 필요한 임무를 수행하는 요원을 둔다. 지휘본부장은 수사국장 또는 기획수사심의관이 된다.

  ㉡ 전임관은 주무과장 또는 주무계장이 되며, 수사본부요원의 수사를 감독한다.

② 수사본부와의 관계

수사본부장은 지휘본부장의 지시에 따라 수사를 하고 보고한다. 수사에 관한 정보, 증거의 수집 기타 수사자료를 얻었을 때에는 필요한 긴급조치를 하고 보고한다.

③ 다음에 해당하는 경우에는 지휘본부를 해산 명할수 있다.

　　㉠ **범인을 검거**한 경우

　　㉡ **사건 해결의 전망이 없다**고 판단되는 경우

　　㉢ 기타 계속 수사를 진행하는 것이 불필요하게 되었거나 불필요하다고 판단되는 경우

　　㉣ 경찰청장은 지휘본부를 해산할 때에는 수사본부장에게 그 취지를 시달하고, 계속 수사 시 유의하여야 할 사항과 관계서류 및 기타 증거물을 해당 지방경찰청장에게 인계하도록 한다.

4 공조수사

경찰관서 상호간 정보를 교환하고 수배·통보·협조하는 수사제도로 사건과 관련된 수사자료를 종합·전산관리하여 경찰관이 이를 조회·활용함으로써 검거한 피의자가 타경찰관서 내에서 범한 여죄 또는 범인, 피해품 등을 발견하고, 다른 관할로 도주한 범인을 검거하기 위한 수사이다. 기출

과학적수사	합리적 수사, 자백강요 금지, 검증, 선증후포, 절차적 인권보장
종합적 수사	다각적인 수사, 수사방법의 관련적·보완적 연계
조직수사	경찰서, 경찰청간의 조직적 협조체제 구축
입체수사	단독활동, 공명심 지양, 종합수사, 조직수사, 계속수사

(1) 공조수사의 종류 기출

① 평상공조와 비상공조

평상공조	일반적인 공조로서 **수배, 통보, 조회, 촉탁** 등이다.
비상공조	중요 사건발생 등의 경우 공조로서 **수사긴급(비상)배치, 수사본부설치 운영, 특별사법경찰관리등과의 합동수사**기출 등이다(총동원).

② 횡적 공조와 종적공조

횡적 공조	• 지방경찰청 상호 간 경찰서·순찰지구대 상호 간, 경찰서 내의 각 부서 내 지 횡적 동료 상호 간의 수사공조로서 **정보의 교환, 수사자료의 수집활용, 수배통보, 촉탁 또는 합동수사** 등이다. • 특별사법경찰관리와 수사협조 및 경찰유관기관, 단체 개인과의 수사협조, 나아가서 국제형사기구와의 형사공조 등이 있다.
종적공조	상·하급관서, **관서 내의 상·하급 부서**, 상·하급자 상호 간의 상명하복관계이다.

③ 자료공조와 활동공조

자료공조	수사정보를 자료화함으로써 수사에 활용하도록 하는 자료의 수집과 조회제도를 말한다(**모든 공조의 이상형**기출).
활동공조	당면문제에 대한 공조수사 활동으로서 **수사긴급(비상)배치, 불심검문, 미행, 잠복, 현장긴급출동** 등이다.

(2) 공조수사의 효과 기출

범인식별	인적·물적 특정자료에 의거 ⇨ 범인인상파악 ⇨ 수사범위 축소 ⇨ 용의자군 축소 ⇨ 범인파악
여죄색출	검거피의자 인적·물적 특징 파악 ⇨ 수집 보관 중인 미검사건범위의 유류, 인적·물적 특징 대조 ⇨ 동일·유사기록 색출 ⇨ 추궁·대질 등 ⇨ 여죄 확인
장물발견	**피해통보표, 장물수배서** 작성 ⇨ 유통과정에서 발견된 출처불명품을 기수집보관중인 비대체성 피해품 자료와 대조하여 **장물 여부 확인** ⇨ 발견된 장물의 **유통선을 역추적**하여 원초적 처분자, 즉 범인에 도달
범죄경력 확인	**십지지문**으로 범죄수사, 재판 기타 필요한 특정인의 범죄경력을 확인 범죄경력 발견효과는 **누범가중, 상습범가중, 감호처분, 기타 공·사생활상의 결격사유등 확인**
신원불상자의 신원확인	**17세 이상 자**의 인적 사항과 십지지문을 기록한 **주민등록자료를 수집**하여 신원불상자나 변사체에 십지지문을 조회함으로써 신원파악
지명수배자· 통보자 검거	지명수배·지명통보조회로 검거하고 지명통보는 발견·통보·자진출석 조치

제2절 | 현장관찰

범행과 관련되어 있는 **유형·무형의 자료를 수집**하기 위하여 범행현장에 있는 물체의 존재 및 상태를 관찰하는 것으로 수집된 자료는 수사에 영향을 미친다. 현장관찰의 목표는 **사실의 확인, 자료의 발견·수집, 현장의 보존**이 가능하다. 범행현장은 증거의 보고이고 냉정·침착한 관찰, 수사지휘관의 통제 하에 **광범위**한 관찰이 필요하다. **치밀한 관찰**을 하고, **범행시와 동일한 조건** 하에 관찰해야 한다. 기출

1 관찰의 순서

(1) 일반적 순서기출

①**전체에서 부분으로** ②**외부에서 내부로** ③**좌에서 우로(우에서 좌로)** ④**위에서 아래로** ⑤**동종에서 이종으로** ⑥**상태에서 변태로** ⑦**밝은곳에서 어두운 곳**으로 한다.

(2) 현장위치의 확인 및 부근상황의 관찰, 가옥 주변의 관찰, 가옥 외부의 관찰, 가옥 내부로 관찰해야 한다.

> **가옥내부의 관찰순서**
>
> 1. 옥내의 넓이, 형태, 구조 기타의 **특징을 관찰한 뒤 세부**에 대하여 관찰한다(전체에서 부분으로).
> 2. 입구로부터 좌측 구석의 벽, 다음에 정면의 벽, 우측의 벽 그리고 좌측구석에서 입구까지의 벽
> 3. 옥내 천장의 상황, 그곳에 설비된 조명등 및 점멸 상황, 다음에 방·마루의 상태에 대하여 관찰한다(**위에서 아래로**).
> 4. 증거품으로 될 물건, 흔적의 상황에 대한 위치, 형상, 색채, 분량. 성질을 상세히 관찰한다.

2 기록요령기출

시간적 순서에 따라 기록하고 불분명한 사물은 참고인, 가족 등에게 확인한다. 크기나 거리는 반드시 실측하고, 만약 실측할 수 없을 때에는 눈으로 파악한 것임을 기록한다.

'침입구로 생각되는 곳에는 흔적이 없다.', '재떨이에 담배꽁초가 없었다.', '탁자 위에는 주스 잔이 두 개 있었다.' 등으로 **소극적인 것도 기록**한다.

3 유의사항

(1) 범인에 관한 사항

① 신체적 · 생리적 특징

㉠ 유류된 **지문 · 장문 · 족문과 동일한 자가 범인**임을 추정할 수 있고, 혈액, 타액, 정액. 질(膣)액, 콧물, 토사(吐瀉)물, 대소변 등 인체의 분비물을 검사하여 혈액형을 알 수 있다.

㉡ 족흔의 보폭, 족장, 족폭에서 **신장 또는 체격을 추정**할 수 있고 모발을 통해 **성별, 부위, 연령, 혈액형, 필로폰 복용 여부** 등을 알 수 있다.

㉢ 범행현장에 과일기출 유류된 경우 또는 용의자가 피해자를 문 경우에 채취한 치아 흔적으로 용의자 식별에 이용할 수 있다.

② 범인의 착의, 휴대품 기출

㉠ 범행 전 대기하던 장소, 침입구 부근, 범행장소, 도주경로의 주변, 범행현장과 그 현장주변 관찰 검색 필요

㉡ 착의 또는 그의 일부

현장에 유류된 모자, 장갑, 손수건, 타월, 단추, 의류의 떨어진 것, 섬유, 헝겊 등이 범인의 유류품으로 인정될 때에는 품질, 형태, 사이즈, 사용 오염의 정도 및 파손 수리의 상황 등을 면밀히 관찰해서 범인의 성별, 연령, 직업, 신장, 체격 등을 추정해야 한다. 소유자의 **성명, 제조처 또는 판매점의 마크, 세탁 영수증** 등이 발견되면 사건해결의 실마리가 될 수 있다.

③ 범인의 교육정도 및 특수지식 기출

㉠ 교육정도: 편지, 협박문서, 낙서, 협박이나 대화 내용 등에서 범인의 지식, 교육정도, 연령층 등을 알 수 있고 단서를 얻을 수 있다.

㉡ 연고감, 지리감

현장의 상황을 관찰함으로써 연고감, 지리감을 알 수 있고 수사범위와 대상이 축소될 수 있다.

- 방화, 폭발, 극약물, 의약품을 사용, 특수한 도구를 사용한 범행
- 특별한 흉기, 전선절도, 화약류, 화학약품류를 사용한 범행, 지폐, 화폐, 유가증권, 명화, 명부의 위조 · 변조, 특수한 살인방법에 의한 범행

④ 공범의 유무 기출

    ㉠ 족흔·흉기·유류품이 여러 종류라면 범인은 2인 이상으로 추정할 수 있다.

    ㉡ 현장상황이 단독범일 가능성이 적은 경우

        높은 담을 뛰어 넘은 경우 2인 이상이 무등을 태우고 침입한 것으로 추정 가능하고 **혼자 힘으로는 움직이기 힘든 장물**을 운반한 경우 2인 이상으로 볼 수 있다.

⑤ 직업 또는 생활수준

    유류품의 품질, 사용법 등에서 범인의 생활수준, 직업 등을 판단할 수 있다. 유류품의 냄새, 오염상황, 부착물 등에서 직업이 추정되기도 한다.

> ⓐ 짠 냄새, 고기 냄새 ⇨ 어부, 어물상
> ⓑ 기름 냄새 ⇨ 기계공
> ⓒ 목재 냄새 ⇨ 제재공
> ⓓ '페인트', '락카'에 의한 오염 ⇨ 도장공
> ⓔ 산소용접의 불꽃흔 ⇨ 용접공
> ⓕ 옷감 속에 파묻힌 미세한 쇠부스러기 ⇨ 선반공
> ⓖ 짧은 머리카락 ⇨ 이발사

⑥ 전과 또는 상습성의 유무 기출

    ㉠ 범행수법이 교묘한 경우

        수건을 적시어 유리를 깨는 경우 또는 자물쇠를 외부에서 여는 경우 등 침입의 수단과 물색의 방법이 교묘한 경우

    ㉡ 목적물의 선정방법:

        값진 귀금속이나, 고유한 특징이 있어 추적이 쉬운 물건보다 특징이 없는 안전한 물건 선정

    ㉢ 물색 기타의 행동:

        광범위하게 현장을 면밀히 물색하거나 현장을 꾸며 놓은 경우, 장롱의 서랍을 아래로부터 순차로 열어서 물색한 경우

(2) 범행일시에 관한 사항 기출

    피해자의 시계, 탁상시계, 또는 괘종시계가 정지되어 있을 경우에 정지한 시계에 표시된시간을 범행시간으로 추정하고, **일기, 가계부 메모, 금전출납부, 일력** 등의 상태나 기재 내용을 범행일시를 알 수 있는 단서로 활용한다. 신문, 우편물의 투입상황, 날씨, 사체관찰

기타 상황으로 청소, 세탁 기타 피해자의 생활, 주전자, 목욕탕 등의 물의 온도, TV, 라디오, 전기기구 가동상태 등의 상황이 있다.

(3) 범행장소에 관한 사항

범죄수법, 연고감, 지리감의 유무 등을 확인할 수 있다. 빈집털이범은 빈집만을 대상으로 범행을 저지르고 가난해 보이는 집에 현금이 있다는 것을 알고 절도 사건이 발생한 경우 범인은 **내부사정을 잘 아는 연고감** 있는 자로 추정할 수 있다. 도주로를 잘 알고 **단시간에 도주한 경우도 지리감**이 있는 것이다.

(4) 범행동기에 관한 사항 기출

1) 피해품 유무 기출
살인사건의 경우 금품의 피해가 있으면 **강도를 목적**으로 한 범행으로 추정되며, 피해품이 없을 때에는 **원한, 치정**으로 추정할 수 있다. 증서 또는 권리 등 특수한 것은 이해관계에 의한 범행으로 파악한다. 일반적으로 무가치하나 **피해자에게는 중요한 것은 범행동기를 원한**으로 본다.

2) 신체적 피해상황 기출
안면, 두부 등이 수차례 타격되었거나, 칼 등에 의한 창상 수가 많거나 사체가 잔인하게 훼손된 경우 **원한**에 의한 살인이라고 볼 수 있다. 피해자가 나체, 음부의 손상, 성교의 흔적 등이 있을 때에는 **치정**으로, 신체의 내부장기 등이 없어졌다면 **미신, 장기매매**를 위한 범행으로 볼 수 있다.

3) 계획적 범행 여부 기출
범행이 계획적인 때에는 **지리감 또는 연고감**이 있는 것으로 볼 수 있고, 계획적인 범행이며 연고감이 있는 경우는 범행동기를 추정하기 용이하다.

(5) 범행방법에 관한 사항

침입수단 · 방법이 교묘하면 상습범, 전과자의 범행으로 추정되고 침입구 또는 그 시설의 파괴방법으로 범인의 직업을 알 수 있다. 침입구가 발견될 수 없을 때에는 **내부적 범행**으로 본다. **피해품의 종별, 형상, 수량** 등을 살펴보고, 현장주변에 있는 용구흔, 차량흔 등을 세밀히 관찰해야 한다. 도주로 부근에는 **유류품, 흔적** 등을 관찰해야 한다. 기출

5 현장자료의 수집

현장자료는 범죄사실의 존부확인의 근거가 되고, 공판에서 유죄판결을 얻는 데도 중요한 증거가치가 있다. 범인의 추정 및 사건의 진상을 밝히는 증거가 된다.

(1) 현장자료의 보존요령

① 증명력의 확보

채취할 때에는 **반드시 제3자를 참여**시켜 자료의 위치, 존부상태 등을 확인시킨 다음에 채취해야 하며, 원상태로 보존할 수 없는 자료도 사진을 촬영해 둔다. **검증조서 (또는 실황조사서), 현장약도, 채취보고서** 등에 채취경위를 기록해 두어야 한다.

② 증거가치의 확보

채취하기 전에 반드시 현장책임자 또는 지휘자에게 보고하고 그 **지휘를 받아** 채취하여야 한다. 자료의 종별, 성질, 형태, 유류상태 등을 면밀히 관찰·기록하고, 자료가 변형, 변질, 파괴 또는 멸실되지 않도록 하고, 파괴될 염려가 있을 때에는 미리 자료의 치수, 형상, 무늬, 특징 등을 기록하고 **사진촬영** 해두어야 한다.(사건명, 품명, 채취 일시, 채취장소, 재취자, 입회인 기타의 참고사항 기록) 감식의뢰 부서에 송부하여야 한다.(**송부서, 감정의뢰서** 등 필요한 서류를 첨부)

(2) 감정물 채취시 일반적 유의사항

① 시료의 채취 기출

모든 감정물은 **가급적 전량**을 수집 또는 채취하고, 동일사건에 있어서 수집·채취된 증거물의 물질이 서로 섞이지 않도록 **분리하여 채취·보관**한다. 감정인에게 증거물을 **수집·채취한 경과와 그 사건개요**를 파악한다.

② 변질방지 기출

직사광선을 피하고, 서늘하고 건조한 곳에서 다룬다. 보관 시에는 반드시 냉장 보관하여야 하며, 조직일 경우에는 **10% 포르말린 용액 또는 알코올에 보관**한다. 혈액형 및 독물 분석용 시료에는 방부제인 **포르말린 용액을 첨가해서는 안 된다.**

(3) 증거물의 포장 및 송부요령

① 증거물의 밀봉

유리병 또는 플라스틱병을 사용할 때에는 물로 깨끗이 세척하여 사용하여야 하며, 깨끗한 **코르크마개나 테르폰 마개로 밀봉**하여야 한다. (날인 필요)

② 증거물의 포장 기출

증거물은 개별 포장을 하고, 용기와 용지, 증거물과 증거물의 마찰을 피하고, 가급적 포장된 내부에서 증거물이 따로 놀지 않도록 틈마다 솜 또는 천을 끼운다.

③ 증거물의 송부

수집·채집된 증거물은 최단시간 내에 송부하고, 부패·변질의 우려되는 감정물은 포장하여 감정의뢰기관에 제출한다. 부득이 우송하게 될 경우에는 포장된 겉면에 '**지급(至急)**'이라고 기입한다.

제3절 기초수사 및 탐문수사

1 기초수사

수사 시작할 때 수사사항을 결정하고 수사방침을 수립하기 위하여 수사자료를 수집하는 활동으로 범인과 범죄의 실체를 알아내는 수사의 기초이다. 범인인상 및 범인의 특징을 명확히 하고, 현장을 검토하여 수사방침을 세운다.

(1) 기초수사의 내용 기출

피해자 중심수사	피해자 및 가족의 **생활상태, 재산상태, 교우관계, 고용관계, 가정 내부사정** 등을 중심으로 연고감의 유무, 범행동기 등을 추정한다.
현장중심수사	범죄현장은 **증거의 보고**이므로 현장수사를 통해서 유류품·유류물의 발견, 범행일시의 확정, 범인의 현장출입관계, 참고인의 발견, 지리감의 파악 등이 필요하다.
피해품중심수사	피해품이 확인되면 장물수배서의 발행, 대상업소 임검 등 장물수사를 실행하여 **피해품 확보**에 노력하여야 한다.

(2) 수사방침의 수립

수집된 유형·무형의 수사자료에 대해 수사관의 **지식과 경험, 전문가의 기술과 과학적 검사의 결과**를 토대로 객관적으로 판단한다. 현장관찰 및 기초수사를 통해 수립된 유형·무형의 자료와 평소 수집된 **기초자료, 감식자료**에 의하여 수사방침을 수립한다.

2 탐문수사

탐문수사란 제3자로부터 범죄에 대한 견문 또는 직접 체험한 사실을 알아내기 위해 행하는 수사활동을 말한다.

(1) 탐문수사의 준비 기출

① 탐문대상에 관한 기초자료를 준비하고, 협력자를 확보한다.

② 목적확정

③ 상대자의 선정과 분석

가능한 한 많은 사람을 탐문하는 것보다는 **직접 체험하고 관찰한 사람**을 상대자로 하여야 한다. 사람들과의 면접을 우선하여야 하고, 상대방의 연령, 성별, 교육정도, 소속집단, 사회적 지위, 환경, 처지, 기분, 태도, 흥미, 요구 등에 대하여 분석하여야 한다.

④ 계획수립

탐문일시, 장소 및 환경의 선정, 탐문목적, 탐문상대자 선정, 면접방법, 대화의 내용, 태도 등을 정한다. 직접 탐문대상과 면접할 것인가 또는 제3자를 통하여 정보를 얻은 것이 이상적인가, 한편 경찰관이란 신분을 밝힐 것인가, 신분을 숨기고 상대하는것이 필요한가 등을 검토하여 적절한 탐문방법을 선택하여야 한다.

(2) 탐문수사 시 유의사항

① 관찰력과 판단력의 함양:

사람의 심리작용은 안색, 표정 등에 나타나는 것이므로 정확히 관찰하여 그 내용의 진위와 마음의 동요 등을 간파할 수 있는 판단력 함양에 노력하여야 한다.

② 정보근원의 **직접확인**:

탐문은 근원을 명확하게 하여야 한다. 탐문에 의하여 얻어지는 정보는 간접적인 경우가 많아서 정보의 와전이 있으므로 직접 경험한 자를 탐문하도록 해야 한다.

③ **연쇄적 탐문** 실시:

탐문에 의하여 새로운 사실이 발견될 경우 관련된 사실에 대하여 신속하게 탐문활동을 행하여야 한다.

④ **상업의 경쟁, 폭력단 상호 간의 내분** 등과 같은 경우에 상대자의 심리를 이용할 수도 있다. 고의로 허위의 정보를 제공하는 사례도 있으니, 탐문이 종료된 후에는 정보를 다각적으로 검토하여 적절한 판단을 하여야 한다.

(3) 탐문수사의 방법

① 수사관이 면접하여 탐문을 하고 사실이 명백하고 상대가 범위과 통모하거나 증거를 인멸할 염려가 없을 때에는 신분을 명시하고 사정을 고지한 다음 협력을 구한다. 하지만 상대방이 경찰관이라는 것을 알게 되면 경계를 하고 사실대로 말을 하지 않을 우려가 있거나 범인과 통모할 위험성이 있을 때는 신분을 은닉한다. 기출

- 피의자의 **가족 또는 사건에 대하여 이해관계**가 있는 자에 대한 탐문
- 피의자의 **정부**에 대한 탐문
- **우범지역, 폭력단 내부, 마약범죄** 등에 대한 탐문
- **전과자, 장물취득자** 또는 집합장소
- **조직범죄, 선거사범** 등에 관한 탐문 등은 신분을 은익한다.

② 간접탐문

간접탐문이란 범죄 또는 피의자를 알아내기 위하여 꼭 필요한 정보를 얻고자 할 때 **제3자의 협력**을 얻어서 간접적으로 탐문을 행한다. 하지만 범인 측과 통모할 수도 있고 수사에 장해가 될 수 있다.

(4) 면접의 기본적 요령 기출

긴장감을 풀게 하고, 신뢰를 얻도록 한다. 수집된 자료를 상대자에게 알리지 말고, 대화 도중 비평 등을 피한다. 대화에서 얻은 자료는 전체적으로 기억한다.

(5) 기본적 요령

① 적절한 실문방법의 사용 기출

㉠ 전체법과 일문일답법

ⓐ **전체법**이란 '**무엇을 했습니까?**', '**무엇인가 수상한 점은 없었습니까?**' 등과 같이 막연하게 묻고 상대자는 자유롭게 대답하는 방법이다. 이 경우에는 질문자의 암시 · 유도가능성은 낮으나 답변의 정리가 어렵다.

ⓑ **일문일답법**은 질문자가 듣고 싶은 점을 하나하나 묻는 것이므로 **문제점을 명확**히 할 수 있다. 그러나 질문 이외의 정보를 얻기가 어렵고 질문 여하에 따라서 **는 암시 · 유도심문이 될 수 있다.**

㉡ 자유응답법과 선택응답법 기출

ⓐ **자유응답법**은 그 질문이 '**무엇을 보았습니까?**', '**어디 가는 버스였습니까?**'와 같이 무엇, 어디, 언제 등과 같이 의문사를 수반하는 질문에 대한 응답법이다.

ⓑ **선택응답법**(다지선택법)은 '그 버스는 반포행이었습니까? 또는 양재행이었습니까?', '그 색깔은 흑색이었습니까? 또는 적색이었습니까?' 등과 같은 질문에 대한 응답법이다. 일문일답법에 비하여 **시간을 절약할 수 있으나 선택된 답 이외의 것은 얻기가 어렵고 암시 · 유도의 염려**가 있다.

㉢ 부정문과 긍정문

'김은 아니겠지요?'와 같이 부정어로 질문하는 것이고, '박이었지요?'와 같이 확인하는 방향의 질문을 긍정문이라고 한다. 이와 같은 질문 방법은 암시 · 유도가 되고 정답을 얻기 어렵다.

3 탐문수사 후 절차

(1) 보고 기출

탐문에 의해서 얻어진 정보는 **단편적인 것이라도 수사간부에게 보고**하여야 한다.

(2) 진술확보

탐문의 결과로 얻어진 정보나 수사자료를 수사나 공판에 있어서의 증거로 하기 위해서는 기록해야 한다. 참고인 **진술조서**를 작성하거나, 검증을 실시하여 **검증조서**를 작성하여야 한다. 피해자나 관계자의 보호에 유의하고 협력자를 보호하여야 한다.

4 선면(選面) 수사

얼굴을 통해 범인을 특정하는 방법으로 **피해자, 참고인 등의 진술**을 확보하거나 범인의 사진을 보여주어 불특정 다수의 사람들 중에서 범인을 특정하거나 변사체 사진에 의하여 신원을 확인하는 수사방법이다.

(1) 선면수사의 방법기출

실물에 의한 선면	• LINE-UP(다수인 통한 특정): 범죄피해자 또는 목격자에게 피의자를 포함한 여러 사람을 보이는 수사기법 • SHOW-UP(1인을 통한 특정): 피의자 체포 직후에 범죄피해자 · 목격자에게 피의자를 보이고 범인인지 확인하는 방법
사진 등에 의한 선면	피해자, 목격자에게 용의자의 사진을 보여주거나 다수의 사진 가운데서 범인을 확인하게 하는 방법
사진 등에 의한 식별	사진, 몽타주, 화상 등으로 수사관이 **불특정다수인 중에서 용의자를 식별**해 내는 방법으로 미행잠복시에 이용
인상서에 의한 선면	얼굴형 등 눈, 코등 특징을 질문하여 글로써 표현하는 것

(2) 변사체의 신원확인: 변사체 얼굴을 촬영하여 가출인을 찾는 사람, 기타 연고자 등에게 관찰시켜 신원을 확인한다. 백골사체의 경우는 **수퍼임포즈**(복안(復顏)법)에 의해 작성된 몽타주를 통해 신원을 확인한다.

제4절 　감별수사

　감별수사는 범인과 피해자, 범행장소, 주변지역 간에 존재하는 사정 · 관계 등에 근거를 두어 수사하는 방법을 의미한다.기출 범인의 심리적 행동의 원리를 활용한 것으로 범행을 의도하고 계획하는 경우 피해자 또는 범행지에 관한 정보가 있을 경우에는 범행방법이나 범행 전후의 행동이 표현되고 **수사자료 혹은 정황증거로 활용**된다.

연고감	피해자 · 그 가족, 피해가옥과의 관계
지리감	범행장소 및 그 주변지역과의 관계
농 감	연고감이 밀접한 것
박 감	연고감이 희박한 것
직접감	범인과 직접적인 연고감이 있는 것
간접감	범인과 간접적인 관련성이 있는 것으로 직접 사정을 알고 있는 것이 아니거나, 타인으로부터 얻은 지식을 가지고 범행한 경우

1 감별수사 시 유의 사항 기출

　감(鑑)은 근거에 의거한 추리의 판단인 것이고 사실에 의거한 감 유무의 정확한 판단을 하여야 한다. 판단자료에 대해서 하나하나 잘 검토 · 평가하여 신중한 판단을 하여야 한다.

　수사자료와의 관계를 검토하여 모순점이 없는지 범인의 조작 유무를 검토하여야 한다.

2 연고감수사 방법

(1) 연고감 유무 수사 기출

　　㉠ 범행장소(옥외) 검토

　　　옥외 살인사건의 경우 통상적으로 인적이 뜸한 장소, 특히 피해자의 동의 없이는 갈 수 없을 만한 장소에서 발생하였다면 연고감이 있는 범인의 범행으로 볼 수 있다.

　　㉡ 피해가옥 및 내부사정 검토

　　　ⓐ 돈이 없이 보이는 집에 현금을 목적으로 하고 침입한 경우

ⓑ 피해자 집 부근에 유사한 미수사건이 발생하거나 침입구를 찾은 흔적이 없는 경우

ⓒ 범행 이전에 가족 수, 수입상황 또는 가옥의 내부구조 등을 알고 있는 경우

ⓓ 동산이나 부동산을 매도한 경우 등 임시수입을 알고 범행한 경우

ⓒ 침입구 · 침입방법

침입구, 도주로가 보통사람으로는 알 수 없거나, 특수자물쇠를 열었거나, 침입할 수 있는 상황을 알고 침입구를 찾은 흔적이 없는 경우

ⓐ 협박 · 폭행수단의 검토

신분 노출을 꺼려서 복면을 한 경우, 목소리를 감추기 위해 무언으로 협박하는 경우, 공범 중 일부가 피해자 가족들이 있는 곳에 들어오지 않으려고 하거나, 다른 곳으로 가지 않고 목적물이 있는 곳으로 바로 간 경우는 연고감이 있는 것으로 본다.

ⓜ 사체 처리 방법

ⓐ 친족간 살인사건의 경우:

부부 또는 부모 · 자식 간의 범행의 경우 사체에 예우를 갖추기도 한다. 얼굴을 깨 끗이 씻어 놓거나 옷을 잘 입혀놓고, 보자기나 수건 등으로 얼굴을 덮거나 사체를 이불로 덮어 둔다.

ⓑ 면식자에 의한 범행인 경우

피해자가 생존가능성이 있거나 피해자 신원이 알려질 우려가 있을 경우는 범인의 신원이 노출될 것을 방지하기 위해 사체를 토막하여 분산시키거나 신원을 알 수 없 도록 한다.

(2) 연고감이 있는 자의 수사

① 자료수집

연고감이 있다고 판단될 경우에는 자료를 수집하고 직접적으로 범인에게 결부되는 직 접자료와 자료를 토대로 판명한 제3자의 경험 · 지식으로 간접자료까지 수집하여야 한다.

② 대상자 선정

㉠ 가족, 친족, 동거인, 고용인, 친구, 지인. 전동거인, 전고용인 등

㉡ 본적지, 출생지. 전거주지 등의 관계로 내왕이 있는 자

㉢ 직장관계로 출입한 자

㉣ 외판원, 전기 · 수도 등의 각종 수금원, 신문 · 우유 등의 각종 배달인, 청소부, 행 상인 등으로 내왕이 있는 자

ⓜ 거래관계 또는 임대차관계로 출입한 자

ⓑ 피해가옥의 신축, 수리공사 등에 종사했던 목수 등

ⓢ 피해자의 일기 · 메모 · 우편물 · 명함 · 거래장부 · 주소록 · 영수증 등에 의하여 파악된 자

ⓞ 위의 자들과 면식자 또는 교제자, 즉 간접관계자

③ 수사방법:

범행의 동기를 가진 자, 범행의 기회를 가진 자를 중심으로 연고감 적격자로 파악하는 수사를 추진해야 한다.

3 지리감수사 방법

(1) 지리감 유무 수사 기출

① 자료수집

범죄현장과 주변의 지리적 · 환경적 관찰, 피해자 · 참고인의 진술을 토대로 지리감 자료를 수집한다. 지리감은 연고감에 비하면 수사대상과 수사범위가 넓다.

② 지리감 유무 판단방법 기출

범행이 그 지리적 조건으로 그 장소에 정통한 자가 아니면 안 될 장소에서 발생한 경우 범행 전후의 행동을 보고 지리감 유무를 판단한다. 예를 들면 보통 사람은 잘 다니지 않는 보행이 어려운 길, 이면도로의 복잡한 골목길을 이용하였을 경우, 사람들이 잘 알 수 없는 가건물, 창고 같은 곳에 은신 또는 휴식한 것으로 보이는 경우 등이다.

교통기관의 발착시간, 운행계통 등 교통기관 이용상황을 사전에 알고 이용한 경우나 피해자 선택상황의 검토: 피해자 선택에 있어서 정기적 통행자를 노리는 경우는 지리감이 있다고 본다. 범행장소의 지리적 조건, 지명, 인명, 지도, 축제일 그 지역에 익숙한 자가 아니면 알 수 없는 것을 말한 경우는 지리감이 있는 사람의 범행으로 추측한다.

(2) 지리감 적격자의 수사

① 지리감 적격자에 관한 자료수집

② 지리감수사 대상자 선정

거주하는 자 또는 거주하였던 자, 통근 · 통학하는 자 또는 통근 · 통학하였던 자, 친

족, 지인 등이 있는 자, 범행지 부근에서 범죄의 전력이 있는 자는 지리감 수사 대상
자이다.

③ 지리감 적격자 수사방법

사건 당시 범행지 부근을 배회한 사실의 여부를 확인, 수사담당구역을 정하여 책임
있는 수사를 해야 한다(지역책임제). 평소에 관내의 범행 전력자, 소행 불량자, 거동
수상자의 전입 실태 등 기초자료를 수집한다. 수사에 대한 광범위한 협력자를 확보하
여야 한다.

제5절 수법수사

　수법수사란 범인이 특정한 **수단·방법, 습벽에 의해서 반복하여 범행**하는 특징을 활용하여 수법유형을 분석·수집·대조함으로써 범인·여죄·장물을 발견하고 범인을 검거하는 수사방법을 의미한다.

(1) 범죄수법

　범죄수법이란 범인이 일정한 수단·방법으로써 반복하여 범행하는 유형으로 범죄의 일시·장소, 수법범죄자의 인적 특징, 범죄행위에 나타난 수단·방법 등에 범인을 알아내려는 방법이다. **강도, 절도, 사기, 위조·변조(통화, 유가증권, 우편, 인지, 문서, 인장), 약취·유인, 공갈, 방화, 강간(성폭력), 장물범죄와 같이 일정한 기술과 패턴이 있는 범죄**를 의미한다.

> **한스 그로스(Hans GroB, 1847~1915)**
>
> 오스트리아 학파로 분류되는 한스 그로스는 사법실무가(판사)이자 형법학자로서, 예비판사를 위한 휴대서(1893)와 최초의 범죄심리학 서적인 범죄심리학(1898)을 저술하고, 범죄를 생물학적 관점에서 범죄인류학과 범죄수사학잡지를 창간하였다.
>
> 범죄수사의 아버지로 불리고 있으며, 비록 가상의 인물이기는 하지만 코난 도일의 소설에 나오는 셜록 홈즈와 함께 범죄수사의 과학화와 심리기법의 활용을 시작한 인물로 여겨지고 있다. 리스트의 영향 하에 범죄학의 독자적 영역을 주장하고, 범죄수사에 필요한 지식을 연구하는 범죄수사학을 발전시켰다. 그는 범죄수사학이 형법을 보조하는 현실학이라고 주장하였다.
>
> 많은 살인사건 현장에서 활동하던 그가 법의학, 생물학, 광물학 등을 두루섭렵하며 집대성해 놓은 게 실로 현재의 CSI 수사관들의 기법에 뒤지지 않는다. 이미 1800년대 후반에, 그에 의해 머리카락의 굵기에 따른 범인식별, 잘린 칼의 각도에 따른 범인수법, 피가 떨어진 각도와 높이에 따른 범행의 추정 등이 이루어졌다.
>
> 그의 업적은 Karl-Franzens-Universitat에 설립된 범죄박물관에 보관되어 그가 사용했던 방법들에 관해 아주 자세히 설명되어 있다. 또한 그로스는 범죄수사프로파일링(Criminal Profiling: FBI 행동과학팀의 대표적 수사기법의 일종으로, 범죄자 유형을 추정해 내는 기법)의 선구자이기도 하다.

(2) 범죄수법자료

① 피해통보표

수범범죄의 발생하여 범인이 판명되지 못하여 검거하지 못했을 경우 작성하는데 피의자가 **검거**되었거나 피의자의 성명·생년월일·소재 등 **신원이 판명된 경우**에는 작성하지 않는다. 피해자, 범인의 인상·신체·기타 특징, 범행수법, 피해사실, 용의자 인적 사항, 피해품, 유류품 등 수사자료가 될 수 있는 내용을 기록지에 기입하고 전산입력한 것을 말한다.

피해통보표	강도, 절도, 사기, 공갈, 약취유인, 위·변조		사건명				작성 년 월 일 청 서 호			

피해자	성 명	국적	생년월일	직업	주 소	용의자	성별	출생년도 (추정)	기타	수법분류번호		
										죄명	대분류	소분류

수법내용	범행장소	침 입 구		침 입 방 법			폭력수단	범행시	대 화		물색방법	특 성	피해대상자
		개소	종별	경로	수단	용구			자칭	화제			
	11~28	41	42	43	44	45	46	47	48	49	50	52	53

범행환경	위 치	인 가	교 통	인 상	신 장	체 격	발길이	얼굴형	두 발	수 염	안 색	청 각	풍 채
	54	55	56		57	58	59	60	61	62	63	64	65

신체특징	특징종별	부 위			형상 및 크 기	기타 특징	방언	음성	습성	유류물품	1. 성명(이명·별명등) 2. 인상(목격·CCTV) 3. 지 문 4. 필 적 5. 족 적 6. 혈 흔 7. 기 타
		두부안면	몸 통	사 지							
	66	67	68	69	70	71	72	73			

피해사실	일시	년 월 일 시 분 장소	
	개요 (수법)		

출처 : 경찰청

② 수법원지 기출

인적 사항, 인상특징, 수법내용, 범죄사실, 직업, 사진, 필적 등을 전산입력한 것을 말한다. 수법범죄 피의자에 대하여 작성하고, 재범의 우려가 있다고 인정되는 자에 대하여는 작성할 수 있다.

수법원지	강도, 절도, 사기, 공갈, 약취유인, 위·변조, 방화, 강간(성폭력),장물	년 월 일 경찰청(대) 작성 제 호, 사건번호 년 제 호 경찰서										
남 여	성 명	한 글	한 자	주민등록 번호	이 명 (별명)	외국인	직 업	수법분류번호			
								죄 명	대분류	소분류	
수 법 내 용	범행 장소	침 입 개 소	침입방법	범행 용구	범행방법	범행 시간	대 화	물색 방법	피해품	특성	죄 버 대상자	피해 상황
			경로	수단	용구	폭력수단		자칭	화제				
출생지		공 범										
		코드번호	성 명	생년월일	성 명	생년월일	성 명	생년월일				
등록 기준지												
주 소												
범 행 사 실	일 시	년 월 일 시 분	장소	시 구 읍 동 도 군 면 리 번지								
	피해자	주소		성명		연령		직업				
	범행 (수법) 개요											

출처 : 경찰청

③ 공조제보

공조제보는 경찰관서 상호간 범인, 여죄, 장물을 발견하고 범인을 검거하기 위하여 필요한 수사자료를 서면, 전신, 영상 또는 전산자료로 행하는 **수배, 통보, 조회** 등을 말한다.

1 범죄수법자료 작성

(1) 피해통보표 기출

수법범죄의 신고를 받았거나 또는 인지하였을 때에는 피해통보표를 담당경찰관이 작성하여 사건발생보고서 검토 시 경찰청 및 지방경찰청에 보고되는 속보 사건을 포함한 해당 범죄의 피해통보표의 작성여부 및 내용을 검토하여야 한다. 단 다음의 경우는 삭제하여야 한다. 기출

ㄱ 피의자가 **검거**되었을 때

ㄴ 피의자가 **사망**하였을 때

ㄷ 피해통보표 **전산입력 후 10년이 경과**하였을 때

(2) 수법원지 기출

피의자가 여죄가 있고 그것의 범죄수법 소분류가 각각 상이한 유형의 수법인 경우는 그 **수법마다 수법원지를 작성**하여야 한다. 경찰공무원이 직접 작성하고 작성자가 날인하여야 하며 범죄사건부 해당란에 수법원지 작성 여부를 표시해야 한다. 오기나 기재누락 사항 유무를 검토, 교정하고 작성 책임자인을 직접 날인한다. 경찰서장은 수법원지 1매를 작성하여 지방경찰청장을 거쳐 경찰청장에게 송부하고 **성별, 수법 소분류별, 생년월일 순으로 보관**해야 한다.

1) 폐기사유

ㄱ 피작성자가 **사망**하였을 때

ㄴ 피작성자가 **80세 이상**이 되었을 때

ㄷ 원지작성 후 **10년이 경과**하였을 때(단, 전산입력자료는 삭제하지 않음)

ㄹ 작성자의 수법분류번호가 동일한 원지가 2매 이상 중복될 때 1매를 제외한 자료

2) 수법원지 활용

ㄱ 범인 불상의 수법범죄가 발생하였을 경우 동일수법 또는 유사수법 용의자 파악

ㄴ 범인이 도주 시 배회처, 직장, 연고관계, 습벽파악

ㄷ 지문, 장물처분처등

(3) 공조제보

경찰서장은 조회, 수배, 통보의 필요가 있다고 인정되는 사항을 파악하고 지방경찰청장:관할구역 내의 경찰서에 대하여 공보제보를 작성 송부할 수 있다. 공조제보는 여죄, 다른

시·도의 범죄발생 실태, 수사자료, 피해품, 연속발생 사건 및 특이수법, 지명수배자 발견을 목적으로 한다.

여죄조회	피의자를 검거하고 여죄발견을 의뢰
사건수배	범인의 발견을 의뢰할 때 작성
장물수배	사건의 장물을 다른 경찰관서에 발견을 요구하는 수배
장물조회	장물로 의심되는 물건에 대해 장물인지를 확인하고 피해자를 찾기위해 작성
지명수배	범죄자가 특정되어 범인의 체포를 의뢰할 경우에 작성
지명통보	범죄자의 소재지를 파악하여 출석을 요청할 경우 작성한다.
해제통보	조회 또는 수배를 해제할 경우에 작성한다.
참고통보	범죄수법의 참고사항을 통보하는 경우에 작성한다.
이동통보	공조제보의 기재사항 중 이동사항을 통보할 경우에 작성한다.

2 수법 및 여죄 · 장물 조회

(1) 수법조회

① 범인을 검거하지 못한 사건에 대하여 유형의 유류물과 무형의 유류물인 범행수법 등을 수집한 후 수사종합검색시스템 또는 컴퓨터 등을 이용하여 수법 조회를 하여 수사에 활용한다.

② 동일수법 조회는 수법코드 · 신체특징 · 성명(이명)별로 각각 또는 종합적으로 하는 것을 원칙으로 하여 신상 · 사진 · 범행사실 · 자필을 검색하고 검색된 자료는 교통면허 사진, **지문자동검색시스템(AFIS) 지문**, 수용자, 수배자, 주민자료 등을 연계 검색하여 수사자료의 효용성을 높인다.

③ 수사경찰관은 필요한 때에는 수법원지를 직접 열람하거나 범인을 목격한 목격자에게 수법원지에 첨부된 피의자의 사진을 열람(수사종합검색시스템 열람 포함)하게 할 수 있다. 다만, 열람에 의하여 알게 된 피의자 및 수사종합검색시스템 관련사항을 누설하여서는 아니된다.

④ 동일수법 조회결과 검색한 용의자에 대하여는 행적수사 등을 철저히 하고 그 결과를

명확히 기록 관리하여야 하며, 검색자료의 편철 및 폐기 등은 보안에 유의, 합리적인 방법으로 관리한다.

(2) 여죄 · 장물조회

① 검거한 피의자의 여죄 및 발생사건의 동일성 조회는 별지 제4호 서식의 여죄 · 장물 조 회부에 기록하고 피해통보 전산시스템을 활용 동입수법 분류 · 내용 · 특성 · 발생 지(관서) · 발생기간 등을 다각적으로 대조 · 검색하고 지명수배 · 통보중인 여죄는 인적 사항 등에 의한 수배(B)조회의 실시로 파악하여야 한다.

② 장물조회는 전산시스템을 활용, 전산 입력되어있는 피해통보표의 피해품과 물품 고유 번호, 품명, 재료, 중량 등 특징을 대조 · 검색하여야 한다.

③ 발견한 여죄 및 장물은 각 피해통보표 입력 경찰관서 및 지명수배 · 통보관서와 공조 수사 하여야 한다.

- 지문자동검색시스템(AFIS)
  인적 사항 및 십지지문 등이 채취되어 있는 주민등록발급신청서를 컴퓨터에 이미지 형태로 입력, 단말기를 통해 **지문을 확인하거나 변사자 인적 사항 및 현장유류 지문** 등을 자동으로 검색하여 동일인 여부를 확인하는 체계.

- 수사종합 (CRIFISS) 기출
  검거한 피의자와 발생사건의 범죄현장 등의 범행 수단 · 방법 · 습벽 등 인적, 물적 특징자료를 체계적으로 분류, 수사자료화 하여 재차 발생하는 사건의 범죄현장과 검거한 피의자의 특징을 비교 분석하여 **사건의 동일성, 검거 피의자의 여죄, 동일수법용의자를 특정**하는 수사활동을 위해 범행사실 및 사진 등 사건과 관련된 정보를 등록하는 시스템을 말한다(즉, 수법수사를 위한 시스템).

제6절 유류품수사

1 유류품수사

범죄현장에 남겨진 흉기, 옷, 타액, 혈흔, DNA 등 유류품에 대한 수사를 시작하여 범인을 찾아가는 수사방법이다.

(1) 유류품의 종류

① 협의의 유류품: 흉기, 의류, 휴지, 소지품 등 범죄현장 및 부근에 유류한 물건

② 유류물: 지문, 장문, 족문, 혈액 및 징액 등의 신체와 관련된 것

③ 광의의 유류품: 협의의 유류품과 유류물을 포함

(2) 유류품의 활용

범인의 추정	• 범인의 성명이 기입된 경우 • 지문이 남아 있는 경우
범인의 속성의 추정	• 담배꽁초, 휴지, 흉기에서 혈액형 파악 • 유류품의 마멸상태, 부착물에서 범인의 직업 등 추정 • 음식의 치흔에서 범인의 치아특성 파악
행동의 추정	범인이 현장 또는 그 부근에서 한 행동을 추정할 때가 있다. 예컨대 족적, 도구흔에서 범인의 침입로 및 상황을 판단한다.
상황의 추정	• 족적의 방향에서 피해품의 물색상황 추정 • 흉기가 남겨진 도구흔 범행의 방법 추정 • 족적에서 공범자 수 추정

2 유류품수사의 방법

(1) 유류품 여부의 확정

유류품은 범인과 범죄를 연결하는 열쇠이고 유류품을 통해 범인이 유류한 것인가를 명백히 하여야 한다.

① 유류품 확정방법

㉠ 시간적 검토

범행시간을 알 수 있고 현장에서 발견된 것은 범인의 유류품인 경우가 많으므로 담배꽁초, 라이터, 신문, 잡지, 휴지 등을 유심히 살펴야 한다.

ⓛ 장소적 검토

범행현장 및 부근에서 신발, 의류, 모자 등이 발견되면 범인의 유류품인지 검토하여야 한다.

ⓒ 범인행동 검토

범인이 피해자, 경찰관에게 추격당하는 동안에 도주 경로 부근에서 소지품, 흉기 등을 유류하는 경우가 많다.

ⓔ 감정 결과 분석

범행장소 및 부근에서 발견된 물품이 유류품인지 분명하지 않은 경우에는 감식기관에 의뢰하여여 감정을 해야 한다.

(2) 유류품수사 방법 기출

① 동일성

범행현장에서 발견된 흉기가 **범행에 사용된 것과 동일**한 것이라는 것을 명확히 해야 한다. 물건의 특징, 유류상황과 진술, 흉기가 상처와 일치여부

② 관계성

현장에서 발견된 유류품이 **범인의 것인지**를 범인소지품인지, 유류품 사용 습관이 있는지 여부 확인한다.

③ 기회성

범인이 현장에 갈 수 있었는지, 범행현장에 근접하여 있었을 것인지 확인한다.

④ 완전성

동일한 성질 또는 동일한 상태로 보존되어 있는가를 검토하여야 한다.

(3) 유류품수사 실행 기출

유류품의 출처를 조사하고, 피의자의 것인지, 소지·휴대하고 있었던 자를 탐문수사한 후 유류품을 수배한다.

제7절 | 장물수사

1 장물수사

범죄의 피해품을 특정하고 종류·특징을 찾아 이동경로를 추적 장물수배, 장물수배서를 발행하고 임검, 불심검문 등을 통해 장물 및 범인을 발견하고자 하는 수사기법이다.

장물의 원거리 반출경로나 장물을 사고 파는 상황을 파악한다. 평소에 장물아비에 대한 기초자료를 수집·정비함으로써 절도사건 발생시 해당 장물 취급 가능성이 많은 장물아비를 대상으로 수사를 행한다.

2 장물수사 방법

(1) 장물수사의 기초

피해품을 확정하고 피해품의 특징을 파악하도록 한다.

(2) **장물 수배** 기출

장물에 관하여 다른 경찰관서에 그 발견을 요청하는 수배를 말한다. **피해통보표**에 수록·전산입력한 피해품은 장물수배로 본다. 장물수배를 할 때에는 발견해야 할 장물의 명칭, 모양, 상표, 품질, 품종 기타 특징 등을 명백히 하여야 하며 사진, 도면 또는 동일한 견본 조각 등을 첨부하는 등 필요한 조치를 하여야 한다.

3 장물수배서 기출

(1) 종류(**장물수배서 작성자: 경찰서장**)

　　㉠ **특별 중요** 장물수배서(홍색용지):

　　　수사본부를 설치하고 수사하고 있는 사건에 관하여 발하는 경우의 장물수배서

　　㉡ **중요 장물**수배서(청색용지)

　　　수사본부를 설치하고 수사하고 있는 사건 이외의 중요한 사건에 관하여 발하는 경우의 장물수배서이다.

　　　　• 중요문화재 기타 이에 준하는 피해품
　　　　• 외교사절 등에 관련된 사건의 피해품 기타 사회적 영향이 큰 사건의 피해품
　　　　• 다액절도 또는 특이한 수법이나 상습범이라고 인정되는 침입절도사건의 피해품
　　　　• 기타 중요 또는 특이사건의 피해품

ⓒ **보통 장물**수배서(백색용지): 그 밖의 사건에 관하여 발하는 경우의 장물수배서를 말한다.

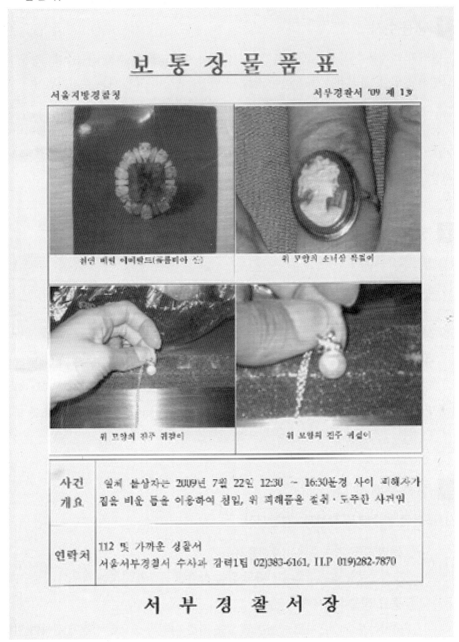

출처 : 서부경찰서

(2) 장물조회

범죄수사, 임검조사, 불심검문, 탐문 기타 직무집행 중인 경찰관이 장물의 의심이 있는물
품을 발견했을 때 지방경찰청 수사과 수법주무계에 조회하여 장물 여부의 확인과 피해자
의 발견을 의뢰하는 수단이다.

> ㉠ 검거한 피의자의 여죄 및 발생사건의 동일성 조회는 별지 제4호 서식의 여죄·장
> 물 조회부에 기록하고 피해통보 전산시스템을 활용 동입수법 분류·내용·특성·
> 발생지(관서)·발생기간 등을 다각적으로 대조·검색하고 지명수배·통보중인 여
> 죄는 인적 사항등에 의한 **수배(B)조회의 실시**로 파악하여야 한다.
>
> ㉡ 장물조회는 전산시스템을 활용, 전산 입력되어 있는 피해통보표의 피해품과 물품
> 고유 번호, 품명, 재료, 중량 등 특징을 대조·검색하여야 한다.
>
> ㉢ 발견한 여죄 및 장물은 각 피해통보표 입력 경찰관서 및 지명수배·통보관서와 공
> 조수사하여야 한다.

4 장물수사의 종류

(1) 일반적 수사 기출

피의자 또는 장물을 특정하지 않고 장물수사 대상업자 또는 대상자 등에 대하여 수사를
하고 장물을 발견하여 범인을 검거하려고 하는 수사를 말한다.

(2)특별수사 기출

특정장물을 발견하기 위해서 하거나 특정한 장물의 발견을 목적으로 하는 수사를 말한
다. 장물수배서를 발부하였거나 검거한 절도범을 대상으로 여죄발견을 위한 압수·수색

제8절 알리바이수사

알리바이(Alibi)는 범죄의 혐의자가 범죄가 행하여진 시간에 범죄현장 이외의 장소에 있었다는 사실을 통해 범죄현장에는 있지 않았다는 사실을 증명하는 것으로 **범죄현장 부존재증명**을 말한다.

1 알리바이 종류 기출

(1) 절대적 알리바이

범죄가 행하여진 시각에 용의자가 범죄현장 이외의 다른 장소에 있었다는 사실이 명확하게 증명되는 것이다.

(2) 상대적 알리바이

범죄 발생 전후 시각을 판단하여 볼 때 용의자가 도저히 범죄현장에는 도달하지 못할 것이라고 생각되는 경우이다.

(3) 위장 알리바이

계획적으로 자기의 존재를 다른 사람에게 인상깊게 해놓고 그 사이에 범죄를 행하는 경우이다.

(4) 청탁 알리바이

범행사실을 은폐하기 위하여 가족, 동료, 친지에게 시간과 장소에 있었음을 부탁해 놓은 경우를 말한다.

2 알리바이수사의 방법

(1) 범행일시의 확정

알리바이수사의 중요한 내용이고 피해자·목격자 등의 진술을 토대로 정확한 일시를 확인하여야 한다.

(2) 체류 · 출현장소, 시간 확정

　　용의자가 범행 전과 후에 나타난 장소와 시간을 정확하게 파악해야 한다.

(3) 이동시간 측정

　　① 범죄실행시간에 있었다는 장소(또는 범죄 실행시간 후에 있었다는 장소)와 범죄현장
　　　 간의 거리관계, 이동하는 데 소요되는 시간을 정확하게 측정해야 한다.

　　② 도보, 자동차 등을 이용하여 이동한 거리를 측정해야 한다.

(4) 범죄태양의 고찰 기출

　　① 계획적인 범죄의 경우에는 알리바이의 위장이나 청탁 알리바이가 대부분이다.

　　② 위장 알리바이나 청탁 알리바이와 같은 경우에는 알리바이를 진실인 것같이 하기 위
　　　 한 조작적인 행위가 행해지면 질수록 단서 발견이 쉽다.

001 「수사긴급배치규칙」상 긴급배치 종별 사건범위에서 갑(甲)호에 해당되는 것으로
15 승진   가장 적절하지 <u>않은</u> 것은?

① 금융기관 강도, 연쇄방화

② 2명 이상 집단살인, 인질강도

③ 폭행, 시비소란

④ 항공기 등의 방화, 총기·폭발물소지 강도

해설

③ 폭행,시비소란은 긴급배치 대상이 아니다.

	갑(甲)호 배치	을(乙)호 배치
사건 범위	1. 살인사건 　– 강도,강간, 약취·유인, 방화살인 　– 2명 이상 집단살인 및 연쇄살인 2. 강도사건 　– 인질강도 및 해상강도 　– 연쇄강도 및 해상강도 　– 금융기관 및 5,000만원 이상 다액강도 　– 총기,폭발물 소지강도 3. 방화사건 　– 관공서, 산업시설, 시장 등의 방화 　– 열차, 항공기, 대형선박 등의 방화 　– 연쇄방화, 중요한 범죄은닉목적 방화 　– 보험금 취득목적 방화 　– 기타 계획적인 방화 4. 기타 중요사건 　– 조직폭력사건 　– 총기, 대량의 탄약 및 폭발물 절도 　– 약취유인 또는 약취강도 　– 구인 또는 구속피의자 도주	1. 다음 사건 중 갑호 이외의 사건 　– 살인 　– 강도 　– 방화 　– 중요상해치사 　– 관공서 및 국가중요시설 절도 　– 1억원 이상 다액절도 　– 국보급 문화재 2.기타 경찰관서장이 중요하다고 판단하여 긴급배치가 필요하다고 인정하는 사건

ANSWER　　001 ③

002 다음 수사긴급배치의 종별 사건범위 중 갑호배치의 대상만으로 나열된 것은?

12 1차

① 금융기관 및 5천만원 이상의 다액강도 – 1억원 이상의 다액절도 – 보험금 취득목적의 방화
② 국보급 문화재 절도 – 약취유인 또는 인질강도 – 중요상해치사사건
③ 조직폭력사건 – 연쇄살인사건 – 국가중요시설 절도
④ 연쇄살인사건 – 금융기관 및 오천만원 이상의 다액강도 – 약취유인 또는 인질강도

> **해설**
> ① **1억원 이상** 다액절도는 을호 긴급배치에 해당하는 사건이다.
> ② **국보급 문화재 절도, 중요 상해치사 사건**은 을호 긴급배치에 해당하는 사건이다.
> ③ **국가중요시설 절도**는 을호 긴급배치에 해당하는 사건이다.

003 「수사긴급배치규칙」상 수사긴급배치에 대한 설명으로 가장 적절하지 <u>않은</u> 것은?

15 3차

① 인질강도 사건은 을호 긴급배치에 해당하는 사건이다.
② 긴급배치를 사건발생지 지방경찰청의 전 경찰관서 또는 인접지방경찰청에 시행할 경우는 발생지 지방경찰청장이 발령한다.
③ 긴급배치를 사건발생지 관할경찰서 또는 인접경찰서에 시행할 경우는 발생지 관할경찰서장이 발령한다. 인접경찰서가 타 시·도 지방경찰청 관할인 경우도 같다.
④ 전국적인 긴급배치는 경찰청장이 발령한다.

> **해설**
> ① 인질강도사건은 **갑호 긴급배치**에 해당하는 사건이다.

004

12 3차

경기지방경찰청 성남수정경찰서 관내에서 인질강도사건이 발생하여 긴급배치를 발령하고자 한다. 각각의 경우 발령권자가 바르게 나열된 것은?

> 긴급배치를 성남수정경찰서에 시행할 때에는 (㉠)이 발령권자이고, 인접 서울지방경찰청에 긴급배치를 시행하고자 할 때에는 (㉡)이 발령권자이다. 또한 인접경찰서인 서울서초경찰서에 시행하고자 할 때에는 (㉢)이 발령권자이며, 경기경찰청의 전(全) 경찰관서에 긴급배치를 시행하고자 할 때 발령권자는 (㉣)이다.

① ㉠성남수정경찰서장, ㉡경기지방경찰청장, ㉢경기지방경찰청장, ㉣경찰청장

② ㉠성남수정경찰서장, ㉡성남수정경찰서장, ㉢경기지방경찰청장, ㉣경기지방경찰청장

③ ㉠성남수정경찰서장, ㉡경기지방경찰청장, ㉢성남수정경찰서장, ㉣경기지방경찰청장

④ ㉠성남수정경찰서장, ㉡경기지방경찰청장, ㉢서울서초경찰서장 ㉣경기지방경찰청장

해설

㉠ 긴급배치를 사건 발생지 관할경찰서 또는 인접경찰서에 시행할 경우는 **발생지 관할** 경찰서장(**성남수정경찰서장**)이 발령한다.

㉡ 긴급배치를 사건발생지 지방경찰청의 전 경찰관서 또는 인접지방경찰청에 시행할 경우는 발생지 지방경찰청장(**경기지방경찰청장**)이 발령한다.

㉢ 긴급배치를 사건발생지 관할경찰관서 또는 인접경찰서에 시행할 경우는 발생지 관할경찰서장(**성남수서경찰서장**)이 발령한다. 인접경찰서가 타 시·도 지방경찰청 관할인 경우도 같다.

㉣ 긴급배치를 사건발생지 지방경찰청의 전 경찰관서 또는 인접지방경찰청에 시행할 경우는 발생지 지방경찰청장(**경기지방경찰청장**)이 발령한다.

005 「수사긴급배치규칙」상 수사긴급배치에 대한 설명으로 가장 적절하지 <u>않은</u> 것은?

14 2차

① 긴급배치를 사건발생지 관할경찰서 또는 인접경찰서에 시행할 경우는 발생지 관할경찰서장이 발령한다. 인접 경찰서가 타·시도 지방경찰청 관할인 경우도 같다.

② 긴급배치를 사건발생지 지방경찰청의 전 경찰관서 또는 인접 지방경찰청에 시행할 경우는 발생지 지방경찰청장이 발령하며, 전국적인 긴급배치는 경찰청장이 발령한다.

③ 경찰청장 또는 지방경찰청장은 긴급배치의 장기화로 인하여 당면 타 업무추진에 지장을 가져온다고 인정될 때에는 긴급배치를 해제하고 필요한 최소한도의 경찰력으로 경계 미수사를 명할 수 있다.

④ 발령권자는 긴급배치 발령 시에는 6시간 이내에 긴급배치실시부에 의거, 차상급 기관의 장에게 보고하여야 한다.

> **해설**
> ④ 발령권자는 긴급배치 발령 시에는 지체없이 긴급배치실시부에 의거, 차상급 기관의 장에게 보고하여야 하며, 비상해제 시는 **6시간 이내**에 같은 서식에 의해 해제일시 및 사유, 단속실적 등을 보고하여야 한다.

006 사례와 관련하여 긴급배치에 대한 설명 중 가장 옳지 <u>않은</u> 것은?(단, 「수사긴급배치규칙」에 의한다.)

11 승진

> ○○지방경찰청 甲경찰서 관내인 '쥬얼리' 금은방에서 3억 상당의 금이 절취 당하는 사건이 발생, 범인들은 같은 지방경찰청 乙경찰서 관내로 도주하였다.

① 긴급배치는 을호배치를 하여야 한다.

② 사건발생 후 상당시간이 경과하여 범인을 체포할 수 없다고 인정될 때에는 긴급배치를 생략할 수 있다.

③ 긴급배치를 甲경찰서와 乙경찰서에 실시하는 경우 긴급배치 발령권자는 ○○지방경찰청장이다.

④ 발령권자는 긴급배치 발령 시에는 지체 없이 차상급기관의 장에게 보고하여야 하며, 비상해제 시는 6시간 이내에 보고하여야 한다.

> **해설**
> ③ 긴급배치를 사건발생지 관할경찰서(甲경찰서) 또는 인접경찰서(乙경찰서)에 시행할 경우는 발생지 관할경찰서장(甲경찰서장)이 발령한다.(수사긴급배치규칙 제4조 제1항 제1호)
> ① 1억원 이상 다액절도 사건이므로 을호 긴급배치에 해당하는 사건이다.

007 현장 관찰기록의 작성요령에 대한 설명으로 가장 적절하지 <u>않은</u> 것은?

15 승진

① 관찰기록은 관찰·조사의 시간적 순서에 따라 기록한다.

② 사건판단을 명확하게 하기 위하여 적극적인 것만 기록하여야 한다.

③ 물체의 크기나 거리는 실측하여 정확을 기하고 만약 실측할 수 없을 때에는 목측(目測)임을 명백히 해두어야 한다.

④ 명칭을 알 수 없는 것이 있을 때에는 그 자리에서 참여인이나 가족들에게 물어서 기록해야 한다.

해설

② **소극적인 것도 잊지 않고 기록**하는 것이 중요하다. "침입구로 생각되는 곳에는 흔적이 없다.", "재떨이에 공초가 없었다." 등과 같이 증적을 인지하지 못한 때에도 관찰한 것을 명기해 두는 것이 중요하다.

008 사건현장에서의 사진촬영에 대한 설명으로 가장 적절한 것은?

15 승진

① 변사자 수배용 사진을 촬영함에 있어서 혈흔 등이 묻어 있는 경우 그대로 촬영하여야 한다.

② 전체 상황을 한눈에 볼 수 있는 파노라마식 촬영이 효과적일 수 있다.

③ 현장사진의 촬영은 중심부에서부터 순서적으로 외부를 향하여 진행하는 것이 원칙이다.

④ 화재사건의 경우 구경꾼들 등 필요없는 사람은 촬영하지 않는다.

해설

① 신원불상의 변사자 촬영은 **안면을 깨끗이 닦고 두발, 복장 등을 정리하여 촬영**한다.
③ 현장관찰과 병행하여 **외부에서부터 현장중심부**로 좁히며 촬영한다.
④ 화재사건일 경우 구경꾼들에 대한 촬영이 필요하다.
② 사건현장이 넓은 장소인 경우에는 파노라마식 촬영법을 이용하여 촬영한다.

009 탐문수사에 대한 설명 중 가장 옳지 <u>않은</u> 것은?

11 승진

① 탐문방법에는 직접탐문과 간접탐문이 있다.

② 조직수사를 위해서는 탐문으로 얻어진 정보는 크고 적음을 떠나, 반드시 수사간부에게 보고하여야 한다.

③ 질문방법 중 일문일답법은 '무엇인가 수상한 점이 없었습니까?' 등으로 막연하게 질문하는 방법이고, 암시·유도가 되지 않아 자연스러운 답변을 얻을 수 있다.

④ 사전에 어떠한 목적으로 탐문할 것인가 연구하여 확정한다.

해설

③ **전체법**에 관한 내용이다.

비고	전체법	일문일답법
의의	'무엇을 했습니까?' 등과 같이 막연하게 묻고 상대는 이에 대하여 자유롭게 대답하는 방법	'그 사람을 만났습니까?'와 같이 질문자가 듣고 싶은 점을 하나하나 묻는 방법
장점	암시·유도의 염려가 없다.	문제점을 명확히 할 수 있다.
단점	답변의 정리가 어렵다	㉠ 질문 이외의 정보를 얻기가 어렵다. ㉡ 암시·유도의 염려가 있다.

010 다음은 감별수사를 설명한 것이다. 가장 적절하지 <u>않은</u> 것은?

13 2차

① 감별수사란 범인과 피해자 또는 범인과 범행지 및 주변지역 간에 존재하는 사정·관계 등에 근거를 두어 수사하는 방법으로 횡적 수사의 일종이다.

② 감별수사 중 범인과 피해자, 그 가족, 피해가족과의 관계를 연고감이라고 하고, 범인과 범행지 및 그 주변지역과의 관계를 지리감이라고 한다.

③ 연고감은 지리감에 비해 수사대상도 많고 수사범위도 넓다.

④ 감수사 방법은 감유무 수사를 한 후 감이 있다고 판단될 때 감적격자에 대한 자료를 수집하고 수집대상자를 상대로 감적격자 수사를 한다.

해설

③ 지리감은 범죄현장 주변과의 관계성이므로 피해자와 관계있는 연고감에 비하면 **수사대상과 범위가 넓다.**

011 공조수사의 종류에 관한 설명이다. 이에 대한 설명으로 가장 적절하지 <u>않은</u> 것은?

16 2차

① 평상공조 – 평소 예견가능한 일반적인 공조로서 수배, 통보, 조회, 촉탁 등이 있다.

② 비상공조 – 현재 제기되는 당면문제에 대한 공조수사활동으로서 불심검문, 미행, 잠복 등이 있다.

③ 자료공조 – 자료의 수집과 조회제도가 있다.

④ 종적공조 – 상·하급 관서는 물론 관서 내의 상·하급 부서 내지 상·하급자 상호 간의 상명하복 관계를 의미한다.

> **해설**
> ② **활동공조**에 관한 설명이다.
>
> | | |
> |---|---|
> | **자료공조** | 경찰이 필요로 하는 수사정보를 자료화함으로써 모든 경찰이 수사에 활용할 수 있게 함은 물론 그 자료가 영구히 남아서 미래의 경찰이 승계, 활용하도록 하는 자료의 수집과 조회제도 |
> | **활동공조** | 당면문제에 대한 공조수사활동으로 수사긴급(비상)배치, 불심검문, 미행, 잠복, 현장 긴급출동 등 |

012 「범죄수사규칙」상 지명통보대상자에 대한 설명으로 가장 적절하지 <u>않은</u> 것은?

15 3차

① 법정형이 장기 3년 미만의 징역 또는 금고, 벌금에 해당하는 죄를 범하였다고 의심할 만한 상당한 이유가 있고, 수사기관의 출석요구에 응하지 않고 소재수사결과 소재불명인 자

② 법정형이 장기 3년 이상의 징역이나 금고에 해당하는 죄를 범하였다고 의심되더라도, 사안이 경미하거나 기록상 혐의를 인정키 어려운 자로서 출석요구에 불응하고 소재자 불명인 자

③ 구속영장을 청구하지 않거나 발부받지 못하여 긴급체포되었다가 석방된 지명수배자

④ 사기·횡령·배임죄 및 「부정수표단속법」제2조에 정한 죄의 혐의를 받는 자로서, 초범이고 그 피해액이 500만원 초과에 해당하는 자

> **해설**
> ④ 사기·횡령·배임죄 및 「부정수표단속법」제2조에 정한 죄의 혐의를 받는 자로서, 초범이고 **그 피해액이 500만원** 초과에 해당하는 자는 지명통보대상자에 해당한다. (범죄수사규칙 제179조 제3호, 지명수배 등에 관한 규칙 제4조 제2호)

013 지명통보의 대상이 <u>아닌</u> 자는?

10 승진

① 사기 혐의자로 초범이고 그 피해액이 500만원 이하인 자
② 배임 혐의자로 초범이고 그 피해액이 500만원 이하인 자
③ 긴급사건수배에 있어서 피의자 성명 등을 명백히 하여 그 체포를 의뢰한 경우
④ 구속영장을 청구하지 아니하거나 발부받지 못하여 긴급체포되었다가 석방된 지명수배자

> **해설**
> ③ 사법경찰관은 긴급사건 수배에 있어서 피의자의 성명 등을 명백히 하여 그 체포를 의뢰한 경우에는 지명수배를 하여야 한다.(범죄수사규칙 제173조 제2항, 지명수배 등에 관한 규칙 제4조 제1호)
> ①② 범죄수사규칙 제179조 제3호, 지명수배 등에 관한 규칙 제4조 제2호
> ④ 범죄수사규칙 제179조 제4호, 지명수배 등에 관한 규칙 제4조 제2호

014 현행 「범죄수사규칙」상 지명수배자 소재발견 시 조치요령으로 가장 적절하지 <u>않은</u> 것은?

12 승진

① 지명수배자의 소재를 발견하였을 때에는 피의자에게 체포영장 또는 구속영장을 제시하고 범죄사실의 요지, 체포 또는 구속의 이유와 변호인을 선임할 수 있음을 고지하고 변명의 기회를 준 후 지명수배자를 체포 또는 구속하고 확인서를 받아 신병과 함께 지명수배한 경찰관서에 인계하여야 한다.
② 체포영장 또는 구속영장을 소지하지 아니하고 급속을 요하는 경우에는 피의자에게 범죄사실의 요지와 체포영장 또는 구속영장이 발부되었음을 고지하고 체포 또는 구속할 수 있다(사후에 신속히 체포영장 또는 구속영장을 제시하여야 한다).
③ 검거된 지명수배자를 인수한 수배관서의 사법경찰관은 24시간 이내에 체포 또는 구속통지 하여야 한다. 단, 지명수배자를 수배관서가 위치하는 특별시, 광역시, 도 이외의 지역에서 검거한 경우에는 검거관서에서 통지를 하여야 한다.
④ 지명수배자를 검거한 자는 구속영장 청구에 대비하여 피의자가 도망 또는 증거를 인멸할 염려가 농후하다는 점을 부각시키고, 필요한 경우 체포의 과정과 상황 등 자세히 기재한 지명수배자 체포보고서를 작성하여야 하나 이를 수배관서에 인계할 필요는 없다.

> **해설**
> ④ 지명수배자 검거한 경찰관은 구속영장 청구에 대비하여 피의자가 도망 또는 증거를 인멸할 염려에 대한 소명자료 확보를 위하여 필요하다고 판단되는 경우에는 체포의 과정과 상황 등을 자세히 기재한 지명수배자 체포보고서를 작성하고 이를 수배관서에 인계하여 수사기록에 편철하도록 하여야 한다.(범죄수사규칙 174조 제5항)

ANSWER　　013 ③　　014 ④

015 다음 중 지명수배 및 지명통보에 관한 설명으로 가장 적절하지 <u>않은</u> 것은?

12
1차변형

① 긴급체포에 해당하는 긴박한 사유가 있는 때에는 지명수배를 한 후 신속히 체포영장을 발부받아야 한다.

② 법정형이 장기 3년 이상의 징역이나 금고에 해당하는 죄를 범하였다고 의심되더라도 사안이 경미한 자로서 출석요구에 불응하고 소재가 불명인 경우 지명통보를 할 수 있다.

③ 긴급사건수배에 있어서 피의자의 성명 등을 명백히 하여 그 체포를 의뢰한 경우에는 지명수배를 하여야 한다.

④ 긴급체포한 지명수배자를 석방한 경우 영장을 발부받지 않고 범죄사실에 관하여 다시 지명수배 할 수 있다.

> **해설**
> ④ 긴급체포한 지명수배자를 석방한 경우에는 영장을 발부받지 않고 동일한 범죄사실에 관하여 다시 지명수배하지 못한다.

016 P형사는 주민의 신고로 지명수배자 甲을 검거하였다. 甲의 지명수배가 여러 건인 경우 P형사가 우선적으로 인계해야 할 관서를 순서대로 바르게 나열한 것은?

11 승진

12 3차

> ㉠ 검거관서와 거리 또는 교통상 가장 인접한 수배관서
> ㉡ 검거관서와 동일한 지방검찰청 또는 지청의 관할구역에 있는 수배관서
> ㉢ 공소시효 만료 3개월 이내이거나 공범에 대한 수사 또는 재판이 진행 중인 수배관서
> ㉣ 법정형이 중한 죄명으로 지명수배한 수배관서

① ㉡ - ㉢ - ㉠ - ㉣   ② ㉣ - ㉢ - ㉡ - ㉠

③ ㉠ - ㉡ - ㉢ - ㉣   ④ ㉢ - ㉣ - ㉡ - ㉠

> **해설**
> ④ 경찰관은 검거한 지명수배자에 대하여 지명수배가 여러 건인 경우에는 ㉢**공소시효 만료 3개월 이내이거나 공범에 대한 수사 또는 재판**이 진행 중인 수배관서 → ㉣**법정형이 중한** 죄명으로 지명수배한 수배관서 → ㉡**검거관서와 동일한 지방검찰청 또는 지청의 관할구역**에 있는 수배관서 → ㉠검거관서와 거리 또는 교통상 **가장 인접한 수배관서**의 순위에 따라 검거된 지명수배자를 인계받아 조사하여야 한다.(범죄수사규칙제175조 제3항)

017

13 승진

검거한 지명수배자에 대하여 지명수배가 수건인 경우 가장 먼저 인계받아야 할 관서는?

① 공범에 대한 수사 또는 재판이 진행 중인 수배관서

② 법정형이 중한 죄명으로 지명수배한 수배관서

③ 검거관서와 동일한 지방검찰청 또는 지청의 관할구역에 있는 수배관서

④ 검거관서와 거리 또는 교통상 가장 인접한 수배관서

> **해설**
>
> 경찰관은 검거한 지명수배자에 대하여 지명수배가 여러 건인 경우에는
> ① 공소시효 만료 3개월 이내이거나 공범에 대한 수사 또는 재판이 진행 중인 수배관서
> ② 법정형이 중한 죄명으로 지명수배한 수배관서
> ③ 검거관서와 동일한 지방검찰청 또는 지청의 관할구역에 있는 수배관서
> ④ 검거관서와 거리 또는 교통상 가장 인접한 수배관서의 순위에 따라 검거된 지명수배자를 인계받아 조사하여야 한다.(범죄수사규칙 제175조 제3항)

018

15
1차변형

다음은 수배에 대해 설명한 것이다. 이에 대한 설명으로 가장 적절한 것은?

① 사법경찰관은 긴급사건 수배에 있어서 피의자의 성명 등을 명백히 하여 그 체포를 의뢰한 경우에는 지명수배를 할 수 있다.

② 법정형이 단기 3년 이상의 징역이나 금고에 해당하는 죄를 범하였다고 의심되더라도 사안이 경미하거나 기록상 혐의를 인정키 어려운 자로서 출석요구에 불응하고 소재가 불명인 자는 지명통보를 할 수 있다.

③ 지명수배자를 수배관서 위치하는 특별시, 광역시, 도 이외의 지역에서 검거한 경우에는 수배관서의 사법경찰관이 체포 또는 구속의 통지를 하여야 한다.

④ 소재발견한 지명통보자에 대하여 지명통보자가 여러 건인 경우에는 각 건마다 지명통보사실 통지서를 작성하여 교부하고 지명통보자 소재발견 보고서를 작성하여야 한다.

> **해설**
>
> ① 사법경찰관은 긴급사건 수배에 있어서 피의자의 성명 등을 명백히 하여 그 체포를 의뢰한 경우에는 지명수배를 하여야 한다.(범죄수사규칙 제173조 제2항, 지명수배 등에 관한 규칙 제4조 제1호 다목)
> ② 법정형이 **장기 3년 이상**의 징역이나 금고에 해당하는 죄를 범하였다고 의심되더라도, 사안이 경미하거나 기록상 혐의를 인정키 어려운 자로서 출석요구에 불응하고 소재가 불명인 자는 지명통보를 할 수 있다.(범죄수사규칙 제179조 제2호, 지명수배 등에 관한 규칙 제4조 제2호 나목)
> ③ 검거된 지명수배자를 인수한 수배관서의 사법경찰관은 **24시간 내**에 체포 또는 구 속의 통지를 하여야 한다. 다만, 지명수배자를 수배관서가 위치하는 특별시, 광역시, 도 이외의 지역에서 지명수배자를 검거한 경우에는 지명수배자는 검거한 경찰관서(검거관서)의 사법경찰관이 사법경찰관이 통지를 하여야 한다.(범죄수사규칙 제174조 제6항)

ANSWER   017 ①   002 ④

019

「지명수배 등에 관한 규칙」에 규정된 중요지명피의자종합수배에 대한 설명이다. 괄호 안 ㉠~㉯을 옳게 나열한 것은?

> 강력범(살인, 강도, 성폭력, 마약, 방화, 폭력, 절도범을 말한다), 다액·다수피해 경제사범, 부정부패사범, 기타 신속한 검거를 위해 전국적 공개수배가 필요하다고 판단되는 자로서 (㉠)은 지명수배·지명통보를 한 후, (㉡)월이 경과하여도 검거하지 못한 자에 대하여 매년 5월과 (㉢)월 연 2회 선정하여 경찰청장에게 중요지명피의자 종합 공개대상자를 중요지명피의자 종합 공개수배 보고서에 따라 보고하여야 하며 (㉣)은 공개수배위원회를 개최하여 대상자를 선정하고 매년 (㉤)월과 12월 중요지명피의자 종합 공개수배전단을 중요지명피의자 종합공개수배에 따라 작성하여 전국에 공개수배한다. 종합수배서에 강력범죄 피의자로서 공개수배를 필요로 한다는 취지를 명시한 대상자에 대해서는 1회에 (㉯)명을 넘지 않는 한도로 공개수배를 붙인다.

	㉠	㉡	㉢	㉣	㉤	㉯
①	지방경찰청장	6	11	경찰청장	6	20
②	지방경찰청장	5	10	경찰청장	5	20
③	경찰청장	6	11	지방경찰청장	6	30
④	경찰청장	5	10	지방경찰청장	5	30

해설

강력범(살인, 강도, 성폭력, 마약, 방화, 폭력, 절도범을 말한다), 다액·다수피해 경제사범, 부정부패사범, 기타 신속한 검거를 위해 전국적 공개수배가 필요하다고 판단되는 자로서 (㉠**지방경찰청장**)은 지명수배·지명통보를 한 후, (㉡**6**)월이 경과하여도 검거하지 못한 자에 대하여 매년 5월과 (㉢**11**)월 연 2회 선정하여 경찰청장에게 중요지명피의자 종합 공개대상자를 중요지명피의자 종합공개수배보고서에 따라 보고하여야 하며 (㉣**경찰청장**)은 공개수배위원회를 개최하여 대상자를 선정하고 매년 (㉤**6**)월과 12월 중요지명피의자 종합 공개수배전단을 중요지명피의자 종합공개수배에 따라 작성하여 전국에 공개수배한다. 종합수배서에 강력범죄 피의자로서 공개수배를 필요로 한다는 취지를 명시한 대상자에 대해서는 1회에 (㉯**20**)명을 넘지 않는 한도로 공개수배를 붙인다.

020

10 승진

관련 DB자료 및 생체지문인식기로 신원을 확인하고 필요사항을 전산입력하는 등 수사 자료표를 전자문서로 작성, 실시간 경찰청에 전송·관리하는 시스템을 무엇이라고 하는가?

① E-CRIS ② 라이브 스캐너 ③ 특기사항 조회 ④ AFIS

> **해설**
>
> ② "라이브스캐너(생체지문인식기)"라 함은 지문을 전자적으로 채취하는 장비를 말한다.(지문 및 수사자료표등에 관한 규칙 제2조 제16호)
> ③ "특기사항조회"라 함은 수사 또는 유치 중에 도주, 자해기도, 흉기저항 등의 전력에 관하여 수사자료표 및 전산입력된 특기사항 자료를 열람·대조 확인하는 방법으로 하는 조회를 말한다.(지문 및 수사자료표 등에 관한 규칙 제2조 제8호)
> ④ "지문자동검색시스템(AFIS – Automated Fingerprint Identification System)"이라 함은 주민등록증 발급신청서, 외국인지문원지, 수사자료표를 이미지 형태로 전산입력하여 필요시 단말기에 현출시켜 지문을 열람·대조확인할 수 있는 시스템을 말한다.(지문 및 수사자료표 등에 관한 규칙 제2조 제9호)

021

11 승진

「지문 및 수사자료표 등에 관한 규칙」상 수사자료표 작성대상자에 대한 설명 중 옳은 것은 모두 몇 개인가?

> ㉠ 즉결심판대상자는 수사자료표를 작성하여야 한다.
> ㉡ 즉결심판에 불복하여 정식재판을 청구한 피고인의 경우에는 수사자료표를 작성하여야 한다.
> ㉢ 단순물적피해 교통사고를 야기한 피의자로서 피해자와 합의하였거나 종합보험 또는 공제종합에 가입하여 '공소권없음' 처리할 사건의 피의자는 작성하여야 한다.
> ㉣ 형사미성년자라고 할지라도 범죄를 범한 때에는 수사자료표를 작성하여야 한다.

① 1개 ② 2개 ③ 3개 ④ 4개

> **해설**
>
> 모두 옳지 않다.
>
> **수사자료표 작성 대상(지문 및 수사자료표 등에 관한 규칙 제4조)**
>
> 수사자료표는 다음 각 호에 해당하는 자를 제외한 피의자에 대하여 작성하여야 한다.
> 1. 즉결심판대상자 및 즉결심판에 불복하여 **정식재판을 청구한 피고인**
> 2. 사법경찰관이 수리한 고소·고발사건에 대하여 혐의없음, 죄가 안됨, 공소권 없음, 각하의 **불기소 의견 및 참고인 중지 의견으로 송치하는 사건의 피의자**
> 3. 단순 물적 피해 교통사고를 야기한 피의자로서 피해자와 합의하였거나 종합보험 또는 공제조합에 가입하여 **공소권없음으로 처리할 사건의 피의자**
> 4. **형사미성년자인 피의자**

ANSWER 020 ① 021 ④

022 피해통보표에 대한 설명으로 틀린 것은?

10 승진
① 당해 사건을 담당하는 수사경찰관이 전산 입력한다.
② 피해통보표 작성 대상범죄는 수법원지 작성 대상범죄와 동일하다.
③ 당해 범죄의 피의자가 즉시 검거되었거나 피의자의 정확한 신원이 판명된 경우에도 작성한다.
④ 피해통보표 전산입력 후 10년이 경과하였을 때 전산자료를 삭제하여야 한다.

> **해설**
>
> ③ 경찰서장은 수법범죄에 해당하는 범죄의 신고를 받았거나 또는 인지하였을 때에는 지체 없이 "수법 · 수배 · 피해통보전산자료 입력코드번호부"에 수록된 내용에 따라 피해 통보표를 작성하여 전산입력하여야 한다. 다만, 당해 범죄의 피의자가 **즉시 검거되었거나** 피의자 성명 · 생년월일 · 소재 등 **정확한 신원이 판명된 경우에는 그러하지 아니한다.**(범죄수법공조자료관리규칙 제7조 제1항)

023 수법원지에 대한 설명 중 적절하지 않은 것은 모두 몇 개인가?(단, 수법원지 작성 대상범죄에 한한다)

13 승진

> ㉠ 범인이 성명불사자로 미검인 경우에도 수법원지를 작성한다.
> ㉡ 불구속된 피의자는 재범의 우려가 있어도 작성하지 않는다.
> ㉢ 수사 주무과장은 사건송치기록 검토 후 수법원지 작성누락 여부 및 작성된 수법원지 내용의 오기나 기재누락사항 유무를 검토하여 교정하고 작성 책임자인을 직접 날인하여야 한다.
> ㉣ 범죄사건부에 수법원지 작성 여부를 표시한다.

① 1개   ② 2개   ③ 3개   ④ 4개

> **해설**
>
> ㉠ 경찰서장(경찰청, 지방경찰청에서 처리한 사건에 대하여는 경찰청장, 지방경찰청장을 포함한다)은 수법범죄에 해당하는 **피의자를 검거하였거나 인도받아 조사하여 구속 송치할 때**에는 "수법 · 수배 · 피해통보전산자료 입력코드번호부"에 규정된 내용에 따라 수법원지 1매를 작성하여 지방경찰청장을 거쳐 경찰청장에게 송부하여야 한다.
> 범인이 성명불상자로 미검인 경우에는 수법원지를 작성하지 않고 공범자들 중 일부라도 검거된 경우에만 작성한다.(범죄수법공조자료관리규칙 제3조 제1항)
> ㉡ 불구속 피의자도 재범의 우려가 있다고 인정되는 자에 대하여는 작성할 수 있다.(범죄 수법공조자료관리규칙 제3조 제1항)

024 보기의 수법원지에 대한 설명으로 옳지 <u>않은</u> 것끼리 짝지어진 것은?

> ㉠ 범인이 성명불상자로 미검인 경우에도 수법원지를 작성한다.
> ㉡ 수사주무과장은 사건송치기록 검토 후 수법원지 작성누락 여부 및 작성된 수법원지 내용의 오기나 기재누락사항 유무를 검토하여 교정하고 작성책임자인을 직접 날인해야 한다.
> ㉢ 해당 범인을 수사하거나 조사·송치하는 경찰공무원이 직접 작성하고 작성자가 날인해야 한다.
> ㉣ 범행사실란은 간단히 요약해서 쓴다.
> ㉤ 여죄조회, 장물조회에 활용한다.
> ㉥ 피의자를 조사한 경찰관이 사건 송치시 수법원지 1매를 작성하여 지방경찰청장을 거쳐 경찰청장에게 송부한다.

① ㉠㉡㉤　　　② ㉠㉣㉤　　　③ ㉠㉣㉥　　　④ ㉡㉢㉣

해설

㉠ 경찰서장(경찰청, 지방경찰청에서 처리한 사건에 대하여는 경찰청장, 지방경찰청장을 포함한다)은 수법범죄에 해당하는 **피의자를 검거하였거나 인도받아 조사하여 구속 송치할 때**에는 "수법·수배·피해통보전산자료 입력코드번호부"에 규정된 내용에 따라 수법원지 1매를 작성하여 지방경찰청장을 거쳐 경찰청장에게 송부하여야 한다.(범죄수법 공조자료관리규칙 제3조 제1항) 범인이 성명불상자로 미검인 경우에는 수법원지를 작성하지 않고 공범자들 중 일부라도 검거된 경우에만 작성한다.
㉣ 수법원지의 범행(수법)개요는 범행사실을 단순히 요약하여 쓰지 말고 피의자의 주된 범행수단과 방법이 부각되도록 상세히 기재하여야 한다.(범죄수법공조자료관리규칙 제4조 제14호)
㉤ 수법원지는 범인조회에 활용하며, 피해통보표는 여죄조회, 장물조회에 활용한다.

ANSWER　024 ② / ㉠, ㉣, ㉤

제3장_현장수사 • **169**

025 다음은 수법원지와 피해통보표를 비교한 것이다. 옳지 <u>않은</u> 것은 모두 몇 개인가?

	수법원지	피해통보표
㉠ 작성시기 및 작성자	피의자 검거시 피의자를 조사한 담당자가 작성	사건 발생 시 사건 담당자가 작성
㉡ 대상범죄	불구속된 피의자도 재범의 우려가 있는 경우 작성	당해 피의자의 신원이 밝혀진 경우에도 미검인 경우에는 작성
㉢ 이용목적	여죄 및 장물조회에 활용	범인조회에 활용
㉣ 폐기	• 피작성자가 사망하였을 때 • 원지 작성 후 10년이 경과하였을 때 • 피작성자가 70세 이상 되었을 때	• 피의자가 검거되었을 때 • 피의자가 사망하였을 때 • 전산입력 후 10년이 경과하였을 때
㉤ 범죄사건부 기재	범죄사건부에 표시	범죄사건부에 표시

① 없음   ② 1개   ③ 2개   ④ 3개

해설

X: ㉡ 당해 범죄의 피의자가 즉시 검거되었거나 피의자의 성명 · 생년월일 · 소재 등 정확한 신원이 판명된 경우에는 피해통보표를 작성하지 않는다.(범죄수법공조자료관리규칙 제7조 제1항)
㉢ 피해통보표는 여죄조회, 장물조회에 활용하며, 수법원지는 범인조회에 활용한다.
㉣ 수법원지는 피작성자가 사망하였을 때, 피작성자가 80세 이상이 되었을 때, 수법원지 작성 후 10년이 경과하였을 때(수법원지만 폐기하고 전산입력 자료는 삭제하지 않음), 작성하여 수법분류번호가 동일한 원지가 2매 이상 중복될 때 1매를 제외한 자료에 해당할 때에는 전산자료를 삭제하고 이를 폐기하여야 한다.(범죄수법공조자료관리규칙 제12조 제1항)

구분	수법원지	피해통보표
작성시기	검거시	발생시
작성대상	㉠ 수법범죄 ㉡ 구속된 피의자 ㉢ 불구속+재범우려	㉠ 수법범죄 ㉡ 미검+신원불상
작성자	조사, 송치하는 경찰공무원	사건을 담당하는 수사경찰관
범죄사건부	범죄사건부에 표시	범죄사건부에 표시
활용	범인조회 (수사종합검색시스템,CRIFISS)	여죄조회,장물조회 (형사사법정보시스템, KICS)
삭제 및 폐기사유	㉠ 피작성자가 사망하였을 때 ㉡ 피작성자가 80세 이상이 되었을 때 ㉢ 원지 작성 후 10년이 경과하였을 때 (수법원지만 폐기하고 전산입력 자료는 삭제하지 않음) ㉣ 작성자의 수법분류 번호가 동일한 원지가 2매 이상 중복될 때 1매를 제외한 자료	㉠ 피의자가 검거되었을 때 ㉡ 피의자가 사망하였을 때 ㉢ 피해통보표 전산입력 후 10년이 경과하였을 때

026 수법조회 및 여죄 · 장물조회 방법에 대한 다음 설명 중 가장 올바르지 못한 것은?

11 해경

① 여죄조회는 검거한 수법범인의 인적특징을 토대로 범인의 여죄를 조회한다.

② 여죄조회는 전산입력 되어 있는 수법원지를 바탕으로 조회한다.

③ 범인조회는 현장에 남겨진 인적특징 및 수법 등을 토대로 범인을 조회한다.

④ 범인조회와 여죄조회는 수법조회이다.

해설

② 검거한 피의자의 여죄 및 발생사건의 동일성 조회는 공조수사자료 활용현황의 여죄 · 장물 조회부에 기록하고 **피해통보 전산시스템을 활용** 동일수법 분류 · 내용 · 특성 · 발생지(관서) · 발생기간 등을 다각적으로 대조 · 검색하고 지명수배 · 통보중인 여죄는 인적 사항 등에 의한 수배조회의 실시로 파악하여야 한다.(범죄수법공조자료관리규칙 제11조 제2항 제1호) 즉, 여죄조회는 **피해통보표**를 대상으로 조회한다.

027 유류품 수사에 대한 설명 중 옳지 <u>않은</u> 것은 모두 몇 개인가?

11 경간

> ㉠ 지문, 장문, 족문, 탈분 및 정액 등 신체적인 소산물은 넓은 의미의 유류품에 해당한다.
> ㉡ 범행 현장에 유류된 옷, 신발 등으로 범인의 속성을 추정할 수 있다.
> ㉢ 유류품이 범행 시와 같은 성질을 가지고 있는지 여부를 검토하는 것은 유류품 수사의 착안점 중 동일성과 관련이 있다.
> ㉣ 범인시간을 추정하고 범행현장 부근의 시간을 기다리던 장소로 인정될 만한 곳에서 발견된 것은 피해자의 유류품인 경우가 많다.
> ㉤ 범인의 유류품으로 확인되었더라도 과학적인 감정을 의뢰할 수 있다.

① 1개   ② 2개   ③ 3개   ④ 4개

해설

㉢ **완전성**에 관한 내용이다.
㉣ 범행시간을 추정하고 범행현장 부근에서 기다리던 장소로 인정될 만한 곳에서 발견된 것은 **범인**의 유류품인 경우가 많다.

028 수사본부가 설치된 사건에 관하여 발부하는 장물수배서 및 사용하는 용지의 연결
10 1차　이 바르게 된 것은?

① 특별중요장물수배서 – 홍색용지　　② 중요장물수배서 – 홍색용지

③ 중요장물수배서 – 청색용지　　　　④ 특별중요장물수배서 – 청색용지

> **해설**
> ① 수사본부를 설치하고 수사하고 있는 사건에 관하여 발하는 경우의 장물수배서는 특별 장물수배
> 서로서 홍색용지를 사용한다.

029 장물수사 중 일반수사에 해당하는 것은 모두 몇 개인가?
11 2차

| ㉠ 고물상 및 전당포에 대한 수사 |
| ㉡ 피해자의 확인 |
| ㉢ 장물아비에 대한 수사 |
| ㉣ 범인 상대의 장물수사 |
| ㉤ 수리수선업자에 대한 수사 |
| ㉥ 장물취급우려가 있는 귀금속가공업자에 대한 수사 |

① 3개　　　　② 4개　　　　③ 5개　　　　④ 모두

> **해설**
> ㉠㉡㉢㉤㉥: 일반수사 / ㉣: 특별수사
>
> | 일반적수사 | 특별수사 |
> |---|---|
> | **피의자 또는 장물을 특정하지 않고** 장물수사 대상업자 또는 대상자 등에 대하여 수사를 하고 장물을 발견하여 그것을 단서로 범인을 검거하려고 하는 수사를 말한다. | **특정장물**의 발견을 목적으로 하거나 또는 **특정 범인**에 관한 장물의 발견을 목적으로 하는 수사를 말한다. |
> | ㉠ 장물아비에 대한 수사
㉡ 전당포 · 고물상, 귀금속 가공업자, 수리 · 수선업자 등 장물취급 대상업자에 대한 수사
㉢ 피해자 확인 등 | ㉠ 장물수배서 발부
㉡ 범인상대 장물수사
㉢ 범인의 기소 등에서 발견된 물품의 장물 여부
㉣ 검거한 절도범을 대상으로 여죄발견을 위한 압수 · 수색 |

030 다음은 알리바이 수사에 대한 설명이다. 가장 적절하지 않은 것은?

13 2차

① 범죄 발생 전·후 시각을 고려하여 용의자가 도저히 범죄현장에는 도달하지 못할 것이라고 인정되는 경우를 상대적 알리바이라고 한다.

② 알리바이 수사 시 착안점으로는 기회의 문제, 피해자와의 문제, 시간과 장소의 문제가 있다.

③ 위장 알리바이나 청탁 알리바이와 같은 경우에는 알리바이를 위장하기 위한 것으로 교묘히 행해질수록 진실의 발견은 쉽다.

④ 청탁 알리바이는 범죄실행 후 자기의 범행시를 은폐하기 위하여 가족, 동료, 친지에게 시간과 장소를 약속 또는 부탁해 놓은 경우를 말한다.

해설
② 알리바이 수사 시 착안점으로는 **기억의 문제**, 기회(가능성)의 문제, 시간과 장소의 문제가 있다.

031 체포에 대한 설명으로 틀린 것은 모두 몇 개인가?

09 2차

㉠ 사법경찰관은 피의자가 공문서부정행사를 범하였다고 의심할 만한 상당한 이유가 있고 증거를 인멸할 염려가 있는 경우에 긴급을 요하여 지방법원 판사의 체포영장을 받을 수 없는 때에는 피의자를 긴급체포할 수 있다.

㉡ 사법경찰관은 현행범인 체포 후 계속 구금할 필요가 없다고 인정할 때에는 검사의 지휘를 받아 석방하여야 한다.

㉢ 승차 중인 피의자를 체포할 경우 차를 확실히 정차시킨 다음 엔진을 정지시키고 하차를 요구하여 체포한다.

㉣ 가두체포 시에는 혼잡한 장소, 교통이 빈번한 큰길, 교차로, 절벽, 강변 등 위험한 장소는 지양하고, 사람의 눈에 띄지 않도록 체포한다.

① 1개　　　　② 2개　　　　③ 3개　　　　④ 4개

해설
㉠㉡ : X / ㉢㉣ : O
㉠ **공문서부정행사**(형법 제230조, 2년 이하 징역)는 **긴급체포 할 수 없다.**
㉡ 현행범인을 석방하는 경우 검사의 지휘를 받을 필요가 없다.

제4장

조사방법

제4장 조사방법

제1절 조사

1 조사의 의의

조사는 범죄의 진상을 발견하기 위하여 피의자, 참고인 기타 사건관계인들에게 진술을 듣는 수사기관의 활동을 의미하고 수사자료를 얻고 고의, 범죄동기, 목적 등을 확인하기 위한 활동이다.

2 조사의 준비

(1) 조사자료의 수집

관계법령과 판례를 연구하고, 피조사자에 대한 자료, 증거물·수사자료를 정리한다.

(2) 조사장소 선정

① 진술을 하기 쉬운 장소

조용하고 조명시설을 하여 피조사자의 표정을 관찰할 수 있어야 한다.

② 임의성이 확보된 장소

조사실 내에 경찰봉·목봉·죽도 등으로 공포심을 조성하여서는 않고 부녀자를 조사할 때에는 성년의 여자를 참여시켜야 한다.

특별한 사정이 없는 한 조사실 내에서는 피조사자에게 수갑을 채우거나 포승하지 않는 것이 좋다.

③ 사고 방지

책상 위에 송곳, 칼, 기타 위험물(예 화분 등)을 두지 말아야 하고 자살방지를 위해 피조사자를 창가나 출입문에서 떨어진 실내 구석에 앉힌다.

(3) 조사관의 선정 기출

조사관 선정 시에는 사건의 내용·성질, 상대방의 연령·지위 등을 참작하고, 피조사자가 고급공무원인 경우에는 간부급 조사관을 선정하고, 전과자일 경우에는 경험이 많은 조사관을 선정하여야 한다.

3 피조사자의 조사

(1) 피의자 신문절차

① 출석요구

ㄱ 출석요구서에 출석할 일시 및 장소와 지참할 물건(예 주민등록증, 인장 등)을 명시하여야 한다.

ㄴ 사건관계인의 출석요구, 물건 및 서류 등을 확인하여 출석한 피의자를 재소환하는 일이 없도록 한다.

② 참여: 검사가 피의자를 신문함에는 검찰청수사관 또는 서기관이나 서기를 참여하게 하여야 하고 사법경찰관이 피의자를 신문함에는 사법경찰관리를 참여하게 하여야 한다(형사소송법 제243조, 개정 2007.6.11.).

③ 진술거부권의 고지: 진술거부권을 고지하지 않고 작성한 피의자신문조서는 증거능력이 없다.

영상녹화(범죄수사규칙 제73 내지 79조) 기출

1. 영상녹화의 대상 및 범위
   ① 경찰관은 피의자 또는 피의자 아닌 자의 조서를 작성하는 때에는 그 조사과정을 영상녹화할 수 있다.
   ② 영상녹화는 조사실 전체를 확인할 수 있고 조사받는 사람의 얼굴과 음성을 식별할 수 있도록 하여야 한다.

2. 피의자 진술 영상녹화 시 고지
   ① 조사실 내의 대화는 영상녹화가 되고 있다는 것
   ② 영상녹화를 시작하는 시각, 장소
   ③ 조사 및 참여 사법경찰관리 성명과 직급
   ④ 제57조 각 호에 규정된 진술거부권 및 변호인의 도움을 받을 권리
   ⑤ 조사를 중단·재개하는 경우 중단 이유와 중단 시각, 중단 후 재개하는 시각
   ⑥ 조사 종료 및 영상녹화를 마치는 시각, 장소

3. 피의자 아닌 자의 진술 영상녹화 시 고지 및 동의
   ① 경찰관은 피의자 아닌 자의 진술을 영상녹화하는 경우에는 진술자에게 별지 제45호 서식의 서면동의서를 제출받고, 제75조 제1호의 내용을 고지하여야 한다.
   ② 제75조 제1호부터 제3호까지, 제5호, 제6호는 피의자 아닌 자의 진술을 영상녹화하는 경우에 준용한다.

4. 피의자 신문을 영상녹화하는 경우 「형사소송법」 제243조의 규정에 의한 참여
   자는 조사실 내에 위치하여야 한다.

5. 영상녹화물 작성 및 봉인
   ① 경찰관은 영상녹화를 종료한 경우에는 영상녹화물(CD, DVD 등) 2개를 제
      작하고 영상녹화물 표면에 사건번호, 죄명, 진술자 성명 등 사건정보를 기
      재하여야 한다.
   ② 제1항에 따라 제작된 영상녹화물 중 하나는 피조사자의 기명날인 또는 서
      명을 받아 조사받는 사람 또는 변호인의 면전에서 봉인하여 보관하고, 나
      머지 하나는 수사기록에 편철한다.
   ③ 경찰관은 피조사자의 기명날인 또는 서명을 받을 수 없는 경우에는 기명날
      인 또는 서명란에 그 취지를 기재하고 직접 기명날인 또는 서명한다.
   ④ 경찰관은 영상녹화물을 제작한 후 영상녹화용 컴퓨터에 저장되어 있는 영
      상녹화 파일을 데이터베이스 서버에 전송하여 보관할 수 있다.
   ⑤ 경찰관은 손상 또는 분실 등으로 인하여 제1항의 영상녹화물을 사용할 수
      없을 때에는 데이터베이스 서버에 저장되어 있는 영상녹화 파일을 이용하
      여 다시 영상녹화물을 제작할 수 있다.
   ⑥ 경찰관은 영상녹화물을 생성한 후 별지 제46호 서식에 따른 영상녹화물 관
      리대장에 등록하여야 한다.

6. 봉인 전 재생·시청
   ① 경찰관은 원본을 봉인하기 전에 진술자 또는 변호인이 녹화물의 시청을 요
      구하는 때에는 영상녹화물을 재생하여 시청하게 하여야 한다.
   ② 이 경우 진술자 또는 변호인이 녹화된 내용에 대하여 이의를 진술하는 때
      에는 그 취지를 기재한 서면을 사건 기록에 편철하여야 한다.

(2) 범죄혐의에 따른 조사방법

① 범죄혐의가 인정되는 경우
   범죄혐의에 대한 확신 있는 태도로 피의자에게 나타나는 생리적·심리적 징후를 스스
   로 알게 하고 피의자에게 동정을 표시하고 죄의식을 덜어준다. 피의자의 혐의를 밝힐
   수 있는 상황증거도 일부 알려준다.

② 범죄혐의가 불확실한 경우
   피의자로 하여금 사건, 피해자, 의심스런 인물에 대하여 알고 있는 사실을 진술하게
   하고 피의자의 진술이 허위인지를 확인한다.

(3) 일반적인 조사방법

① 모순추궁방법

피조사자에게 적게 묻고 길게 답변을 하도록 해야 하고, 충분한 답변이 없는 경우 반복하여 질문을 한다. 모순·불합리한 점을 발견할 때마다 바로 추궁하지 말고 기회를 보아 한꺼번에 추궁한다.

② 힌트를 주는 시기 및 방법

㉠ 힌트를 주는 시기 기출

ⓐ 피조사자가 조사관이 아무것도 모르고 있다고 오신하고 있는 경우

ⓑ 부인하는 피조사자가 주저하고 있다고 인정되는 경우

ⓒ 잊어버렸다거나 생각이 나지 않는다고 명백히 인정하는 경우

ⓓ 진술내용에 모순이 있고 심증이 있는 경우

㉡ 힌트를 주는 방법

ⓐ 구체적으로 표시하지 말고 간접적으로 주는 것이 좋다.

ⓑ 조금만 알려주고 나머지는 다 알고 있는 것처럼 보여 불안하게 한다.

ⓒ 유도신문이 되면 자백의 임의성을 의심받게 되므로 힌트는 최소한도로 하고 범행일시 등은 분명하게 하지 말고 윤곽만을 표현한다.

③ 증거제시의 시기 및 방법 기출

㉠ 증거제시의 시기

피의자가 범행을 자백하고 진실이라고 확인된 뒤에 증거를 제시하고 부인할 때에는 원칙적으로 증거를 제시하지 않는다.

㉡ 증거제시의 구체적인 방법

ⓐ 확신이 있는 것만 제시하고 장물이나 범행도구 등에 대해서는 제시하기 전에 상대자에게 그 모양, 특성, 수량 등을 설명시켜 확인한 후에 제시한다.

ⓑ 여죄가 없을 때는 증거를 제시하여 부인해도 소용없다는 것을 깨닫게 한다.

④ 변명하는 피의자 조사요령

변명하는 피조사자에 대하여는 변명의 내용을 될 수 있는 한 들어주고, 피조사자의 변명에 대하여는 수사를 하고 허위인지 사실인지 확인해 보아야 한다.

⑤ 피조사자 표정의 관찰·판단방법:

조사관은 피조사자의 행동과 표정을 파악해서 진실발견을 해야 한다. 조사과정에서 나타나는 행동과 표정을 비언어적 행동이라고 하고 피조사자에 대한 정보가 부족할 때는 이러한 비언어적 행동에 대한 관찰이 매우 중요하다.

피조사자에게는 언어적행동보다도 비언어적 행동을 통제하기가 어렵기 때문에 수사관에게 유용한 정보를 줄 수 있다고 한다. 즉, 이러한 비언어적 행동은 피조사자의 정서상태와 연결이 되어있고, 외부로 행동이 표출되는 것을 자신이 잘 의식하지 못하며, 생리적 상태를 피조사자가 조작하기는 불가능하다.

허위진술을 할 때 나타나는 표정	• 조사관의 시선을 피하려고 하고 손을 흔들거나 피며 몸을 긁는다. • 침착성이 결여되거나 발을 문지른다. • 얼굴빛이 빨개지거나 창백해지기도 한다. • 흥분하거나 반사적이다.
자백 전에 나타나는 표정	• 진실을 말할 표정이 있고 정면을 향한다. • 얼굴빛이 변하고 발을 뻗고 앉아서 운다. • 땀을 흘리거나 몸을 떨고 목이 마르고 입술이 하얗게 된다. • 입안이 끈적끈적해져서 침을 삼킨다. • 물을 청하거나 용변을 보고 손을 꼭 쥔다.
자백 후에 잘 나타나는 표정	• 안심하는 표정으로 얼굴빛이 좋아진다. • 조사관에게 친근감을 갖고 농담도 한다. • 식욕이 좋아지고 잠을 잘 잔다.

• REID신문기법

1. 의의

수사관이 유죄라고 판단한 용의자에 대한 신문 과정에 사용되는 전략과 기법으로 감정적 범죄자와 비감정적 범죄자로 구분한다.

㉠ 감정적 범죄자

상당한 죄책감, 정신적 고통 혹은 양심의 가책을 느끼고 신문과정에서 눈물이 맺히거나 경직된 자세가 다소 완화되며 수사관과 눈을 마주치는 빈도가 줄어들며 바닥을 멍하니 응시한다.

㉡ 비감정적 범죄자

범죄의 결과에 대해 양심의 가책을 느끼지 않고 거짓 진술을 통해 처벌받는 것을 피했던 경험으로부터 얻어낸 반응일 수 있고, 범죄행위를 제품을 판매하는 것과 같은 것으로 생각할 수도 있다. 후자의 경우 용의자는 체포, 기소 그리고 유죄판결을 직업상의 모험 정도로 여긴다. 이러한 용의자에게는 사실적분석 전략과 기법을 사용하는 것이 가장 효과적이다.

2. 사전준비사항

① 체포 · 구속된 피의자에게 미란다 원칙을 고지하고, 피의자가 이 권리를 포기하여야 한다.

② 신문 전 피의자가 조사실에 5분 정도 혼자 있게 한다. 혼자 있게 된 유죄의 피의자는 신문 중 진술 내용을 생각하면서 불안한 감정을 갖는다.

③ 조사실에 들어가기 전 수사관은 사건 증거 · 서류철 또는 유사한 증거 · 서류철을 준비하고 소지하여야 한다. 사건의 성질에 따라 비디오 · 오디오테이프, 지문카드, 모발 등 물질적 증거를 이용하여 시각적 충격을 줄 수 있다.

3. REID의 9단계 신문기법

① 1단계: 용의자가 바로 범죄를 저지른 범인이라는 단도직입적이고 유죄단정적인 태도로 용의자를 대한다.

② 2단계: 수사관은 용의자에게 범행 이유에 대한 가정을 펼치는 것으로 신문의 화제를 제시한다.

③ 3단계: 수사관은 용의자의 범죄사실 초기의 부인을 다룬다. 용의자가 자신의 유죄를 반복적으로 부인하지 못하게 하거나 또는 허위진술을 못하게 한다.

④ 4단계: 수사관은 용의자의 반론을 압도한다. 용의자는 경제적, 종교적, 도덕적 이유를 근거를 이유로 범행을 하지 않았다는 변명을 한다.

⑤ 5단계: 수사관은 용의자의 주의를 끌고 신뢰감을 보여준다.

⑥ 6단계: 수사관은 용의자의 소극적인 상태를 알아차린다. 용의자는 진실을 말함으로써 얻을 수 있는 이익에 중점을 둘 것이며 비언어적 행동 변화(눈물, 풀 죽은 모습, 바닥을 응시)로서 나타난다.

⑦ 7단계: 수사관은 용의자에게 선택적 질문을 한다.
예를 들면 절도범에게 "당신은 훔친 돈을 유흥비로 썼나요?" "가족을 위해 돈이 필요했었나요?"라고 질문하면 후자를 선택할 것이고 이는 용의자의 체면을 세워주면서 자백을 할 기회를 제공해준다.

⑧ 8단계: 수사관은 용의자로 하여금 범죄사실에 대해서 상세하게 설명하게 한다.
용의자가 무기를 어디에 버렸는지, 훔친 돈은 어디에 숨겼는지와 범행동기 등이 포함된다.

⑨ 9단계: 수사관은 용의자 발언을 기록한다.

(4) 부인(否認)하는 피의자 조사요령

부인피의자에 대하여는 부인하는 원인을 알아내서 이를 제거하도록 하고 피조사자가 처한 상황을 이해하면서 설득하여야 한다.

피조사자 자신의 원인	• 자백하면 형벌이 뒤따른다는 갈등 • 사회적 지위 · 명예가 손상된다는 갈등 • 은혜를 입은 사람을 배신한다는 갈등 • 형벌의 면제 · 감경을 위하여 부인하는 심리
조사관의 조사방법 문제점	• 조사관이 피조사자의 인격을 무시하고 불손한 태도로 대할 때 • 피조사자의 진술차이를 가지고 지나칠 정도로 추궁할 때 • 조사관이 자백을 강요할때 • 공범자가 검거되지 않았다거나 수사가 미진한 것을 알았을 때

① 부인에 대한 조사방법

자세히 청취하고 설득으로 자발적 진술을 유도해야 한다. 인격을 존중하고 증거를 명확히 하여 부인하는 진술에 대한 모순점을 도출하여 범죄를 스스로 인정하도록 한다.

> **• 심야조사 금지**
>
> 1. 경찰관은 원칙적으로 심야조사를 하여서는 아니된다. 여기서 심야라 함은 자정부터 오전 6시까지를 말한다.
> 2. 예외
>   • 자정 이후에 조사하지 않으면 피의자 석방을 불필요하게 지연시킬 수 있는 경우
>   • 사건의 성질상 심야조사를 하지 않으면 공범자의 검거 및 증거 수집에 어려움이 있거나 타인의 신체 · 재산에 급박한 위해가 발생할 우려가 있는 경우
>   • 야간에 현행범을 체포하거나 피의자를 긴급체포한 후 48시간 이내에 구속영장을 청구하기 위해 불가피한 경우
>   • 공소시효가 임박한 경우
>   • 기타 피의자 또는 그 변호인의 서면상 동의를 받은 경우
> 3. 위의 경우에도 심야조사 동의 및 허가서를 받아야 하며, 조사자 외의 경찰관을 참여시켜야 한다.
> 4. 소년 · 노약자 · 장애인인 피의자 가족 · 친족 등 신뢰관계에 있는 자의 심야조사 참관을 요구하는 경우에는 이를 보장해 주어야 한다. 다만, 그 외의 피의자가 가족 등의 참관을 요구하는 경우에는 수사에 지장을 초래하지 않는 범위 내에서 허용할 수 있다.
> 5. 심야조사를 할 때에는 적절한 휴식을 보장해 주어야 한다.

(5) 전과자 · 초범자 · 부녀자 · 공범자

① 전과자

부모, 처자 등의 가정문제로부터 시작하여 마음을 안정시키고 설득만으로는 불충분한 경우가 많으므로 증거를 제시하여 범죄를 인정하는 조사방법을 택한다.

고압적 태도는 반항심을 불러오기 때문에 지양해야 하고 여죄가 있을 수 있다는 가능성을 염두에 두어야 한다. 냉정 · 침착한 태도로 조사하고, 은어를 사용하면 조사관도 은어를 사용하는 등 상대자에게 적당한 용어로 조사를 해야 한다.

② 초범자

공연히 큰 소리를 치거나, 지나치게 이론적인 추궁을 해서는 안 되고 신뢰감을 주는 부드러운 태도로 임한다. 강압적 분위기에서 조사할 경우 진술을 거부하거나 부인하는 경우가 많다.

③ 부녀자

여성 피조사자의 경우에는 여자 참여인을 참여하게 하고 단독으로 조사할 때는 조사실의 출입문을 약간 열어 놓아야 한다. 위압적인 조사를 피하고 동정적으로 조용히 조사해야 한다.

가정생활 등 사생활관계는 과도하게 질문해서는 안 된다. 신체적접촉을 하거나 성적 수치심을 유발하는 말은 하지 말아야 한다.

④ 공범자 기출

㉠ 공범자의 조사는 범죄가 경한 자, 성격이 약한 자, 순진한 자, 다변자, 감격성이 강한 자 순서로 진술을 확보하기 쉬운 순서로 조사한다.

㉡ 공범자가 서로 불신감을 갖도록 공작하는 것도 효과적이다. 공범자의 진술이 모순되는 경우에는 어느 쪽이 진실인가, 진술이 상호모순되거나 불합리한 점은 없는가를 검토하고, 한쪽의 진술을 과신하지 말고 진상을 자백시키도록 힘써야 한다.

여러 조사관이 분담하여 조사할 경우에는 자기가 조사한 피조사자의 진술이 정확하다고생각하기 쉬우므로 주의할 필요가 있고 진술과 실황조사서(검증조서)를 대비하여 그 범행의 불능 또는 착오된 점의 유무를 검토한다.

㉢ 대질조사(신문)

ⓐ 공범자 상호 간의 진술이 최후까지 서로 합치되지 않을 경우에는 대질조사를 할 수도 있지만, 원칙적으로 하지 않는 것이 바람직하다.

ⓑ 피조사자들에게 주종관계 등이 있는 경우 약자는 강자에게 눌리는 경향이 있으므로 진술내용에 대한 신중한 판단이 필요하다.

(6) 소년범 조사요령

① 소년범의 정의(소년업무처리규칙)

범죄소년	14세 이상 19세 미만의 자로서, 죄를 범한 자를 말한다.
촉법소년	10세 이상 14세 미만의 자로서, 형벌법령에 저촉되는 행위를 한 자
우범소년	성격이나 환경에 비추어 앞으로 형벌 법령에 저촉되는 행위를 할 우려가 있는 10세 이상, 19세 미만인 자를 말한다. ⓐ 집단적으로 몰려다니며 주의 사람들에게 불안감을 조성하는 성벽이 있는 것 ⓑ 정당한 이유없이 가출하는 것 ⓒ 술을 마시고 소란을 피우거나 유해환경에 접하는 성벽이 있는 것
비행소년	범죄소년, 촉법소년, 우범소년을 총칭
불량행위 소년	비행소년은 아니나, 음주·흡연·싸움 기타 자기 또는 타인의 덕성을 해하는 행위를 하는 소년
요보호청소년	비행청소년은 아니나 학대·혹사·방임된 소년 또는 보호자로부터 유기 또는 이탈되었거나, 그 보호자가 양육할 수 없는 경우, 기타 경찰관직무집행법 제4조 또는 아동복지법에 의하여 보호를 요하는 자

② 소환 시 유의사항

㉠ 소년 또는 보호자가 요청할 때에는 경찰관서에 소환하지 않고 경찰관이 직접 가정, 학교 또는 직장을 방문하여야 한다.

㉡ 소년 또는 보호자를 소환할 때에는 보호자의 이해와 협조를 구하고 사복을 착용해야 한다.

③ 면접 시 유의사항

㉠ 면접시간은 최소한도로 하고, 소년의 수업 중 또는 취업 중의 시간 및 야간을 피하여야 한다.

㉡ 면접장소는 타인의 이목을 피하여 소년 또는 그 보호자가 긴장하지 않고 면접할 수 있도록 적당한 장소를 선택하여야 한다.

㉢ 면접은 부득이한 경우를 제외하고는 그 소년의 보호자 또는 적당하다고 인정되는 자의 입회 하에 한다.

㉣ 면접 중에는 소년 또는 그 보호자가 허위진술 또는 반항을 한다고 하여 흥분하거나 멸시하여서는 아니 되며, 부드럽고 조용한 분위기를 유지하여 스스로 자제와 반성을 하도록 하여야 한다.

㉤ 면접이 끝났을 때에는 소년 또는 그 보호자가 불안감을 갖지 않고 경찰의 선도 및 처우에 신뢰를 갖도록 사후조치를 하여야 한다.

④ 공표 시의 유의사항:

신문, 기타 보도기관에 발표 할 때에는 당해 소년 또는 보호자에 미치는 영향을 충분히 고려하여야 하며, 특히 주소, 성명, 직장, 학교 등 유지될만한 사항을 공표하여서는 안 된다.

⑤ 수사 또는 조사시의 확인사항

　　㉠ 사실의 존부 및 내용

　　㉡ 비행동기 및 원인

　　㉢ 소년의 성격, 행동 및 경력

　　㉣ 소년의 가정, 학교, 직장 및 교우관계

　　㉤ 소년의 주거지의 환경

　　㉥ 소년의 비행방지에 협력할 수 있다고 안정되는 관계자의 유무

⑥ 수사 또는 조사 시의 유의사항

　　㉠ 관계기관에 송치 또는 통고 여부 및 송치 또는 통고할 기관을 신중히 결정하여야 한다.

　　㉡ 소년의 보호자, 기타 소년에 대하여 사정을 잘 알고 있는 자의 협력을 얻어야 한다.

　　㉢ 선입감과 속단을 피하고 정확한 자료를 수집하여야 한다.

　　㉣ 조사를 함에 있어서는 고문 · 폭행 · 협박 · 기망 기타 조사의 임의성에 관하여 의심받을 만한 방법을 취해서는 안 된다.

　　㉤ 조사는 부득이한 사유가 있는 경우를 제외하고는 심야에 조사는 피한다.

　　㉥ 조사에 지장이 없는 한 보호자나 변호인의 입회를 허용한다.

⑦ 강제조치 등 제한

　　㉠ 범죄소년의 연령, 성격, 비행경력, 범죄의 내용, 구금장소의 상황, 구금시간, 기타 강제조치로부터 당해 소년에게 미치는 정신적 영향 등을 신중히 고려하여야 한다.

　　㉡ 구금할 때에는 원칙적으로 성인과 분리하여 수용하고 보호자 대리인에게 연락한다.

⑧ 친고죄 등에 관한 조치:

경찰관은 소년의 범죄가 친고죄로서, 피해자 기타 고소권자가 고소하지 않을 것이 명백히 되었을 경우에도 장래 비행방지상 필요하다고 인정될 때에는 우범소년으로서 필요한 조치를 강구하여야 한다. 다만, 필요 이상으로 피해자를 소환하거나 피해자의 진술조서를 작성하는 등 피해자의 심정에 반하는 조사를 피하여야 한다.

⑨ 여죄의 수사: 범죄소년에 대한 여죄의 수사는 당해 소년의 비행경력을 명확히 파악함으로써 장래에 대한 재비행 위험성 판단 및 비행방지에 활용한다.

⑩ 서류의 작성:

범죄소년의 범행의 동기 및 원인, 범행 전후의 상황, 기타 범죄사실 및 범죄의 정황을 입증하는 제반조서를 작성하여야 하며 선도를 위해서는 수사서류 이외의 사항에 대하여도 작성하고 다음의 서류를 작성·첨부하여야 한다.

㉠ 소년카드(소년환경조사서)

㉡ 심리전문가 참여 시 작성한 소년의 비행성 예측자료표

㉢ 기타 소년의 선도를 위해 필요하다고 인정되는 자료

⑪ 촉법소년에 대한 서류의 작성: 경찰관은 체포된 소년의 행위가 10세 이상 14세 미만일 때에 행하여진 것이 명백하여 해당 촉법소년을 송치하는 경우에 송치서류는 소년보호사건 송치서 및 진술조서로 하며 다음의 서류를 작성·첨부하여야 한다.

㉠ 소년카드(소년환경조사서)

㉡ 심리전문가 참여 시 작성한 소년의 비행성 예측자료표

㉢ 기타 소년의 선도를 위해 필요하다고 인정되는 자료

⑫ 촉법소년의 일시보호

㉠ 경찰관은 촉법소년에 대하여 보호할 필요가 있다고 인정되는 경우에는 경찰관직무집행법 제4조 및 아동복지법 제10조에 의하여 일시보호 할 수 있다.

㉡ 유의사항

ⓐ 일시보호를 할 때에는 보호실을 사용하거, 부득이한 경우에도 경찰서 내의 숙직실, 휴게실 등 당해 소년을 수용하는 데 적당하다고 인정되는 시설을 이용하여야 한다.

ⓑ 일시보호 중 자기 또는 타인의 생명·신체 또는 재산에 위해를 주는 사고가 발생하지 않도록 하여야 한다.

ⓒ 일시보호를 결정하였을 때에는 지체없이 보호자에게 그 사유를 통지하여야 한다.

⑬ 촉법소년에 대한 조치: 촉법소년을 조사한 결과 송치할 필요가 있다고 인정되는 자는 신속히 관할 **가정법원 또는 지방법원 소년부**에 송치하여야 한다.

⑭ 우범소년에 대한 긴급조치: 경찰관은 긴급한 보호조치를 하지 않으면 형벌법령에 저촉되는 행위를 할 염려가 있는 소년을 발견하거나 또는 보호자, 기타 관계자로부터 연락을 받았을 때에는 지체 없이 일시보호 조치를 해야 한다.

⑮ 기록

　㉠ 청소년 선도표: 경찰관은 불량소년에 대한 가두선도사항을 외근수첩에 기록하여야 한다.

　㉡ 소년사건 처리부: 소년업무 담당부서는 별지 제2호 서식 처리부를 비치하고 비행소년의 처리상황을 기재하여야 한다.

　㉢ 소년카드(소년환경조사서)

　　ⓐ 비행소년으로서 송치 또는 통고된 소년, 기타 필요하다고 인정되는 소년에 대하여는 소년카드(소년환경조사서)를 작성 · 비치하여야 한다.

　　ⓑ 수사기능에서 범죄소년을 조사 처리 시는 소년카드(소년환경조사서)를 작성, 소년업무 담당부서에 제출하여야 한다.

　㉣ 보호사건 송치 시: 촉법소년 또는 우범소년을 가정법원 소년부에 송치할 때에는 보호사건 송치서를 작성하고 소년카드(소년환경조사서), 심리전문가 참여 시 작성한 소년의 비행성 예측자료표, 기타 소년의 선도를 위해 필요하다고 인정되는 자료를 첨부하여야 한다. 다만, 우범소년인 경우에는 보호사건 송치서만으로도 송치할 수도 있다.

　㉤ 비행성 예측자료표

　　ⓐ 경찰관은 비행소년의 수사에 관련 전문가를 참여시키는 경우 비행성 예측자료표를 작성 · 비치하여야 한다.

　　ⓑ 수사기능에서 범지소년을 조사하여 처리할 때에는 소년업무 담당부서의 협조를 얻어 비행성 예측자료표를 작성하고, 이를 소년업무 담당부서에 제출하여야 한다.

• **소년범의 보호처분**

1호처분	보호자 등	6개월	6개월 범위 내 1회 연장가능
2호처분	수강명령	100시간	
3호처분	사회봉사명령	200시간	
4호처분	보호관찰관의 단기	1년	
5호처분	보호관찰관(장기)	2년	1년 범위 내 1회 연장가능
6호처분	시설	6개월	6개월 범위 내 1회 연장가능
7호처분	병원	6개월	6개월 범위 내 1회 연장가능

8호처분	1개월 이내의 소년원		
9호처분	단기소년원	6개월	
10호처분	장기소년원	2년	

(7) 조사관의 교체요령

피조사자가 조사관에게 반항적이거나 감정적이고 완강하게 부인하여 성과를 거두지 못할 것으로 예상되는 경우 상위계급이나 연장자로 교체하는 것이 좋다.

(8) 장애인 등 특별히 보호를 요하는 자에 대한 특칙(형사소송법 제244조의5, 본조신설 2007.6.1.)

검사 또는 사법경찰관은 피의자를 신문하는 경우 다음 각 호의 어느 하나에 해당하는 때에는 직권 또는 피의자·법정대리인의 신청에 따라 피의자와 신뢰관계에 있는 자를 동석하게 할 수 있다.

① 피의자가 신체적 또는 정신적 장애로 사물을 변별하거나 의사를 결정·전달할 능력이 미약한 때

② 피의자의 연령·성별·국적 등의 사정을 고려하여 그 심리적 안정의 도모와 원활한 의사 소통을 위하여 필요한 경우

> **• 신뢰관계자 동석(범죄수사규칙 제61조, 제62조)**
>
> 1. 「형사소송법」 제244조의5 규정에 따라 피의자와 동석할 수 있는 신뢰관계에 있는 자는 피의자의 직계친족, 형제자매, 배우자, 가족, 동거인, 보호시설 또는 교육시설의 보호 또는 교육담당자 등 피의자의 심리적 안정과 원활한 의사소통에 도움을 줄 수 있는 자를 말한다.
> 2. 사법경찰관은 피의자 또는 법정대리인이 제1항에 기재된 자에 대한 동석 신청을 한 때에는 신청인으로부터 별지 제23호 서식의 동석 신청서 및 피의자와의 관계를 소명할 수 있는 자료를 제출받아 기록에 편철하여야 한다. 다만, 신청서 작성에 시간적 여유가 없는 경우 등에 있어서는 신청서를 작성하게 하지 않고, 수사보고서나 조서에 그 취지를 기재하는 것으로 갈음할 수 있으며, 대상자와 피의자와의 관계를 소명할 서류를 동석 신청 시에 제출받지 못하는 경우에는 조사의 긴급성, 동석의 필요성 등이 현저히 존재하는 때에 한하여 예외적으로 동석조사 이후에 자료를 제출받아 기록에 편철할 수 있다.

3. 사법경찰관은 제2항에 의한 신청이 없더라도 동석의 필요성이 있다고 인정되는 때에 있어서는 피의자와의 신뢰관계 유무를 확인한 후 직권으로 신뢰관계자를 동석하게 할 수 있다. 이 경우, 이러한 취지를 수사보고서나 조서에 기재하여야 한다.

4. 사법경찰관은 수사기밀 누설이나 신문방해 등을 통해 수사에 부당한 지장을 초래할 우려가 있다고 인정할 만한 상당한 이유가 존재하는 때에는 동석을 거부할 수 있다.

5. 사법경찰관은 동석자가 수사기밀 누설이나 신문방해 등을 통해 부당하게 수사의 진행을 방해하는 경우에는 신문 도중에 동석을 중지시킬 수 있다.

4 참고인의 조사요령

(1) 참고인조사 시 태도

참고인의 상황에 따라서는 방문조사를 하고 거절 시 강제하지 않는다. 협박을 받는 등의 우려가 있을 때에는 가명으로 조사하고 비밀의 유지에 노력하고 신변보호에 노력한다.

(2) 참고인이 협력을 거부할 경우의 조사요령

① 출석을 귀찮아하거나, 제3자의 일에 관여하기 싫어하는 경우
   피의자의 반사회성을 부각시키고 정의감에 호소한다.

② 보복이 두려운 경우
   보호에 책임을 밝히고 비밀유지와 사후 재판출석증언에 협조하도록 설득한다.

③ 피의자를 옹호하거나 수사에 반감을 갖고 있는 경우
   범인과의 관계를 파악하고 범인의 배신행위를 말하고 범인과의 관계를 단절하도록 유도한다.

(3) 참고인 비용지급

① 관련규정: 참고인등 비용지급 규칙

② 참고인 등 비용

   ㉠ 사법경찰관으로부터 출석을 요구받고 지정된 장소에 출석한 피의자 아닌 제3자에게 지급할 여비, 일당, 숙박료 및 식비

   ㉡ 사법경찰관으로부터 사체의 검안·부검, 사체의 운구·안치, 감정 및 통역·번역을 위촉받은 자에게 지급할 검안비, 부검비, 운구비, 안치비, 감정료 및 통역·번역료와 여비, 숙박료, 식비

③ 여비·숙박료·식비: 참고인 등의 여비, 숙박료, 식비는 예산의 범위 안에서 사법경찰관이 상당하다고 인정하는 실비를 지급할 수 있다.

④ 감정료·통역료·번역료: 의사, 감정인, 사체운구업자, 통역인 및 번역인 등의 사체의 검안·부검, 사체의 운구·안치, 감정 및 통역·번역을 위촉받은 자에 대한 비용은 편성된 예산의 범위 내에서 지급할 수 있다.

⑤ 지급하지 아니할 수 있는 경우: 다음 각 호의 어느 하나에 해당하는 경우에는 참고인 등에 대한 비용을 지급하지 아니한다.

　㉠ 참고인이 허위진술을 하였다고 인정할 만한 상당한 이유가 있거나 진술을 거부하였을 때

　㉡ 허위의 검안 또는 감정 등을 하였다고 인정할 만한 상당한 이유가 있거나 검안 또는 는 감정 등을 거부하였을 때

　㉢ 의사 또는 감정인 자신의 귀책사유로 검안이나 감정 등의 목적을 달성하지 못하였을 때

⑥ 참고인등 비용의 지급

　㉠ 참고인등의 비용은 제6조의 경우를 제외하고는 진술을 종료한 때, 검안·부검 및 감정에 대한 감정서를 제출한 때, 운구·안치가 종료된 때, 진술·문서의 통역·번역을 마친 때에 지체없이 지급하여야 한다. 다만, 부득이한 사유가 있을 때에는 그러하지 아니하다.

　㉡ 참고인등 비용의 청구 및 지급은 별지 서식에 따르되 비용을 지급하였을 때에는 수령인의 기명·날인을 받아야 한다.

　㉢ 제㉠항의 참고인등 비용은 그 지급원인이 발생한 날로부터 2월 이내에 청구하여야 한다.

제2절 수사서류

1 의의

(1) 협의 수사서류

공소를 제기 · 유지하고, 유죄판결을 받게 할 목적으로 수사기관이 작성한 서류와 수사기관이 수집한 서류 중 내용적 의미만으로 증거로 되는 서류를 의미한다.

(2) 광의의 수사서류

① 협의의 수사서류
② 범죄의 혐의가 없어 내사종결에 그치는 서류
③ 수사행정에 관한 서류 등

(3) 수사서류와 증거물인 서면의 차이

구분	수사서류	증거물인 서면
증거면	내용적 의미	존재 및 내용적 의미
보관방법면	수사기록에 편철, 보관	압수, 보관
증거조사방법면	요지의 고지	제시 및 요지의 고지

(4) 수사서류의 종류(작성주체에 따라 분류)

① 수사기관(검사와 사법경찰관)이 작성하는 수사서류

㉠ 진술서류

ⓐ 피해자진술조서

ⓑ 피고인진술조서

ⓒ 피의자신문조서

ⓓ 대질조서

㉡ 보고서류

ⓐ 범죄인지보고서

ⓑ 현행범인체포 보고서

ⓒ 수사보고서(소재수사보고, 종합수수결과보고 등)

ⓒ 기타서류

ⓐ 각종 건의서

ⓑ 사실조회의뢰서

ⓒ 촉탁서

ⓓ 수사협조의뢰서

ⓔ 압수조서, 검증조서, 검시조서, 실황조사서

② 수사기관 이외의 자가 작성하는 수사서류

㉠ 진술서(예 자인서, 확인서 등)

㉡ 고소장, 고발장, 진정서, 신고서

㉢ 사실조회회보서

㉣ 등본, 초본, 사본류 및 기타 서류

2 수사서류의 일반적 작성요령

(1) 수사서류의 작성순서

① 인지사건

㉠ 신고자진술조서 작성 및 채증(단, 필요시 압수 · 수색 · 검증)
㉡ 피의자진술서 작성 및 채증(단, 필요시 압수 · 수색 · 검증)
㉢ 범죄인지보고서 작성(단, 인지보고서 작성순서는 바뀔 수 있음)
㉣ 참고인진술조서 작성 및 채증
㉤ 사실조회 또는 수사협력 의뢰에 의한 회보 검토
㉥ 피의자 신문 및 압수
㉦ 공범자 신문 및 압수
㉧ 현장검증(단, 검증은 현장변경 가능성이 있으면 우선 실시할 수 있음)
㉨ 피의자 검거보고
㉩ 구속영장신청서
㉪ 압수물가환부신청에 의한 가환부지휘건의서
㉫ 압수물가환부 영수증
㉬ 구속통지서
㉭ 피의자 신문(2회)
㉮ 수사보고(종합)
㉯ 의견서

② 형사민원사건

민원인에게 먼저 출석요구서를 발부하여야 하며, 피민원인과 민원인이 같은 날·같은 시간에 출석하도록 출석요구서를 발부하여서는 안 된다. 민원인 조사 후에 그의 진술에 의한 증거조사를 마친 다음에 피민원인에게 출석요구를 하여야 한다.

> ● **수사서류 작성순서의 예외**
>
> 1. 민원사건의 민원인이 2회 이상 출석요구에 응하지 않는 경우
> 2. 피해자 또는 피의자 인원이 많아 일시에 수인의 수사요원이 동원되어 조사하는 경우
> 3. 기타 수사상 필요하다고 인정되는 합리적 이유가 있는 경우

(2) 수사서류의 작성방식 기출

① 경찰관이 작성하는 서류

㉠ 작성연월일을 기재할 것

㉡ 소속관서와 계급을 기재할 것

㉢ 작성자가 서명·날인할 것: 서명은 직접 성명을 기재하는 것이고 기명은 타인으로 하여금 기재하게 하거나 성명의 고무인을 사용하는 것이며, 날인 대신 무인은 허용하지 않는다(간인 시 좌측여백–작성자의 날인, 우측여백–진술자의 날인).

㉣ 수사서류가 2매 이상인 때에는 서류의 연속성을 증명하기 위하여 작성자의 날인에 사용한 인장을 가지고 매엽에 간인한다.

㉤ 여백이나 공백에는 사선을 긋고 날인할 것

㉥ 문자 변·개조하지 말 것: 문자를 임의로 고쳐서는 안 된다. 문자를 삭제하거나 삽입하거나 난 외에 기재할 필요가 있는 경우에는 다음의 방법을 취한다.

ⓐ 문자를 삭제할 때에는 삭제할 문자에 두 줄의 선을 긋고 날인하며 그 왼쪽 여백에 "몇 자 삭제"라고 기재하되 삭제한 부분을 해독할 수 있도록 자체를 존치하여야 함

ⓑ 문자를 삽입할 때에는 그 개소를 명시하여 행의 상부에 삽입할 문자를 기입하고 그 부분에 날인하여야 하며 그 왼쪽 여백에 "몇자 추가"라고 기재

ⓒ 1행 중에 2개소 이상 문자를 삭제 또는 삽입하였을 때에는 각 자수를 합하여 "몇 자 삭제" 또는 "몇 자 추가"라고 기재

ⓓ 여백에 기재할 때에는 기재한 곳에 날인하고 그 난외에 "몇 자 추가"라고 기재

② 사인이 작성하는 서류

    ⊙ 작성연월일을 기재할 것

    ⓛ 작성자가 서명·날인할 것

      서명을 할 수 없을 때에는 타인으로 하여금 대서기명하게 하고, 그 사유를 기재하면 된다. 날인을 할 수 없을 때에는 무인(拇印)하게 하여야 한다.

    ⓒ 경찰관이 대신 작성하였을 경우에는 본인에게 열람하게 하거나 읽어 주어서 본인의 의사와 틀림이 없는가를 확인한 후 대신 작성한 이유를 기재하고 본인과 함께 서명·날인하여야 한다.

3 수사서류 작성방법

(1) 기술상의 유의사항 기출

    수사행위자와 작성자가 일치해야 하고 수사행위 시마다 수사서류로 작성한다.

(2) 숫자에 기재 방법

    ① 아라비아숫자를 사용한다.

    ② 수가 3계단 이상 될 때에는 3계단마다 점을 넣어서 500,000개로 기재한다. 다만, 수사가 많으면 만·억의 단위어를 넣어서 5만개, 1억 3000만원이라고 기재한다.

    ③ 개산(槪算)의 경우에는 6,5대 1,2개월 등으로 쉼표를 이용하여 기재한다.

(3) 성명기재

    성명은 한글로 기재하고 (   ) 안에 한자를 써야 한다. 별명이나 이명(異名)도 기재하고 외국인은 한글 발음대로 기재한 후에 원어로 기재한다.

(4) 주소

    ① 행정구역상 도(道)와 시(市)가 있는 경우 도(道)는 생략하고 한글 지번도 생략한다.
      예 경기도 의정부시 산 18번지 ⇨ 의정부시 산 18

    ② 행정구역상 군(郡)과 읍(邑)의 명칭이 동일한 경우 군을 생략한다
      예 경기도 서천군 서천읍 탄천리 399 ⇨ 경기도 서천읍 탄천리 399

4 송치서류

(1) 사건 송치

수사가 종결되면 사건서류를 관할지방검찰청 검사장 또는 지청장에게 송치하여야 한다. 이때 사건송치서, 압수물총목록, 기록목록, 의견서 그 밖의 서류 등을 첨부한다.

(2) 송치서류의 편철(사법경찰관집무규칙 제55조 제3항, 범죄수사규칙 제 192조 제3항) 기출

① 편철순서

사건의 송치서 ⇨ 압수물총목록 ⇨ 기록목록 ⇨ 의견서 ⇨ 그 밖의 서류

② 서류는 접수, 작성순서에 따라 편철하고 의견서와 그 밖의 서류는 각 장마다 면수를 기입하고 압수물 총목록, 기록목록, 의견서의 서류에는 송치인이 직접 간인하여야 한다(동조 제4항)

③ 의견서에는 각 장마다 면수를 기입하되, 1장으로 이루어진 때에는 1로 표시하고, 2장 이상으로 이루어진 때에는 1-1, 1-2, 1-3의 방법으로 하여야 한다.

④ 그 밖의 서류는 접수 또는 작성한 순서에 따라 편철하고, 각 장마다 면수를 표시하되, 2부터 시작하여 순서대로 부여하여야 한다.

(3) 사건송치서 작성

○○지방 검찰청 ○○지청 ○○○○ 지방검찰청	사건처장	20　　　　　　　우리			주임검사	부장검사	차장검사	검사장
		형　제　　　　호						

○ ○ 경 찰 서

제　　　　호　　　　　　　　　　　　　　　　　　　　20

수　신 : ○○지방검찰청 ○○지청장(○○○○지방검찰청 검사장)

제　목 : 사 건 송 치

　　　다음 사건을 송치합니다.

피　　　　의　　　　자	지문원지 작성번호	구속영장 청구번호	피의자 원표번호	통신사실 청구번호

죄　명			
발각원인			수리전산입력
접　수	20　　년　　월　　일 (제　　　호)		
구　속	20　　년　　월　　일 (　　　　　)		
석　방	20　　년　　월　　일 (　　　　　)		
의　견			
증거품			
비　고			

○ ○ 경 찰 서

사법경찰관　　　　　㊞

① 피의자

  ㉠ 피의자의 성명은 한글로 표시한 후 괄호 안에 한자를 기재하고, 이명이나 별명이 있으면 기재한다. 예 홍길동(洪吉童)(별명: 장돌뱅이)

  ㉡ 피의자의 성명 앞에는 구속, 불구속, 미체포, 수감 중으로 구분하여 기재한다. 구속의 경우에는 구속란에 일자를 기재한다.

  ㉢ 피의자의 한자 다음에는 지문원지 작성번호와 구속된 경우에는 구속영장청구부번호를 기재한다.

  ㉣ 피의자가 2인 이상인 경우는 피의자표시를 아라비아숫자로 1.2.3으로 표시한다. 피의자 전원을 표시할 수 없을 때에는 '별지기재와 같음'이라고 기재하고 송치서 다음 장에 별지를 첨부한다.

  ㉤ 피의자가 법인인 경우는 법인등기부등본을 제출받아 기록에 첨부한다.

② 죄명란

  ㉠ 죄명은 경합범인 경우에는 가.나.다 순으로 하되, 형이 중하거나 공소시효 장기순으로 한다.

  ㉡ 형법범의 죄명은 대검찰청이 정한 죄명표에 의하고, 미수범, 교사범, 방조범은 죄명 다음에 미수, 교사, 방조라 표시한다. 예 살인미수

  ㉢ 특별법 위반의 경우는 구체적인 죄명을 표시하는 법률과 표시하지 않는 법률로 구분하고 미수는 표시하지 않는다.

> **• 죄명표시**
>
> 1. 형법
>   ① 각칙관련 죄명표시: 형법죄명표에 의한다.
>   ② 총칙관련 죄명 표시
>   - 미수 · 예비 · 음모의 경우에는 형법죄명표에 의한다.
>   - 공동정범 · 간접정범의 경우에는 정범의 죄명과 동일한 형법각칙 표시 각 본조 해당죄명으로 한다.
>   - 공범(교사 또는 방조)의 경우에는 형법각칙 표시 각 본조 해당 죄명 다음에 교사 또는 방조를 추가하여 표시한다.

③ 의견란 기출

  ㉠ 의견란 표시에 있어서 기소의 경우에는 붉은색으로 '기소', '불기소'의 경우에는 의견별로 '혐의없음', '죄가안됨', '공소권없음', '기소중지'라고 푸른색으로 명확히 표시한다.

ⓛ 죄명이나 피의자가 복수일 경우에는 1.의 가.나.다. 기소, 1.의 라. 불기소(공소권
　　　없음) 및 2.불기소(죄가안됨) 등으로 표시한다.
　　　　예 피의자 A · B를 사기 · 뇌물수수 · 횡령의 혐의로 입건 · 조사한 경우
　　　　　A는 뇌물수수만 기소의견, 사기 · 횡령은 불기소의견(혐의없음)이고,
　　　　　B는 모두 기소의견으로 처리하면 다음과 같이 표시한다.
　　　　　1.의 나. 기소(가. 다. 불기소(혐의없음))
　　　　　2.의 가.나.다 기소
　　　　　⇨ 1.2. 모두 기소(1.의 가.다.불기소(혐의없음))
　　ⓒ 의견란에는 친고죄의 고소나 공소시효완성 여부, 동일 사건에 대한 확정판결이 있
　　　는지 여부와 같은 형식적 요건을 조사하여야 한다.

(4) 목록

압수물총목록 (압수목록)	• 압수물품이 있으면 목록을 수사기록에 첨부하여야 하고 • 번호, 품종, 수량, 정수, 비고란 (송치, 환부, 가환부, 소유권 포기 등) • 압수물이 돈일 때에는 수표, 지폐의 액수에 따라 기재하고, 피압수자와 소유자를 기재한다.
기록목록	• 기록목록은 송치한 사건에 대한 색인표 이고 서류목록에는 진술자, 작성연월일과 정수를 기재한다. • 기록목록이 기록과 일치하는지를 확인하여야 하며 특히 서류제목이 적정한지를 판단하여야 한다. • 의견서 외의 서류는 접수 또는 작성한 순서에 따라 편철한다.

(5) 의견서 기출

수사를 마치고 사건을 송치할 때 수사과정에서 밝혀진 사실을 기재하고 적용법조,범죄사
실 등 수사결과를 기재하는 수사서류이다.

(별지 제171호 서식)

의 견 서

1. 피의자 인적사항

2. 범죄경력자료 및 수사경력자료

3. 범죄사실

4. 적용법조

5. 증거관계

6. 수사결과 및 의견

20 . . .

○○경찰서

사법경찰관   ㊞

○○지방검찰청 검사장 귀하

① 전과 기출

㉠ 처분일, 법원(검찰청), 죄명, 처분내용, 집행장소, 출소일, 출소 종별순으로 기재

㉡ 징역,금고,집행유예를 선고 받은 경우에는 먼저 이를 연도순으로 기재하고, 동시에 벌금형을 선고받거나 기소유예처분을 받았다면 이를 징역, 금고, 집행유예 다음에 연도순으로 기재한다.

예시)
- 1989년 월 일, 서울형사지방법원, 강도, 징역 1년
- 1990년 월 일, 광주지방법원, 재물손괴, 징역 1년 집행유예 3년
- 1991년 월 일, 부산지방법원, 교통사고처리특례법, 금고 1년
- 1985년 월 일, 서울형사지방법원, 점유이탈물횡령, 벌금 30만원
- 1986년 월 일, 서울형사지방법원, 폭행, 벌금 50만원
- 1987년 월 일, 대구지방검찰청, 병역법, 기소유예

② 범죄사실 기출

㉠ 범죄구성요건과 증거에 기반하여 기재를 하여야 하며 6하 원칙에 적합하고 법조문을 인용하여 범죄행위를 기재한다. 즉 범죄의 주체, 범죄의 일시, 범죄의 장소, 범죄의 동기·원인, 범죄의 피해자, 범죄의 피해내용, 범죄의 수단·방법, 범죄의 행위 및 결과 등을 순서대로 기재한다.

㉡ 미수범은 장애미수와 중지미수를 구별하여 기재한다.

㉢ 예비·음모는 그 자체가 특별구성요건이므로 예비·음모행위를 구체적으로 기재한다.

㉣ 공동정범에서, 고의범일 경우는 "피의자들은 공모하여…", 과실범일 경우에 "피의자들은 공동하여…"라 기재하고, 합동범이거나 폭력행위 등 처벌에 관한 법률 위반(동법 제2조2항)인 경우에는 법문상 '합동하여' 또는 '공동하여'라고 법조문대로 기재한다.

㉤ 교사범, 방조범에 대하여는 통설·판례가 공범종속성설을 채택하고 있으므로 교사, 방조의 구체적인 사실 이외에 정범의 범죄사실까지도 전부 구체적으로 기재하지 않으면 안 된다. 이때 교사범의 경우는 교사범을 먼저 기재하고 나중에 정범을 기재, 방조범의 경우는 정범을 먼저 기재하고 방조범을 기재한다.

㉥ 필요적 공범은 피의자별로 별도로 범죄사실을 기재하고 집합범인 도박, 집회 및 시위에 관한 법률 위반 등은 하나의 문장으로 종합하여 기재하되 '공모하여'라는 표현은 쓰지 않는다. 예컨대 "피의자들은 … 하여서(피의자들의 범행을 구체적으로 기재) 각 도박을 할 것이다."라고 기재한다.

ⓐ 양벌규정의 경우 법이나 개인에 대한 범죄사실은 대표자, 대리인, 종업원에 대한 범죄사실과는 별도로 기재한다.

ⓞ 전과관계는 범죄사실의 모두에 선고일자, 선고법원, 죄명, 형명, 형기, 형집행종료 일자를 기재한다.

ⓩ 불기소이유는 혐의없음, 죄가안됨, 공소권 없음, 기소중지 등으로 구분하여 기재한다.

④ 적용법조 기출

㉠ 사건송치서의 죄명란과 마찬가지 방법으로 죄명을 표기하나 구체적인 법률의 해당 조 문, 항, 호까지 기재하여야 한다.

㉡ 적용법조 기재순서

ⓐ 특별법규 ⇨ 형법각칙 ⇨ 형법총칙의 순으로 기재한다.

ⓑ 형법총칙규정은 공범규정(공동정법(제30조), 교사범(제31조), 종범(제32조)), 상 상적경합 규정(제40조), 누범규정(제35조), 경합범규정(제37조, 제38조), 필요적 몰수 규정(뇌물죄 등)의 순서로 기재한다.

㉢ 임의적 몰수, 추징, 간접정범, 총칙상 미수조항, 형의 가중·감경, 벌금 등 임시조 치법은 기재하지 않는다.

5 범죄인지보고서 기출

(1) 의의

① 수사에 착수할 때에는 범죄인지보고서를 작성하여 인지한 범죄사실을 보고하여야 한다. 긴급한 사항일 경우에는 적절한 조치를 취하고 사후에 범죄인지보고서를 제출할 수도 있다.

② 고소·고발·자수·수사지휘는 범죄인지보고서를 작성하지 않는다.

서부경찰서

년 월 일

수 신 : 경찰서장
참 조 : 수사과장
제 목 : 범죄인지보고

다음 사람에 대한 범죄사실을 인지하였기에 보고합니다.

1. 피의자 인적 사항

2. 범죄경력자료 및 수사경력자료

3. 범죄사실

4. 인지 경위

5. 적용법조

수사과 경제팀

경위　　　　　(서명)

(2) 작성방법

① 인적 사항: 피의자의 본적, 주거, 직업, 성명, 주민등록번호 및 전과관계를 상세히 기재한다.

② 범죄사실

㉠ 6하(또는 8하)원칙에 의해 구체적으로 명확히 기재하되, 범죄구성요건에 해당될 수 있도록 문장을 구성한다.

㉡ 범죄사실은 중요사실 순서가 아닌 범행시간 순서로 기재한다.

③ 인지경위: 불심검문으로 인지되는 경우, 신고사건 형장에서 인지되는 경우, 다른 사건을 수사하다가 인지되는 경우를 구분하여 기재한다.

④ 적용법조

㉠ 특별법 우선적용원칙이 적용되어야 하므로 가중사유나 일반형법 이외의 특별구성요건에 해당하는 경우에는 형사특별법에 의율하여 적용범조를 기재한다.

㉡ 특별법 ⇨ 형법각칙 ⇨ 형법총칙의 순으로 기재한다.

(3) 범죄인지보고서 작성순서 기출

피의자 인적 사항 ⇨ 범죄경력 ⇨ 범죄사실 ⇨ 인지경위 ⇨ 적용법조

6 진술조서

(1) 의의

① 진술조서는 수사의 목적을 달성하기 위하여 피의자 아닌 제3자의 진술을 기재한 조서로서(형사소송법 제221조), 참고인진술조서 작성은 임의수사의 일종이기 때문에 참고인에 대해서는 강제소환이나 강제신문을 하여서는 안 된다.

② 진술조서는 진술자가 임의로 진술하여야 하고 증거로서의 능력이 있으므로 임의성 있는 진술이 사실을 증명할 수 있는 형식적 요건을 갖추어야 한다.

진 술 조 서

성　　명 :

주민등록번호 :

직　　업 :　　(전화 :　　　)

주　　거 :　　(전화 :　　　)

등록기준지 :

직 장 주 소 :

연 락 처 : (자택전화)　　　　　　　　(휴대전화)

　　　　　　 (직장전화)　　　　　　　　(전자우편)

위의 사람은 피의자 ○○○에 대한　　피의사건에 관하여　　년　월　일

경찰서　　에 임의 출석하여 다음과 같이 진술하다.

1. 피의자와의 관계

　저는 피의자　　과(와)　　　　　　인 관계에 있습니다.(저는 피의자

　과(와) 아무런 관계가 없습니다.)

1. 피의사실과의 관계

　저는 피의사실과 관련하여 (피해자, 목격자, 참고인)의 자격으로서 출석하였습니다.

이 때 사법경찰관(리)은 진술인　　름(을) 상대로 다음과 같이 문답을 하다.

문 : 사건당시 상황을 이야기 해보세요

답 : 2020년 7월 대전시 서구 **공원을 걷고있는데 뒤에 따라오던 남성이 갑자기--

　　-

(2) 기재사항

① 피해자상황, 피해액, 범죄로 인하여 피해자 및 사회에 미치는 영향, 피해회복의 여부, 처벌희망 여부

② 피의자와의 관계

③ 기타 수사상 필요한 사항

(3) 증거능력

① 사법경찰관이 작성한 진술조서는 형사소송법 제313조 제1항에 따라 진술자의 진술에 의하여 성립이 진정이 증명된 때에 한하여 증거능력이 있다(동법 제313조 제1항).

② 피고인의 진술을 기재한 진술조서의 경우에는 성립의 진정이 인정되는 이외에 그 진술이 특히 신빙할 수 있는 상태 하에서 행하여진 때에 한하여 증거로 할 수 있다(동법 제313조 제1항의 단서).

(4) 작성방법

① 참고인진술조서는 신문조서가 아니기 때문에 참고인의 진술을 받는 과정에서 **진술거부권을 고지할 필요가 없다.**

② 참고인진술조서의 기재순서는 진술서의 인적 사항, 진술과 사건과의 관계를 명백히 밝히고 문답식으로 기재한다.

③ 피해자의 진술조서일 경우에는 피해회복, 처벌희망 여부를 기재하며, 만일 피해가 상해라면 진술 당시의 치료사항이나 치료기간에 대해 기재한다.

④ 상해를 입은 피해자에 대해서는 진술당시의 치료정도를 물어 치료기간을 확인하여야 하며, 상해발생 당시 작성된 진단서의 소견에만 의존하지 말아야 한다.

⑤ 범죄사실과의 관계에 있어서 증거로 될 만한 사항을 중점적으로 기재하며, 상벌 · 경력 · 재산관계 등은 그 사건의 입증상 필요 없으면 기재하지 않는다.

(5) 피의자 아닌 자에 대한 조사사항(범죄수사규칙 제71조)

①피해자의 피해상황 ②범죄로 인하여 피해자 및 사회에 미치는 영향 ③피해회복의 여부 ④처벌희망의 여부 ⑤피의자와의 관계 ⑥그 밖의 수사상 필요한 사항

7 피의자 신문조서 기출

　수사기관이 범죄의 진상을 파악하기 위하여 피의자에게 질문을 하고 피의자의 답변을 듣는 수사방법을 피의자 신문조서라고 한다.

〔별지 제26호(을) 서식〕　　　　　　　　　　〔집규 제4호(을)〕

진술거부권 및 변호인 조력권 고지 등 확인

> 1. 귀하는 일체의 진술을 하지 아니하거나 개개의 질문에 대하여 진술을 하지 아니할 수 있습니다.
> 1. 귀하가 진술을 하지 아니하더라도 불이익을 받지 아니합니다.
> 1. 귀하가 진술을 거부할 권리를 포기하고 행한 진술은 법정에서 유죄의 증거로 사용될 수 있습니다.
> 1. 귀하가 신문을 받을 때에는 변호인을 참여하게 하는 등 변호인의 조력을 받을 수 있습니다.

문 : 피의자는 위와 같은 권리들이 있음을 고지받았는가요

답 :

문 : 피의자는 진술거부권을 행사할 것인가요

답 :

문 : 피의자는 변호인의 조력을 받을 권리를 행사할 것인가요

답 :

이에 사법경찰관은 피의사실에 관하여 다음과 같이 피의자를 신문하다.

문 :

답 :

(1) 피의자 신문조서 작성

① 모두작성

피의자를 특정하는 사항	• 성명은 가족관계등록부에 기재된 이름을 기재하며, 구명·개명·이명·별명 등이 있는 경우에는 괄호를 하고 표시한다. • 연령은 생년월일과 함께 기재한다. • 주거란 민법의 주소 또는 거소를 의미 한다. • 본적이란 호적의 소재장소를 말한다.
전문에 기재	• 피의자 성명, 조사작성장소를 기재한다. • 조서 작성자 계급·성명, 참여경찰관의 계급·성명을 기재한다. • 피의자를 특정하는 사항을 기재한 다음 피의자에게 사건의 요지를 설명한 다음에 반드시 진술거부권을 고지해야 한다. • 변호인참여신청 시 참여변회인 성명을 기재한다.

② 조서말미(형사소송법 제244조, 개정 2007.6.1.) 기출

ㄱ 피의자의 진술은 조서에 기재하여야 한다.

ㄴ 피의자신문조서는 피의자에게 열람하거나 열어 들어주어야 하며, 진술한 대로 기재되지 아니하였을 사실과 다른 부분의 유무를 물어 피의자가 증감 또는 변경의 청구 등 이의를 제기하거나 의견을 진술한 때에는 이를 조서에 추가로 기재하여야 한다. 이 경우 피의자가 이의를 제기하였던 부분을 읽을 수 있도록 남겨두어야 한다.

ㄷ 피의자가 조서에 대하여 이의나 의견이 없음을 진술한 때에는 피의자로 하여금 그 취지를 자필로 기재하게 하고 조사에 간인한 후 기명날인 또는 서명하게 한다.

ㄹ 변호인의 의견이 기재된 피의자신문조서는 변호인에게 열람하게 한 후 변호인으로 하여금 그 조서에 기명날인 또는 서명하게 하여야 한다.

③ 작성 시 주의사항(범죄수사규칙 제69조)

ㄱ 형식에 흐르지 말고 추측이나 과장을 배제하며 범의 착수의 방법, 실행행위의 태양, 미수·기수의 구별, 공모사실 등 범죄 구성요건에 관한 사항에 대하여는 특히 명확히 기재

ㄴ 필요할 때에는 진술자의 진술 태도 등을 기입하여 진술의 내용뿐 아니라 진술 당시의 상황을 명백히 알 수 있도록 함

ㄷ 일상용어로 평이한 문구를 사용

ㄹ 복잡한 사항은 항목을 나누어 기재

ⓜ 사투리, 약어, 은어 등을 사용하는 경우에는 진술의 진실성을 확보하기 위하여 그대로 기재한 다음에 괄호를 하고 적당한 설명을 붙임

ⓗ 외국어 또는 학술용어에는 그 다음에 괄호를 하고 간단한 설명을 붙임

ⓢ 지명, 인명 등으로서 읽기 어려울 때 또는 특이한 칭호가 있을 때에는 그 다음에 괄호를 하고 음을 기재

피의자에 대한 조사사항(동규칙 제68조)

1. 성명, 연령, 생년월일, 주민등록번호, 등록기준지, 주거, 직업, 출생지, 피의자가 법인 또는 단체인 경우에는 명칭, 상호, 소재지, 대표자의 성명 및 주거, 설립목적, 기구
2. 구(舊)성명, 개명, 이명, 위명, 통칭 또는 별명
3. 전과의 유무(만약 있다면 그 죄명, 형명, 형기, 벌금 또는 과료의 금액, 형의 집행유예 선고의 유무, 범죄사실의 개요, 재판한 법원의 명칭과 연월일, 출소한 연월일 및 교도소명)
4. 형의 집행정지, 가석방, 사면에 의한 형의 감면이나 형의 소멸의 유무
5. 기소유예 또는 선고유예 등 처분을 받은 사실의 유무(만약 있다면 범죄사실의 개요, 처분한 검찰청 또는 법원의 명칭과 처분연월일)
6. 소년보호 처분을 받은 사실의 유무(만약 있다면 그 처분의 내용, 처분을 한 법원명과 처분연월일)
7. 현재 다른 경찰관서 그 밖의 수사기관에서 수사 중인 사건의 유무(만약 있다면 그 죄명, 범죄사실의 개요와 당해 수사기관의 명칭)
8. 현재 재판 진행 중인 사건의 유무(만약 있다면 그 죄명, 범죄사실의 개요, 기소 연월일과 당해 법원의 명칭)
9. 병역관계
10. 훈장, 기장, 포장, 연금의 유무
11. 자수 또는 자복하였을 때에는 그 동기와 경위
12. 피의자의 환경, 교육, 경력, 가족상황, 재산과 생활정도, 종교관계
13. 범죄의 동기와 원인, 목적, 성질, 일시장소, 방법, 범인의 상황, 결과, 범행 후의 행동
14. 피해자를 범죄대상으로 선정하게 된 동기
15. 피의자와 피해자의 친족관계 등으로 인한 죄의 성부, 형의 경중이 있는 사건에 대하여는 그 사항
16. 범인은닉죄, 증거인멸죄와 장물에 관한 죄의 피의자에 대하여는 본범과 친족 또는 동거 가족관계의 유무

17. 미성년자나 피성년후견인 또는 피한정후견인인 때에는 그 친권자 또는 후견
    인의 유무(만약 있다면 그 성명과 주거)
18. 피의자의 처벌로 인하여 그 가정에 미치는 영향
19. 피의자의 이익이 될 만 한 사항
20. 전 각호의 사항을 증명할 만한 자료

8 체포보고서

(1) 의의

사법경찰관리가 피의자의 체포를 시작하여 체포완료까지의 체포상황을 명백히 하기 위
하여 작성한 서류를 말한다. 경찰관은 피의자를 영장에 의한 체포, 긴급체포, 현행범인으
로 체포하였을 때에는 피의자 체포보고서를 작성하여 소속관서장에게 보고하여야 한다
(범죄수사규칙 제84조).

(2) 종류

① 피의자체포보고서 ②현행범인체포보고서 ③현행범인인수서 ④피의자긴급체포보고서

• 체포보고서의 공통적 기재사항

1. 인적 사항: 피의자의 직업, 성명, 연령은 체포 당시 그대로 기재
2. 체포연월일시: 실제로 신체를 체포한 시간을 기준으로 기재, 불확실한 경우에는
   '경'을 붙임
3. 체포장소: 체포장소는 실제로 체포한 장소를 행정구역에 의한 지번 등으로 하여
   특정할 수 있도록 구체화
4. 체포상황: 체포 착수시부터 체포 완료시까지의 상황을 기재
5. 증거자료 유무: 증거자료의 유무 기재시는 '있다', '없다' 라고 기재
   * 적용법조는 기재하지 않는다.

---

9 진술서

(1) 의의 기출

피고인 · 피의자 또는 참고인이 스스로 자기의 의사 · 사상 · 관념 및 사실관계 등을 기재
한 서류로 피고인 · 피의자 · 참고인이 작성의 주체이고 법원 또는 수사기관이 작성하는
진술조서와 구별된다.

(2) 작성요령

① 진술사항이 복잡하거나 진술인이 서면진술을 원할 때에는 진술서를 작성하여 제출하게 한다.

② 진술서는 작성자가 진술인 자신이므로 자필로 작성하도록 하여야 하고, 사법경찰관리가 대서하지 아니하도록 한다.

③ 진술인이 사용하는 어휘가 법률용어가 아닐 경우라도 어려운 법률용어로 고치면 재판에서 그 임의성과 신빙성이 의심받을 경우가 있으므로 극히 유의해야 한다.

④ 진술서를 제출받았을 경우에는 진술인을 바로 귀가시키지 말고, 그 자리에서 내용을 검토하여 사건처리에 영향을 미칠 중요한 내용이라면 진술을 번복할 경우에 대비하여 진술조서를 작성해야 한다.

10 수사보고서

(1) 의의 기출

사법경찰관리가 수사단서의 입수상황, 수사의 경과나 그 결과 등 수사에 관한 사항을 상사에게 보고할 때 작성하는 서류이다. 특히 상사의 명을 받아 특정한 사항에 관하여 수사한 결과를 보고하면서 작성하는 수사복명서도 수사보고서이다. 증거능력은 인정되지 않는다.

(2) 작성 시 유의사항 기출

사실을 있는 그대로 기재하고 직접 수사한 자가 작성하여야 한다. 2인 이상이 수사에 참여한 경우에는 성명을 연기하되 내용을 잘 아는 자를 먼저 쓴다.

(3) 작성요령

수사보고서는 작성연월일, 수신인(보통 소속장), 제목, 전문, 피의자 인적 사항, 수사사항, 작성자의 소속 · 계급 · 성명 · 날인 등의 순서로 작성한다.

11 검증조서

(1) 의의

① 검증조서란 수사기관이 검증의 상황과 결과를 명백히 기재한 서면을 말한다.

② 검증을 한 자가 오관의 작용에 의하여 검증대상물의 존재와 상태에 대하여 인식한 것을 기재한 서면을 말한다.

③ 검사 또는 사법경찰관이 검증의 결과를 기재한 조서는 적법한 절차와 방식에 따라작성된 것으로서 공판준비 또는 공판기일에서의 작성자의 진술에 따라 그 성립의 진정함이 증명된 때에는 증거로 할 수 있다(형사소송법 제312조 제6항, 개정 2007.6.1.).

[별지 제99호 서식]   [검규 제49호]

검 증 조 서

○○○외 ○명에 대한 ○○○○○○○○○ 피의사건에 관하여 . . .
00:00 ○○○○○○○○에 임하여 사법경찰관 ○○ ○○○는(은) 사법
경찰리 ○○ ○○○를(을) 참여하게 하고 다음과 같이 검증한다.

1. 검증의 장소(대상)

2. 검증의 목적

3. 검증의 참여인

4. 검증의 경위 및 결과

이 검증은 . . . 00:00에 시작하여 . . . 00:00에 끝나다.

. . .

○○○○경찰서
사법경찰관 ○○ ○○○ (인)
사법경찰리 ○○ ○○○ (인)

210mm×297mm 일반용지 60g/㎡(재활용품)

(2) 검증조서의 작성요령

　① 검증조서의 형식적 기재사항 기출

　　피의자명은 검증시를 표준으로 하고 검증시 추측되는 죄명을 기재하고 작성연월일, 조서작성자의 서명·날인, 검증의 일시, 검증의 장소, 검증의 목적, 검증의 참여인 등도 기재한다.

　② 검증조서의 실질적 기재사항 – 검증의 경위 및 결과 기출

　　㉠ 검증의 조건, 현장의 위치, 현장부근의 상황, 현장의 모양, 피해상황, 증거자료, 참여인의 지시설명, 도면 및 사진을 기록한다.

　　㉡ 검증의 조건은 검증할 때의 기상, 시계, 명암, 지형, 대상의 장소, 물건, 육체 등을 말하는 것으로서 검증을 하는데 조건이 좋았다든가, 나빴다든가, 방해가 되었다든가, 지장이 있었다든가 등을 기재한다.

　　㉢ 현장의 위치는 현장부근의 상황과 지리적·장소적 사건을 기재한다.

　　㉣ 현장기재는 일반적으로 검증의 순서에 따라 '외부로부터 내부로', '전체로부터 부분으로', '상태로부터 변태로', '동종으로부터 이종으로' 순으로 기재한다.

　　㉤ 참여인의 지시설명에는 피의자·피해자·범행목격자를 참여하게 하거나, 전문기술자·의사·화자 등을 참여하게 하여 진술을 들어가며 검증을 한다.

12 실황조사서

(1) 실황조사서의 작성목적

　① 범인을 파악하지 못하거나 증거를 발견하지 못한 경우에 범인 및 증거의 발견을 위하여 작성하고

　② 범인은 파악되었으나 체포하지 못하였을 경우에 도주경로를 명백히 하고 범죄의 증명자료를 얻기 위하여 작성한다.

　③ 범인은 검거되었으나 범행을 부인하는 경우에 범죄사실을 입증하는 자료로 활용하기 위해 작성한다.

　④ 범인이 자백하였을 경우에 그 내용을 명백히 하는 자료로 사용하기 위하여 실황조사서를 작성한다.

(2) 관련근거

　　① 형사소송법 제199조 · 제244조

　　② 사법경찰관리집무규칙 제49조

　　③ 범죄수사규칙 제135조 내지 제137조

　　④ 검찰청법 제11조

(3) 실황조사서의 작성요령

　　검증조서에 준하여 작성한다.

13 간이서식화 양식

(1) 의의

　　간이형사기소제도의 일환으로서의 사안이 단순하고 정형적인 형사사건에 관해 서류의
　　기재량을 최소한으로 줄여 신속한 처리를 하는 것을 말한다.

(2) 종류 기출

　　① 피의자 신문조서: 공통, 교통, 폭력, 절도, 향토예비군 설치법 위반, 도박양식(사법경
　　　　찰관리집무규칙 서식 제65호~제70호)

　　② 의견서: 피의자, 죄명, 범죄사실, 적용법조, 전과 및 검찰처분관계, 의견란

　　③ 진술조서: 교통, 폭력, 절도(동서식 제72호~제74호)

　　④ 진술서: 공통, 교통, 폭력, 절도(동서식 제75호~78호)

　　　* 성명, 연령, 본적, 주거, 직업, 직장은 공통이고 양식 없이 자필진술로 작성한다.

　　⑤ 대상사건 중 교통 · 폭력 · 절도는 다음의 경우에 작성한다.

　　　　㉠ '교통'은 어무상 과실치 · 사상 도로교통법 위반(업무상 과실 재물손괴) 사건

　　　　㉡ '폭력'은 폭력행위 등 처벌에 관한 법률 위반, 폭행, 폭행치상, 상해의 기수 · 미수
　　　　　　사건

　　　　㉢ '절도'는 절도, 야간주거침입절도, 특수절도의 기수 · 미수 사건(진술조서 · 진술서
　　　　　　의 경우도 같음)

진 술 조 서 (간이폭력)

성명	( ) 이명 :		성 별	
연령	세(생)	주민등록번호		
등록기준지				
주거				
자택전화		직장전화		
휴대전화		전자우편(e - mail)		
직업		직장		

위의 사람은 000외 0명에 대한 죄명 피의사건의 피해자로서 0000.00.00. 조사장소
(소속관서+부서)에서 임의로 아래와 같이 진술함.

피해일시	
피해장소	
피(혐)의자	
피해경위	

210㎜ × 297㎜(백상지 80g/㎡)

피해내용 및 정도	
피해 후의 조치	
제출할 증거	
압수증거물 확인	
피(혐)의자와의 관계	
합의여부 또는 교섭 상황	
피(혐)의자의 처벌에 대한 의견	

위의 진술내용을 더욱 명백히 하기 위하여 아래와 같이 문답함.

문 :

답 :

210mm × 297mm(백상지 80g/㎡)

> **간이서식을 사용하지 않는 경우**
>
> 1. 구속사건(단, 간이의견서는 교통, 폭력의 경우 사용할 수 있다)
> 2. 증거관계가 복잡
> 3. 피의자가 5인 이상인 경우에는 대상사건일지라도 작성하지 않는다.

14 수사자료표

수사자료표라 함은 수사기관이 피의자의 지문을 채취하고 피의자의 인적 사항, 죄명, 입건관서, 입건일자, 처분·선고결과 등 수사경력 또는 범죄경력에 관한 사항을 작성한 표(전산입력되어 관리되거나 자기테이프, 마이크로필름 등 그 밖에 이와 유사한 매체에 기록·저장된 표를 포함)로서 경찰청이 관리하는 것을 말한다.

(1) 작성대상

① 원칙적으로 입건된 모든 피의자에 대하여 작성한다(형의 실효 등에 관한 법률 제5조 제1항, 지문규칙 제3조).

② 수사자료표를 작성하지 않는 경우_{기출}

   ㉠ 즉결심판대상자

   ㉡ 형사미성년자

   ㉢ 사법경찰관이 수리한 고소·고발사건에 대하여 혐의없음, 공소권없음, 죄가안됨, 각하의 불기소의견으로 송치하는 사건의 피의자(단, 경찰에서 불기소의견으로 송치하였으나 검찰에서 조사 후 기소한 피의자에 대하여는 검찰에서 작성하여야 함)

   ㉣ 단순 물적 피해교통사고 피의자(단, 인적 피해사고, 종합보험·공제조합미가입, 합의되지 않은 단순 물적 피해사건은 작성하여야 함)

③ 주민등록증의 미발급자·미소지자, 외국인 등 신원이 확인되지 않았거나 주민조회 시 지문가치가 없는 경우(00000-00000 포함)에도 작성하여야 한다.

(2) 작성방법

① 수사자료표를 작성할 때에는 '지문을 채취할 형사피의자의 범위에 관한 규칙'에 규정한 피의자애 대하여만 지문을 채취한다.

수사자료표에 지문을 날인하여야 하는 경우 기출

1. 형법 위반 피의자
2. 폭력행위 등 처벌에 관한 법률, 특정범죄가중처벌 등에 관한 법률, 집회 및 시위에 관한 법률, 마약류 관리에 관한 법률, 국가보안법 등 41개 법률 위반 피의자(지문을 채취할 형사피의자의 범위에 관한 규칙)
3. 피의자가 그 신원을 증명하는 자료를 제시하지 아니하거나 제시하지 못하는 때
4. 피의자가 제시한 자료에 의하여 피의자의 신원을 확인하기 어려운 때
5. 피의자를 구속하는 때
6. 수사상 특히 필요하다고 인정하여 피의자의 동의를 얻은 때

② 그 외의 법률 위반 피의자는 주민등록증의 지문을 복사·첨부한다.

③ 수사자료표는 E-CRIS를 이용 전자문서로 작성함을 원칙으로 한다. 다만 입원, 교도소수감, 해상, 원격지 기타 불가피한 사유로 피의자가 경찰관서에 출석하여 조사를 받을 수 없는 경우에는 종이 수사자료표를 이용하여 작성하되 이를 과학수사계(팀)로 송부하여야 한다.

(3) 수사자료표의 관리

① 수사자료표는 작성 후 경찰청에 송부하여 경찰청 과학수사센터와 정보통신담당관실에서 통합관리하며, 해당 피의자에 대한 처분결과가 검찰로부터 통보된 경우에 전산입력한다.

② 기존 수사자료표를 범죄경력자료와 수사경력자료로 구분하고 있다.

③ 범죄경력자료라 함은 수사자료표 중 벌금이상의 형의선고·면제 및 선고유예, 보호감호, 치료감호, 보호관찰, 선고유예실효, 집행유예취소, 벌금이상의 형과 함께 부과된 몰수·추징·사회봉사명령·수강명령 등의 선고 또는 처분에 관한 자료를 말한다.

④ 수사경력자료라 함은 수사자료표 중 벌금 미만의 형의 선고 및 검사의 불기소처분에 관한 자료 등 범죄경력자료를 제외한 나머지 자료를 말한다.

⑤ 본인이 자신의 수사자료표의 내용을 확인하기 위하여 조회를 신청할 수 있다.

⑥ 수사자료표의 내용을 회보하거나 누설한 자는 5년 이하의 징역 또는 5,000만원 이하의 벌금에 처한다.

⑦ 경찰청장은 수사자료표의 보존·관리를 위하여 그 책임자를 지정하여야 한다.

⑧ 경찰청장은 수사자료표를 범죄경력자료와 수사경력자료로 구분하여 전산입력을 한 후 이를 관리하여야 한다.

⑨ 범죄경력자료표 또는 수사경력자료를 회보하는 때에는 그 용도·작성자·조회자의 성명 및 작성일시 기타 필요한 사항을 명시하여야 한다.

⑩ 형의 실효 등에 관한 법률 제5조 제1항 제2호에 해당하는 경우로서 '지문을 채취할 형사피의자의 범위에 관한 규칙' 제2조 제2항 제1호·제2호 또는 제4호의 1에 해당하지 아니하는 피의자에 대하여 혐의없음, 공소권없음, 죄가안됨, 각하, 참고인중지의견으로 송치할 때에는 범죄경력조회(지문조회) 통보서를 첨부하지 아니한다.

(4) 범죄경력조회·수사경력조회 및 회보

① 범죄수사 또는 재판을 위하여 필요한 경우

② 형의 집행 또는 사회봉사·수강명령의 집행을 위하여 필요한 경우

③ 보호감호·치료감호·보호관찰 등 보호처분 또는 보안관찰업무의 수행을 위하여 필요한 경우

④ 수사자료표의 내용을 확인하기 위하여 본인이 신청하는 경우

⑤ 국가정보원법 제3조 제2항의 규정에 따른 보안업무에 관한 대통령령에 근거하여 신원 조사를 하는 경우

⑥ 외국인의 체류허가에 필요한 경우

⑦ 각군 사관생도의 입학 및 장교의 임용에 필요한 경우

⑧ 병역의무의 부과와 관련하여 현역병 및 공익근무요원의 입영에 필요한 경우

⑨ 다른 법령에서 규정하고 있는 공무원임용, 인·허가, 서훈, 대통령표창, 국무총리표창 등의 결격사유 또는 공무원연금 지급제한사유 등을 확인하기 위하여 필요한 경우

⑩ 그 밖에 다른 법률에서 범죄경력조회 및 수사경력조회와 그 회보를 하도록 규정되어 있는 경우

> **범죄경력조회 및 수사경력조회**
>
> 1. 범죄경력조회: 신원 및 범죄경력에 관하여 수사자료표 및 전산입력된 범죄경력자를 열람·대조확인(정보통신망에 의한 열람·대조확인 포함)하는 방법으로 하는 조회를 말한다.
> 2. 수사경력조회: 신원 및 수사경력에 관한 전산입력된 수사경력자료를 열람·대조확인(정보통신망에 의한 열람·대조확인 포함)하는 방법으로 하는 조회를 말한다.

(5) 수사자료표의 폐기

① 경찰청장은 수사자료표에 등재된 사람이 사망한 때에는 그 수사자료표를 폐기할 수 있다(형의 실효 등에 관한 법률 시행령 제9조 제1항).

② 경찰청장은 수사자료표를 마이크로필름 또는 전산자료의 형태로 관리·보존하는 경우에는 종전의 수사자료표를 폐기할 수 있다(동조 제2항).

(6) 수사경력자료의 정리(형의 실효 등에 관한 법률 제8조의2)

① 삭제사유

㉠ 검사의 혐의없음·공소권없음·죄가안됨 또는 기소유예의 불기소처분이 있는 경우

㉡ 범죄의 무죄·면소 또는 공소기각의 판결이 확정된 경우

㉢ 법원의 공소기각의 결정이 확정된 경우

② 보존기간

㉠ 법정형이 사형, 무기징역·무기금고, 장기 10년 이상의 징역·금고에 해당하는 죄는 10년

㉡ 법정형이 장기 2년 이상의 징역·금고에 해당하는 죄는 5년

㉢ 법정형이 장기 2년 미만의 징역·금고, 자격상실·자격정지, 벌금, 구류 또는 과료에 해당하는 죄는 즉시 삭제

㉣ ①의 경우 중 검사의 혐의없음·공소권없음·죄가안됨을 제외한 나머지는 5년간 보존한다.

15 수사서류 및 장부의 보존기간

영구	수사관계예규철
25년	범죄사건부, 체포 · 구속인명부, 압수부, 피의자소재발견처리부, 수사종결사건(송치사건)철, 내사종결사건철(내사사건기록철), 수사미제사건기록철, 변사사건종결철, 영상녹화물관리대장
10년	통계철(사법경찰관리직무규칙상 5년), 수법원지, 몰수 · 부대보전신청부
5년	거짓말탐지검사실시의뢰서, 거짓말탐지검사동의서, 거짓말탐지검사전조사표, 거짓말탐지질문표, 거짓말탐지기차트 및 차트평가표, 거짓말탐지기결과보고(회보)서
3년	통시제한조치허가신청부, 통신제한조치집행대장, 긴급통신제한조치대장, 긴급통신제한조치통보서발송부, 통신제한조치집행사실통지부, 통신제한조치집행사실통지유예승인신청부, 통신사실 확인자료제공요청승인신청부, 긴급통신사실확인자료제공요청대장(사후허가용), 통신사실확인자료제공요청집행대장(사전허가용), 통신사실확인자료의회신대장, 통신사실확인자료제공요청집행사실통지부, 통신사실확인자료제공요청집행사실통지유예승인신청부, 수사촉탁 접수관리대장 등
2년	구속영장신청부, 체포영장신청부, 체포 · 구속영장집행원부, 긴급체포원부, 현행범인체포원부, 압수 · 수색 · 검증영장신청부, 출석요구통지부, 체포 · 구속인접견부, 체포 · 구속인교통부, 체포 · 구속인물품차입부, 처분결과통지서철, 검시조사, 잡서류철, 특례조치 등 신청부 등

조사방법

001 다음 설명 중 **틀린** 것은 모두 몇 개인가?

10
승진변형

> ㉠ 「소년업무규칙」상 촉법소년은 10세 이상 14세 미만의 자로서 형벌법령에 저촉되는 행위를 할 우려가 있는 자를 말한다.
> ㉡ 소년에 대해서는 되도록 구속을 피하여야 하며, 부득이 구속하거나 동행할 때에는 그 시기와 방법에 관하여 특히 주의를 하여야 한다.
> ㉢ 「소년법」상 범죄소년과 촉법소년은 검찰청에 송치하고 우범소년은 경찰서장이 직접 관할법원 소년부에 송치한다.
> ㉣ 「소년법」상 소년의 연령은 19세 미만이다.

① 1개　　　　② 2개　　　　③ 3개　　　　④ 4개

해설

㉠ "촉법소년"이란 「소년법」상 형벌 법령에 저촉되는 행위를 한 **10세 이상 14세 미만인 소년**을 말한다.
㉢ 경찰서장은 촉법소년과 우범소년에 대해서는 소년보호사건으로 하여 **관할 소년부**에 송치하여야 한다. 다만, 경찰관은 범죄소년 사건을 입건하여 수사를 종결하였을 때에는 관할지방검찰청 검사장 또는 지청장에게 송치하여야 한다.

002 다음 REID 9단계 신문기법과 관련하여 단계별 순서가 바르게 나열된 것은?

13 승진

> ㉠ 수사관은 용의자로 하여금 범죄사실에 대해서 상세하게 설명한다.
> ㉡ 수사관은 용의자를 단도직입적이고 유죄 단정적인 태도로 대한다.
> ㉢ 수사관은 신문의 화제를 제시한다.
> ㉣ 수사관은 용의자의 주의를 끌고 신뢰감을 보여준다.
> ㉤ 수사관은 용의자의 구두 자백을 서류화하여 기록한다.

① ㉡ → ㉢ → ㉣ → ㉠ → ㉤
② ㉡ → ㉢ → ㉣ → ㉤ → ㉠
③ ㉡ → ㉢ → ㉤ → ㉣ → ㉠
④ ㉢ → ㉡ → ㉣ → ㉠ → ㉤

해설

㉡ 수사관은 용의자를 단도직입적이고 유죄 단정적인 태도로 대한다.
→ ㉢ 수사관은 신문의 화제를 제시한다.
→ ㉣ 수사관은 용의자의 주의를 끌고 신뢰감을 보여준다.
→ ㉠ 수사관은 용의자로 하여금 범죄사실에 대해서 상세하게 설명한다.
→ ㉤수사관은 용의자의 구두 자백을 서류화하여 기록한다.

REID 9단계 신문기법
㉠ 1단계: 수사관은 용의자를 **단도직입적이고** 유죄 단정적인 태도로 대한다.
㉡ 2단계: 수사관은 신문의 **화제를 제시**한다.
㉢ 3단계: 수사관은 용의자 범죄사실의 **초기의 부인**을 다룬다.
㉣ 4단계: 수사관은 용의자의 **반론을 압도**한다.
㉤ 5단계: 수사관은 용의자의 **주의를 끌고 신뢰감**을 보여준다.
㉥ 6단계: 수사관은 용의자의 **소극적인 상태**를 알아차린다.
㉦ 7단계: 수사관은 용의자에게 **선택적 질문**을 하여 그가 답변을 선택하게 한다.
㉧ 8단계: 수사관은 용의자로 하여금 범죄사실에 대해서 **상세하게 설명**하게 한다.
㉨ 9단계: 수사관은 용의자의 구두 **자백을 서류화**하여 기록한다.

003 리드(REID) 테크닉 9단계 신문기법과 관련하여 적절한 것으로 연결된 것은?

17 승진

> ㉠ 감정적 피의자의 경우 범죄 후 상당한 죄책감, 정신적 고통을 경험하며 사실적
> 분석(Factual–analysis) 전략과 기법이 가장 효과적이다.
> ㉡ 혐의자가 범인인지 여부에 대한 수사관의 확신이 없을 때 자백을 이끌어내기 위
> 한 효과적인 신문기법이다.
> ㉢ 리드(REID) 테크닉 9단계 신문 방법 중 7단계는 구두 자백의 서면화로 용의자가
> 진술한 자백의 내용을 서면화하는 것이다.

① 없음   ② ㉠   ③ ㉠㉢   ④ ㉡㉢

해설

모두 옳지 않다.
㉠ 감정적 범죄자는 범죄 후 상당한 죄책감, 정신적 고통, 양심의 가책을 경험하며, 감정적 범죄자에
게는 **동정적인 신문 전략**이 가장 효과적이다. 사실적 분석 전략과 기법은 비감정적 범죄자에게
효과적이다.
㉡ RIED 9단계 신문기법이란 **수사관이 유죄라고 판단한 용의자**에 대한 신문 과정에서 사용되는 전
략과 기법을 말한다.
㉢ 리드(RIED) 테크닉 9단계 신문기법 중 9단계에 관한 내용이다.

004 「인권보호를 위한 경찰관 직무규칙」에는 심야 조사가 원칙적으로 금지되어 있다.

15 3차 여기서 말하는 '심야' 시간은 언제까지인가?

① 자정부터 오전 9시까지   ② 자정부터 오전 6시까지
③ 오후 9시부터 오전 9시까지   ④ 오후 10시부터 오전 6시까지

해설

② 심야라 함은 자정부터 오전 6시까지를 말한다.
   (인권보호를 위한 경찰관 직무규칙 제64조 제1항)

005 「인권보호를 위한 경찰관 직무규칙」에 대한 설명 중 옳지 <u>않은</u> 것은 모두 몇 개인가?

11 경간

> ㉠ 원칙적으로 심야조사는 허용되지 아니하나, 공소시효가 임박한 경우 심야조사가 예외적으로 허용된다.
> ㉡ 수사는 불구속으로 함을 원칙으로 한다.
> ㉢ 성폭력 사건의 여성 피해자를 조사할 때에는 피해자 본인의 의사와 관계없이 여성경찰관이 조사 또는 입회하여야 한다.
> ㉣ 임의동행을 요구하는 경우 상대방에게 동행거부권을 고지할 필요는 없다.
> ㉤ 경찰관은 소년을 수사할 때에는 처벌보다 지도ㆍ육성ㆍ보호가 우선임을 명심하여야 한다.

① 없음   ② 1개   ③ 2개   ④ 3개

해설

㉢ 성폭력 사건의 여성 범죄피해자를 조사할 때에는 여성경찰관이 조사 또는 입회하는 것을 원칙으로 한다. 다만, 범죄피해자 본인이 원하지 않는 경우에는 예외로 한다.(인권 보호를 위한 경찰관 직무규칙 제68조 제1항)
㉣ 경찰관은 임의동행을 요구하는 경우에는 상대방에게 동행을 거부할 수 있는 권리가 있으며, 동행에 동의한 경우라 하더라도 원할 경우에는 언제든지 퇴거할 수 있음을 고지하여야 한다.(인권보호를 위한 경찰관 직무규칙 제51조 제1항)

006 범죄수사규칙상 송치서류 편철순서로 가장 옳은 것은 무엇인가?

10 2차

> ㉠ 압수물총목록   ㉡ 사건송치서   ㉢ 기록목록   ㉣ 의견서   ㉤ 그 밖의 서류

① ㉡ → ㉢ → ㉣ → ㉠ → ㉤   ② ㉡ → ㉣ → ㉠ → ㉢ → ㉤

③ ㉡ → ㉠ → ㉣ → ㉢ → ㉤   ④ ㉡ → ㉠ → ㉢ → ㉣ → ㉤

해설

④ 송치서류 ㉡사건송치서 → ㉠압수물 총목록 → ㉢기록목록 → ㉣의견서 → ㉤그밖의 서류의 순서에 따라 편철하여야 한다.(범죄수사규칙 제192조 제3항)

007 「범죄수사규칙」상 송치서류 편철에 대한 설명으로 가장 적절하지 <u>않은</u> 것은?

15승진

① 송치서류는 사건송치서, 압수물총목록, 기록목록, 의견서, 기타 서류의 순서로 편철한다.

② 기타 서류는 접수 또는 작성 순서에 따라 편철한다.

③ 모든 송치서류에는 각 장마다 반드시 면수를 기입하여야 한다.

④ 압수물총목록부터 의견서까지의 서류에는 송치인이 직접 간인하여야 한다.

해설

③ **의견서와 그 밖의 서류**에는 각 장마다 면수를 기입하여야 한다.(범죄수사규칙 제192조 제4항) 그러나 **사건송치서, 압수물총목록, 기록목록에는 면수를 기입하지 않는다.**

008 송치서류 편철과 관련하여 가장 적절한 것은?

13승진

① 송치서류는 사건송치서, 압수물총목록, 의견서, 기록목록, 기타 서류의 순서로 편철한다.

② 기타 서류는 접수 또는 작성순서에 따라 편철한다.

③ 기타 서류가 2장 이상 일 때에는 1-1, 1-2, 1-3의 방법으로 하여야 한다.

④ 모든 송치서류에는 각 장마다 면수를 기입하여야 한다.

해설

① 송치서류는 사건송치서 → 압수물총목록 → 기록목록 → 의견서 → 그 밖의 서류의 순서에 따라 편철한다.

③ 의견서에는 각 장마다 면수를 기입하되, 1장으로 이루어진 때에는 1로 표시하고, 2장으로 이루어진 때에는 1-1, 1-2, 1-3의 방법으로 하여야 한다.

④ 의견서와 그 밖의 서류는 각 장마다 면수를 기입한다. 그러나 **사건송치서, 압수물총목록, 기록목록에는 면수를 기입하지 않는다.**

009 수사서류 작성에 관한 설명 중 틀린 것은?

① 수사서류가 2매 이상인 때에는 서류의 연속성을 증명하기 위하여 작성자의 날인에 사용한 인장을 가지고 매 면마다 간인을 한다. 좌측 여백에 작성자가 날인하고 우측 여백에 진술자가 날인한다.

② 죄명은 경합범인경우에는 가나다순으로 하되, 형이 중하거나 공소시효가 장기인 순으로 한다.

③ 특별법 위반의 경우는 '○○○법위반'으로 표시한다. 교사, 미수는 '○○○법위반교사' 또는 '○○○법위반 미수'로 표시한다.

④ 적용법조는 처벌법규를 먼저 기재하고, 행위법규를 나중에 기재한다.

> **해설**
> ③ 기타 특별법위반사건 죄명표시는 원칙적으로 '○○○법 위반'으로 표시한다. 공범에 관한 특별규정이 있을 경우에는 '○○○법위반'으로 표시하고, 특별규정이 없을 경우에는 '○○○법위반 교사' 또는 '○○○법위반 방조'로 표시한다. **미수에 관하여는 '○○○법위반'으로 표시한다.**(공소장 및 불기소장에 기재할 죄명에 관한 예규 제6호)

010 죄명표시에 있어 '○○○법위반' 다음에 (   )를 하고 죄명 구분표시를 하는 특별법은 모두 몇 개인가?(단, 대검예규에 의함)

㉠ 폭력행위 등 처벌에 관한 법률	㉡ 예비군법
㉢ 청소년 보호법	㉣ 도로교통법
㉤ 마약류 관리에 관한 법률	㉥ 국가보안법
㉦ 마약류 관리에 관한 법률	㉧ 식품위생법

① 4개   ② 5개   ③ 6개   ④ 7개

> **해설**
> ㉡㉢㉦㉧:X/ ㉠㉣㉤㉥ : ○
> X: ㉡예비군법 ㉢청소년 보호법 ㉦부정수표단속법 ㉧식품위생법은 '○○○법위반' 다음에 (   )를 하고 죄명 구분표시를 하는 특별법이 아니다.
>
> | 대검예규 별표 상 (   )하고 죄명 구분 표시하는 특별법위반 법률 | |
> |---|---|
> | 반드시
구분표시 | ㉠특정범죄 가중처벌 등에 관한 법률 ㉡보건범죄 단속에 관한 특별조치법 ㉢특정경제범죄 가중처벌 등에 관한 법률 ㉣폭력행위 등 처벌에 관한 법률 ㉤국가보안법 ㉥성폭력방지 및 피해자보호 등에 관한 법률 ㉦마약류 관리에 관한 법률 |
> | 일부
구분표시 | ㉠성매매알선 등 행위의 처벌에 관한 법률 ㉡정보통신망 이용촉진 및 정보보호 등에 관한 법률 ㉢국민체육진흥법 ㉣아동학대범죄의 처벌 등에 관한 특례법 ㉤도로교통법, 교통사고처리 특례법 ㉥수산업법 ㉦아동·청소년의 성보호에 관한 법률 ㉧부정경쟁 방지 및 영업비밀보호에 관한 법률 ㉨성폭력범죄의 처벌 등에 관한 특례법 ㉩공연법 ㉪화학물질 관리법 ㉫아동복지법 ㉬한국마사회법 |

011 송치서류 작성 방법에 대한 설명으로 가장 적절하지 않은 것은?

12 승진

① 직업은 조사 또는 송치 당시의 직업을 기재한다.

② 주민등록번호를 알 수 없는 경우에는 생년월일을 기재한다.

③ 압수물이 있으면 반드시 압수물총목록을 작성하여야 한다.

④ 외국인 피의자의 성명은 영문으로 기재한 다음 괄호 안에 한글 발음을 기재한다.

해설

④ 외국인은 한글로 발음대로 기재하고 괄호 안에 영문자로 표기한다.

012 의견서 범죄사실 작성요령과 관련한 설명 중 가장 적절하지 않은 것은?

13 승진

① 교사범일 경우 교사경위로 범죄사실을 대신한다.

② 상상적 경합범은 1개의 행위로 여러 결과가 발생한 경우이므로 범죄사실을 하나의 문장에 포함시켜 기재한다.

③ 피해당시의 신고가격이 실제 가격과 상당한 차이가 있다면 '피해자 신고가격 ○○○'이라 기재한다.

④ 범행을 부인하는 경우 범행일시, 장소 등을 추측에 의해 함부로 기재해서는 안 된다.

해설

① 교사, 방조범을 별도로 기소하는 경우 교사, 방조의 구체적인 사실 이외에 **정범의 범죄사실까지도** 전부 구체적으로 기재한다. 교사경위 자체가 범죄사실을 대신하지는 못한다.
② 이에 반해 실체적 경합범은 각 범죄사실을 다른 범죄사실과 구별할 수 있을 정도로 특정하여 기재하여야 한다.
③ 가격은 적당한 소매가격으로 표시하나 이를 알 수 없을 경우는 피해 당시의 신고가격으로 표시한다. 그러나 그 가격이 실제가격과 상당한 차이가 있다면 '피해자 신고가격***'이라 기재한다.

013 체포보고서에 관련된 설명으로 가장 적절하지 <u>않은</u> 것은?

12 승진

① 피의자 체포보고서는 피의자를 체포한 경찰관이 작성한다.

② 적용법조는 체포보고서에 포함되지 않는 내용이다.

③ 증거자료가 없는 경우 '없다'라고 기재한다.

④ 사전 구속영장에 의한 피의자체포의 경우에 작성한다.

해설

④ 경찰관은 피의자를 **영장에 의한 체포, 긴급체포, 현행범인으로 체포하였을 때**에는 피의자 체포보고서를 작성하여 소속관서장에게 보고하여야 한다.(범죄수사규칙 제84조)
② 적용법조는 의견서와 범죄인지서에 기재한다.

014 범죄인지서에 대한 다음 설명 중 가장 적절하지 <u>않은</u> 것은?

12 3차

① 현행범인을 체포하거나 인수받은 경우에도 작성한다.

② 고소 · 고발사건의 경우에도 반드시 작성하여야 한다.

③ 범행의 선 · 후 기재는 범죄발생시간 순으로 기재하여야 한다.

④ 범죄사실에는 범죄의 일시 · 장소 · 방법 등을 명시하고 특히 수사의 단서 및 인지하게 된 경위를 명확하게 기재하여야 한다.

해설

② **고소, 고발, 자수 검사 수사지휘**의 경우 범죄인지서를 작성하지 않는다.
④ 범죄인지서에는 피의자 인적 사항(성명, 주민등록번호, 직업, 주거), 범죄경력, 범죄 사실요지, 죄명 및 적용법조, 수사의 단서 및 범죄인지 경위를 기재하여 수사기록에 편철하여야 한다.(범죄수사규칙 제40조)

015 수사보고서에 대한 설명으로 가장 옳은 것은?

10 승진

① 수사보고서는 수사자료의 일부로 증거능력이 있다.

② 수사보고서는 일정하게 정해진 서식이 없다.

③ 수사의 경과 · 결과 등 수사관련 사항을 상사에게 보고하는 서면이다.

④ 영장신청에 있어서 유력한 소명자료로 쓰이는 경우는 없다.

해설

① 수사보고서는 원칙적으로 **증거능력을 가지지 않는다.**
② 수사보고서는 일정한 서식이 없었으나 **개정 범죄수사규칙은 수사보고서를 별지 서식으로 지정**하였다.(범죄수사규칙 서식2)
④ 수사보고서는 영장신청의 유력한 소명자료 역할을 한다.

ANSWER 013 ④ 014 ② 015 ③

제5장

과학수사

제5장 **과학수사**

제1절 과학수사

1 과학수사

협의의 과학수사는 과학적 수사기법을 활용하는 수사로 과학기술·과학적 지식 또는 과학기기 및 시설의 활용을 의미한다. 광의의 과학수사는 과학적인 방법으로 행하는 수사를 말하며, 여기에서 과학적인 방법이란 체계적이고 합리적인 방법을 의미한다. 통상 과학수사라고 할 때에는 협의의 과학수사를 의미한다. 감식수사란 현장감식에 의해 수사자료를 발견하고 수집된 수사재료를 과학적으로 분석하여 행하는 수사를 의미한다.

즉 과학수사란 범인을 발견하고 증거를 수집하여 사안의 진상을 밝히는 수사활동에 **과학적 지식·기술과 감식시설·장비·기자재** 등을 활용하는 수사를 가리킨다.

2 과학수사 내용

과학적 지식과 감식장비·기술을 최대한 활용하는 수사로 범죄현장의 여러 가지 상황을 종합적으로 관찰함으로써 공통되는 점을 찾아내어 수사법칙에 따라 수사를 진행하여야 한다. 수사는 개인의 기본적 인권보장을 중요시하고 **합법적으로 신속·정확하게 진행**되어야 하며, 그 결과에 대하여 국민이 이해하고 납득할 수 있는 **합리성과 타당성**이 있어야 한다.

3 범죄감식의 분류

구분	자료감식	기술감식
개념	수집된 자료를 **컴퓨터에 수록**하여 관리하여 범죄수사에 활용하는 것	**법의학, 물리, 화학** 등 자연과학의 지식 기술 등을 활용하여 사물을 판별하는 것
방법	• 지문에 의한 신원·범죄경력 확인 • **피의자 사진**에 의한 범인추정 • **수법원지**에 의한 감식 • **족흔적 자료**에 의한 용의자 추정	• **잠재지문, 족흔적, 혈흔, 모발, DNA** 등의 **채취·검사 및 감정** • 화재감식 • 필적감정 • 사진촬영 • 거짓말 탐지기 검사

4 현장감식

 범죄가 행하여진 장소나 범죄의 의심이 있는 장소에서 범죄를 증명하는데 증거자료로 활용할 수 있도록 한 현장에서 수사활동을 말한다. 현장상황과 유류되어 있는 **자료 관찰, 사진촬영, 지문채취** 등을 합리적으로 수행하고 과학적으로 검토하여 사건의 진상을 확인·판단한다. 사건자료를 합리적으로 수집·채취하여 **수사자료화**하는 활동이다.

> **현장보존 → 현장관찰** → 사진촬영 → 채증감식 → 수법검토

(1) 순서

 ① 간부의 현장관찰 :
　　지방경찰청장의 현장감식반 및 형사주무계 책임간부, 관할경찰서 형사계 경위 이상이
　　임장해서 **사건의 개요 파악, 현장수사의 목표설정, 수사방침을 수립**

 ② 사진촬영: 다른 감식작업에 우선하여 현장상황을 있는 촬영하여 재생

 ③ 채증감식:
　　멸실우려가 있는 증거물을 채증활동에 앞서 채취하거나 채증활동과 병행해서 실시한다.

 ④ 수법검토: 무형적 자료인 범죄수법을 파악하도록 한다.

(2) 일반적 유의사항

 ① 자료가 훼손되지 않도록 현장출입자는 장갑·덧신을 착용하고 통행판을 세운다.

 ② 유류물을 채취하여 **사건명·물품명·채취일시·장소·수량·채취자·참여자 등을 기입**한다.

 ③ **건조된 유리병이나 비닐제 용기 및 봉투를 사용**하여 보관한다.

 ④ 비교·대조가 필요한 것은 **대조물을 채취**하여야 한다.

 ⑤ 변질·휘발우려가 있는 때는 **차광성 용기**에 밀봉하여야 한다.

 ⑥ 과일 등에 이빨의 형태가 남아 있는 때에는 **실리콘러버로 치흔을 채취**하여야 한다.

(3) 현장 조치요령

 참여인에게 확인시키고 사진촬영을 하고, 각종 서류에 기록하여 남겨둔다.

5 사진감식

사진을 이용하여 수사대상물 또는 사건을 기록하기 위하여 범죄와 관련된 장소, 물건, 사람을 촬영하여 수사자료 또는 증거로서 이용하는 것으로 '**현장기록사진**'이라고 한다.

(1) 중요성

범죄현장사진은 **범죄현장 상황, 특정한 증거물의 모양, 특정한 부위**를 상세히 보여준다. 범죄수사에 가장 중요한 현장을 정확하게 확인할 수 있다. 재판관의 추측이나 주관적 편견으로 인한 사실인식의 왜곡을 배제한다. 발견 당시의 현장상황을 제3자에게 생생하고 올바르게 인식·이해시킬 수 있다.

관찰 및 기억력의 한계를 극복할 수 있게 하고, 현장에 유류된 자료를 사진으로 채증, 범죄와 범인을 잘 분석하여 증거자료로 활용할 수 있어 범죄 현장 사진은 과학수사에 중요한 기록매체이다. **지방경찰청 및 경찰서 수사(형사)요원이 범죄현장 임장사건이** 현장기록사진이 된다(관련규정: 현장사진작성 및 기록관리 규칙).

(2) 효과성

① 현장보존

② 수사자료

③ 증거자료

(3) 촬영 시 유의사항

① **도착했을 때의 상태 그대로** 촬영한 후 현장검증에 의해 세부사항을 촬영한다.

② 흉기·창상·족흔적 등의 **증거물은 mm까지** 표시된 자를 놓고 촬영한다.

③ 표찰을 함께 놓고 촬영한다.

④ 촬영자는 수사간부로부터 지시받은 촬영의 **목표와 범위·각도** 등에 따른다.

⑤ 증거능력이 인정되도록 촬영하여야 하며, 물건의 크기나 길이 등을 알 수 있도록 **자 또는 담배갑** 등을 함께 놓고 촬영한다.

⑥ 현장관찰과 병행하며 **외부에서부터 현장중심부로,** 거시적인 것에서 미시적인 것으로 범위를 좁히며 촬영(원근법)하여야 한다.

(4) 사진촬영 순서

① 촬영 시에는 범죄현장 주위로부터 주변의 건물 및 도로 등을 포함하여 현장의 상황을 전체적·부분적으로 촬영한다.

② 중요부분은 근접해서 촬영하고 촬영방향은 시계방향으로 순차적으로 중복해서 촬영한다. 사진촬영은 **외부에서부터 순차적으로 중심부**를 향하여 진행한다.

(5) 범죄현장 촬영요령

① 넓은 장소는 파노라마식 촬영법을 이용한다.

② 인가, 도로 등 불필요한 표식물이 들어가지 않도록 촬영한다.

③ 외곽에서 현장으로 접근하며 촬영한다(원경 → 근경).

④ 침입, 도주로의 촬영(실내외에서 양면 촬영)

⑤ 가구, 일용품 등이 파괴되고 물색되어 흩어져 있는 경우에는 촬영하는 위치에 따라 사진 판독이 달라지므로 여러 방향에서 촬영하여야 하며 촬영범위 내에 **반사체(유리, 거울 등)가 있으면 반사광에 유의하여 촬영**하여야 한다.

⑥ **대문, 현관에 배달되어 있는 물품**을 촬영한다.

⑦ 사체를 중심으로 한 **주변 및 혈흔 등의 상태를 촬영**한다.

⑧ **거미줄이나 먼지의 변화상태를 촬영**한다.

⑨ 족흔적 등 유류물의 발견 당시 상황을 촬영한다.

(6) 사체 촬영

① 범행현장 시체를 중심으로 **높은 곳**에서 촬영하여야 한다.

② 상처흔이 많은 경우 각각 번호를 부여하여 촬영한다.

③ 루미놀반응 검사 시에는 혈흔의 위치를 확인하여 참고인을 입회시키고 혈흔 반응검사를 한다.

④ 현장관찰 진행에 따라 순차적으로 전신착의, 손상된 신체의 찔린 상처를 촬영하고 시체가 변형되거나 결단되어 촬영되지 않게 한다.

⑤ 손상부위가 확인되도록 사체의 정면, 등(배면) 촬영: 전체 촬영 후 부분 및 세부촬영을 한다.

⑥ 졸림자국(액흔:扼痕)촬영은 손자국, 손톱자국, 사용물건(줄, 철사) 등의 흔적에 유의한다.

⑦ 의복착의 자살사체의 상처부위입구는 흔적과 관련되게 촬영한다.

(7) 신원불상자 촬영

임장 당시 상태를 촬영한 후 안면을 깨끗이 닦고 두발, 복장 등을 정리하여 촬영한다.

(8) 유류물의 촬영

유류상태는 장소적 상황과 유뮤물을 함께 묘사하고 중요 유류물은 반드시 우선 촬영 후 수거한다. 유류물의 형태, 특징(번호, 상표, 기명(記名), 흔적 등)이 표현되도록 근접촬영을 한다.

(9) 현장유류지문의 촬영

잠재지문은 검출 후에 촬영하고 먼지지문은 사광선을 비추어 촬영한다. 현재유류지문 및 검출지문은 검출장소를 촬영하고 그 주위도 촬영한다.

(10) 족적 및 타이어흔

① 보행선, 보행각, 보폭 등이 표현되도록 촬영하고 장소관계가 확인되도록 위치하여 촬영한다(석고 및 전사판 채취 전).

② 족흔적, 타이어흔 촬영은 **줄자를 놓고 촬영**한다. 접사촬영은 피사체와 카메라렌즈가 직선상이 되도록 촬영하고 조명은 4.5 이하, 특히 5 전후에서 가장 선명하다.

(11) 화재현장의 촬영

① 발화부, 화재원인의 추정 등 자료가 되므로 발화 당시의 상황을 촬영하는 것이 필요하고 발화 당시 현장에 있던 관계자, 소화자 등을 촬영한다.

② 방화, 실화 등의 원인 파악이 가능한 상황 및 증거물은 근접촬영 및 접사촬영한다.

③ 외부에서 내부로 진입하며 주 연소 부분, 초기 연소 부분, 발화 부분, 후기 연소 부분, 탄화부분의 특징을 살려 촬영하며, 방화증거물 등의 유류품도 관찰하여야 한다.

(12) 기타 촬영 대상

① 사체의 시체얼룩, 색구, 점출혈 및 상처, 안구 등의 눈의상태, 시체얼룩, 점출혈, 찰과상

② 피해자의 저항, 상해사건 등 의해 생기는 찰과상, 타박상, 피하출혈 등 신체상흔과 파손 기물

③ 해부 사체의 장기 손상 부위, 점출혈, 혈액의 변색 등 부검기록

④ 혈흔, 토사물, 대소변, 강간치상의 상황과 출혈상태

(13) 렌즈의 활용

① 표준렌즈

사체전신, 부위별, 부검사진, 실내외 현장 및 각종 증거물과 화재현장, 교통사고현장 촬영에 활용된다.

② 광각렌즈

실내상황을 광범위하게 촬영하고, 좁은 실내(욕실, 차량내부), 표준렌즈 불가능 시 밀집된 장소(골목길 등)에서 전경 촬영에 활용한다.

③ 망원렌즈 사용

대상자의 인상 및 행동을 상대방이 알지 못하게 원거리 촬영 시에 활용한다.

• 렌즈의 특성 비교

초점거리	명칭	특징
짧아짐	광각렌즈	• 화각이 넓음 • 원근감을 강조, 심도 깊음, 오목효과 • 18, 24, 28, 35mm
보통	표준렌즈	• 기준렌즈로 사람의 시야율과 비슷한 각도의 렌즈 • 왜곡이 적고, 실물크기에의 근접 50mm 전후
길어짐	망원렌즈	• 화각이 좁고 먼 곳의 피사체를 가깝게 촬영 • 원근감이 적고, 심도 얕음, 주제 강조 • 60, 100, 200, 300, 500, 1000mm 등

6 몽타주 작성

몽타주는 범인을 목격한 피해자나 목격자 등의 진술을 근거로 눈, 코, 입 등 얼굴의 부분별 자료를 합성하여 범인의 모습과 유사하게 특징을 잡아서 그린 얼굴 스케치를 말한다.

(1) 몽타주 활용의 효과

공개수사자료로 제공함으로써 사건 및 범인에 관한 국민의 관심도를 고양시키고 제 보에 의한 범인검거의 효과가 있다. 범인의 행동제약이나 심리적 압박을 유발시켜 **자수유도 및 미검거 상태에서의 재범을 방지**한다. 사건현장 거주 주민, 업주, 출입자들을 상대로 **사건예방 홍보자료로 활용**한다.

(2) 몽타주 작성 시 유의사항

몽타주는 사건발생 후 피해자나 범인을 목격한 목격자의 기억이 흐려지기 전에 작성·의
뢰하여야 하고, 사건 담당형사는 목격자의 목격상태가 어느 정도인지 면담을 통하여 목
격자를 선정하여야 한다.

수사종합검색시스템 및 인근주민 사진 등을 사전에 목격자에게 열람시키려면 범인의 인
상과 혼동하게 되어 기억이 흐려지게 되므로 반드시 사진 등을 열람하기 전에 작성을 의
뢰하여야 한다.

(3) 몽타주 프로그램

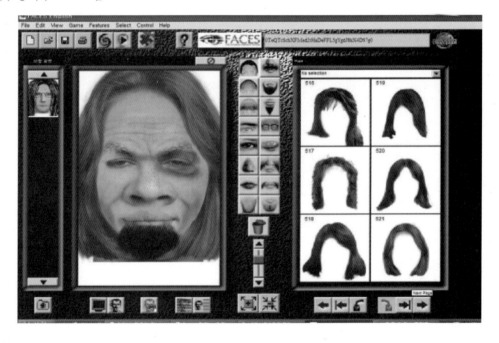

제2절 | 사체의 현상

1 활력반응

(1) 개념

① 활력반응이란 **사망 전** 인체에 어떤 외인에 의하여 물리적 또는 화학적 인자가 작용하면 생체는 반드시 반응하고 이 결과는 사후에도 소실되지 않고 남아있는데 이러한 **생체적 변화**를 말한다. 사후에 가하여진 외인자에 대하여는 그 반응이 나타나지 않기 때문에 외인이 생전 것인지 또는 사후의 것인지를 감별하는 기준이 된다.

② **시체얼룩**은 사후현상인 데 반해 **피부밑출혈**은 활력반응으로 이는 사인을 구별하는 좋은 증거가 될 수 있다.

③ **뜨거운 물에 데면** 그 부위 피부가 빨갛게 부어오르거나, 물집이 생긴다. 이런 현상은 생체가 뜨거운 물에 반응하여 생기는 현상으로 시체의 피부에서는 피부가 **익고 발적이나 물집이 생기지 않는다.**

(2) 종류

① 국소활력반응

㉠ 혈관이 터지면 혈액이 혈압 때문에 혈관 밖으로 나와 응고하지만 사후에 혈관을 절단하면 고여있던 혈액이 흘러나오며 **응고하지 않는다.**

㉡ 열창이나 절창에서는 피부와 **근육 등이 수축하므로 상처**가 벌어진다.

㉢ 생전에 손상을 받거나 감염이 있으면, 조직은 염증반응(발적, 종창 등)이나 조직의 재생 기전이 생긴다.

㉣ 현미경으로 검사하면 출혈을 확인할 수 있고, **탄력섬유나 아교질섬유**의 절단 부위의 변화를 볼 수 있다. 또 손상 부위에 염증 세포가 나타난다.

② 전신활력반응

㉠ 출혈이 많으면, 전신적에 빈혈 현상이 생긴다.

㉡ 손상 부위에서 생긴 기름방울, 공기방울, 작은 조직 조각 등이 다른 부위의 혈관 속에서 발견되는 색전증이 생긴다.

㉢ 이물질 흡입, 약물 등의 전신 분포나 배설, 속발설 염증, 혈색소 변화 등

2 사체의 검시

사체의 검시는 법률적인 판단을 위해 수사기관이 범죄혐의의 유무를 조사하는 검시(檢視)와 시체 및 그 주변현장을 조사하는 것이고 의사가 하는 의학적 판단인 검시(檢屍)를 포함한다.

(1) 검시(檢視)의 종류

검안		사망을 확인하고, 신원을 확인하기 위하여 하는 시체검사로 해부 없이 행한다.
부검	병리해부(病理解剖)	질병에 의해 사망한 경우 그 사인을 밝히는 부검이다.
	행정해부(行政解剖)	범죄와 무관한 행려사망, 전염병, 재해사고로 인한 사망의 경우 그 사인을 알이내기 위한 해부
	사법해부(司法解剖)	범죄와 관련되어 있거나 또는 관련되었을 가능성이 있는 변사체에 대한 부검으로 법의부검이다.

(2) 사망진단서와 사체검안서

① 사망진단서

의사가 사망 48시간 전에 사망한 사람의 사인을 설명할 수 있는 경우에 한하여 발부하는 진단서로 모든 사체에 대하여 사망진단서를 발부할 수 있는 것은 아니다. 사인란에는 반드시 세계보건기구(WHO)가 규정한 병명을 기록하여야 한다.

② 사체검안서 :

사망진단서를 발부할 수 없는 조건 하에서 죽음을 증명하기 위한 문서

③ 사산증명서:

사산에 입회한 의사 또는 조산원에 의해 발행되며 산전관리 또는 진료 중이던 임부가 4개월 이상된 태아를 사산하였을 때

1. 사망의 원인
- 직접사인: 직접 죽음에 이르게 한 질병 또는 손상을 말하며 심장마비, 호흡마비 또는 심박동정지, 호흡정지는 해당하지 않는다.
- 중간선행사인: 직접사인과 원인적 또는 병리학적으로 관련이 있는 것으로 시간적으로 앞서 야기된 질병, 합병증 또는 외인 등이 해당된다.
- 선행원사인: 직접사인 또는 중간선행사인을 야기시킨 병인 또는 외인이 이에 해당되며, 반드시 직접사인 또는 중간선행사인과 일련의 인과관계가 성립되어야 한다.
  예 평소 뇌동맥경화가 있어 치료받아 왔으나(중간선행사인) 두부를 강타당하여 (선행원사인) 지주막하출혈로 사망(직접사인)

2. 사망의 종류
- 내인사: 질병 등 신체 내적 원인에 의해 사망한 것이 명확한 죽음(자연사)
- 외인사: 신체 외적 원인에 의해 사망한 것으로 자살, 타살, 사고사, 재해사로 구분
- 사인불명사: 사인이 명확하게 밝혀지지 않은 사망

④ 사태증명서: 산전관리 또는 진료한 사실이 없는 임부가 사산한 경우 태아의 죽음을 증명하는 문서이다.

3 사체의 현상

(1) 사체의 초기현상 기출

① 체온의 하강

대기온도와 같아지거나 수분이 증발하면서 체온이의 기온보다 더 낮아질 수 있다. 체온은 항문에 체온기를 삽입하여 곧창자 온도를 측정하고 사후 16~17시간 이내에 측정한다. 남자는 여자보다, 마른 사람은 비만한 사람보다 체온의 하강정도가 빠르다. 소아·노인도 체온하강의 속도가 빠르다.

헨스게표

1. 헨스게표는 변사자의 **곧창자 온도**를 이용해 사후 경과시간을 측정하기 위한 것이다.
2. 헨스게표는 사용하기 위해서는 **주변온도, 변사자체중, 체중보정을 위한 각종 변수(변사자의 착의 상태, 공기의 흐름 유무, 물에 젖었는지 유무)** 등을 정확하게 파악하여야 한다.
3. 헨스게포표는 주변온도가 23℃ 초과일 때 사용하는 것과 23℃ 이하일 때 사용하는 것 두 종류가 있다.

② 시체건조: 피부에 수분보충이 되지 않고 습윤성을 잃고 건조해진다.

③ 시체얼룩기출

　㉠ 적혈구의 중량에 의한 **혈액침하현상**으로 하부의 피부가 암적갈색으로 변화

　㉡ 시체얼룩은 사후 30분~1시간 경과 후부터 시작되고 사후 2~3시간 후에는 확실해진다.

　㉢ 사후 4~5시간에는 이동성 시체얼룩이 형성된다. 이때 **사체의 위치를 바꾸어 놓으면 시체얼룩도 이동**한다(온도가 높을수록 시체 얼룩은 빠르게 나타난다).

　㉣ 사후 12시간 후에는 침윤성 시체얼룩이 형성된다. 위치를 바꾸어 놓으면 시체얼룩은 사라지지 않는다.

　㉤ 시체얼룩은 **암적색**이고, 익사 또는 저체온사와 같이 차가운 곳에서 사망하거나, 일산화탄소나 청산중독으로 사망한 때는 시체얼룩이 **선홍색**을 띤다. 독물 중 염소산 칼륨이나 아질산소다 등의 중독사인 경우에는 황갈색 또는 암갈색이나 초콜릿색과 같은 **갈색조**를 띠며, 황화수소 가스중독일 때는 **녹갈색**을 나타낸다.

④ 시체굳음(Nysten 법칙)기출

사후에 이완되었다가 시간이 경과하면서 **사후 2~3시간**이 경과하면 턱관절에서부터 굳어지기 시작하여 사후 12시간 정도 되면 굳음이 전신에 미친다. 30시간 이후부터 풀어진다.

턱 ⇨ 어깨 ⇨ 발목, 팔목 ⇨ 발가락, 손가락

⑤ 각막은 사후 **12시간** 전후 흐려져서, **24시간**이 되면 현저하게 흐려지고, 48시간이 되면 불투명해진다.

(3) 사체의 후기현상

① 자가융해

부패균의 작용인 부패와는 달리 세균이 작용하는 것이 아니라, **체내에 있는 각종 분해 효소가 장기나 뇌 등에 작용**하여 단백질, 지방질, 탄수화물 등이 분해되고 더 나아가 장기 등의 조직이 분해되는 것을 말한다.

② 부패

　　㉠ 부패균의 작용에 의해 일어나는 질소화합물의 분해이다.

　　㉡ 부패의 3대조건

　　　　ⓐ 공기의 유통이 좋아야 한다.

　　　　ⓑ 온도는 **20~30℃**가 좋으며 그 이상 올라가면 건조현상이 먼저 일어난다.

　　　　ⓒ 습도는 **60~66%**일 때 최적이다.

> Casper의 법칙
> 1. 공기 → 1주　　2. 물 → 2주　　3. 흙 → 8주

　　　　ⓓ 공기 중과 물 속·흙 속에서 부패진행속도가 다르다.

③ 미이라화: 고온·건조하여 시체의 건조가 부패·분해보다 빠를 때 생기는 현상

④ 시체밀랍화

　　화학적 분해에 의해 고체형태의 지방산 혹은 그 화합물로 변화한 상태로 비정형적 부패형태로 수중에서 또는 수분이 많은 땅속에서 형성된다.

⑤ 백골화

　　소아시체는 사후 4~5년, 성인시체는 7~10년 후 백골화

• 시체에 변화에 따른 사망시간추정 기출

시체변화	
	1시간 내외
시체얼룩이 약하게 나타나고, 시체굳음이 아직 나타나지 않았을 경우	2~3시간 내외
시체얼룩은 경미하고, 시체굳음이 **턱뼈관절과 목뼈관절**에만 존재	4~5시간 내외
시체얼룩이 이동되고, 시체굳음이 팔관절에 나타나며 인공적으로 시체굳음을 소실시켰을 때 재굳음이 일어나는 경우	7~8시간 내외
시체얼룩 및 시체굳음이 강하고, 굳음이 다리관절까지 발생하였을 때	10~12시간 내외
시체얼룩 및 시체굳음이 현저하며 시체얼룩이 압력에 의하여 퇴색되지 않고 손가락관절에도 굳음이 나타나며, 각막이 안개처럼 흐려질 때	20시간 내외
각막은 현저하게 흐리고 동공도 흐리며, 복벽에 부패변색이 나타나고 입, 코, 눈 등에 파리 및 구더기가 생겼을 때	24시간 내외
턱뼈관절의 굳음이 풀어지기 시작할 때	30시간
팔의 굳음이 풀어지기 시작할 때	36시간
각막이 불투명하고, 다리의 굳음이 풀어지기 시작할 때	48시간
배꼽 주위 및 사타구니의 피부가 부패로 변색되고 여러 곳에서 부패(수)포가 생겼을 때	2~3일 내외
사천왕 현상: 피하 조직 및 근육에 부패가스가 많이 축적되어 전신이 거대해지는 현상	3~5일
구더기가 번데기가 되었을 때	8일 내외
번데기가 선탈하였을때	3주 내외
백골화 또는 시체밀랍화 되었을 때	수개월 이상

4 시체얼룩과 피부밑출혈기출

구분	시체얼룩	피부밑출혈
발생시기	사후현상	생전현상
발현부위	사체의 하반부	일정하지 않음
압박부	보지 못함	관계없음
퇴색 및 절개	침윤성 시체얼룩(사후 12시간) 전에는 가능	관찰되지 않음
절개	응혈이 없고 유동혈로서 쉽게 닦임	응혈이 있어서 닦이지 않음
조직학적검사	혈구 및 파괴물을 보지 못함	혈구 및 파괴물을 봄

5 손상사의 종류

(1) 둔기에 의한 손상기출

피부까짐	• 피부의 맨 바깥층의 표피만 벗겨져 나가 진피가 노출되는 손상 • 피부마찰까짐, 피부눌림까짐으로 나뉨 • 압박력이 동반될 때는 타박상, 찢긴상처, 눌린 상처도 볼 수 있다. • 피부까짐은 반드시 물체가 작용한 면의 형상과 작용방향에 일치 • 조명이 좋지 못할 때, 습윤할 때, 수중시체 등에는 피부까짐이 보이지 않을 수 있다. • 피부까짐은 직접적이고 강력한 충격이 가해지지 않는 한 출혈이 동반되지 않기 때문에 출혈이 없다고 하여 외력을 받을 당시 이미 사망하였다고 판단하여서는 안 된다. 　예 광범위하게 형성된 찰과상이라 하더라도 피부밑출혈을 보지 못하는 것이 일반적이다. 또한, 시체얼룩이 형성된 시체의 아래쪽에 피부까짐이 있을 때에는 사후 혈관의 파탄으로 출혈이 동반될 수 있다.
타박상	• 둔력에 의하여 피부는 그대로이고 피하조직이 다쳐 모세혈관, 정맥 등이 파열되어 일어나는 출혈 • 멍이라고도 하며 피하조직에 일어나 피부밑출혈이라 함 • 타박상은 일반적으로 외력이 가하여진 부위에 발생되나 때론 그 부위의 주변이나 멀리 떨어진 곳에서도 형성될 수 있다.
찢 은상처	둔기가 인체에 작용하여 좌멸된 것으로 차량에 받치거나 벽돌 각목으로 구타당했을 때 생성된 손상
찢긴 상처	둔기에 의해 피부가 극도로 긴장되어 탄력성의 한계를 넘어 피부가 외력방향에 따라 파열된 손상

(2) 예기에 의한 손상기출

벤상처	면도칼, 나이프, 도자기, 유리 파편 등 날이 있는 흉기로 베어 조직이 끊어진 손상
찔린상처	송곳같이 가늘고 긴 흉기를 이용하여 신체부위를 찔러 생긴 손상
큰칼상처	**도끼**, 식도, 낫과 같이 중량이 있고 날이 있는 흉기로 인해 생기는 손상

(3) 자 · 타살 구별

① 손상사

구분	자살	타살
사용흉기	흉기는 거의 하나이고 사체 주변에서 발견된다.	2개 이상의 흉기에 의한 벤 상처, 흉기가 시체에서 멀리 떨어져 있다.
손상부위	목, 가슴, 복부 등 급소에 있다.	목덜미, 뒷머리, 등어리 등에 손상이 있다.
손상의 수	손상의 수는 적으며 특히, 치명상의 수는 1~2개에 불과한다.	중 · 치명상의 수는 여러 개인 경우가 많다.
손상의 방향	손상이 집중되어 있으면서도 상호 평범한 방향을 취한다.	손상이 불규칙하고 여러 방향이다.
손상의 형태	벤 상처, 찔린 상처가 많다.	벤상처, 찔린 상처, 타박상, 찢긴 상처, 큰칼상처 등 다양
주저흔, 방어흔	혈액이 남아 있고 창상 주변에 주저흔이 있다.	손, 손가락, 팔뚝에 방어흔
착의와의 관계	옷을 걷어 올리고 직접 피부에 상해를 가해 옷에 손상은 거의 없다.	옷을 입은 채로 상해

6 질식사

(1) 질식사의 징후

① 질식사의 3대 증후군

㉠ 피부, 결막, 점막 밑 등에서 점출혈이 생긴다.

㉡ 혈액이 응고되지 않으면서 그 색깔이 암적색(검붉은색)을 띤다.

㉢ 뇌, 폐, 간, 신장, 혀 등의 혈관 내에 많은 피를 함유하고 있는 상태

② 현저한 시체얼룩, 혀의 돌출, 대소변의 누출, 정액의 누출, 안면의 울혈 · 종찰, 기도 내 포말형성 등을 들 수 있다.

③ 무증상기-호흡곤란기-경련기-무호흡기-종말호흡기

(2) 질식사의 종류

① 목맴

줄이나 끈을 목 주위에 두르고 줄이나 끈의 양쪽 끝을 높은 곳에 고정시켜 자기의 체중으로 목을 졸라 질식되어 사망하는 것을 말한다. 목맴은 자살인 경우가 많고 끈자국이 형성되고 끈자국 주변에 피부밑출혈·피부까짐 가능성이 있다.

혀가 튀어나오는 경우가 많고, 안구도 울혈로 인하여 돌출되고 체액을 누출하는 경우가 많다.

② 거짓목맴(살해 후 목맴으로 위장한 경우)

눈에 점출혈이 있고 얼굴에 청색증이 나타난다. 매단점에 끈의 일부나 성분이 없거나, 끈에 매단점의 성분이 발견되지 않는 경우가 많고 정형적 목맴의 경우와 시체얼룩이 불일치하는 경우가 많다.

③ 끈졸림사

몸에 감겨진 줄이나 끈에 자신의 체중 이외의 힘에 졸려서 질식 사망하는 것으로 거의 타살이다. 목에 끈자국이 있으나 **목맴보다 낮은 지점에 있다.** 끈자국 주변에 손톱자국 있는 경우가 많다.

④ 손졸림사

목 주위를 손 또는 팔로 압박하여 질식 사망하게 하는 것으로 타살이기 때문에 액살이라고도 한다.

⑤ 익사

익사는 액체가 기도에 흡입되어 질식하는 것으로 액체를 흡입에 의한 것은 물론, 흡입하지 않고 익수와의 접촉만으로 사망하는 경우도 포함한다. 수중시체의 외부에서 볼 수 있는 특이적인 소견으로는 거품덩이, 이물장악, 붇은 피부가 있다.

익사체에 있어서는 미세한 포말로 구성된 백색의 거품이 코와 입에서 마치 버섯모양으로 유출되며 닦아내면 또 다시 나타날 수도 있다. 이러한 거품덩이가 나타나면 의심할 여지없이 생전에 물이 들어갔다는 근거가 된다.

(3) 목맴·끈졸림사 사체현상 비교

구분	목맴	끈졸림사
끈자국의 형태	• 비스듬히 위쪽으로 향해 있다. • 목 앞부분에 현저하고 뒷면에는 없다. • 뚜렷한 부분은 끈 매듭의 반대쪽에 있다. • 끈졸림사의 경우보다 높은 곳, 즉 후두부 위의 위쪽을 통과하므로 방패연골의 위쪽에 있다.	• 수평으로 형성된다. • 균등하게 목 주위를 두르고 있다. • 뚜렷한 부분은 끈 매듭이 있는 부분 또는 끈이 엇갈린 부분에 있다. • 끈자국부분에 피부밑출혈이 보이지 않는다. • 목맴의 경우보다 낮은 곳, 즉 후두 부위 또는 그 아래쪽을 지나기 때문에 방패연골 아래쪽에 골절이 있다.
결막의 점출혈	결막에 점출혈이 적고 창백하며, 발등은 암적색을 띤다.	결막에 점출혈이 많고 얼굴은 암적색으로 부종상을 보인다.
자·타살	대부분 자살	대부분 타살

(4) 수중시체

① 수면에 떠오름

익사체의 20%~30%는 가라앉지 않고 물을 흡수한 익사체에서는 대개 물에 가라앉으며, 우리나라의 경우 여름에는 대개 2~3일 뒤에 떠오르고, 겨울에는 몇 주 심지어 3~4개월 뒤에 떠오르기도 한다.

② 생존기간

수온	생존기간
0℃ 이하	즉시, 최대 30분 이내
0~5℃	5분, 최대 1.5시간 이내
5~10℃	3시간 이내
10~15℃	6시간 이내
15~20℃	12시간 이내
20℃ 이상	체력의 한계까지

저온에서는 익사하기 전에 체온 손실(저체온증)으로 의식을 잃고 물은 공기보다 열전도가 20배 정도 빠르기 때문에 체온이 내려간다.

1 법의 혈청학

혈액 · 타액 · 정액 · 질액 · 모발 · 치아 및 골격 등 인체의 분비물 또는 조직을 재료로 한 혈액검사를 중심으로 혈청형 백혈구형 · 타액형 · 지문분류 · 모발분류 및 인류학적 검사 등을 실시하여 개인을 식별하는 분야로 범인의 색출 및 개인식별에 이용되고 있다.

2 대상 증거물

(1) 혈액기출

① 혈액형의 종류:

혈액형은 란트스타이너가 1900년대에 발견한 ABO식 혈액형,

1927년에 발견한 MN식 혈액형(M, N, MN 등 3개의 종류),

1940년대에 발견한 Rh식 혈액형(C, c, D, E, e 5개의 종류)이 있다.

② 혈흔검사의 방법

ⓐ 육안으로 혈흔이 발견되지 않는 경우 ⇨ **루미놀 시험** 또는 헤마글로 시험

ⓑ 육안으로 혈흔이 발견된 경우 ⇨ 무색마라카이트 그린 시험(LMG)(녹색반응)

ⓒ 루미놀시험, 무색 마라카이트 그린 시험은 **우유, 커피, 녹슨 쇠, 정액, 무즙 등 과도 반응**하므로 양성반응이 나타나도 혈흔으로 단정해서는 안 된다.

③ 혈흔 확인시험

혈흔 예비시험에서 혈흔양성반응을 나타낸 부위에 헤모크로모겐 결정체 시험으로 혈흔을 확인하고 혈흔이라면 **붉은 색깔의 국화 꽃술 모양**의 결정체가 관찰된다. 혈액이 200배 이상 희석되면 검출이 되지 않는다.

④ 혈액형검사

사람혈액으로 확인되면 ABO식 혈액형 검사를 하고 확인되지 않으면 MN식 Rh식 검사를 추가로 실시한다.

> **혈흔검사의 순서**
>
> 혈흔예비시험 → 혈흔확인시험 → 인혈증명시험 → 혈액형 검사

(2) 정액

① 정자의 생존

㉠ 질내에서 36시간 또는 그 이상 생존한다.

㉡ 질내에서의 정자는 14시간 후면 염색성을 상실한다.

㉢ 35~42시간 후면 정자 자체의 일부가 변형 또는 소실된다.

㉣ 60~68시간 후면 머리부분이 소실되며, 약 80시간 후면 정자 검출이 되지 않는다.

㉤ 부패된 시체에서는 정자의 검출이 불가능하다.

② 정액검사 방법

㉠ 정액 부착 유무

육안으로 관찰하거나, 자외선검사, 결정형검사, 효소검출시험을 한다.

㉡ 정액증명시험

㉢ 혈액형 검사로 최종 개인식별

③ 정액의 수집 및 채취요령

㉠ 부착 정액:

의류 · 휴지 · 속옷에서 정액으로 추정되는 경우 서로 접촉되지 않도록 깨끗한 종이를 사이에 끼워 포장을 해야 한다.

㉡ 유동성 정액

유리병에 넣어 밀봉시키고 얼음상자 등에서 저온상태를 유지하거나 청결한 거즈에 묻혀 건조시키고 종이봉투 또는 파라펀지에 포장하여야 한다.

㉢ 질액과 혼합된 정액

여러 개의 면봉을 준비하여 질 심층부위, 중간부위, 질외벽 등을 묻히고 혼합된 정액의 혈액형 감별이 필요로 할 때는 피해자의 혈액 약 1~2ml를 함께 의뢰한다.

(3) 타액

① 타액(타액반)의 검사

㉠ 자외선 검사

㉡ 전분 소화효소의 검출시험

㉢ 사람 타액증명시험

㉣ 혈액형 검사

② 타액반에서 성별식별

　㉠ 담배꽁초, 우표 등 타액이 부착된 부위에 40% 초산용액에 넣어 부드럽게 만든다.

　㉡ 타액 부착면을 가볍게 긁어서 구강 점막 상피세포의 존재 여부를 관찰한다.

　㉢ **크레실 액트 바이오렛트(cresyl echt violet) 염색액**으로 염색하여 일반 현미경 1,000배 하에서 관찰하면 상피세포 핵막(核膜)에 푸른 보라색으로 염색되는 원형 또는 타원형의 모양을 하는 성염색질(性染色質)을 관찰할 수 있다.

　㉣ 여성 타액의 상피세포에서는 성염색질이 발견되나, 남성애서는 거의 발견되지 않는다.

　㉤ 혈흔에서 남성의 경우, 형광소체(螢光小體)가 발견되고 남성 타액 상피세포핵에서도 형광소체의 검출로 성별의 식별이 가능하다.

(4) 비즙(鼻汁)

① 비즙반의 검사순서

　㉠ 현미경 검사

　㉡ 비즙반이 확인된 다음에 혈액형 검사를 실시하여 개인 식별한다.

② 비즙의 부착 여부를 확인하기 위해서 반흔(瘢痕)을 절단, 침출하여 도말(塗抹)표본으로 만들어 일반현미경에서 관찰하여 비즙반이라면 원주상피세포(圓柱上皮細胞)가 발견된다.

③ 비즙반의 혈액형 검사는 타액반의 흡착시험법에 의한 ABO식 혈액형 검사와 동일한 방법으로 실시한다.

(5) 모발

① 개인식별 방법

　㉠ 발생부위

　㉡ 사람과 동물털 검사

　㉢ 연령검사

　㉣ 성별감식

　㉤ 이발 후의 경과일수

　㉥ 혈액형 검사

치아

1. 치아의 출현상태 · 소모상태 등을 검사하여 연령을 추정할 수 있다.
2. 생전의 X선 사진이 있다면 사후의 사진과 비교, 대조검사하여 개인식별을 할 수 있다.
3. 육안관찰, 계측에 의한 성별차를 이용하여 남녀의 구분이 가능하다.
4. 남성의 치아는 여성의 치아보다 길고 크다.

③ 모발채취요령 기출

ㄱ 부착상태를 기록하고 사진촬영을 한 후 즉시 채취해야 한다.

ㄴ 범죄현장에서 두모, 음모, 기타 체모 등을 채취할 때에는 핀셋으로 채취하여야 하며, 모발을 가지고 절단하여 채취하는 경우 가능한 한 두피에 가깝게 절단한다.

ㄷ 음모의 경우에는 음경 또는 음핵의 상하 좌우에서 각각 5~10개씩 채취하여야 한다.

ㄹ 피해자 모발을 대조자료로서 채취할 때에는 두모의 경우에는 두부의 전후 좌우에서 각 20개 이상 채취하는 것이 원칙이다.

ㅁ 필로폰, MDMA 복용 여부를 알아낼 때 가장 좋은 생체시료이다.

(6) 대변 기출

① 채취방법

ㄱ 혈액형 감별을 요할 때는 대변의 표면에서 채취한다.

ㄴ 섭취음식물의 종류를 감별할 때에는 대변 내부의 것을 채취한다.

② 감정목적에 따라 채취된 감정물(대변)은 청결한 병 또는 나무상자나 종이상자 등에 담아 부패되지 않도록 밀봉하여 견고하게 포장하여야 한다.

③ 2개의 유리병에 상당량을 채취하여 그중 1개는 10% 포르말린용액으로 방부처리하고, 나머지 1개는 원형대로 포장하여 송부하여야 한다.

(7) 소변

① 의복류에 부착된 소변흔적은 절단하여 그늘에서 말려 보존하고, 소변의 흔적이 운반할 수 없는 물체에 부착되었을 때에는 흔적부위를 보관하여, 절단이 불가능한 물체일 경우에는 전체를 운반하여 감정을 실시하도록 한다.

② 소변이 흙 또는 눈에 배설되었을 경우에는 그 부분의 흙 또는 눈을 채취하여 청결한 병에 담아 냉장고에 보존한다.

③ 각종 화약류 사용을 증명하기 위한 자료로 소변이 가장 적당하다.

마약류 복용 여부 확인 방법

마약류 복용 여부 확인방법으로는 소변감식과 모발감식의 두 가지 방법이 있다.

구분	소변감식	모발감식
대상약물	메스암페타민, MDMA, 대마, 코카인, 헤로인, 날부핀, 펜플루아민 등 다수	메스암페타민, MDMA
감식기간	1~3일	10일 이상
복용기간	복용 후 10일 이상 경과한 경우 곤란	복용 후 6~9월 경과한 경우도 확인 가능
활용	기소 전 피의자 신병처리 증거자료	기소 후 증거자료

제4절 지문감식

1 의의

한국은 Rosher가 창안한 함부르크식 지문분류법을 사용하고 있으며, 세계적으로 사용되는 것은 헨리식이다.

2 지문의 채취방법

(1) 채취하기 전 조치사항

손을 깨끗이 씻고 수분을 완전히 제거한다. 피부가 손상된 경우에는 핀셋 등으로 꺼풀을 완전히 제거하여 융선을 현출한다.

(2) 채취 시 유의사항

지문잉크를 고르게 칠하고 압날하기 전에 지문의 문양, 각의 위치 등을 확인하고 양각이 현출되도록 회전하여 압날한다. 지문채취 순서는 좌수 시지, 중지, 환지, 소지, 무지의 순서로 채취한 다음 우수 시지, 중지, 환지, 소지, 무지의 순서로 채취한다.

3 지문의 종류 기출

(1) 현장지문 준현장지문

현장지문	직접 채취한 지문이 아닌 '범죄현장에서 채취한 지문'을 말한다.
준현장지문	범인의 침입경로, 도주경로 및 예비장소 등에서 발견된 지문 또는 전당포, 금은방 거래대장에 파악된 지문 등 범죄현장 이외의 장소에서 채취한 지문을 말한다.

(2) 현장지문의 유류상태

현재지문	지두의 분비물 이외의 유색물질(예 먼지, 혈액, 잉크 등)로 입체적으로 인상되어 가공하지 않고도 육안으로 볼 수 있는 지문을 말한다.
잠재지문	지두의 분비물에 의해서 화학적으로 인상되어 가공·검출하지 않으면 육안으로 보이지 않는 지문을 말한다.

(3) 관계자지문과 유류지문

관계자지문	현장지문 또는 준현장지문 중에서 범인 이외의 자가 남긴 것으로 추정되는 지문이다.
유류지문	현장지문 또는 준현장지문 중에서 범인지문으로 추정되는 지문이다.

(4) 정상지문과 역지문

정상지문	혈액·잉크·먼지 등이 손가락에 묻은 후 피사체에 인상된 지문
역지문	먼지 쌓인 물체, 연한 점토, 도장면에 인상된 지문으로 선의 고랑과 이랑이 반대로 현출된다.

4 현장지문의 채취방법

(1) 현재지문의 채취법

먼지에 인상된 경우	사진촬영에 의한 방법, 전사판에 의한 방법, 실리콘러버에 의한 방법으로 지문을 채취할 수 있다.
혈액으로 인상된 경우	사진촬영에 의한 방법, 전사판에 의한 방법을 사용한다.

(2) 잠재지문 채취법기출

① 고체법(분말법)

고체법은 미세한 분말을 이용해서 표면이 비교적 편편하고 매끄러우며 경질의 물체상(예 도자기, 창문 등)에 유류된 잠재지문을 분말, 지문채취용 붓, 전사판, 가위등을 이용해서 채취하는 방법

분말을 일정한 용기에 덜은 후 분말을 모필 끝에 묻혀 가볍게 턴 후 검체의 한쪽에서부터 가볍게 쓸면서 잠재지문을 검출한다. 전사판의 대지를 벗겨 현출된 지문을 전사한 후 지문이 있는 곳부터 가만히 붙인다.

> **분말을 부착시키는 방법** 기출
>
> 1. 쇄모법: 붓을 이용하여 분말을 물체 위에 바르는 방법이다.
> 2. 롤(Roll)법: 물체위에 분말을 뿌린 후 물체를 기울이거나 돌리거나 하는 방법으로 분말을 물체 전면에 닿게 하는 방법이다.
> 3. 분사법(Spray)법: 분말용 분무기를 사용하여 분말을 뿜는 방법이다.

② 액체법:

지두의 분비물 중의 염분, 단백질 등에 화학적 반응을 일으켜서 지문을 검출하는 방법

　　㉠ 닌히드린용액법(Kornilakis법)^{기출}

　　　ⓐ 땀 속에 함유되어 있는 아미노산(단백질)과의 반응을 이용하여 **자청색**의 발색 반응을 하는 방법이며, **종이류** 등에 이용된다.

　　　ⓑ 사용방법

> - 닌히드린용액을 스테인리스 용기에 부은 후 검체를 담가서 적신 후 2분 경과 되면 용액이 증발한다.
> - 전기다리미로 약 1분간 가열하면 잠재지문이 검출된다.
> - 지문이 검출되면 사진촬영한다.

　　㉡ 초산은용액법(질산은용액법)^{기출}

　　　ⓐ 염분과의 반응을 이용하여 태양에서 자색으로 지문을 검출하는 방법이며, **종이 류**에 등에 이용된다.

　　　ⓑ 사용방법

> - 초산은용액을 스테인리스 용기에 붓고 검체를 담가서 적신 후 약 5~10분 경과되면 액체의 물방울이 건조된다.
> - 약 3~4분간 햇빛에 쪼이고 지문이 현출되면 중지한다.
> - 지문이 검출되면 사진촬영한다(전사법을 활용하지 못함).

③ 기체법 ^{기출}

　　㉠ 옥도가스법^{기출}

옥도가스(요오드가스)를 사용하여 분비물의 지방분을 **다갈색**으로 착색시켜 지문 을 검출하는 방법으로 종이류, 목재류, 초자류, 도자기류 등에 이용된다. 퇴색 소 멸된 경우에도 옥도(요오드)가스를 뿜으면 몇 번이라도 지문을 검출할 수 있다.

　　㉡ 강력순간접착제법(CA법, 본드법)^{기출}

본드의 증기에 의해 지문 속의 염분, 지방분, 단백질 등과 화학반응을 일으켜서 백 색의 잠재지문을 검출하는 방법이며, **목재류, 종이류, 철재류, 초자류, 피혁류, 플라스틱류, 비닐류, 알루미늄** 등에 이용한다.

- 잠재지문을 검출할 증거물을 유리시험관 안에 매달고 바닥에 깐 은박지에 강력 순간접착제를 2~3g 떨구어 뚜껑을 덮고, 테이프로 밀봉한다.
- 지문이 검출되면 사진촬영한 후 흑색분말을 도포(塗布)하여 백색전사판으로 채취한다. 이 방법은 현출되는 시간이 오래 걸리므로(2시간~수일), 가성소다 처리한 솜을 이용하면 시간을 반으로 줄일 수 있고, 가스분말 지문현출기를 이용하면 보다 신속히 현출시킬 수 있다.

ⓒ 오스믹산용액법기출

오스믹산의 증기에 의해 지문의 분비물에 화학반응을 일으켜서 **흑색의 잠재지문**을 검출하는 방법으로 **습기 있는 지류, 장시간 경과된 지문, 화장지류, 각종 테이프류, 피혁류, 스티로폼류, 나무 잎사귀** 등에 이용한다.

④ 진공금속지문채취기법(VMD, Vacum Metal Deposition)

증거물을 진공통에 넣고 진공상태에서 금과 아연을 증발시켜 증거물에 코팅하여(도금의 형식) 잠재지문을 현출하는 방법이다. 매끈하고 흡수성이 없는 표면, 폴리에스테르 재질 등의 플라스틱류, 카메라 필름이나 사진, 매끈한 천, 가죽이나 비닐, 고무 등에 효과적이다.

⑤ 화염법:

송진 · 벤젠 · 양초 등을 연소할 때 생기는 연기를 접촉 · 검출시킨 후, 사진 촬영하거나 젤라틴지, 셀로판테이프에 전사하는 방법으로 금속에 유류된 잠재지문 채취할 때 쓰인다.

⑥ 복식검출법: 2가지 이상의 방법을 혼합하여 검출하는 방법

사광선 이용 ⇨ 기체법 ⇨ 분말법 ⇨ 닌히드린용액법 ⇨ 초산은용액법

⑦ 실리콘러버법:

부패한 변사체의 지문이나 공구흔 채취에는 주로 실리콘러버에 의한 전사 방법을 사용한다.

⑧ 사광선이용법:

금속, 유리, 먼지, 유지 등이 부착된 곳에 찍힌 잠재지문은 사광선을 이용하여 관찰하면 발견할 수 있다. 이 경우 카메라를 지문이 찍힌 면에 수직으로 고정시키고 파인더를 보면서 사광선을 비추고, 지문이 가장 잘 보이는 위치에 조명을 고정시키고 촬영하면 된다.

⑨ 형광촬영법:

유지가 묻은 곳의 잠재지문이나 형광체가 묻은 손에 의해 찍힌 잠재지문은 자외선을 쏘면 형광을 발하여 검출되는데 이를 촬영하는 방법이다.

⑩ 자외선 촬영법:

유지가 잘 묻은 곳에 찍힌 지문에 자외선을 비추면서 수정렌즈를 사용하여 촬영하면 채취할 수 있다.

⑪ 적외선촬영법:

먼지가 묻은 손에 의해 찍힌 지문은 적외선 필림 및 적외선 필터를 사용하여 촬영하면 채취할 수 있다.

⑫ 레이저광선 이용법: 레이저 지문채취기로 검체에 조사하여 지문을 채취한다.

접착면에 유류된 지문채취용 시약 기출

1. 스티키 사이드 파우더
2. 어드히시브 사이드 파우더
3. 젠티안 바이올렛
4. 크리스탈 바이올렛
5. 에멀견 블랙
6. 테잎 – 글로

· SL-350

지문이 육안으로 식별하기 힘든 경우에 보다 선명하고 뚜렷하게 채취하기 위해서 활용하며, 가변광선(적외선, 가시광선, 자외선)을 이용하여 현장에서 손쉽게 지문을 채취할 수 있게 해주는 장비로서 휴대가 간편하다.

· 기타 지문채취법

1. psysical Developer: 젖은종이에 효과적인 방법
2. SPR: 이슬을 맞은 차량표면

5 지문의 유형

와상문   제상문   궁상문

(1) 궁상문

지문융선이 좌측 또는 우측으로부터 흐르기 시작하여 그 형상이 활모양 또는 파도모양을 형성하고 반대쪽으로 흐르는 융선으로 형성된 문형을 말한다.

(2) 제상문

① 지문융선이 좌측 또는 우측으로부터 흐르기 시작하여 마제형(말발굽 모양)을 형성하고 그 시작한 방향으로 되돌아 흐르는 융선으로 형성된 문형을 말한다.

② 제상문의 각의 위치가 우수에는 우측, 좌수에는 좌측에 있으면 갑종제상문이고, 제상문의 각의 위치가 우수에는 좌측, 좌수에는 우측에 있으면 을종제상문이다.

(3) 와상문

지문의 중심부가 한 바퀴 이상 돌아가는 와상선, 원형으로 생긴 환상선, 말발굽 같은 제상선 혹은 기타 융선이 독립적으로 또는 혼합하여 형성되고, 좌측과 우측에 각각 1개씩 각을 가진 문형을 말한다.

6 지문의 분류방법 기출

궁상문	〈1〉
갑종제상문	〈2〉
을종제상문	우수의 좌측, 좌수의 우측에 있는 경우로 내단과 외단 사이와 가상의 직선에 접촉된 융선의 수를 기준 • 7개 이하: 〈3〉 • 8~11개: 〈4〉 • 12~14개: 〈5〉 • 15개 이상: 〈6〉
와상문	추적선이 우측각 위 또는 아래로 흐를 때 추적선과 우기준점 사이의 융선의 수를 기준 • 상류와상문: 우측각 위로 흘러 융선의 수가 4개 이상이다.〈7〉 • 중류와상문: 우측각 위, 아래로 흘러 융선의 수가 3개 이하이다.〈8〉 • 하류와상문: 우측각 아래로 흘러 융선의 수가 4개이상이다.〈9〉

변태문	궁상문, 제상문, 와상문의 어느 것에도 속하지 않는 지문이다.〈9〉
절단문	지두절단 〈0〉
손상문	손상된 지문 〈0〉

분류방식(함부르크식 분류법)

0. 궁상문: 모두 〈1〉번

0. 제상문

- 갑종제상문은 모두 〈2〉번
- 을종제상문은 내단과 외단 사이의 융선 수를 기준
  - 융선 수 7개 이하   〈3〉번
  - 융선 수 8~11개   〈4〉번
  - 융선 수 12~14개 〈5〉번
  - 융선 수 15개 이상 〈6〉번

0. 와상문: 우측표준점과 추적선의 종정간의 융선 수를 기준

- 상류와상문: 추적선이 우측각 내측 4개 이상 〈7〉
- 중류와상문: 내외측 3개 이하 〈8〉
- 하류와상문: 외측 4개 이상 〈9〉

0. 변태문: 9에다 · 을 찍음

0. 손상문: 0에다 · 을 찍음

---

(1) 십지지문의 분류

① 지문의 종류

㉠ 궁상문

ⓐ 궁상문의 정의: 활(弓) 모양 또는 파도와 같은 돌기 모양으로 형성된 문형을 말한다.

ⓑ 궁상선: 좌측 또는 우측으로부터 흐르기 시작하여 궁상선(활 모양) 또는 돌기선(파도모양)을 이루고 그와 반대쪽으로 흐르는 융선을 말한다.

ⓒ 궁상문의 종류

- 보통궁상문: 보통궁상선이 모여서 1개의 문형이 형성된 것이다.
- 돌기궁상문: 파도와 같이 돌기된 융선이 모여서 문형이 형성된 것이다.
- 편류궁상문: 중심부 융선이 좌측 또는 우측으로 편한 것이다.
- 궁상문에 준하는 문형: 중심부에 제선두가 1개 있으나 가상반원을 봉상선이 뚫고 나가 제선두가 파괴된 것이다.

ⓛ 제상문 기출

    ⓐ 제상문의 정의: 말(馬)발굽 모양의 제상선이 모여서 형성된 지문으로 융선이 흐르는 반대쪽에(좌측이나 우측에) 삼각도가 1개 있으면 돌기방향이 대부분 상부를 향한다.

    ⓑ 제상선과 중핵제상선
- 제상선: 좌측 또는 우측으로부터 흐르기 시작하여 마제형(말굽형태)을 이루고 그 시작한 방향으로 되돌아가는 융선을 말한다.
- 중핵제상선: 수개의 제상선 중에서 가장 내부에 있는 것이다. 다만 제선두(제상선의 상단)를 포함한 가상반원의 호(弧)에 다른 융선이 교차되어 파괴되었을 때는 다음 제상선으로 정한다.

    ⓒ 제상문의 종류
- 갑종제상문: 좌수의 지문을 찍었을 때 삼각도가 좌측에 형성되어 있고, 우수의 지문을 찍었을 때 삼각도가 우측에 형성되어 있는 지문을 말한다.
- 을종제상문: 좌수의 지문을 찍었을 때 삼각도가 우측에 형성되어 있고, 우수의 지문을 찍었을 때 삼각도가 좌측에 형성되어 있는 지문을 말한다.

ⓒ 와상문 기출

    ⓐ 와상문의 정의: 와상선, 환상선, 이중제상선, 제상선 기타 융선이 독립 또는 혼재되어 있는 2개 이상의 삼각도가 있는 지문을 말한다. 단, 유태제형(有胎蹄形) 와상문은 삼각도가 1개이다.

    ⓑ 와상선, 환상선, 이중제상선
- 와상선: 와상문의 중심부 융선이 좌측 또는 우측으로 흐르기 시작한 점에서 접합하거나 끊어지지 않고 1회 이상 회전, 원 또는 타원형을 이루는 것을 말한다(소용돌이 모양).
- 환상선: 와상문의 중심부 융선 1개 또는 2개가 제상선을 이중(2중 이상)으로 형성하고 융선이 흐르기 시작한 원기점 방향으로 되돌아가거나 반대 방향으로 흐르는 융선을 말한다.

    ⓒ 와상문의 종류
- 순와상문: 와상문의 중심부 융선이 와상선으로 형성된 지문을 말한다.
- 환상문: 중심부 융선이 환상선으로 형성된 지문을 말한다.
- 이중제형 와상문: 와상문의 중심부를 형성한 1개 또는 2개의 융선이 제상선을 이중으로 형성한 지문을 말한다.
- 유태제형 와상문: 와상문의 중심부 제상선 내 호상선 또는 제상선의 돌부가 거꾸로 형성되어 있는 지문을 말한다.

- 혼합문: 궁상문을 제외한 2개 이상의 문형이 혼합하여 1개의 문형을 형성한 것이다.
- 와상문에 준하는 문형: 상부곡선을 형성한 문형이 돌기궁상형이며 하부곡선을 형성한 것은 역제상문으로 좌우에 삼각도가 있는 지문이다.

ⓔ 변태문: 점과 단선 기타 구불구불하게 특이한 융선으로 형성된 지문이다.

② 분류하는 방법(함부르크식 분류법)_{기출}

ⓐ 궁상문의 분류: 궁상문은 분류상 별다른 조건이 없고 분류번호는 모두 '1'로 한다.

ⓑ 갑종제상문의 분류: 제상문 중 갑종제상문은 분류번호를 모두 '2'로 한다.

ⓒ 을종제상문의 분류: 제상문 중 을종제상문은 내단과 외단 사이에 가진 직선에 닿는 융선 수를 계산, 융선 수 7개 이하는 '3', 융선 수 8~11개는 '4', 융선 수 12~14개는 '5', 융선 수 15개 이상은 '6'으로 분류한다(단, 내단과 외단은 융선 수 계산에서 제외).

  ⓐ 가상반원과 가상반원선: 가상반원이라 함은 제선두(제상선의 상단)를 포함한 가상의 원을 그렸을 때 그 원의 상부 반원을 말하며, 가상반원선은 반원의 양끝을 연결하는 가상의 선을 말한다.

  ⓑ 내단

    ㉮ 내단의 정의: 중핵제상선의 가상반원 내에 있는 기준점으로서 분류상 기준이 된다.

    ㉯ 내단 지정 방법: 내단요소가 되는 융선(예 점, 탄선, 호상선, 조상선 등)이 중핵제상선의 가상반원선에 도달하거나 또는 가상반원선 안에 높이가 다른 것이 2개 이상 있을 때는 가장 높은 것으로, 높이가 같은 것 2개인 경우는 외단에서 먼 것으로, 높이가 같은 것이 3개 이상일 때는 홀수의 경우는 중앙의 것으로, 짝수인 경우는 중앙의 2개 중 외단에서 먼 것을 내단으로 정한다.

    ㉰ 내단의 종류

- 제상내단: 중핵제상선의 가상반원 내에 내단이 되는 다른 융선이 없을 때에는 외단에서 먼 가상반원선의 교차점을 내단으로 정한다.
- 봉상내단: 중핵제상선의 가상반원에 도달한 봉산성의 첨단(끝부분)을 내단으로 정한다.
- 점내단: 중핵제상선의 가상반원 내에 도달한 점을 내단으로 정한다.
- 단선내단: 중핵제상선의 가상반원 내에 도달한 단선의 첨단을 내단으로 정한다(2mm 이하의 선을 단선, 2mm를 넘어도 단선으로 볼 수 있을 때는 단선으로 정함).

- 호상내단: 중핵제상선의 가상반원 내에 도달한 호상선의 첨단을 내단으로 정한다.
- 조상내단: 중핵제상선의 가상반원 내에 도달한 조상선의 첨단을 내단으로 정한다.
- 교차내단: 중핵제상선의 가상반원 내에서 2개 이상의 제상선이 교차하였을 때는 교차점을 내단으로 정한다.
- 기타 내단

ⓒ 외단

㉮ 외단의 정의: 제상선이 흐르는 반대측에 형성된 삼각도의 모양에 따라 을종 제상문의분류상 필요한 기준점을 말한다.

㉯ 외단의 종류

- 접합외단: 삼각도의 외측을 형성한 2개의 융선이 접하였을 때 그 접합점을 외단으로 정한다.
- 병행외단: 삼각도의 외측을 형성한 2개의 융선이 병행선을 이룬 경우 가상성점으로부터 내단을 향하여 가상직선을 그어 융선과 처음 만나는 교차점을 외단으로 정한다(단, 가상정점에 점이 있을 때는 가상정점이 곧 외단임).
- 개재외단: 병행외단의 병행선 사이에 개재선이 있을 때는 가상정점으로부터 병행선과 가상직선을 그었을 경우 개재선과의 교차점을 외단으로 정한다(단, 개재선이 짝수일 때는 병행외단의 방법에 준함).

㉣ 와상문의 분류: 와상문은 우측기준점과 추적선의 종점 간의 가상직전 또는 수직선에 닿는 융선을 계산 분류한다(단, 우측기준점과 수직선의 종점은 융선 수 계산에서 제외).

- 추적선이 우측기준각내측에서 흘러서 종점과 기준점 사이의 융선 수가 4개 이상(상류)이면 '7',
- 추적선이 우측기준각 내측 또는 외측으로 흘러서 종점과 기준점 사이의 융선 수가 3개 이하(중류)이면 '8',
- 추적선이 우측기준각 외측에서 흘러서 종점과 기준점 사이의 융선 수가 4개 이상(하류)이면 '9'이다.

ⓐ 기준각: 와상문을 형성하고 좌우에 있는 삼각도를 기준각이라 정한다(혼합문인 경우, 삼각도가 3개 이상 있을 때에는 가장 외부에 있는 각을 기준각으로 정함)

ⓑ 추적선의 기점과 종점기출

㉮ 추적선: 추적선은 와상문 분류시 종점을 정하기 위한 것이며, 좌측 삼각도 하변을 형성한 융선(하부 융선)DL 우측기준각 내측 또는 외측에 이르기까지 추적되는 선을 말한다.

ⓓ 추적선의 기점: 좌측기준각(삼각도)에서 추적선이 시작되는 점을 기점이라
한다. 좌측 기준각의 접합시는 접합점을 기점으로 하고, 병행하였을 때는 병
행을 시작한 하변의 1점을 추적선의 기점으로 정한다.

ⓔ 추적선의 종점

- 추적선이 우측기준각에 닿았을 경우: 추적선이 우측기준각(삼각도)에 닿았을
때는 그 기준점을 종점으로 정한다.

- 추적선이 우측기준각의 내측으로 흐른 경우: 추적선이 우측기준각의 내측으로
흐르는 때에는 우측기준각을 2등분하는 가상의 직선을 그어 그 가상직선과 추
적선의 교차점을 종점으로 정한다.

- 추적선이 우측기준각의 외측으로 흐른 경우: 우측기준각이 접합하였을 경우는
그 접합점에서, 병행하였을 경우는 가상정점에서 수직선을 그어 추적선과 수직
선의 교차점을 종점으로 정한다.

ⓒ 기준점

ⓐ 기준점의 정의: 와상문의 분류상 필요한 기준이 되는 점을 우측기준각(삼각
도)에서 기준점을 정한다.

ⓑ 기준점의 분류

- 접합기준점: 우측삼각도를 형성하는 2개의 융선이 접합하였을 때는 접합점을
기준점으로 정한다.

- 병행기준점: 우측삼각도를 형성하는 2개의 융선이 병행하였을 때에는 가상정
점에서 추적선을 향하여 우측기준각을 2등분한 가상직선(내측) 또는 수직선(우
측)을 그을 때 그 융선과 최초로 교차되는 점을 기준점으로 정한다.

- 개재기준점: 병행기준점의 병행선 사이에 개재선이 있을 때에는 가상정점으로
추적선을 향하여 가상직선(내측) 또는 수직선(외측)을 그었을 경우 개재선과의
교차점을 기준점으로 정한다(다만, 개재선이 짝수일 때는 병행기준점의 방법에
의함).

ⓔ 변태문의 분류: 문형의 형태만으로 분류하고 분류번호는 9에다가 •을 찍어 '9'로
부여한다.

ⓕ 기타

ⓐ 지두(손가락 말절부분)절단시 분류: 지두가 절단되었거나 기타 사유로 지문을
채취하지 못한 경우는 분류 번호를 '0'으로 부여한다.

ⓑ 손상지문의 분류: 지두가 절단되지는 않았으나, 후천적으로 손괴되어 정상적인
분류번호를 부여할 수 없는 지문을 손상지문이라 하며 분류번호는 0에다가 •
을 찍어 '0'으로 부여한다.

ⓒ 불완전한 지문의 분류: 선천적인 문형의 특징상 또는 채취시의 잘못으로 인하여 분류의 기준점을 알 수 없는 지문(예 을종제상문의 형태인데 삼각도가 없다든가 또는 와상문의 형태인데 삼각도가 없거나 1개뿐인 때 등)은 가상의 기준점을 정한 후 정상적인 분류번호를 부여한다.

ⓓ 육손가락인 경우: 간지(幹枝)로 분류하고 간지로 분류할 수 없을 때에는 지지(支指)로 분류하되 지지로도 분류할 수 없을 때는 변태문으로 분류한다.

(2) 지문채취요령

① 피채취자의 손에 땀이나 기름류 등이 없도록 닦은 다음 지문잉크를 골고루 적당히 바른다(지문잉크의 과도오염으로 융선이 잘 안 보이면 대조 곤란).

② 지문채취순서는 먼저 '좌수'의 시지, 중지, 환지, 소지, 무지 순서로 채취한 다음 '우수'도 시지, 중지, 환지, 소지, 무지 순서대로 채취한다(경찰청에 보관된 지문자료의 지별순서며, 지별순서가 바뀌면 신원확인 불가능).

③ 회전채취는 각 손가락을 좌측으로부터 우측으로 180° 이상 회전하여 지문의 삼각도가 모두 나오도록 하고 평면채취는 회전시키지 말고 그대로 채취한다(회전지문이 잘 안 보일 경우 평면지문으로 대조하기 위함).

④ 지두절단 및 손상 또는 기타의 사유로 지문채취가 불가능할 때는 해당란에 각각 그 사유를 기재해야 한다.

제5절 족흔적 감식

1 족흔적의 개념

범죄현장에서 발견된 보행흔적(족적), 범행에 사용했던 차량의 타이어 흔적과 도구흔, 다른 물건에 의해 남아있는 모든 흔적을 의미한다. 모든 사물은 접촉할 때 반드시 흔적을 남기므로 증거로 활용한다(Locard 법칙).

2 족흔적의 종류

(1) 인상물체에 의한 분류

① 족적: 신발흔, 맨발흔, 구두흔, 양말흔 등의 보행흔적

② 타이어흔적: 자동차, 자전거, 오토바이, 리어카 등의 타이어 흔적

③ 도구흔: 드라이버, 뺀치, 빠루, 칼, 기타 공구에 의해 인상된 흔적

④ 기타흔적: 치아흔, 장갑흔, 찰과흔, 물건의 절단면에서 생기는 줄흔, 소나 말의 족흔 등

(2) 인상상태에 의한 분류

① 입체족흔적: 모래, 진흙, 연토, 눈(雪) 위 등에 요철이 그대로 나타나는 입체 상태의 족흔적을 말한다.

② 평면족흔적

㉠ 종이, 헝겊, 나무판, 비닐장판, 마루바닥 등에 평면상태로 인상된 족흔적을 말한다.

㉡ 족흔적은 육안 식별의 기능 여부에 따라서 지문과 같이 현재 족흔적과 잠재족흔적으로 분류하기도 한다.

3 족흔적의 이용

(1) 족적

족적을 분석하면 공범수, 범행경로, 범행상황, 도주경로 등을 추정할 수 있고 범인의 체격·직업, 성별 등을 알 수 있다.

(2) 차량흔

차량은 차종, 형식, 연식에 따라 접지폭, 모양 등이 다르므로 범행에 사용된 차량을 추정할 수 있다.

(3) 도구흔

드라이버, 빠루 등의 도구를 사용하여 침입 또는 물색한 경우에 창문틀, 금고, 출입문, 가구 등에 인상된 흔적에서 도구흔을 발견할 수 있다. 현장에 유류된 도구흔을 피의자의 도구와 비교, 대조하여 수사자료나 증거로 활용한다. 이때 **실리콘러버법**을 사용한다.

4 족흔적의 검색 및 보존방법

(1) 검색 시 착안점

① 범행현장의 출입구, 물색장소, 도주구 바깥, 집주의 등에 대하여 광범위한 검색을 하고, 자동차의 경우 타이어흔, 마찰흔 등의 발견에 주의하여야 한다. 사광선 등을 이용하여 발견에 노력하여야 한다.

(2) 검색 및 발견방법

① 사광선 이용

족흔적을 형성하는 토사, 먼지 등을 미세한 융기부분에 사방향으로부터 광선을 비추어 생기는 그림자에 의해 족흔적을 발견할 수 있다.

② 정전기 발생장치의 이용

방바닥, 마룻바닥, 방석, 의자커버, 이불 위, 융단 등에 인상된 잠재 족적을 정전기 발생장치에 의해 검색한다.

(3) 족흔적의 보존 및 증명력 확보방법

발견된 족흔적은 위치표시를 하고 훼손되지 않도록 덮개를 덮고 표찰(주의표지)을 놓는 보존조치를 한다.

5 족흔적의 채취방법

(1) 사진촬영법

입체흔, 평면흔 등은 사진촬영이 우선이고 족흔적의 사진촬영은 미세한 부분까지 사진에 나타나도록 촬영하고 반드시 자를 놓고 실측한다. 사진촬영 외에도 자외선 또는 적외선을 이용한 촬영을 하기도 한다.

(2) 석고채취법

모래, 진흙, 연토, 눈 위에 입체상태로 남은 흔적을 채취할 때 사용법이다.

(3) 젤라틴(Gelatin)

나무판, 유리, 비닐장판, 마루바닥, 아스팔트. 콘크리트상의 평면족흔적을 채취할 때 사용하고 사진촬영 후 전사한다.

(4) 실리콘러버법

실리콘에 촉매(경화제)를 혼합하여 흔적면에 바르고 응고시켜 채형하는 방법으로 도구흔, 족적 등을 채취할 때 사용한다.

(5) 정전기 족흔적 채취법

담요, 방석, 의자커버 등의 섬유류 위 먼지에 남은 족흔적을 채취하는 것으로 정전기 족흔적 채취기를 이용한다.

(6) 진공압흔채취법

범죄현장에서 발견된 종이류 족흔적 등을 진공상태에서 정전기 현상을 이용해서 채취하는 것이다.

(7) 희미한 혈흔족적검출법기출

희미한 혈흔족적, 혈흔지문 등을 각종 시약을 사용하여 감청색, 감녹색으로 발색시켜 채취하기 위하여 벤지딘 시약, 무색 마라카이트 그린 시약, 오르쏘탈리딘 용액, 페놀프탈렌 용액을 사용한다.

(8) 희미한 흙먼지흔검출법기출

사, 진흙 등과 같이 **철분이 함유**되어 있는 물질에 의해 종이, 헝겊, 나무판 또는 장판 위에 유류된 족흔적을 **치오시안산염**에 의해 적갈색으로 발색시켜 채취하는 방법이다.
혼합액 용기는 반드시 **유리제 또는 폴리에틸렌제**를 사용하여야 한다(철제용기는 안 된다).

6 대조자료의 작성 및 감정물 포장

대조자료의 작성	• 현장에서 채취한 감정자료가 입체흔이면 대조자료도 입체흔을 작성하고, 현장자료가 평면흔이면 대조자료도 지문잉크 등으로 평면적으로 작성한다. • 현장에서 맨발흔을 채취하였을 경우에 맨발 족적 작성은 보통 서 있는 상태, 걸어가고 있는 상태, 발바닥 안쪽에 힘을 준 상태 그리고 발바닥 바깥쪽에 힘을 준 상태의 네 가지 이상의 여러 상태에서 대조자료를 작성하여야 한다.
감정물 포장	• 감정물은 자료가 파손되지 않도록 포장을 해야 한다. • 감정자료가 석고인 경우는 두터운 스펀지, 스티로폼 또는 솜 등으로 양면을 포장하여야 한다. • 의류, 종이류 등에 유류된 족흔적 자료는 흔적이 멸실되지 않도록 포장하여야 한다.

제6절 유전자지문

1 유전자와 유전자지문

(1) 유전자

개체의 특성이 자식에게 전해지는 것을 유전이라 하고, 유전에 관여하는 것을 유전자 (DNA)라 한다. 유전적 성질을 결정하는 물질은 디옥시라이보핵산(DNA)이다. 유전자는 염색체 위에 유전정보를 포함하는 유전물질로서 세포에서 세포로 전달된다.

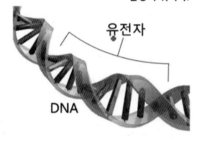

출처 : 다음 백과사전

(2) 유전자지문

유전자(DNA)의 단편인 미니새터라이트 DNA라고 부르는 염기구조가 같은 방향으로 반복된 구조를 유전자지문이라 한다. 유전자지문은 개인에 따라 다르고 일란성 쌍둥이만이 동일하다.

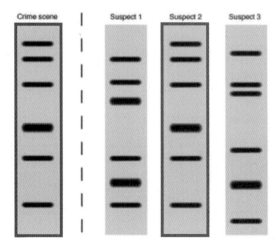

출처 : nih.gov

2 유전자지문 감식을 필요로 하는 사건

사체 **유전자(DNA)** 검사 방법

① 샘플 채집
희생자 유해의 뼈, 치아,
머리카락 등에서 DNA 추출
(유병언은 엉덩이뼈 일부 떼어냄)

DNA는 세포핵에서 발견, DNA분리구조는 사람
마다 다름(유씨는 미토콘드리아* 분석기법 사용)

② 비교
실종 희생자 혈족으로부터 체액 샘플 채취

③ 확인
가까운 혈족의 DNA와 희생자의 유전자코드
(DNA)가 일치한지에 따라 신원 판별
(친형 병일씨와 DNA 상당 부분 일치)

*진핵세포를특징짓는 세포내 호흡, 에너지생성기관으로 폭 0.5μm전후의
세포소기관

자료 : 연합뉴스

3 유전자지문 감식이 가능한 시료 및 양

(1) 유전자지문 감식이 가능한 시료 기출

① 혈흔 및 혈액(심장혈 포함), 정액 및 정액반, 모발(모근 필요), 손톱 기타 장기 조직편
등이다.

② 혈흔과 정액반은 건조된 상태에서 냉장고 보존했을 경우에 1~2년 경과한 후에도
DNA 분석이 가능하다.

(2) DNA지문 감식에 필요한 시료의 양

혈흔, 정액반	1cm X 1cm(DNA증폭실험 경우), 혈액 2ml 이상, 최소한 3개 이상
모근 머리카락	최소 3개 이상
인체조직	5g 이상

4 증거물 채취 및 보존요령

① 혈액은 항응고제인 EDTA가 들어 있는 시험관에 채혈하여 서늘한 곳에 보관·운반

② 여름철의 경우에 부패되기 쉬운 혈액 및 정액은 빠른 시간 내에 면천조각(또는 거즈)에 전사하여 그늘에서 완전히 건조시키고 종이봉투에 넣어 운반한다.

③ 모발은 특히 모근이 손상되지 않도록 한다.

5 장단점

장점	• 혈액, 혈흔, 정액, 모발. 타액, 장기, 뼈 등 모든 분비물 및 조직에서 DNA 검출이 가능 • 미량의 시료로 감식 가능.
단점	• 전문 감정가와 고가의 전문시설이 필요 • 5~20일 정도 소요되어 단시일 내에 확인하기 곤란하다.

디엔에이신원확인정보의 이용 및 보호 기출

1. **목적**: 이 법은 디엔에이신원확인정보의 수집·이용 및 보호에 필요한 사항을 정함으로써 범죄수사 및 범죄예방에 이바지하고 국민의 권익을 보호함을 목적으로 한다.

2. **근거**: 디엔에이신원확인정보의 이용 및 보호에 관한 법률(2010.7.26. 시행) 제2조(정의) 이 법에서 사용하는 용어의 뜻은 다음과 같다.

3. **용어의 정리**
   ① "디엔에이"란 생물의 생명현상에 대한 정보가 포함된 화학물질인 디옥시리보핵산(Deoxyribonucleic acid, DNA)을 말한다.
   ② "디엔에이감식시료"란 사람의 혈액, 타액, 모발, 구강점막 등 디엔에이감식의 대상이 되는 것을 말한다.
   ③ "디엔에이감식"이란 개인 식별을 목적으로 디엔에이 중 유전정보가 포함되어 있지 아니한 특정 염기서열 부분을 검사·분석하여 디엔에이신원확인정보를 취득하는 것을 말한다.
   ④ "디엔에이신원확인정보"란 개인 식별을 목적으로 디엔에이감식을 통하여 취득한 정보로서 일련의 숫자 또는 부호의 조합으로 표기된 것을 말한다.
   ⑤ "디엔에이신원확인정보데이터베이스"(이하 "데이터베이스"라 한다)란 이 법에 따라 취득한 디엔에이신원확인정보를 컴퓨터 등 저장매체에 체계적으로 수록한 집합체로서 개별적으로 그 정보에 접근하거나 검색할 수 있도록 한 것을 말한다.

4. 디엔에이신원확인정보의 사무관장

① 검찰총장은 수형인 등으로부터 채취한 디엔에이감식시료로부터 취득한 디엔에이신원확인정보에 관한 사무를 총괄한다.

② 경찰청장은 구속피의자 등 및 범죄현장에서 채취한 디엔에이감식시료로부터 취득한 디엔에이신원확인정보에 관한 사무를 총괄한다.

③ 검찰총장 및 경찰청장은 데이터베이스를 서로 연계하여 운영할 수 있다.

5. 디엔에이감식시료채취

(1) 수형인등으로부터의 디엔에이감식시료 채취

① 검사(군검사를 포함한다. 이하 같다)는 다음 각 호의 어느 하나에 해당하는 죄 또는 이와 경합된 죄에 대하여 형의 선고, 「형법」 제59조의2에 따른 보호관찰명령, 「치료감호법」에 따른 치료감호선고, 「소년법」 제32조제1항제9호 또는 세10호에 해당하는 보호처분결정을 받아 확정된 사람(이하 "수형인등"이라 한다)으로부터 디엔에이감식시료를 채취할 수 있다. 다만, 제6조에 따라 디엔에이감식시료를 채취하여 디엔에이신원확인정보가 이미 수록되어 있는 경우는 제외한다.

1. 「형법」 제2편제13장 방화와 실화의 죄 중 제164조, 제165조, 제166조제1항, 제167조제1항 및 제174조(제164조제1항, 제165조, 제166조제1항의 미수범만 해당한다)의 죄

2. 「형법」 제2편제24장 살인의 죄 중 제250조, 제253조 및 제254조(제251조, 제252조의 미수범은 제외한다)의 죄

2의2. 「형법」 제2편제25장 상해와 폭행의 죄 중 제258조의2, 제261조, 제264조의 죄

2의3. 「형법」 제2편제29장 체포와 감금의 죄 중 제278조, 제279조, 제280조(제278조, 제279조의 미수범에 한정한다)의 죄

2의4. 「형법」 제2편제30장 협박의 죄 중 제284조, 제285조, 제286조(제284조, 제285조의 미수범에 한정한다)의 죄

3. 「형법」 제2편제31장 약취(略取), 유인(誘引) 및 인신매매의 죄 중 제287조, 제288조(결혼을 목적으로 제288조제1항의 죄를 범한 경우는 제외한다), 제289조(결혼을 목적으로 제289조제2항의 죄를 범한 경우는 제외한다), 제290조, 제291조, 제292조(결혼을 목적으로 한 제288조제1항 또는 결혼을 목적으로 한 제289조제2항의 죄로 약취, 유인 또는 매매된 사람을 수수 또는 은닉한 경우 및 결혼을 목적으로 한 제288조제1항 또는 결혼을 목적으로 한 제289조제2항의 죄를 범할 목적으로 사람을 모집, 운송 또는 전달한 경우는 제외한다) 및 제294조(결혼을 목적으로 제288조제1항 또는 결혼을 목적으로 제289조제2항의 죄를 범한 경우

의 미수범, 결혼을 목적으로 한 제288조제1항 또는 결혼을 목적으로 한 제289조 제2항의 죄로 약취, 유인 또는 매매된 사람을 수수 또는 은닉한 죄의 미수범은 제 외한다)의 죄

4. 「형법」 제2편제32장 강간과 추행의 죄 중 제297조, 제297조의2, 제298조부터 제 301조까지, 제301조의2, 제302조, 제303조 및 제305조의 죄

4의2. 「형법」 제2편제36장 주거침입의 죄 중 제320조, 제322조(제320조의 미수 범에 한정한다)의 죄

4의3. 「형법」 제2편제37장 권리행사를 방해하는 죄 중 제324조제2항, 제324조의 5(제324조제2항의 미수범에 한정한다)의 죄

5. 「형법」 제2편제38장 절도와 강도의 죄 중 제330조, 제331조, 제332조(제331조 의2의 상습범은 제외한다)부터 제342조(제329조, 제331조의2의 미수범은 제외 한다)까지의 죄

5의2. 「형법」 제2편제39장 사기와 공갈의 죄 중 제350조의2, 제351조(제350조, 제 350조의2의 상습범에 한정한다), 제352조(제350조, 제350조의2의 미수범에 한정한다)의 죄

5의3. 「형법」 제2편제42장 손괴의 죄 중 제369조제1항, 제371조(제369조제1항 의 미수범에 한정한다)의 죄

6. 「폭력행위 등 처벌에 관한 법률」 제2조(같은 조 제2항의 경우는 제외한다), 제3조 부터 제5조까지 및 제6조(제2조제2항의 미수범은 제외한다)의 죄

7. 「특정범죄가중처벌 등에 관한 법률」 제5조의2제1항부터 제6항까지, 제5조의4제 2항 및 제5항, 제5조의5, 제5조의8, 제5조의9 및 제11조의 죄

8. 「성폭력범죄의 처벌 등에 관한 특례법」 제3조부터 제11조까지 및 제15조(제13조 의 미수범은 제외한다)의 죄

9. 「마약류관리에 관한 법률」 제58조부터 제61조까지의 죄

10. 「아동·청소년의 성보호에 관한 법률」 제7조, 제8조 및 제12조부터 제14조까지 (제14조제3항의 경우는 제외한다)의 죄

11. 「군형법」 제53조제1항, 제59조제1항, 제66조, 제67조 및 제82조부터 제85조까 지의 죄

(2) 구속피의자등으로부터의 채취

① 검사 또는 사법경찰관(군사법경찰관을 포함한다. 이하 같다)은 제5조제1항 각 호의 어느 하나에 해당하는 죄 또는 이와 경합된 죄를 범하여 구속된 피의자 또는 「치료감호법」에 따라 보호구속된 치료감호대상자(이하 "구속피의자등"이 라 한다)로부터 디엔에이감식시료를 채취할 수 있다. 다만, 제5조에 따라 디엔

에이감식시료를 채취하여 디엔에이신원확인정보가 이미 수록되어 있는 경우는
제외한다.

(3) 범죄현장 등으로부터의 채취

　① 검사 또는 사법경찰관은 다음 각 호의 어느 하나에 해당하는 것(이하 "범죄현
　　장등"이라 한다)에서 디엔에이감식시료를 채취할 수 있다.

　　㉠ 범죄현장에서 발견된 것

　　㉡ 범죄의 피해자 신체의 내·외부에서 발견된 것

　　㉢ 범죄의 피해자가 피해 당시 착용하거나 소지하고 있던 물건에서 발견된 것

　　㉣ 범죄의 실행과 관련된 사람의 신체나 물건의 내·외부 또는 범죄의 실행과
　　　관련한 장소에서 발견된 것

　② 제①항에 따라 채취한 디엔에이감식시료에서 얻은 디엔에이신원확인정보는
　　그 신원이 밝혀지지 아니한 것에 한정하여 데이터베이스에 수록할 수 있다.

(4) 디엔에이감식시료채취영장

　① 검사는 관할 지방법원 판사(군판사를 포함한다. 이하 같다)에게 청구하여 발부
　　받은 영장에 의하여 제5조 또는 제6조에 따른 디엔에이감식시료의 채취대상자
　　로부터 디엔에이감식시료를 채취할 수 있다.

　② 사법경찰관은 검사에게 신청하여 검사의 청구로 관할 지방법원판사가 발부한
　　영장에 의하여 제6조에 따른 디엔에이감식시료의 채취대상자로부터 디엔에이
　　감식시료를 채취할 수 있다.

　③ 제1항과 제2항의 채취대상자가 동의하는 경우에는 영장 없이 디엔에이감식시
　　료를 채취할 수 있다. 이 경우 미리 채취대상자에게 채취를 거부할 수 있음을
　　고지하고 서면으로 동의를 받아야 한다.

　④ 제1항 및 제2항에 따라 디엔에이감식시료를 채취하기 위한 영장(이하 "디엔에
　　이감식시료채취영장"이라 한다)을 청구할 때에는 채취대상자의 성명, 주소, 청
　　구이유, 채취할 시료의 종류 및 방법, 채취할 장소 등을 기재한 청구서를 제출
　　하여야 하며, 청구이유에 대한 소명자료를 첨부하여야 한다.

　⑤ 디엔에이감식시료채취영장에는 대상자의 성명, 주소, 채취할 시료의 종류 및
　　방법, 채취할 장소, 유효기간과 그 기간을 경과하면 집행에 착수하지 못하며
　　영장을 반환하여야 한다는 취지를 적고 지방법원판사가 서명날인하여야 한다.

　⑥ 디엔에이감식시료채취영장은 검사의 지휘에 의하여 사법경찰관리가 집행한
　　다. 다만, 수용기관에 수용되어 있는 사람에 대한 디엔에이감식시료채취영장
　　은 검사의지휘에 의하여 수용기관 소속 공무원이 행할 수 있다.

⑦ 검사는 필요에 따라 관할구역 밖에서 디엔에이감식시료채취영장의 집행을 직접 지휘하거나 해당 관할구역의 검사에게 집행지휘를 촉탁할 수 있다.

⑧ 디엔에이감식시료를 채취할 때에는 채취대상자에게 미리 디엔에이감식시료의 채취 이유, 채취할 시료의 종류 및 방법을 고지하여야 한다.

⑨ 디엔에이감식시료채취영장에 의한 디엔에이감식시료의 채취에 관하여는 「형사소송법」 제116조, 제118조, 제124조부터 제126조까지 및 제131조를 준용한다.

(5) 디엔에이감식시료의 채취방법

① 제5조 및 제6조에 따라 디엔에이감식시료를 채취할 때에는 구강점막에서의 채취 등 채취대상자의 신체나 명예에 대한 침해를 최소화하는 방법을 사용하여야 한다.

② 디엔에이감식시료의 채취 방법 및 관리에 관하여 필요한 사항은 대통령령으로 정한다.

6. 디엔에이신원확인정보의 수록 등

① 검찰총장 및 경찰청장은 다음 각 호의 업무를 대통령령으로 정하는 사람이나 기관(이하 "디엔에이신원확인정보담당자"라 한다)에 위임 또는 위탁할 수 있다.

㉠ 제5조부터 제9조까지의 규정에 따라 채취된 디엔에이감식시료의 감식 및 데이터베이스에의 디엔에이신원확인정보의 수록

㉡ 데이터베이스의 관리

7. 디엔에이신원확인정보의 검색 · 회보

① 디엔에이신원확인정보담당자는 다음 각 호의 어느 하나에 해당하는 경우에 디엔에이신원확인정보를 검색하거나 그 결과를 회보할 수 있다.

㉠ 데이터베이스에 새로운 디엔에이신원확인정보를 수록하는 경우

㉡ 검사 또는 사법경찰관이 범죄수사 또는 변사자 신원확인을 위하여 요청하는 경우

㉢ 법원(군사법원을 포함한다. 이하 같다)이 형사재판에서 사실조회를 하는 경우

㉣ 데이터베이스 상호간의 대조를 위하여 필요한 경우

② 디엔에이신원확인정보담당자는 제1항에 따라 디엔에이신원확인정보의 검색결과를 회보하는 때에는 그 용도, 작성자, 조회자의 성명 및 작성 일시를 명시하여야 한다.

③ 디엔에이신원확인정보의 검색 및 검색결과의 회보 절차에 관하여 필요한 사항은 대통령령으로 정한다.

8. 디엔에이감식시료의 폐기

① 디엔에이신원확인정보담당자가 디엔에이신원확인정보를 데이터베이스에 수록한 때에는 제5조 및 제6조에 따라 채취된 디엔에이감식시료와 그로부터 추출한 디엔에이를 지체 없이 폐기하여야 한다.

② 디엔에이감식시료와 그로부터 추출한 디엔에이의 폐기 방법 및 절차에 관하여 필요한 사항은 대통령령으로 정한다.

9. 디엔에이신원확인정보의 삭제

① 디엔에이신원확인정보담당자는 수형인등이 재심에서 무죄, 면소, 공소기각 판결 또는 공소기가 결정이 확정된 경우에는 직권 또는 본인의 신청에 의하여 제5조에 따라 채취되어 데이터베이스에 수록된 디엔에이신원확인정보를 삭제하여야 한다.

② 디엔에이신원확인정보담당자는 구속피의자등이 다음 각 호의 어느 하나에 해당하는 경우에는 직권 또는 본인의 신청에 의하여 제6조에 따라 채취되어 데이터베이스에수록된 디엔에이신원확인정보를 삭제하여야 한다.

  ㉠ 검사의 혐의없음, 죄가안됨 또는 공소권없음의 처분이 있거나, 제5조제1항 각 호의 범죄로 구속된 피의자의 죄명이 수사 또는 재판 중에 같은 항 각 호 외의 죄명으로 변경되는 경우. 다만, 죄가안됨 처분을 하면서 「치료감호법」 제7조제1호에 따라 치료감호의 독립청구를 하는 경우는 제외한다.

  ㉡ 법원의 무죄, 면소, 공소기각 판결 또는 공소기각 결정이 확정된 경우. 다만, 무죄 판결을 하면서 치료감호를 선고하는 경우는 제외한다.

  ㉢ 법원의 「치료감호법」 제7조제1호에 따른 치료감호의 독립청구에 대한 청구기각 판결이 확정된 경우

③ 디엔에이신원확인정보담당자는 수형인등 또는 구속피의자등이 사망한 경우에는 제5조 또는 제6조에 따라 채취되어 데이터베이스에 수록된 디엔에이신원확인정보를 직권 또는 친족의 신청에 의하여 삭제하여야 한다.

④ 디엔에이신원확인정보담당자는 제7조에 따라 채취되어 데이터베이스에 수록된 디엔에이신원확인정보에 관하여 그 신원이 밝혀지는 등의 사유로 더 이상 보존·관리가 필요하지 아니한 경우에는 직권 또는 본인의 신청에 의하여 그 디엔에이신원확인정보를 삭제하여야 한다.

⑤ 디엔에이신원확인정보담당자는 제1항부터 제4항까지의 규정에 따라 디엔에이신원확인정보를 삭제한 경우에는 30일 이내에 본인 또는 신청인에게 그 사실을 통지하여야 한다.

⑥ 디엔에이신원확인정보의 삭제 방법, 절차 및 통지에 관하여 필요한 사항은 대통령령으로 정한다.

10. 업무목적 외 사용 등의 금지: 디엔에이신원확인정보담당자는 업무상 취득한 디엔에이감식시료 또는 디엔에이신원확인정보를 업무목적 외에 사용하거나 타인에게 제공 또는 누설하여서는 아니된다.

11. 벌칙 적용 시 공무원 의제: 디엔에이신원확인정보담당자 중 공무원이 아닌 사람은 「형법」이나 그 밖의 법률에 따른 벌칙을 적용할 때에는 공무원으로 본다.

12. 벌칙

① 디엔에이신원확인정보를 거짓으로 작성하거나 변개(變改)한 사람은 7년 이하의 징역 또는 2천만원 이하의 벌금에 처한다.

② 이 법에 따라 채취한 디엔에이감식시료를 인멸, 은닉 또는 손상하거나 그 밖의 방법으로 그 효용을 해친 사람은 5년 이하의 징역 또는 700만원 이하의 벌금에 처한다.

③ 제15조를 위반하여 디엔에이감식시료 또는 디엔에이신원확인정보를 업무목적 외에 사용하거나 타인에게 제공 또는 누설한 사람은 3년 이하의 징역 또는 5년 이하의 자격정지에 처한다.

④ 다음 각 호의 어느 하나에 해당하는 사람은 2년 이하의 징역 또는 500만원 이하의 벌금에 처한다.

　㉠ 거짓이나 그 밖의 부정한 방법으로 디엔에이신원확인정보를 열람하거나 제공받은 사람

　㉡ 제11조에 따라 회보된 디엔에이신원확인정보를 업무목적 외에 사용하거나 타인에게 제공 또는 누설한 사람

⑤ 디엔에이신원확인정보담당자가 정당한 사유 없이 제12조 또는 제13조를 위반하여 디엔에이감식시료와 추출한 디엔에이를 폐기하지 아니하거나 디엔에이신원확인정보를 삭제하지 아니한 때에는 1년 이하의 징역 또는 3년 이하의 자격정지에 처한다.

1 의의

LPG · LNG · 일산화탄소 중독사건, 본드류 흡입사건, 폭발물사건, 비소 · 수은 중독사건, 폐수오염 여부, 음주운전 등 범죄가 발생했을 때 증거제시 및 사건 해결을 위해 자연과학을 활용하는 감정방법을 말한다.

(1) 대상물질 기출

① 유해화학물질

㉠ 화학물질

알코올류(메틸알코올, 에틸알코올), 청산류, 산 · 알카리류, 살서제류(쥐약), 유해성 금속류(비소, 수은, 납, 크롬, 금, 은, 동 등), 할로겐화 탄화수소, 환각성 유기용매류, 연료용 가스류(액화석유가스, 액화천연가스 등), 일산화탄소, 유화수소 등이다.

㉡ 유독물

유독물은 건강 또는 환경에 위해를 미칠 독성이 있는 화학물질로 톨루엔, 황산칼륨 등 452종이 지정되어 있다. 특정유독물은 유해 정도가 크다고 인정되는 유독물을 말한다. 특정유독물에는 삼산화비소, 질산칼륨 등 94종이 지정되어 있다.

② 폭발성 물질류: 폭발성 물질류에는 고성능폭약류, 저성능폭약류, 뇌관화약류, 산업용 폭약류, 화학가스 등이 있다.

③ 환경오염 물질류: 각종 산업체에서 배출되는 폐수 및 폐기물에 의한 농작물 및 양어장의 피해 여부나 상수도원 오염 여부 및 폐기물의 종류 · 성분 등에 대한 감정의 경우에 화학적 감정의 대상이 된다.

㉠ 현행 폐기물관리법상 폐기물의 종류

ⓐ 폐기물: 쓰레기, 연소재, 오니, 폐유, 폐산, 폐알카리, 동물의 사체 등으로서 사람의 생활이나 사업활동에 필요하지 아니하게 된 물질을 말한다.

ⓑ 생활폐기물: 사업장폐기물 외의 폐기물을 말한다.

ⓒ 사업장폐기물: 대기환경보전법, 수질환경보전법 또는 소음 · 진동규제법의 규정에 의하여 배출시설을 설치 · 운영하는 사업장 기타 대통령령이 정하는 사업장에서발생되는 폐기물을 말한다.

ⓓ 지정폐기물: 사업장폐기물 중 폐유·폐산 등 주변환경을 오염시킬 수 있거나 감염성 폐기물 등 인체에 감염 등 위해를 줄 수 있는 유해한 물질로서 대통령령이 정하는 폐기물을 말한다.

ⓔ 의료 폐기물: 보건·의료기관, 동물병원, 시험·검사기관 등에서 배출되는 폐기물 중 인체에 감염 등 위해를 줄 수 있는 우려가 있는 유해한 물질로서 대통령령이 정하는 폐기물을 말한다.

2 감정대상물질과 시료채취방법

(1) 감정대상물질

소화관 내용물 (4℃ 보존)	위 내용물 및 위 세척액 약 100g 정도를 채취
혈액 (4℃ 보존)	체액에 오염되지 않은 순환혈액을 50ml 이상 채취하여 각종 유해화학물질의 정량, 혈중알코올, 일산화탄소, 청산, 유화수소, 환각성 용매류, 수은 및 납 등 유행성 중 금속류에 대한 정량을 검사 실시
뇨(동결 보전)	전량을 채취, 혈액보다 함량이 높은 유해화학물질의 체내 대사물질을 확인하고 정량을 실시한다.
간장(동결 보전)	해독작용을 담당하므로 간의 유해성 중금속류 등을 확인하고 채집한다.
뇌(동결 보전)	Toluen, Ethylacetate와 같은 휘발성이 강한 유기 용매류의 흡입에 의한 중독시 혈액보다 높은 함량이 유지되므로 감정시료로 적합하다.
기타	신장, 폐(유해가스 흡입사건의 경우), 모발 및 손톱(비소 및 수은과 같은 유해성 중금속류의 만성 중독사건의 경우)

① 유해화학물질 중독사건

② 휘발성 물질 흡입사건

본드류, 구두약, 비닐용기 및 플라스틱 용기 등의 유류품 및 뇨, 혈액, 뇌조직(채취가능한 것) 등을 채취하여 밀봉한다.

③ 교통사고

혈중알코올 농도 측정을 위하여 채취된 혈액은 부패 및 응고방지처리를 하고 채취된 혈액을 알코올로 처리해서는 안 된다.

④ 폭발사고

폭발생성물, 잔사 및 미반응 폭약에 대한 감정시료는, 폭심 부근의 토양, 파편의 표면에 부착된 잔사 및 미세한 흔적물질 등을 분석한다. 이동이 불가능한 증거물의 유기물 성분은 아세톤 및 에테르에 적신 탈지면으로 닦아내고, 무기물 성분은 증류수에 적신 탈지면으로 잘 닦아서 채취한다.

⑤ 총기사고:

총알의 관통 여부와 발사거리를 파악하기 위해 목표물에서의 화약 잔류량과 발사자를 알아내기 위해 발사자의 손, 옷 등의 잔류량을 알아낸다.

⑥ 환경오염사고

폐기물의 잔여량, 주변의 토양, 물 및 피해 입은 농작물, 폐수인 경우에는 세척된 용기에 4L 정도 채취 후 채취연월일, 장소, 수역명칭 및 생산 품목 등 참고가 될 자료를 명시하여 송부하여야 한다.

(2) 감정물의 필요한 최소량

혈흔	0.5mg	정액	3mg 이상
위 내용물, 뇨, 담즙	전량	타액	3ml 이상
심장	전체	모발	4cm 3개 이상
뇌	500g 이상, 반구 전체	손톱 (비소, 수은중독)	10g 이상
간장	500g 이상	독물	100g 이상
폐	좌우 각 50g 이상	시필	10통 이상
신장	좌우 각 50g 이상	시인(試印)	20회 이상 날인
근육, 지방	200g 이상		

제8절 | 물리학적 감정

1 개념

범죄현장에서 발견된 물체의 종류, 범행도구와의 동일여부, 변형된 원인, 흔적의 형성 요인 등 수사상 필요한 점을 밝혀내는 방법이다.

2 물체의 동일 여부 감정

(1) 범인임을 증명하는 증거

휴지, 섬유, 장갑, 철사, 나일론 끈 등 현장에 유류된 물체는 용의자가 가지고 있을 것으로 의심되는 물체의 확인은 범인임을 증명하는 결정적 증거가 될 수 있다.

(2) 물체의 동일여부 감정

외관(색상, 형태), 크기, 구성성분, 물리적 성질(빙점, 융점, 탄성, 전기전도성, 열전도성, 비중, 밀도, 굴절률, 자성 등)과 함께 흔적을 비교한다. 분리여부를 확인하기 위해서는 전량을 의뢰해야 한다.

3 흔적의 종류

구분	동적흔적	정적흔적
개념	형태와 상호접촉에 의하여 부착될 수 있는 물질의 비교 검사가 병행	흔적의 형태만의 비교로 가능
구체적인 예	필적, 공구흔, 흉기흔, 충격흔	인영, 윤적, 지문, 총기발사흔, 족적, 치흔

1 의의

문서감정은 범죄에 사용된 문서류의 진위 등을 판정하는 것이며 문서의 손괴여부를 감정하는 것을 목적으로 하지 않는다.

2 문서감정의 종류

① 필적감정, 인영감정, 필흔재생감정

② 인자(印字)감정(타자문자, 인쇄문자, 체크라이터문자 등)

③ 유가증권 위·변조감정, 탄화(炭火)문자감정, 불명(不明)문자감정, 필기구 색소감정

④ 목문자의 기재시기 추정감정, 인영의 날인 전후 기재감정, 지문의 날인 전후 기재 감정, 타자문자 위에 날인된 인영 및 지문의 전후 관계 감정

3 필적감정

(1) 의의

필적은 개인에 따라 달라 개인의 필적을 감정을 통해 알아낼 수 있고 필적감정을 위해서는 감정자료와 이와 대조할 수 있는 대조자료를 수집해야 한다.

기본자료	용의자가 평소 썼던 필적을 의미한다.
새로운 필적(시필)	용의자가 감정자료와 동일한 필기구, 용지, 서체를 이용하여 감정자료와 동일한 내용 또는 유사한 문장을 쓰도록 하여 수집된 필적을 말한다.

(2) 시필(試筆)을 수집 방법

① 받아 적을 내용을 낭독해 주고 용의자가 그 내용을 적도록 하여야 한다.

② 동일한 내용, 크기, 숙어 등으로 A4용지 5매 이상 문장을 반복하여 작성하여야 한다.

③ 감정자료를 시필자에게 보여주지 말고 반드시 읽어주며 받아쓰게 해야 한다.

④ 시필의 작성연월일과 작성자의 서명날인을 시필자가 직접하게 한다.

⑤ 시필의 양은 문제된 필적이 20자 이내라면 10매에서 20매, 20자 이상 500자 이내라면 5매에서 10매, 500자 이상의 장문인 경우에는 3매 정도가 적당하지만 감정의뢰사항에 따라 적절한 양을 작성토록 한다.

⑥ 오자, 탈자, 사투리의 사용은 시필자의 고유한 필적특징이 될 수 있으므로 이를 지적하지 말아야 한다.

⑦ 시필시간을 제한하여 시필의 속도에 변화를 주어 쓰게 한다.

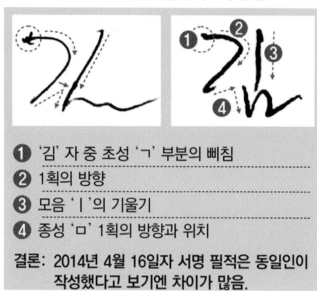

① '김' 자 중 초성 'ㄱ' 부분의 삐침

② 1획의 방향

③ 모음 'ㅣ'의 기울기

④ 종성 'ㅁ' 1획의 방향과 위치

결론: 2014년 4월 16일자 서명 필적은 동일인이 작성했다고 보기엔 차이가 많음.

출처 : 동아일보

3 인영감정

(1) 인영의 개념

인영이라 함은 특정인의 인격을 상징하여 그 동일성을 증명하기 위해서 사용되는 일정한 상형을 의미한다.

(2) 인영감정의 대상

① 2개 이상의 인영 이동(異同) 식별

② 2매의 용지에 간인된 인영

③ 인영문자의 판독

④ 위조인영의 식별

(3) 인영감정시 자료수집방법

원본을 수집하고 대조인영은 실제 날인한 것도 함께 송부하고, 불가능할 경우에는 증거물과 동일한 용지에 20 내지 30개의 날인을 하여 그 용지를 송부해야 한다.

인장을 처음 사용한 경우와 장시간 사용하였을 경우에는 사용빈도에 의해 차이가 있으므로 인감류인 경우에는 관청에 등록된 인영을 수집한다.

(4) 위조인영의 감정방법

비교현미경에 의한 방법	2개의 인영을 등배유로 확대, 그 확대된 상을 1개의 접안렌즈를 통해 동일시야 내에서 비교하는 방법.
확대투명기에 의한 방법	인영을 10~25배로 확대, 인자·획선의 형태를 검사하여 위조 여부 확인.
확대원판에 의한 투시적 검사법	2개의 인영을 동일한 조건 하에서 등배율로 확대·촬영한 원판을 겹쳐 광선을 투시, 양쪽 인영의 합치 여부를 검사하여 확대원판의 합치되지 않은 부분으로 위조 여부를 가린다.
확대사진에 의한 검사법	2개의 인영을 동일한 조건 하에서 촬영, 등배율로 확대사진을 만들어 각각 양인영을 반분, 즉 우반부·좌반부의 인영을 접합, 비교·검사
기하학적 계측법	2개의 인영을 확대·촬영한 후 선에 의한 기하학적 구획을 작도, 미세한 부분을 비교하여 동일성 여부를 검사
기타 검사법	철판위조나 전사에 의한 위조는 확대·투시 등에 의한 방법으로는 식별이 불가능하여 인주의 농도·전사에 사용된 매개물의 성분검사 등에 의해 위조 여부를 검사

제10절 성문감정

1 개념

성대의 진동이 목과 구강을 거쳐 밖으로 나오는 소리를 음성분석장치로 분석한 그래프 형태의 무늬가 나타나는 것으로 들을 수 있는 소리를 시각적으로 나타내 수사에 활용하도록 하는 감정을 의미한다. 음성음향학적 감정이라고도 한다.

2 감정의뢰 사항_{기출}

- 녹음테이프의 인위적 편집 여부
- 여러 음성이 몇 사람의 음성인지 여부
- 두 가지 음성이 동일한 사람의 음성인지 여부
- 음성의 주인공에 대한 **성별, 연령, 언어영향권** 등에 관한 추정
- 기타 기계음 및 주변음의 분석, 녹취서 내용확인, 음질개선 등
- 여러 음성 중 주인공의 음성과 **동일한 사람의 음성**이 있는지 여부

3 주의사항

① 녹음테이프를 감정의뢰하는 경우에는 원본을 복사하여 복사본을 의뢰기관이 보관하고 반드시 원본을 감정의뢰 한다.

② 감정기관에서 원본을 임의로 반복 재생하면 음질이 나빠질 경우가 있으므로, 감정기관에서도 될 수 있는 한 복사본을 가지고 감정하도록 의뢰한다.

③ 녹음테이프는 가능하면 자기장의 영향을 받지 않도록 케이스에 넣어 보관한다.

④ 녹음된 테이프를 감정의뢰 할 때에는 녹음에 사용된 기기 및 방법을 명시하고, 녹음 내용을 기록한 녹취서를 작성하여 동봉한다.

⑤ 소음이나 주변음이 녹음되어 있으면 그에 대한 정보가 있다면 제공한다.

⑥ 녹음테이프의 편집 여부를 감정의뢰 할 때에는 녹음상황에 관한 진술을 기록하고가능하면 사용한 녹음기도 제시한다.

⑦ 성문감정 시 범인이 크고 명확하게 한 말, 반복적으로 사용한 말을 단서어로 활용한다.

1 의의

(1) 개념

거짓말탐지기 수사(Polygraph)는 거짓말탐지기를 이용하여, 정신적인 동요로 인한 박동, 혈압, 맥박의 변화 및 전류에 대한 피부 저항도의 변화와 호흡 등을 기록하여 진술의 진위를 발견하고자 하는 수사를 의미한다. 검사결과를 이용한 수사방향의 재설정, 자백의 유도, 진술의 확인, 사건의 단서 수집을 위하여 유용하게 사용될 수 있다.

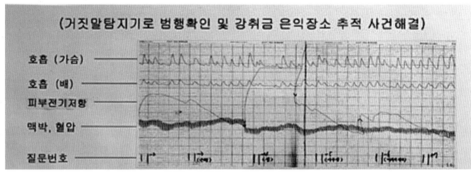

(거짓말탐지기로 범행확인 및 강취금 은익장소 추적 사건해결)

출처 : 일간스포츠(2008. 3)

(2) 기본원칙

검사는 특징 사건의 수사 또는 내사(이하 '수사'라 함)와 관련된 사항에 한하여 행할 수 있고, 특정인의 사상신념의 탐지 목적이나 수사와 직접 관련 없는 사항에 관하여는 검사를 하지 못한다(**사전 임의동의 필요, 불리한 추정 금지**).

> **검사결과의 정확성을 보증하는 조건**
>
> 1. 검사기계 성능의 우수성
> 2. 검사 당시 피검사자의 의식의 명료성과 심신상태의 건전성
> 3. 질문표의 작성 및 질문방법의 합리성
> 4. 검사자의 전문성
> 5. 검사장소의 평온성
> 6. 검사결과 판정의 정확성

(3) 대상_{기출}

① 피의자, 피내사자, 중요 참고인 기타 수사사항에 대하여 알고 있거나 관련되어 있다고 믿을 만한 상당한 이유가 있는 자 등 모든 사람

② 피검사자가 정신질환자, 정신신경증의 증세로 감정의 기복이 심한 자(정동이 불안전한 자), 약물복용 등으로 진정 또는 흥분상태에 있는 자, 정상적 반응을 가져올 수 없을 정도로 심각한 심장·호흡기 질환 및 그 밖의 질환 등으로 인하여 생리·심리적으로 검사하기에 부적당한 자, 검사 직전에 장시간의 심문이나 조사를 받은 자, 임산부, 술기운이 있거나 술에 취한 자, 그 밖에 검사에 부적당하다고 인정되는 자에 해당되는 자로 검사가 적합하지 않다고 판단되는 경우에는 검사를 하여서는 아니된다.

(4) 유용성_{기출}

부인하는 진술의 진위 여부를 판단할 수 있고 수사의 초동단계에서 적합한 조건 하에 검사가 행해지면 범죄용의자가 수 명인 경우 범인을 가려낼 수도 있고 증거물이나 피해자의 사체 은닉장소 등을 찾아 낼 수 있다.

(5) 주관부서

① 경찰청: 수사국 과학수사센터, 교통관리관실, 교통안전담당관실

② 지방경찰청: 수사(형사)과, (경비)교통(안전)과

(6) 검사관

① 검사관은 고등학교 졸업 이상 학력과 수사경력 3년 이상인 자로서, 거짓말탐지기 검사에 관한 특별전문교육을 받은 자로 한다.

② 검사관은 운영부서마다 1인 내지 2인으로 한다.

③ 검사관은 거짓말탐지기 검사업무에 관하여 항상 연구하여야 하고 기기의 성능을 수시 정검 정비하여 언제든지 활용가능 하도록 관리하여야 하며, 자체수리가 불가능한 고장은 즉시 경찰청 해당 주관부서에 수리를 의뢰하여야 한다.

④ 검사관은 거짓말탐지기를 부당한 목적으로 사용하거나 검사결과를 허위로 보고하여서는 안 된다.

⑤ 검사관에 대한 인사이동은 사전에 그 사유와 신구보직자의 인적 사항 등을 명시하고, 경찰청 해당 주관부서의 장을 경유하여 경찰청장의 승인을 받아야 한다.

2 증거능력

(1) 대법원기출

"그 검사가 피검사자의 동의에 의하여 행하여진 경우에도 그 검사결과의 정확성이 보증되지 않는 한 증거능력을 인정할 수 없다."(대판1979.5.22.79도547)

(2) 판례

① 거짓말탐지기의 검사결과는 공소사실의 존부에 관한 직접증거가 아니라 **진술의 진위를 판단하는 증거**에 불과하다.

② 거짓말팀지기의 검사결과의 증거능력에 관하여는 형사소송법 제313조 제2항이 적용된다. 대법원은 거짓말탐지기의 검사결과가 증거능력을 갖기 위한 요건을 갖추었을지라도 그 검사, 즉 감정의 결과는 검사를 받는 사람의 신빙성을 가능하고 정황증거로서의 기능을 다하는 데 그친다고 한다.

* 학설의 대부분은 거짓말탐지기 검사결과의 증거능력 인장에 대하여 긍정설을 취하고 있다.

(3) 거짓말탐지기 검사결과를 유죄로 인정하기 의한 전제조건 기출

① 거짓말을 하면 반드시 일정한 심리상태의 변동이 일어나고

② 그 심리상태의 변동은 반드시 일정한 생리적 반응을 일으키고

③ 그 생리적 반응에 의하여 피검사자의 말이 거짓말인지 여부를 정확히 판정할 수 있어야 한다. 이러한 전제조건을 충족하였다고 인정할 수 없으므로 거짓말탐지기에 의한 검사결과의 증거능력을 부정하여야 한다는 판례가 있다.

3 검사의 유의사항

(1) 검사의 시기

가능한 한 수사의 초기단계에서 하고 미리 검사실에 검사의 적부, 시기 등을 문의하여 적절한 시기를 선택해야 한다.

(2) 장소

외부의 소음, 자극이나 영향이 없는 장소를 선택하고 검사실은 방음·환기장치 등 시설을 하여야 하고 녹음장치, 입체 VTR시스템 시설을 설치한다. 별도로 검사관실, 면접실, 관찰실에서 검사를 한다.

제5편

(3) 피검사자에 대한 불이익처분금지

그 검사결과만을 유일한 단서로 하여 다른 증거 없이 피검사자에 대하여 범죄사실의 자백을 강요하거나 피의자로 단정하여 사건을 송치하는 행위는 금지한다.

(4) 구속 피의자 등에 대한 조치

피검사자가 구속 중인 때에는 도주 및 자해 방지 등을 위하여 수사관이 관찰실에 입회하고 변호사 등 소송관계인 기타 검사에 장애가 없다고 인정되는 자는 관찰실에 입회할 수 있다. 다만, 변호사 이외의 자는 주관부서장의 허가를 얻어야 한다.

4 검사의 종류 기출

(1) 일반검사

피검사자가 부인하는 진술의 진위를 반복 확인하는 검사로서 사건의 개요와 진술조서를 첨부하여 의뢰한다.

(2) 자료검사

무형의 자료검사	범인의수, 은닉장소, 범행시 총기 사용횟수 등을 알기 위한 검사로 별도의 준비자료 없이 단어를 열거하는 검사로서 일반검사와 같은 요령으로 의뢰하면 된다.
유형의 자료검사	범행에 사용된 흉기, 피해품의 종류 등 범행현장에 유류된 물건등을 앞에 나열하여 하는 검사로서, 범행현장 유류품과 같은 종류로 색깔, 크기, 모양 등이 다른 자료를 5~6개 준비하여 검사자료로 쓰일 수 있도록 제공해 주어야 한다.

일반질문검사에 사용되는 기법

1. 킬러기법
   ① 킬러기법은 폴리그라프의 아버지라고 불리우는 킬러(1925)가 발표한 것으로 '관련무관련질문이론'을 배경으로 하고 있으며, '관련무관련질물기법'이라고 불리운다.
   ② 관련질문과 무관련질문으로만 구성되는데, 일반 형사사건에는 사용되고 않지만, 약간 수정되어 간첩에 대한 검사, 채용 전 적격심사를 위한 검사 및 직무수행에 관한 주기적인 검사 등에 사용

2. 리드기법

① 리드기법은 리드(1940)가 관련무관련질문기법의 문제점을 보완하여 발표한 것으로통제질문기법이라고도 한다.

② 이 기법은 백스터기법 및 미육군기법과 오늘날 가장 많이 사용되고 있는 3대 기법 중의 하나로 통제질문이 처음으로 사용되었다.

  ㉠ 한 검사에 강한 관련질문과 약한 관련질문이 동시에 사용되는 한 가지의 정형화된 기법만이 있고,

  ㉡ 통제질문에서 관련질문과 약한 관련질문의 내용과 시간적으로 구별해 주기 위해 시간제한문구를 사용하지 않는다는 것이다.

③ 사용되는 질문은 무관련질문이 4개, 강한관련질문이 2개, 약한관련질문이 2개, 통제질문이 2개로 모두 10개의 질문이 사용되며 아래와 같이 각각 고유번호를 가지고 있다.(IR: 무관련질문, R:강한관련질문, R/Y: 약한관련질문, C: 통제 질문)

  1. (IR:이름): 당신의 이름이 ***입니까?

  2. (IR:주거): 당신은 지금 ***에 살고 있습니까?

  3. (R):00백화점에서 ***를 훔친 사람이 당신입니까?

  4. (IR:나이):당신의 나이가 **세 이상입니까?

  5. (R):당신이 지난 **. 오후 *시경 **백화점에서 **를 훔쳤습니까?

  6. (C):이제까지 남의 귀중한 물건을 훔친 일이 있습니까?

  7. (IR:학교):학교에 다닌 사실이 있습니까?

  8. (R/Y):지난 **. 오후 *시경 00백화점 **에 간 일이 있습니까?

  9. (R/Y):00백화점에서 도난당한 본 건 **가 어떻게 처분되어있는지 아십니까?

  10. (C):이제까지 점포에서 귀중한 물건을 훔친 일이 있습니까?

④ 기본검사는 위와 같은 순서로 연속 2회, 순서를 바꿔서 1회, 모두 3회 실시

3. 백스터기법

① 백스터기법은 백스터(1960)가 발표한 것으로 흔히 '구역비교검사기법'이라고 불리운다.

② 이 기법은 리드기법이 오직 한 가지 기법으로 실시되는 것과는 달리 'YOU please', 'SKY phase', 'Exploratory Test'로 불리우는 3가지 기법으로 정형화되어 있는데, 이들은 동일 검사에 순차적으로 적용되는 것이 원칙이나 사안에 따라 독자적으로 적용되기도 한다.

③ 질문마다 고유번호를 가지고 있으나 질문순서와는 무관하다.

④ 무관련질문 1개, 강한관련질문 2개. 희생관련질문 1개, 통제질문 3개, 징후질문 2개로 모두 9개의 질문이 사용되며 극히 예외적으로 강한 관련질문이 1개 추가되는데, 그 순서와 예시는 다음과 같다.

13. (IR:이름):이름이 **입니까?

25. (B:징후질문):이제까지 이야기한 것만 질문한 것을 믿습니까?

39. (Y/R:희생관련질문): 본 건 ** 도난사건에서 관하여 내가 묻는 각 질문에 솔직히 대답하겠습니까?

46. (C):지난 *월 이전에 남의 물건을 훔치기 위해서 심각하게 다른 사람과 의논해 본 적이 있습까?

33. (R): 당신이 지난 ** 오후 **백화점에서 **반지를 훔쳤습니까?

47. (C):지난 *월 D;전에 점포에서 남의 물건을 훔쳐 본 일이 있습니까?

35. (R):00백화점에서 ** 오후에 도난당한 본 건 **를 훔친 사람이 당신입니까?

48. (C): 이 사건 전부터 5년 이내에 남의 물건을 훔쳐 본 일이 있습니까?

26. (B):이제까지 이야기한 것만 묻겠다고 했는데도 불구하고 또 다른 것을 물을까봐 걱정되는 일이 있습니까?

⑤ 'SKY Phase'에 사용되는 질문은 무관련질문 1개, 강한관련질문 1개, 약한관련질문 2개, 희생관련질문 1개, 통제질문 3개, 징후질문 2개로 모두 10개의 질문이 사용되는데, 이 phase의 특징은 직접행위와 아울러 공범관계를 동시에 확인한다는 점에 있다.

⑥ Exploratory Test에 사용되는 질문은 무관련질문 1개, 약한관련질문 4개, 희생관련질문 1개, 통제질문 3개, 징후질문 2개로 모두 11개의 질문이 사용되는데, 이 검사의 특징은 강한 관련질문이 하나도 없고 모두 공범관계만을 확인하는 약한관련질문으로만 구성된다는 점이다.

4. 긴장절정검사(Peak Of Tension Test:POT): 긴장절정검사는 기술한 일반질문검사의 결과에 따라 후속적으로 실시되는 자료검사의 대표적인 것이다. 이 검사의 원리는 일반질문검사의 그것과는 다른데, 여러 가지 질문(일반적으로 5~7개) 중에서 피검사자를 괴롭히는 질문(거짓말하고 있는 질문: Key Point)을 한 가지만 둠으로써 그 질문을 들을 때까지 불안심리가 서서히 고조되다가 그 Key Point에서 극적으로 상승하며 그 이후에는 서서히 불안심리가 해소된다는 원리에 입각하고 있다.

5 검사의 절차_{기출}

(1) 검사준비

검사를 하기 전에 기기점검 · 질문서작성 · 피검사자의 건강 · 병력 · ~동의서 등을 확인하고 검사관은 검사를 시작하기 전에 피검사자가 임의로 동의하였는가를 확인한 후 피검사자로부터 거짓말탐지기 검사동의서를 받아야 한다(거짓말탐지기 운영규칙 제14조).

(2) 검사 전 면담

본 검사에 들어가기 전 30~40분에 걸쳐 면담을 하게 되는데 면담의 목적은 진실한 피검사자에게는 불안감을 제거하여 안정시키고, 거짓말을 하는 피검사자에게는 검사를 받게 되면 거짓이 발각될 불안감을 조성시키는 데 있다.

(3) 본검사

검사의 타당도와 신뢰도를 위하여 동일한 질문내용을 3회 이상 질문하여야 한다.

(4) 차트해석

호흡의 변화, 피부의 변화, 맥박(혈압)의 상승변화 등 거짓반응형태를 분석 · 판독하게 한다.

(5) 검사결과 보고 및 회보

① 검사결과는 의뢰관서에 진실반응 · 거짓반응 · 판단불능 등의 여부를 통보하여야 한다.

② 검사관은 검사 실시 후 7일 이내 그 결과를 주관부서의 장에게 보고하고, 의뢰부서에 회신하여야 한다.

③ 검사결과회보서 외의 검사 관계문서는 피검사자나 제3자에게 공개할 수 없다. 다만, 법률에 의한 제출요구가 있을 때에는 그러하지 아니한다.

> **검사결과의 정확성을 보증하는 조건**
>
> 1. 거짓말탐지기 검사의뢰서(5년)
> 2. 거짓말탐지 검사동의서(5년)
> 3. 거짓말탐지 검사 전 조사표(5년)
> 4. 질문표(5년)
> 5. 도표 및 도표 평가표(5년)
> 6. 거짓말탐지기 검사결과보고(회보)서(5년)
> 7. 거짓말탐지검사 기록철(5년)

제12절 총기감정

1 총알상처 기출

총기에서 발사된 탄환에 의하여 생긴 손상을 총알상처라 하고, 탄환이 피부를 뚫고 들어간 부위를 총알입구라 하고 뚫고 나온 부위를 사출구라 하며 체내로 지나간 것을 사창관이라 한다. 총기손상이 의심될 때에는 총알상처의 수, 발사거리, 사입방향으로 자·타살 감별이 가능하다.

2 총알상처의 종류 기출

관통총창(貫通銃創)	총알입구, 사출구, 사창관이 모두 있는 경우
맹관총창(盲管銃創)	총알입구와 사창관만 있고 탄환이 체내에 남아 있을 경우
찰과총창(擦過銃創)	탄두가 표피만 찰과하였을 경우
반도총창(反跳銃創)	탄환의 속도가 떨어져 피부를 뚫지 못하고 피부까짐이나 피부밑출혈만 형성
회선총창(回旋銃創)	탄환이 골격에 맞았으나 천공시키지 못하고 뼈와 연부조직 사이를 우회하였을 경우

3 총알상처와 발사거리 기출

접사	㉠ 총구가 피부에 밀착된 상태에서 발사된 것 ㉡ 상처구멍이 파열되어 불규칙한 성상 또는 분화구상을 보이며 탄환의 직경보다 커진다. ㉢ 접사일 경우에는 총구가 피부에 밀착된 상태에서 발사되어 총알 입구 내에까지 화약 잔사분말이 침입현상이 나타난다.
근접사	㉠ 피부에 밀착되지 않고 약 0.5~1cm 이내에서 발사된 경우 ㉡ 근접사의 경우 접사와는 달리 폭풍이 피사체의 내부에 영향을 미치지 못하므로 상처가 장자리가 파열되지 않는다.
근사	㉠ 권총은 약 30~45cm, 장총은 1~2m 이내의 거리에서 발사된 것 ㉡ 총알입구는 원형상을 이루고 주위에는 이른바 소륜을 형성하여 폭연, 화약잔사분말, 녹, 기름성분 등이 부착된다.
원사	㉠ 근사와 다른 점은 폭열 및 탄연에 의한 변화를 보지 못하며 탄환 자체에 의한 변화, 상처 가장자리에 오물고리와 까진고리만 본다. ㉡ 같은 거리라 할지라도 사용된 총기, 탄환의 종류 및 화약의 종류나 양 등에 따라 총알입구의 소견이 달라짐

(5) 총알상처에서의 자·타살 구별

자살	타살
• 신체에 접해서 발사하는 접사(接射)가 보통이다. • 창상(創傷)이 급소부위에 있다. • 총기가 사자(死者)의 손 또는 주변에 있다. • 사자, 소매 등에 화약 잔재가 묻어 있다.	• 원사(遠射), 근사(近射) : 신체에 접촉되지 않은 가까운 거리에서 발사한다. • 창상(創傷)이 급소 외에도 발견된다. • 사자 이외의 물체에도 탄흔이 남아있다.

(6) 증거물 수집방법

① 사진이나 약도로 총기나 모든 증거물의 위치를 기록한다. 제거한 실탄은 가장자리에 종이를 붙여 표시하고 더 이상 표적이 생기지 않게 솜이나 얇은 천으로 포장한다.

② 바닥에 총기를 떨어뜨린 자국이 있거나 총공 내에 흙이나 기타 이물질이 들어있는 경우에는 자살을 뒷받침해 주는 단서가 된다. 이와 같은 경우에는 총기에도 어떤 표적이 반드시 남게 되고, 총기와 탄피의 위치 및 벽에 생성된 탄환의 사입구(射入口)도 사진과 약도로 기록해 두어야 한다.

③ 자살사건의 경우에 소총을 발로 발사하였을 때에는 총의 방아쇠에 흙이 묻어 있을 때도 있다. 총기를 전문가에게 가져갈 때까지는 될 수 있는 대로 여러 사람의 접촉을 피하도록 하여야 한다. 현장에서 사체의 착의를 수거하여 혈액이 묻은 부분과 묻지 않은 부분을 분리하여 포장한다.

④ 탄환·탄피의 발사흔을 탄환·탄피의 수거시에도 위치를 촬영하고 약도를 작성하여야 한다. 총기는 간단한 외부손질은 물론 분해 및 총강 내의 손질도 하지 말아야 한다. 탄환이 신체에 박혀있는 경우에는 수술 또는 해부를 하여 그 탄환을 수집해야 하며 집도의에 의해서 발사흔이 손상되지 않도록 주의하여야 한다.

⑤ 탄환이 관통한 물건과 정도 및 탄환의 형태, 총격의 개략적인 각도 등을 수첩에 기록하여야 한다. 용의자를 검거하면 약실 등의 안전검사를 하되 절대 분해하지 말고, 실탄 6발 이상과 함께 감정을 의뢰하여 동일한 총기에서 발사된 탄피인지의 여부를 확인해야 한다.

(7) 강선수와 좌우꼬임 형태에 따른 총기의 종류

① 강선수가 4개 이하는 군용소총류(M16은 6조 우선).

② 5개 이상일 경우에는 권총류.

③ 강선의 꼬임이 좌선일 경우에는 권총류(권총은 좌우선임)

④ 우선일 경우와 구경이 0.30일 경우에는 군용소총류이며, 탄환의 직경은 소구경(0.22~0.32 구경)일 때 총기의 구경보다 0.003mm, 대구경(0.35~0.45구경)의 총기에 있어서는 0.005mm가 크다.

제13절 의약품 및 독극물 감정

1 의약품

　의약품이라 함은 사람 또는 동물 질병의 진단, 치료. 경감, 처치 또는 예방 목적으로 사용되는 것으로 의약품, 한약, 화장품, 의료용구, 위생용품 등이 있다.

(1) 의약품의 종류

종류	내용
의약품	사람 또는 동물의 질병의 진단, 치료, 경감, 처치 또는 예방의 목적으로 사용되는 것으로 사람 또는 동물의 구조, 기능의 영리학적 영향을 주기 위한 목적으로 사용된다.
한약	동물·식물 또는 광물애서 채취된 것으로서 원형대로 건조 또는 정제된 생약
의약부외품	① 구취 또는 채취의 방지, ② 탈모의 방지 또는 양모 ③ 사람이나 동물의 보건을 위해 사용되는 파리, 모기 등의 구제 또는 방지, ④ 인체에 대한 작용이 경미한 염료, ⑤ 위생상의 용도에 제공되는 선류(지선류를 포함한다)등의 목적을 가지고 인체에 대한 작용이 경미하며 기구 또는 기계가 아닌 것과 이와 유사한 것으로서 보건복지가족부장관이 지정하는 것
화장품	인체를 청결 또는 미화하기 위하여 도찰, 살포 기타 이와 유사한 방법으로 사용되는 물품으로서 인체에 대한 작용이 경미한 것을 말한다.
의료용구	사람 또는 동물의 질병의 진단, 경감,처치 또는 예방의 목적에 사용되는 것과 사람 또는 동물의 구조기능에 영향을 주기 위한 목적으로 사용되는 기구 또는 기계 장치로서 보건복지부장관이 지정하는 것을 말한다.
위생용품	사람 또는 동물의 질병의 경감, 처치 또는 예방의 목적에 사용되는 섬유, 고무 제품 또는 이와 유사한 물품을 말한다.

(2) 약품 사용량에 따른 구분

　① 사용량

　　㉠ 상용량(常用量): 치료의 목적으로 사용하는 보통량으로 일반적으로 극량의 1/3이다.

　　㉡ 극량: 위험성이 없이 사용할 수 있는 최대량

　　㉢ 중독량(中毒量): 중독상태를 나타내는 최소량

　　㉣ 치사량(致死量):죽음에 이르는 최소량

② 종류

　　㉠ 보통약: 극량과 중독량의 차이가 많은 약품

　　㉡ 독약: 극량과 차이가 적은 약품

　　㉢ 극약(劇藥):독약보다 독성이 약한 약품

2 독극물

극히 소량으로도 인체 건강을 해치고 사망에 이르는 물질, 즉 독극물을 주 감식대상으로 한다.

(1) 독극물 분류

종류	증상	독물
부식독 (腐蝕毒)	단백질을 괴사시켜 국소적인 부식을 초래하는 독물	• 산(황산, 염산, 질산, 초산 등) • 알칼리(NaCl, KCl 등)
실질독 (實質毒)	대사(代謝)를 장애하고 여러 가지 조직의 변성괴사를 일으킴	• 황인(黃燐)　　• 승홍(昇汞) • 아비산(亞砒酸) • 수은
효소독 (酵素毒)	특이한 효소계에 특이적으로 작용(ATP 생성저해 등)하는 독물	• 유기인제류(Parathion 등) • 황화수소
혈액독 (血液毒)	체내에 흡수되어 혈액 중 헤모글로빈과 결합하여 두통, 현기증, 구토, 안면홍조, 호흡곤란, 체온강하,경련, 의식불명증상, 내부 질식으로 사망함	• 청산　　　• 청산가리 • 청산소다　• CO • 유화수소
신경독 (神經毒)	신경계, 특히 중추신경계의 기능을 장애하는 독물	• 알코올　　• 클로로포롬 • AKaloid류　• 복어독 • 에테르　　• 수면제

(3) 독극물 종류

① 휘발성 독극물 기출

약품명	성상	치사량(g)	중독작용	비고
황인	황백색 결정	0.05~0.2	배설, 요통, 근육마비, 의식불명	쥐약
시안화칼륨	• 백색조해성분말 • 썩은 복숭아 냄새	0.15~0.03	두통, 구토, 현기증, 심장 호흡 정지	청산염

클로로포롬	특이한 향기를 가진 무색 휘발성 액체	40	신경계에 작용하여 혈압 강하 및 호흡정지	유기용매
석탄산	특이한 냄새를 가진 무색 또는 침상결정	7~10	세포원형질 및 단백질을 응고시킴	소독약
메틸알코올	무색·투명한 휘발성 액체이며 향기가 있음	30~100cc	실명 및 시각장, 사망	목정
에틸알코올	무색·투명한 휘발성 액체	100~150cc	중추신경계의 기능저하 및 마비	주정

② 중금속 독극물류

약품명	성상	치사량(g)	중독작용
수은(Hg)	회식액상	0.5~0.8	급성중독성, 위장염, 신장염
은(Ag)	백색 결정형	10	경련, 의식상실
동(Cu)	화합물에 따라 성상이 다름	10~15	복통, 설사, 도통, 경련
카드늄(Cd)	화합물에 따라 성상이 다름	0.3~0.6	체내에서 점막 부식, 구토, 복통, 설사
바륨(Bb)	화합물에 따라 성상이 다름	2~4	위장경련, 구강작열, 오심, 위통, 구토
비소(As)	무미, 무취의 백색결정 또는 분말	0.1~0.3	점막부식, 위장장애, 중추신경장애, 관절통
납(Pb)	화합물에 따라 성상이 다름	4~8	체온강화, 경련, 호흡곤란

③ 농약류

㉠ 유기인제류: 인 화합물의 총칭

약품명	성상	치사량(g)	중독작용	비고
파라치온	순품은 무색, 무취의 액체, 침상결정	0.1~1.0	의식혼탁, 혼수, 체온상승, 전신경련, 호흡곤란	살균살충
스미치온동	순품은 염황색의 특이한 냄새가 있는 액체	0.1~1.0	〃	〃
이피엔	순품은 백색결정성 고체	0.1~1.0	〃	〃
다이아지논	순품은 백색액체	5	〃	〃
말라지논	순품은 황색기름, 공업품은 암갈색	0.1~1.0	〃	〃
디디브이피(DDVP)	백색분말	0.1~1.0	〃	〃
아조드린	적갈색 결정	0.1~1.0	〃	〃
딥테렉스	순품은 백색 결정성 고체	3	〃	〃

약품명	성상	치사량(g)		
텝프	담황색 점성 유상액체	0.1~1.0	〃	〃
파라옥속	무색의 유상액체	0.1~1.0	〃	〃
셀파텔	담황색, 점성유상액체	0.1~1.0	〃	〃
페스톡스	백색분말	0.1~1.0	〃	〃
트리시온	담황색 유상액체	8	〃	〃
코란	분제	0.5	〃	〃

ⓛ 유기염소제류: 염소화합물의 총칭

약품명	성상	치사량(g)	중독작용	비고
디디티 (DDT)	백색 무취의 평판 침상결정	8~10	복통, 구토, 설사, 경련, 수족마비	살균
베이치씨 (BHC)	백색 결정성 분말	0.3~1	전신쇄약, 복통, 마비, 정신착란	〃

④ 기타

약품명	성상	치사량(g)	중독작용	비고
신토닌	무색, 백색 결정성 가루로 무미, 무취	0.1~0.5	두통, 구토, 근육경련, 감각상실	구충제
황산	무색, 무미, 액체로서 끈기가 있음	10cc	구강, 식도 위점막에 심한 부식작용	화공약품
염산	얇은 황색액체로서 자극성 가스 발생	110~15cc	〃	〃
질산	액체로서 황갈색 가스 발생	10	〃	〃
초산	무색의 액체로서 자극성 가스발생	10~20cc	후강,식도 및 위점막은 부식으로 백색의 딱지를 형성	빙초산
옥살산	무색 또는 백색 경정	10~30	부식독으로 내복시 구토, 위통, 급성 위장염 발생	수산
페놀	무색또는 엷은 홍색 침상결정	10	피부 또는 점막에 흡수되어 중추신경 마비	석탄산
암모니아수	무색 특이한 자극성 있는 휘발성 액체	10~30	중독, 위장염, 기관지염, 폐염, 폐수종	화공약품
유화수소	달걀 썩은 냄새	1.4~4.2%	졸도, 사망	가스
염소산칼륨	백색 결정	15~30	위장자극, 구토설사, 호흡장애, 신경염	화공약품

> ### 유기산과 무기산 기출
>
> 1. 유기산
>   유기산에는 초산, 수산, 석탄산 등이 있다.
> 2. 무기산
>   - 황산, 염산, 질산
>   - 강한 부식성 거의 즉시 입안, 식도 및 위의 점막이 부식되어 통증, 오심 및 구토
>   - 대부분 공업용으로 화장실 소독에 쓰일 때가 있다.
>   - 무기산은 자살의 용도

3 감정대상 기출

(1) 자살 또는 타살의 목적으로 사용되는 의약품

신경안정제나 수면제가 있고 로라제팜, 디아제팜 등은 항정신성의약품으로 지정되어 있고, 수면제 중 독실아민은 다량복용하고 사망하는 경우가 많다.

(2) 강도 또는 강간에 사용되는 약품

드링크제나 오렌지주스 등에 수면제나 신경안정제를 타서 피해자에게 마시게 하여 강도, 강간의 도구로 사용한다.

(3) 고가 한약재(생약)의 진위

웅담, 사향, 녹용 등은 웅담(곰쓸개)에는 우르소데옥시콜린산이라는 담즙산이 함유되어 있으며, 저담(돼지쓸개)에는 히오데옥시콜린산이 함유되어 있고, 우담(소쓸개)에는 데옥시콜린산이많다.

(4) 독성 한약재(생약)의 확인

부자(천오두, 초오), 스코폴리아근(랑탕근. 미치광이풀), 호미카(마전자)등의 알카로이드 함유 식물이 있다.

(5) 복어독 감정

알이나 내장 중에 있는 **테트로도톡신**이라는 성분은 미량만 먹어도 사망에 이른다.
생체 시료 중 복어독의 확인은 위 내용물을 산으로 처리한 에틸알코올로 추출한 후 단백질, 지방 등을 제거하여 시료를 정제한 다음 쥐에게 주사하여 판정한다.

(6) 식품 및 한약재 중 잔류농약의 검출

식품 중에서는 콩나물 재배 시 부패 및 변질을 막기 위해 불법으로 농약을 사용하고 있는데, 농약의 검출방법을 개발하여 콩나물 중 미량의 농약성분을 검출하는 데에 적용하고있다.

4 감정물 채취 요령

(1) 일반 사건의 경우

① 증언, 부검소견, 사건개요 등을 감정인에게 알려 주고 음독약물이나 음식물의 잔여품, 구토물, 용기, 약포장지 등 독물이 함유되었을 것으로 보이는 물질을 채취한다.

② 채취하여야 할 감정물량

위 내용물, 뇨	전량
혈액	100g 이상
간, 비장, 신장	각 100g 이상
십이지장, 소장 내용물, 뇌 및 심장	일부

③ 매장되었던 시체에서 채취할 경우: 관의 내부에 칠한 페인트류, 관의 외측 위·아래의 흙 등도 대조 시험용으로 채취

(2) 사고로 인한 중독 또는 치사사건의 경우

사용했던 음식물, 청량음료, 주류, 의약품, 식품 첨가물, 화공약품, 농약류 등도 수집하고, 의료사고는 조제약, 주사약, 수액 세트, 주사기 등과 조제약에 대한 처방전을 함께보낸다.

(3) 수면제 및 마취제류

에테르·클로로포름 등과 같은 흡입마취제류는 휘발성이 강하므로 밀폐용기에 넣고 포장한다. 수면제, 주스캔, 요구르트 병, 드링크제류, 빨대, 먹다 남은 비스켓류 등은 적은양이라도 소실, 오염되지 않도록 포장 송부한다.

(4) 가스중독사

피해자의 혈액, 뇨, 뇌 등 사건현장 주위의 공기를 비닐봉지 등에 채취하고, 가스 발생요인이 될 수 있는 물질도 수집한다(일산화탄소 중독사의 경우는 혈액이 중요한 시료이다).

(5) 한약재류에 의한 중독사

한약재, 사용용기, 한약 등을 채취하고, 한약재 처방전도 함께 송부한다. 용담, 우황, 사향, 녹용 등의 진위를 판별하기 위해서는 약 200g과 진품을 함께 송부한다.

(6) 복어 중독의 감정

복어의 알이나 내장은 전부 채취하고 사망자의 위 내용물(전부), 혈액(200g 이상), 뇨(전량)를 송부한다.

(7) 주류 및 청량음료 등의 감정

주류 및 청량음료 등 유해성, 진위 여부를 감정하고자 할 때에는 반드시 완전 포장된 진품을 함께 의뢰한다.

(8) 천연식품 진위 여부

벌꿀, 참기름, 고춧가루 등의 진위 여부는 충분량의 시료(200g)와 진품을 함께 송부한다.

제14절 기타 감정

1 슈퍼임포즈 기출

(1) 개념

슈퍼임포즈감정법(영상중첩법: Superimpositiom Method)은 백골화의 사체 또는 부패된 사체를 시신의 골격을 엑스선(X線)으로 촬영하고 추정되는 사람의 생전의 사진을 확대 또는 축소하여 음성(Negative) 원판을 작성한다. 2개의 원판을 사찰대(View Box)에 올려 놓고 특징점을 비교하여 신원을 파악하는 방법이다.

(2) 대상

슈퍼임포즈감정법은 열차사고, 항공기 추락사고, 대형 화재사고, 부패로 백골화된 사체 등의 신원을 확인하는 데 많이 활용한다.

2 유류감정법

① 유사휘발유는 감압증류법, 굴절률측정, 비중측측정시험, 증류곡선측정시험, 분류성 상시험, 분별증류법 등으로 감정할 수 있다.

② 유사휘발유 수사 시 제조장소보다 유통장소(주유소)에 대한 수사를 진행하고 한적한 주유소가 사람들이 자주 이용하는 장소보다 유사 휘발유를 취급할 가능성이 많다. 주 유기마다 2L 이상씩 채취하여 철제용기에 보관·감정의뢰하여야 한다.

3 중성자 방사화 분석법

(1) 개념

시료의 중성자 및 양자, 입자 등을 조사하여 시료 중의 원소를 전부 방사화하고 그 방사화 동위원소들은 각각 일정한 반감기에서 고유의 에너지인 r선 및 β선을 방사하므로 그 방사능을 검출하여 특정의 방사성 동위원소의 양을 분석하고 방사화 전의 원소를 정량하는 방법이다.

중성자방사화분석은 미량의 원소 분석이 가능하고 많은 원소를 동시에 분석할 수 있다. 원소를 파괴하지 않기 때문에 분석 후에 그대로 보존할 수 있다.

(2) 활용

독성물질의 검출, 모발의 개인식별, 총기사건의 경우 사수의 감별, 공업제품 및 가공품의 동일성 감별, 토양의 동일성 감별 등 광범위하게 활용할 수 있다.

4 범죄면수사

(1) 개념

범죄수사에서 최면을 이용하는 경우로서 피해자나 목격자조차도 시간의 경과나 공포, 당황, 흥분 등으로 당시 상황을 기억하지 못할 때 최면을 이용하여 기억을 재생케 함으로써 수사의 단서를 제공하거나, 수사의 방향설정에 도움을 주기위한 방법이다.

(2) 최면수사의 대상

① 최면수사의 대상자

피해자, 목격자, 피의자(피의자가 결백을 주장할 경우 무죄를 입증하기 위한 증거확보 등을 위한 최면수사)

② 최면에 적합한 사건

㉠ 이미 사건관련 증거가 확보되어 있는 경우 그 증거를 가지고 최면으로 얻어낸 정보를 보강하기 위한 경우

㉡ 목격자나 피해자의 최면 회상이 보강증거자료의 확보가 예상되는 경우

㉢ 목격자가 있는 사건은 사실상 모두 해당한다.

(3) 최면수사 의뢰 시 유의사항

① 기억의 변화, 사실왜곡 없이 수사의뢰하고 동일수법 전과자의 사진을 사전에 열람시키지 않는다.

② 교통사고에서 용의차량과 번호판숫자 등을 미리 알려주거나 보여주어서는 안 되고 정신과의사나 심리학자등 전문가가 담당해야 한다.

5 수사 식물학

사건현장의 흙, 옷, 구두, 자동차 흙받이 등에서 검출되는 식물, 위 내용물에서 검출되는 음식물 중 식물 조각 등 명칭 및 분포지역, 생육시기를 추정 단서를 얻어내는 기법이다.

일본의 미노스케박사가 수사식물학에 기여했다.

(1) 식문

식문의 검사는 숨푸법을 이용하는데 셀룰로이드로 된 커버글라스에 소량 숨푸액을 떨구어 그 표면을 용해하고 식물잎 조각에 힘을 가하여 찍으면 표피세포의 형태가 전사된다. 식문의 표본을 슬라이드 글라스 위에 올려놓고 현미경 200~400배에서 관찰한다.

(2) 대상물

① 식물: 식물의 줄기, 뿌리, 잎, 꽃, 열매 등의 조각을, 현미경으로 관찰한다.

② 고형물: 식용식물 외부 및 내부형태는 현미화학적 검사에 의해 식물명의 감정이 가능하다(예 위와 장에서 검출되는 표고버섯의 고형물, 두부의 덩어리, 홍당무의 조각 등).

③ 유체: 위와 장, 토양에서 부패하지 않고, 원래의 형태를 그대로 유지하는 유체상태로 남아 있는 경우가 있다. 식물의 표피세포는 셀룰로오스로 되어 있으며, 장기간 용해, 부패되지 않는 특성이 있다. 따라서 표피세포의 형태, 표피세포가 변화한 기공(氣孔), 수공(水孔)의 형태 등을 종합하여 식물명을 알 수 있다.

과학수사

001 범죄감식에 대한 설명으로 가장 옳지 <u>않은</u> 것은?

10 승진

① 범죄감식에는 기술감식과 자료감식이 있다.

② 범죄감식에는 합리적인 추리와 객관적인 증거에 의하여야 한다.

③ 지문자료에 의한 신원, 범죄경력 확인은 기술감식의 내용이다.

④ 피의자 사진에 의한 범인 추정은 자료감식에 해당한다.

> **해설**
>
> 지문자료에 의한 신원, 범죄경력 확인은 **자료감식**의 내용이다.
>
> | 구분 | 자료감식 | 기술감식 |
> |---|---|---|
> | 개념 | 수집된 각종 기초자료를 컴퓨터 등에 수록하여 집중관리함으로써 필요시 범죄수사에 활용하는 감식 | 자연과학(법의학, 물리, 화학 등)의 지식·기술 등을 활용하여 경험과 육감으로서 파악할 수 없는 사물을 판별하는 감식 |
> | 구체적 예 | ① 지문자료에 의한 신원·범죄경력확인
② 피의자 사진에 의한 범인 추정 (사진자료)
③ 수법원지에 의한 감식
④ 족흔적 자료에 의한 용의자 추정 | ㉠ 잠재지문, 족흔적, 혈흔, DNA 등의 채취·검사 및 감정
㉡ 사진촬영　㉢ 거짓말탐지기 검사
㉣ 화재감식　㉤ 필적감정
㉥ 성문감정　㉦ 말소문자의 현출 |

002 다음 범죄감식 중 기술감식에 해당하는 것은 모두 몇 개인가?

12 1차

> ㉠ 지문자료에 의한 신원·범죄경력 확인
> ㉡ 잠재지문, 족흔적, 혈흔 등의 채취·검사 및 감정
> ㉢ 피의자의 사진에 의한 범인 추정
> ㉣ 필적감정, 사진촬영
> ㉤ 수법원지에 의한 감식
> ㉥ 족흔적 자료에 의한 용의자 추정

① 2개　　　　②3개　　　　③4개　　　　④5개

> **해설**
>
> ㉠㉢㉤㉥:자료감식 ㉡㉣:기술감식

ANSWER 　001 ③　002 ① / ㉡, ㉣

003 다음 중 범죄감식에 대한 설명으로 옳은 것은 모두 몇 개인가?

11 경간

⊙ 범죄감식은 범죄의 진상을 명백히 하고 증거물의 증거능력 판단을 목적으로 한다.

ⓒ 범죄감식은 합리적인 추리와 객관적인 증거에 의하여야 한다.

ⓒ 범죄수법의 과학화·지능화에 따라 범죄감식은 더욱 중요해지고 있다.

ⓒ 족흔적 감식, 필적감정, 성문감정은 자료감식의 한 방법이다.

ⓜ 현장감식의 일반적 작업순서는 사진촬영, 간부의 관찰, 범죄 수법의 검토, 채증 감식의 순으로 한다.

① 없음　　　② 1개　　　③ 2개　　　④ 3개

> **해설**
>
> ⊙ 범죄범죄감식은 각종 증거물을 수집하는 것이고, 증거물의 증거능력 판단은 **형사소송법규**를 토대로 판단하게 된다.
>
> ⓒ 족흔적 감식은 **자료감식**에 해당하고, 필적감정과 성문감정은 기술감식에 해당한다.
>
> ⓜ 현장감식의 일반적 순서로는 **현장보존 → 간부의 현장관찰 → 사진촬영 → 채증감식 → 수법검토**의 순으로 한다.

004 다음은 지문에 대한 설명이다. 가장 적절하지 않은 것은?

13 2차

① 지문은 피부가 융기한 선이나 유두선 또는 융선이라고 정의되나 통상적으로 손가락 말절 장측부(지두내면) 융선의 문형을 지문이라고 호칭하고 있다.

② 준현장지문은 범인의 침입경로, 도주경로 및 예비장소 등에서 발견된 지문으로 피의자 발견을 위하여 범죄현장 이외의 장소에서 채취한 지문을 말한다.

③ 유류지문이란 현장지문 또는 준현장지문 중에서 범인 이외의 자(피해자, 현장출입자 등)가 남긴 것으로 추정되는 지문이다.

④ 잠재지문은 인상된 그대로의 상태로는 육안으로 식별되지 않고, 이화학적 가공을 하여야 비로소 가시상태로 되는 지문이다.

> **해설**
>
> ③ **관계자지문**에 관한 내용이다. "유류지문"이라 함은 현장지문 준현장지문에서 관계자지문에 해당하지 아니하는 것으로 피의자가 유류하였다고 인정되는 지문을 말한다.(지문 및 수사자료표 등에 관한 규칙 제2조)

005 다음 중 지문의 종류에 대한 설명으로 가장 옳은 것은?

11 경간부

① 잠재지문은 범인의 손에 혈흔 등 이물질이 묻어서 남겨지는 지문을 말한다.

② 범죄현장에 남겨진 지문은 일단 통틀어 유류지문이라 칭한다.

③ 현장지문 또는 준현장지문 중에서 범인이 남긴 것으로 추정되는 지문을 관계자지문이라고 한다.

④ 혈액이 묻은 손가락으로 물체를 만졌을 때 착색된 부분이 융선이라면 정상지문으로 볼 수 있다.

> **해설**
>
> ① **현재지문**에 관한 내용이다. 잠재지문은 인상된 그대로의 상태로는 육안으로 식별되지 않고, 이화학적 가공을 하여야 비로소 가시상태로 되는 지문을 말한다.
> ② 범죄현장에 남겨진 지문은 일단 통틀어 **현장지문**이라고 한다. "유류지문"이라 함은 현장지문, 준현장지문에서 관계자지문에 해당하지 아니하는 것으로 피의자가 유류하였다고 인정되는 지문을 말한다.(지문 및 수사자료표 등에 관한 규칙 제2조)
> ③ **유류지문**에 관한 내용이다. "관계자지문"이라 함은 현장지문 또는 준현장지문 중에서 피의자 지문이 아닌 지문을 말한다.(지문 및 수사자료표 등에 관한 규칙 제2조)

006 다음 중 지문에 대한 설명으로 가장 적절하지 <u>않은</u> 것은?

12 1차

① 우리나라는 함부르크식 지문분류 방법을 기본으로 하면서 우리의 실정에 맞도록 수정·보완하여 사용하고 있다.

② 주민등록증 발급 시 찍는 우수 무지는 10개 번호 중 맨 마지막 분효번호에 해당한다.

③ 제상선이 흐르는 반대측에 형성된 삼각도의 모양에 따라 을종제상문의 분류상 필요한 기준점을 외단이라 한다.

④ 변태문에 육손가락과 합지의 경우에는 포함되지 않는다.

> **해설**
>
> ④ **변태문**은 궁상문, 제상문, 와상문 중 어느 것에도 속하지 않는 문형으로서 점과 단선, 기타 구불구불하게 특이한 융선으로 형성된 지문으로 **육손가락과 합지의 경우도 포함**한다.
> ② 컴퓨터 조회시 지문가치 다음에 10개의 숫자가 기록되어 있는데 **앞의 5개 번호**는 **좌수**의 분류번호이고, **뒤의 5개 번호**는 **우수**의 분류번호이다. 그리고 손가락의 순서도 **시지, 중지, 환지, 소지, 무지**의 순서로 기록되어 있다. 주민등록증 뒷면에 날인된 지문은 해당자의 우수무지의 지문이므로 10개의 번호 중 맨 끝의 번호가 주민등록증 날인된 지문의 분류번호이다.

007 지문의 분류방법에 관한 다음 설명 중 가장 적절하지 <u>않은</u> 것은?

14 2차

① 제상문은 삼각도가 1개 있으며 압날 시 우수의 오른쪽, 좌수의 왼쪽에 삼각도가 있는 것을 갑종, 우수의 왼쪽, 좌수의 오른쪽에 삼각도가 있는 것을 을종으로 분류한다.

② 을종제상문은 내단과 외단 사이의 융선의 수를 기준으로 분류번호를 지정한다.

③ 와상문은 추적선의 종점과 우측표준점 사이의 융선 수를 기준으로 분류번호를 지정한다.

④ 컴퓨터 조회 시 지문가치 다음에 10개의 숫자가 기록되어 있는데, 앞의 5개 번호는 우수의 분류번호이고, 다음 5개의 번호는 좌수의 분류번호이며, 10개의 번호 중 맨 뒤의 번호가 주민등록증에 날인된 지문의 분류번호이다.

> **해설**
> ④ 컴퓨터 조회시 지문가치 다음에 10개의 숫자가 기록되어 있는데 **앞의 5개 번호는 좌수**의 분류번호이고, **뒤의 5개 번호는 우수**의 분류번호이다. 그리고 손가락의 순서도 **시지, 중지, 환지, 소지, 무지**의 순서로 기록되어 있다. 주민등록증 뒷면에 날인된 지문은 해당자의 우수무지의 지문이므로 10개의 번호 중 맨 끝의 번호가 주민등록증 날인된 지문의 분류번호이다.

008 좌수의 지문을 찍었을 때 우측에 형성되고, 우수의 지문을 찍었을 때 삼각도가 좌측에서 형성되는 한편 내단과 외단 사이의 가상의 직선에 접촉된 융선의 수가 12개였다면, 함부르크식 지문분류법에 의할 때 지문번호는 몇 번인가?

11 1차

① 2번   ② 3번   ③ 4번   ④ 5번

> **해설**
> ④ 좌수의 지문을 찍었을 때 삼각도가 우측에 형성되고, 우수의 지문을 찍었을 때 삼각도가 좌측에 형성되면 **을종제상문**으로 내단과 외단사이의 가상의 직선에 접촉된 융선의 수가 7개 이하:〈3〉, 8~11개:〈4〉, **12~14개:〈5〉**, 15개 이상:〈6〉의 지문번호를 갖는다.
>
> | 궁상문 | 〈1〉 |
> |---|---|
> | 갑종제상문 | 〈2〉 |
> | 을종제상문 | 우수의 좌측, 좌수의 우측에 있는 경우로 내단과 외단 사이와 가상의 직선에 접촉된 융선의 수를 기준
• 7개 이하:〈3〉 • 8~11개: 〈4〉
• 12~14개:〈5〉 • 15개 이상:〈6〉 |
> | 와상문 | 추적선이 우측각 위 또는 아래로 흐를 때 추적선과 우기준점 사이의 융선의 수를 기준
• 상류 와상문: 우측각 위로 흘러 융선의 수가 4개 이상이다.〈7〉
• 중류 와상문: 우측각 위, 아래로 흘러 융선의 수가 3개 이하이다.〈8〉
• 하류 와상문: 우측각 아래로 흘러 융선의 수가 4개 이상이다.〈9〉 |
> | 변태문 | 궁상문, 제상문, 와상문의 어느 것에도 속하지 않는 지문이다.〈9〉 |
> | 절단문 | 지두절단〈0〉 |
> | 손상문 | 손상된 지문 〈0〉 |

009

11 2차

함부르크식 십지지문 분류법에 의할 경우 피의자의 좌수 환지가 와상문이고 우수 시지가 을종제상문인 경우에 해당하는 것은 모두 몇 개인가?

> ㄱ 67890-12345　　ㄴ 78912-23456　　ㄷ 89123-34567
> ㄹ 9183-45678　　　ㅁ 12345-56789　　ㅂ 23456-67891
> ㅅ 34567-78912　　ㅇ 45678-89123　　ㅈ 56789-91234

① 1개　　　　② 2개　　　　③ 3개　　　　④ 4개

해설

ㄱㄴㄷㅁㅂㅅㅇㅈ : X / ㄹ : ○

○ : ㄹ 함부르크식 십지지문 분류법에 의할 경우 피의자 지문 재취는 좌수의 시지, 중지, 환지, 소지, 무지의 순서로 채취한 다음 우수의 시지, 중지, 환지, 소지, 무지의 순서로 채취하여 분류한다. 따라서 피의자의 좌수 환지가 와상문이면 좌수 3번째 번호가 7, 8, 9가 들어가야 하고, 우수 시지가 을종제상문인 경우는 우수 1번째 번호가 3, 4, 5, 6이 들어가야 하므로 ㄹ9183-45678만 해당한다.

010

11 승진

지문감식에 대한 설명 중 가장 옳지 않은 것은?

① 지문은 피부가 융기한 선이나 유두선 또는 융선이라 정의되나 이는 손가락의 말절부, 중절, 기절, 장측면, 수장면 및 족장지와 족장측에도 존재하여 통상적으로 손가락 말절 장측부(지두내면) 융선의 문형을 지문이라 호칭하고 있다.

② 궁상문, 제상문, 와상문 중 어느 것에도 속하지 않은 문형으로서 점과 단선 기타 구불구불하게 특이한 융선으로 형성된 지문(육손가락과 합지의 경우도 포함)은 손상문이다.

③ 현장지문 또는 준현장지문 중에서 범인 이외의 자가 남긴 것으로 추정되는 지문은 관계자 지문이다.

④ 잠재지문 채취법 중 고체법은 분발법이라고 하며, 미세한 분말을 지문이 인상되었다고 생각하는 물체에 도포해서 잠재지문에 부착시킨 후 검출하는 방법이다.

해설

② 변태문에 관한 내용이다. 손상문은 피해자가 화재로 인하여 지문감식을 할 수 없는 경우처럼 손상된 지문을 말한다.

011

17 승진

「지문 및 수사자료표 등에 관한 규칙」상 지문과 관련된 다음 설명으로 적절한 것으로 연결된 것은?

⊙ 현장지문 또는 준현장지문 중에서 피의자 이외의 자가 남긴 것으로 추정되는 지문은 유류지문이다.

ⓛ 와상문은 우측기준점과 추적선의 종점간의 가상의 직선 또는 수직선에 닿는 융선 수를 계산하여 번호를 분류하되 우측기준점과 추적선의 종점은 융선 수에서 제외한다. 그중 추적선이 우측 기준각의 내측으로 흐르고 융선 수가 4개 이상인 것은 분류번호 〈9〉를 부여한다.

ⓒ 궁상문, 제상문, 와상문 중 어느 문형에도 속하지 않아 정상적으로 분류할 수 없는 것을 변태문이라 하며 육손가락은 변태문에서 제외한다.

ⓔ 손가락 끝마디가 절단되어 지문을 채취할 수 없는 경우에도 분류번호 〈0〉을 부여한다.

ⓜ 을종제상문 중 내단과 외단은 융선 수 계산에서 제외하고 내단과 외단 사이의 융선 수가 8~11개인 경우 분류번호 〈4〉를 부여한다.

---

① ⊙ⓒ
② ⓛⓒ
③ ⓛⓔ
④ ⓔⓜ

해설

⊙ **관계자지문**에 관한 내용이다. "유류지문"이라 함은 현장지문 준현장지문 중에서 관계자지문에 해당하지 아니하는 것으로 피의자가 유류하였다고 인정되는 지문을 말한다.(지문 및 수사자료표 등에 관한 규칙 제2조)

ⓛ 와상문 중 추적선이 우측 기준각의 내측으로 흐르고 융선 수가 4개 이상인 것은 분류번호 〈 7 〉을 부여한다.

ⓒ 변태문은 궁상문, 제상문, 와상문 중 어느 것에도 속하지 않는 문형으로서 점과 단선, 기타 구불구불하게 특이한 융선으로 형성된 지문으로 **육손가락과 합지의 경우도 포함**한다.

---

012 강도살인사건 수사에 있어서 형사 甲의 조치사항 중 잘못된 점이 없는 것은?

11
실무종합
승진

① 甲은 현장에 임장한 뒤 유류품 수사를 위하여 사건 현장에서 없어진 귀금속의 장물품표를 발행하였다.
② 甲은 사건현장의 잠재지문을 채취하고자 실리콘러버법을 이용하였다.
③ 甲은 범인 乙을 그의 주거지 A장소에서 체포영장에 의해 체포한 뒤 2시간 가량 조사한 결과, 乙이 강취품을 B의 장소에 보관하고 있다고 진술하자 영장 없이 위 강취품을 압수한 뒤 지체없이 사후 압수수색영장을 신청하였다.
④ 甲은 乙외에 공범 丙에 대한 감청을 실시하였으나 검거하지 못하고 기소중지 의견으로 송치한 뒤 검찰로부터 丙에 대한 기소중지 결정을 하였음을 통보 받고도 30일이 지나도록 통신제한조치 집행사실 통지를 하지 아니하였다.

해설

① 현장에서 유류품이 발견된 경우 **유류품 수사**를 하여야 한다. 장물품표(장물수배서)는 장물의 신속한 발견을 위해 발행하는 것으로 장물수사를 위한 것이다.
② 실리콘러버법은 부패한 변사체의 지문이나 공구흔 채취에 주로 활용되며 검체가 구면체 또는 요철면체일 때 적합한 방법이다. **잠재지문은 고체법, 액체법, 기체법** 등을 이용하여 채취한다.
③ 체포영장에 의해 체포를 한 경우에는 체포현장에서만 영장없이 압수수색할 수 있고 현장이 아닌 곳에서는 압수수색하기 위해서는 사전 영장이 필요하다. 긴급체포를 한 경우에 한하여 **현장이 아닌 곳에서 영장없이 압수수색**할 수 있다.
④ 검사로부터 기소중지 결정을 하였다는 통보를 받은 경우에는 통신제한조치 집행 통보를 하지 않는다.(통신비밀보호법 제9조 제1항)

013 A경찰서 관내 가정집에 절도사건이 발생하여 과학수사팀이 현장에 임장 후, 감식을 한 결과 침입구로 보이는 안방 창문 유리에서 육안으로는 보이지 않으나 범인이 남긴 것으로 추정되는 갑종제상문에 해당하는 지문을 채취하였다. 다음 설명 중 틀린 것은?

10 1차

① 채취한 지문은 범죄현장에서 범인의 것으로 의심되어 채취한 지문으로 현장지문에 해당한다.
② 채취한 지문은 잠재지문에 해당하며, 고체법(분말법)으로 채취할 수 있다.
③ 갑종제상문은 함부르크식 분류법에 따라 분류할 때 분류번호를 모두 2번으로 한다.
④ 갑종제상문은 삼각도의 위치가 좌측, 좌수에는 우측에 있다.

해설

④ 갑종제상문은 제상문의 삼각도의 위치가 **우수에는 우측, 좌수에는 좌측**에 있다. 삼각도의 위치가 우수에는 좌측, 좌수에는 우측에 있는 것은 을종제상문이다.

014 잠재지문의 채취법 중 액체법의 종류로 가장 적절한 것은?

17 승진　　① 분말법　　② 오스믹산 용액법　　③ 초산은용액법　　④ 옥도가스법

> **해설**
> ① 분말법은 미세한 분말을 지문이 인상되었다고 생각되는 물체에 도포해서 분비물에 부착시켜 잠재지문을 검출하는 방법으로 **고체법**에 해당한다.
> ② 오스믹산용액법은 오스믹산의 증기에 의해 지문의 분비물에 화학반응을 일으켜서 흑색의 잠재지문을 검출하는 방법으로 잠재지문의 채취법 중 **기체법**의 종류이다.
> ④ 옥도가스법은 옥도가스(요오드가스)를 사용하여 분비물의 지방분을 다갈색으로 착색시켜 지문을 검출하는 방법으로 잠재지문의 채취법 중 **기체법**의 종류이다.

015 다음 설명에 해당하는 지문채취법은 무엇인가?

10 2차

> 종이류, 목재류, 초자류, 도자기류 등에 인상된 잠재지문이 지방분 다갈색으로 착색시켜 지문을 검출하는 방법

　　① 초산은용액법　　② 벤지딘용액법　　③ 아미도블랙법　　④ 옥도가스법

> **해설**
> ① 초산은용액법(질산은용액법)은 초산은용액을 땀 속에 들어있는 염분과 반응을 시켜 태양광선에 쬐여서 보라색(자색)으로 지문을 검출하는 방법이다.
> ② 벤지딘용액법은 잠재혈흔지문의 채취시 벤지딘의 용액을 분무하여 검출(청색)해서 사진촬영하는 방법이다.
> ③ 아미도 블랙(Amido Black)은 잠재혈흔지문의 채취 방법으로 혈액 내 단백질과 반응하며 혈흔에 반응하면 짙은 파란색(흑청색)으로 염색된다.

016 잠재지문의 채취법 중 기체법 종류가 <u>아닌</u> 것은?

09 2차　　① 옥도가스법　　② 강력순간접착체법　　③ 초산은용액법　　④ 오스믹산용액법

11 해경

> **해설**
> ③ 초산은용액법(질산은용액법)은 초산은용액을 땀 속에 들어있는 염분과 반응을 시켜 태양광선에 쬐여서 보라색(자색)으로 지문을 검출하는 방법으로 잠재지문의 채취법 중 **액체법**에 해당한다.

ANSWER　　014 ③　　015 ④　　016 ③

017 잠재지문 현출 기법과 현출되는 색깔 연결 중 가장 적절하지 <u>않은</u> 것은?

16 승진

① 초산은용액법 – 자색　　　　② 오스믹산 용액법 – 녹색

③ 닌히드린 용액법 – 자청색　　④ 강력순간접착제법 – 백색

해설

② 오스믹산용액법은 오스믹산의 증기에 의해 지문의 분비물에 화학반응을 일으켜서 흑색의 잠재지문을 검출하는 방법이다.

018 다음 중 '모든 사물은 접촉할 때 반드시 흔적을 남긴다.'는 법칙으로 가장 적절한 것은?

16 승진

① Henry의 법칙　② Moriz의법칙　③ Nysten의법칙　④ Locard의 법칙

해설

① Henry의 방법은 지문분류법 중 하나이며, 주로 영미법계에서 사용되고 있다.
② Moriz 공식은 사후경과시간을 알 수 있는 공식이다.

Moritz의 공식

$$사후경과시간 = \frac{37℃ - 곧창자온도}{0.83} \times 상수(겨울:0.7 / 여름:1.4 / 봄 · 가을:1)$$

③ Nysten의 법칙은 사체 굳음의 진행순서가 턱 ⇨ 어깨 ⇨ 발목, 팔목 ⇨ 발가락, 손가락 순으로 진행한다는 법칙이다.

019 다음은 희미한 흙먼지흔 검출법에 대한 내용이다. (　) 안에 들어갈 말로 가장 적절하게 연결한 것은?

12 3차

> 토사, 진흙 등과 같이 철분이 함유되어 있는 물질에 의해 종이, 헝겊, 나무판 또는 장판 위에 희미하게 유류된 족흔적을 (　)에 의해 (　)으로 발색시켜 채취한다.

① 치오시안산염시약 – 청색　　　② 무색마라카이트 그린시약 – 녹색

③ 치오시안산염시약 – 적갈색　　④ 벤지딘시약 – 청색

해설

③ 토사, 진흙 등과 같이 철분이 함유되어 있는 물질에 의해 종이, 헝겊, 나무판 또는 장판 위에 희미하게 유류된 족흔적을 **(치오시안산염시약)**에 의해 **(적갈색)**으로 발색시켜 채취한다.

ANSWER　017 ②　018 ④　019 ③

020 다음 중 혈흔검사를 할 때의 순서로 가장 적절한 것은?

16 승진

① 혈흔확인시험 → 혈흔예비시험 → 인혈증명시험 → 혈액형검사
② 혈흔예비시험 → 혈흔확인시험 → 인혈증명시험 → 혈액형검사
③ 혈흔예비시험 → 인혈증명시험 → 혈흔확인시험 → 혈액형검사
④ 혈흔확인시험 → 인혈증명시함 → 혈흔예비시험 → 혈액형검사

해설
혈흔검사 방법으로는 육안관찰 → 혈흔예비시험 → 혈흔확인시험 → 인혈증명시험 → 혈액형검사 순으로 한다.

021 혈흔에 대한 채취요령으로 가장 옳지 않은 것은?

10 승진

① 아스팔트나 벽면에 혈흔이 부착되어 운반이 곤란한 경우 솜에 알콜을 묻혀 닦아 그늘에서 건조시킨 후 의뢰한다.
② 혈액형 감정을 목적으로 하는 시료는 방부제를 넣어서는 안 된다.
③ 유동혈액일 경우 깨끗한 유리병에 담아 외부로 새어나지 않도록 마개를 견고하게 닫는다.
④ 침투혈흔은 혈흔이 없는 흙과 혼합되지 않도록 주의해야 한다.

해설
① 아스팔트나 벽면과 같이 혈흔이 부착된 가검물이 고정되어 운반이 곤란한 경우에는 거즈에 생리식염수를 묻혀 부착혈흔을 닦아 그늘에서 건조시켜 의뢰한다. **이때 거즈 대신 솜을 사용하거나 알코올 등으로 닦아서는 안 된다.**

022 디엔에이신원확인정보의 이용 및 보호에 관한 법률상 용어의 정의로 옳지 <u>않은</u> 것은?

10 2차
① "디엔에이"란 생물의 생명현상에 대한 정보가 포함된 화학물질인 디옥시리보 핵산(DNA)을 말한다.
② "디엔에이감식시료"란 개인 식별을 목적으로 디엔에이감식을 통하여 취득한 정보로서 일련의 숫자 또는 부호의 조합으로 표기된 것을 말한다.
③ "디엔에이신원확인정보데이터베이스"란 디엔에이신원확인정보를 컴퓨터 등 저장매체에 체계적으로 수록한 집합체로서 개별적으로 그 정보에 접근하거나 검색할 수 있도록 한 것을 말한다.
④ "디엔에이감식"이란 개인 식별을 목적으로 디엔에이 중 유전정보가 포함되어 있지 아니한 특정 염기서열 부분을 검사·분석하여 디엔에이신원확인정보를 취득하는 것을 말한다.

> **해설**
> ② **"디엔에이신원확인정보"**에 관한 내용이다.(디엔에이신원확인정보의 이용 및 보호에 관한 법률 제2조 제2호)

023 「디엔에이신원확인정보의 이용 및 보호에 관한 법률」에 대한 설명 중 가장 옳은 것은?

11 승진
① 살인, 강간, 강제추행은 감식시료 채취 대상범죄에 해당한다.
② 판사의 영장 없이는 채취 대상 범죄자로부터 디엔에이 감식시료를 채취할 수 없다.
③ 채취한 디엔에이 감식시료는 데이터베이스 수록 후에도 일정기간 보관하여야 한다.
④ 내연녀를 살해하였다고 순순히 자백하는 피의자로부터 구두로 동의를 구하고 구강상피세포를 채취하였더라도 본 법에 위반되지 않는다.

> **해설**
> ②④ **채취대상자가 동의하는 경우에는 영장없이 디엔에이감식시료를 채취할 수 있다.** 이 경우 미리 채취대상자에게 채취를 거부할 수 있음을 고지하고 서면으로 동의받아야 한다.(디엔에이신원확인정보의 이용 및 보호에 관한 법률 제8조 제3항)
> ③ 디엔에이신원확인정보담당자가 디엔에이신원확인정보를 데이터베이스에 수록한 때에는 제5조(수형인) 및 제4조(구속피의자)에 따라 채취된 디엔에이감식시료와 그로부터 추출한 디엔에이를 **지체 없이 폐기**하여야 한다.

024

12 3차

최근 살인, 강간, 방화 등 강력사건에서 디엔에이신원확인정보를 수집 · 활용함으로써 사건해결에 많은 도움이 되고 있다. 「디엔에이신원확인정보의 이용 및 보호에 관한 법률」에 대한 설명 중 가장 옳은 것은?

① 수형인에게서 채취한 디엔에이 감식시료로부터 취득한 디엔에이신원확인정보에 관한 사무를 총괄하는 자는 법무부장관이다.

② 채취한 디엔에이 감식시료는 데이터베이스 수록 후에도 일정기간 보관하여야 한다.

③ 채취대상자가 동의하는 경우 영장 없이 디엔에이 감식시료를 채취할 수 있다. 이 경우 미리 채취대상자에게 채취를 거부할 수 있음을 고지하고 구두로 동의를 받아야 한다.

④ 디엔에이란 생물의 생명현상에 대한 정보를 포함한 화학물질인 디옥시리보핵산을 말한다.

> **해설**
>
> ① **검찰총장**은 제5조(수형인)에 따라 채취한 디엔에이감식시료로부터 취득한 디엔에이 신원확인정보에 관한 사무를 총괄한다.(디엔에이신원확인정보의 이용 및 보호에 관한 법률 제4조 제1항)
>
> ② 디엔에이신원확인정보담당자가 디엔에이신원확인정보를 데이터베이스에 수록한 때에는 제5조(수형인) 및 제6조(구속피의자)에 따라 채취한 디엔에이감식시료와 그로부터 추출한 디엔에이를 **지체 없이 폐기**하여야 한다.(디엔에이신원확인정보의 이용 및 보호에 관한 법률 제12조 제1항)
>
> ③ 채취대상자가 동의하는 경우에는 영장 없이 디엔에이감식시료를 채취할 수 있다. 이 경우 미리 채취대상자에게 채취를 거부할 수 있음을 고지하고 **서면**으로 동의를 받아야 한다.

025 「디엔에이신원확인정보의 이용 및 보호에 관한 법률」에 대한 설명으로 가장 적절하지 <u>않은</u> 것은 모두 몇 개인가?

14 1차

> ⊙ 검찰총장은 수형인 및 구속피의자로부터 채취하거나 범죄현장에서 채취한 디엔에이감식시료로부터 취득한 디엔에이신원확인정보에 관한 사무를 총괄한다.
> ⓒ 채취한 디엔에이 감식시료는 데이터베이스 수록 후에도 일정기간 보관하여야 한다.
> ⓒ 채취대상자가 동의하는 경우에는 판사의 영장이 없이도 디엔에이 감식시료를 채취할 수 있다. 이 경우 미리 채취대상자에게 채취를 거부할 수 있음을 고지하고 서면으로 동의를 받아야 한다.
> ② 법원의 무죄, 면소, 공소기각 판결 또는 공소기각 결정이 확정된 경우에는 디엔에이신원정보를 삭제하여야 한다. 다만, 무죄 판결을 하면서 치료감호를 선고하는 경우는 제외한다.

① 0개 　　② 1개 　　③ 2개 　　④ 3개

해설
ⓒ **검찰총장**은 제5조(수형인)에 따라 채취한 디엔에이감식시료로부터 취득한 디엔에이신원확인정보에 관한 사무를 총괄한다.
ⓒ 디엔에이신원확인정보담당자가 디엔에이신원확인정보를 데이터베이스에 수록한 때에는 제5조(수형인) 및 제6조(구속피의자)에 따라 채취한 디엔에이감식시료와 그로부터 추출한 디엔에이를 **지체 없이 폐기**하여야 한다.

026 화학적 감정의 대상 중 유해화학물질로 가장 적절하지 <u>않은</u> 것은?

13 승진 　　① 쥐약 　　② 수은 　　③ 폐수 　　④ 연료용가스류(LPG, LNG)

해설
③ 폐수는 환경오염물질에 해당된다.
①②④ 알코올(메탈알코올, 에탈알코올), 청산류, 산·알카리류, 살서제류(쥐약), 유행성금속류(비소, 수은, 납, 크롬 등), 할로겐하 탄산수소, 환강성 용기 용매류, 연료용 가스류(액화석유가스, 액화천연가스 등 일산화탄소, 유화수소 등은 유해화학물질에 해당한다.

027 물리학적 검사법 중 흔적에는 동적흔과 정적흔적으로 구분되는 정적흔적의 예에 해당하는 것은 모두 몇 개인가?

14 2차

> ㉠ 공구흔　㉡ 지문　㉢ 필적　㉣ 족적　㉤ 충격흔　㉥ 치흔　㉦ 흉기흔

① 1개　　　② 2개　　　③ 3개　　　④ 4개

해설

㉠㉢㉤㉦: 동적흔적, ㉡㉣㉥: 정적흔적

구분	동적흔적	정적흔적
개념	형태와 상호접촉에 의하여 부착될 수 있는 물질의 비교 검사가 병행	흔적의 형태만의 비교로 가능
구체적인 예	필적, 공구흔, 흉기흔, 충격흔	인영, 윤적, 지문, 총기발사흔, 족적, 치흔

028 거짓말탐지기 수사에 대한 설명으로 틀린 것은 모두 몇 개인가?

09 2차

> ㉠ 피내사자는 거짓말탐지기 수사대상이 될 수 없다.
> ㉡ 거짓말탐지기 검사는 일반검사와 자료검사로 구분할 수 있다.
> ㉢ 검사관은 검사를 시작하기 전에 피검사자가 임의로 동의하였는가를 확인한 후 피검사자로부터 거짓말탐지기 검사동의서를 받아야 한다.
> ㉣ 검사의 타당도와 신뢰도를 위하여 동일한 내용을 3회 이상 질문하여야 한다.

① 1개　　　② 2개　　　③ 3개　　　④ 4개

해설

㉠ 피의자, 피내사자, 중요 참고인 기타 수사사항에 대하여 알고 있거나 관련되어 있다고 믿을만한 상당한 이유가 있는 자 등 모든 사람이 거짓말탐지기 수사대상이 될 수 있다.

029 거짓말 탐지기 검사에 대한 설명 중 가장 옳은 설명을 하는 사람은?

11 경간

① A순경 – 두 가지 음성이 동일한 사람의 음성인지 확인하기 위해서는 거짓말 탐지기 검사를 하는 것이 가장 좋은 방법이다.

② B경장 – 피검사자의 동의 없이도 수사상 필요에 따라 거짓말 탐지기 검사를 할 수 있다.

③ C경사 – 피검사자는 사건과 관련된 용의자, 피의자, 참고인 등 모든 사람이 대상이 된다.

④ D경위 – 거짓말 탐지기 검사를 통해 빠른 시간 안에 용의자의 범위를 확대하는 효용을 거둘 수 있다.

해설

① 두 가지 음성이 동일한 사람의 음성인지 확인하기 위해서는 **성문감정**을 하는 것이 가장 좋은 방법이다.

② 거짓말탐지기 검사는 **피검사자의 동의가 있는 경우에 한하여 허용**된다. 따라서 검사관은 검사를 시작하기 전에 피검사자가 임의로 동의하였는가를 확인한 후 피검사자로부터 거짓말탐지기 검사동의서를 받아야 한다.

④ 거짓말탐지기 검사를 통해 빠른 시간 안에 용의자의 범위를 **축소**하는 효용을 거둘 수 있다.

030 '물건 위에 물건을 겹치어 간다'는 사진상의 용어로 열차사고, 항공기 추락사고, 대형 화재사고, 부패로 백골화된 사체 등의 신원을 확인하는 데 많이 활용되는 방법은 무엇인가?

09 2차

① 폴리그래프 방법 ② 로제트 방법 ③ 몽타주 방법 ④ 슈퍼임포즈 감정법

해설

④ 슈퍼임포즈감정법(영상중첩법: Superimpositiom Method)은 물건을 겹치어 간다는 사진상의 용어로서, 이중으로 겹치는 방법을 말하며 법의학적으로 활용되어 시체의 신원을 확인하는 방법으로 사용되고 있으며, 열차사고, 항공기 추락사고, 대형 화재사고, 부패로 백골화된 시체 등의 신원을 확인하는 데 많이 활용된다.

031 혈흔 형태분석의 기본개념에 대한 설명 중 가장 적절하지 <u>않은</u> 것은?

13 승진

① 혈액은 물리학의 법칙을 따른다.

② 작은 혈행방울은 큰 혈액방울보다 훨씬 더 빨리 날아간다.

③ 혈흔의 형태를 보고 움직인 방향을 알 수 있다.

④ 혈흔형태는 예측불가능하고 재현할 수 없다.

> **해설**
> ④ 혈흔형태분석이란 범죄현장에 유류된 혈흔의 크기, 모양, 위치를 분석하여 혈액의 출발점과 움직임 등을 판단함으로써 범행 당시의 일련의 행위를 추정하기 위한 과학수사 기법의 하나이다. 혈흔형태는 **예측가능**하고 **재현할 수 있다.**

032 시체의 초기현상으로 가장 적절하지 <u>않은</u> 것은?

15 승진

① 시체의 부패 ② 체온의 냉각 ③ 혈액침전 및 시체얼룩 ④ 시체굳음

> **해설**
> ① 시체의 부패는 사체 후기 현상이다.
>
> | 초기 현상 | 후기현상 |
> | --- | --- |
> | ㉠ 체온하강 | ㉠ 자가융해 |
> | ㉡ 시체건조 | ㉡ 부패 |
> | ㉢ 각막혼탁 | ㉢ 미이라화 |
> | ㉣ 시체얼룩 | ㉣ 시체밀랍(시랍화) |
> | ㉤ 시체굳음 | ㉤ 백골화 |

033 다음은 시체의 초기현상에 대한 설명이다. 가장 적절하지 <u>않은</u> 것은?

13 2차

① 사람이 죽으면 체온이 점점 떨어져 결국은 주위의 대기온도와 같게 되며 수분이 증발하면서 주위의 기온보다 낮아지는 경우도 있다.

② 사망으로 혈액순환이 정지됨에 따라 중력에 의해 적혈구가 낮은 곳으로 가라앉은 혈액침 하현상이 발생하여 시체하부의 피부가 암적갈색으로 변화한다.

③ 시체 굳음은 일반적으로 Nysten의 법칙에 의하여 발가락, 손가락 → 팔, 다리 → 어깨 → 턱 순으로 진행한다.

④ 각막은 일반적으로 사후 12시간 전후 흐려져서 24시간이 되면 현저하게 흐려지고 48시간이 되면 불투명해진다.

> **해설**
> ③ 시체 굳음은 일반적으로Nysten의 법칙에 의하여 **턱 → 어깨 → 팔, 다리 → 발가락, 손가락** 순으로 진행한다.

034 시체얼룩에 대한 설명으로 가장 적절하지 <u>않은</u> 것은?

13 승진

① 정상적인 시체얼룩은 시체의 혈액과 같이 암적색을 띤다.

② 피부를 절개해서 거즈 등으로 닦으면 잘 닦인다.

③ 익사 또는 저체온사와 같이 차가운 곳에서 사망하거나 사망 후에라도 냉장고 등 차가운 곳에 둔 경우, 일산화탄소와 청산·염소산칼륨 중독으로 사망한 때는 선홍색을 띤다.

④ 황화수소가스 중독서의 경우 녹갈색을 띤다.

> **해설**
> ③ 염소산칼륨 중독은 갈색조(황갈색, 암갈색, 초콜릿 색)을 띤다.
>
> | 시체얼룩의 색깔 | |
> | --- | --- |
> | 정상적인 시체얼룩(끈졸림시체) | 암적색 |
> | 익사, 창산(사이안산) 중독, 일산화탄소 중독, 저체온사, 사망 후 차가운 곳에 둔 경우 | 선홍색
(빨간색) |
> | 염소산칼륨, 아질산소다 중독 | 갈색조(황갈색, 암갈색, 초콜릿색) |
> | 황화수소가스 중독 | 녹갈색 |

035 시체얼룩의 색깔이 선홍색인 것은 모두 몇 개인가?

10 승진

㉠ 염소산칼륨중독사	㉡ 일산화탄소중독사	㉢ 황화수소중독사
㉣ 저체온사	㉤ 청산가리중독사	

① 1개   ② 2개   ③ 3개   ④ 4개

해설

㉠ 염소산칼륨중독사는 갈색조(황갈색, 암갈색, 초콜릿색)을 띤다.
㉢ 황화수소중독사는 녹갈색을 띤다.

036 시체의 후기현상에 관한 다음 설명 중 가장 적절하지 않은 것은?

14 2차

① 화학적 분해에 의해 고체 형태의 지방산 혹은 그 화합물로 변화한 상태, 비정형적 부패형태로 수중 또는 수분이 많은 지중(地中)에서 형성되는 현상을 '자가용해'라고 한다.

② 부패균의 작용에 의해 일어나는 질소화합물의 분해 현상을 '부패'라고 한다.

③ 고온·건조지대에서 시체의 건조가 부패·분해보다 빠를 때 생기는 현상을 '미이라화'라고 한다.

④ '백골화'란 뼈만 남은 상태를 말하며 일반적으로 소아시체는 사후 4~5년, 성인시체는 7~10년 후 완전 백골화 된다.

해설

① 시체밀랍화에 관한 내용이다. 자가용해란 부패균의 작용인 부패와 달리 세균이 작용하는 것이 아니라, 체내에 있는 각종 분해효소가 장기, 간, 뇌 등에 작용하여 단백질, 지방질, 탄수화물 등이 분해되고 더 나아가 장기 등의 조직이 분해되는 것을 말한다.

037 다음은 시체현상에 대한 설명이다. (   )에 들어갈 순서대로 기재된 것은?

11 경간

> ㉠ 각막의 혼탁은 사후 12시간 전후에서 안개가 낀 것처럼 흐리기 시작하여 (   ) 시간이 되면 불투명하게 된다.
> ㉡ (   )은(는) 미생물의 관여 없이 세포내의 자가효소에 의해 분해가 일어나 세포 조직이 연화되는 현상이다.
> ㉢ (   )은(는) 고온·건조지대에서 시체의 건조가 부패 분해보다 빠를 때 생기는 시체 현상이다.
> ㉣ 시체굳음은 턱, 어깨, 발목, 손발가락 순으로 경직되며 평균적으로 (   )시간 정 도면 전신에 미친다.

① 48 – 자가융해 – 미라화 – 12 ② 48 – 시체밀랍 – 자가용해 – 24
③ 24 – 자가융해 – 미라화 – 12 ④ 24 – 백골화 – 미라화 – 24

해설

㉠ 각막의 혼탁은 사후 12시간 전후에서 안개가 낀 것처럼 흐리기 시작하여 **(48)**시간이 되면 불투 명하게 된다.
㉡ **(자가용해)**은(는) 미생물의 관여 없이 세포내의 자가효소에 의해 분해가 일어나 세포조직이 연화 되는 현상이다.
㉢ **(미라화)**은(는) 고온·건조지대에서 시체의 건조가 부패 분해보다 빠를 때 생기는 시체현상이다.
㉣ 시체굳음은 턱, 어깨, 발목, 손발가락 순으로 경직되며 평균적으로 **(12)**시간 정도면 전신에 미친다.

038 직장온도로 사후경과시간을 추정하는 것으로 가장 적절한 것은?

17 승진

① Locard의 법칙 ② Moriz의 법칙 ③ Nysten의 법칙 ④ Henry의 방법

해설

① 모든 사물은 접촉할 때 반드시 흔적을 남기므로 이를 자료화하여 사건해결에 이용하여야 한 다.(Locard 법칙)
③ 시체 굳음은 일반적으로 **턱관절 → 어깨관절 → 팔, 다리 → 발가락, 손가락** 순으로 진행된다.
④ 영미법계에서 사용하고 있는 지문분류방법이다.
② Moritz의 공식은 사후경과시간을 알 수 있는 공식이다.

Moritz의 공식

$$\text{사후경과시간} = \frac{37℃ - 곧창자온도}{0.83} \times 상수(겨울:0.7\ 여름:1.4\ 봄·가을:1)$$

039 손상의 종류에 대한 설명으로 옳지 <u>않은</u> 것은?

① 총알상처의 종류 중 맹관총상은 총알입구, 사출구, 사창관이 모두 있는 경우를 말한다.

② 예기에 의한 손상 중 벤 상처는 면도날, 나이프 등 날이 있는 흉기로 베어 피부조직의 연속성이 끊어지는 손상을 말한다.

③ 둔기에 의한 손상 중 타박상은 둔력에 의하여 피부는 파열되지 않고 피하조직이 좌멸되고 주로 모세혈관, 정맥 등이 파열되어 일어나는 출혈을 말한다.

④ 둔기에 의한 손상 중 찢긴 상처는 둔체가 신체를 강타하여 그 부위의 피부가 극도로 긴장되어 탄력성의 한계를 넘어 피부가 외력방향에 따라 파열된 손상을 말한다.

> **해설**
> ① 관통총상에 관한 내용이다. 맹관총상은 총알입구와 사창관만 있고 탄환이 체내에 남아 있는 경우이다(사출구가 없다).

040 총알상처의 분류에 대한 설명으로 가장 적절하지 <u>않은</u> 것은?

12 승진

① 관통총상 – 총알입구, 사출구, 사창관이 모두 있는 경우

② 반도총상 – 탄환의 속도가 떨어져 피부를 뚫지 못하고 피부까짐이나 피부밑출혈만 형성하였을 경우

③ 찰과총장 – 탄두가 체표만 찰과하였을 경우

④ 맹관총장 – 탄환이 골격에 맞았으나 천공시키지 못하고 뼈와 연부조직 사이를 우회하였을 경우

> **해설**
> ④ 회선총장에 관한 내용이다.
>
> | 총알상처의 종류 | |
> | --- | --- |
> | 관통총창 | 총알입구, 사출구, 사창관이 모두 있는 경우 |
> | 맹관총창 | 총알입구와 사창관만 있고 탄환이 체내에 남아 있을 경우 |
> | 찰과총창 | 탄두가 체표만 찰과하였을 경우 |
> | 반도총창 | 탄환의 속도가 떨어져 피부를 뚫지 못하고 피부까짐이나 피부밑출혈만 형성하였을 경우 |
> | 회선총창 | 탄환이 골격에 맞았으나 천공시키지 못하고 뼈와 연부조직 사이를 우회하였을 경우 |

041 목맴(의사)과 끈졸림사(교사)를 비교한 설명으로 가장 적절하지 <u>않은</u> 것은?

11 2차

① 목맴은 거의 자살이나 끈졸림사는 대부분 타살이다.

② 목맴의 끈 자국(삭흔)은 평등하게 목 주위를 두르고 있음에 비해 끈졸림사의 끈 자국은 목 앞부분이 현저하다.

③ 목맴의 끈 자국은 비스듬히 위쪽으로 향함에 비해 끈졸림사의 끈 자국은 수평으로 되어있다.

④ 목맴의 끈 자국이 현저한 부위는 끈 매듭의 반대쪽임에 비해 끈졸림사의 끈 자국은 끈 매듭이 있는 곳이다.

해설

② 목맴의 끈 자국(삭흔)은 **목 앞부분에 현저**하고 끈졸림사의 끈 자국은 **균등하게** 목 주위를 두르고 있다.

구분	목맴	끈졸림사
끈자국 형상	㉠ 비스듬히 위쪽으로 향해 있다. ㉡ 목 앞부분이 현저하고 뒷면에는 없다. ㉢ 뚜렷한 부분은 끈 매듭의 반대쪽에 있다. ㉣ 서로 엇갈린 형태를 보이지 않는다. ㉤ 끈졸림사의 경우보다 높은 곳. 즉 후두부위의 위쪽을 통과하므로 방패연골의 위쪽에 있다.	㉠ 수평으로 형성된다. ㉡ 균등하게 목 주위를 두르고 있다. ㉢ 뚜렷한 부분은 끈 매듭이 있는 부분 또는 끈이 엇갈린 부분에 있다. ㉣ 서로 엇갈린 형태를 보인다. ㉤ 목맴의 경우보다 낮은 곳. 즉 후두부위 또는 그 아래쪽을 지나기 때문에 방패연골 아래쪽에 골절이 있다.
결막의 일혈점	결막에 일혈점이 적고 얼굴은 창백하며, 발등은 암적색을 띤다.	결막에 일혈점이 많고 얼굴은 일반적으로 암적색으로 부종상을 보인다.
자 · 타살	거의 대부분 자살이다.	거의 대부분 타살이다.

042 다음 중 중독사에 대한 설명으로 가장 적절하지 <u>않은</u> 것은?

12 1차

① 초산은 특유의 냄새가 나는 유색의 액체로서 상품으로 판매되거나 실험실에서 많이 쓰인다.

② 무기산 중독사일 경우 강산이 조직과 접촉되면 응괴현상이 일어난다.

③ 청산가리 중독사일 경우 코와 입에서 특유의 냄새가 나며, 시체얼룩은 선홍색을 띤다.

④ 일산화탄소는 무색, 무미, 무취의 비자극성 기체이며, 일산화탄소 중독사일 경우 분석시료로 혈액이 가장 적당하다.

해설

① 초산은 특유의 냄새가 나는 무색의 액체로서 상품으로 판매되거나 실험실에서 많이 쓰이며 백색의 딱지를 형성한다.

제6장

수사행정

제6장 수사행정

제1절 보호근무

1 개념

유치인(피의자, 피고인, 구류인 및 의뢰입감자)의 도주, 증거인멸, 자해행위, 통모 행위, 도주원조 등을 방지하고, 유치인의 생명 및 신체를 보호하기 위하여 신체의 자유를 구속하는 것이다.

2 유치의 근거법규 기출

① 형 집행 및 수용자의 처우에 관한 법률

② 피의자유치 및 호송규칙

③ 경찰관직무집행법 제9조 ⇨ 유치장 설치의 근거

④ 유치장설계표준규칙 ⇨ 유치장 내 화장실 설치의 근거

⑤ 호송경찰관출장소근무규칙

3 관리책임

(1) 경찰서장

경찰서장은 피의자의 유치 및 유치장의 관리에 전반적인 지휘·감독을 하여야 하며 그 책임을 져야 하고 매월 1회 유치인보호관을 대상으로 정기교양을 하여야 한다.

(2) 보호주무자

수사과장은 경찰서장을 보좌하여 유치인 보호관을 지휘·감독하고 피의자의 유치 및 유치장의 관리에 책임을 진다.

(3) 수사계장과 수사서무반장

유치인 보호 주무자를 보좌하여 피의자의 유치 및 유치장의 관리에 적정을 기한다.

(4) 유치인보호관

경찰서장은 유치인 수와 성질 등을 고려하여 필요한 인원의 유치인보호관을 유치장에 배치하여야 한다.

4 유치인 수용절차

(1) 피의자의 유치절차기출

① 피의자를 유치장에 입감시키거나 출감시킬 때에는 유치인보호주무자가 발부하는 피의자입(출)감지휘서에 의하여야 한다.

② 동시에 3명 이상의 피의자를 입감시킬 때에는 경위 이상 경찰관이 입회하여 순차적으로 입감시켜야 한다.

③ 유치인을 분리 · 유치하여야 하는 경우(피의자유치 및 호송규칙 및 제7조, 제12조)

  ㉠ 남자와 여자는 분리 · 수용한다.

  ㉡ 형사범과 구류 처분을 받은 자, 19세 이상의 사람과 19세 미만의 사람, 신체장애인 및 사건관련의 공범자 등은 유치실이 허용하는 범위 내에서 분리하여 유치하여야 하며, 신체장애인에 대하여는 신체장애를 고려한 처우를 하여야 한다.

  ㉢ 사건을 담당하는 등 피의자의 입감을 의뢰하는 자는 범죄사실의 요지, 구속사유, 성격적 특징, 사고우려와 질병유무 등 유치인보호에 필요하다고 인정되는 사항을 피의자입(출)감지휘서에 기재하여 유치인보호주무자에게 알려야 하며, 유치인보호주무자는 제1항의 입감지휘서 등을 통하여 이를 유치인보호관에게 알려야 한다.

  ㉣ 유치인보호관은 새로 입감한 유치인에 대하여는 유치장내에서의 일과표, 접견, 연락절차, 유치인에 대한 인권보장(별표3) 등에 대하여 설명하고, 인권침해를 당했을 때에는 「국가인권위원회법 시행령」 제6조에 따라 진정할 수 있음을 알리고, 그 방법을 안내하여야 한다.

  ㉤ 경찰서장과 유치인보호 주무자는 외국인이 제4항의 내용을 이해할 수 있게 다양한 방법을 마련해야 하고, 청각 · 언어장애인 등의 요청이 있을 때에는 수화 통역사를 연계하는 등 원활한 의사소통을 위한 조치를 취하여야 한다.

④ 여자를 유치할 때 그 유아가 생후 18개월 이내인 경우에는 경찰서장의 허가를 받아 대동하게 할 수 있다.

  ㉠ 여자를 유치함에 있어서 친권이 있는 유아의 대동을 신청할 때에는 상당한 이유가 있는 경우 **생후 18개월 이내에 유아에 대하여 경찰서장이 이를 허가**할 수 있다.

ⓛ 유아의 대동 허가를 받으려는 자는 경찰서장에게 별지 제3호서식의 유아대동신청서를 제출하여야 하며, 경찰서장이 이를 허가할 때에는 해당 신청서를 입감지휘서에 첨부하여야 한다.

ⓒ 경찰서장은 유아의 대동을 허가하지 않은 경우에는 「형의 집행 및 수용자의 처우에관한 법률 시행령」 제80조의 규정에 따라 해당 유치인의 의사를 고려하여 유아보호에 적당하다고 인정하는 개인 또는 법인에게 그 유아를 보낼 수 있다. 다만, 적당한 개인 또는 법인이 없는 경우에는 경찰서 소재지 관할 시장·군수 또는 구청장에게 보내서 보호하게 하여야 한다.

(2) 신체 등의 검사(피의자유치 및 호송규칙 제8조) 기출

① 유치인보호관은 피의자를 유치하는 과정에서 유치인의 생명 신체에 대한 위해를 방지하고, 유치장내의 안전과 질서를 유지하기 위하여 필요하다고 인정될 때에는 유치인의 신체, 의류, 휴대품 및 유치실을 검사할 수 있다.

② 신체, 의류, 휴대품(이하 '신체 등'이라 한다)의 검사는 동성의 유치인보호관이 실시하여야 한다. 다만, 여성유치인보호관이 없을 경우에는 미리 지정하여 신체 등의 검사방법을 교양 받은 여성경찰관으로 하여금 대신하게 할 수 있다.

③ 유치인보호관은 신체 등의 검사를 하기 전에 유치인에게 신체 등의 검사 목적과 절차를 설명하고, 제9조의 위험물 등을 제출할 것을 고지하여야 한다.

④ 신체 등의 검사는 유치인보호주무자가 제7조제1항의 피의자입(출)감지휘서에 지정하는 방법으로 유치장 내 신체검사실에서 하여야 하며, 그 종류와 기준 및 방법은 다음 각 호와 같다.

외표검사	죄질이 경미하고 동작과 언행에 특이사항이 없으며 위험물 등을 은닉하고 있지 않다고 판단되는 유치인에 대하여는 신체를 눈으로 확인하고 손으로 두드려 검사한다.
간이검사	탈의막 안에서 속옷은 벗지 않고 신체검사의를 착용하도록 한 상태에서 위험물 등의 은닉여부를 검사한다.
정밀검사	**살인, 강도, 절도, 강간, 방화, 마약류, 조직폭력** 등 죄질이 중하거나 근무자 및 다른 유치인에 대한 위해 또는 자해할 우려가 있다고 판단되는 유치인에 대하여는 탈의막 안에서 속옷을 벗고 신체검사의로 갈아입도록 한 후 정밀하게 위험물 등의 은닉여부를 검사하여야 한다.

(3) 위험물의 보관

① 위험물의 임치: 다음과 같은 물건을 소지하고 있을 때에는 유치인보호주무자는 그 물건을 제출시켜 임치하고 유치기간 중 그 보관·관리에 철저히 기해야 한다.

> ㉠ 혁대, 넥타이, 구두끈, 안경, 금속물 그 밖의 자살에 사용될 우려가 있는 물건
> ㉡ 성냥, 라이터, 담배, 주류 그 밖의 유치장의 안전 및 질서를 해칠 우려가 있는 물건
> ㉢ 죄증인멸 등 수사에 지장이 있다고 우려되는 물건 또는 범죄의 도구로 이용될 우려가 있는 물건
> ㉣ 미확인 의약품, 독극물 및 다량 또는 장기 복용함으로써 현저하게 건강을 해칠 우려가 있는 약품

② 현금 등의 영치: 피의자를 유치할 때 그 피의자가 현금, 유가증권 기타 귀중품을 소지하고 있을 경우

③ 임치증명서, 임치급식상황표 등: 위험물 또는 금품을 임치할 때에는 임치증명서를 교부하고, 임치급식상황표에 명확히 기재하여야 하며, 금품과 귀중품은 유치장 내 금고에 보관하여야 한다. 다만, 유치인의 신청이 있을 때에는 유치인보호주무자는 이를 그자의 가족에게 인도할 수 있다.

(4) 가족에의 통지(동규칙 제11조)

① 사법경찰관은 피의자를 구속한 때에는 형사소송법 제87조의 규정에 의한 구속통지를 피의자를 **구속한 날로부터 지체 없이 서면으로 피의자의 가족이나 지정하는 자**에게 하여여 한다.

② 경찰서장은 유치인으로부터 신청이 있을 때에는 가족 또는 대리인에게 수사상 지장이 없는 범위에서 유치인의 신상에 관한 통지를 할 수 있다.

(5) 유치장 비치서류 및 기재요령(동규칙 제5조)

① 유치장에는 체포·구속인접견부, 체포·구속인 교통부, 물품차입부, 임치 및 급식상황표, 체포·구속인명부 등을 비치하여야 하며 정해진 내용을 기재하여야 한다.

② 체포·구속인명부에는 체포·구속 및 석방 사항, 죄명, 인상 착의, 체포·구속된 자의 인적 사항, 범죄경력 및 가족관계 등을 기록하되 주민등록번호를 대조하는 등 본인 여부를 반드시 확인하고 기록하여야 한다.

③ 임치 및 급식상황표에는 임치금품의 수량과 임치금품의 처리현황 등을 일자별로 정확히 기재하고 급식상황을 관·사식을 구분 표시하여야 하며 비고란에는 입감 시부터 출감 시까지 수감했던 유치실을 일자별로 구분하여 기재하여야 한다.

④ 체포·구속인 접견부에는 유치인의 성명, 접견신청자의 인적 사항, 유치인과의 관계, 접견일시, 대화요지, 입회자 등 필요사항을 기재하여야 한다.

⑤ 유치인보호관 근무일지에는 유치인보호관의 근무상황, 감독순시상황, 정기점검결과, 재감자 현황, 위생상황 및 유치인의 의뢰사항과 조치결과 등을 기재하여야 한다.

5 유치인 보호근무의 요령 기출

(1) 동태의 파악

근무 중 계속하여 유치장 내부를 순회하여 유치인의 동태를 살피되 사고방지에 노력하여야 하며 특이사항을 발견하였을 때에는 응급조치를 하고, 즉시 유치인보호 주무자에게 보고하여 필요한 조치를 취하도록 하여야 한다.

(2) 사고우려자 특별감시

자살 또는 도주우려 등 사고 우려자는 유치인보호관이 근무일지의 인계사항에 적색으로 기재하고 특별히 관찰하여야 한다.

(3) 출입제한

유치장에는 관계직원이라 하더라도 필요 없이 출입하여서는 아니되며 유치인보호관은 경찰서장 또는 유치인보호주무자의 허가 없이 필요 없는 자의 출입을 시켜서는 아니된다.

(4) 유치인의 의뢰에 대한조치

유치인보호관은 유치인으로부터 다음 사항의 요청이나 의뢰가 있을 때에는 지체 없이 유치인보호 주무자에게 보고하여야 하며 그 결과를 당해 유치인에게 알려 주어야 한다.

> ㉠ 변호인의 선임 등에 관한 요청
> ㉡ 처우에 관한 요청
> ㉢ 환형 유치된 자의 가족 등에의 통지 요청
> ㉣ 질병 치료 요청
> ㉤ 그 밖에 합리적이고 타당한 요구 등

(5) 수갑 등의 사용

　① 경찰관은 다음 각 호의 어느 하나에 해당하는 경우 유치인보호주무자의 허가를 받아 유치인에 대하여 수갑과 포승(이하 '수갑 등'이라 한다)을 사용할 수 있다. 다만, 허가를 받을 시간적 여유가 없는 때에는 사용 후 지체 없이 보고하여 사후승인을 얻어야 한다.

　　㉠ 송치, 출정 및 병원진료 등으로 유치장 외의 장소로 유치인을 호송하는 때와 조사 등으로 출감할 때

　　㉡ 도주하거나 도주하려고 하는 때

　　㉢ 자살 또는 자해하거나 하려고 하는 때

　　㉣ 다른 사람에게 위해를 가하거나 하려고 하는 때

　　㉤ 유치장 등의 시설 또는 물건을 손괴하거나 하려고 하는 때

(6) 보호 유치실

　① 유치인보호관은 다음에 해당하는 행위를 하는 유치인에 대하여 유치인보호주무자의 허가를 받아 근무일지에 그 사유와 시간을 기재한 후 유치장 내 보호유치실에 수용할 수 있다. 다만, 이 경우에도 6시간 이상 수용하여서는 아니된다.

> ㉠ 자살, 자해 또는 도주 기도행위
> ㉡ 중범죄나 먼저 입감된 사실 또는 범죄경력 등을 내세워 같은 유치인을 괴롭히는 행위
> ㉢ 언쟁, 소란 등 타인의 평온을 해하는 행위
> ㉣ 건물, 유치실 시설 내 비품, 대여품 등을 파손하는 행위
> ㉤ 질병의 발생

6 유치인 접견 및 접수

(1) 변호인과의 접견 · 접수

　① 유치인보호주무자는 변호인의 접견신청에 대하여 친절하게 응하여야 한다.: 유치인에 대하여 변호인으로부터 유치인과의 접견 또는 서류 기타 물건의 접수신청이 있을 때에는 유치인보호주무자는 친절하게 응하여야 한다.

　② 변호인으로 선임된 자임을 확인하여야 한다.: 이 경우에는 그 변호인이 형사소송법 제30조의 규정에 의하여 선임된 자 또는 변호인이 되려고 하는 자에 대하여는 그 신분을 확인하여야 한다.

(2) 변호인 이외의 자와의 접견 · 접수 기출

　① 수사 또는 유치장의 보안상 지장이 없는 한 접견 허용: 변호인 이외의 자로부터 유
　　치인과의 접견 또는 서류 기타 물건의 접수신청이 있을 때에는 이를 면밀히 검토하여
　　수사 또는 유치장의 보안상 지장이 없는 한 그 편의를 도모하여야 한다. 다만, 식량과
　　의료품을 수수하는 때에는 위험물 등의 은닉 여부를 검사하여야 한다.

　② 접견의 장소

　　㉠ 비변호인이 접견할 경우에는 유치인보호주무자가 지정한 경찰관이 입회하되, 도주
　　　및 증거인멸의 우려가 없다고 인정되는 때에는 경찰관이 입회하지 않을 수 있다.
　　　다만, 해당 사건의 변호인 또는 변호인이 되려는 자가 접견하는 경우에는 경찰관이
　　　입회하여서는 아니된다.

　　㉡ 경찰관이 입회하지 않는 경우라도 도주, 자해, 공모 등의 방지를 위해 육안으로 보
　　　이는 거리에서 관찰할 수 있다.

　③ 접견시간 및 요청

　　㉠ 유치인의 접견 시간은 1회에 30분 이내로, 접견횟수는 1일 3회 이내로 하여 접수순
　　　서에 따라 접견자의 수를 고려 균등하게 시간을 배분하여야 한다. 다만, 변호인과
　　　의 접견은 예외로 한다.

　　㉡ 접견시에는 접견을 신청한 자의 성명, 직업, 주소, 연령 및 유치인과의 관계를 기
　　　록 하여야 한다. 다만, 경찰관이 입회한 경우에는 면담의 중요한 내용을 기록하여
　　　야 한다.

> **유치인 면회시간**
>
> 1. 평일에는 **09:00~21:00**까지로 한다. (단, 원거리에서 온 접견 희망자 등 특
>   별한 경우에는 경찰서장의 허가를 받아 22:00까지 연장할 수 있다.)
> 2. 토요일 및 일요일과 공휴일은 **09:00~20:00까지**로 한다.
> 3. 대용감방의 경우에는 구치소 미결수에 준하여 유치인 접견시간을 조정할 수 있다.

(3) 국가인권위원회 위원 등과의 면담

　「국가인권위원회법」 제24조제4항에 따라 유치장에 대한 방문조사를 하는 위원, 소속직
원 또는 전문가(이하 "위원 등"이라 한다)가 유치인과 면담하는 경우 경찰서장 또는 유치
인보호주무자는 「국가인권위원회법 시행령」 제4조 및 제5조에 따라 자유로운 분위기에서
면담이 이루어질 수 있는 장소를 제공하고, 시설수용자의 진술을 방해하지 않도록 하여
야 한다.

7 유치장 사고방지 및 발생 시 조치사항

유치장 시설정비	시설의 점검, 구조의 개선
간수의 철저	끊임없는 순회, 감시, 상황실, CCTV 설치 감독, 차입물의 검사, 유치인들의 여론수집
출입감시의 철저	출입감시, 흉기 등 검사를 해야 한다.
감독순시의 철저	• 주간: 수사과장의 책임 하에 감독순시 철저 • 야간: 상황실장의 책임 하에 감독순시 철저
조사 중 유의	• 반드시 조사실에 조사, 조사 전 조사실의 점검, 피의자 신체검사 철저 • 조사실에 출입시킬 때에는 수갑을 채우고 조사 중 자리를 뜰 때에는 반드시 간수자를 남겨 둘 것
호송, 현장검증 시 유의사항	• 수갑, 포승 등의 장구를 완전히 채우고 특히 필요한 경우가 아니면 풀어주어서는 안 됨 • 용변 등의 경우에는 특히 그 동정에 주의할 것, 반드시 포승의 한쪽을 쥐고 감시할 것

(1) 유치인보호관의 조치

유치인보호관은 유치인 또는 유치장에서 사고가 발생하였을 때에는 응급조치를 하고 지체 없이 유치인보호주무자를 경유하여 **경찰서장**에게 보고하여야 한다.

(2) 경찰서장 · 지방청장의 조치

① 경찰서장은 유치장 사고 중 유치인의 자살, 질병으로 인한 사망, 도주 기타 중요한 사고에 대하여 지방경찰청장 및 지방검찰청 검사장에게 보고한다.

② 지방경찰청장은 조치를 취하고 지체 없이 경찰청장에게 보고 한다.

(3) 가족등에의 통지

유치인이 자살하였거나 질병에 의하여 사망하였을 때에는 지체 없이 가족등에게 통지하는 동시에 의사의 검안을 요청하는 등 적절한 조치를 취하여야 하며 사망의 원인 그밖에 필요한 사항을 명백히 하여야 한다.

8 유치인 석방

(1) 석방의 요령

① 유치기간에 대한 주의(동규칙 제42조)기출

    ㉠ 유치인보호 주무자와 유치인보호관은 항상 유치인의 유치기간에 유의하여야 한다.

    ㉡ 유치인보호관은 유치기간이 만료되는 자에 대하여는 유치기간 만료 1일 전에 유치인보호주무자에게 보고하여 그 주의를 환기시켜 위법유치를 하는 일이 없도록 하여야 한다.

② 석방상의 주의(동규칙 제43조)

    ㉠ 유치인보호주무자가 유치인을 석방함에 있어서는 본인 여부를 반드시 확인하여야 한다.

    ㉡ 제9조에 따라 보관중인 위험물 및 휴대금품 등을 정확히 반환하고 석방일시, 석방 후의 거주지 그 밖에 필요한 사항들을 명확히 기록하여 두어야 한다.

    ㉢ 유치인보호관은 석방되는 자가 유치 중인 자의 죄증인멸 등을 위한 비밀서신, 암호문 등을 지참 연락하지 못하도록 검사를 하여야 한다.

(2) 석방의 구분

① 만기석방: 구류인에 대하여 그 형의 만기일에 석방하는 것을 말한다.

② 송치: 형사피의자에 대하여 사건을 관할지방검찰청 또는 지청에 송치하는 경우 또는 검사의 지휘로 유치인을 교도소에 이송하는 경우를 말한다.

③ 피난 및 일시석방(동규칙 제25조)

    ㉠ 경찰서장은 풍수해, 화재 기타 비상재해를 당하여 유치장내에서 피난시킬 다른 방도가 없다고 인정될 때에는 지방검찰청 검사장의 지휘를 받아 다른 장소에 호송하여 피난시키거나 또는 일시 석방할 수 있다.

    ㉡ 제1항의 경우에 지방검찰청 검사장의 지휘를 받을 시간적 여유가 없을 때에는 사후에 지체 없이 이를 보고하여야 한다.

    ㉢ 경찰서장이 제1항의 규정에 의하여 유치인을 일시 석방할 때에는 출석일시 및 장소를 지정하는 이외에 이유 없이 출석하지 않을 경우에는 「형법」 제145조 제2항의 규정에 의하여 가중 처벌된다는 뜻을 경고하여야 한다.

9 감독의 철저

(1) 정기검사(동규칙 제23조)

경찰서장은 유치인보호주무자로 하여금 주 1회 이상 정기적으로 유치장 내외에 대한 면밀한 검사를 실시하게 하여야 한다.

(2) 감독순시(동규칙 제17조 제1항)

유치장관리책임자는 감독순시기준표에 의거하여 유치장을 순시하여 유치인의 동정을 파악하고 유치인보호관의 근무를 지도·감독하여야 한다.

구분	책임자	순시횟수
일과중	1. 경찰서장	필요시
	2. 주무과장	매일 1회 이상
	3. 유치관리팀(계)장 또는 제4조 제3항에 따라 경찰서장이 지정한 자	매일 2회 이상
일과후	상황실장 또는 부실장	주간 : 매일 2회 이상 야간 : 3시간마다 1회 이상

(3) 유치장의 열쇠 보관(동규칙 제17조 제2항)

유치장의 열쇠는 유치인보호관에게 임의로 맡겨서는 아니되며 유치인보호주무자가 보관·관리하여야 한다.

10 대용감방에 있어서의 조치(동규칙 제72조)

(1) 서설

① 피의자 또는 피고인을 대용감방으로서의 유치장에 수용할 때에는 따로 특별한 규정이 있는 것을 제외하고는 이 규정을 준용한다.

② 다만, 다음의 경우에는 당해 유치인의 구속에 대한 책임을 지고 있는 기관에 통보하거나 그 제한에 따른다.

(2) 사고발생 시

경찰서장은 당해 피고인에게 사고가 발생하여 필요한 조치를 취하였을 때에는 지체 없이 당해 유치인의 신병의 구속에 대하여 책임을 지고 있는 기관에 통보하여야 한다.

(3) 변호인 이외의 자와의 접견 · 접수

① 변호인 이외의 자와의 접견 또는 서류 등의 접수는 당해 유치인의 구속에 대한 책임을 지고 있는 기관에서 접견 또는 서류 등의 접수·승인을 받는 자에 한하여 허용된다(자유로이 허용 X).

② 기타 유치인보호관 등 입회경찰관의 근무요령은 일반유치인에 대한 것과 같다.

제2절 호송

1 개념

즉결인, 형사피고인, 피의자 또는 구류인 등을 검찰청, 법원, 교도소 또는 경찰서로 연행하기 위하여 이동하면서 간수하는 것을 말한다.

2 호송의 근거법규

① 수형자 등 호송규칙

② 피의자유치 및 호송규칙

3 호송 관리책임(피의자유치 및 호송규칙 제47조)

(1) 호송관서의 장(동조 제1항)

호송관서의 장(지방경찰청에 있어서는 형사, 수사과장을 말한다. 이하 같다)은 피호송자의 호송업무에 관하여 전반적인 관리 및 지휘·감독을 하여야 한다.

(2) 호송주무관(동조 제2항)

지방경찰청의 수사과장 또는 형사과장 및 경찰서의 수사(형사)과장은 피호송자의 호송업무에 관하여 호송주무관으로서 직접 지휘·감독하여야 하며 호송의 안전과 적정 여부를 확인하여야 한다.

(3) 호송관 기출

① 호송관의 책임한계: 호송관은 호송하기 위하여 피호송자를 인수한 때로부터 호송을 끝마치고 인수관서에 인계할 때까지 제63조의 규정에 관하여 책임을 진다.

② 호송관의 임무

㉠ 호송관서의 장 또는 호송주무관의 지휘·명령

㉡ 피호송자의 도주 및 증거인멸, 자상, 자살행위 등의 방지

㉢ 피호송자의 건강과 신변 안전조치

③ 호송관의 결격사유(동규칙 제48조 제1항): 호송관서의 장은 다음 각 호의 어느 하나에 해당하는 자를 호송관으로 지명할 수 없다.

　④ 호송관의 수(동규칙 제48조 제1항)

　　⊙ 호송관서의 장은 호송수단과 호송하고자 하는 피호송자의 죄질, 형량, 범죄경력, 성격, 체력, 사회적 지위, 인원, 호송거리, 도로사정, 기상 등을 고려하여 호송관 수를 결정하여야 한다.

　　ⓛ 다만, 호송인원은 어떠한 경우라도 2명 이상 지정하여야 하며, 조건부순경 또는 의무경찰만으로 지명할 수 없다.

　⑤ 호송지휘감독관(동규칙 제48조 제1항): 호송관서의 장은 호송관이 5인 이상이 되는 호송일 때에는 다음 각 호의 지휘감독관을 지정하여야 한다.

　⑥ 분사기 등의 휴대

　　⊙ 호송관은 호송근무를 할 때에는 분사기를 휴대하여야 한다.

　　ⓛ 호송관서의 장은 특별한 사유가 있는 경우 호송관이 총기를 휴대하도록 할 수 있다.

4 호송출발 전의 조치

(1) 피호송자의 신체검사(동규칙 제49조)

　① 호송관은 반드시 호송주무관의 지휘에 따라 포박하기 전에 피호송자에 대하여 안전호송에 필요한 신체검색을 실시하여야 한다.

　② 여자인 피호송자의 신체검색은 여자경찰관이 행하거나 성년의 여자를 참여시켜야 한다.

(2) 피호송자의 포박

　① 호송관은 호송관서를 출발하기 전에 반드시 피호송자에게 수갑을 채우고 포승으로 포박하여야 한다. 다만, 구류선고 및 감치명령을 받은 자와 고령자, 장애인, 임산부 및 환자 중 주거와 신분이 확실하고 도주의 우려가 없는 자에 대하여는 수갑 등을 채우지 아니한다.

② 호송관은 피호송자가 2인 이상일 때에는 제1항에 의하여 피호송자마다 포박한 후 호송수단에 따라 2인 내지 5인을 1조로 하여 상호 연결시켜 포승하여야 한다.

③ 호송주무관은 제1항 및 제2항에 의하여 호송관이 한 포박의 적정여부를 확인하여야 한다.

(3) 호송시간(동규칙 제54조)

　㉠ 호송은 일출 전 또는 일몰 후에 할 수 없다.

　㉡ 다만, 기차, 선박 및 차량을 이용하는 때 또는 특별한 사유가 있는 때에는 그러하지 아니한다.

(4) 호송수단(동규칙 제55조)

① 호송수단은 경찰호송차 기타 경찰이 보유하고 있는 차량(이하 "경찰차량"이라 한다)에 의함을 원칙으로 하여야 한다. 다만, 경찰차량을 사용할 수 없거나 기타 특별한 사유가 있는 때에는 도보나 경비정, 경찰항공기 또는 일반 교통수단을 이용할 수 있다.

② 호송관서의 장은 호송사정을 참작하여 호송수단을 결정하여야 한다.

③ 집단호송은 가능한 경찰차량을 사용하여야 한다.

④ 호송에 사용되는 경찰차량에는 커튼 등을 설치하여 피호송자의 신분이 외부에 노출되지 않도록 하여야 한다.

(5) 인수관서 통지 및 인계(동규칙 제52조 제1항)

① 호송관서는 미리 인수관서에 피호송자의 성명, 호송일시 및 호송방법을 통지하여야 한다.

② 다만, 다른 수사기관에서 인수관서에 통지하거나 비상호송 기타 특별한 사유가 있는 때에는 예외로 한다.

(6) 식량 등의 자기부담(동규칙 제67조)

① 피호송자가 식량, 의류, 침구 등을 자신의 비용으로 구입할 수 있을 때에는 호송관은 물품의 구매를 허가할 수 있다.

② 이 경우 구매 대가를 피호송자의 영치금품 등에서 지급한 때에는 호송관은 본인의 확인서를 받아야 한다.

(7) 영치물품의 처리(동규칙 제53조)

① 금전, 유가증권은 호송관서에서 인수관서에 직접 송부한다. 다만 소액의 금전, 유가증권 또는 당일로 호송을 마칠 수 있을 때에는 호송관에게 탁송할 수 있다.

② 피호송자가 호송 도중에 필요한 식량, 의류, 침구의 구입비용을 자비로 부담할 수 있는 때에는 그 청구가 있으며 필요한 금액을 호송관에게 탁송하여야 한다.

③ 물품은 호송관에게 탁송한다. 다만, 위험한 물품 또는 호송관이 휴대하기에 부적당한 물품은 발송관서에서 인수관서에 직접 송부할 수 있다.

④ 송치하는 금품을 호송관에게 탁송할 때에는 호송관서에 보관책임이 있고, 그렇지 아니한 때에는 송부한 관서에 그 책임이 있다.

5 사고 발생시의 조치(동규칙 제65조)

(1) 피호송자가 도주하였을 때

① 즉시 **사고발생지 관할 경찰서에 신고**하고 도주 피의자 수배 및 수사에 필요한 사항을 알려주어야 하며, 소속장에게 전화, 전보, 기타 신속한 방법으로 보고하여 그 지휘를 받아야 한다. 이 경우에 즉시 보고할 수 없는 때에는 신고 관서에 보고를 의뢰할 수 있다.

② 호송관서의 장은 보고받은 즉시 상급감독관서 및 관할검찰청에 즉보하는 동시에 인수 관서에 통지하고 도주 피의자의 수사에 착수하여야 하며, 사고발생지 관할 경찰서장에게 수사를 의뢰하여야 한다.

③ 도주한 자에 관한 호송관계서류 및 금품은 **호송관서에 보관**하여야 한다.

④ 신고를 받은 관할경찰서는 지체 없이 **수사긴급배치 갑호을 발령**한다.

(2) 피호송자가 발병하였을 때

① 경증으로서 호송에 큰 지장이 없고 당일로 호송을 마칠 수 있을 때에는 호송관이 적절한 응급조치를 취하고 호송을 계속하여야 한다.

② 중증으로서 호송을 계속하기가 곤란하다고 인정되는 경우

㉠ 피호송자 및 그 서류와 금품을 발병지에서 가까운 경찰관서에 인도하여야 한다.

㉡ 인수한 경찰관서는 즉시 질병을 치료하여야 하며, 질병의 상태를 호송관서 및 인수관서에 통지하고 질병이 치유된 때에는 호송관서에 통지함과 동시에 치료한 경찰관서에서 지체 없이 호송하여야 한다.

ⓒ 다만, 진찰한 결과 24시간 이내에 치유될 수 있다고 진단되었을 때에는 치료 후 호송관서의 호송관이 호송을 계속하게 하여야 한다.

ⓔ 호송관서에서는 관할검찰청에 발병상황 및 치유경과를 그때마다 보고하여야 한다.

(3) 피호송자가 사망하였을 때

① 즉시 사망 시 관할 경찰관서에 신고하고 시체와 서류 및 영치금품은 신고관서에 인도하여야 한다. 다만, 부득이한 경우에는 다른 도착지의 관할 경찰관서에 인도할 수 있다.

② 인도를 받은 경찰관서는 즉시 호송관서와 인수관서에 사망일시, 원인 등을 통지하고, 서류와 금품은 호송관서에 송부한다.

③ 호송관서의 장은 통지받은 즉시 상급 감독관서 및 관할 검찰청에 보고하는 동시에 사망자의 유족 또는 연고자에게 이를 통지하여야 한다.

④ 통지 받을 가족이 없거나, 통지를 받은 가족이 통지를 받은 날부터 3일 내에 그 시신을 인수하지 않으면 구, 시, 읍, 면장에게 가매장을 하도록 의뢰하여야 한다.

1 수배제도

피의자 및 수사자료를 발견·확보하기 위하여 다른 경찰관서에 대해서 수사상 필요한 조치를 의뢰하여 경찰의 조직력을 활용하는 활동을 말한다.

(1) 수배의 범위 및 수배의 요령(지명수배규칙)

① 수배범위

㉠ 전국수배

㉡ 연고지 수배

② 연고지 수배 또는 통보를 받은 경찰서의 처리

㉠ 연고지 수사의뢰를 받은 경찰관서는 지명수배 및 통보자 연고지 수사부에 등재하고, 수사담당자를 지정하여 다음 요령에 따라 신속·정확하게 처리하여야 한다.

ⓐ 피의자가 동 연고지에 거주한 사실이 없거나 호적 등 공부상 등재된 사실이 없을 때 또는 다른 곳으로 이사하는 등 새로운 연고지가 파악되면 그 사실을 지체없이 수배 또는 통보관서에 회보하여야 한다.

ⓑ 피의자의 연고지 수사결과 즉시 지명수배자를 검거하지 못하였거나 또는 지명통보자의 소재를 발견하지 못하였을 때에는 수배관서에 일단 회보하고, 공소권이 소멸될 때까지 부단히 수사를 계속하여 검거하거나 소재를 발견하도록한다.

㉡ 연고지수사 결과는 지명수배통보자 연고지수사회보 전산입력요구서를 작성·입력하여 수배관서에 신속히 전산회보 하여야 한다.

㉢ 연고지 수사회보에 있어서 긴급을 요하거나 부득이한 사유가 있을 때는 경비전화 또는 지명수배·통보자 발견 통보대장에 의거 서면으로 회보할 수 있다.

(3) 수배의 종류 및 수배요령(범죄수사규칙)기출

① 긴급사건 수배와 사건수배

구분	긴급사건수배	사건수배
의의	다른 경찰관서에 대하여 긴급한 조치를 의뢰할 필요가 있을 때엔 **지체 없이** 긴급배치·긴급수사 기타 필요한 조치를 요구하는 수배	수사 중인 사건의 용의자와 수사자료 기타 참고사항에 관하여 통보를 요구하는 수배
대상	수사긴급배치를 요하는 사안으로 발생한 사건의 종류를 불문	용의자 기타 수사상 필요한 사항(예 신원불상 변사체)
범위	범인의 퇴로차단으로 즉시 검거에 효과적인 범위	전국 또는 필요한 범위
내용	1단계는 사건명과 범인의 추정적·인적 특징 적시, 여타 사항 추보	당해사건의 개요와 통보를 요구할 사항을 명백히 지시
조치	수사긴급배치계획에 의해 긴급배치	통보요구사항을 조사하여 회보

② 참고통보

　다른 경찰관서에 대하여 수사상의 편의를 제공하고 원조하기 위한 통보로 경찰관서장은 다른 경찰관서에 관련된 범죄사건에 대하여 그 피의자, 증거물 그 밖의 수사상 참고가 될 사항을 발견하였을 때에는 지체 없이 적당한 조치를 취하는 동시에 그 취지를 해당 경찰관서에 통보하여야 한다(동규칙 제185조 제1항).

③ 지명수배·지명통보

　㉠ 지명수배·통보 주무부서

　　ⓐ 경찰청은 수사국 과학수사센터로 한다.

　　ⓑ 지방경찰청 및 경찰서는 형사과로 한다. 다만, 형사과가 없는 경우 수사과로 한다.

　㉡ 지명수배 기출

　　ⓐ 개념: 특정한 피의자에 대하여 그의 체포를 의뢰하는 것이다.

　　ⓑ 대상(지명수배규칙 제4조 제1호)

　　　• 법정형이 **사형, 무기 또는 장기 3년 이상의 징역이나 금고에 해당**하는 죄를 범하였다고 의심할 만한 상당한 이유가 있어 체포영장 또는 구속영장이 발부된 자(다만, 수사상 필요한 경우에는 체포영장 또는 구속영장을 발부받지 아니한 자를 포함한다)

　　　• **지명통보의 대상인 자**로서 지명수배의 필요가 있어 체포영장 또는 구속영장이 발부된 자

- 긴급사건 수배에 있어 범죄혐의와 성명 등을 명백히 하여 그 체포를 의뢰하는 피의자

ⓒ 지명수배자 소재 발견 시 조치사항(범죄수사규칙 제174조)

- 영장을 소지한 경우: 피의자에게 체포영장 또는 구속영장을 제시하고 범죄사실의 요지, 체포 또는 구속의 이유와 변호인을 선임할 수 있음을 고지하고 변명의 기회를 준 후 지명수배자를 체포 또는 구속하고 확인서를 받아 신병과 함께 지명수배한 경찰관서(이하 "수배관서"라 한다)에 인계하여야 한다.

- 영장을 소지하지 않고 급속을 요하는 때: 피의자에게 범죄사실의 요지와 체포영장 또는 구속영장이 발부되었음을 고지하고 체포 또는 구속할 수 있다. 이 경우 사후에 신속히 체포영장 또는 구속영장을 제시하여야 한다.

- 경찰관은 체포영장 또는 구속영장을 발부받지 않고 지명수배한 경우: 피의자에게 긴급체포한다는 사실 및 범죄사실의 요지, 체포의 이유와 변호인을 선임할 수 있음을 고지하고 변명의 기회를 준 후 지명수배자를 긴급체포하여야 하며, 즉시 확인서를 받고 긴급체포서를 작성하여야 한다.

- 도서지역에서 지명수배자가 발견된 경우: 지명수배자 등을 발견한 경찰관서(이하 "발견관서"라 한다)의 경찰관은 지명수배자의 소재를 계속 확인하고, 수배관서와 협조하여 검거시기를 정함으로써 검거 후 구속영장청구시한(체포한 때부터 48시간)이 경과되지 않도록 하여야 한다.

- 지명수배자 체포보고서 작성: 검거자는 구속영장 청구에 대비하여 피의자가 도망 또는 증거를 인멸할 염려에 대한 소명자료 확보를 위하여 필요하다고 판단되는 경우에는 체포의 과정과 상황 등을 자세히 기재한 지명수배자 체포보고서를 작성하고 이를 수배관서에 인계하여 수사기록에 편철하도록 하여야 한다.

- 검거된 지명수배자의 인수·호송 등(동규칙 제175조): 경찰관서장은 검거된 지명수배자에 대한 신속한 조사와 호송을 위하여 미리 출장조사 체계 및 자체 호송계획을 수립하여야 한다. 수배관서의 경찰관은 다음 각호의 어느 하나에 해당하는 경우를 제외하고는 검거관서로부터 검거된 지명수배자를 인수하여야 한다. 다만, 수배관서와 검거관서 간에 서로 합의한 때에는 이에 따른다.

- 검거관서의 관할구역 내에서 수배를 받은 **범죄의 죄종 및 죄질이 동등 또는 그 이상의 다른 범죄를 범한 경우**
- 검거관서에서 지명수배자와 관련된 범죄로 이미 **정범이나 공동정범인 피의자의 일부를 검거하고 있는 경우**
- 지명수배자가 단일 사건으로 수배되고 불구속 수사대상자로서 검거관서로 출장하여 조사한 후 신속히 석방함이 타당한 경우

- 경찰관은 검거한 지명수배자에 대하여 지명수배가 여러 건인 경우에는 다음 각 호의 수배관서 순위에 따라 검거된 지명수배자를 인계받아 조사하여야 한다.

> 1. **공소시효 만료 3개월 이내**이거나 공범에 대한 수사 또는 재판이 진행 중인 수배관서
> 2. **법정형이 중한 죄명**으로 지명수배한 수배관서
> 3. 검거관서와 동일한 지방검찰청 또는 지청의 관할구역에 있는 수배관서
> 4. 검거관서와 거리 또는 교통상 가장 인접한 수배관서

- 지명수배자가 검거된 경우: 수배관서의 사법경찰관은 즉시 지명수배를 해체하여야 한다.
- 체포 및 구속의 통지: 검거된 기소중지자를 인수한 수배관서의 사법경찰관은 늦어도 **24시간 이내**에 형사소송법 제200조의5, 제87조의 규정에 의한 체포 또는 구속의 통지를 하여야 한다. 다만, 지명수배자를 수배관서가 위치하는 특별시, 광역시, 도 이외의 지역에서 검거한 경우에는 검거관서에서 통지를 하여야 한다.
- 재지명수배자의 제한(동규칙 제176조): **긴급체포한 지명수배자를 석방한 경우에는 영장을 발부받지 않고 동일한 범죄사실에 관하여 다시 지명수배하지 못한다.**
- 지명주배자의 검거보고(동규칙 제177조): 지명수배자를 검거한 때에는 수배관서의 사법경찰관은 즉시 관할 지방검찰청에 전화 도는 모사전송기 그 밖의 상당한 방법으로 검거보고를 하고 피의자를 조사한 다음 **검거한 때로부터 36시간 이내에 검사의 지휘**를 받아야 한다. 이 경우 검거한 때라 함은 검거관서에서 지명수배자를 검거한 시점을 말한다.

④ 지명통보기출

  ⓐ 개념: 특정한 피의자를 발견한 경우에 그 피의자에 대한 출석요구를 의뢰하는 것이다.
  ⓑ 대상(지명수배규칙 제4조 제2호)
  - 법정형이 장기 3년 미만의 징역 또는 금고, 벌금에 해당하는 죄를 범하였다고 의심할 만한 상당한 이유가 있고, 수사기관의 출석요구에 응하지 아니하며 소재수사 결과 소재불명된 자
  - 법정형이 장기 3년 이상의 징역이나 금고에 해당하는 죄를 범하였다고 의심되더라도 사안이 경미하거나 기록상 혐의를 인정키 어려운 자로서 출석요구에 불응하고 소재가 불명인 자
  - 제4조 제1호 가목의 규정에도 불구하고 사기, 횡령, 배임죄 및 부정수표단속법

제2조에 정한 죄의 혐의를 받는 자로서 초범이고 그 피해액이 500만원 이하에 해당하는 자
- 구속영장을 청구하지 아니하거나 발부받지 못하여 긴급체포 되었다가 석방된 지명수배자

ⓒ 요령
- 사법경찰관은 지명통보대상 피의자에 대하여 지명통보 전산입력요구서를 작성 하여 지명통보사실을 전산입력한다.
- 송치사건기록의 의견란에는 '기소중지(지명통보)'라고 기재하고 지명통보 전산 입력 요구서 사본을 기록에 편철한다.

ⓓ 지명통보자 소재발견 시 조치사항
- 지명통보된 자(이하 '지명통보자'라 함)의소재를 발견한 때: 피의자에게 지명통 보된 사실과 범죄사실, 지명통보한 관서(이하 '통보관서'라 함) 등을 고지하고 발견일자로부터 1개월 이내에 통보관서에 출석하거나 사건이송신청을 하겠다 는 내용이 기재된 '지명통보자 소제발견 보고서'를 3부 작성하여 1부는 피의자 에게 교부하고, 1부는 소재발견관서에서 보관하며, 1부는 통보관서에 송부하여 야 한다.
- 소재발견한 지명통보자에 대하여 지명통보가 여러 건인 경우: 각 건마다 '지명 통보자 소재발견 보고서'를 작성하여야 한다(예 지명통보가 3건인 경우 9부 작 성).
- 지명통보자 소재발견 보고서를 송부받은 통보관서의 사건담당자: 즉시 지명통 보피의자에게 피의자가 출석하기로 확인한 일자에 출석하거나 사건 이송신청서 를 제출하라는 취지의 출석요구서를 발송하여야 한다.
- 지명수배: 지명통보 피의자가 정당한 이유 없이 확인한 일자에 출석하지 아니 하거나 사건이송신청을 하지 아니한 때에는 체포영장을 발부받아 지명수배절 차에 따른다. 이 경우 체포영장청구기록에 '지명통보자 소재발견 보고서', '출석 요구서 사본' 등 지명통보된 피의자가 본인이 확인한 일자에 정당한 이유 없이 출석하지 아니하거나 사건이송신청을 하지 아니하였다는 취지의 증명자료를 첨부하여야 한다.
- 지명통보 해제: 지명통보 피의자가 통보관서에 출석하거나 이송신청에 따른 이 송관서에 출석하여 조사에 응한 때에는 조사한 사법경찰관은 즉시 지명통보를 해제하여야 한다.

ⓔ 중요 지명피의자 종합수배(지명수배규칙 제9조)
ⓐ 전국적으로 조직적 수사를 행할 필요가 있다고 인정되는 중요범죄의 지명 수배 피의자에 대하여 경찰청의 중요 지명피의자 종합수배에 등재하여 행하는 수배

ⓑ 수배의 요령

- 중요 지명피의자 종합수배는 강력범, 중요 폭력 및 도범, 기타 중요 범죄의 피의자로서 지명수배통보를 한 후 6월이 경과하여도 검거하지 못한 자들 중 다음 각 호에 해당하는 중요지명피의자를 매년 5월과 11월에 중요지명피의자 종합공개수배 대상자를 선정해서 피수배자의 최근사진과 함께 종합수배 신청서로 종합수배를 요청하면 경찰청장이 선정하여 매년 6월과 12월, 2회에 '현상부 종합수배서'를 작성하여 전국에 공개수배한다.
- 지방경찰청장이 필요하다고 인정할 때에는 강력범, 중요폭력 및 도범, 기타 중요범죄에 해당하는 피의자에 대하여 자체 종합공개수배를 할 수 있다.
- 경찰서장은 제2항의 중요지명피의자 종합 공개수배 전단을 다음 각 호에 따라 게시 · 관리하여야 한다.

- 관할 내 다중의 눈에 잘 띄는 장소, 수배자가 은신 또는 이용 · 출현 예상 장소 등을 선별하여 게시한다.
- 관할 내 교도소 · 구치소 등 교정시설, 읍 · 면사무소 · 주민센터 등 관공서, 병무관서, 군부 대 등에 게시한다.
- 검거 등 사유로 수배해제 한 경우 즉시 검거표시 한다.
- 신규 종합 공개수배 전단을 게시할 때에는 전회 게시 전단을 회수하여 폐기한다.

수배 및 통보 해제 기출

1. 다음에 해당하는 사유가 발생하였을 때에는 지체없이 수배 · 통보당시 작성한 지명수배 · 통보자 전산입력 욕구서의 해제란을 기재하여 수배주무자에게 수배 또는 통보 해제를 의뢰하여야 한다.
   ① 지명수배자를 **검거**한 경우
   ② 지명수배자에 대한 구속영장, 체포영장이 실효되었거나 기타 구속 · 체포할 필요가 없어진 경우. 다만, **이 경우에는 지명통보**로 한다.
   ③ 지명통보자가 통보관서에 출석하거나 이송신청에 따른 이송관서에 출석하여 조사에 응한 경우
   ④ 지명수배자 또는 **지명통보자의 사망 등 공소권이 소멸**된 경우
   ⑤ 사건이 해결된 경우
2. 지명수배 · 지명통보 해제 사유가 검거일 경우에는 반드시 실제 검거한 검거자의 계급 · 성명 및 검거일자, 검거관서를 입력하여야 한다.
3. 수배관리자는 지명수배 · 지명통보대장을 정리하고 해당 전산자료를 해제한다.

2 조회제도

(1) 의의

미확인된 범죄의 의심 있는 사실을 발견한 후에 평소 수집·분석하여 놓은 자료와 대조·확인함으로써 범죄사실 등을 확실히 하는 것이다.

> **전산자료 수사목적 외 관련자료를 누설한 경우** 기출
>
> 1. 수사자료표에 의한 개인범죄경력조회 누설: **형의 실효 등에 관한 법률 및 동시행령**
> 2. 주민등록지, 주민번호 등 직무상 알게 된 개인비밀누설: **공공기관의 개인정보보호에 관한 법률**
> 3. 선산망에 보관된 타인의 정보를 누설: **정보통신망 이용촉진 및 정보보호에 관한 법률**

(2) 조회의 종류 기출

지문 및 수사자료표 등에 관한 규칙상의 조회	범죄수사자료긴급조회 규칙상의 조회	범죄수법공조자료 규칙상의 조회
• 범죄경력조회 • 수사경력조회 • 특기사항조회 • 신원확인조회: 주민등록증발급신청서조회, AFIS조회, E-CRIS(전자수사자료표 시스템)	• 범죄경력조회 • 지명수배·통보조회 • 장물조회 • 신원확인조회 • 수법조회 • 여죄조회 • 긴급사실조회 • 수배차량조회	• 공조제보의 실시(제9조) • 피해통보표의 중요장물조회(제10조) • 수법 및 여죄·장물조회(제11조)

(3) 범죄수사자료 조회대상 (범죄수사자료조회규칙 제3조)

① 검거한 피의자, 불심검문 대상자, 신원조사 대상자는 신원확인조회, 범죄경력조회, 지명 수배·통보조회를 한다.

② 검거한 피의자, 불신검문대상자, 신원조사 대상자 등이 소지한 수상한 물품 및 고물상·전당포 입전물품, 사회에 유통되고 있는 출처불명의 물품 등은 장물조회를 한다.

③ 신원불상자, 변사자 기타 신원을 알 수 없는 인물은 신원확인조회를 한다.

④ 발생한 수법범죄 사건과 검거한 수법범죄 피의자는 각 수법조회와 여죄조회를 한다.

⑤ 도난·무적차량 등 범죄차량 여부에 대하여는 수배차량 조회를 한다.

⑥ 수사상 필요한 대상인물의 신상과 행적을 알고 싶을 때에는 전화로 긴급사실 조회를 한다.

제4절 ⎯ 우범자첩보수집

1 개념(우범자첩보수집 등에 관한 규칙 제2조)기출

① 범죄단체의 조직원 또는 불시에 조직화가 우려되는 조직성폭력배 중 범죄사실 등으로 보아 죄를 범할 우려가 있는 사람

② 살인, 방화, 강도, 절도, 약취·유인, 총기 제조·이용 범죄, 폭파협박 범죄, 마약류사범의 범죄경력이 있는 자 중 그 성벽, 상습성, 환경 등으로 보아 죄를 범할 우려가 있는 고위험자

③ **범행우려**가 우범자 선정기준이 된다.

2 우범자첩보수집의 목적(동규칙 제1조)

① 자료를 보관하고,

② 범죄관련성 여부에 관한 첩보를 수집함으로써 재범의 위험을 방지하며,

③ 수집된 첩보를 통해 수사자료로 활용함을 목적으로 한다.

3 우범자첩보수집의 근거법규

(1) 첩보수집 대상자 기출

① 범죄단체의 조직원 또는 불시 조직화가 우려되는 조직성 폭력배 중 범죄사실 등으로 보아 죄를 범할 우려가 있는 자

② **살인, 방화로 실형**을 받고 출소한 자

③ **강도, 절도, 강간, 강제추행, 마약류사범**의 범죄경력이 있는 자로 3회 이상 금고형 이상의 실형을 받고 출소한 자

(2) 자료보관 대상자 기출

① 첩보수집 대상자 중 기간만료 또는 심사위원회의 심사를 통해 첩보수집의 필요가 없다고 판단되는 자

② 살인, 방화로 실형을 받고 출소한 자로 범행동기, 범죄사실 등 심사결과 자료보관만으로 족하다고 판단되는 자

③ 강도, 절도, 강간, 강제추행, 마약류범죄의 실형을 받고 출소한 자 중 첩보수집 대상자가 아닌 자

4 우범자의 편입(동규칙 제 4조)_{기출}

(1) 교도소장의 출소통보시

경찰서장은 교도소장 등 수형기관의 장으로부터 출소통보를 받은 경우 거주 여부 등 우범자 심사기준 및 의결서상의 내용을 면밀히 파악한 후 심사위원회를 통해 죄를 범할 우려가 있다고 인정되는 경우 우범자로 편입하여야 한다.

(2) 소재불명일 경우

우범자 편입대상자가 소재불명일 경우 먼저 우범자로 편입한 후 행방불명 처리하여야 한다.

(3) 관내 미거주 우범자 소재확인 된 경우

우범자 편입 대상자가 관내 거주하지 않고 소재가 확인되었을 경우 관할 경찰서로 통보하고, 통보를 받은 경찰서장은 지체 없이 소재를 확인하여 우범자로 편입하여야 한다.

(4) 심사위원회(동규칙 제5조)

① 심사위원회의는 3명 이상 5명 이내의 위원으로 구성하고, 경찰서 형사(수사)과장을 위원장으로 하며, 간사 1인을 둔다.

② 심사위원회는 특별한 사정이 없는 한 매분기별로 개최한다.

③ 심사위원회는 우범자에 대한 자료와 수집된 첩보 등을 기초로 재범위험성 등을 심사하여 우범자의 편입, 첩보수집 기간의 연장, 삭제에 대한 결정을 한다.

④ 심사위원장은 결정내용을 신속히 경찰서장에게 보고하여야 한다.

(5) 소재불명자의 처리(동규칙 제7조)

① 우범자로 편입된 자가 소재가 불명일 경우 해당 경찰서장은 지체 없이 주소지 등에 대한 소재확인을 거친 후 보고서를 작성하고, 전산에 행불자(行不者)로 입력하여야 한다.

② 각 지방경찰청은 매분기별 관할 내 소재불명 우범자 현황을 파악하여 경찰청장에게 보고하여야 한다.

③ 경찰서장은 관내에서 소재불명 우범자를 발견하였을 경우에 즉시 해당 관서에 통보하고, 거주지를 확인하여 우범자로 편입하거나 거주지 관할 경찰서로 통보하여야 한다.

5 첩보수집(동규칙 제6조)

① 경찰서장은 형사(수사)과 직원 중 우범자 업무 담당자와 우범자별 담당자를 지정하고, 지구대장(파출소장)은 우범자별 담당자를 지정하여야 한다.

② 지구대(파출소) 담당자는 우범자에 대해서 **매 분기별 1회 이상** 범죄관련 여부에 대한 첩보를 수집하여 경찰서장에게 보고하여야 한다.

③ 첩보를 수집하는 과정에서 우범자의 인권을 최대한 배려하여 적절한 방법을 사용하고 우범자의 명예나 신용을 부당하게 훼손하는 일이 없도록 각별히 주의하여야 한다.

④ 수집된 첩보는 **우범자 첩보관리 시스템에 입력**한다.

6 우범자 전산입력 및 전출 기출

(1) 전산입력카드 작성

우범자로 편입하는 자에 대해서는 경찰서 우범자 담당자가 전산입력 후 별지 제2호 우범자 전산입력카드 서식을 출력, 보관하여야 한다.

(2) 전출 우범자의 통보

경찰서장은 우범자가 타 관할로 전출한 것을 확인하였을 때는 우범자 전산입력카드 원본을 송부하여야 한다.

(3) 주거불명 우범자

주거지가 불확실한 우범자에 대하여는 주민등록 등재지 관할 경찰서장이 필요한 조치를 하여야 한다.

(4) 전입 우범자 파악

경찰관은 직무수행 중 관내에 우범자로 인정되는 자가 전입한 사실을 인지하였을 때에는 우범자 여부를 조회하여 우범자일 경우 우범자로 편입하여야 한다.

7 우범자전산입력카드 폐기(동규칙 제 9조)기출

(1) 우범자가 **사망**하여 삭제된 때에는 전산입력카드를 폐기한다.

(2) 우범자가 **전출하거나 사망** 이외의 사유로 삭제 결정된 자는 당해 카드에 그 일자와 사유를 명기하여 별도 보관한다.

1 개념

 범죄의 발생, 검거 등을 계속적으로 집계하여 분석·검토함으로써 경찰활동의 범죄대응 실태를 파악하고 수사시스템 운영, 범죄예방대책등 경찰 치안 대책을 효과적으로 추진하기 위한 통계자료를 말한다.

2 범죄통계원표

 경찰 범죄통계 작성 및 관리에 관한 규칙에 따라 '발생통계원표', '검거통계원표' 및 '피의자 통계원표'로 구분하고 검찰, 경찰, 특별사법경찰관서에서 형사입건한 사건에 대해 통계원표 를 작성한다.

(1) 범죄통계원표의 작성

 발생사건표는 형사사건이 발생(고소, 고발, 인지 등 포함)된 수사기관에서 즉시 작성 하고, 검거사건표와 피의자표는 검거 또는 이송(검사 수사지휘사건 포함)을 받아 최종 수 사종결한 수사기관에서 작성한다. 검거통계원표는 공범 중 일부만을 검거한 경우에도 작 성한다.

(2) 범죄통계원표의 작성대상

작성하는 경우	기소 또는 불기소(혐의없음, 죄가안됨, 공소권 없음)의견으로 송치하는 경우
작성하지 않는 경우	• **각하의견**으로 송치하는 경우 　1. 고소, 고발된 사실에 대하여 처벌할 수 없음이 명백하여 더 이상 수사를 진행할 필요가 없는 사건 　2. 동일한 사안에 대하여 이미 검사의 불기소처분이 있어 재수사 가치가 없는 사건 　3. 고소, 고발이 법률에 위반되어 이를 단서로 수사를 개시함이 법률에 위반되는 사건 　4. 고소권한이 없는 자에 의한 고소 　5. 고소장, 고발장으로는 수사를 진행할 가치가 없는 사건 • 관세법위반 등으로 통고처분에 그치는 경우 • 경범죄처벌법 위반사건(단, 판사의 검찰송치명령이 있는 사건은 작성함) • 군사법원 관할사건

3 범죄통계원표의 관리 및 송부요령

(1) 경찰청 수사국장은 각 경찰관서에서 전산시스템에 입력한 자료를 관리하고 분석하여 범죄수사 등에 활용한다.

(2) 경찰청 수사국장은 각 경찰관서에서 전산시스템에 입력한 자료를 매일 대검찰청 정보통신과로 송부한다. 다만, 발생·검거통계원표는 대검찰청과 오류확인을 위해 연 1회 CD로 제작하여 송부할 수 있다.

4 범죄통계원표의 작성요령 기출

(1) 발생사건표는 발생 1건에 1매를, 검거사건표는 검거 1건에 1매를, 피의자표는 피의자 1명에 1매를 각 작성한다.

(2) 1인 수죄의 경우에는 발생사건표와 검거사건표는 각 죄마다 작성하고, 피의자표는 그 중 **가장 중(重)한 죄 또는 주(主)된 죄에 대하여만 1매를 작성**한다.

  예 피의자가 절도죄와 사기죄로 입건된 경우

    발생사건표는 절도죄에 대하여 1매, 사기죄에 대하여 1매를,

    검거사건표는 절도죄에 대하여 1매, 사기죄에 대하여 1매를,

    피의자원표는 **중한 죄(법정형이 높은 죄)인 사기죄에 대하여 1매만 각 작성**한다.

(3) **수인 1죄**의 경우에는 발생사건표와 검거사건표 각 1매와 피의자의 수대로 피의자표를 작성한다.

  예 피의자 甲과乙이 사기죄의 공범으로 입건된 경우

    발생사건표와 검거사건표는 사기죄에 대하여 1매씩 작성하고,

    피의자표는 피의자 甲·乙에 대하여 각 1매씩(2매) 작성한다.

(4) 수인 수죄의 경우에는 죄수와 같은 수의 발생사건표 및 검거사건표를 작성하고, 피의자표는 각 피의자마다 그가 범한 죄 중 가장 중한 죄 또는 주된 죄에 대하여만 1매씩 작성한다.

  예 피의자 甲은 절도죄와 사기죄로, 피의자 乙은 강도죄와 사기죄롤 각 입건(사기죄는 甲·乙이 공범)된 경우

    발생사건표와 검거사건표는 절도죄·사기죄·강도죄마다 각 1매씩 작성하고,

    피의자표는 피의자 甲에 대하여는 사기죄로, 피의자 乙은 강도죄로 1매씩 작성한다.

5 범죄건수의 결정

(1) 범죄건수는 피의자의 행위수에 의하여 정한다. 다만, 다음과 같은 경우에는 피의자의 행위수에 불구하고 1건으로 한다.

　① 동일기회를 이용하여 동일한 장소에서 전후 수회에 걸쳐 행하여진 동일죄종에 속하는 행위는 1건으로 한다.
　　예 •전철, 기차, 목욕탕, 편의점 등 불특정 다수인이 출입하는 장소에서 행하여진 **수회의 절도, 공갈, 폭행, 상해** 등
　　　 •백화점, 시장 내의 수개의 점포 등에서의 한눈채기
　　　 •일가족 살인행위
　　　 •어느 세대에 침입하여 수인에 대하여 행한 강도, 절도

　② 범죄의 수단 또는 결과인 행위가 수개의 죄명에 해당하는 경우에는 그중 중한 죄로 1건으로 한다.
　　예 •주거침입하여 절도 또는 강도를 한 경우 **절도 또는 강도죄**로 한다.
　　　 •문서를 위조·행사하여 사기를 한 경우 **사기죄**로 한다.

(2) 직업적으로 반복 행하여진 동일죄종에 속하는 행위는 포괄 1건으로 한다.
　예 기계, 기구 등을 사용하는 방법으로 다수의 통화, 문서, 유가증권 등의 위조 또는 변조

(3) 동일인에 대하여 또는 동일인 간에 반복하여 행하여진 동일죄종에 속하는 행위는 포괄 1건으로 한다.
　예 •고용절도(편의점 종업원 등이 연속적으로 물건을 내오는 행위 등)
　　 •수금원의 징수금 횡령
　　 •업무상 횡령

(4) 동일한 취지, 명목 하에 동일한 수단·방법으로 불특정다수인을 대상으로 하여 행하여진 동일 죄종에 속하는 행위는 포괄 1건으로 한다.
　예 •광고, 통신 등 방법에 의한 사기 등
　　 •직무를 가장한 금품징수 사기
　　 •가공적 사실을 명목으로 한 기부금 사기

(5) 공범의 경우에도 1건으로 하고 수건(數件)으로 하지 않도록 유의하여야 한다.
　예 •일정한 장소에서 동일기회에 집단적으로 수인에 대하여 행한 공갈, 협박, 폭행, 상해, 절도 강도, 강간 등

(6) 1개 행위가 수개의 죄에 해당하는 경우(상상적 경합범)에는 그중 중한 죄 1건으로 한다.

   예 1개의 폭탄을 던져 사람을 살해하고 가옥을 파괴한 경우 살인죄 1건으로 한다.

6 작성요령 기출

(1) 피의자 검거에 의하여 발생사실을 인지한 경우에는 검거사건표와 피의자표를 작성하는 외에 발생사건표도 작성한다.

(2) 작성연월은 월을 단위로 하여 실제 원표를 작성하는 월을 기재한다.

(3) 각 원표의 본표번호는 매월별로 1번부터 일련번호를 기재한다. 특히 피의자가 1건 수명인 경우 피의자표의 본표번호를 기재함에 있어서도 피의자마다 월별 일련번호를 부여·기재하고 1-2, 1-3 등으로 기재하는 일이 없도록 한다.

(4) 고소·고발 및 인지사건 등에 대하여 접수시에 발생사건표를 작성하고 수사 종결 송치시에 검거사건표 및 피의자표를 작성함으로써 통계원표 작성월이 서로 다를 때에는 월말통계에는 실제 검거하였더라도 그것이 미검거사건으로 계상되는 경우도 있겠으나 그렇더라도 발생사건표는 접수와 동시에 작성하고 검거사건표와 피의자표는 사건 송치시에 작성한다.

(5) 타관 내 미신고사건을 검거하여 이송하거나, 발생사건을 타 기관에 이송하는 경우 이송하는 기관에서는 검거사건표와 피의자표는 작성하지 않으나 발생사건표만은 반드시 작성하여야 하며 란 외(하단 좌측)에 어느 기관에 이송이라고 기재하고, 사건 이송(인계)서에 발생사건표 작성 여부를 기재하여야 한다.

(6) **동일한 기회를 이용하여 동일한 장소에 전 후 수회에 걸쳐 행한 범죄행위를 포괄 1건**으로 작성

   예 한 장소에서 발생한 폭행사건으로 5명의 피의자를 검거하였는데
   그중 1명은 폭행 외 다른 장소에서 절도한 사실이 새로 판명되었을 경우에는
   – 폭행과 절도에 대하여는 발생사건표와 검거사건표를 각 1매씩 작성하여야 하고,
   – 피의자표는 4명의 피의자에 대하여는 폭행죄로 **각 1매씩**,
      1명의 폭행 및 절도피의자에 대하여는 중한 **절도죄로 1매**만 각 작성하여야 한다.

(7) 검찰에 사건을 송치할 때 의견이 비록 **혐의없음, 죄가안됨 및 공소권없음일지라도, 각 원표는 모두 작성**하여야 한다.

   예 병역법 위반사건의 피의자가 이미 입대하여 기소유예 혹은 혐의없음을 의견으로 송치하거나, 사망으로 인하여 공소권없음 의견으로 송치하는 사건도 검거에 준하여 각 원표를 모두 작성하여야 한다.

(8) 사건송치기록에 **반드시 피의자표를 첨부**하여야 하고(미검거로 인하여 기소중지 의견으로 송치되는 피의자 포함), 검찰은 첨부 여부를 확인하고 첨부된 사건만 수리한다. 검찰 및 특별사법경찰은 발생표 및 검거표도 첨부하여 송치하여야 한다.

(9) 관세법 위반 및 조세범처벌법 위반 등 사건으로 통고처분에 그치고 **검찰에 고발하지 않는 사건과 경범죄처벌법 위반사건은 원표를 작성하지 않는다.** 다만, 경범죄처벌법 위반사건이라도 즉결심판에 관한 절차법 제5조에 의한 판사의 송치명령을 받아 관할검찰청에 송치하는 경우에는 원표를 모두 작성하여야 한다.

(10) 군사법원 관할의 범죄는 경찰에서 취급(범죄통계원표를 작성치 않고)하지 않고 **군수사기관으로 이송**한다.

(11) 절도나 강도사건에 있어서 그 피의자가 장물을 타인 또는 고물상에 매각하여서 피해품을 피의자로부터 직접 회수하지 못하고 장물취득자(타인 또는 고물상인)로부터 회수한 경우, **피해 회수상황은 절도나 강도사건의 검거표에만 기재**하고 장물취득사건의 검거표에는 기재하지 않는다.

제6절 범죄피해자 보호대책

1 의의

(1) 범죄피해

① 1차적피해: 폭행·상해 피해자는 육체적 상처 등 신체적 피해를 입고, 절도·사기 피해자는 재물이나 재산 손실 등 경제적 피해를 1차 피해라고 한다.

② **2차적피해: 실직 등에 의한 경제적 손해, 수사·재판 과정에 있어서의 정신적·시간적 부담, 언론의 취재·보도에 의한 인격적 모독, 대인관계 악화** 등을 '2차적 피해'라고 한다.

(2) 범죄피해자

범죄피해자란 타인의 범죄행위로 피해를 당한 사람과 그 배우자, 직계친족 및 형제자매를 말한다.

① 사건·사고 시 피해자의 일반적인 심리상태 변화

㉠ 범죄피해자는 정신적, 충격을 입고(충격),

㉡ 피해사실을 부인하고 자책한다. (부인·의문)

㉢ 범인에 대한 원망, 분노

㉣ 부인, 분노로 현실은 바뀌지 않는다(체념),

㉤ 결국 사실을 받아들이고 현실에 재적응하게 된다(수용).

> **충격 ⇨ 부인·의문 ⇨ 분노 ⇨ 체념 ⇨ 수용**

② 사건·사고 직후의 초기의 심리적 반응

㉠ 지인의 죽음에 슬퍼하지 않는 '감정의 마비'가 일어난다.

㉡ '어두운 밤길을 걸은 내 잘못이다'라고 생각하는 등 피해자가 스스로 원망하고 자책한다.

㉢ 자신의 존재를 부정하는 등 무력감에 빠진다.

㉣ '분노의 감정표출', '피해 당시의 공포 상기'. '피해에 대한 수치심'

- Trauma: 외상, 외상성장애(영구적인 정신장애를 남기는)충격
  1. 그리스어의 Trauma에서 나온 말로 상처를 뜻하며, 신체적인 손상 및 생명을 위협하는 심각한 상황에 직면한 후 나타나는 정신적인 장애가 1개월 이상 지속되는 질병이다.
  2. 영구적인 정신장애현상으로 어떤 강한 충격을 받게 되는 경우 그것이 정신에 남아 비슷한 상황이 되면 Trauma로 인해 다시 발작하게 되거나 괴롭게 되는 것을 말한다.
  3. Trauma를 남기는 일에는 어렸을 때의 학대, 전쟁의 경험, 이혼, 사별 등이 있다.

- 심적 외상 후 스트레스 장애(PTSD, Post Traumatic Stress Disorder)
  1. '외상성 스트레스장애'라고도 하며 전쟁, 천재지변, 화재, 신체적 폭행, 강간, 자동차·비행기·기차 등에 의한 사고에 의해 생명을 위협하는 심각한 상황에 직면한 후 나타나는 정신적 장애를 말한다.
  2. 주된 증상
     ㉠ 외상사건의 반복적 경험
        - 꿈에 계속 나타나거나 그 사건을 생각한다.
        - 사건이 일어나고 있는 것 같이 행동하거나 느끼는 경우 외상사건을 생각나게 하는 것들을 회피한다거나 사건과 관련된 생각이나 대화를 피하거나, 그 사건의 중요한 부분을 잊어버린다.
     ㉡ 반응의 둔화: 활동이나 흥미가 감퇴되고, 정서적으로 위축
     ㉢ 과민상태: 불면증, 분노의 폭발, 집중력의 감퇴, 놀람반응

③ 피해자와의 대화기법

  ㉠ 피해자에게 안정감을 주고 고립감·소외감을 경감시킬 수 있는 언어를 사용하고 범죄의 원인이 피해자에게 범죄의 원인이 있는 것으로 책망해서는 안 된다.

  ㉡ 피해자에 대한 일방적인 설교나 훈계 표현은 삼가고 동정이나 안일한 격려도 피한다.

④ 언론홍보 등과 관련한 피해자보호요령

  ㉠ 주소 또는 성명 등 피해자의 인적 사항을 추정할 수 있는 내용은 기재하지 않는다.

  ㉡ 공익적 필요가 있더라도 범죄사실과 관련 없는 피해자의 장애·병력 등은 기재하지 않는다.

  ㉢ 피해자의 인권침해가 예상되고 사회적으로 혼란이 예상될 때에는 보도보류(Embargo)를 요청한다.

(3) 범죄피해자 보호 · 지원

① 범죄피해자 보호 · 지원이란 범죄피해자의 손실 복구, 정당한 권리 행사 및 복지 증진에 기여하는 행위를 말한다. 다만, 수사 · 변호 또는 재판에 부당한 영향을 미치는 행위는 포함되지 아니한다.

② 범죄피해자가 이중의 피해를 당하지 않고 재활을 할 수 있도록 경제적 · 정신적으로 지 원하고, 형사절차상 권리와 이익을 존중함으로써 피해자의 인권을 보호해야 한다.

(4) 피해자 보호의 원칙(범죄피해자보호규칙 제3조)

① 경찰공무원은 피해자의 신체적 · 정신적 · 경제적 피해의 회복과 권익증진을 위해 노력하여야 한다.

② 경찰공무원은 피해자의 심정을 이해하고 그 인격을 존중하여야 한다.

③ 경찰공무원은 피해자 보호를 위한 초기대응에 최선을 다하여야 한다.

④ 경찰공무원은 피해자를 보호함에 있어서 피의자 인권이 침해되지 않도록 주의하여야 한다.

(5) 국가의 책무(범죄피해자보호법 제4조)

① 범죄피해자 보호 · 지원 체제의 구축 및 운영

② 범죄피해자 보호 · 지원을 위한 실태조사, 연구, 교육, 홍보

③ 범죄피해자 보호 · 지원을 위한 관계 법령의 정비 및 각종 정책의 수립 · 시행

(6) 지방자치단체의 책무(동법 제5조)

지방자치단체는 범죄피해자 보호 · 지원을 위하여 적극적으로 노력하고, 국가의 범죄피해자 보호 · 지원 시책이 원활하게 시행되도록 협력하여야 한다.

(7) 범죄피해자 보호 · 지원의 기본 시책

① 손실 복구 지원 등(동법 제7조)
국가 및 지방자치단체는 범죄피해자의 피해정도 및 보호 · 지원의 필요성 등에 따라 상담, 의료제공(치료비 지원을 포함한다), 구조금 지급, 법률구조, 취업 관련 지원, 주거 지원, 그 밖에 범죄피해자의 보호에 필요한 대책을 마련하여야 한다.

② 형사절차 참여 보장(동법 제8조)

㉠ 국가는 범죄피해자가 해당 사건과 관련하여 수사담당자와 상담하거나 재판절차에 참여하여 진술하는 등 형사절차상의 권리를 행사할 수 있도록 보장하여야 하며, 범죄피해자가 요청하면 가해자에 대한 수사 결과, 공판기일, 재판 결과, 형 집행 및 보호관찰 집행 상황 등 형사절차 관련 정보를 대통령령으로 정하는 바에 따라 제공할 수있다.

ⓐ 수사 관련 사항: 수사기관의 공소제기 · 불기소 · 기소중지 · 참고인 중지 · 이송 등 처분 결과

ⓑ 공판진행사항: 공판기일, 공소제기된 법원, 판결주문, 선고일자 재판의 확정 및 상소 여부 등

ⓒ 형집행상황: 가석방 · 서방 · 이송 · 사망 및 도주 등

ⓓ 보호관찰 집행상황: 관할 보호관찰소, 보호관찰 · 사회봉사 · 수강명령의 개시 및 종료일자, 보호관찰의 정지일자 및 정지해제일자 등

㉡ 형사절차관련정보는 범죄피해자에게 제공함을 원칙으로 한다. 다만, 범죄피해자의 명시적 동의가 있는 경우에는 범죄피해자에게 지원법인에도 이를 제공할 수 있다.

㉢ 범죄피해자가 형사관련절차관련정보를 요청한 경우 해당 국가기관은 이를 제공하여야 한다. 다만, 정보제공을 요청하는 사람이 범죄피해자인지 여부가 확인되지 아니하거나 정보의 제공으로 사건 관계인 명예나 사생활의 비밀 또는 생명 · 신체의 안전이나 생활의 평온을 해할 우려가 있는 경우에는 관련 정보를 제공하지 아니할 수 있다.

㉣ 형사절차관련정보의 제공은 서면 · 구두 · 모사전송 그 밖에 이해 준하는 방법으로 하여야 한다.

③ 사생활의 평온과 신변의 보호 등(동법 제9조): 국가 및 지방자치단체는 범죄피해자의 명예와 사생활의 평온을 보호하기 위하여 필요한 조치를 하여야 하며, 범죄피해자가 형사소송절차에서 한 진술이나 증언과 관련하여 보복을 당할 우려가 있는 등 범죄피해자를 보호할 필요가 있을 경우에는 적절한 조치를 마련하여야 한다.

④ 교육 · 훈련 (동법 제10조): 국가 및 지방자치단체는 범죄피해자에 대한 이해 증진과 효율적 보호 · 지원 업무 수행을 위하여 범죄 수사에 종사하는 자, 범죄피해자에 관한 상담 · 의료 제공 등의 업무에 종사하는 자, 그 밖에 범죄피해자 보호 · 지원 활동과 관계가 있는 자에 대하여 필요한 교육과 훈련을 실시하여야 한다.

⑤ 홍보 및 조사연구(동법 제11조)

㉠ 국가 및 지방자치단체는 범죄피해자에 대한 이해와 관심을 높이기 위하여 필요한 홍보를 하여야 한다.

ⓒ 국가 및 지방자치단체는 범죄피해자에 대하여 전문적 지식과 경험을 바탕으로 한 적절한 지원이 이루어질 수 있도록 범죄피해의 실태 조사, 지원정책 개발 등을 위하여 노력하여야 한다.

2 근거법규

(1) 범죄피해자구조법, 동시행령

(2) 특정범죄신고자 등 보호법, 동시행령

(3) 특정강력범죄의 처벌에 관한 특례법

(4) 성매매알선 등 행위의 처벌에 관한 법률

(5) 성폭력범죄의 처벌 및 피해자보호 등에 관한 법률

(6) 범죄신고자 등 보호 및 보상에 관한 규칙

(7) 범죄피해자보호규칙

(8) 소송촉진 등에 관한 특례법

(9) 가정폭력범죄의 처벌 등에 관한 특례법

(10) 의사상자 등 예우 및 지원에 관한 법률

(11) 범죄피해자 보호법, 동시행령

3 피해자 통지제도(역미란다 원칙) 기출

(1) 통지대상

고소, 고발인 범죄피해자 혹은 피해자가 사망하거나 의사능력이 없는 경우 또는 친족·보호자·법정대리인 등에게 통지한다.

(2) 통지시기 및 내용

① 사건의 초기단계

형사절차의 개요, 담당수사관의 성명 및 연락처를 통지하고 피해자구조금 지급절차, 법률구조공단 및 인근 피해자지원단체 이용안내 등 피해회복에 도움이 되는 사항을 통지한다.

② 진행단계: 피해자 등이 사건진행단계에서도 통지를 요청하거나 요청이 없더라도 피해 회복에 필요하다고 인정되는 사항을 통지한다.

③ 종결단계: 사건처리결과 및 이후 형사절차를 통지한다.

(3) 통지방법 및 기록유지

① 통지방법: 구두, 전화, 우편, 모사전송, 이메일 등으로 통지할 수 있다.

② 기록유지

　㉠ '피해자 등 통지관리표'를 사건기록에 편철, 작성·관리 한다.

　　ⓐ 피해자 인적 사항 등 기본사항 외 통지일시, 방법, 주요내용, 대상자 등을 기재한다.

　　ⓑ 피해자가 2명 이상인 경우, 토지관리표상 기본사항 기본사항을 인원 수만큼 추가 기재하거나, 통지관리표를 피해자별로 수매 작성한다.

　㉡ 구두통지를 한 때에는 비고란에 동석자 성명 및 특이정황 등을 기재하고 등기우편, 전화, 문자메시지, 모사전송, 이메일로 통지한 때에는 등기수령증 번호 또는 통신매체별 송부 일시 및 해당 번호 등을 비고란에 기재한다.

　㉢ 사건처리진행상황통지서는 별도의 사본작성이나 결제 없이 '통신관리표'에 내용을 기재한 것으로 대신한다.

　㉣ 사건송치(이송) 시 '통지관리표'를 사건기록에 편철·송치(이송)하고 사본은 사건송치서(사건인계서)부본에 첨부하여 보관한다.

4 경찰의 피해자보호 추진체계

(1) 경찰청의 피해자보호 추진체계

(2) 지방청·경찰서 피해자지원 네트워크

(3) 기능별 업무

① **피해자보호추진위원회**(범죄피해자보호규칙 제4호, 제5호, 제6호) 기출

　㉠ 설치: 피해자 보호 및 지원정책을 체계적으로 추진하기 위하여 경찰청에 피해자보호추진위원회(이하 "위원회"라 한다)를 둔다.

　㉡ 구성

　　ⓐ 위원회는 위원장을 포함하여 15명 이내의 위원으로 구성한다.

　　ⓑ 위원장은 경찰청 차장으로 하며, 위원장은 위원회 소집과 회의주재 등 위원회 총괄 및 위원회 결정사항의 시행여부를 확인한다.

　　ⓒ 위원

　　　• 기획조정관, 생활안전국장, 수사국장, 외사국장, 감사관, 사이버안전국장, 교통국장 및 그 밖에 위원장이 필요하다고 인정하는 자

　　　• 기타 위원장이 필요하다고 인정하는 자

ⓓ 위원회에 위원회와 관련된 사무를 처리하기 위해 피해자보호담당관을 간사로 둔다.

ⓒ 임무

ⓐ 피해자 보호 및 지원 관련 중요정책의 심의

ⓑ 피해자 보호 및 지원업무에 관한 관련 기능 및 지방청간 조정

ⓒ 피해자 보호 및 지원업무의 분석 · 평가 및 발전방향 협의

ⓓ 그 밖에 피해자 보호 및 지원을 위하여 필요한 사항의 처리

② 경찰청 인권보호센터(피해자대책계)

㉠ 범죄피해자 보호 및 지원에 대한 경찰정책의 수립 · 지도 및 조정

㉡ 범죄피해자 보호와 관련한 교육 및 홍보

㉢ 범죄피해자에 대한 상담, 조사 및 처리

③ 피해자대책관(지방청 · 경찰서 수사지원팀장)(동규칙 제10조)

㉠ 피해자 통지 등 피해자에 대한 각종 정보제공 및 상담 체계 구축

㉡ 유관기관 · 단체와의 연락 및 협조

㉢ 피해자 보호를 위한 교육 및 홍보

㉣ 범죄피해자 보호 관련 통계의 작성 및 보고

㉤ 기타 피해자 보호 관련 업무

④ 민원실 · 지구대 · 112센터

㉠ 평소에 각종 피해자지원제도를 숙지하여 상담 · 안내 시 활용

㉡ 피해자 안내서 비치 · 교부 및 피해자에게 각종 제도 · 지원단체 안내

㉢ 신고 접수 및 초동조치시 피해 확산 방지 및 피해자 보호 조치

⑤ 피해자 서포터

㉠ 평상시 형사활동 또는 지역경찰활동 등 기본임무 수행

㉡ 살인 · 강도 · 강간 등 대상사건 발생 시 일반인 · 타경찰관의 무분별한 접근 및 중복된 질문을 차단하고 피해자 창구를 일원화

㉢ 피해자에게 명함 및 피해자 안내서 등을 교부하고 상담기관 · 의료기관 · 형사절차 등 각종 정보 제공

㉣ 피의자 점검 여부 등 수사진행상황을 통지하고, 피해자에 대한 보복 가능성 등 발견 시 지구대와 협조하여 신변보호 조치

5 범죄신고자보호 및 구조

- 적극적인 범죄해결을 도모하고, 범죄신고로 인한 불이익이 없도록 하기 위해 범죄신고자에 대하여 신변안전조치와 보상 및 구조금 지급
- 특정범죄신고자등 보호법, 성매매특별법, 범죄신고자보호 및 보상에 관한 규칙에서 세부절차 등 규정

(1) 특정범죄신고자 등 보호 기출

① 살인, 약취·유인 및 마약, 조직폭력을 포함한 특정강력범죄 신고자등이나 그 친족등이 보복을 당할 우려가 있는 경우에 한하여 **신변안전 조치 및 구조금을 지급**할 수 있다.

㉠ 신변안전조치 기출

의의	**검사 또는 경찰서장은 범죄신고자등**이나 그 친족등에 보복을 당할 우려가 있는 경우에는 일정기간 동안 당해 검찰청 또는 경찰서 소속 공무원으로 하여금 신변안전을 위하여 필요한 조치를 하게 하거나 대상자의 주거지 또는 현재지를 관할하는 경찰서장은 특별한 사유가 없는 한 즉시 신변안전조치를 취하여야 한다.
종류	1. 일정 기간 동안의 **특정시설에서의 보호** 2. 일정 기간 동안의 **신변경호** 3. 참고인 또는 증인으로 출석·귀가 시 동행 4. 대상자의 주거에 대한 주기적 순찰이나 폐쇄회로 텔레비전의 설치 등 주거에 대한 보호 5. 그 밖에 신변안전에 필요하다고 인정되어 대통령령으로 정하는 조치

㉡ 범죄신고자등 구조금(특정범죄신고자 등 보호법 제14조)
    ⓐ 국가는 범죄신고자등이나 그 친족등이 보복을 당할 우려가 있는 경우로서 그로 인하여 중대한 경제적 손실 또는 정신적 고통을 받았거나 이사·전직(轉職) 등으로 비용을 지출하였거나 지출할 필요가 있을 때에는 범죄신고자등, 그 법정대리인 또는 친족등의 신청에 의하여 범죄신고자등 구조금(이하 "구조금"이라 한다)을 지급할 수 있다.
    ⓑ 구조금의 금액은 보복의 위험성, 지급대상자의 직업·신분·생활수준, 경제적 손실과 정신적 고통의 정도, 지출비용, 그 밖의 필요한 사항을 고려하여 대통령령으로 정하는 한도에서 결정한다.

② 수사서류에 인적 사항을 생략하거나 가명으로 기재할 수 있고 범죄신고자신원관리카드를 별도로 작성한다(동시행령 제5조).

③ 범죄신고등을 함으로써 자신의 범죄가 발견된 경우 범죄신고자등에 대해서는 형을 감경 또는 면제할 수 있다.

④ 범죄신고자등 보좌인(동법 제6조)

　　㉠ 사법경찰관, 검사 또는 법원은 범죄신고자등이나 그 친족등이 보복을 당할 우려가 있는 경우에는 직권으로 또는 범죄신고자등, 그 법정대리인이나 친족등의 신청에 의하여 범죄신고자등보좌인(이하 "보좌인"이라 한다)을 지정할 수 있다.

　　㉡ 보좌인은 범죄신고자등의 법정대리인, 친족 또는 대통령령으로 정하는 자 중에서 지정한다. 다만, 수사기관 종사자는 보좌인이 될 수 없다.

　　㉢ 보좌인은 범죄신고자등을 위하여 해당 형사사건의 수사·공판 과정에 동행하거나 조언하는 등 필요한 조력(助力)을 할 수 있다.

　　㉣ 범죄신고자등, 그 법정대리인이나 친족등으로부터 취소 또는 교체 신청이 있을 때, 범죄신고자등의 진술이나 증언 등에 부당한 영향을 주는 등 범죄신고자등을 보좌하는 데 부적당하다고 인정될 경우에는 보좌인 지정을 취소할 수 있다.

　　㉤ 보좌인에게는 대통령령으로 정하는 바에 따라 여비나 그 밖의 실비(實費)를 지급할 수 있다.

⑤ 인적 사항의 공개 금지(동법 제8조): 이 법에 규정된 경우를 제외하고는 누구든지 이 법에 따라 보호되고 있는 범죄신고자등이라는 정황을 알면서 그 인적 사항 또는 범죄신고자등임을 미루어 알 수 있는 사실을 다른 사람에게 알려주거나 공개 또는 보도하여서는 아니된다.

(2) 성폭력 및 성매매 보호

① 성폭력범죄에 대한 심리는 그 피해자의 사생활을 보호하기 위하여 결정으로써 공개하지 아니할 수 있다(성폭력범죄의 처벌 등에 관한 특례법 제27조 제1항).

② 피해자의 신원과 사생활 비밀 누설 금지(동법 제21조 제1항): 성폭력범죄의 수사 또는 재판을 담당하거나 이에 관여하는 공무원 또는 그 직에 있었던 사람은 피해자의 주소, 성명, 나이, 직업, 학교, 용모, 그 밖에 피해자를 특정하여 파악할 수 있게 하는 인적 사항과 사진 등 또는 그 피해자의 사생활에 관한 비밀을 공개하거나 다른 사람에게 누설하여서는 아니된다.

③ 법원은 제3조부터 제8조까지, 제10조 및 제15조(제9조의 미수범은 제외한다)의 범죄의 피해자를 증인으로 신문하는 경우에 검사, 피해자 또는 법정대리인이 신청할 때에는 재판에 지장을 줄 우려가 있는 등 부득이한 경우가 아니면 피해자와 신뢰관계에 있는 사람을 동석하게 하여야 한다.

④ 성폭력범죄의 피해자에 대한 전담조사제

　⊙ 검찰총장은 각 지방검찰청 검사장으로 하여금 성폭력범죄 전담 검사를 지정하도록 하여 특별한 사정이 없으면 이들로 하여금 피해자를 조사하게 하여야 한다.

　⊙ 경찰청장은 각 경찰서장으로 하여금 성폭력범죄 전담 사법경찰관을 지정하도록 하여 특별한 사정이 없으면 이들로 하여금 피해자를 조사하게 하여야 한다.

⑤ **18세 미만의 사람**을 보호하거나 교육 또는 치료하는 시설의 책임자 및 관련종사자는 자기의 보호 또는 감독을 받는 사람의 동법 제5조 내지 제10조, 형법 제301조(강간 등 상해·치상) 및 제301조의2(강간 등 살인·치사)의 범죄의 피해자인 사실을 안 때에는 즉시 수사기관에 신고하여야 한다.

⑥ 의료보호

　⊙ 여성가족부장관 또는 시장·군수·구청장은 국·공립병원·보건소 또는 민간의료시설을 성폭력 피해자의 치료를 위한 전담의료기관으로 지정할 수 있다.

　⊙ 전담의료기관은 상담소 또는 보호시설의 장이 요청이 있을 경우에는 다음의 의료 등을 제공하여야 한다.

　　ⓐ 성폭력피해자의 보건상담 및 지도

　　ⓑ 성폭력피해의 치료

　　ⓒ 기타 대통령령이 정하는 신체적·정신적 치료(성병감염 여부의 검사 및 감염성병의 치료, 임신 여부의 검사, 성폭력피해로 인한 정신질환의 치료)

(3) 범죄신고자보호 및 보상(범죄신고자 등 보호 및 보상에 관한 규칙)

① 목적: 범죄신고자 및 공익신고자에 대한 생명·신체의 안전 및 비밀을 보장하고 범죄신고와 공익신고 활성화를 도모함을 목적으로 한다.

② 용어의 정리

　⊙ 범죄신고자: 범죄의 사실관계와 범죄혐의자를 경찰공무원에게 신고한 자를 말한다.

　⊙ 범인검거공로자: 동규칙 제5조에 규정된 범죄의 범인이 검거되기 전에 경찰공무원에게 범인 또는 범인의 소재를 신고하여 검거하게 한 자, 범인을 검거하여 경찰공무원에게 인도한 자 및 범인 검거에 적극 협조하여 그 공이 현저한 자를 말한다.

　⊙ 범죄신고자등: 범죄신고자와 범인검거 공로자를 말하며, 외국인을 포함한다.

③ 직권 또는 신청에 의한 범죄신고자에 대한 신변안전조치(동규칙 제 3조)

　⊙ 일정기간 동안의 특정시설에서의 보호

ⓛ 일정기간 동안의 신변경호

ⓒ 참고인 또는 증인으로 출석·귀가 시 동행

ⓔ 범죄신고자, 공익신고자 등의 주거에 대한 주기적 순찰

ⓜ 기타 신변안전에 필요하다고 인정되는 조치

④ 범죄신고자의 인적 사항 등이나 사진공개 금지(신고자 동의한 경우는 제외)(동규칙 제4조)

⑤ 보상대상자에 따라 최고 5억원까지 보상금 지급

다음 각호의 1에 해당되는 범죄로 신고된 피의자가 검거되었을 때 이 규칙에 의하여 예산의 범위안에서 그 신고자에게 보상할 수 있다. 다만, 법령상 신고의무자인 경우에는 그러하지 아니하다.

⑥ 보상대상범죄(동규칙 제5조)

㉠ 폭발물사용죄「형법」제119조, 방화죄「형법」제164조 내지 제167조, 일수죄「형법」제177조 내지 제179조, 교통방해의 죄「형법」제185조 내지 제188조, 아편에 관한 죄「형법」제198조 내지 제201조, 제205조, 통화에 관한 죄「형법」제207조, 제208조, 제210조, 제211조, 유가증권 등에 관한 죄「형법」제214조 내지 제219조, 살인의 죄「형법」제250조 내지 제252조, 상해와 폭행의 죄「형법」제257조 내지 제262조, 체포·감금 치사「형법」제281조, 약취와 유인의 죄「형법」제287조 내지 제292조, 절도와 강도의 죄「형법」제329조 내지 제331조의2, 제333조 내지 제340조, 장물에 관한 죄「형법」제362조, 손괴의 죄「형법」제366조 내지 제369조

㉡「마약류관리에관한법률」에 해당되는 각 죄

㉢「관세법」에 해당되는 각 죄

㉣「문화재보호법」제80조, 제81조, 제82조에 해당되는 각 죄

㉤「특정강력범죄의처벌에관한특례법」제2조에 규정된 각 죄

㉥「특정경제범죄가중처벌등에관한법률」제3조, 제4조에 규정된 각 죄

㉦「특정범죄가중처벌등에관한법률」제2조, 제4조의2, 제5조, 제5조의2, 제5조의3, 제5조의4, 제5조의5, 제5조의8, 제5조의9제1항, 제6조, 제8조 내지 제10조, 제11조, 제15조에 해당되는 각 죄

㉧「환경범죄의단속에관한특별조치법」제2조에 해당되는 각 죄

㉨「해양환경관리법」제22조제1항 및 제2항, 제23조제1항 중 기름·유해액체물질·포장유해물질 또는 폐기물로 인한 해양오염행위에 해당되는 각 죄

ⓒ 「출입국관리법」 제7조제1항, 제14조, 제18조제14항, 제28조제1항, 제99조제2항에 해당하는 각 죄

ⓒ 「밀항단속법」 제3조, 제4조에 해당하는 각 죄

ⓔ 「제주특별자치도 설치 및 국제자유도시 조성을 위한 특별법」 제156조제2항, 제157 조제1항, 제158조에 해당하는 각 죄

ⓟ 기타 국민안전처장관이 특별히 지정하는 죄와 범죄신고자 보상심의위원회에서 필 요하다고 인정한 죄

⑦ 신고자 통보 등

㉠ 보상대상 범죄신고를 받은 경찰공무원은 신고자의 인적 사항 등을 각 소속 주무부 서에 통보하여야 한다.

㉡ 경찰공무원이 신고에 의해 보상 대상 범죄의 범인을 검거하였을 때에는 그 사실을 주무부서에 통보하여야 한다.

⑧ 보상심의위원회(범죄신고자 등 보호 및 보상에 관한 규칙 제8조)

㉠ 범죄신고자 보상에 관한 사항을 심사·결정하기 위하여 국민안전처, 지방해양경비 안전 본부 및 해양경비안전서에 범죄신고자 보상심의위원회(이하 "위원회"라 한다) 를 둔다.

㉡ 위원회의 위원장은 소관별로 국민안전처는 해상수사정보과장으로 하고, 지방해양 경비안전본부는 경비안전과장으로 하고, 해양경비안전서는 해상수사정보과장 및 해양오염방제과장으로 각각 하고, 위원은 계장급 4명으로 구성한다.

㉢ 위원회의 임무

ⓐ 보상 여부 및 보상금액의 결정

ⓑ 보상금 환수 결정

ⓒ 관련사실의 조사

ⓓ 기타 보상금지급과 관련되어 필요한 사항

(4) 무보험 차량 교통사고 및 뺑소니 피해자 구조제도

자동차 사고로 인한 피해자가 다른 수단으로는 전혀 보상을 받을 수 없는 경우에 피해자 에 대한 최소한의 구제를 목적으로 국가에서 시행하고 있는 일종의 사회보장제도이다.

① 자동차손해배상보장법

㉠ 보장사업의 대상

ⓐ 보유자불명의 자동차사고 피해자

ⓑ 무보험(책임보험 미가입) 자동차사고 피해자가 사망한 경우

ⓛ 보상금액

사망	최고 1억원
부상	상해 등급에 따라 최고 2000만원(1급상해)~최저 80만원(14급)
후유장애	장애급수에 따라 최고 1억원(1급장애)~최저630만원(14급)

ⓒ 신청절차: 국토해양부 또는 업무를 위탁받은 보험사업자 등에 보상 청구

② 보호내용 – 보상금 지급(일시보장)

의상자는 본인에게 지급하고 의사자는 배우자, 미성년자인 자녀, 부모, 조부모, 성년
인 자녀, 형제자매의 순으로 1순위자에게 지급

③ 주관부서 및 처리절차

ⓝ 보건복지부 복지지원과

ⓛ 주소지 관할 시·군·구청 사회복지과 또는 복지정책과

ⓒ 보호신청자 ⇨ 자치단체 사회복지과 ⇨ 보건복지부(의사상자심사위원회)

④ 제출서류

ⓝ 보상금지급신청서 작성·제출

ⓛ 보상금 수급권이 있음을 증명할 수 있는 가족관계등록부 및 주민등록표등본, 인감
증명서 첨부

(5) 형사소송절차에 있어서 배상명령

폭행·상해치사상 등 형사사건의 피해자가 범인의 형사재판과정에서 간편하게 민사
적인 손해 배상명령까지 받아 낼 수 있는 제도 〈소송촉진 등에 관한 특례법〉

① 대상사건

ⓝ 상해를 당했을 때

ⓛ 상해를 당하여 불구가 되거나 난치의 병에 걸렸을 때

ⓒ 폭행을 당하여 상처를 입거나 죽었을 때

ⓔ 과실 또는 업무상 과실로 상처를 입거나 죽었을 때

ⓜ 성폭력범죄의 피해자일 때(혼임빙자간음죄는 제외)

ⓑ 절도, 강도를 당했을 때

ⓐ 사기, 공갈을 당했을 때

ⓞ 재물을 손괴당했을 때

② 신청방법

㉠ 범죄의 직접적인 피해자 또는 상속인만 신청 가능

㉡ 범인이 피고인으로 재판받고 있는 법원에 2심 변론이 종결되기 전까지 배상명령신청서 제출

③ 효과

㉠ 유죄판결문은 민사판결문과 동일한 효력이 있어 강제집행 가능

㉡ 이유 없다고 각하되면 다시 신청 불가

㉢ 배상명령에 불만이 있으면 유죄판결에 대하여 소송 가능

(6) 범죄피해자 **구조제도**

> 범죄행위로 인한 사망·장해 또는 중장해 피해자가 피해의 전부 또는 일부를 배상받지 못하거나 자기 또는 타인의 형사사건 수사 또는 재판에서 고소·고발 등 수사단서를 제공하거나 진술, 증언 또는 자료제출을 하다가 구조피해자가 된 경우에 국가에서 피해자 또는 유족에게 범죄피해 구조금을 지급하는 제도

① 대상범죄: 대한민국의 영역 안에서 또는 대한민국의 영역 밖에 있는 대한민국의 선박이나 항공기 안에서 행하여진 사람의 생명 또는 신체를 해치는 죄에 해당하는 행위(「형법」 제9조, 제10조제1항, 제12조, 제22조제1항에 따라 처벌되지 아니하는 행위를 포함하며, 같은 법 제20조 또는 제21조제1항에 따라 처벌되지 아니하는 행위 및 과실에 의한 행위는 제외한다)로 인하여 사망하거나 장해 또는 중상해를 입은 것을 말한다.

② 지급요건

㉠ 유족구조금

ⓐ 피해자가 사망한 경우 피해자의 사망 당시 피해자의 수입에 의하여 생계를 유지하고 있던 유족에게 지급

ⓑ 지급 순위: 배우자(사실상 혼인관계 포함), 자, 부모, 손, 조부모, 형제자매의 순위로하여 1순위 유족에게 지급

ⓒ 동순위 유족이 2인 이상인 경우 균분 지급

ⓓ 태아는 출생한 것으로 봄

ⓔ 양부모가 친생부모보다 선순위

  ⓛ 장해구조금: 범죄로 인하여 중대한 신체장해를 당한 사람으로 신체 장해등급 기준 상 1급 내지 3급의 장해에 해당하는 자에게 지급

  ⓒ 생계유지 곤란의 기준

    ⓐ 피해자가 속한 가구의 소득금액이 정부노임다가기준 중 건설공사부문의 남자보통인부노임액의 1.5배에 상당한 금액에 미치지 못하는 경우

    ⓑ 기타 피해자가 처한 경제적 · 사회적 사정을 종합하여 판단한 결과 피해자의 생계유지에 곤란한 가정이 있음이 인정되는 경우

③ 제외사유

  ㉠ 피해자와 가해자 간에 친족관계(사실상 혼인관계가 포함)가 있는 경우

  ㉡ 피해자가 범죄행위를 유발 또는 범죄피해 발생에 귀책사유가 있는 경우

  ㉢ 기타 사회통념상 구조금의 전부 또는 일부를 지급하지 아니함이 상당한 경우

  ㉣ 범죄피해를 원인으로 국가배상법 등에 의한 급여 등을 지급받을 수 있는 경우나 가해자로부터 손해배상을 받은 때에는 그 금액의 한도 내에서 구조금 지급 제한

(7) 법률구조제도

> 경제적으로 어렵거나 법의 보호를 충분히 받지 못하는 사람들에게 법률상담, 소송대리 및 형사변호 등 법률구조를 하여 주는 법률분야의 사회복지제도

① 주관부서: **법무부 대한법률구조공단**

② 법률상담

  전 국민을 대상으로 민사, 가사, 형사, 행정사건 등 법률문제 전반에 대하여 무료로 실시하거나 직접 방문하거나 전화, 서신, 인터넷 등을 통하여도 상담 가능

③ 법률구조

  ㉠ 소송대리, 형사변호, 기타 법률적 지원을 해주는 것으로서 구조대상사건과 구조대상자에 일정한 제한이 없음

  ㉡ 민사 · 가사사건뿐만 아니라 형사사건에 대해서도 법률구조를 하며 공단 소속 변호사 또는 공익법무관이 변호활동

대상자	• 농·어민, 월평균 150만원 이하의 근로자 및 영세상인 • 6급 또는 6급 상당 이하의 공무원, 국가보훈대상자 • 기타 생활하기 어렵고 법을 몰라 스스로 법적 수단을 강구하지 못하는 국민 (생활보장수급자, 소년·소녀 가장, 장애인, 모·부자가정 등) • 법원이 공단의 소속변호사 또는 공단에 배치된 공익법무관을 국선변호인으로 선정한 사건의 피의자 또는 피고인 • 영세담배소매인(월평균 담배판매금액이 150만원 이하인 담배소매인) • 가정폭력·성폭력·성매매와 관련 형사사건의 구속 피의자 또는 피고인 여성 (단, 국내거주 외국인 여성 포함)
비용	형사사건과 관련된 일체의 비용(예 기록등사료, 접견료 등)은 공단에서 부담하고 의뢰자로부터는 비용을 징수하지 않는다. 다만, 보석보증금 또는 보석보증보험증권 수수료는 의뢰자 부담

001 다음은 「피의자 유치 및 호송 규칙」상 유치인 보호근무를 설명한 것이다. 가장 적
13 2차 절하지 **않은** 것은?

① 경찰서장은 피의자의 유치 및 유치장의 관리에 전반적인 지휘·감독을 하여
야 하며 그 책임을 져야 한다.

② 피의자를 유치장에 입감시키거나 출감시킬 때에는 유치인보호관이 발부하는
피의자입(출)감 지휘서에 의하여야 한다.

③ 신체, 의류, 휴대품(이하 '신체 등'이라 한다)의 검사는 동성의 유치인보호관
이 실시하여야 한다. 다만, 여성유치인보호관이 없을 경우에는 미리 지정하
여 신체 등의 검사방법을 교양받은 여성경찰관으로 하여금 대신하게 할 수
있다.

④ 형사범과 구류처분을 받은 자, 19세 이상의 사람과 19세 미만의 사람, 신체
장애인 및 사건관련의 공범자 등은 유치실이 허용하는 범위 내에서 분리하
여 유치하여야 하며, 신체장애인에 대하여는 신체장애를 고려한 처우를 하
여야 한다.

해설
② 피의자를 유치장에 입감시키거나 출감시킬 때에는 **유치인보호 주무자**가 발부하는 피의자입(출)
감 지휘서에 의하여야 한다.

002 「피의자 유치 및 호송 규칙」제2조에는 '유치 중의 피의자에 대하여는 그 처우의
적정으로 인권의 보장에 최선을 다하여야 한다.'고 규정하고 있다. 유치장 내 신체
검사에 대한 설명으로 가장 옳지 <u>않은</u> 것은?

11 승진

① 신체검사는 유치인보호 주무자가 피의자입(출)감지휘서에 지정하는 방법으
로 실시하여야 한다.
② 신체검사의 종류로는 외표검사, 간이검사, 정밀검사가 있다.
③ 간이검사는 죄질이 경미하고 동작과 언행에 특이사항이 없고 위험물 등을 은
닉하지 않다고 판단되는 유치인에 대하여 신체 등의 외부를 눈으로 확인하
고 손으로 가볍게 두드려 만져 검사하는 방법이다.
④ 살인, 강도 등 죄질이 중한 유치인에 대해서는 정밀검사를 실시해야 한다.

> **해설**
>
> ③ 외표검사에 관한 내용이다.
>
> | | |
> |---|---|
> | 외표검사 | 죄질이 경미하고 동작과 언행에 특이사항이 없으며 위험물 등을 은닉하고 있지 않다고 판단되는 유치인에 대하여는 신체 등의 외부를 눈으로 확인하고 손으로 가볍게 두드려 만져 검사한다. |
> | 간이검사 | 일반적으로 유치인에 대하여는 탈의막 안에서 속옷은 벗지 않고 신체검사의를 착용(유치인의 의사에 따른다)하도록 한 상태에서 위험물 등의 은닉여부를 검사한다. |
> | 정밀검사 | 살인, 강도, 절도, 강간, 방화, 마약류, 조직폭력 등 죄질이 중하거나 근무자 및 다른 유치인에 대한 위해 또는 자해할 우려가 있다고 판단되는 유치인에 대하여는 탈의막 안에서 속옷을 벗고 신체검사의로 갈아입도록 한 후 정밀하게 위험물 등의 은닉여부를 검사하여야 한다. |

ANSWER 002 ③

003 유치장에 대한 설명으로 <u>틀린</u> 것은 모두 몇 개인가?

10 승진

> ㉠ 경찰관서에 유치장을 설치할 수 있는 법적 근거는 경찰관직무집행법 제9조에 있다.
> ㉡ 피의자를 유치장에 입(출)감시킬 때에는 유치인보호관의 입(출)감 지휘서에 의한다.
> ㉢ 강력범과 일반형사범은 분리유치 대상자에 해당한다.
> ㉣ 유아가 생후 36개월 이내인 경우는 경찰서장의 허가를 받아 대동하게 할 수 있다.

① 없다   ② 1개   ③ 2개   ④ 3개

해설

㉡ 피의자를 유치장에 입감시키거나 출감시킬 때에는 **유치인보호주무자가 발부하는 피의자입(출)감 지휘서**에 의하여야 하며, 동시에 3명 이상의 피의자를 입감시킬 때에는경위 이상 경찰관이 입회하여 순차적으로 입감시켜야 한다.(피의자 유치 및 호송 규칙 제7조 제1항).
㉢ 강력범과 일반형사범은 분리유치 대상자에 해당하지 않는다.
㉣ 여성유치인은 친권이 있는 **18개월 이내의 유아**에 대해 경찰서장의 허가를 받아 대동할 수 있다.(피의자 유치 및 호송 규칙 제12조 제2항)

004 다음 중 「피의자 유치 및 호송 규칙」에 관한 설명 중 <u>틀린</u> 것은 모두 몇 개인가?

12
1차변형

> ㉠ 피의자를 유치장에 입감시키거나 출감시킬 때에는 유치인보호관이 발부하는 피의자입(출)감지휘서에 의하여야 하며, 동시에 2인 이상의 피의자를 입감시킬 때에는 경위 이상 경찰관이 입회하여 순차적으로 입감시켜야 한다.
> ㉡ 형사범과 구류 처분을 받은 자, 20세 이상의 사람과 20세 미만의 사람, 신체장애인 및 사건관련의 공범자 등은 유치실이 허용하는 범위 내에서 분리하여 유치하여야 하며, 신체장애인에 대하여는 신체장애를 고려한 처우를 하여야 한다.
> ㉢ 경찰서장은 유치인으로부터 신청이 있을 때에는 그 가족 또는 대리인에게 수사상 지장이 없는 범위 내에서 유치인의 신상에 관한 통지를 할 수 있다.
> ㉣ 신체 등의 검사종류로는 외표검사, 간이검사, 정밀검사가 있다.

① 없다   ② 1개   ③ 2개   ④ 3개

해설

㉠ 피의자를 유치장에 입감시키거나 출감시킬 때에는 **유치인보호 주무자**가 발부하는 피의자입(출)감지휘서에 의하여야 하며, 동시에 **3명** 이상의 피의자를 입감시킬 때에는 경위 이상 경찰관이 입회하여 순차적으로 입감시켜야 한다.(피의자 유치 및 호송 규칙 제7조 제1항)
㉡ 형사범과 구류 처분을 받은 자, **19세 이상**의 사람과 **19세 미만**의 사람. 신체장애인 및 사건관련의 공범자 등은 유치실이 허용하는 범위 내에서 분리하여 유치하여야 하며, 신체장애인에 대하여는 신체장애를 고려한 처우를 하여야 한다.

ANSWER   **003** ④ / ㉡, ㉢, ㉣   **004** ③ / ㉠, ㉡

005 「피의자 유치 및 호송 규칙」상 유치에 대한 설명 중 가장 적절하지 <u>않은</u> 것은?

11
1차변형

① 경찰서장은 유치인보호 주무자로 하여금 월 1회 이상 정기적으로 유치장 내외에 대한 면밀한 검사를 실시하게 하여야 한다.

② 유치인보호관은 유치기간이 만료되는 자에 대하여는 유치기간 만료 1일 전에 유치인보호 주무자에게 보고하여 그 주의를 환기시켜 위법유치를 하는 일이 없도록 하여야 한다.

③ 피의자를 유치장에 입감시키거나 출감시킬 때에는 유치인보호주무자가 발부하는 피의자입(출)감지휘서에 의하여야 하며, 동시에 3명 이상의 피의자를 입감시킬 때에는 경위 이상 경찰관이 입회하여 순차적으로 입감시켜야 한다.

④ 형사범과 구류처분을 받은 자, 19세 이상의 사람과 19세 미만의 사람, 신체장애인 및 사건관련의 공범자 등은 유치실이 허용하는 범위 내에서 분리하여 유치하여야 하며, 신체장애인에 대하여는 신체장애를 고려한 처우를 하여야 한다.

> **해설**
> ① 경찰서장은 유치인보호 주무자로 하여금 **주 1회** 이상 정기적으로 유치장 내외에 대한 면밀한 검사를 실시하게 하여야 한다.(피의자 유치 및 호송규칙 제23조 제1항)

006 「피의자 유치 및 호송 규칙」상 체포·구속인명부에 기재사항으로 가장 적절하지 <u>않은</u> 것은?

17 승진

① 체포·구속 및 석방사항   ② 죄명   ③ 범죄사실   ④ 가족관계

> **해설**
> ③ 범죄사실은 체포·구속인명부 기재사항이 아니다.
> ①②④ 체포·구속인명부에는 체포·구속 및 석방사항, 죄명, 인상착의, 체포·구속된 자의 인적 사항, 범죄경력 및 가족관계 등을 기록하되 주민등록번호를 대조하는 등본인 여부를 반드시 확인하고 기록하여야 한다.(피의자 유치 및 호송 규칙 제5조 제7항)

007 「피의자 유치 및 호송 규칙」상 호송내용에 대한 설명 중 가장 적절하지 <u>않은</u> 것은?

16승진
① 이감호송 – 피호송자의 수용 장소를 다른 곳으로 이동하거나 특정 관서에 인계하기 위한 호송을 말한다.
② 왕복호송 – 피호송자를 특정장소에 호송하여 필요한 용무를 마치고 다시 발송관서 또는 호송관서로 호송하는 것을 말한다.
③ 집단호송 – 한번에 다수의 피호송자를 호송하는 것을 말한다.
④ 비상호송 – 도보, 열차, 선박, 항공기 호송을 말한다.

해설

④ 호송수단에 관한 내용이다. (피의자 유지 및 호송 규칙 제46조 제8호)

호송의 종류		
호송방법	직송	피호송자를 관서 또는 출두하여야 할 장소나 유치할 장소에 직접호송하는 경우
	채송	피호송자가 중병으로서 호송의 계속이 불가능할 때 이를 인수받은 경찰관서에서 치료한 후 호송하는 경우
호송내용	왕복호송	피호송자를 특정장소에 호송하여 필요한 용무를 마치고 다시 발송관서 또는 호송관서로 호송하는 경우
	비상호송	전시, 사변 또는 이에 준하는 국가비상 사태나 천재, 지변에 있어서 피호송자를 다른 곳에 수용하기 위한 호송
	집단호송	한번에 다수의 피호송자를 호송하는 경우
	이감호송	피호송자의 수용장소를 다른 곳으로 이동하거나 특정관서에 인계하기 위한 호송
호송수단	도보호송, 차량호송, 열차소송, 선박호송, 항공기 호송	

008 「피의자 유치 및 호송 규칙」에 대한 설명으로 가장 적절한 것은?

14 1차

① 동시에 2명 이상의 피의자를 입감시킬 때에는 경위 이상 경찰관이 입회하여 순차적으로 입감시켜야 한다.

② 외표검사란 일반적으로 유치인에 대하여는 탈의막 안에서 속옷은 벗지 않고 신체검사의를 착용(유치인의 의사에 따른다)하도록 한 상태에서 위험물 등의 은닉여부를 검사하는 것이 다.

③ 수인의 피호송자는 1명씩 수갑을 채우고 포승으로 포박한 후 2인 내지 6인을 1조로 상호 결박시켜 포승해야 한다.

④ 이감호송이란 피호송자의 수용장소를 다른 곳으로 이동하거나 특정관서에 인계하기 위한 호송을 말한다.

해설

① 피의자를 유치장에 입감시키거나 출감시킬 때에는 유치인보호주무자가 발부하는 피의자입(출)감지휘서에 의하여야 하며, 동시에 **3명** 이상의 피의자를 입감시킬 때에 는 경위 이상 경찰관이 입회하여 순차적으로 입감시켜야 한다.(피의자 유치 및 호송 규칙 제7조 제1항)

② **간이검사**에 관한 내용이다. 외표검사는 죄질이 경미하고 동작과 언행에 특이사항이 없으며 위험물 등을 은닉하고 있지 않다고 판단되는 유치인에 대하여는 신체 등의 외부를 눈으로 확인하고 손으로 가볍게 두드려 만져 검사하는것을 말한다.(피의자 유치 및 호송 규칙 제5조 제4항)

③ 호송관은 피호송자가 2인 이상일 때에는 피호송자마다 포박한 후 호송수단에 따라 **2인 내지 5인**을 1조로 하여 상호 연결시켜 포승하여야 한다.(피의자 유치 및 호송 규칙 제50조 제2항)

④ 피의자 유치 및 호송 규칙 제46조 제4호

009 호송 중 사고발생시 조치요령에 대한 설명으로 틀린 것은?

09 2차

① 피호송자가 도주하였을 때에는 즉시 사고발생지 관할 경찰서에 신고하고 도주 피의자의 수배 및 수사에 필요한 사항을 알려주어야 하며 도주한 자에 관한 호송 관계서류 및 금품을 신고관서에 인도하여야 한다.

② 피호송자가 발병하였을 때 경증으로써 호송에 큰 지장이 없고 당일로 호송을 마칠 수 있는 경우에는 호송관이 적절한 응급조치를 취하고 호송을 계속하여야 한다.

③ 피호송자가 발병하였을 때 중증으로써 호송을 계속하거나 곤란하다고 인정될 때에 피호송자 및 그 서류와 금품을 발병지에서 가까운 경찰관서에 인도하여야 한다.

④ 피호송자가 사망하였을 경우에는 즉시 사망지 관할 경찰관서에 신고하고 시체와 서류 및 영치금품은 신고관서에 인도하여야 한다.

> **해설**
>
> ① 피호송자가 도망하였을 때 즉시 사고발생지 관할 경찰서에 신고하고 도주 피의자 수배 및 수사에 필요한 사항을 알려주어야 하며, 소속장에게 전화, 전보 기타 신속한 방법으로 보고하여 그 지휘를 받아야 한다. 이 경우 즉시 보고할 수 없는 때에는 신고 관서에 보고를 의뢰할 수 있다. 호송관서의 장은 보고받은 즉시 상급감독 관서 및 관할검찰청에 즉보하는 동시에 인수관서에 통지하고 도주 피의자의 수사에 착수하여야 하며, 사고발생지 관할 경찰서장에게 수사를 의뢰하여야 한다. 도주한 자에 관한 호송관계서류 및 금품은 호송관서에 보관하여야 한다.(피의자 유치 및 호송 규칙 제65조 제1호)

010 「피의자 유치 및 호송 규칙」상 호송에 대한 설명 중 가장 적절하지 <u>않은</u> 것은?

11 1차

① 호송 중 피호송자가 도망하였을 때 호송 관계서류 및 금품은 신고관서에 인도하여야 하며, 다만 부득이한 경우에는 다른 도착지의 관할 경찰관서에 인도할 수 있다.

② 호송 중 피호송자가 발병하였을 때 중증으로써 호송을 계속하기가 곤란하다고 인정될 때에 피호송자 및 그 서류의 금품을 발병지에서 가까운 경찰관서에 인도하여야 한다.

③ 호송 중 피호송자가 사망하였을 때 호송관서의 장은 통지받은 즉시 상급 감독관서 및 관할 검찰청에 보고하는 동시에 사망자의 유족 또는 연고자에게 이를 통지하여야 한다.

④ 호송관은 호송근무를 할 때에는 분사기를 휴대하여야 하며 호송관서의 장은 특별한 사유가 있는 경우 호송관이 총기를 휴대하도록 할 수 있다.

> **해설**
>
> ① 피호송자가 도망하였을 때에는 도주한 자에 관한 호송관계서류 및 금품은 **호송관서**에 보관하여야 한다.(피의자유치 및 호송 규칙 제65조 제1호 다목)

011 다음은 「우범자 첩보수집 등에 관한 규칙」상 우범자에 대해 설명한 것이다. 이에 대한 설명으로 옳은 것은 모두 몇 개인가?

> ㉠ 자료보관 대상자는 우범자로 편입 후, 자료를 전산에 입력하고 2년간 범죄관련성 여부에 대해 첩보를 입수한다.
> ㉡ 우범자심사위원회는 3명 이상 5명 이내의 위원으로 구성하고, 경찰서장을 위원장으로 하며, 간사 1인을 둔다.
> ㉢ 지구대장·파출소장은 직원 중 우범자 업무 담당자와 중점관리 대상자별 담당자를 지정하여야 한다.
> ㉣ 우범자 편입 대상자가 소재불명일 경우 먼저 우범자로 편입한 후 행방불명처리하여야 한다.

① 0개　　　　② 1개　　　　③ 2개　　　　④ 3개

해설

㉠ **중점관리 대상자와 첩보수집 대상자**는 우범자로 편입 후, 자료를 전산에 입력하고 2년간 범죄관련성 여부에 대해 첩보를 입수한다.
㉢ 경찰서장은 형사(수사)과 직원 중 우범자 업무 담당자와 중점관리 대상자별 담당자를 지정하고, 지구대장(파출소장)은 **중점관리 대상자 및 첩보수집 대상자별 담당자를 지정**한다.

012 「우범자 첩보수집 등에 관한 규칙」상 우범자 선정 대상자가 아닌 사람은?

14
1차변형

① 살인, 방화, 약취유인, 총기 제조·이용 범죄로 금고형 이상의 실형을 받고 출소한 사람

② 강도·절도·마약류 관련 범죄로 2회 이상 금고형 이상의 실형을 받고 출소한 사람

③ 범죄단체의 조직원 또는 불시에 조직화가 우려되는 조직성폭력배 중 범죄사실 등으로 보아 죄를 범할 우려가 있는 사람

④ 폭파협박 범죄로 3회 이상 벌금형 이상의 형을 선고 받은 사람

해설

② 우범자는 강도·절도·마약류 관련 범죄로 **3회 이상** 금고형 이상의 실형을 받고 출소한 사람(우범자 첩보수집 등에 관한 규칙 제3조 제1항 제3호)

우범자 선정(우범자 첩보수집 등에 관한 규칙 제3조 제1항)

이 규칙에서 '우범자'라 함은 다음 각 호의 어느 하나에 해당하는 사람을 말한다.
1. 범죄단체의 조직원 또는 불시에 조직화가 우려되는 조직성폭력배 중 범죄사실 등으로 보아 죄를 범할 우려가 있는 사람
2. 살인, 방화, 강도, 절도, 약취·유인, 총기 제조·이용 범죄, 폭파협박 범죄, 마약류사범의 범죄경력이 있는 자 중 그 성벽, 상습성, 환경 등으로 보아 죄를 범할 우려가 있는 고위험자
3. 살인, 방화, 약취유인, 총기 제조·이용 범죄로 금고형 이상의 실형을 받고 출소한 사람
4. 강도·절도·마약류 관련 범죄로 3회 이상 금고형 이상의 실형을 받고 출소한 사람
5. 폭파협박 범죄로 3회 이상 벌금형 이상의 형을 선고받은 사람

013 「우범자 첩보수집 등에 관한 규칙」에 대한 설명으로 가장 적절하지 <u>않은</u> 것은?

15 3차

① 우범자 편입 대상자가 소재불명일 경우 먼저 우범자로 편입한 후 행방불명 처리하여야 한다.

② 우범자 편입 대상자가 관내 거주하지 않고 소재가 확인되었을 경우 관할 경찰서로 통보하고, 통보를 받은 경찰서장은 지체 없이 소재를 확인하여 우범자로 편입하여야 한다.

③ 우범자 담당자는 첩보를 수집하는 과정에서 우범자의 인권을 최대한 배려하여 적절한 방법을 사용하고 우범자의 명예나 신용을 부당하게 훼손하는 일이 없도록 각별히 주의하여 야 한다.

④ 심사위원회의는 5명 이상 10명 이내의 위원으로 구성하고, 경찰서 형사(수사)과장을 위원장으로 하며, 간사 1인을 둔다.

> **해설**
> ④ 심사위원회의는 **3명 이상 5명 이내의 위원**으로 구성하고, 경찰서 형사(수사)과장을 위원장으로 하며, 간사 1인을 둔다.(우범자 첩보수집 등에 관한 규칙 제5조 제1항)
> ① 우범자 첩보수집 등에 관한 규칙 제4조 제2항
> ② 우범자 편입 대상자가 소재불명일 경우 귀주지 경찰서장은 먼저 우범자로 편입한 후 주민등록지 경찰서로 이첩하고, 주민등록지 경찰서에서 소재확인 후 불명시 행방불명 처리하여야 한다.(우범자 첩보수집 등에 관한 규칙 제4조 제3항)
> ③ 우범자 첩보수집 등에 관한 규칙 제6조 제4항

014 다음은 「우범자 첩보수집 등에 관한 규칙」에 대해 설명한 것이다, 이에 대한 설명으로 옳은 것은 모두 몇 개인가?

15 1차변형

> ㉠ 형사(수사)과 담당자는 우범자에 대해서 편입 후 1년 동안 매 분기별 1회 이상 범죄 관련 여부에 대한 첩보를 수집하여 경찰서장에게 보고하여야 한다.
> ㉡ 우범자 심사위원회는 3명이상 5명이내의 위원으로 구성하고, 경찰서장을 위원장으로 하며, 간사 1인을 둔다.
> ㉢ 경찰서장은 형사(수사)과 직원 중 우범자 업무 담당자와 우범자별 담당자를 지정하고, 지구대장(파출소장)은 우범자별 담당자를 지정하여야 한다.
> ㉣ 우범자 편입 대상자가 소재불명일 경우 먼저 우범자로 편입한 후 행방불명 처리하여야 한다.

① 0개 ② 1개 ③ 2개 ④ 3개

> **해설**
> ㉡ 우범자 심사위원회는 3명 이상 5명 이내 위원으로 구성하고, 경찰서 형사(수사)과장을 위원장으로 하며, 간사 1인을 둔다.(우범자 첩보수집 등에 관한 규칙 제5조 제1항)

015 범죄통계원표 작성에 관한 요령 중 가장 적절하지 <u>않은</u> 것은?

12 승진

① 피의자가 절도죄와 사기죄로 입건된 경우 발생통계원표는 절도죄에 대하여 1건, 사기죄에 대하여 1건을, 검거통계원표는 절도죄에 대하여 1건을, 사기죄에 대하여 1건을, 피의자 통계원표는 중한죄(법정형이 높은 죄)인 사기죄에 대하여 1건만 작성한다.

② 신고 등에 의하여 발생통계원표를 작성한 후 검거하고 보니 죄명이 다른 사건으로 판명된 경우에는 이미 입력된 발생통계원표를 정정하지 않고 검거통계원표와 피의자통계원표는 새로이 판명된 죄로 작성한다.

③ 피의자가 법인일 경우는 발생통계원표, 검거통계원표만 작성해야 한다.

④ 공범사건에 대한 검거통계원표는 공범 중 일부라도 먼저 검거하면 작성하고, 미체포 시 후일 검거하더라도 검거통계원표는 작성하지 않는다.

> 해설
>
> ③ 피의자가 법인일 경우 발생, 검거, 피의자 통계원표를 모두 작성해야 한다.(대검찰 청예규 제772호, 범죄통계 개선)

016 경찰의 대언론관계의 일반원칙으로 가장 적절하지 <u>않은</u> 것은?

15 승진

① 공중이 알고 싶어 하는 것을 알릴 것

② 일반공중의 기본성향을 무시하고, 경찰의 입장에서 해당사안의 손익관계를 명시해 줄 것

③ 객관적이고 정확한 논거제공으로 경찰의 공신력 유지

④ 적절한 시기에 보도자료 제공

> 해설
>
> ② 일반 공중의 기본성향과 어긋난 방향의 관계자료를 전달해서는 안 되며, 공중의 입장에서 해당 사안이 어떤 이익과 손해가 있는가를 명시해 주어야 한다.

017 다음 수사사건의 언론공개에 대한 설명 중 가장 적절하지 <u>않은</u> 것은?

11
2차변형

① 원칙적으로 수사사건에 대하여는 공판청구 전 언론공개를 하여서는 아니된다.

② 국민의혹 또는 불안을 해소하거나 유사범죄 예방 등을 위해 특히 필요하다고 인정되는 경우 언론에 공개할 수 있다.

③ 예외적으로 공개할 경우 범죄 수법 및 검거 경위에 관한 자세한 사항도 공개할 수 있다.

④ 경찰관이 공개수배를 할 때에는 그 죄증이 명백하고 공익상의 필요성이 현저한 경우에만 실시하여야 한다.

> **해설**
>
> ③ 언론공개를 할 때에도 범죄 수법 및 검거 경위에 관한 자세한 사항은 **공개하지 않아야 한다.**(인권보호를 위한 경찰관 직무규칙 제84조 제3호)

018 「범죄수사규칙」상 사건처리 진행 상황에 대한 통지와 관련된 설명이다. ( ) 안에 들어갈 숫자로 가장 적절한 것은?

17 승진

> 제204조(사건처리 진행 상황에 대한 통지)
> 1. 경찰관은 피해자의 신고·고소·고발·진정·탄원에 따라 수사를 할 때에는 사건처리 진행상황을 통지하여야 한다.
> 2. 경찰관은 사건을 송치하거나 타 관서로 이송하는 등 수사를 종결하였을 때에는 ( )일 이내에 피해자, 고소인 또는 고발인에게 그 사실을 통지하여야 한다.
> 3. 경찰관은 제1항 또는 제2항의 경우에 피해자가 사망 또는 의사능력이 없거나 미성년자인 경우에는 법정대리인, 배우자, 직계친족, 형제자매나 가족 등에게 통지하여야 한다.

① 3 　　　　② 5 　　　　③ 7 　　　　④ 14

> **해설**
>
> ① 경찰관은 사건을 송치하거나 타 관서로 이송하는 등 수사를 종결하였을 때에는 **(3)**일 이내에 피해자, 고소인 또는 고발인에게 그 사실을 통지하여야 한다.(범죄수사 규칙 제 204조 제2항)

019 다음 중 「특정범죄신고자등보호법」에 대한 설명으로 가장 적절하지 <u>않은</u> 것은?

1차변형

① '보복을 당할 우려가 있는 경우'란 범죄신고등과 관련하여 생명 또는 신체에 대한 위해를 입을 우려가 있다고 인정할 만한 충분한 이유가 있는 경우를 말하고, 보복을 당할 우려에 재산에 대한 피해는 해당하지 않는다.

② 신변안전조치를 요청받은 경찰서장은 특별한 사유가 없는 한 즉시 신변안전조치를 취해야 한다.

③ 검사 또는 사법경찰관은 범죄신고등과 관련하여 조서나 그 밖의 서류를 작성할 때 범죄신고자등이나 그 친족 등이 보복을 당할 우려가 있을 경우에는 그 취지를 조서 등에 기재하고 범죄신고자등의 성명·연령·주소·직업 등 신원을 알 수 있는 사항은 기재하지 아니한다.

④ 범죄신고등을 함으로써 그와 관련된 저산의 범죄가 발견된 경우 그 범죄신고자등에 대하여 형을 감경 또는 면제할 수 있다.

해설

① 보복을 당할 우려가 있는 경우'란 범죄신고 등과 관련하여 생명 또는 신체에 대한 위해나 **재산** 등에 대한 피해를 입을 우려가 있다고 인정할 만한 충분한 이유가 있는 경우를 말하고, 보복을 당할 우려에 재산에 대한 피해는 해당하지 않는다.(특정 범죄신고자 등 보호법 제2조 제5호)

020 「특정범죄신고자등보호법」상 직권 또는 신청에 의한 범죄신고자에 대한 신변안전조치에 해당하는 것은 모두 몇 개인가?

1차변형

> ㉠ 일정기간 동안의 특정시설에서의 보호
> ㉡ 일정기간 동안의 신변경호
> ㉢ 참고인 또는 증인으로 출석·귀가시 동행
> ㉣ 범죄신고자 등의 주거에 대한 주기적 순찰
> ㉤ 기타 신변안전에 필요하다고 인정되는 조치

① 2개   ② 3개   ③ 4개   ④ 5개

해설

모두 옳다

신고자 신변안전조치(특정범죄신고자 등 보호법 제13조의2)
신변안전조치의 종류는 다음과 같다.
1. 일정 기간 동안의 특정시설에서의 보호
2. 일정 기간 동안의 신변경호
3. 참고인 또는 증인으로 출석·귀가 시 동행
4. 대상자의 주거에 대한 주기적 순찰이나 폐쇄회로 텔레비전의 설치 등 주거에 대한 보호
5. 그 밖에 신변안전에 필요하다고 인정되어 대통령령으로 정하는 조치

ANSWER 019 ①   020 ④

021 범죄피해자 보호에 관한 다음 설명 중 가장 적절한 것은?

11
2차변형

① 피해자 보호 및 지원에 관한 규칙상 '피해자'에는 범죄로 인하여 피해를 입은 사람과 그 배우자(사실상의 혼인관계를 포함)뿐만 아니라 직계친족 및 형제자매도 포함된다.

② 피해자보호대책을 체계적으로 추진하기 위하여 경찰청 및 각 지방경찰청에 피해자보호추진위원회를 두어야 한다.

③ 경찰관은 사건을 송치하거나 타 관서로 이송하는 등 수사를 종결하였을 때에는 7일 이내에 피해자, 고소인 또는 고발인에게 그 사실을 통지하여야 한다.

④ 경찰관이 피해자 등에게 사건처리 진행 상황에 관하여 통지를 할 때에는 구두, 전화, 모사전송, 이메일, 문자메세지(SMS) 등 상당한 방법으로 할 수 있으며 사후에 지체 없이 서면통지를 하여야 한다.

> **해설**
> ② 피해자 보호 및 지원정책을 체계적으로 추진하기 위하여 **경찰청**에 피해자보호추진 위원회를 **둔다.**(피해자보호 및 지원에 관한 규칙 제4조) 지방경찰청장은 지역의 여건과 실정에 맞는 피해자 보호 및 지원 정책을 추진하기 위하여 경찰청 피해자보호 추진위원회에 준하여 **지방경찰청**에 피해자보호추진위원회를 **둘 수 있다.**(피해자 보호 및 지원에 관한 규칙 제8조)
> ③ 경찰관은 사건을 송치하거나 타 관서로 이송하는 등 수사를 종결하였을 때에는 **3일** 이내에 피해자, 고소인 또는 고발인에게 그 사실을 통지하여야 한다.(범죄수사 규칙 제204조 제2항)
> ④ 경찰관은 사건처리 진행 상황에 대한 통지를 할 때에는 피해자의 비밀보호를 위해 구두, 전화, 우편, 모사전송, 이메일, 문자메세지(SMS) 등 사건을 접수할 때 피해자가 요청한 방법으로 할 수 있으며, 서면으로 통지하였을 경우 그 사본을 기록에 편철하고 **그 이외의 방법으로 통지한 때에는 그 취지를 기재한 서면을 수사기록에 편철하여야 한다.**(범죄수사규칙 제204조 제5항)

022 범죄피해자구조제도에 대한 설명으로 틀린 것은?

09
2차변형

① 범죄피해자 보호법은 범죄피해자 보호·지원의 기본 정책 등을 정하고 타인의 범죄행위로 인하여 생명·신체에 피해를 받은 사람을 구조함으로써 범죄피해자의 복지 증진에 기여함을 목적으로 한다.

② 피해자가 범죄행위를 유발 또는 범죄피해 발생에 귀책사유가 있는 경우에는 범죄피해구조금의 전부 또는 일부를 지급하지 아니할 수 있다.

③ 범죄피해구조금을 지급받고자 하는 자는 관할 지방경찰청 범죄피해구조심의회에 신청한다.

④ 범죄피해구조금 신청은 해당 구조대상 범죄피해의 발생을 안 날부터 3년이 지나거나 해당 구조대상 범죄피해가 발생한 날부터 10년이 지나면 할 수 없다.

> **해설**
> ③ 구조금 지급에 관한 사항을 심의·결정하기 위하여 각 지방검찰청에 범죄피해구조심의회를 두고 법무부에 범죄피해구조본부심의회를 둔다.(범죄피해자 보호법 제24조 제1항)

023 「범죄피해자보호법」상 범죄피해구조금 지급요건으로 가장 옳은 것은?

11 승진

① 사람의 생명, 신체, 재산을 해하는 죄로 인한 경우에 한한다.

② 자기 또는 타인의 형사사건의 수사 또는 재판에 있어서 고소·고발 등 수사단서의 제공, 진술, 증언 또는 자료제출과 관련하여 피해자로 된 때에도 지급한다.

③ 피해자와 가해자가 친족관계에 있을 때는 지급할 수 없다.

④ 당해 범죄피해의 발생에 관하여 피해자에게 귀책사유가 있는 경우에는 지급할 수 없다.

> **해설**
>
> ① 범죄피해자 보호법은 범죄피해자 보호·지원의 기본 정책 등을 정하고 타인의 범죄행위로 인하여 **생명·신체**에 피해를 받은 사람을 구조함으로써 범죄피해자의 복지 증진에 기여함을 목적으로 한다.(범죄피해자보호법 제1조) 재산은 포함되지 않는다.
> ③ 범죄행위 당시 구조피해자와 가해자 사이에 부부(사실상 혼인관계를 포함한다), 직계혈족, 4촌 이내의 친족, 동거친족 중 어느 하나에 해당하지 아니하는 친족관계가있는 경우에는 **구조금의 일부를 지급하지 아니한다.**(범죄피해자보호법 제19조 제2항) 따라서 일부를 지급할 수 있다.
> ④ 구조피해자가 폭행·협박 또는 모욕 등 해당 범죄행위를 유발하는 행위를 한 때, 해당 범죄피해의 발생 또는 중대에 가공(加功)한 부주의한 행위 또는 부적절한 행위를 한 때에는 **구조금의 일부를 지급하지 아니한다.** (범죄피해자보호법 제19조 제4항 제1호, 제2호) 따라서 일부를 지급할 수 있다.
> ② 범죄피해자보호법 제16조 제2호

024 「수사본부 설치 및 운영 규칙」 제2조상 수사본부 설치대상이 되는 중요사건으로 가장 적절하지 <u>않은</u> 것은?

13 승진
14 승진

① 피해자가 많은 업무상 과실치사상 사건

② 약취유인 사건

③ 실종사건 중 중요하다고 인정되는 사건

④ 다액절도 사건

> **해설**
>
> ④ 다액절도 사건은 수사본부 설치대상 사건에 해당하지 않는다.(수사본부 설치 및 운영규칙 제2조)
> ①②③ 수사본부 설치 및 운영규칙 제2조
>
> | 수사본부 설치대상 중요사건(수사본부 설치 및 운영 규칙 제2조) |
> | --- |
> | 1. 살인, 강도, 강간, 약취유인, 방화사건 |
> | 2. 피해자가 많은 업무상 과실치사상 사건 |
> | 3. 조직폭력, 실종사건 및 중요하다고 인정되는 사건 |
> | 4. 국가중요시설물 파괴 및 인명피해가 발생한 테러사건 또는 그러한 테러가 예상되는 사건 |
> | 5. 기타 사회적 이목을 집중시키거나 중대한 영향을 미칠 우려가 있다고 인정되는 사건 |

ANSWER 023 ② 024 ④

025

15 1차

다음은 「수사본부 설치 및 운영 규칙」상 수사본부에 대해 설명한 것이다. 이에 대한 설명으로 가장 적절하지 <u>않은</u> 것은?

① 약취 · 유인, 방화 사건은 수사본부 설치대상에 포함된다.

② 수사본부는 사건 발생지를 관할하는 지방경찰청에 설치하는 것이 원칙이다.

③ 범인을 검거하지 못한 사건인 경우에는 수사본부 사건기록 사본의 보존기간은 공소시효 완성 후 1년이다.

④ 지방경찰청장은 오랜기간 수사를 하였으나 사건해결의 전망이 없는 경우 수사본부를 해산할 수 있다.

> **해설**
>
> ② 수사본부는 사건발생지를 관할하는 **경찰서 또는 지구대 · 파출소 등 지역경찰관서**에 설치하는 것을 원칙으로 한다. 다만, 지방경찰청장은 관계기관과의 협조 등을 위해 필요하거나 사건의 내용 및 성격을 고려하여 다른 곳에 설치하는 것이 적당하다고 인정될 때에는 다른 장소에 설치할 수 있다.(수사본부 설치 및 운영 규칙 제6조)

026

11 경간

「수사본부 설치 및 운영 규칙」상 수사본부에 대한 설명으로 가장 옳은 것은?

① 사건을 해결하지 못하고 수사본부가 해산되나 경우 이 사건을 인계받은 해당 과장 및 경찰서장은 수사전담반으로 전환, 편성 운영하고, 필요성 감소시 연 2회 이상 수사담당자를 지명하여 특별수사를 하여야 한다.

② 수사본부는 살인, 피해자가 많은 업무상 과실치사상 등 기타 중요한 사건이 발생한 경우 설치하는 상설조직이다.

③ 수사본부 비치서류와 사건기록 사본의 보존기간은 범인을 검거한 경우 3년, 검거하지 못한 경우 공소시효 완성 후 1년이다.

④ 수사본부는 사건 발생지를 관할하는 경찰서 또는 지구대 · 파출소 등 지역경찰관서에만 설치할 수 있다.

> **해설**
>
> ① 사건을 해결하지 못하고 수사본부를 해산된 경우 이 사건을 인계받은 해당 과장 또는 경찰서장은 수사전담반으로 전환, 편성운영하고, 필요성 감소시 연 **4회** 이상 수사담당자를 지명하여 특별수사를 하여야 한다. 다만, 수사한 결과 범인을 검거할 가망이 전혀 없는 사건은 지방경찰청장의 승인을 얻어 수사전담반 또는 수사담당자에 의한 특별수사를 생략할 수 있다. (수사본부 설치 및 운영 규칙 제24조 제3항)
> ② 수사본부는 비상설 조직이다.
> ④ 수사본부는 사건 발생지를 관할하는 경찰서 또는 지구대 · 파출소 등 지역관서에 설 치하는 것을 원칙으로 한다. 다만, 지방경찰청장은 관계기관과의 협조 등을 위해 필요하거나 사건의 내용 및 성격을 고려하여 다른 곳에 설치하는 것이 적당하다고 인정될 때에는 다른 장소에 설치할 수 있다.(수사본부 설치 및 운영 규칙 제6조)
> ③ 수사본부 설치 및 운영 규칙 제22조 제3항

ANSWER 025 ② 026 ③

027 수사본부설치및운영규칙상 수사본부에 대한 설명으로 옳은 것은 모두 몇 개인가?

㉠ 조직폭력, 실종사건 중 중요하다고 인정되는 사건은 수사본부 설치대상이 된다.

㉡ 수사본부는 사건 발생지를 관할하는 경찰서 또는 지구대·파출소 등 지역경찰 관서에 설치하는 것을 원칙으로 한다.

㉢ 지방경찰청장은 범인을 검거한 경우, 오랜기간 수사하였으나 사건해결의 전망 이 없는 경우, 기타 특별수사를 계속할 필요가 없다고 판단되는 경우 수사본부 를 해산할 수 있 다.

㉣ 지방경찰청장은 수사본부를 설치 운영하는 경우에는 경찰청장에게 설치사실과 수사상황을 수시로 보고하여야 하며, 수사본부를 해산하는 경우에도 그 사실과 해산사유 등을 보고하여야 한다.

① 1개　　　② 2개　　　③ 3개　　　④ 4개

해설

모두 옳다.

POLICE INVESTIGATION

박선영
경찰
수사

제2편
형사

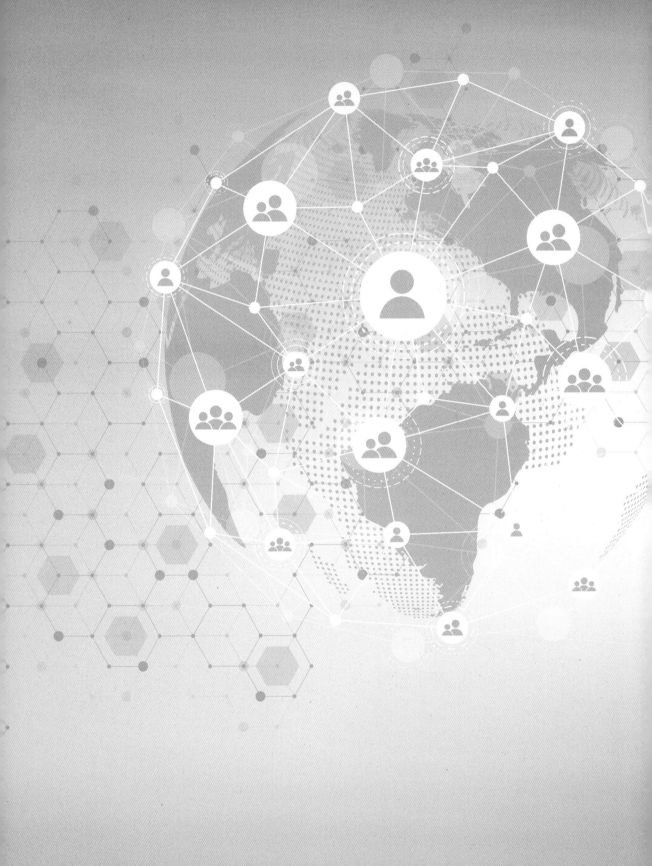

제1장

대인범죄

제1장 대인범죄

제1절 강력범죄

1 개념

강력범죄는 흉기를 사용하거나 강한 물리적 유형력을 이용하거나 심리적 물리적으로 반항할 수 없는 상태를 일으켜 생명·신체에 위해를 가하고 재산상 피해를 가져오는 범죄를 말한다. 주로 살인, 강도, 강간, 방화, 폭력을 말한다.

2 특징

피해가 크고 흉기 등 증거물이 범죄현장이나 대상에 남게 된다. 범인의 신원이 불명확하고 교육수준과 신분 등이 낮은 편이다. 범죄수법은 전통적이고 정형적인 범행방법이 이용되고 있다.

3 유의사항

① 범인 특정이 중요하고 현장수사에서 과학적 방법을 동원하여 유죄판결에 활용한다.

② 현장탐문을 통하여 범죄의 첩보를 입수한다. .

③ 계획범죄인 경우가 많고 범행을 은폐하거나 현장을 변경 또는 위장하여 범인발견을 어렵게 하므로 다각적인 수사방침을 모색한다.

④ 초동수사가 중요하고 범인검거를 위해 합법적·과학적·합리적인 수사가 이루어져야 한다.

⑤ 범인검거 후에는 증거보강수사가 이루어져 공판과정에서 유죄의 증거를 확보하도록 한다.

강력범죄 발생시 출동요령

1. 범행의 실행 중 또는 실행 직후인 경우(현행범)
   ㉠ 출동 시 준비사항
   - 순찰지구대장 또는 감독책임자에게 보고
   - 현장지리를 확인
   - 경찰봉, 가스총, 가스분사기, 전자봉, 조립봉, 총기 등 휴대
   - 민간인 인질, 자해행위, 기타 기습공격 및 도주 중인 범인을 검거

   ㉡ 현장출동에 있어서의 조치
   - 충분한 인원을 대동하여 출동하고, 지원이 필요한 경우 신속히 지원요청을 한다.
   - 인접 순찰지구대와 공조, 기타 현장과의 연락 체제를 유지
   - 미검거 시에는 인접한 순찰지구대·경찰관서에 통보조치하고 필요시 긴급사건 수배

1 의의

(1) 살인죄 개념

살인죄는 고의로 타인의 생명을 빼앗는 것을 내용으로 하는 범죄로 법질서를 파괴하고 또한 개개의 피해자 가족, 주민들에게 직접적으로 충격을 일으킨다.

(2) 살인범죄의 유형

① 보통살인(형법 제250조 제1항)

② 존속살해(형법 제250조 제2항)

객체로 인정되는 경우	• 자기 또는 배우자의 직계존속이다. 법률상의 개념이며 사실상의 배우자나 직계존속은 포함되지 않는다. • 타인의 양자로 입양된 경우에도 실부모와 친자관계는 그대로 존속한다. • 혼인 외 출생자가 생부를 살해한 경우 직계존속에 포함되지 않는다.
객체로 인정되지 않는 경우	• 인지된 서자가 적모를 살해 • 전부 소생자가 계부를 살해 • 계자가 계부를 살해

③ 영아살해(형법 제251조)

　㉠ 주체: 직계존속이다. 특히 강간으로 임신한 부녀, 혼인 외의 자를 출산한 과부, 미혼모를 포함한다. 법률상뿐만 아니라 사실상의 관계만 있으면 된다. 산모에 한정된다.

　㉡ 객체: 분만 중 또는 분만 직후의 영아이다. 분만 직후라 함은 분만으로 인하여 산모의흥분상태가 계속되고 있는 동안을 의미한다.

　㉢ 동기: 치욕을 은폐하거나 양육할수 없음을 예상하거나 특히 참작할 만한 동기가 있어야 한다. 예컨대 강간으로 임신하였을 경우, 미혼모가 사생아를 낳은 경우를 말한다.

④ 촉탁·승낙에 의한 살인(형법 제 252조 제1항)

⑤ 자살교사 및 방조(형법 제252조 제2항)

⑥ 위계·위력에 의한 살인(형법 제253조): 위의 어느 것이든 미수를 벌하고, 살인죄, 존속살인죄 및 위계·위력에 의한 살인죄에 대하여는 예비·음모죄를 인정하고 있다.

2 살인범죄의 수사요령

살인사건의 일반적 수사순서 기출

초동조치 ⇨ 현장관찰 ⇨ 기초수사 ⇨ 수사방침의 결정 ⇨ 수사활동 ⇨ 피의자 조사 ⇨ 방증자료 ⇨ 수집결과의 재검토 ⇨ 참고인 조사

(1) 초동조치

① 신고를 받은 순찰지구대에서는 치안상황실을 통해 본서에 보고.

② 긴급배치가 필요한 경우에는 범행일시, 장소, 범인의 인상착의, 소지품, 도주방향 등을 보고

③ 본서의 간부는 긴급배치의 여부, 긴급배치의 범위 및 수사활동의 중점사항을 판단하고, 필요시에는 지방경찰청 관계 각 과에 즉시 보고

④ 순찰지구대에 일제수배를 실시하고 긴급배치 필요시에는 인원을 소집하여 긴급배치를 한다.

⑤ 본서의 담당부서(형사과 또는 수사과)에서는 현장출동반과 재서반으로 책임을 구분한다.

> ㉠ 현장출동반은 각종 기자재를 휴대하고 현장으로 출동하여 범인체포 등의 수사활동을 한다.
> ㉡ 재서반은 경력소집 및 지방검찰청, 촉탁의, 검시자와 연락하여 검시준비를 갖추어야 한다.

(2) 현장관찰

범인의 출입	침입개소, 침입방법, 도주로 및 도주방법 등
사체의 관찰	사체의 위치·자세, 창상의 부위·수·상황, 사후경과시간 추정, 살해방법, 착의상황, 혈흔의 상황, 수상(受傷) 당시의 자세, 사체로부터의 지문채취, 흉기의 추정
살인동기	재물(이욕)인가 원한인가 또는 치정인가를 판단
감 유무	지리감 또는 연고감이 있는 범인의 범행인가를 판단
공범 유무	범행현장의 족적과 흉기의 종류 및 수 등을 통하여 공범 유무를 파악
유류품의 발견·채취	유류품의 종류, 유류의 상황 확인, 유류품에서 지문의 재취
기타 유의사항	피해자의 신원확인자료의 유무, 저항흔적의 유무, 신체·의복의 부착물 및 부착상황, 피해자의 소지휴대품 등에 대하여도 확인

(3) 기초수사

피해자중심	원한관계, 치정관계, 감수사 등
피해품	피해품의 장물수배를 통한 역추적으로 범인을 검거
현장중심	현장주변의 목격자 확보, 우범자 파악, 현장수색 등

(4) 수사방침의 결정

현장관찰 및 수집된 현장자료를 토대로 회의를 개최하여 수사방침을 결정한다.

(5) 수사 방법

① 참고인 및 목격자를 상대로 한 탐문수사   ② 현장을 중심으로 한 수사
③ 범인의 인상·특징에 의한 수사   ④ 감별수사
⑤ 유류품 수사   ⑥ 감식수사   ⑦ 용의자 내사 및 추적수사

(6) 피의자 조사

살해동기, 경위, 일시, 범행일시와 장소 등을 조사하고 현장검증을 한다.

(7)참고인 조사

목격자 조사를 통해 범죄 관련사항을 조사하고 피해자 유족에게 처벌희망 여부를 확인한다.

3 수사사항

(1) 검거단서 수집기출

직접적인 물적 단서	현장유류품, 지문, 족적, 윤적, 장물(강도살인인 경우)
간접적인 물적 단서	법의학적 감정 등 과학기술방법에 의한 판단결과
인적·무형적 단서	수사관의 수사경험을 통한 판단이나 상상과 이를 토대로 직무질문, 전과자·불량배에 대한 착안 등
수동적 단서	피해신고, 밀고, 자수 등

(2) 사인규명

① 살인범죄에 있어서 사망원인

교(絞)살	끈(허리띠·수건·넥타이·노끈 기타 이에 준하는 물건)을 가지고 목을 졸라 죽음에 이르게 하는 행위이다.
액(扼)살	손으로 목을 눌러 압박함으로써 질식하게 하여 사망시키는 방법으로 손톱자국이 남아 있으므로 사진 촬영하여 증거를 남긴다.
절자(切刺)살	예리한 단도나 식도, 기타 뾰족한 것으로 찌르거나 베어서 치명상을 주거나 다량의 출혈로 사망
총살	권총, 장총, 기타 총기를 이용하여 신체의 치명적 부위에 발사·적중시켜 살해하는 행위를 말한다.
박살 (撲殺)	석괴, 곤봉, 철봉 기타 둔기로 타살하는 것
독살	독약이나 독극물을 복용하게 하여 살해하는 것으로 시체를 해부를 하여 채취·검사하면 판별된다.
소살	휘발유, 석유 기타 강력한 인화물질을 사용하여 불에 태워서 살해하는 행위를 말한다.
폭살	폭발성 화약을 사용하여 살해하는 행위로 정치적 테러 기타 암살수단으로 많이 사용되나 종종 일반적인 살인의 수단으로 사용되는 경우도 있다.
기타방법	부양의무자가 피부양자에게 음식물을 제공하지 않아 아사하게 하거나, 유아에게 모유를 주지 않아서 죽음에 이르게 하는 부작위 행위가 있다(소극적행위).

② 사인규명

사체의 외부를 검안하여 사망의 원인을 명백히 알 수 있을 때에는 그 이상의 검토를 필요로 하지 않지만 사인을 알 수 없는 경우는 사체를 해부한다.

부검을 통하여 알 수 있는 정보 기출

1. 사망원인과 상처가 사망의 치명적인 원인이 되었는지 여부
2. 사용된 무기 혹은 물건의 형태
3. 혈액 속에 알코올·마약이 포함되어 있는지 여부
4. 사망의 방법에 관한 의견
5. 사망시간 추정, 혈액형
6. 성폭행
7. 임신
8. 성병의 증거 등

(3) 사망의 일시 및 장소 확인

① 일반적인 사망시간 확인요령

㉠ 피해자 자신의 습벽 또는 업무관행을 기초로 하여 산출하는 방법

㉡ 피해자 이외에 일정한 시각에 현장을 통과하는 자의 통과시각을 기초로 산출하는 방법

㉢ 기상, 시계, 전자기계의 작동상태

② 법의학적 사망시간 추정

㉠ 체온의 냉각

㉡ 각막의 혼탁

㉢ 시체얼룩

㉣ 시체굳음

㉤ 부패현상

㉥ 위장내용물

ⓐ 음식물의 위장체류시간은 보통 **3~5시간**이라고 한다.

ⓑ 장내 음식물이 전부 소화가 된 경우는 식후 **6시간이 경과**한 것이다.

ⓒ 음식물의 종류를 감별함으로써 의외의 단서가 나타나기도 한다.

> **위 · 샘창자(십이지장) 내용물에 다른 사망시간 추정** 기출
>
> 1. 위에 음식물이 그대로 있는 경우: **식사 직후** 사망
> 2. 어느 정도 소화된 경우: 식사 후 **2~3시간 후** 사망
> 3. 위는 비어 있고, 샘창자에 고형잔사물이 있는 경우: 식사 후 **4~5시간 후** 사망
> 4. 모두 비어 있는 경우: 식사 후 6시간 이상 경과 후 사망

(4) 살인동기의 파악기출

살인의 3대 동기는 **재물, 원한, 치정**이다.

① 재물:

금품이 보관되어 있을 만한 장소를 물색한 흔적을 볼 수 있는 것이 일반적이나, 금품을 물색할 시간적 여유 없이 범행이 발각되어 살해 후 도주할 때에는 물색의 흔적을 찾을 수 없는 경우도 있다.

② 원한

　남녀관계, 경제관계, 고용관계, 모욕 또는 치욕관계, 복수관계 등을 살펴보아야 하고 원한이 범행동기인 경우에는 범행현장이 잔혹하다.

③ 치정

　치정을 동기로 하여 사람을 살해하며 수단·방법이 잔혹하고 사체에 간음한 성적 흔적이 남게 된다. 토막살해사건은 주로 치정이 범행동기인 경우가 많다.

④ 분노: 일시적 충동으로 살해행위를 하였으나 범행 직후 뉘우치고 자수하거나 도주하여 자살하는 경우도 있다.

⑤ 범죄은폐:

　범죄은폐를 위한 살인은 중대한 다른 범죄를 감행한 것을 알고 있는 자를 살해하거나 타인에게 범죄현장을 발각당하여 그 목격자를 살해하는 경우이다.

⑥ 미신: 인체의 일부분이 불치병의 특효약이라는 잘못된 믿음에서 비롯되는 경우가 많으며 또는 사이비종교의 잘못된 교리를 맹신함으로써 발생하기도 한다.

⑦ 정신이상: 정신병자가 때로는 비정상적인 정신이상 상태에서 급작스럽게 사람을 살해하는 경우가 있다.

1 강도범죄의 의의

(1) 개념

상대방의 반항을 억압할 정도의 **폭행 또는 협박으로 타인의 재물을 강취**하거나 기타 재산상의 이익을 취득하거나 제3자로 하여금 취득하게 함으로써 성립하는 범죄이다. 강도범죄는 재물을 탈취한다는 점은 절도와 같으나 사람에 대하여 폭행·협박 등의 유형력을 행사한다는 점이 다르다.

(2) 유형

① 단순강도죄(형법 제333조)

② 준강도죄(형법 제335조)

③ 인질강도죄(형법 제336조)

④ 특수강도죄(형법 제334조)

⑤ 강도상해·치상죄(형법 제337조)

⑥ 강도살인·치사죄(형법 제338조)

⑦ 강도강간죄(형법 제339조)

⑧ 해상강도죄(형법 제340조)

⑨ 상습강도죄(형법 제341조)

2 강도범죄의 수법 기출

침입강도	주거·점포·은행·차량·선박·항공기 등에 침입하여 물건을 강취하는 방법
노상강도	골목길에서 행인을 흉기로 폭행 또는 협박하여 소지품을 강취
인질강도	인질로 인치하여 석방의 대가로 금품을 강취
준강도	절도를 하다가 재물의 탄환을 항거하거나 또는 체포를 면탈하거나 죄증을 인멸할 목적으로 폭행 또는 협박을 하는 경우

3 수사방법기출

(1) 초동수사 ⇨ 수사긴급배치 실시

다른 강도사건으로 발전할 가능성이 많으므로 수사긴급배치 실시로 피해를 방지하여야한다.

(2) 현장관찰

실황조사를 하고 실황조사서에 현장사진과 도면을 첨부한다.

옥내강도	가옥 내부의 전체적인 구조, 유류품을 발견·수집
옥외강도	현장부근의 행인 왕래상황, 조명도를 확인

(3) 피해자 조사

① 피해품(장물)의 품목·종류·수량·가액을과 피해품소지 상황을 조사하여야 한다.

② 범행상황을 파악하기 위해서 피해 당시 경위를 조사하고 범인의 인상착의를 확인한다.

(4) 참고인·목격자의 확보

현장주변 사람과 차량에 대한 사진촬영과 조회를 하고 탐문수사하여 수사범위를 축소하여 간사한다.

(5) 흉기 등의 발견

범행에 사용된 흉기를 확인하여 범인검거 전이나 후에 압수한다.

(6) 장물수사

피해품 특징등을 파악한 후 장물수배, 장물수사를 하여 피해품을 확보하고 범인특정 및 검거에 활용한다.

(7) 수법수사

수사종합검색시스템을 활용하여 동일수법의 범죄자를 찾아내고 최근 발생사건 위주로 연관성을 찾는다.

1 성범죄유형

(1) 형법

형법 제22장 풍속을 해하는 죄	음행매개(제242조), 음화 등의 반포 등(제243조), 음화 등의 제조 등(제244조) 및 공연음란(245조)의 죄
형법 제31장 약취와 유인의 죄	추행 또는 간음을 목적으로 하거나 추업에 사용할 목적으로 범한 영리 등을 위한 약취 · 유인 · 매매의 죄(제288조) 및 그 수수 · 은닉의 죄(제292조)
형법 제32장 강간과 추행의 죄	제297조(강간), 제297조의2(유사강간), 제298조(강제추행), 제299조(준강간, 준강제추행), 제300조(미수범), 제301조(강간등 상해 · 치상), 제301조의2(강간등 살인 · 치사), 제302조(미성년자등에 대한 간음), 제303조(업무상위력등에 의한 간음) 및 제305조(미성년자에 대한 간음, 추행)의 죄
형법 제 399조 강도강간의 죄	

(2) 성폭력범죄 처벌 등에 관한 특례법상 성폭력 범죄기출

① 특수강도강간 등(동법 제3조)

　　㉠ 주거침입, 야간주거침입절도, 특수절도의 죄를 범한 자 또는 주거침입 · 특수절도의 미수범인 자가 강간, 강제추행, 준강간, 준강제추행의 죄를 범한 경우

　　㉡ 특수강도의 죄를 범한 자 또는 그 미수범인 자가 강간, 강제추행, 준강간, 준강제추행의 죄를 범한 경우

② 특수강간(동법 제4조): 흉기나 그 밖의 위험한 물건을 지닌 채 또는 2명 이상이 합동하여 강간, 강제추행, 준강간, 준강제추행의죄를 범한 경우

③ 친족관계에 의한 강간 등(동법 제5조): 친족관계인 사람이(친족은 4촌 이내의 혈족과 4촌 이내의 인척을 말하며 사실상 관계에 의한 친족을 포함)이 강간, 강제추행, 준강간, 준강제추행의 죄를 범한 경우

④ 장애인에 대한 간음 등(동법 제6조): 신체적인 또는 정신적인 장애로 항거불능인 상태에 있음을 이용하여 여자를 간음하거나 사람에 대하여 추행한 경우(형법상 강간 또는 강제추행에 정한 형으로 처벌)

⑤ **13세 미만의 미성년자**에 대한 강간, 강제추행 등(동법 제7조)

   ㉠ 13세 미만의 사람에 대하여 강간의 죄를 범한 경우

   ㉡ 13세 미만의 사람에 대하여 폭행이나 협박으로 구강·항문 등 신체(성기는 제외한다)의 내부에 성기를 넣는 행위 또는 성기·항문에 손가락 등 신체(성기는 제외한다)의 일부나 도구를 넣는 행위를 하는 경우

   ㉢ 13세 미만의 사람에 대하여 강제추행, 준강간, 준강제추행의 죄를 범한 경우

   ㉣ 위계 또는 위력으로써 13세 미만의 사람을 간음하거나 추행의 죄를 범한 경우

⑥ 강간 등 상해·치상(동법 제8조)

   ㉠ 주거침입, 야간주거침입절도, 특수절도의 죄를 범한 자 또는 주거침입·특수절도의 미수범인 자가 강간, 강제추행, 준강간, 준강제추행(동법 제3조 제1항)의 죄를 범한 자

   ㉡ 흉기나 그 밖의 위험한 물건을 지닌 채 또는 2명 이상이 합동하여 강간, 강제추행, 준강간, 준강제추행의 죄(동법 제4조)를 범한 자

   ㉢ 존속 등 연장의 친족이 강간, 강제추행, 준강간, 준강제추행(동법 제5조)의 죄를 범한 자

   ㉣ 신체장애 또는 정신상 장애로 항거불능인 상태에 있음을 이용하여 여자를 간음하거나 사람에 대하여 추행(동법 제6조)의 죄를 범한 자

   ㉤ 13세 미만의 미성년자에 대한 강간, 강제추행 등(동법 제7조)의 죄를 범한 자

⑦ 강간 등 살인·치사죄(동법 제9조)

   ㉠ 다음의 죄를 범한 자(미수범포함)의 죄를 범한 자

      ⓐ 특수강도강간 등(동법 제3조)의 죄를 범한 자

      ⓑ 흉기 기타 위험한 물건을 휴대하거나 2인 이상이 합동하여 강간, 강제추행, 준강간, 준강제추행(동법 제4조)의 죄를 범한 자

      ⓒ 존속 등 연장의 친족이 강간, 강제추행, 준강간, 준강제추행(동법 제5조)의 죄를 범한 자

      ⓓ 신체장애 또는 정신상의 장애로 항거불능인 상태에 있음을 이용하여 여자를 간음하거나 사람에 대하여 추행(동법 제6조)의 죄를 범한 자

      ⓔ 13세 미만의 미성년자에 대한 강간, 강제추행(동법 제7조)의 죄를 범한 자

      ⓕ 형법상 강간, 강제추행, 준강간, 준강제추행 등의 죄를 범한 자

ⓛ 다음의 죄를 범한 자(미수범 포함)가 사람을 사망에 이르게 한 경우

    ⓐ 흉기 기타 위험한 물건을 휴대하거나 2인 이상이 합동하여 강간, 강제추행, 준강간, 준강제추행(동법 제6조)의 죄를 범한 자

    ⓑ 존속 등 연장의 친족이 강간, 강제추행, 준강간, 준강제추행(동법 제7조)의 죄를 범한 자

    ⓒ 신체장애 또는 정신상의 장애로 항거불능인 상태에 있음을 이용하여 여자를 간음하거나 사람에 대하여 추행(동법 제8조)의 죄를 범한 자

    ⓓ 13세 미만의 미성년자에 대한 강간, 강제추행 등(동법 제8조의2)의 죄를 범한 자

⑧ 업무상 위력 등에 의한 추행(동법 제10조)

    ㉠ 업무·고용 그 밖의 관계로 인하여 자기의 보호 또는 감독을 받는 사람에 대하여 위계 또는 위력으로써 추행한 경우

    ㉡ 법률에 의하여 구금된 사람을 감호하는 자가 그 사람을 추행한 경우

    ㉢ 장애인의 보호·교육 등을 목적으로 하는 시설의 장 또는 종사자가 보호·감독의 대상이 되는 장애인에 대하여 위계 또는 위력으로써 간음한 경우

⑨ 공중밀집장소에서의 추행죄(동법 제11조): 대중교통수단, 공연·집회장소 기타 공공이 밀집한 장소에서 사람을 추행한 경우

⑩ 통신매체이용음란죄(동법 제12조): 자기 또는 다른 사람의 성적 욕망을 유발하거나 만족시킬 목적으로 전화, 우편, 컴퓨터, 그 밖의 통신매체를 통하여 성적 수치심이나 혐오감을 일으키는 말, 음향, 글, 그림, 영상 또는 물건을 상대방에게 도달하게 하는 경우

⑪ 카메라 등을 이용한 촬영(동법 제13조)

    ㉠ 카메라나 그 밖에 이와 유사한 기능을 갖춘 기계장치를 이용하여 성적 욕망 또는 수치 심을 유발할 수 있는 다른 사람의 신체를 그 의사에 반하여 촬영하거나 그 촬영물을 반포·판매·임대·제공 또는 공공연하게 전시·상영한 경우

    ㉡ 영리를 목적으로 제1항의 촬영물을 「정보통신망 이용촉진 및 정보보호 등에 관한 법률」 제2조제1항제1호의 정보통신망(이하 "정보통신망"이라 한다)을 이용하여 유포한 경우

⑫ 다음의 미수범은 처벌한다(동법 제14조)

    ㉠ 특수강도강간(동법 제3조)의 죄를 범한 자

    ㉡ 흉기나 그 밖의 위험한 물건을 지닌 채 또는 2명 이상이 합동하여 강간, 강제추행, 준강간, 준강제추행(동법 제4조)의 죄를 범한 자

ⓒ 존속 등 연장의 친족이 강간, 강제추행, 준강간, 준강제추행(동법 제5조)의 죄를 범한 자

ⓔ 신체적인 또는 정신적인 장애로 항거불능인 상태에 있음을 이용하여 여자를 간음하거나 사람에 대하여 추행(동법 제6조)의 죄를 범한자

ⓜ 13세 미만의 미성년자에 대한 강간, 강제추행 등(동법 제7조)의 죄를 범한 자

ⓗ 강간 등 상해 · 치상(동법 제8조)의 죄를 범한 자

ⓢ 강간 등 살인 · 치사(동법 제9조)의 죄를 범한 자

ⓞ 카메라 등 이용촬영(동법 제13조)의 죄를 범한 자

자료더보기

1. 형법상 감경규정에 관한 특례: 음주 또는 약물로 인한 심신장애 상태에서 성폭력범죄의 처벌 등에 관한 특례법 제3조부터 제11조까지의 죄를 범한 때에는 형법 제10조제1항제2항 및 제11조를 적용하지 아니할 수 있다.

2. 공소시효 기산에 관한 특례
   ① 미성년자에 대한 성폭력범죄의 공소시효는 형사소송법 제252조 제1항에도 불구하고 해당 성폭력범죄로 피해를 당한 미성년자가 성년에 달한 날부터 진행한다.
   ② 성폭력범죄의 처벌등에 관한 특례법 제2조제3호 및 제4조의 죄와 제3조부터 제9조까지의 죄는 디엔에이증거 등 그 죄를 증명할 수 있는 과학적인 증거가 있는 때에는 공소시효가 10년 연장된다.

3. 피의자 얼굴 등 공개
   ① 검사와 사법경찰관은 성폭력범죄의 피의자가 죄를 범하였다고 믿을 만한 충분한 증거가 있고, 국민의 알권리 보장, 피의자의 재범 방지 및 범죄예방 등 오로지 공공의이익을 위하여 필요할 때에는 얼굴, 성명 및 나이 등 피의자의 신상에 관한 정보를공개할 수 있다. 다만, 피의자가 청소년보호법 제2조제1호의 청소년에 해당하는 경우에는 공개하지 아니하다.
   ② ①에 따라 공개를 할 때에는 피의자의 인권을 고려하여 신중하게 결정하고 이를 남용하여서는 아니된다.

2 성범죄 특성

(1) 피해자의 특성 : 신고율이 낮고 증거제출에 소극적이다.

(2) 가해자의 특성

직접적인 증거가 없을 때에는 대부분 부인하고 가해자가 조사 전에 답변자료 및 증거인 멸의 가능성이 많다.

(3) 입증상의 특성

피해증거가 소멸하는 경우가 많아서 피의자의 자백이나 정황증거에 의존하는 경우가 많고 피의자가 **부인으로 일관하거나 묵비권을 행사하는 경우 범죄사실의 증명이 어렵다.**

(4) 형사절차상의 특성

① 친고죄와 비친고죄의 공존

㉠ 친고죄(고소가 있어야 공소를 제기할 수 있음)

ⓐ 업무상 위력 등에 의한 추행과 미수죄

ⓑ 공중밀집장소(전철, 버스 등)에서의 추행

ⓒ 통신매체이용음란죄

ⓓ 법 제2조에 열거된 성폭력범죄 중 형법상 친고죄로 규정된 범죄(강간, 강제추행 등)

㉡ 비친고죄

ⓐ 특수강도강간(제5조)

ⓑ 특수강간(제6조)

ⓒ 친족관계에 의한 강간(제7조)

ⓓ 장애인에 대한 간음(제8조)

ⓔ 강간 등 상해 · 치상(제9조)

ⓕ 강간 등 살인 · 치사(제10조)

* "위계 또는 위력으로 13세 미만의 여자를 간음하거나 13세 미만의 사람에 대하여 추행한 자는 제1항 제2항의 예에 의한다."(동법 제8조의2 제4항)를 토대로 형법상 '미성년자의제강간' 사건 취급 시 본 조항도 동시에 검토한다.

㉢ 형사상 인정된 성폭력범죄 중 형법이 인정하고 있는 친고죄(강간죄 등) 등은 형법의 원리에 따라 고소가 있어야 공소를 제기할 수 있다.

② 고소기간을 6개월에서 1년으로 연장: 동법 제2조에 열거된 범죄 중 친고죄는 모두 해당된다.

③ 자기 또는 배우자의 직계존속도 고소할 수 있다.

3 성범죄 수사 방법

(1) 초동수사

① 피해자의 구호

② 피해자 심문:

피해자가 심한 심리적 충격을 받은 경우 간단한 중요사실만 확인한다.

③ 진단서 첨부 기출

㉠ 피해자의 신체적인 외상

㉡ 강제적인 성교증명

㉢ 성기 삽입의 여부

㉣ 피의자를 특정할 수 있는 증거 등

(2) 목격자 조사

① 특정된 시간장소에서 발생한 경우 목격자를 조사한다.

② 최초로 도움을 청한 사람은 피해상황과 피해자의 피해 직후의 상태를 알고 있는 중요한 목격자가 되며, 강간사건이 발생하기 직전에 피해자 목격자도 조사한다.

(3) 범인의 체포

① 범인의 신체에 긁히거나 물리거나 멍든 자국을 확인한다.

② 피해자가 기억하는 신체적 특징등을 확인한다.

③ 용의자의 혈액, 모발, 정액을 채취하여 DNA 감정을 한다.

④ 흉기 등을 수색하여 압수하여야 한다.

4 유의사항

(1) 피해여성 심리의 고려

진술을 청취할 때 성적수치심을 일으켜 2차피해를 유발하는 일이 없도록 한다.

(2) 동의 여부 검토

범행장소가 여관, 호텔인 경우에는 화간일 가능성도 염두해두고 업소 주인, 종업원, CCTV를 확인한다.

(3) 피해자 신원과 사생활 비밀 누설금지

① 성폭력범죄의 수사 또는 재판을 담당하거나 이에 관여하는 공무원 또는 그 직에 있었던 사람은 피해자의 주소, 성명, 나이, 직업, 학교, 용모, 그 밖에 피해자를 특정하여 파악할 수 있게 하는 인적 사항과 사진 등 또는 그 피해자의 사생활에 관한 비밀을 공개하거나 다른 사람에게 누설하여서는 아니된다.

② 누구든지 제1항에 따른 피해자의 주소, 성명, 나이, 직업, 학교, 용모, 그 밖에 피해자를 특정하여 파악할 수 있는 인적 사항이나 사진 등을 피해자의 동의를 받지 아니하고 신문 등 인쇄물에 싣거나 「방송법」 제2조제1호에 따른 방송 또는 정보통신망을 통하여 공개하여서는 아니된다(성폭력범죄의 처벌 등에 관한 특례법 제22조).

보호관찰(동법 제16조)

1. 법원이 성폭력범죄를 범한 사람에 대하여 형의 선고를 유예하는 경우에는 1년 동안 보호관찰을 받을 것을 명할 수 있다. 다만, 성폭력범죄를 범한 「소년법」 제2조에 따른 소년에 대하여 형의 선고를 유예하는 경우에는 반드시 보호관찰을 명하여야 한다.
2. 법원이 성폭력범죄를 범한 사람에 대하여 형의 집행을 유예하는 경우에는 제2항에 따른 수강명령 외에 그 집행유예기간 내에서 보호관찰 또는 사회봉사 중 하나 이상의 처분을 병과하되, 성폭력범죄를 범한 사람이 소년인 경우에는 반드시 보호관찰, 사회 봉사 또는 수강을 명하여야 한다.
3. 성폭력범죄를 범한 사람으로서 형의 집행 중에 가석방된 사람은 가석방기간 동안 보호관찰을 받는다. 다만, 가석방을 허가한 행정관청이 보호관찰을 할 필요가 없다고 인정한 경우에는 그러하지 아니하다.
4. 보호관찰, 사회봉사, 수강명령 및 이수명령에 관하여 이 법에서 규정한 사항 외의 사항에 대하여는 「보호관찰 등에 관한 법률」을 준용한다.

강간사건 피해자 상담기법

바람 탐색하기(Want) ⇨ 행동 탐색하기(Doing) ⇨ 바람, 행동에 대한 자기평가하기(Evaluation) ⇨ 계획수립(Planning)

5 아동성폭력범죄수사

(1) 처벌법규

① 성폭력범죄의 처벌 등에 관한 특례법(제7조)

② 형법 제305조(미성년자 의제강간 · 강제추행)

(2) 특성

① 가해자가 피해아동에게 비밀을 유지하도록 압력을 행사하거나 근친강간을 금기시하여 피해가 은폐되는 경우가 많다.

② **13세 이하 아동성폭력의 80.7%가 친족·이웃 등 아는 사람에 의해 발생**하는 경우가 많다.

③ 접근단계, 성폭력 단계, 비밀단계, 노출단계, 억압단계 등 계획적·단계적 및 은폐의 과정을 거친다.

(3) 수사방법

① 피해자 면담

㉠ 사건이후 신속하게 피해아동을 면담하고 **여성수사관이 담당**하는 것이 효과적이다.

㉡ 아동의 취미나 애완동물 얘기부터 시작하여 **라포를 형성**하고 심리적 안정을 위해 부모를 참여시킨다. 하지만 부모에 의해 사건이 발생하였다면 부모를 배제한다.

㉢ 가급적 부모는 피해아동이 성폭행 충격에서 벗어나지 못할 수 있으므로 **피해아동에게 사건에 대한 질문은 피한다.**

② 진술녹화

㉠ 성폭력범죄의 피해자가 **16세 미만이거나 신체적인 또는 정신적인 장애로 사물을 변별하거나 의사를 결정할 능력이 미약한 경우**에는 피해자의 진술 내용과 조사 과정을 비디오녹화기 등 영상물 녹화장치로 촬영·보존하여야 한다. 다만, 피해자 또는 법정대리인이 이를 원하지 아니하는 의사를 표시한 경우에는 촬영을 하여서는 아니된다.

㉡ 영상물에 수록된 피해자의 진술은 성립의 진정이 인정될 때 증거능력이 있다.

㉢ 위 조사 시 신청에 의하여 피해자가 지정하는 자를 동석하게 할 수 있다.

㉣ 다만, 피해자가 16세 미만이거나 신체장애 또는 정신상의 장애로 사물을 변별하거나 의사를 결정할 능력이 미약한 때에는 공판기일에 출석하여 증언하는 것이 현저히 곤란한 사정이 있는 것으로 간주하여 그 사유를 소명할 필요가 없다.

㉤ 16세 미만의 아동인 경우, 이미 소아정신과 의사나 아동심리 전문가로부터 상담치료를 받고 있는 경우 또는 경찰관 조사시 심리적 어려움을 겪거나 조사의 실효성 확보가 어려운 경우에는 성폭력아동심리 전무가가 경찰관 대신 간접조사를 할 수 있다.

ⓗ 조사장소는 경찰관서에 국한되지 않고 녹화장비가 갖춰진 아동상담기관 등에서도 가능하다.

ⓢ 녹화 후에는 절차, 진술 등에 대한 수사보고서를 작성하고 진술녹화 CD(테이프)는 압수물 중 귀중품에 준하여 보관 · 처리한다.

특정범죄자에 대한 위치추적 전자장치 부착 기출

1. 목적

이 법은 특정범죄를 저지른 사람의 재범방지를 위하여 형기를 마친 뒤에 보호관 찰 등을 통하여 지도하고 보살피며 도움으로써 건전한 사회복귀를 촉진하고 위치 추적 전자 장치를 신체에 부착하게 하는 부가적인 조치를 취함으로써 특정범죄로 부터 국민을 보호함을 목적으로 한다.

2. 용어의 정의

(1) "특정범죄"란 성폭력범죄, 미성년자 대상 유괴범죄, 살인범죄 및 강도범죄를 말한다.

(2) "성폭력범죄"란 다음 각 목의 범죄를 말한다.

① 「형법」 제2편제32장 강간과 추행의 죄 중 제297조(강간) · 제298조(강제추 행) · 제299조(준강간, 준강제추행) · 제300조(미수범) · 제301조(강간등 상 해 · 치상) · 제301조의2(강간등 살인 · 치사) · 제302조(미성년자등에 대한 간음) · 제303조(업무상위력등에 의한 간음) · 제305조(미성년자에 대한 간 음, 추행) · 제305조의2(상습범), 제2편제38장 절도와 강도의 죄 중 제339 조(강도강간) · 제340조(해상강도)제3항(부녀를 강간한 죄만을 말한다) 및 제342조(미수범)의 죄(제339조 및 제340조제3항 중 부녀를 강간한 죄의 미수범만을 말한다)

② 「성폭력범죄의 처벌 등에 관한 특례법」 제3조(특수강도강간 등)부터 제10조 (업무상 위력 등에 의한 추행)까지의 죄 및 제15조(미수범)의 죄(제3조부터 제9조까지의 미수범만을 말한다)

③ 「아동 · 청소년의 성보호에 관한 법률」 제7조(아동 · 청소년에 대한 강간, 강 제추행등)의 죄

④ ①부터 ③까지의 죄로서 다른 법률에 따라 가중 처벌되는 죄

(3) 살인범죄

① 「형법」 제2편제1장 내란의 죄 중 제88조(내란목적의 살인) · 제89조(미 수범)의 죄(제88조의 미수범만을 말한다), 제2편제24장 살인의 죄 중 제250조(살인, 존속살해) · 제251조(영아살해) · 제252조(촉탁, 승낙에 의한 살인등) · 제253조(위계등에 의한 촉탁살인등) · 제254조(미수범)

· 제255조(예비, 음모), 제2편제32장 강간과 추행의 죄 중 제301조의2(강간등 살인·치사) 전단, 제2편제37장 권리행사를 방해하는 죄 중 제324조의4(인질살해·치사) 전단·제324조의5(미수범)의 죄(제324조의4 전단의 미수범만을 말한다), 제2편제38장 절도와 강도의 죄 중 제338조(강도살인·치사) 전단·제340조(해상강도)제3항(사람을 살해한 죄만을 말한다) 및 제342조(미수범)의 죄(제338조 전단 및 제340조제3항 중 사람을 살해한 죄의 미수범만을 말한다)

② 「성폭력범죄의 처벌 등에 관한 특례법」 제9조(강간 등 살인·치사)제1항의 죄 및제15조(미수범)의 죄(제9조제1항의 미수범만을 말한다)

③ 특정범죄 가중처벌 등에 관한 법률」 제5조의2(약취·유인죄의 가중처벌)제2항제2호의 죄 및 같은 조 제6항의 죄(같은 조 제2항제2호의 미수범만을 말한다)

④ ①부터 ③까지의 죄로서 다른 법률에 따라 가중처벌되는 죄

(4) 위치추적 "전자장치(이하 "전자장치"라 한다)란 전자파를 발신하고 추적하는 원리를 이용하여 위치를 확인하거나 이동경로를 탐지하는 일련의 기계적 설비로서 대통령령으로 정하는 것을 말한다.

3. 적용범위

만 19세 미만의 자에 대하여 부착명령을 선고한 때에는 19세에 이르기까지 이 법에 따른 전자장치를 부착할 수 없다.

4. 전자장치부착

(1) 전자장치 부착

① 검사는 다음 각 호의 어느 하나에 해당하고, 성폭력범죄를 다시 범할 위험성이 있다고 인정되는 사람에 대하여 전자장치를 부착하도록 하는 명령(이하 "부착명령"이라 한다)을 법원에 청구할 수 있다.

㉠ 성폭력범죄로 징역형의 실형을 선고받은 사람이 그 집행을 종료한 후 또는 집행이 면제된 후 10년 이내에 성폭력범죄를 저지른 때

㉡ 성폭력범죄로 이 법에 따른 전자장치를 부착받은 전력이 있는 사람이 다시 성폭력범죄를 저지른 때

㉢ 성폭력범죄를 2회 이상 범하여(유죄의 확정판결을 받은 경우를 포함한다) 그 습벽이 인정된 때

㉣ 19세 미만의 사람에 대하여 성폭력범죄를 저지른 때

② 검사는 미성년자 대상 유괴범죄를 저지른 사람으로서 미성년자 대상 유괴범죄를 다시 범할 위험성이 있다고 인정되는 사람에 대하여 부착명령을 법

원에 청구할 수 있다. 다만, 유괴범죄로 징역형의 실형 이상의 형을 선고받아 그 집행이 종료 또는 면제된 후 다시 유괴범죄를 저지른 경우에는 부착명령을 청구하여야 한다.

③ 검사는 살인범죄를 저지른 사람으로서 살인범죄를 다시 범할 위험성이 있다고 인정되는 사람에 대하여 부착명령을 법원에 청구할 수 있다. 다만, 살인범죄로 징역형의 실형 이상의 형을 선고받아 그 집행이 종료 또는 면제된 후 다시 살인범죄를 저지른 경우에는 부착명령을 청구하여야 한다.

④ ①부터 ③까지의 규정에 따른 부착명령의 청구는 공소가 제기된 특정범죄사건의 항소심 변론종결 시까지 하여야 한다.

⑤ 법원은 공소가 제기된 특정범죄사건을 심리한 결과 부착명령을 선고할 필요가 있다고 인정하는 때에는 검사에게 부착명령의 청구를 요구할 수 있다.

⑥ ①부터 ③까지의 규정에 따른 특정범죄사건에 대하여 판결의 확정 없이 공소가 제기된 때부터 15년이 경과한 경우에는 부착명령을 청구할 수 없다.

(2) 부착명령의 판결 등

① 법원은 부착명령 청구가 이유 있다고 인정하는 때에는 다음 각 호에 따른 기간의 범위 내에서 부착기간을 정하여 판결로 부착명령을 선고하여야 한다. 다만, 19세 미만의 사람에 대하여 특정범죄를 저지른 경우에는 부착기간 하한을 다음 각 호에 따른 부착기간 하한의 2배로 한다.

㉠ 법정형의 상한이 사형 또는 무기징역인 특정범죄: 10년 이상 30년 이하

㉡ 법정형 중 징역형의 하한이 3년 이상의 유기징역인 특정범죄(제1호에 해당하는 특정범죄는 제외한다): 3년 이상 20년 이하

㉢ 법정형 중 징역형의 하한이 3년 미만의 유기징역인 특정범죄(제1호 또는 제2호에 해당하는 특정범죄는 제외한다): 1년 이상 10년 이하

② 여러 개의 특정범죄에 대하여 동시에 부착명령을 선고할 때에는 법정형이 가장 중한 죄의 부착기간 상한의 2분의 1까지 가중하되, 각 죄의 부착기간의 상한을 합산한 기간을 초과할 수 없다. 다만, 하나의 행위가 여러 특정범죄에 해당하는 경우에는 가장 중한 죄의 부착기간을 부착기간으로 한다.

③ 부착명령을 선고받은 사람은 부착기간 동안 「보호관찰 등에 관한 법률」에 따른 보호관찰을 받는다.

④ 법원은 다음 각 호의 어느 하나에 해당하는 때에는 판결로 부착명령 청구를 기각하여야 한다.

㉠ 부착명령 청구가 이유 없다고 인정하는 때

㉡ 특정범죄사건에 대하여 무죄(심신상실을 이유로 치료감호가 선고된 경우는 제외한다)·면소·공소기각의 판결 또는 결정을 선고하는 때

ⓒ 특정범죄사건에 대하여 벌금형을 선고하는 때

ⓓ 특정범죄사건에 대하여 선고유예 또는 집행유예를 선고하는 때(제28조제1항에 따라 전자장치 부착을 명하는 때를 제외한다)

⑤ 부착명령 청구사건의 판결은 특정범죄사건의 판결과 동시에 선고하여야 한다.

⑥ 부착명령 선고의 판결이유에는 요건으로 되는 사실, 증거의 요지 및 적용 법조를 명시하여야 한다.

⑦ 부착명령의 선고는 특정범죄사건의 양형에 유리하게 참작되어서는 아니된다.

⑧ 특정범죄사건의 판결에 대하여 상소 및 상소의 포기·취하가 있는 때에는 부착명령 청구사건의 판결에 대하여도 상소 및 상소의 포기·취하가 있는 것으로 본다. 상소권회복 또는 재심의 청구나 비상상고가 있는 때에도 또한 같다.

⑨ 제⑧항에도 불구하고 검사 또는 피부착명령청구자 및 「형사소송법」 제340조·제341조에 규정된 자는 부착명령에 대하여 독립하여 상소 및 상소의 포기·취하를 할 수 있다. 상소권회복 또는 재심의 청구나 비상상고의 경우에도 또한 같다.

1 유괴범죄의 의의

(1) 개념 기출

유괴는 사람을 약취·유인하여 자기 또는 제3자의 실력적 지배 하에 두는 것으로 본인의 의사에 반하여 범죄행위를 실행하도록 강요하거나 또는 인질을 무사히 풀어주는 대가로 몸값을 받으려는 것이다. 본인의 의사에 반하여 타인의 실력적인 지배 하에 둠으로써 개인의 자유를 침해한다.

약취·유인의 죄	미성년자 약취·유인죄(제287조) 추행·간음·영리목적 약취·유인죄(제288조 제1항), 부녀매매죄(제288조 제2항), 국외이송목적 약취·유인·매매죄(제289조 제1항), 결혼목적 약취·유인죄(제291조)
인질강도죄	사람을 체포·감금·약취 또는 유인하여 이를 인질로 삼아 재물 또는 재산상의 이익을 취득하거나 제3자로 하여금 이를 취득하게 함으로써 성립하는 범죄

2 유괴범죄의 수사요령

(1) 신고의 접수·처리체제 기출

① 순찰지구대·여성청소년계·형사계 등에서 유괴사건을 인지한 경우에는 신속하게 수사과장에게 보고하는 체제를 확립해 둔다.

② 신고접수 시 청취사항

㉠ 주소, 성명, 연령, 인상, 복장, 신체적 특징 등

㉡ 소재불명이 된 일시·장소

㉢ 가족구성, 사회적 지위, 자산, 전화번호

㉣ 통학지의 소재지·전화번호·담당교사 등

㉤ 소재불명자의 성격·능력·행동범위·교육관계

㉥ 목격자의 주소·성명, 목격 시 상황

(2) 초동조치

① 탐문수사를 하고 소재불명자를 확인하고 목격자를 확보한다.

② 방문자, 통행자, 배달원, 외무사원 등이 있었는지를 확인한다.

③ 족흔적 · 유류품 등의 발견 · 확보에 주력한다.

④ 소재불명자의 교우관계를 확인하여 탐문을 실시한다.

⑤ 사고 · 가출 · 미아일 경우 현장주변에서 홍보를 한다.

⑥ 기일이 경과한 경우 수배서를 작성 · 게시한다.

⑦ 하천, 저수지, 공사현장, 공원, 유기장, 유원지, 동물원, 주차 중인 차량, 여관, 여인숙, 학교, 빈집, 백화점, 영화관 등을 대상으로 수색한다.

(3) 유괴범죄 수사 시 조치사항

① 수사지휘본부의 설치 · 운영

② 피해자 가족과의 협력확보

③ 비노출 거점의 확보

④ 용의자 선정 · 내사

⑤ 수배범위는 광범위하게 설정한다.

(4) 체포활동

① 체포에 대한 사전논의

② 미행:

현장지휘본부를 설치하고 개인차량을 이용한다.

③ 잠복: 용의자의 지인의 및 본가, 친척집에 잠복한다.

④ 범인체포: 몸값 소지자가 몸값을 전달한 후 안전권 내에 돌아온 후에 체포에 착수한다.

⑤ 피유괴자 구출: 피유괴자의 소재를 알아내어 피해자를 구출하여야 한다.

1 폭력범죄의 의의

(1) 개념

폭력은 단속대상이 조직폭력배 구성원, 폭력상습자인 경우가 많고 사람의 신체에 대한 직접적·간접적 유형력의 행사를 말하는 것으로 행위태양에 따라 단순폭력, 집단폭력, 조직폭력, 가정폭력, 학교폭력 등으로 구분할 수 있다.

2 조직폭력범죄 수사

(1) 의의

조직폭력범죄란 폭력행위 등 처벌에 관한 법률에 규정된 범죄를 범할 목적으로 구성된 단체 또는 집단의 범죄로 법질서를 부정한다.

(2) 조직폭력배의 종류

① 생업, 자금원, 행동 기준

조직폭력	도박꾼, 야바위꾼, 유흥가 불량배, 토건공갈배, 흥행공갈배
회사깡패	(주주)총회꾼, (주주)총회공갈배, 사건해결사, 채권강제해결사, 어음사기단, 금융조직폭력배, 정치깡패, 흥신소, 기업폭력
폭력상습자	폭행·상해·공갈 등 폭력적 불법행위를 상습적으로 하는 자

② 폭력범죄의 형태 기준

일반폭력 범죄	• 조직 단위로 행해지는 살인·폭행·상해 등의 범죄 • 폭력단 상호간의 살인·상해 등의 범죄
지능범죄	• 회사·은행 등의 경영을 둘러싼 공갈·협박 등의 범죄 • 거래관계에 대한 권리행사방해적인 공갈·협박 등의 범죄 • 기업경영 혹은 기업경영을 위장한 공갈·사기특별법 위반 범죄 • 저명인 또는 유명예술인 등의 약점 협박·공갈 등의 범죄
도박범죄	조직폭력배 등이 개장하는 도박범죄
흉기범죄	권총·도검류 등 은닉 및 밀수 등의 범죄
기타	음란사진·필름 유통 윤락행위 등을 관리하며 마약거래 등의 범죄

(3) 조직성

① 조직성의 인정(대판 1989.4.25, 89도 212)

폭력행위 등 처벌에 관한 법률 제 4조의 '단체등의 구성의 죄'에서 말하는 단체라 함
은 1) 특정다수인이 일정한 범죄를 한다는 공동 목적 하에 이루어진 계속적인 결합체
로서 2) 그 단체의 구성원이 수괴, 간부 및 단순가입자로 구분될 수 있어야 하고 3) 그
위계에 상응하는 단체를 주도할 수 있는 최소한도의 통솔체제를 갖추어야 한다.

② 조직성 부정

㉠ 소매치기를 공모하고 실행행위를 분담하기로 약정한 경우(대판 1981.1.24.81도
2608)

㉡ 통솔체제 없이 단순히 범죄를 공동하여 저지르기 위하여 약정하거나 공모한 경우

폭력행위 등 처벌에 관한 법률

제4조(단체 등의 구성·활동) ① 이 법에 규정된 범죄를 목적으로 하는 단체 또는 집
단을 구성하거나 그러한 단체 또는 집단에 가입하거나 그 구성원으로 활동한 사람은
다음 각 호의 구분에 따라 처벌한다.

 1. 수괴(首魁): 사형, 무기 또는 10년 이상의 징역
 2. 간부: 무기 또는 7년 이상의 징역
 3. 수괴·간부 외의 사람: 2년 이상의 유기징역

② 제1항의 단체 또는 집단을 구성하거나 그러한 단체 또는 집단에 가입한 사람이
 단체 또는 집단의 위력을 과시하거나 단체 또는 집단의 존속·유지를 위하여 다
 음 각 호의 어느 하나에 해당하는 죄를 범하였을 때에는 그 죄에 대한 형의 장기
 (長期) 및 단기(短期)의 2분의 1까지 가중한다. 〈개정 2016.1.6.〉

 1.「형법」에 따른 죄 중 다음 각 목의 죄

  가.「형법」제8장 공무방해에 관한 죄 중 제136조(공무집행방해), 제141조(공
   용서류 등의 무효, 공용물의 파괴)의 죄

  나.「형법」제24장 살인의 죄 중 제250조제1항(살인), 제252조(촉탁, 승낙에 의한
   살인 등), 제253조(위계 등에 의한 촉탁살인 등), 제255조(예비, 음모)의 죄

  다.「형법」제34장 신용, 업무와 경매에 관한 죄 중 제314조(업무방해), 제315
   조(경매, 입찰의 방해)의 죄

  라.「형법」제38장 절도와 강도의 죄 중 제333조(강도), 제334조(특수강도),
   제335조(준강도), 제336조(인질강도), 제337조(강도상해, 치상), 제339조
   (강도강간), 제340조제1항(해상강도)·제2항(해상강도상해 또는 치상), 제
   341조(상습범), 제343조(예비, 음모)의 죄

 2. 제2조 또는 제3조의 죄(「형법」각 해당 조항의 상습범, 특수범, 상습특수범을
  포함한다)

③ 타인에게 제1항의 단체 또는 집단에 가입할 것을 강요하거나 권유한 사람은 2년 이상의 유기징역에 처한다.

④ 제1항의 단체 또는 집단을 구성하거나 그러한 단체 또는 집단에 가입하여 그 단체 또는 집단의 존속·유지를 위하여 금품을 모집한 사람은 3년 이상의 유기징역에 처한다.

(4) 조직폭력범죄 정보의 수집

① 사전정보의 수집

② 정보수집의 방법기출

㉠ 관련정보를 수집하기 위해서는 정보원을 확보하여야 한다.

㉡ 미행·잠복감시를 통해 정보를 입수한다.

3 가정폭력범죄

(1) 개념

① 가정폭력: 가정구성원 사이의 신체적, 정신적 또는 재산상 피해를 수반하는 행위를 말한다.

② 가족구성원기출

㉠ 배우자(사실상 혼인관계에 있는 사람을 포함한다. 이하 같다) 또는 배우자였던 사람

㉡ 자기 또는 배우자와 직계존비속관계(사실상의 양친자관계를 포함한다. 이하 같다)에 있거나 있었던 사람

㉢ 계부모와 자녀의 관계 또는 적모(嫡母)와 서자(庶子)의 관계에 있거나 있었던 사람

㉣ 동거하는 친족

③ 가정폭력범죄: 상해, 폭행, 유기, 영아유기, 학대, 아동혹사, 체포, 감금, 협박, 명예훼손, 모욕, 주거·신체수색, 강요, 공갈, 재물손괴

(2) 가정폭력범죄 수사방법 기출

① 가정폭력범죄의 신고와 고소

㉠ 특례법에서는 누구든지 가정폭력범죄를 알게 된 때에는 이를 수사기관에서 신고할 수 있다고 명시하고 있다.

ⓛ 다음에 해당하는 자가 직무를 수행하면서 가정폭력범죄를 알게 된 경우에는 정당한 사유가 없는 한 이를 즉시 수사기관에 신고하여야 한다.

ⓐ 아동의 교육과 보호를 담당하는 기관의 종사자와 그 장

ⓑ 아동, 60세 이상의 노인 기타 정상적인 판단능력이 결여된 자의 치료 등을 담당하는 의료인 및 의료기관의 장

ⓒ 노인복지법에 따른 노인복지시설, 아동복지법에 따른 아동복지시설, 장애인복지법에 따른 장애인복지시설의 종사자와 그 장

ⓒ 피해자 또는 그 법정대리인은 고소할 수 있다. 피해자의 법정대리인이 폭력행위자인 경우 또는 폭력행위자와 공동하여 가정폭력범죄를 범한 경우에는 피해자의 친족이 고소할 수 있다.

ⓔ 가정폭력범죄의 피해자는 폭력행위자가 자기 또는 배우자의 직계존속인 경우에도 고소할 수 있도록 하였다.

② **응급조치**: 진행 중인 가정폭력범죄에 대하여 신고를 받은 사법경찰관리는 즉시 현장에 나가서 다음 각 호의 조치를 하여야 한다.

ⓐ 폭력행위의 제지, 가정폭력행위자 · 피해자의 분리 및 범죄수사

ⓛ 피해자를 가정폭력 관련 상담소 또는 보호시설로 인도(피해자가 동의한 경우)

ⓒ 긴급치료가 필요한 피해자를 의료기관으로 인도

ⓔ 폭력행위 재발 시 제8조에 따라 임시조치를 신청할 수 있음을 통보

③ 사건의 송치

ⓐ 검사는 가정폭력범죄가 재발될 우려가 있다고 인정하는 경우에는 직권으로 또는 사법 경찰관의 신청에 의하여 법원에 임시조치를 청구할 수 있다.

ⓐ 피해자 또는 가정구성원의 주거 또는 점유하는 방실(房室)로부터의 퇴거 등 격리

ⓑ 피해자 또는 가정구성원의 주거, 직장 등에서 **100미터 이내**의 접근 금지

ⓒ 피해자 또는 가정구성원에 대한 「전기통신기본법」 제2조제1호의 전기통신을 이용한 접근 금지(전기통신기본법 제2조 제1호 – '전기통신'이라 함은 유선 · 무선 · 광선 및 기타의 전자적 방식에 의하여 부호 · 문언 · 음향 또는 영상을 송신하거나 수신하는 것을 말함)

ⓛ 검사는 가정폭력행위자가 청구에 의하여 결정된 임시조치를 위반하여 가정폭력범죄가 재발될 우려가 있다고 인정하는 경우에는 직권으로 또는 사법경찰관의 신청에 의하여 법원에 제29조제1항제5호의 임시조치를 청구할 수 있다.

⑤ **임시조치**

　㉠ 판사는 가정보호사건의 원활한 조사·심리 또는 피해자 보호를 위하여 필요하다고 인정하는 경우에는 결정으로 가정폭력행위자에게 다음 각 호의 어느 하나에 해당하는 임시조치를 할 수 있다.

　　ⓐ 피해자 또는 가정구성원의 주거 또는 점유하는 **방실(房室)로부터의 퇴거** 등 격리

　　ⓑ 피해자 또는 가정구성원의 주거, 직장 등에서 **100미터 이내**의 접근 금지

　　ⓒ 피해자 또는 가정구성원에 대한 「전기통신기본법」 제2조제1호의 전기통신을 이용한 접근 금지

　　ⓓ 의료기관이나 그 밖의 요양소에의 위탁

　　ⓔ 국가경찰관서의 유치장 또는 구치소에의 유치

　㉡ 동행영장에 의하여 동행한 가정폭력행위자 또는 제13조에 따라 인도된 가정폭력행위자에 대하여는 가정폭력행위자가 법원에 인치된 때부터 24시간 이내에 ㉠의 조치 여부를 결정하여야 한다.

　㉢ 법원은 임시조치를 결정한 경우에는 검사와 피해자에게 통지하여야 한다.

　㉣ 기간

　　ⓐ ㉠의 ⓐ부터 ⓒ까지의 임시조치기간은 2개월, ⓓ 및 ⓔ의 임시조치기간은 1개월을 초과할 수 없다.

　　ⓑ 다만, 피해자의 보호를 위하여 그 기간을 연장할 필요가 있다고 인정하는 경우에는 결정으로 ㉠의 ⓐ부터 ⓒ까지 조치는 두 차례만, ⓓ 및 ⓔ의 임시조치는 한 차례만 각 기간의 범위에서 연장할 수 있다.

⑥ 가정보호사건의 처리

　㉠ 검사는 가정폭력범죄로서 사건의 성질·동기 및 결과, 가정폭력행위자의 성행 등을 고려하여 이 법에 따른 **보호처분을 하는 것이 적절하다고 인정하는 경우**에는 가정보호사건으로 처리할 수 있다. 이 경우 검사는 피해자의 의사를 존중하여야 한다.

　㉡ ㉠은 다음의 경우 이를 적용할 수 있다.

　　ⓐ 피해자의 고소가 있어야 공소를 제기할 수 있는 가정폭력범죄에서 고소가 없거나 취소된 경우

　　ⓑ 피해자의 명시적인 의사에 반하여 공소를 제기할 수 없는 가정폭력범죄에서 피해자가 처벌을 희망하지 아니한다는 명시적 의사표시를 하였거나 처벌을 희망하는 의사표시를 철회한 경우

⑦ 관할법원

　　㉠ 가정보호사건의 관할은 가정폭력행위자의 행위지, 거주지 또는 현재지를 관할하는 가정법원으로 한다. 다만, 가정법원이 설치되지 아니한 지역에서는 해당 지역의 지방법원(지원을 포함한다. 이하 같다)으로 한다.

　　㉡ 가정보호사건의 심리와 결정은 단독판사(이하 "판사"라 한다)가 한다

⑧ 검사의 송치

　　㉠ 검사는 가정보호사건으로 처리하는 경우에는 그 사건을 **관할 가정법원 또는 지방법원(이하 "법원"이라 한다)에 송치**하여야 한다.

　　㉡ 검사는 가정폭력범죄와 그 외의 범죄가 경합(競合)하는 경우에는 가정폭력범죄에 대한 사건만을 분리하여 관할 법원에 송치할 수 있다.

⑨ 법원의 송치: 법원은 가정폭력행위자에 대한 피고사건을 심리한 결과 이 법에 따른 보호 처분을 하는 것이 적절하다고 인정하는 경우에는 결정으로 사건을 **가정보호사건의 관할 법원에 송치**할 수 있다. 이 경우 법원은 피해자의 의사를 존중하여야 한다.

⑩ 송치서

　　㉠ 가정보호사건으로 송치하는 경우에는 송치서를 보내야 한다.

　　㉡ 가정폭력행위자의 성명, 주소, 생년월일, 직업, 피해자와의 관계 및 행위의 개요와 가정상황을 적고 그 밖의 참고자료를 첨부하여야 한다.

⑪ 비밀엄수 등의 의무

　　㉠ 가정폭력범죄의 수사 또는 가정보호사건의 조사·심리 및 그 집행을 담당하거나 이에 관여하는 공무원, 보조인, 상담소등에 근무하는 상담원과 그 기관장 및 제4조 제2항 제1호에 규정된 사람(그 직에 있었던 사람을 포함한다)은 그 직무상 알게 된 비밀을 누설하여서는 아니된다.

　　㉡ 이 법에 따른 가정보호사건에 대하여는 가정폭력행위자, 피해자, 고소인, 고발인 또는 신고인의 주소, 성명, 나이, 직업, 용모, 그 밖에 이들을 특정하여 파악할 수 있는 인적 사항이나 사진 등을 신문 등 출판물에 싣거나 방송매체를 통하여 방송할 수 없다.

　　㉢ 피해자가 보호하고 있는 아동이나 피해자인 아동의 교육 또는 보육을 담당하는 학교의교직원 또는 보육교직원은 정당한 사유가 없으면 해당 아동의 취학, 진학, 전학 또는 입소(그 변경을 포함한다)의 사실을 가정폭력행위자인 친권자를 포함하여 누구에게든지 누설하여서는 아니된다.

보호처분

종류	기간
보호관찰 등에 관한 법률에 의한 사회봉사 · 수강명령	200시간
• 행위자가 피해자 또는 가정구성원에게 접근하는 행위의 제한 • 행위자가 피해자 또는 가정구성원에게 전기통신기본법 제2조 제1호의 전기통신을 이용하여 접근하는 행위의 제한 • 친권자인 행위자의 피해자에 대한 친권행사의 제한 • 보호관찰 등에 관한 법률에 의한 보호관찰 • 가정폭력방지 및 피해자보호 등에 관한 법률이 정하는 보호시설에의 감호위탁 • 의료기관에의 치료위탁 • 상담소 등에의 상담위탁	6개월

(4) 초동조치요령 기출

① 경찰관이 이웃의 신고를 받고 현장도착시 폭력이 행해지고 있으나 당사자가 들어오지 못하게 제지하는 경우 **경찰관직무집행법상 즉시강제의 원리**에 입각하여 방실에 강제로 들어가야 한다.

② 사자 간에 합의되었다고 하는 경우 피해자의 의사를 존중한다.

③ 신고 자체가 구두고소로 볼 수 있으므로 별도의 고소절차는 필요치 않다.

(5) 환경조사서와 응급조치보고서기출

① 행위자 또는 피의자를 대상으로 범죄의 원인 및 동기, 행위자의 성격, 행상, 경력. 교육정도, 가정상황 기타 환경 등을 상세히 조사하여 환경조사서를 작성하여야 한다.

② 가정폭력행위자의 성명, 주소, 생년월일, 직업, 피해자와의 관계, 범죄사실의 요지, 가정상황, 피해자와 신고자의 성명, 응급조치의 내용 등을 상세히 기재한 응급조치보고서를 작성하여 사건기록에 편철하여야 한다.

4 학교폭력

(1) 의의 기출

학교 내외에서 발생한 **상해, 폭행, 감금, 협박, 약취 · 유인, 명예훼손 · 모욕, 공갈, 강요 · 강제적인 심부름 및 성폭력, 따돌림, 사이버 따돌림, 정보통신망을 이용한 음란 · 폭력 정보** 등에 의하여 신체 · 정신 또는 재산상의 피해를 수반하는 행위를 말한다.

(2) 유형 – 금품갈취, 협박이나 폭행을 수반한 단순폭력

① 불량서클 결성이나 집단싸움

② 성폭력 및 사이버 성폭력 등

③ 집단따돌림, 괴롭힘, 단톡방을 이용한 카톡감방(사이버불링) 등

④ 기타: 은근히 욕하기, 시비걸기, 가혹행위 등

(3) 관련법규

형법 제324조 강요죄, 제350조 공갈죄,

제666조 재물손괴죄,

제25장 상해와 폭행의 죄, 제29장 체포와 감금의 죄,

제30장 협박의 죄, 폭력행위 등 처벌에 관한 법률

(4) 발생원인

① **개인 · 가정적** 문제

분노 조절능력이 없거나 욕구불만, 낮은 자존감, 강한 공격성

② 가정에서의 **부모 역할 미흡**

㉠ 대화의 부족, 공부 위주의 가정교육, 과잉보호

㉡ 맞벌이 가정이나 결손 가정의 경우 애정과 관심의 결핍

③ **입시위주의 학교교육**

인성교육 · 전인교육의 부재, 교사의 대응방법 미숙, 부적응아동에 대한 지도부재

④ **사회적 원인**

물질만능주의와 인터넷의 발달로 유해매체 · 유해환경의 급증

(5) 대응방안 기출

① 지방경찰청 · 경찰서별 학교폭력근절대책협의회 설치 · 운영

② 사이버경찰청에서의 학교폭력신고 접수 및 학교폭력신고센터 설치

③ 학교별 학교담당경찰관 지정

④ 학교 주변 300m 내외를 기준으로 안전구역(Safety Zone) 설정

⑤ 학교측과 협조하여 등 · 하교시 형사활동 강화

⑥ 지자체와 협조하여 CCTV 설치

⑦ 신고의무(학교폭력예방 및 대책에 관한 법률 제20조)

    ㉠ 학교폭력 현장을 보거나 그 사실을 알게 된 자는 학교 등 관계 기관에 이를 즉시 신고하여야 한다.

    ㉡ 신고를 받은 기관은 이를 가해학생 및 피해학생의 보호자와 소속 학교의 장에게 통보하여야 한다.

    ㉢ 누구라도 학교폭력의 예비 · 음모 등을 알게 된 자는 이를 학교의 장 또는 자치위원회에 고발할 수 있다. 다만, 교원이 이를 알게 되었을 경우에는 학교의 장에게 보고하고 해당 학부모에게 알려야 한다.

⑧ 비밀누설금지 등

    ㉠ 학교폭력의 예방 및 대책과 관련된 업무를 수행하거나 수행하였던 자는 그 직무로 인하여 알게 된 비밀 또는 가해학생 · 피해학생 및 제20조에 따른 신고자 · 고발자와 관련된 자료를 누설하여서는 아니된다.

    ㉡ 피해자보호조치, 가해학생조치, 분쟁조정에 대한 자취위원회의 회의는 공개하지 아니한다.

    ㉢ 비밀의 범위(학교폭력예방 및 대책에 관한 법률 시행령 제17조)

        ⓐ 학교폭력 피해학생과 가해학생 개인 및 가족의 성명, 주민등록번호 및 주소 등 개인정보에 관한 사항

        ⓑ 학교폭력 피해학생과 가해학생에 대한 심의 · 의결과 관련된 개인별 발언 내용

        ⓒ 그 밖에 외부로 누설될 경우 분쟁당사자 간에 논란을 일으킬 우려가 있음이 명백한 사항

학교폭력대책관련기관

1. 학교폭력대책기획위원회
(1) 설치
   학교폭력의 예방 및 대책에 관한 다음 각 호의 사항을 심의하기 위하여 국무총리
   소속으로 학교폭력대책위원회(이하 "대책위원회"라 한다)를 둔다.

(2) 기능
   ① 학교폭력의 예방 및 대책에 관한 기본계획의 수립 및 시행에 대한 평가
   ② 학교폭력과 관련하여 관계 중앙행정기관 및 지방자치단체의 장이 요청하는 사항
   ③ 학교폭력과 관련하여 교육청, 제9조에 따른 학교폭력대책지역위원회, 제10조
   의2에 따른 학교폭력대책지역협의회, 제12조에 따른 학교폭력대책자치위원회,
   전문단체 및 전문가가 요청하는 사항

(3) 구성
   ① 대책위원회는 위원장 2명을 포함하여 20명 이내의 위원으로 구성한다.
   ② 위원장은 국무총리와 학교폭력 대책에 관한 전문지식과 경험이 풍부한 전문가 중
   에서 대통령이 위촉하는 사람이 공동으로 되고, 위원장 모두가 부득이한 사유로 직
   무를 수행할 수 없을 때에는 국무총리가 지명한 위원이 그 직무를 대행한다.
   ③ 위원은 다음 각 호의 사람 중에서 대통령이 위촉하는 사람으로 한다. 다만, 제
   1호의 경우에는 당연직 위원으로 한다.
      ㉠ 기획재정부장관, 교육부장관, 과학기술정보통신부장관, 법무부장관, 행정
        안전부장관, 문화체육관광부장관, 보건복지부장관, 여성가족부장관, 방송
        통신위원회 위원장, 경찰청장
      ㉡ 학교폭력 대책에 관한 전문지식과 경험이 풍부한 전문가 중에서 제1호의 위
        원이 각각 1명씩 추천하는 사람
      ㉢ 관계 중앙행정기관에 소속된 3급 공무원 또는 고위공무원단에 속하는 공무
        원으로서 청소년 또는 의료 관련 업무를 담당하는 사람
      ㉣ 대학이나 공인된 연구기관에서 조교수 이상 또는 이에 상당한 직에 있거나
        있었던 사람으로서 학교폭력 문제 및 이에 따른 상담 또는 심리에 관하여
        전문지식이 있는 사람
      ㉤ 판사 · 검사 · 변호사
      ㉥ 전문단체에서 청소년보호활동을 5년 이상 전문적으로 담당한 사람
      ㉦ 의사의 자격이 있는 사람
      ㉧ 학교운영위원회 활동 및 청소년보호활동 경험이 풍부한 학부모

④ 위원장을 포함한 위원의 임기는 2년으로 하되, 1차에 한하여 연임할 수 있다.

⑤ 위원회의 효율적 운영 및 지원을 위하여 간사 1명을 두되, 간사는 교육부장관이 된다.

⑥ 위원회에 상정할 안건을 미리 검토하는 등 안건 심의를 지원하고, 위원회가 위임한 안건을 심의하기 위하여 대책위원회에 학교폭력대책실무위원회(이하 "실무위원회"라 한다)를 둔다.

⑦ 그 밖에 대책위원회의 운영과 실무위원회의 구성·운영에 필요한 사항은 대통령령으로 정한다.

2. 학교폭력대책자치위원회

(1) 설치·기능

① 학교폭력의 예방 및 대책에 관련된 사항을 심의하기 위하여 학교에 학교폭력대책자치위원회(이하 "자치위원회"라 한다)를 둔다. 다만, 자치위원회 구성에 있어 대통령령으로 정하는 사유가 있는 경우에는 교육감의 보고를 거쳐 둘 이상의 학교가 공동으로 자치위원회를 구성할 수 있다.

② 자치위원회는 학교폭력의 예방 및 대책 등을 위하여 다음 각 호의 사항을 심의한다.

　㉠ 학교폭력의 예방 및 대책수립을 위한 학교 체제 구축

　㉡ 피해학생의 보호

　㉢ 가해학생에 대한 선도 및 징계

　㉣ 피해학생과 가해학생 간의 분쟁조정

　㉤ 그 밖에 대통령령으로 정하는 사항

③ 자치위원회의 설치·운영 등에 필요한 사항은 지역 및 학교의 규모 등을 고려하여 대통령령으로 정한다.

(2) 구성

① 자치위원회는 위원장 1인을 포함하여 5인 이상 10인 이하의 위원으로 구성한다.

② 자치위원회의 위원

　㉠ 해당 학교의 교감

　㉡ 해당 학교의 교사 중 학생생활지도 경력이 있는 교사

　㉢ 법 제13조제1항에 따라 선출된 학부모대표

　㉣ 판사·검사·변호사

　㉤ 해당 학교를 관할하는 경찰서 소속 경찰공무원

　㉥ 의사 자격이 있는 사람

　㉦ 그 밖에 학교폭력 예방 및 청소년보호에 대한 지식과 경험이 풍부한 사람

③ 자치위원회의 위원장은 위원 중에서 호선(互選)하며, 위원장이 부득이한 사유로 직무를 수행할 수 없을 때에는 위원장이 미리 지정하는 위원이 그 직무를 대행한다.

④ 자치위원회의 위원의 임기는 2년으로 한다. 다만, 자치위원회 위원의 사임 등으로 새로 위촉되는 위원의 임기는 전임위원 임기의 남은 기간으로 한다.

1 강력범죄수사

001 살인범의 검거단서에 대한 연결로서 가장 적절한 것은?

13 승진

① 직접적인 물적 단서 – 법의학적 감정결과 등 과학기술에 의한 판단결과
② 간접적인 물적 단서 – 지문, 족적, 혈흔, 공구흔 등의 흔적, 장물
③ 인적 · 무형적 단서 – 전과자, 불량배에 대한 착안
④ 수동적 단서 – 현장유류품

해설

① 간접적인 물적단서에 관한 내용이다.
②④ 직접적인 물적단서에 관한 내용이다.

직접적인 물적단서	현장유류품, 지문, 족적, 혈흔, 공구흔, 장물(강도살인의 경우)
간접적인 물적단서	법의학적 감정 등 과학기술방법에 의한 판단결과
인적 · 무형적 단서	수사관의 수사경험을 통한 판단이나 상상과 이를 토대로 한 직무질문, 전과자 · 불량배에 대한 착안
수동적 단서	피해신고, 밀고, 자수 등

002 살인사건 수사에 대한 설명으로 가장 옳은 것은?

11 경간

① 살인의 범행동기가 재물인 경우 금품을 물색한 흔적을 남기게 되는 것이 대부분이고 범죄 현장은 참혹한 점이 특징이다.
② 살인사건 현장관찰로 범행동기를 추정할 수 는 없다.
③ 시체가 사망 후 철도, 자동차 등으로 수송되어 범행장소와는 다른 곳에서 발견되었을 때 그 장소를 간접현장이라고 한다.
④ 법의학적 감정 등 과학기술방법에 의한 판단 결과는 살인범의 검거를 위한 간접적인 물적 단서에 해당한다.

해설

① 살인의 범행동기가 재물인 경우 금품이 보관되어 있는 장소를 물색한 흔적이 있고 범죄현장은 참혹하지 않다.
② 범행동기가 원한인 경우 잔혹하고 범행동기가 재물인 경우 범죄현장은 참혹하지 않아 범행동기를 추정할 수 있다.
③ 살해현장에서 그 시체를 옮겨다가 묻거나 버린 장소, 시체가 매몰되거나 산속 · 물속 등 외딴 곳에 유기된 경우, 시체가 소각되거나 화물로 위장하여 철도편 · 자동차편으로 수송된 경우, 피해자 자신이 죽기 전에 다른 곳으로 피신 이동한 경우 그 장소를 **제2의 현장**이라고 한다.

003 성폭력범죄의처벌등에 관한 특례법위반으로 처벌되는 경우가 <u>아닌</u> 것은?

10
1차변형

① 남의 집에 침입하여 만 20세 여성을 강간한 경우
② 남의 집에 침입하여 13세 미만의 사람에 대하여 강제추행을 한 경우
③ 노상에서 만 20세 장애인인 여성을 폭행하여 강간한 경우
④ 노상에서 만 20세 여성을 강간하고 상해한 경우

> **해설**
> ④ 노상에서 만 20세 여성을 강간하고 상해한 경우에는 형법상 강간등상해죄로 처벌된다.(형법 제
> 301조)

004 성폭력범죄의 처벌 등에 관한 특례법상 성폭력범죄에 대한 설명 중 옳은 것은 모두 몇 개인가?

10
2차변형

> ㉠ 대중교통수단, 공연·집회장소, 그 밖에 공중이 밀집하는 장소에서 사람을 추행하는 자는 긴급체포할 수 있다.
> ㉡ 카메라나 그 밖에 이와 유사한 기능을 갖춘 기계장치를 이용하여 성적 욕망 또는 수치심을 유발할 수 있는 다른 사람의 신체를 그 의사에 반하여 촬영하거나 그 촬영물을 반포·판매·임대 또는 공공연하게 전시·상영한 자에 대한 죄는 고소가 없어도 공소를 제기할 수 있다.
> ㉢ 동법 제13조의 통신매체를 이용한 음란행위는 미수범을 처벌한다.
> ㉣ 법률에 따라 구금된 사람을 감호하는 사람이 그 사람을 추행한 때에는 고소가 없는 경우 공소를 제기할 수 없다.

① 1개   ② 2개   ③ 3개   ④ 4개

> **해설**
> ㉠ 대중교통수단, 공연·집회 장소, 그 밖에 공중(公衆)이 밀집하는 장소에서 사람을 추행한 사람은
> 1년 이하의 징역 또는 300만원 이하의 벌금에 처한다.(성폭력범죄의 처벌 등에 관한 특례법 제11
> 조) **긴급체포할 수 없다.**
> ㉢ 제10조(업무상 위력 등에 의한 추행), 제11조(공중 밀집 장소에서의 추행), 제12조(성적목적을 위
> 한 공공장소 침입행위), 제13조(**통신매체를 이용한 음란행위**)는 미수범을 **처벌하지 않는다.**
> ㉣ 성폭력범죄의 처벌 등에 관한 특례법에는 친고죄나 반의사불벌죄로 규정된 범죄가 없다. 따라서
> 제10조(업무상 위력 등에 의한 추행)도 **비친고죄**이므로 **고소가 없어도 공소를 제기할 수 있다.**

005

11 승진

甲은 놀이터에서 혼자 놀고 있던 乙(10세, 女)을 발견하고 욕정을 참지 못해 강제로 옷을 벗겨 엉덩이를 만졌다. 이 사실을 알게 된 乙의 부모가 P경찰서에 전화하여 처벌법규와 고소기간 등을 문의하였다. 다음 중 여성청소년 업무 담당 장순경의 답변으로 가장 옳은 것은?

① 「성폭력범죄의 처벌 등에 관한 특례법」위반은 친고죄로서 범인을 알게 된 날로부터 6월 이내에 고소하여야만 처벌할 수 있다.

② 고소 여부와 관계없이 「성폭력범죄의 처벌 등에 관한 특례법」 위반으로 처벌된다.

③ 「성폭력범죄의 처벌 등에 관한 특례법」보다 더 중한 「아동·청소년의 성보호에 관한 법률」 위반으로 처벌된다.

④ 「아동·청소년의 성보호에 관한 법률」은 친고죄로서 범인을 알게 된 날로부터 1년 이내에 고소하여야만 처벌할 수 있다.

> **해설**
> ①②④ 13세 미만인 피해자에 대하여 강제추행의 죄를 범한 경우 「성폭력범죄의 처벌 등에 관한 특례법」 제7조 제3항 의하여 처벌된다. 그리고 「성폭력범죄의 처벌 등에 관한 특례법」이나 「아동·청소년의 성보호에 관한 법률」상 **친고죄 규정이 폐지되었으므로 고소유무에 관계없이 공소제기가 가능하고, 고소기간은 문제되지 않는다.**

006

11
1차변형

14
1차변형

「성폭력범죄의처벌등에관한특례법」 제30조(영상물의 촬영·보존 등)에 대한 설명이다. ( ) 안에 알맞은 것은?

> 성폭력범죄의 피해자가 ( )이거나 신체적인 또는 정신적인 장애로 사물을 변별하거나 의사를 결정할 능력이 미약한 경우에는 피해자의 진술 내용과 조사과정을 비디오녹화기 등 영상물 녹화장치로 촬영·보존하여야 한다. 다만, ( )이 이를 원하지 아니하는 의사를 표시한 경우에는 촬영을 하여서는 아니된다.

① 13세 미만 – 피해자 또는 법정대리인

② 16세 미만 – 피해자

③ 16세 미만 – 피해자 또는 법정대리인

④ 19세 미만 – 피해자 또는 법정대리인

> **해설**
> ④ 성폭력범죄의 피해자가 (**19세 미만**)이거나 신체적인 또는 정신적인 장애로 사물을 변별하거나 의사를 결정할 능력이 미약한 경우에는 피해자의 진술 내용과 조사과정 을 비디오녹화기 등 영상물 녹화장치로 촬영·보존하여야 한다. 다만, (**피해자 또는 법정대리인**)이 이를 원하지 아니하는 의사를 표시한 경우에는 촬영을 하여서는 아니된다. 다만, 가해자가 친권자 중 일방인 경우는 그러하지 아니하다.(성폭력범죄의 처벌 등에 관한 특례법 제30조 제1항, 제2항)

ANSWER 005 ② 006 ④

007 다음은 「성폭력범죄의처벌등에관한특례법」에 대한 설명이다. 가장 적절하지 <u>않은</u>

13 2차 것은?

① 성폭력범죄에 대한 심리는 그 피해자의 사생활을 보호하기 위하여 결정으로
   써 공개하지 아니할 수 있다.

② 성폭력범죄에 대한 처벌절차에는 「특정강력범죄의처벌에관한특례법」 제7조
   (증인에 대한 신변 안전조치) · 제8조(출판물 게재 등으로부터의 피해자 보
   호) · 제9조(소송 진행의 협의) · 제12조(간이공판절차의 결정) 및 제13조(판
   결선고)를 준용한다.

③ 미성년자에 대한 성폭력 범죄의 공소시효는 「형사소송법」 제252조 제1항 및
   「군사보호법」 제249조 제1항에도 불구하고 해당 성폭력범죄로 피해를 당한
   미성년자가 성년에 달한 날부터 진행한다.

④ 성폭력범죄의 피해자가 19세 이하이거나 신체적인 또는 정신적인 장애로 사
   물을 변별하거나 의사를 결정할 능력이 미약한 경우에는 피해자의 진술 내
   용과 조사과정을 비디오녹화기 등 영상물 녹화장치로 촬영 · 보존하여야 한
   다. 단, 피해자 또는 법정대리인이 이를 원하지 아니하는 의사를 표시한 경
   우에는 촬영을 하여서는 아니된다.

해설

④ 성폭력범죄의 피해자가 **19세 미만**이거나 신체적인 또는 정신적인 장애로 사물을 변별하거나 의
   사를 결정할 능력이 미약한 경우에는 피해자의 진술내용과 조사과정을 비디오녹화기 등 영상물
   녹화장치로 촬영 · 보존하여야 한다. 다만, 피해자 또는 법정대리인이 이를 원하지 아니하는 의사
   를 표시한 경우에는 촬영을 하여서는 아니된다. 다만, 가해자가 친권자 중 일방인 경우는 그러하
   지 아니하다. (성폭력범죄의 처벌 등에 관한 특례법 제30조 제1항, 제2항)

008 「성폭력범죄의처벌등에관한특례법」상 공소시효 기산에 관한 특례 규정 중 가장 적절하지 **않은** 것은?

14 승진

① 신체적인 또는 정신적인 장애가 있는 사람에 대하여 강간의 죄를 범한 경우에는 공소시효를 적용하지 아니한다.

② 특정한 성폭력 범죄의 경우 디엔에이(DNA)증거 등 그 죄를 증명할 수 있는 과학적인 증거가 있는 때에는 공소시효가 10년 연장된다.

③ 16세 미만의 사람에 대하여 강간의 죄를 범한 경우에는 공소시효를 적용하지 아니한다.

④ 미성년자에 대한 성폭력범죄의 공소시효는 해당 성폭력 범죄로 피해를 당한 미성년자가 성년에 달한 날부터 진행한다.

> **해설**
>
> ③ **13세 미만의 사람 및 신체적인 또는 정신적인 장애가 있는 사람**에 대하여 「형법」 제297조(강간), 제298조(강제추행), 제299조(준강간, 준강제추행), 제301조(강간등 상해·치상) 또는 제301조의2(강간등 살인·치사)의 죄, 「성폭력범죄의 처벌 등에 관한 특례법」 제6조 제2항(장애인에 대한 강간·강제추행), 제7조 제2항(13세 미만의 미성년자에 대한 강간, 강제추행 등), 제8조(강간등 상해·치상), 제9조(강간 등 살인·치사)의 죄, 「아동·청소년의 성보호에 관한 법률」 제9조(강간등 상해·치상) 또는 제10조(강간등 살인·치사)의 죄를 범한 경우에는 **공소시효를 적용하지 아니한다.**(성폭력범죄의 처벌 등에 관한 특례법 제21조 제3항)

009 「성폭력범죄의처벌등에관한특례법」상 규정된 설명으로 가장 적절하지 **않은** 것은?

16 2차

① 성폭력범죄의 피해자가 19세 미만이거나 신체적인 또는 정신적인 장애로 사물을 변별하거나 의사를 결정할 능력이 미약한 경우에는 피해자의 진술 내용과 조사과정을 비디오녹화기 등 영상물 녹화장치로 촬영·보존하여야 한다.

② 「성폭력범죄의 처벌 등에 관한 특례법」 제2조 제3호 및 제4호의 죄와 제3조부터 제9조까지의 죄는 디엔이이(DNA) 증거 등 그 죄를 증명할 수 있는 과학적인 근거가 있는 때에는 공소시효가 20년 연장된다.

③ 성폭력범죄에 대하여는 자기 또는 배우자의 직계존속을 고소할 수 있다.

④ 신체적인 또는 정신적인 장애가 있는 사람에 대하여 「형법」 제298조 강제추행의 죄를 범한 경우에는 공소시효를 적용하지 아니한다.

> **해설**
>
> ② 「성폭력범죄의 처벌 등에 관한 특례법」 제2조 제3호 및 제4호의 죄와 제3조부터 제9조까지의 죄는 디엔에이(DNA) 증거 등 그 죄를 증명할 수 있는 과학적인 증거가 있는 때에는 **공소시효가 10년 연장된다.**(성폭력범죄의 처벌 등에 관한 특례법 제21조 제2항)

ANSWER 008 ③ 009 ②

010 성폭력 사건에 대한 설명 중 옳지 <u>않은</u> 것은 모두 몇 개인가?

11 경간

> ㉠ 성범죄는 일반적으로 증거자료가 부족하고 자백 등에 의존하는 경우가 많다.
> ㉡ 강간사건의 수사에 있어서 제일 첫 단계로 신속한 범인 검거를 위해 피해자를 통한 피의자의 인적 사항 특정이 행해져야 한다.
> ㉢ 강간죄의 실행착수 시기는 폭행·협박시이다.
> ㉣ 13세 미만의 미성년자와 단순히 간음한 경우 성폭력범죄의처벌등에관한특례법 위반으로 처벌된다.
> ㉤ 성폭력 현장 출동 경찰관은 전문상담 및 치료를 위해 피해자에게 성폭력 NGO 연락처 등을 고지하고 피해자 안내서를 배부한다.

① 1개   ② 2개   ③ 3개   ④ 4개

해설

㉡ 현장 도착 경찰관이 제일 먼저 해야 할 일은 피해자를 병원으로 후송하여 치료하도록 하는 것이다.
㉣ 13세 미만 미성년자와 단순히 간음한 경우 「**형법**」 **제305조 미성년자 의제강간죄**로 처벌된다.(형법 제305조)

011 「성폭력범죄의처벌등에관한특례법」상 영상녹화에 대한 다음 설명 중 가장 옳은 것은?

12 3차

① 성폭력범죄의 피해자가 13세 미만이거나 신체적인 또는 정신적인 장애로 사물을 변별하거나 의사를 결정할 능력이 미약한 경우에는 피해자의 진술 내용과 조사 과정을 비디오녹화기 등 영상물 녹화장치로 촬영·보존하여야 한다. 다만, 피해자 또는 법정대리인이 이를 원하지 아니하는 의사를 표시한 경우에는 촬영을 하여서는 아니된다.

② 촬영한 영상물에 수록된 피해자의 진술은 공판준비기일 또는 공판기일에 피해자나 조사 과정에 동석하였던 신뢰관계에 있는 사람의 진술에 의하여 그 성립의 진정함이 인정된 경우에 증거로 할 수 있다.

③ 수사기관은 조사완료 후 피해자 또는 법정대리인으로부터 신청이 있으면 영상물 촬영과정에서 작성한 조서의 원본을 신청인에게 발급하여야 한다.

④ 검사 또는 사법경찰관은 성폭력범죄의 피해자를 조사하거나 심리·재판할 때 피해자가 편안한 상태에서 진술할 수 있는 환경을 조성하여야 하며, 조사 및 심리·재판 횟수는 최대한으로 하여야 한다.

> **해설**
>
> ① 성폭력범죄의 피해자가 **19세 미만**이거나 신체적인 또는 정신적인 장애로 사물을 변별하거나 의사를 결정할 능력이 미약한 경우에는 피해자의 진술 내용과 조사 과정을 비디오녹화기 등 영상물 녹화장치로 촬영·보존하여야 한다. 다만, 피해자 또는 법정대리인이 이를 원하지 아니하는 의사를 표시한 경우에는 촬영을 하여서는 아니된다.
>
> ③ 검사 또는 사법경찰관은 피해자 또는 법정대리인이 신청하는 경우에는 영상물 촬영 과정에서 작성한 조서의 **사본**을 신청인에게 발급하거나 영상물을 재생하여 시청하게 하여야 한다.
>
> ④ 수사기관과 법원은 성폭력범죄의 피해자를 조사하거나 심리·재판할 때 피해자가 편안한 상태에서 진술할 수 있는 환경을 조성하여야 하며, 조사 및 심리·재판 횟수는 필요한 범위에서 **최소한**으로 하여야 한다.

012 최근성폭력범죄 등 강력범죄에 대한 방안으로 위치추적에 대한 관심이 높아지고 있다. 전차장치 부착명령의 청구와 관련,「특정 범죄자에 대한 보호관찰 및 전자장치 부착 등에 관한 법률」( ) 안에 들어갈 내용으로 가장 적절하게 연결한 것은?

12
3차변형

제5조(전자장치 부착명령의 청구)

① ( )는(은) 다음 각 호의 어느 하나에 해당하고, 성폭력범죄를 다시 범할 위험성이 있다고 인정되는 사람에 대하여 전자장치를 부착하도록 하는 명령(이하 "부착명령"이라 한다)을 법원에 청구할 수 있다.

1. 성폭력범죄로 징역형의 실형을 선고받은 사람이 그 집행을 종료한 후 또는 집행이 면제된 후 ( )년 이내에 성폭력범죄를 저지른 때
2. 성폭력범죄로 이 법에 따른 전자장치를 부착받은 전력이 있는 사람이 다시 성폭력범죄를 저지른 때
3. 성폭력범죄를 2회 이상 범하여(유죄의 확정판결을 받은 경우를 포함한다) 그 습벽이 인정된 때
4. ( )세 미만의 사람에 대하여 성폭력범죄를 저지른 때

---

① 검사 – 10 – 19

② 사법경찰관 – 10 – 19

③ 검사 – 5 – 13

④ 검사 – 5 – 19

해설

특정 범죄자에 대한 보호관찰 및 전자장치 부착 등에 관한 법률(전자장치부착법)

제5조(전자장치 부착명령의 청구)

① (**검사**)는 다음 각 호의 어느 하나에 해당하고, 성폭력범죄를 다시 범할 위험성이 있다고 인정되는 사람에 대하여 전자장치를 부착하도록 하는 명령(이하 "부착명령"이라 한다)을 법원에 청구할 수 있다.

1. 성폭력범죄로 징역형의 실형을 선고받은 사람이 그 집행을 종료한 후 또는 집행이 면제된 후 (**10**)년 이내에 성폭력범죄를 저지른 때
2. 성폭력범죄로 이 법에 따른 전자장치를 부착받은 전력이 있는 사람이 다시 성폭력범죄를 저지른 때
3. 성폭력범죄를 2회 이상 범하여(유죄의 확정판결을 받은 경우를 포함한다) 그 습벽이 인정된 때
4. (**19세 미만**)의 사람에 대하여 성폭력범죄를 저지른 때
5. 신체적 또는 정신적 **장애**가 있는 사람에 대하여 성폭력범죄를 저지른 때

013

16 승진

「특정 범죄자에 대한 보호관찰 및 전자장치 부착 등에 관한 법률」에 따라 전자장치부착명령 청구 대상에 대한 설명 중 가장 적절하지 않은 것은?

① 성폭력범죄로 징역형의 실형을 선고받은 사람이 그 집행을 종료한 후 또는 집행이 면제된 후 20년 이내에 성폭력범죄를 저지른 경우
② 성폭력범죄로 이 법에 따른 전자장치를 부착받은 전력이 있는 사람이 다시 성폭력범죄를 저지른 때
③ 19세 미만의 사람에 대하여 성폭력범죄를 저지른 때
④ 신체적 또는 정신적 장애가 있는 사람에 대하여 성폭력범죄를 저지른 때

> 해설
>
> ① 검사는 성폭력범죄로 징역형의 실형을 선고받은 사람이 그 집행을 종료한 후 또는 집행이 면제된 후 **10년** 이내에 성폭력범죄를 저지른 때에 해당하고, 성폭력범죄를 다시 범할 위험성이 있다고 인정되는 사람에 대하여 전자장치를 부착하도록 하는 명령을 법원에 청구할 수 있다.(특정 범죄자에 대한 보호관찰 및 전자장치 부착 등에 관한 법률 제5조 제1항 제1호)

014

15 3차

「특정 범죄자에 대한 보호관찰 및 전자장치 부착 등에 관한 법률」상 검사가 법원에 전자장치 부착명령을 청구할 수 있는 사유에 해당하지 않는 것은?(단, 성폭력범죄를 다시 범할 위험성이 있다고 전제함)

① 신체적 또는 정신적 장애가 있는 사람에 대하여 성폭력범죄를 저지른 때
② 19세 미만의 사람에 대하여 성폭력범죄를 저지른 때
③ 성폭력범죄로 벌금형을 선고받은 사람이 그 집행을 종료한 후 또는 집행이 면제된 후 10년 이내에 성폭력범죄를 저지른 때
④ 성폭력범죄로 이 법에 따른 전자장치를 부착받은 전력이 있는 사람이 다시 성폭력범죄를 저지른 때

> 해설
>
> ③ 검사는 성폭력범죄로 **징역형의 실형**을 선고받은 사람이 그 집행을 종료한 후 또는 집행이 면제된 후 10년 이내에 성폭력범죄를 저지른 때에 해당하고, 성폭력범죄를 다시 범할 위험성이 있다고 인정되는 사람에 대하여 전자장치를 부착하도록 하는 명령을 법원에 청구할 수 있다.(특정 범죄자에 대한 보호관찰 및 전자장치 부착 등에 관한 법률 제5조 제1항 제1호)

ANSWER   013 ①   014 ③

015 「특정 범죄자에 대한 보호관찰 및 전자장치 부착 등에 관한 법률」특정 범죄자에

10 2차
대한 위치추적 전자장치 부착 등에 관한 법률의 내용으로 가장 옳지 <u>않은</u> 것은?

① 만 19세 미만의 자에 대하여 부착명령을 선고한 때에는 19세에 이르기까지 이 법에 따른 전자장치를 부착할 수 없다.

② 부착명령을 선고받은 사람은 부착기간 동안 「보호관찰 등에 관한 법률」에 따른 보호관찰을 받는다.

③ 부착명령 청구사건의 판결은 특정범죄사건의 판결과 동시에 선고하여야 한다.

④ 부착명령의 선고는 특정범죄사건의 양형에 유리하게 참작할 수 있다.

해설

④ 부착명령의 선고는 특정범죄사건의 양형에 유리하게 참작되어서는 아니된다.(특정 범죄자에 대한 보호관찰 및 전자장치 부착 등에 관한 법률 제9조 제7항)

016 「성폭력범죄자의 성충동 약물치료에 관한 법률」상 약물치료의 요건으로 가장 적절

15 승진
하지 <u>않은</u> 것은?

① 비정상적 성적 충동이나 욕구를 억제하거나 완화하기 위한 것으로서 의학적으로 알려진 것일 것

② 과도한 신체적 부작용을 초래하지 아니할 것

③ 대상자가 선택권을 행사할 수 있는 복수의 방법일 것

④ 의학적으로 알려진 방법대로 시행될 것

해설

③ 대상자가 선택권을 행사할 수 있는 복수의 방법일 것은 「성폭력범죄자의 성충동 약물치료에 관한 법률」상 약물치료의 요건이 아니다.

약물치료의 요건(성폭력범죄자의 성충동 약물치료에 관한 법률 제3조)
약물치료는 다음 각 호의 요건을 모두 갖추어야 한다. 1. 비정상적 성적 충동이나 욕구를 억제하거나 완화하기 위한 것으로서 의학적으로 알려진 것일 것 2. 과도한 신체적 부작용을 초래하지 아니할 것 3. 의학적으로 알려진 방법대로 시행될 것

017 「성폭력범죄자의 성충동 약물치료에 관한 법률」에 관한 다음 설명 중 가장 적절하
14 2차   지 <u>않은</u> 것은?

① 검사는 사람에 대하여 성폭력범죄를 저지른 성도착증 환자로서 성폭력범죄
를 다시 범할 위험성이 있다고 인정되는 18세 이상의 사람에 대하여 약물치
료명령을 법원에 청구할 수 있다.

② 검사는 치료명령 청구대상자에 대하여 정신건강의학과 전문의의 진단이나
감정을 받은 후 치료명령을 청구하여야 한다.

③ 치료명령의 청구는 공소가 제기되거나 치료감호가 독립청구된 성폭력범죄사
건의 항소심 변론종결 시까지 하여야 한다.

④ 피고사건에 대하여 판결의 확정 없이 공소가 제기되거나 치료감호가 독립청
구된 때부터 15년이 지나면 치료명령을 청구할 수 없다.

해설
① 검사는 사람에 대하여 성폭력범죄를 저지른 성도착증 환자로서 성폭력범죄를 다시 범할 위험성
이 있다고 인정되는 **19세 이상의 사람**에 대하여 약물치료명령을 법원에 청구할 수 있다.(성폭력
범죄자의 성충동약물치료에 관한 법률 제4조 제1항)

018 성폭력범죄와 관련하여 적절한 것으로 연결된 것은?

17 승진

⊙ 「성폭력범죄자의 성충동 약물치료에 관한 법률」상 성폭력범죄의 피해자가 19세 미만이거나 신체적인 또는 정신적인 장애로 사물을 변별하거나 의사를 결정할 능력이 미약한 경우에는 피해자의 진술 내용과 조사 과정을 비디오녹화기 등 영상물 녹화장치로 촬영·보존하여야 한다.

ⓒ 「성폭력범죄자의 성충동 약물치료에 관한 법률」상 특정한 성폭력 범죄의 경우 디엔에이 증거 등 그 죄를 증명할 수 있는 과학적인 증거가 있는 때에는 공소시효가 10년 연장되고, 14세 미만의 사람 및 신체적인 또는 정신적인 장애가 있는 사람에 대하여 강간의 죄를 범한 경우에는 공소시효를 적용하지 아니한다.

ⓒ 「성폭력범죄자의 성충동 약물치료에 관한 법률」상 법원은 치료명령 청구가 이유 있다고 인정하는 때에는 10년의 범위에서 치료기간을 정하여 판결로 치료명령을 선고하고, 치료명령을 받은 사람은 그 판결이 확정된 후 집행을 받지 아니하고 함께 피고사건의 형의 시효 또는 치료감호의 시효가 완성되면 그 집행이 면제된다.

① 없음　　　　② ⊙　　　　③ ⊙ⓒ　　　　④ ⊙ⓒ

해설

ⓒ 「성폭력범죄자의 성충동 약물치료에 관한 법률」 제2조 제3호 및 제4호의 죄와 제3조부터 제9조까지의 죄는 디엔에이(DNA)증거 등 그 죄를 증명할 수 있는 과학적인증거가 있는 때에는 **공소시효가 10년 연장**되고(성폭력범죄의 처벌 등에 관한 특례법 제21조 제2항), 13세 미만의 사람 및 신체적인 또는 정신적인 장애가 있는 사람에 대하여 강간의 죄를 범한 경우에는 공소시효를 적용하지 아니한다.(성폭력범죄의처벌 등에 관한 특례법 제21조 제3항)

ⓒ 법원은 치료명령 청구가 이유 있다고 인정하는 때에는 **15년의 범위에서 치료기간을 정하여 판결로 치료명령을 선고**하여야 한다.(성폭력범죄자의 성충동 약물치료에 관한 법률 제8조 제1항)

019 다음 유괴범 수사에 대한 설명 중 가장 옳은 것은?

11 경간

① 유괴사범은 우발적으로 발생하는 경우가 많고, 공범자가 있는 경우가 대부분 이다.

② 긴급한 경우 법원의 허가 없이 통신제한조치를 할 수 있고, 이 때 법원의 사후허가 역시 필요하지 않다.

③ 현장 잠복시 잠복요원은 잠복지정장소로 신속하게 직행한다.

④ 발신지 추적을 위해 전화국에도 담당형사를 별도로 배치한다.

> **해설**
>
> ① 유괴사건은 **계획성**을 특징으로 하며, 감금과 전화를 이용한 협박을 수반한다. 공범자가 있는 것이 대부분이며, 연고감 및 지리감이 있는 경우가 많고, 유괴사건의 범행객체는 주로 어린이와 부녀자이다.
> ② 검사, 사법경찰관 또는 정보수사기관의 장은 긴급통신제한조치의 집행착수 후 **지체 없이 법원**에 허가청구를 하여야 하며, 그 긴급통신제한조치를 한 때부터 **36시간 이내에 법원의 허가를 받지 못한 때에는 즉시 이를 중지하여야 한다.**(통신비밀보호법 제8조 제2항)
> ③ 잠복을 위한 요원들은 지정장소로 직행하지 말고 **주변으로 우회하여 잠복장소로 진출**하여야 한다.

020 미성년자 약취·유인범의 얼굴, 성명 및 나이 등 신상에 관한 정보 공개와 관련하여

13 승진 특정강력범죄의 처벌에 관한 특례법 상 규정된 요건 중 가장 적절하지 <u>않은</u> 것은?

① 범행수단이 잔인하고 중대한 피해가 발생한 특정강력범죄사건일 것

② 피의자가 그 죄를 범하였다고 믿을 만한 충분한 증거가 있을 것

③ 국민의 알권리 보장, 피의자의 재범방지 및 범죄예방 등 오로지 공공의 이익을 위하여 필요할 것

④ 피의자가 청소년에 해당할 경우 재범의 우려가 있을 것

> **해설**
>
> ④ 검사와 사법경찰관은 피의자가 「청소년 보호법」 제2조제1호의 **청소년에 해당하지 아니할 때에** 특정강력범죄 사건의 피의자 얼굴, 성명 및 나이 등 신상에 관한 정보를 공개할 수 있다.(특정강력범죄의 처벌에 관한 특례법 제8조의2 제1항 제4호)
>
> **피의자의 얼굴 등 공개(특정강력범죄의 처벌에 관한 특례법 제8조의2)**
>
> ① 검사와 사법경찰관은 다음 각 호의 요건을 모두 갖춘 특정강력범죄사건의 피의자의 얼굴, 성명 및 나이 등 신상에 관한 정보를 공개할 수 있다. 〈개정 2011. 9. 15.〉
> 1. 범행수단이 잔인하고 중대한 피해가 발생한 특정강력범죄사건일 것
> 2. 피의자가 그 죄를 범하였다고 믿을 만한 충분한 증거가 있을 것
> 3. 국민의 알권리 보장, 피의자의 재범방지 및 범죄예방 등 오로지 공공의 이익을 위하여 필요할 것
> 4. 피의자가 「청소년 보호법」 제2조제1호의 청소년에 해당하지 아니할 것
> ② 제1항에 따라 공개를 할 때에는 피의자의 인권을 고려하여 신중하게 결정하고 이를 남용하여서는 아니된다.

021 전화협박사건 발생 시 범인의 육성녹음 요령에 대한 설명 중 가장 옳은 것은?

11 승진

① 방전되어 녹음하지 못할 경우를 대비하여 녹음기 전원 스위치는 미리 켜지 말고 응대자(전화를 받는 사람)가 범인과 대화를 시작했을 때 켠다.

② 녹음용량에 한계가 있으므로 발신자가 범인임이 확인되었을 경우에만 녹음한다.

③ 응대자를 수화기에서 약간 멀리 떨어지게 하여 범인의 목소리를 더 크게 녹음한다.

④ 볼륨의 조정은 상대방의 목소리보다 수신자가 작으므로 수신자를 기준으로 한다.

해설

① 녹음기에 전원스위치를 켜고 대기하고 있다가, 전화기의 **벨이 울리면 바로 받지 말고 녹음기를 먼저 작동**시키고 2회 정도 벨의 음을 녹음한 후 벨이 울리고 난 직후에 수화기를 든다.

② 전화가 언제 범인으로부터 걸려올지 모르므로 **발신자가 누구인지를 막론하고 수신할 때마다 녹음**하여 둔다. 만약 범인의 전화가 아니라면 스위치를 끈다.

④ 전화의 녹음은 이쪽의 목소리가 상대방의 목소리보다도 크게 녹음이 되므로, 이어폰으로 들으면서 **상대방의 목소리에 중점**을 두어 음량을 조절한다.

022

12 3차

다음은 전화에 의한 협박사건의 수사시 전화녹음방법에 대한 내용이다. 가장 적절하지 않은 것은?

① 커플러 녹음법-전화수화기에 커플러를 부착하여 전자기적인 방법으로 녹음하는 것으로, 쉽고 정확한 음성을 채취할 수 있어 외국 수사기관에서 많이 사용된다.

② 로제트 방법-전화선에 직접 녹음하는 것으로, 가장 음질이 좋고 설치하기에 간편하여 휴대하기가 용이하다.

③ 음성정보채기록장치-수사를 목적으로 특수 제작된 전화음성 녹음장치로, 송수화기를 들면 자동으로 녹음되게 하고 통화 도중에 녹음하는 것도 가능하다.

④ 픽업코일방식-전화픽업을 전화기에 부착하여 녹음하는 방법이나, 녹음상태가 불량할 가능성이 있으므로 사전에 예비실험을 하여야 한다.

해설

② 로제트 방법 – 전화선에 직접 녹음하는 것으로 가장 음질이 좋으나 설치에 어려움이 있어 고정적으로 설치해 놓을 때에는 효과적이다.

전화녹음 방법	
로제트 방법	전화선에 직접 녹음하는 것으로 가장 음질이 좋으나 설치에 어려움이 있어 고정적으로 설치해 놓을 때에는 효과적이다.
커플러 녹음법	전화수화기에 커플러를 부착하여 전자기적인 방법으로 녹음하는 것으로 가장 쉽고 정확한 음성을 채취할 수 있어 외국 수사기관에서 많이 사용된다.
픽업코일방식	전화픽업을 전화기에 부착하여 녹음하는 방법이나 녹음상태가 불량할 가능성이 있으므로 사전에 예비실험을 하여야 한다.
음성정보채기록장치	수사를 목적으로 특수 제작된 전화음성 녹음장치로 송·수화기를 들면 자동으로 녹음되기도 하고 통화 도중에 녹음하는 것도 가능하다.

ANSWER   022 ②

001 폭력행위 등 처벌에 관한 법률을 적용할 수 있는 경우는?

10
2차변형

11
해경 변형

① 상습적으로 친구에게 상해를 가한 경우
② 야간에 생모(生母)를 폭행하여 돈을 강취한 경우
③ 타인의 주거에 2인이 공동하여 침입한 경우
④ 위험한 물건을 휴대하고 타인의 재물을 손괴한 경우

해설

① 상습적으로 폭행, 협박, 상해 등을 범한 사람을 가중 처벌하는 규정은 삭제되었다. 〈2016. 1. 6 개정〉
② 야간에 폭행, 협박, 상해 등을 범한 사람을 가중 처벌하는 규정은 삭제되었다. 〈2006. 6. 25 개정〉
④ 단체나 다중(多衆)의 위력(威力)을 과시하거나, 흉기 등을 휴대하여 폭행, 협박, 상해 등을 범한 사람을 가중처벌하는 규정은 삭제되었다. 〈2016. 1. 6 개정〉
③ 폭력행위 등 처벌에 관한 법률 제2조 제2항

002 「폭력행위 등 처벌에 관한 법률」(이하 '폭처법')에 대한 설명 중 가장 옳은 것은?(다

11
경간변형

툼이 있는 경우 판례에 의함)

① 버스기사 등 운행 중인 자동차의 운전자를 폭행하는 자를 가중 처벌할 수 있도록 규정하고 있다.
② 주거침입, 퇴거불응, 재물손괴, 강도 등은 폭처법의 적용대상 범죄이다.
③ 야간에 상해한 경우, 2인 이상이 공동하여 폭행한 경우 등은 폭처법을 적용·처리하여야 한다.
④ 폭처법에는 사법경찰관리의 행정적 책임이 규정되어 있다.

해설

① 버스기사 등 운행중인 자동차의 운전자를 폭행하는 자를 가중 처벌할 수 있도록 규정되어 있는 법률은 「특정범죄 가중처벌 등에 관한 법률」이다.(특정범죄 가중처벌 등에 관한 법률 제5조의10 제1항)

폭력행위 등 처벌에 관한 법률 적용 대상 범죄(제2조 제2항)		
ⓐ (존속)폭행 ⓑ (존속)체포 ⓒ (존속)협박 ⓓ (존속)상해 ⓔ (존속)감금 ⓕ 주거침입		
ⓖ 공갈 ⓗ 재물손괴 ⓘ 강요 ⓙ 퇴거불응		

② 강도는 「폭력행위 등 처벌에 관한 법률」상 대상범죄가 아니다.
③ 야간에 폭행, 협박, 상해 등을 범한 사람을 가중 처벌하는 규정은 삭제되었다. 〈2006.6.25.〉

003 「가정폭력범죄의 처벌 등에 관한 특례법」에 대한 내용으로 옳지 <u>않은</u> 것은?

10 2차

① "가정폭력행위자"란 가정폭력범죄를 범한 사람 및 가정구성원인 공범을 말한다.

② "피해자"란 가정폭력범죄로 인하여 직·간접적으로 피해를 입은 사람을 말한다.

③ "가정보호사건"이란 가정폭력범죄로 인하여 이 법에 따른 보호처분의 대상이 되는 사건을 말한다.

④ 형법 제311조(모욕)의 죄는 "가정폭력범죄"에 해당된다.

해설

② "피해자"란 가정폭력범죄로 인하여 **직접적으로 피해를 입은 사람**을 말한다.

가정폭력 범죄(가정폭력범죄의 처벌 등에 관한 특례법 제2조 제3호)
ⓐ폭행 (존속폭행, 특수폭행) ⓑ체포 (존속체포, 중체포, 존속중체포, 특수체포) ⓒ협박(존속협박, 특수협박) ⓓ상해(존속상해, 중상해, 존속중상해, 특수상해) ⓔ유기(존속유기, 영아유기) ⓕ명예훼손(사자의 명예훼손, 출판물 등에 의한 명예훼손) ⓖ성폭력(강간, 유사강간, 강제추행, 준강간, 준강제추행, 강간 등 상해·치상, 강간 등 살인·치사, 미성년자에 대한 간음, 미성년자에 대한 간음·추행) ⓗ학대(존속학대) ⓘ아동혹사 ⓙ공갈(특수공갈) ⓚ재물손괴 ⓛ주거·신체 수색 ⓜ강요 ⓝ**모욕** ⓞ감금(존속감금, 중감금, 존속중감금, 특수감금) ⓟ위 범죄로서 다른 법률에 따라 가중처벌되는 죄

004 「가정폭력범죄의 처벌 등에 관한 특례법」(제2조)상 가정폭력범죄에 해당하지 <u>않는</u> 것은?

13 승진

① 약취·유인   ② 상해   ③ 명예훼손   ④ 모욕

해설

① 약취·유인은 「가정폭력범죄의 처벌 등에 관한 특례법」상 가정폭력범죄 대상범죄가 아니다.

005 「가정폭력범죄의 처벌 등에 관한 특례법」상 가정구성원에 해당하지 않는 자는?

10 1차

① 배우자(사실상 혼인관계에 있는 자를 포함) 또는 배우자관계에 있었던 자
② 자기 또는 배우자와 직계존비속관계(사실상 양친자관계를 포함)에 있거나 있었던 자
③ 계부모와 자의 관계 또는 적모와 서자의 관계에 있거나 있었던 자
④ 동거하는 친족관계에 있거나 있었던 자

해설

④ 동거하는 친족은 가정구성원에 해당한다.(가정폭력범죄의 처벌 등에 관한 특례법 제2조 제2호 라목) 다만, 동거하는 친족관계에 **있었던 자는 가정구성원에 해당하지 않는다.**

가정구성원(가정폭력범죄의 처벌 등에 관한 특례법 제2조 제2호)
가. 배우자(사실상 혼인관계에 있는 사람을 포함한다. 이하 같다) 또는 배우자였던 사람
나. 자기 또는 배우자와 직계존비속관계(사실상의 양친자관계를 포함한다. 이하 같다)에 있거나 있었던 사람
다. 계부모와 자녀의 관계 또는 적모(嫡母)와 서자(庶子)의 관계에 있거나 있었던 사람
라. 동거하는 친족

006 가정폭력범죄에 대한 설명으로 틀린 것은?

10 승진

① 아동혹사, 유기, 감금 등이 포함된다.
② 가정폭력은 가족구성원 간의 신체적, 정신적 피해만을 수반하는 경우이다.
③ 누구든지 가정폭력범죄를 알았을 때는 신고할 수 있다.
④ 가족구성원은 사실상의 혼인관계에 있는 자도 포함된다.

해설

② "가정폭력"이란 가정구성원 사이의 신체적, 정신적 또는 재산상 피해를 수반하는 행위를 말한다.(가정폭력범죄의 처벌 등에 관한 특례법 제2조 제1호)

007 다음 설명 중 가장 적절하지 <u>않은</u> 것은?

① 버스기사 등 운행 중인 자동차의 운전자를 폭행하는 자를 가중 처벌할 수 있 도록 규정되어 있는 법률은 「특정범죄 가중처벌 등에 관한 법률」이다.

② 「형법」상 모욕죄는 친고죄에 해당한다.

③ 「형법」상 강요죄는 「가정폭력범죄의 처벌 등에 관한 특례법」에 규정된 가정폭 력범죄에 해당되지 않는다.

④ 동거하는 친족은 「가정폭력범죄의 처벌 등에 관한 특례법」상 가정구성원에 해당된다.

> **해설**
> ③ 「형법」상 강요죄는 「가정폭력범죄의 처벌 등에 관한 특례법」에 규정된 **가정폭력범죄에 해당한다.**

008 다음은 「가정폭력범죄의 처벌 등에 관한 특례법」에 규정된 가정폭력범죄에 대한 설명으로 가장 적절하지 <u>않은</u> 것은?

① 가정폭력은 가정구성원 사이의 신체적, 정신적 또는 재산상 피해를 수반하는 행위이다.

② 배우자(사실상 혼인관계에 있는 사람을 제외) 또는 배우자였던 사람도 가정 구성원에 포함된다.

③ 누구든지 가정폭력범죄를 알게 된 경우에는 수사기관에 신고할 수 있다.

④ 피해자는 「형사소송법」 제224조에도 불구하고 가정폭력행위자가 자기 또는 배우자의 직계존속인 경우에도 고소할 수 있다.

> **해설**
> ② 배우자(사실상 혼인관계에 있는 사람을 **포함한다**) 또는 배우자였던 사람도 가정구성원에 포함된다.(가정폭력범죄의 처벌 등에 관한 특례법 제2조 제2호 가목)

009

11 1차

「가정폭력범죄의 처벌 등에 관한 특례법」상 가정폭력에 대한 설명 중 옳지 <u>않은</u> 것은 모두 몇 개인가?

> ㉠ 가정폭력범죄에는 형법상 상해, 폭행, 유기, 아동혹사, 명예훼손, 약취·유인 등의 범죄가 포함된다.
> ㉡ 누구든지 가정폭력범죄를 알게 된 때에는 이를 수사기관에 신고할 수 있다.
> ㉢ 피해자는 형사소송법 제224조(고소의 제한)의 규정에 불구하고 행위자가 자기 또는 배우자의 직계존속인 경우에도 고소할 수 있다.
> ㉣ "가정구성원"이란 배우자(사실상 혼인관계에 있는 사람을 포함) 또는 배우자였던 사람, 자기 또는 배우자와 직계존비속관계(사실상의 양친자관계를 포함)에 있거나 있었던 사람, 계부모와 자녀의 관계 또는 적모와 서자의 관계에 있거나 있었던 사람, 동거하는 친족에 있거나 있었던 자를 말한다.

① 1개   ② 2개   ③ 3개   ④ 4개

해설

㉠ 약취·유인은「가정폭력범죄의 처벌 등에 관한 특례법」상 가정폭력범죄 대상범죄가 아니다.
㉣ 동거하는 친족관계에 **있었던 자**는 **가정구성원에 해당하지 않는다.**

010

14 1차

「가정폭력범죄의 처벌 등에 관한 특례법」상 가정폭력에 대한 설명으로 적절하지 <u>않은</u> 것은 모두 몇 개인가?

> ㉠ 동거하는 친족관계에 있거나 있었던 사람도 가족구성원에 포함된다.
> ㉡ 가정폭력은 가정구성원 사이의 신체적, 정신적인 피해를 수반하는 행위뿐만 아니라 재산상 피해를 수반하는 행위도 포함한다.
> ㉢ 누구든지 가정폭력범죄를 알게 된 때에는 이를 수사기관에 신고할 수 있다.
> ㉣ 피해자에게 고소할 법정대리인이나 친족이 없는 경우 이해관계인의 신청이 있으면 검사는 7일 이내에 고소할 수 있는 자를 지정하여야 한다.
> ㉤ 피해자는 형사소송법 제224조(고소의 제한)의 규정에도 불구하고 행위자가 자기 또는 배우자의 직계존속을 고소할 수 있다.
> ㉥ 가정폭력범죄에는 형법상 절도가 포함된다.

① 1개   ② 2개   ③ 3개   ④ 4개

해설

㉠ 동거하는 친족은 가정구성원에 해당한다.
㉣ 피해자에게 고소할 법정대리인이나 친족이 없는 경우에 이해관계인이 신청하면 검사는 **10일** 이내에 고소할 수 있는 사람을 지정하여야 한다.(가정폭력범죄의 처벌 등에관한 특례법 제2조 제2호 라목) 다만, 동거하는 친족관계에 **있었던 자**는 **가정구성원에 해당하지 않는다.**
㉥ 절도는 「가정폭력범죄의 처벌 등에 관한 특례법」상 가정폭력범죄 대상범죄가 아니다.

011 「가정폭력범죄의 처벌 등에 관한 특례법」상 사법경찰관이 검사에게 신청할 수 있
16 승진 는 임시조치 내용 중 가장 적절하지 <u>않은</u> 것은?

① 피해자 또는 가정구성원의 주거로부터의 퇴거

② 피해자주거 100미터 이내의 접근 금지

③ 피해자에 대한 「전기통신기본법」 제2조제1호의 전기통신을 이용한 접근 금지

④ 의료기관이나 그 밖의 요양소에의 위탁

해설

④ **판사**는 가정보호사건의 원활한 조사·심리 또는 피해자 보호를 위하여 필요하다고 인정하는 경
우에는 결정으로 가정폭력행위자에게 의료기관이나 그 밖의 요양소에의 위탁에 해당하는 임시조
치를 할 수 있다.(가정폭력범죄의 처벌 등에 관한 특례법 제29조 제1항 제4항) 의료기관이나 그
밖의 요양소의 위탁은 **법원의 임시조치에 해당**한다.

사법경찰관의 임시조치(가정폭력범죄의 처벌 등에 관한 특례법 제8조)
1. 피해자 또는 가정구성원의 주거 또는 점유하는 방실(房室)로부터의 퇴거 등 격리
2. 피해자 또는 가정구성원의 주거, 직장 등에서 100미터 이내의 접근 금지
3. 피해자 또는 가정구성원에 대한 「전기통신기본법」 제2조제1호의 전기통신을 이용한 접근 금지
4. 의료기관이나 그 밖의 요양소에의 위탁
5. 국가경찰관서의 유치장 또는 구치소에의 유치

012

12 1차

다음 중 「가정폭력범죄의 처벌 등에 관한 특례법」상 긴급임시조치에 관한 설명으로 **틀린** 것은 모두 몇 개인가?

> ㉠ 「가정폭력범죄의 처벌 등에 관한 특례법」상 긴급임시조치권자는 검사이다.
> ㉡ 피해자나 법정대리인의 신청이 있는 경우에 한한다.
> ㉢ 전기통신을 이용한 접근금지를 내용으로 하는 긴급임시조치도 가능하다.
> ㉣ 응급조치에도 불구하고 가정폭력범죄가 재발될 우려가 있고 긴급을 요하여 법원의 임시조치 결정을 받을 수 없는 경우에 가능하다.
> ㉤ 긴급임시조치를 한 경우 48시간 이내에 체포영장을 청구하여야 한다.

① 2개   ② 3개   ③ 4개   ④ 모두

해설

㉠ 「가정폭력범죄의 처벌 등에 관한 특례법」상 긴급임시조치권자는 **사법경찰관**이다.(가정폭력범죄의 처벌 등에 관한 특례법 제8조의2 제1항)

㉡ 사법경찰관은 제5조에 따른 응급조치에도 불구하고 가정폭력범죄가 재발될 우려가 있고, 긴급을 요하여 법원의 임시조치 결정을 받을 수 없을 때에는 **직권 또는 피해자나 그 법정대리인의 신청**에 의하여 제29조 제1항 제1호부터 제3호까지의 어느 하나에 해당하는 조치(긴급임시조치)를 할 수 있다. 가정폭력범죄의 처벌 등에 관한 특례법 제8조의2 제1항)

㉤ 사법경찰관이 긴급임시조치를 한 때에는 지체 없이 검사에게 임시조치를 신청하고, 신청받은 검사는 법원에 임시조치를 청구하여야 한다. 이 경우 임시조치의 청구는 긴급 임시조치를 한 때부터 48시간 이내에 청구하여야 하며, 긴급임시조치결정서를 첨부하여야 한다.(가정폭력범죄의 처벌 등에 관한 특례법 제8조의3 제1항)

013 현행 가정폭력범죄의 처벌 등에 관한 특례법상 경찰의 수사상 고려해야 하는 사항으로 가장 적절한 것은?

11 2차

① 경찰은 가정폭력사건을 검사에게 송치시 해당사건의 보호사건 처리여부 의견을 검사에게 제시하여야 한다.
② 가정폭력행위자가 피해자의 법정대리인인 경우 피해자의 친족이 고소할 수 있다.
③ 피해자에게 고소할 친족이 없는 경우 검사는 10일 이내에 고소할 수 있는 사람을 지정할 수 있다.
④ 피해자는 가정폭력행위자가 자기의 직계존속인 경우 고소할 수 없다.

해설

① 사법경찰관은 가정폭력범죄를 신속히 수사하여 사건을 검사에게 송치하여야 한다. 이 경우 사법경찰관은 해당 사건을 가정보호사건으로 처리하는 것이 적절한지에 관한 의견을 **제시할 수 있다.**(가정폭력범죄의 처벌 등에 관한 특례법 제7조)
③ 피해자에게 고소할 법정대리인이나 친족이 없는 경우에 이해관계인이 신청하면 검사는 10일 이내에 고소할 수 있는 사람을 **지정하여야 한다.**(가정폭력범죄의 처벌 등에 관한 특례법 제6조 제3항)
④ 피해자는 「형사소송법」 제224조에도 불구하고 가정폭력행위자가 자기 또는 배우자의 **직계존속인 경우에도 고소할 수 있다.** 법정대리인이 고소하는 경우에도 또한 같다.(가정폭력범죄의 처벌 등에 관한 특례법 제6조 제2항)

014 가정폭력범 수사시 응급조치보고서에 기재되는 내용이 아닌 것은?

10 승진

① 행위자 성명
② 행위자의 성격 · 행상 · 경력
③범죄사실의 요지
④ 피해자와의 관계

해설

② 행위자의 성격 · 행상 · 경력은 환경조사서 기재사항에 해당한다.(범죄수사규칙 제226조)
①③④ 범죄수사규칙 제225조 제3항

환경조사서	㉠ 범죄의 원인 및 동기
	㉡ 행위자의 성격 · 행상 · 경력 · 교육정도 · 가정상황 그 밖의 환경 등
응급조치보고서	㉠ 가정폭력 행위자의 성명. 주소, 생년월일, 직업
	㉡ 피해자와 신고자의 성명
	㉢ 피해자의 관계
	㉣ 범죄사실 요지
	㉤ 가정상황
	㉥ 응급조치의 내용 등

015 가정폭력사건 처리에 대한 설명으로 옳은 것은 모두 몇 개인가?

> ㉠ 「가정폭력범죄의 처벌 등에 관한 특례법」상 가정구성원에는 자기 또는 배우자의 직계존·비속 관계에 있거나 있었던 자는 해당하나 사실상의 혼인관계에 있는 자는 포함되지 않는다.
> ㉡ 가정폭력사건 발생시 작성하는 환경조사서에는 행위자의 교육정도, 범죄사실의 요지, 행위자의 성격을 기재한다.
> ㉢ 피해자에게 고소할 법정대리인이나 친족이 없는 경우 이해관계인의 신청이 있으면 검사는 7일 이내에 고소할 수 있는 자를 지정하여야 한다.
> ㉣ 임시조치 중 격리 및 접근금지의 임시조치는 1회에 한하여 연장 가능하다.
> ㉤ 피해자와의 법정대리인이 폭력행위자인 경우에는 피해자의 친족이 고소할 수 있다.
> ㉥ 아동·60세 이상의 노인 기타 정상적인 판단능력이 결여된 자의 치료 등을 담당하는 의료인 및 의료기관의 장은 직무를 수행하면서 가정폭력 범죄를 알게 된 경우 즉시 수사기관에 신고하여야 한다.

① 1개   ② 2개   ③ 3개   ④ 4개

해설

㉠ "가정구성원"이란 배우자(**사실상 혼인관계에 있는 사람을 포함한다**) 또는 배우자였던 사람, 자기 또는 배우자와 직계존비속관계(사실상의 양친자관계를 포함한다. 이하 같다)에 있거나 있었던 사람, 계부모와 자녀의 관계 또는 적모(嫡母)와 서자(庶子)의 관계에 있거나 있었던 사람, 동거하는 친족을 말한다.(가정폭력범죄의 처벌 등에 관한 특례법 제2조 제2호)
㉡ 범죄사실의 요지는 환경조사서 기재사항이 아니라 **응급조치보고서 기재**사항에 해당한다.(범죄수사규칙 제225조 제3항)
㉢ 피해자에게 고소할 법정대리인이나 친족이 없는 경우에 이해관계인이 신청하면 검사는 10일 이내에 고소할 수 있는 사람을 지정하여야 한다.
㉣ 임시조치 기간은 기본적으로 2개월이며 2회에 한하여 연장이 가능하다. 다만, 유치장 유치의 임시조치기간은 **1개월이며 1회에 한하여 연장**이 가능하다.(가정폭력범죄의 처벌 등에 관한 특례법 제29조 제5항)

016 '남편인 甲이 2011. 1. 15. 02:00경 집에서 부인인 乙을 주먹으로 때려 폭행하고
있다'는 가정폭력신고를 받고 출동한 경찰관의 조치사항 중 가장 옳은 것은?

11 승진

① 폭력행위자의 제지가 있을 경우, 피해자의 고소장이 없다면 고소장을 받고
  집으로 들어가야 하며 강제로 방으로 들어가서는 안 된다.
② 피해자의 동의가 있으면 피해자를 가정폭력 관련 상담소 또는 보호시설에 인
  도한다.
③ 다른 임시조치를 위반하지 않더라도 가정폭력범죄가 재발될 우려가 있다고
  인정되면 경찰관이 직접 '경찰관서 유치장 유치'의 임시조치를 한다.
④ 폭력행위의 재발시 경찰관이 직접 '접근금지'의 임시조치를 한다.

해설

① 경찰관이 이웃의 신고를 받고 현장도착시 폭력이 행해지고 있으나 당사자가 들어오지 못하게 제
지하는 경우 **경찰관직무집행법상 즉시강제**의 원리의 입각하여 방실에 강제로 들어가야 한다.
③ 검사는 가정폭력행위자가 제29조 제1항 제1호·제2호 또는 제3호의 임시조치 청구에 의하여 결
정된 임시조치를 위반하여 가정폭력범죄가 재발될 우려가 있다고 인정하는 경우에는 직권으로
또는 사법경찰관의 신청에 의하여 법원에 **국가경찰관서의 유치장 또는 구치소에의 유치의 임
시조치를 청구**할 수 있다.(가정폭력범죄의 처벌 등에 관한 특례법 제8조 제2항)
④ 검사는 가정폭력범죄가 재발될 우려가 있다고 인정하는 경우에는 직권으로 또는 사법경찰관의
신청에 의하여 법원에 임시조치를 청구할 수 있다.(가정폭력범죄의 처벌 등에 관한 특례법 제8조
제1항) **임시조치를 위해서는 법원의 결정**이 있어야 한다.

017 학교폭력의 특징에 대한 설명 중 가장 적절하지 <u>않은</u> 것은?

12 승진

① 폭력행태가 점점 조직화, 집단화 되는 추세에 있다.
② 뚜렷한 목적보다는 부주의·호기심 등 가해 이유나 동기가 불분명하고 계획
  적 범행이 많다.
③ 불법행위를 은폐하는 학교 측의 태도, 피해자의 미온적 대처는 지속적인 학
  교폭력을 조장하고 피해자의 무력감을 증가시키는 요인이 된다.
④ 지속적으로 가해지는 학대적 폭력, 집단따돌림 등 새로운 형태의 심리적 폭
  력이 나타나고 있다.

해설

② 뚜렷한 목적보다는 부주의, 호기심 등 가해이유나 동기가 불분명하고 우발적 범행이 많다.

학교폭력 특징
㉠ 집단화, 흉포화, 잔인화 ㉡ 책임감과 죄의식의 부재 ㉢ 여학생 폭력의 증가 및 저연령화
㉣ 정신적 폭력의 증가 ㉤ 특정 상대방을 대상으로 지속적으로 가해지는 학대적 폭력, 집단따돌림 등 새로운 형태의 심리적 폭력이 나타나고 있다.
㉥ 불법행위를 은폐하는 학교 측의 태도, 피해자의 미온적 대처는 지속적인 학교폭력을 조장하고 피해자의 무력감을 증가시키는 요인이 된다.
㉦ 뚜렷한 목적보다는 부주의, 호기심 등 가해이유나 동기가 불분명하고 우발적 범행이 많다.

ANSWER   016 ②   017 ②

018 경찰청 현장매뉴얼 상 학교폭력사건 처리절차에 대한 설명으로 가장 적절하지 <u>않</u>은 것은?

15 승진

① 교내 학교폭력 관련 신고 출동시 학교장에게 사전 통지 없이 독자적으로 초동조치를 수행한다.

② 수업 중 또는 다수가 보는 앞에서 가해학생 연행은 금지된다.

③ 폭력이 종료된 경우에는 수업 종료 후 타인의 이목을 피하여 비공개 장소에서 면접한다.

④ 출동 경찰관은 가해학생 검거보다는 피해학생 보호를 우선해야 한다.

해설
① 교내 학교폭력 관련 신고 출동시 학교장에게 사전 통지 하고 학교장과 협조, 초동 조치를 수행한다.

019 「학교폭력 예방 및 대책에 관한 법률」제2조에서 규정하고 있는 용어에 대한 정의로 가장 적절하지 <u>않</u>은 것은?

15 3차

① "따돌림"이란 학교 내외에서 최소 5명 이상의 학생들이 특정인이나 특정집단의 학생들을 대상으로 지속적이거나 반복적으로 신체적 또는 심리적 공격을 가하여 상대방이 고통을느끼도록 하는 일체의 행위를 말한다.

② "사이버 따돌림"이란 인터넷, 휴대전화 등 정보통신기기를 이용하여 학생들이 특정 학생들을 대상으로 지속적, 반복적으로 심리적 공격을 가하거나, 특정 학생과 관련된 개인정보 또는 허위사실을 유포하여 상대방이 고통을 느끼도록 하는 일체의 행위를 말한다.

③ "가해학생"이란 가해자 중에서 학교폭력을 행사하거나 그 행위에 가담한 학생을 말한다.

④ "학교폭력"이란 학교 내외에서 학생을 대상으로 발생한 상해, 폭행, 감금, 협박, 약취·유인, 명예훼손·모욕, 공갈, 강요·강제적인 심부름 및 성폭력, 따돌림, 사이버 따돌림, 정보통신망을 이용한 음란·폭력 정보 등에 의하여 신체·정신 또는 재산상의 피해를 수반하는 행위를 말한다.

해설
① "따돌림"이란 학교 내외에서 **2명 이상**의 학생들이 특정인이나 특정집단의 학생들을 대상으로 지속적이거나 반복적으로 신체적 또는 심리적 공격을 가하여 상대방이 고통을 느끼도록 하는 일체의 행위를 말한다.(학교폭력예방 및 대책에 관한 법률 제2조 제1의 2호)

제2장

대물범죄

제2장 대물범죄

제1절 절도

1 절도범죄의 의의

(1) 개념

절도죄(竊盜罪)는 타인의 재물을 절취하는 죄로 6년 이하의 징역이나 1천만원 이하의 벌금에 처한다(형법 제329조). 재산죄의 분류상 재물죄, 영득죄, 탈취죄에 해당한다.

(2) 유형

① 단순절도(형법 제329조)

② 야간주거침입절도(형법 제330조)

③ 특수절도(형법 제331조)

㉠ 야간에 문호 또는 장벽 기타 건조물의 일부를 손괴하고 ②의 장소에 침입하여 타인의 재물을 절취하는 자는 1년 이상 10년 이하의 징역에 처한다.

㉡ 흉기를 휴대하거나 2인 이상이 합동하여 타인의 재물을 절취한 자도 ㉠의 형과 같다.

④ 자동차 등 불법사용(형법 제331조의2)

㉠ 권리자 동의 없이 타인의 자동차, 선박, 항공기 또는 원동기장지자전거를 일시 사용한 자는 3년 이하의 징역이나 500만원 이하의 벌금에 처한다.

㉡ 자동차 불법사용죄는 불법영득의 의사가 없어도 처벌된다.

㉢ 원동기장치자전거란 도로교통법상 125cc 이하의 이륜자동차와 50cc 미만의 원동기를 단 차를 말한다.

㉣ 친족상도례에 의하여 아버지의 것을 사용한 것은 형 면제하게 되며, 송치의견서에는 '공소권 없음'으로 송치한다.

⑤ 특정범죄가중처벌 등에 관한 법률상 상습절도(동법 제5조의 4)

⑥ 친족 간 범행의 특례

2 절도범죄의 수법

(1) 침입절도

야간 또는 주간에 침입이 용이한 곳을 통하거나 잠금장치를 파괴하고 주거 · 방실 · 건조물 등에 침입하는 방법이다.

(2) 방치물 절도

옥외 또는 노상에 방치된 물건을 훔치는 방법으로 범인특정이 어려우며 자동차 · 오토바이 절도가 많다.

(3) 날치기 기출

노상에서 타인의 물건을 잡아채서 도주하는 방법으로 부녀자 · 노인을 대상으로 하며 조직적으로 범행을 하고 상습범이 많다. 오토바이나 차량을 이용하는 오토바이치기 또는 차치기가 많다.

(4) 소매치기

타인의 재물을 주의를 돌리고 기술적으로는 철취하는 방법으로 물색, 접근, 이동의 수법을 사용한다.

(5) 들치기(Shoplifting)

척치기라고도 하며 백화점, 상점의 고객을 가장하여 **진열되어 있는 상품을 훔치는** 방법으로 부녀자, 상습범의 경우가 많다.

> **치기사범의 유형** 기출
>
> 1. 강도
>   - 가로치기: 돈 가진 사람을 따라가 행인을 덮치는 강도
>   - **행인치기(퍽치기)**: 길목을 지키다 행인을 덮치는 강도
>   - 돌변치기: 절도가 발각되자 강도로 변하는 것
>
> 2. 절도
>   - 소매치기: 째고빼기, 줄띠풀기, 끊고채기, 소매치기(맨손빼기)
>   - **들치기**
>   - 기타: 부축빼기, 날치기, 차치기 등

3 수사방법

(1) 현장수사

① 임장 및 탐문의 실시

신속하게 현장관찰과 탐문 후 채증을 한다. 이때 과거의 현장관찰내용도 참고한다.

② 현장검거활동

초동수사를 하고, 현장주변의 검문검색을 한다. 지역의 주민·피해대상자에 대하여도 절도사건의 개요 등을 알리고 용의자 발견한 경우에는 112신고 전화를 이용하여 신고를 하도록 한다.

③ 피해자와의 연락

㉠ 피해자에 대한 연락

㉡ 피해자에 대한 검거통지

피의자를 검거한 경우 피해자에게 통지한다. 피해품의 환부·취급 등을 통하여 피해자가 이미 피의자의 검거사실을 알고 있는 경우에는 통지를 생략할 수도 있다.

(2) 장물수사

절도사건의 피해품을 정확하게 파악하고한 수배와 장물처분장소(예 고물상, 사금융업자, 카센타, 금은방 등)에 대한 수사가 필요하다.

(3) 수법수사

절도현장에서 범인의 수법을 중심으로 동일수법의 용의자를 검색하여 수사대상을 좁혀간다.

절도범죄의 수사단계 _{기출}

> 피해자관계의 수사 ⇨ 현장수사 ⇨ 자료에 의한 수사 ⇨ 용의자 수사

1. 피해자관계의 수사
• 도난물품의 확인 •도난일시 및 장소의 확인 •도난품의 보관상태 확인 •도난당시의 가족들의 상황확인 •범인목격 여부에 대한 확인 •예상되는 용의자 확인을 통해 정보수집에 노력

2. 현장수사
• 현장보존 및 관찰 •탐문수사 및 현장검색의 실시

3. 자료에 의한 수사
• 감별수사 •유류품수사 •장물수사 •수법수사

4. 용의자 수사
• 신원관계, 범죄경력, 생활상태 •범행의 원인 및 동기 •피해자와의 관계
• 알리바이와 사건 전후의 동정 •현장과의 관련성 등을 수사하여 그가 진범인지 여부를 판단한다.

절도범죄의 수사요령기출

1. **현장중심**수사
- 주변 거주자로부터 범죄에 관계있는 사항의 검토
- 범인이 자주방문하는 장소에 대한 범행 전후의 행적수사
- 일정한 지역에 대한 장물과 범행도구 등의 발견

2. **범인중심**수사
- 수법, 인상착의, 프로파일링에 의한 수사

3. **피해자중심**수사
- 연고감수사: 친족 · 지인 등 피해자측과 어떤 관계가 있는 자의 물색
- 지리감 수사: 부근 거주자 등 지리적 사정에 밝은 자의 발견과 그 물색

4. 유류물(품) 수사
- 제조원 · 판매지 확인 모발, 분, 지문, 토사물, 공구흔 등 유류물 감정의뢰

5. 피해품중심수사(장물수사)
- 특징파악, 장물유통대상, 장물품표 발부

6. 탐문수사
- 목격자, 현장부근 거주자, 교통기관의 종사자, 전과자, 불량배 등

4 소매치기범죄의 수사

(1) 실태파악

피해신고를 바탕으로 소매치기가 자주 발생하는 장소, 시간대, 수법을 파악하고 관내의 인파운집장소(예 경마, 야구, 씨름, 축 · 제전, 백화점 · 슈퍼마켓의 세일 등)을 파악하여야 한다.

(2) 검거시기

① 장물을 빼내는 순간

② 공범자가 있는 경우에는 장물을 인도하였을 때

③ 장물을 빼내는 것을 보지 못하였을 때에는 피해확인 후

④ 미수범인 경우

　호주머니나 가방 속에 손이 들어 있을 때나, 가방·의류 등을 잘랐을 때

(3) 소매치기의 수법기출

째고빼기	포켓, 핸드백 등을 째고 하는 소매치기
끊고채기	목걸이 시계줄 등을 끊고 절취하는 소매치기
줄띠풀기	목걸이 시계줄 등을 풀어 절취하는 소매치기
소매치기 (맨손빼기)	맨손으로 호주머니의 금품을 빼내는 것
기타	시비를 걸고 싸우는 순간 공범이 만류하는 척하며 빼내는 것 등

소매치기 은어

깝지	소매치기들이 절취한 피해자의 지갑
바가지	소매치기들의 주요 범행대상이 되는 부녀자들의 핸드백
필	소매치기들이 핸드백 등을 찢을 때 사용하는 면도칼
박치기	조직 소매치기들이 당일 범행 모의를 위하여 매일 아침 특정 장소에서 회합하는 것
바닥식구	길거리 소매치기
도꾸다이	1명(또는 2명)이 하는 단독 소매치기
곰(아저씨)	형사
애비	소매치기 피해자
학고	조직 소매치기들의 범행이 주로 이루어지는 시내버스
땅굴	지하철

5 유의사항

(1) **범행의 동기**를 조사

(2) 사전준비에 의한 **계획범인지 우발적 범행**인지를 조사

　범행에 사용한 기구, 복장 등 준비관계를 조사한다.

(3) 범행의 **일시·장소**를 정확하게 조사

(4) **피해품**에 대하여 조사

　피해품의 명칭·수량·품질·가격 등을 구체적으로 밝힌다.

(5) 절취방법수사

소매치기, 들치기, 날치기 등에 해당하는 경우는 절취방법 조사하고 침입방법, 침입경로, 피의자들의 공모 및 행위분담관계 등을 조사한다.

(6) 장물처분 조사

절도죄는 상태범이므로, 절도범이 장물을 처분하는 것은 불가벌적 사후행위로서 처벌받지 않는다. 하지만 장물을 이용하여 다른 법익을 침해할 경우는 처벌받는다(예컨대 절취한 예금통장과 인장을 사용하여 예금을 인출할 때에는 절도죄 이외에 사문서위조 및 동행사죄와 사기죄).

(7) 발각, 체포된 사유를 조사

피해자의 신고, 불심검문, 자수, 타죄 조사 중에 발각되는 경우 등이 있는 바, 발각 또는 체포 경위는 양형에 영향을 준다.

(8) 피의자에게 불법영득의 의사가 있었는지를 조사

불법영득의사가 없는 사용절도는 절도죄는 성립하지 않지만 자동차 등 불법사용죄에 해당하는지는 살펴야 한다.

(9) 피해자와의 친족관계 유무를 조사

친족상도례는 피의자와 피해자의 관계에서 적용되는 것이고, 피의자 상호관계에는 적용되지 않는다. 절도죄에서 친족상도례는 직계혈족, 배우자, 동거친족, 가족 또는 배우자 간의 절도죄(절도, 야간주거침입절도, 특수절도, 자동차불법사용, 상습절도)는 **형을 면제하고, 그 외의 친족은 고소가 있어야 공소를 제기**할 수 있다.

(10) 합의관계(피해변상 여부 및 피해자의 처벌의사 유무)조사

합의관계는 정상관계에 중요한 영향을 미치므로 피해자의 처벌의사 유무를 확인할 필요가 있다.

6 압수도품의 환부

(1) 압수도품

압수도품이란 절도 또는 강도 등 재산범죄에 의하여 피해자의 의사에 따르지 않고 그 소지를 빼앗기거나 또는 피해자가 회복청구권을 가지는 것인데, 압수기관이 도품의 점유를 계속 취득하는 경우에 이것을 압수도품이라고 한다.

(2) 압수도품의 환부

① 압수도품의 환부 또는 가환부를 하는 데에 있어서 근거가 되는 법조

   ㉠ 압수물의 환부(형사소송법 제133조 제1항)

   ㉡ 압수물의 가환부(동법 제133조 제1항, 제2항)

   ㉢ 압수장물의 피해자환부(동법 제134조)

② 사법경찰관이 행한 압수물의 환부에 관한 처분에 불복이 있는 경우: 그 처분의 취소 또는 변경에 관한 준항고를 할 수 있다(동법 제417조)고 되어 있으므로 압수도품의 환부 및 가환부는 기준에 의거 적절히 행하여야 한다.

③ 압수도품의 환부에 관한 구체적인 사례기출

甲(피해자) ⇨ 乙(범인) 절취 ⇨ 丙(일반인) ⇨ 경찰 매각 압수	㉠ 乙이 甲으로부터 절취하고 乙·丙간의 매매가 민법 제249조의 적용을 받는 경우라도 절취되었을 때부터 2년간 甲은 민법 250조에 의하여 그 물건의 반환청구권이 있다(무상). 따라서 압수품은 甲에게 환부하게 된다. ㉡ **2년이 경과한 경우에는 丙이 그 물건의 소유권을 확정적으로 취득**하여 장물성이 없어지므로 형사소송법 제133조에 의하여 丙에게 환부하여야 한다.
甲(피해자) ⇨ 乙(범인) ⇨ 丙(고물상) ⇨ 경찰	㉠ 丙이 고물상일지라도 절취되었을 때부터 2년간은 甲에게 민법 250조에 의하여 물건의 반환청구권이 있다(무상). 따라서 甲에게 반환하게 된다. ㉡ **2년이 경과한 경우에는 丙에게 환부**된다.
甲(피해자) ⇨ 乙(범인) ⇨ 丙(고물상) ⇨ 丁(일반인) ⇨ 경찰	㉠ 丁이 고물상인 丙으로부터 도품을 산 것으로서 민법 제251조에 의하여 甲은 절취되었을 때부터 2년간은 丁이 丙에게 지불한 대가를 변상하지 않으면 그 물건의 반환을 청구할 수 없다. 따라서 甲이 丁에게 대가를 변상하지 않으면 甲에게 환부할 수 없게 된다. 결국 이 경우는 **피압수자 丁에게 환부**된다. ㉡ 절취되었을 때부터 2년이 경과한 겨웅에는 예시1의 경우와 마찬가지로 취급하게 되고, 따라서 丁에게 환부한다.
甲(피해자) ⇨ 乙(범인) ⇨ 丙(중고품매매상) ⇨ 丁(일반인) ⇨ 戊(일반인) ⇨ 경찰	丙·丁간의 매매가 민법 제251조의 적용을 받고 丁에 다시 戊에게 거래(매각·증여)한 경우에는 민법 제249조의 적용을 받아 그 물건의 장물성이 없어지므로 **甲은 戊에 대하여 반환을 청구할 수 없게 된다.** 따라서 형사소송법 제133조에 의하여 **戊에게 반환**된다.

1 지능범죄

(1) 개념

지능적 수단으로 재산상의 이익을 취하려는 범죄로 사기, 횡령, 배임, 문서 위·변조, 화폐위조, 컴퓨터 범죄 등이 해당한다.

(2) 특징

구분	지능범	일반범(강력범)
계획성	계획적·조직적으로 이루어진다.	우발적인 범행이 많다.
사회·경제정세와의 관련성	사회·경제정세와 관련이 있다.	사회·경제정세 관련이 적다.
범인의 신분	지능이 높고 사회적 신분이 높다	대부분이 서민층이다.
범행의 현출성	범행이 잠재적이다.	범행이 뚜렷하다.
피해규모	피해자·피해지역·피해액이 크다.	피해자가 특정 개인인 경우가 많다.
증거인멸	계획적으로 증거인멸로 증거확보가 어렵다.	범죄현장에 물적 증거가 남아 있는 경우가 많다.

2 정보수집 및 보고

(1) 정보수집 시 유의사항

정보수집에 있어서 적법성·타당성을 유지하고 정보제공자 보호에 힘쓰고 정치적·사회적 영향이 크다고 인정되는 지능범 사건에 관한 정보를 주로 수집한다.

(2) 정보 보고시 유의사항기출

① 단편적인 것이라도 보고할 것

② 신속하게 보고할 것

③ 객관적인 사실만을 정확하게 기재할 것

④ 출처를 명백하게 할 것

3 횡령범죄 수사

(1) 횡령범죄의 입증상 요점기출

① 피의자가 **타인의 재물을 보관**하고 있을 것: 피의자가 타인의 재물을 보관하기에 이른 사정과 그 물건을 보관하고 있던 사실관계 및 그 물건의 소유관계 등을 명확히 해야 한다.

② **불법영득의 의사가 있을 것**: 피의자가 재물에 대해서 불법영득의 의사로 소비·착복·매각·예입·괴대(拐帶)·전당잡히기(입질) 등의 권한없는 자가 처분행위를 해야 한다.

③ 업무상 횡령에서는 재물의 보관이 피의자의 업무에 따른 것일 것: 업무란 사회생활상의 지위에 따라 계속적으로 종사하는 일을 의미하고 생계유지 유무나 업무의 주된 내용이 아니어도 무방하다.

(2) 횡령범죄의 일반적 수사사항

① **업무상 보관 입증**

㉠ 피의자가 담당한 업무의 종별·내용

㉡ 피의자의 업무와 보관과의 관련

㉢ 피의자의 업무관계 발생의 사유

㉣ 업무에 종사한 기간

② **업무 이외의 보관하게 된 원인**

㉠ 물건에 대한 사실상 또는 법률상 지배

㉡ 동산에 대한 보관에 있어서는 그 물건에 대한 사실상의 지배

㉢ 부동산에 대한 보관은 법률상 지배도 포함된다.

㉣ 친족상도례 적용: 소유자와 피의자 관계 확인

㉤ 보관물 종류·수량·가격을 확정, 물건이 대체물인가 비대체물인가 여부

③ 횡령행위

④ 피해자의 조사 : 피해액수, 횟수, 방법 등 확인

⑤ 피의자의 체포 : 잠복, 미행등을 통한 체포

⑥ 압수·수색

⑦ 피의자 조사 : 보관자로의 지위, 구체적 피해품과 내용명시, 물품 소비행위 확인

(3) 횡령행위별 수사 _{기출}

소비횡령	소비처를 파악하여 범죄 일시 장소를 정한다. 기탁자가 피의자에게 그 금전의 일시사용을 인정하는 약속 여부를 확인한다.
괴대횡령	괴대의 범의를 가지고 도주여부, 도주장소를 확인한다.
착복횡령	소비 · 거절 · 매각 등으로 증거를 확보하여 착복의사를 확인한다.
매각횡령	매수금액 · 전매처 등을 확인하고 피의자가 받은 매각대금의 용도에 대해 증거를 수집하고, 입질횡령도 수사한다.
예입횡령	은행을 통해 계좌원장을 복사하고 그 계좌가 피의자의 계좌라는 것을 증거로 확보한다.

(4) 횡령피해자 조사

① 피의자와 친족, 고용 등의 관계 또는 지인관계의 유무

② 피의자와의 신용관계, 업무관계 및 그것이 발생한 일시

③ 재물기타 이유, 그 대가보수의 유무, 그 처분을 허락한 범위

④ 피해품의 소유관계, 그 종류 · 수량 · 품질 등

⑤ 피의자에게 그 금품의 처분을 허락한 사실의 유무

⑥ 횡령피해를 알게 된 사정

⑦ 피해금품의 반환 또는 변상의 유무

⑧ 처벌을 희망하는 의사 유무

(5) 횡령피의자

① 범행동기

② 피해자와의 관계

③ **타인의 소유물이라는 것의 인식 및 목적물 보관의 원인, 기탁된 범위**

④ 적법한 권리행사 여부

㉠ 피해자에 대한 **채권을 갖고 있는지 확인**한다.

㉡ 목적물에 사이에 어떤 권리를 갖고 있는지 확인한다.

⑤ 목적물의 종류, 수량, 가격

⑥ 횡령의 방법, 태양

⑦ 매각, 입질, 소비처

⑧ 합의, 변상의 유무

5 배임범죄 수사

(1) 배임범죄의 입증상 요점

① 피의자는 **타인을 위하여 사무를 처리**하는 자일 것: 피의자와 본인의 관계, 피의자가 처리하는 사무의 종류 · 성질 · 내용. 사무를 처리하기에 이른 경우 · 원인을 명백하게 한다.

② 피의자가 **자기 또는 제3자의 이익**을 꾀하였을 것

③ 피의자가 **임무 위배행위**를 했을 것

④ 그 결과 본인에게 재산상 손해를 가했을 것: 재산상 손해는 기존재산의 감소뿐만 아니라, 당연히 얻을 수 있는 이익을 잃게 한 경우도 이에 해당한다. 또한 손해발생의 위험을 초래한 경우도 포함한다.

⑤ 특별배임죄에 있어서는 피의자가 회사의 임직원 등일 것: 특별배임죄는 상법 제622조 · 제623조 외에 보험업법 제212조 등에 정하여져 있다.

(3) 수사사항

① 단서파악을 위해 **탐문**한다.

② **기초수사: 피해상황, 회사의 실태, 은행조회(당좌계정 원장 사본, 예금출납의 명세, 수표의 배서인 등 조회) 등 기초수사** 실시

③ 피의자 주변수사

④ 증거의 수집

㉠ 장부의 기재, 관계자의 자술 등에 의해 재산상의 손해를 특정한다.

㉡ 은행대부의 경우 대부처의 자력, 대부금의 반환시기 · 방법, 이자 등 대부에 대한 담보 내용, 대부의 상황, 은행임직원과 대부처와의 상호관계, 대부보증인의 유무와 자산상태, 대부장부의 기재상황 등 수사한다.

⑤ 피의자 체포:

충분한 증거 확보하여 **체포한 후 48시간 이내에 입증**해야 한다.

⑥ 압수 · 수색

⊙ 사원 출입통제 후 수색장소·압수물을 특정한다.

⊙ 수표 기타 유가증권·예금통장은 그 수·금액·기일, 이중장부, 예금 등에 대해 확인 후 압수한다.

© 약도를 작성하여 압수물이 소재한 장소를 기재한다.

(4) 배임피의자 조사

① 범행의 동기 및 결의의 시기

② 타인의 **사무를 처리하게 된 이유**

③ 피의자 임무에 관한 상세한 사항:포괄적으로 사무를 처리할 권한과 범위를 확인한다.

④ **임무에 위반한 사실**: 수단, 방법, 일시장소, 구체적 개요를 확인한다.

⑤ 임무에 위배하고 있는 **사실의 인식**

⑥ 임무에 위배한 행위에 의하여 불법적인 이익 취득내역

⑦ 합의·교섭에 유무, 교섭의 경과·내용

⑧ 피해자와의 관계

⑨ 공범관계

제3절 사기

1 사기

(1) 개념 기출

사람을 기망하여 재물의 교부를 받거나 재산상 이익을 취득하는 것으로 '**기망** ⇨ **기망에 의한 잘못된 의사결정** ⇨ **처분행위** ⇨ **편취**'라는 과정이 필요하다.

(2) 유형

　① 사기죄(형법 제347조),

　② 준사기죄(형법 제348조),

　③ 부당이득죄(형법 제349조),

　④ 특정경제범죄가중처벌 등에 관한 법률(편취액이 5억 이상)

2 수사방법

(1) 체포 전 기출

　① 단서수집: **피해신고 또는 고소, 수사기관의 인지**

　② 현장관찰:
　　공범자, 피해자, 참고인 진술확보, 진위판단에 필요하다.

(2) 체포 후

　① **피해자 조사**
　　피해자를 조사 시에는 진술의 엇갈림 또는 다른 증거와의 모순이 있는지를 확인하고 피해상황을 정확히 확정한다.

　② **피의자 체포**
　　체포영장을 발부받아 피의자 체포 및 공범자 체포로 증거인멸·도주 방지

　③ **피의자 조사:**
　　범의·공모·영득의사 범행 동기 등의 입증을 위해 피의자의 자백이 중요하고 이 과정에서 증거확보와 공범자 파악이 중요하다.

피의자 조사 시 일반적 조사사항

1. 범행동기 확인

   재산상태, 사업, 실현성 등을 세밀히 조사한다. 토지사기, 어음사기는 공범자가 정황증거를 제시해도 자백이 없는 한 기소를 하기 어렵다.

2. 재물교부사실은 6하 원칙에 따라 횟수별로 금액을 특정한다.

3. 기망행위의 기망방법에 대하여 조사하고 기망행위와 착오간의 관계가 있는지 확인한다.

4. 편취한 재물이나 재산상 이익의 처분관계에 대하여 조사하고 장물의 행방은 증거의 보강과 상황파악에 대해 도움이 된다.

5. 피해자와 친족관계를 조사하여 피의자 또는 피해자의 친족상도례 여부를 조사한다.

6. 합의 · 변상의 유무, 즉 합의 · 변상이 되어 있는지의 여부는 사기죄의 성립 여부와는 관련이 없으나 사건의 처리상 명백하게 한다.

통화 위·변조

1 개념

통화위조범은 통화의 정상적인 유통을 저해하며 경제질서를 혼란하게 하는 중요한 사범이다. 소액의 지폐·화폐로 유통되는 경우가 많고 위조통화가 유통된 후 은행이나 금융기관에서 발견되는 경우 많다. 기계·원료·재료 및 인적 대상이 광범위하기 때문에 수사가 장기화되는 경우가 많다.

2 위조은행권의 유형

인쇄위조권	① 정교한 인쇄기술을 이용하여 지폐, 수표 등을 인쇄하여 배포하는 수법이다. ② 진본과의 구별이어렵고 수사대상을 인쇄업소 등으로 한다.
복사위조권	① 컬러복사기는 누구나 간단하게 사용할 수 있기 때문에 범죄 의식이 낮다. ② 은행권의 한 면만을 복사하여 접어서 행사하거나 양면을 복사하여 풀로 붙여서 사용한다.
컴퓨터사용 위조	① 지폐를 스캔하여 컴퓨터 그래픽 프로그램을 통해 일부를 수정하여 컬러 잉크젯 프린터를 통해 출력한다. ② 컴퓨터를 이용한 위조수법은 개인이 가정에서 장비를 갖추어 두고 할 경우에는 수사가 어렵고 동일수법전과자를 대상으로 수법수사를 한다.
쪽붙임권	은행권 중간의 일부를 세로로 잘라내어 스카치테이프나 또는 종이등으로 이어 한 장의 은행권을 만든다. '이어붙인 위조권' 또는 '쪽붙임 위조권'이라 한다.
표리박리 (剝離)권	① 물에 적시거나 바늘·손가락으로 두 조각을 나누어 가공도 하지 않고 그 가운데 한쪽 면을 네 겹 또는 여덟 겹으로 접어서 행사한다. ② 표리 양면을 두 조각으로 벗긴 후 그 한쪽 면의 인쇄하지 않은 부분에 백지를 붙여 사용한다.

오만원권	• 불빛에 비춰봤을 때 신사임당의 숨은 그림이 있는지, 신사임당 숨은 그림 좌측에 있는 **띠형 홀로그램에 우리나라 지도 · 태극 · 4괘 무늬가** 번갈아 나타나는지를 살펴본다. • 신사임당 숨은 그림 우측에 있는 띠형 홀로그램에 태극무늬가 나타나는지 확인한다.
만원권	• 불빛에 비추었을 때 세종대왕 숨은 그림이 있는지 세종대왕 숨은 그림 우측에 있는 **사각형 홀로그램에서 우리나라 지도 · 숫자 10000 · 4괘 무늬가** 번갈아 나타나는지를 확인한다. • 지폐 우측 끝부분에 은색선이 나타나는지 확인하면 컬러복합기로 복사한 위폐와 쉽게 구분할 수 있다.

출처 : 대구지방경찰청

3 수사방법 기출

(1) 위조방지 장치

구분	설명	만원권	오천원권	천원권
홀로그램	보는 각도에 따라 '우리나라 지도', '액면숫자와 태극', '4쇄'가 번갈아 나타나는 얇은 특수 필름	○	○	×
색변환잉크	보는 각도에 따라 활금색과 녹색으로 색깔이 변하는 특수잉크 사용 만원권 지폐는 녹색과 청색으로 변함. 오만원권 지폐는 녹색과 자홍색으로 변함.	○	○	○
요판잠상	눈위치에서 비스듬히 보면 숨겨져 있는 문자 'WON'이 나타나는 특수 블록 인쇄 기법	○	○	○
부분노출은선	부분노출은선과 달리 얇은 플라스틱 필름 띠 전체를 용지 내부에 산입한 은선	○	○	×
앞뒤판맞춤	빛에 비추어 보면 앞면과 뒷면의 무늬가 합쳐져 태극모양이 만들어짐		○	○
미세문자	확대경을 사용하여야만 확인 가능한 작은 문자	○	○	○
돌출은화	숨은그림의 일종으로 숨은그림보다 용지의 두께차이를 확대하여 빛에 비추어 보지 않아도 액면숫자를 쉽게 확인할 수 있음	○	○	○
숨은 막대	용지를 얇게 또는 두껍게 하여 이에 따른 명암 차이를 이용한 막대형 숨은그림	○	○	×
블록인쇄	만져보면 오톨도톨한 감촉을 느낄 수 있도록 인쇄하는 기법	○	○	○
형광색사	특수 형광 빛이 발광하는 가느다란 섬유를 용지 속에 삽입	○	○	○
엔드리스무늬	은행권의 상하, 좌우 가장자리 무늬가 서로 연결되도록 인쇄하는 기법	○	○	○
무지개색인쇄	색상이 자연스럽게 변화하여 무지개색 효과가 나도록 하는 인쇄기법	○	○	○

(2) 수사방법기출

지문채취	• 여러 사람이 만지거나 복사하는 일이 없도록 즉시 지문을 채취하여야 한다. • **복사할 경우 복사열에 의하여 지문이 없어져 지문채취가 불가능**하다. • 금융기관으로부터 신고 시에는 뒷면에 고무 결재인을 찍어 지문이 손상되지 않토록 한다. • 지폐를 접거나 구기지 말고 **장갑을 착용하거나 또는 핀셋으로 비닐봉투에 넣어 밀봉**한다.
위조수표 등 제작과정 감정의뢰	**국립과학수사연구소 및 조폐공사, 컬러복사기 판매업체 및 프린터기 제조회사 기술지원실 등에 의뢰**하여 지질, 잉크, 인쇄방법 등을 파악한다.
수표 뒷면 배서내용 및 필적수사	수표 뒷면 배서자의 이름, 전화번호를 확인하여 수사하고 필요한 경우 필적을 확인하여 감정한다.

(3) 수사방법

① 위조방법의 추정

위조에 사용된 도구를 밝히고 정밀감정 전에 현장에서 위조지폐를 육안, 확대경으로 확인한다.

② 범죄수법을 통한 수사대상의 축소기출

㉠ 출판협회 등을 통하여 업체 현황을 파악하고

㉡ **컬러복사기 사용범죄**의 경우는 경찰청 또는 지방경찰청 수사과에서 관리대상 명부를 입수하여야 한다.

㉢ 컴퓨터를 이용한 컴퓨터그래픽학원, 디자인학원, 전산학원, 대학 및 전문대학의 전산학과, 디자인학과 등 컴퓨터 그래픽 프로그램을 많이 사용하는 사람, 컴퓨터, 스캐너, 잉크젯 컬러 프린터를 동시에 갖춘 개인이나 컴퓨터 통신망 등에 광고를 통해 사진스캐닝 대행해 주는 업소 등을 대상으로 하여 수사한다.

③ 관내 예상업소에 수집된 정보를 배포한다.

제5절 공무원 및 화이트칼라범죄

1 공무원범죄

(1) 개념기출

협의	• 공무원의 범죄 중 직무와 직 · 간접적으로 관련이 있는 범죄이다. • 공무원범죄의 통계는 협의의 공무원범죄를 대상으로 하고 있다.
광의	공무원의 신분을 가진 자가 고의 · 과실로 저지른 모든 범죄

(2) 특성기출

　① 화이트칼라범죄의 한 유형이며 죄의식이 희박하고 **지능적 · 전문적 · 계획적**인 경우가 대부분이고 투서 · 고발로 범죄가 발각된다.

　② 범죄를 부인하거나 관례 · 재량행위임을 주장하는 등 자백을 하지 않는다.

(3) 수사의 원칙기출

　① **구속수사를 원칙**으로 하고 공무원범죄관련 첩보 및 수사결과를 소속기관장에게 통보한다. 수사를 개시하거나 종결지었을 때에는 10일 이내에 당해 공무원이 소속한 기관의 장에게 통보하여야 한다(국가공무원법 제83조 제3항).

　② 경미한 사안은 **소속기관장에게 통보하여 징계 등 행정처분**을 하고 개인감정에 의한 무고가능성에 대비하여 선입견 없이 첩보를 확인한다.

2 공무원범죄의 유형

(1) 형법상 공무원 직무에 관한 죄 기출

직무위배죄	직무유기죄(제122조)	1년 이하의 징역이나 금고 또는 3년 이하의 자격정지
	피의사실공표죄(제126조)	3년 이하의 징역 또는 5년 이하의 자격정지
	공무상 비밀누설죄 (제127조)	2년 이하의 징역이나 금고 또는 5년 이하의 자격정지
직권남용죄	직권남용(제123조)	5년 이하의 징역, 10년 이하의 자격정지 또는 1,000만원 이하의 벌금
	불법체포 · 감금죄 (제124조)	7년 이하의 징역과 10년 이하의 자격정지
	폭행 · 가혹행위죄(제125조)	5년 이하의 징역과 10년 이하의 자격정지
	선거방해죄(제128조)	10년 이하의 징역과 5년 이하의 자격정지

뇌물죄	단순수뢰죄(제129조 제1항)	5년 이하의 징역 또는 7년 이하의 자격정지
	사전수뢰죄(제129조 제2항)	3년 이하의 징역 또는 7년 이하의 자격정지
	제3자뇌물공여죄(제130조)	5년 이하의 징역 또는 10년 이하의 자격정지
	수뢰후부정처사죄 (제131조 제1항·2항)	1년 이상의 유기징역
	사후수뢰죄(제131조 제3항)	5년 이하의 징역 또는 10년 이하의 자격정지
	알선 수뢰죄(제132조)	3년 이하의 징역 또는 7년 이하의 자격정지
	뇌물공여죄(제133조)	5년 이하의 징역 또는 2,000만원 이하의 벌금

(2) 특정범죄가중처벌 등에 관한 법률상 공무원 직무에 관한 죄(일부개정 2005.12.29) 기출

뇌물죄의 가중처벌(제2조)	• 수뢰액이 1억원 이상인 때에는 무기 또는 10년 이상의 징역 • 수뢰액이 5,000만 이상 1억원 미만인 때에는 7년 이상의 유기징역 • 수뢰액이 3,000만원 이상 5,000만원 미만인 때에는 5년 이상의 유기징역
알선수재(제3조)	5년 이하의 징역 또는 1,000만원 이하의 벌금
체포·감금 등의 가중처벌(제4조의2)	• 사람을 치상한 때에는 1년 이상의 유기징역 • 사람을 치사한 때에는 무기 또는 3년 이상의 징역
공무상 비밀누설의 가중처벌(제4조의3)	5년 이하의 징역 또는 500만원 이하의 벌금
국고 등 손실(제5조)	• 국고 또는 지방자치단체의 손실이 5억원 이상인 때에는 무기 또는 5년 이상의 징역 • 국고 또는 지방자치단체의 손실이 1억원 이상 5억원 미만인 때에는 3년 이상의 유기징역
특수직무유기(제15조)	1년 이상 유기징역

3 화이트칼라범죄 수사기출

(1) 화이트칼라범죄

어떠한 전문적인 지식이 필요한 정신적 노동에 종사하는 자로서 고급 사무원 등 관리직 수준 이상의 계층이 화이트칼라이며 죄의식이 희박하고 증거인멸이 쉽고 수법이 교묘하다.

(2) 화이트칼라범죄의 수사

① 금융·경제분야 동향, 회계·부기 등에 대한 기본지식을 갖추고 수사한다.

② 화이트칼라범죄에 대한 제보는 개인적 원한에 의한 모함인 경우도 있기 때문에 피의자 조사 전에 경리장부, 금융거래 내역등 충분한 증거를 확보한다.

제6절 어음·수표범죄

1 어음·수표의 의의

(1) 어음

① 약속어음

발행인 자신이 증권에 기재한 특정인(수취인) 또는 그가 지시하는 자에게 일정한 날에 일정 금액을 지급할 것을 약속하는 증권으로 **발행인과 수취인**이 있다.

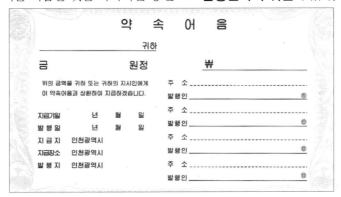

출처 : lawsys.co.kr

② 환어음

어음을 발행하는 자가 **증권에 기재한 특정인(수취인) 또는 그가 지시하는 자에게 일정한 날에 일정한 금액을 지급해 줄 것을 제3자(지급인)에게 위탁**하는 뜻을 기재한 증권을 말한다. 대금의 징수기능과 송금기능이 있고, 무역대금 결제에 사용되고 있다.

출처 : Lawers.com

(2) 수표기출

수표는 발행인이 증권에 기재한 수취인 또는 취득자에게 일정한 금액을 지급해 줄 것을
제3자(지급인)에게 위탁하는 증권이다.

(3) 어음 · 수표의 차이점

수표	어음
• 언제든지 제시하면 지급 • 지급기능만 한다. • 지급인이 금융기관에 한정	• 신용창조기능 • 지급인을 지정할 수 있다.

2 어음 · 수표 그 자체가 범죄

① 어음 · 수표를 위 · 변조하는 경우 형법 제214조의 유가증권위조 · 변조죄가 되며, 수
표의 경우에는 부정수표단속법 제5조(위조 · 변조자의 형사책임)에 해당한다.

② 어음 · 수표를 허위작성(기재)한 경우 형법 제216조의 허위유가증권작성죄가 성립한
다.

③ 위조 · 변조 또는 허위작성, 허위기재한 어음 · 수표를 행사한 경우 형법 제217조 · 제
233조의 유가증권행사죄가 성립한다.

3 어음 · 수표가 범죄에 이용되는 경우

(1) 어음할인이용 기출

융통어음이용	실제로는 상거래가 없음에도 약속어음(융통어음)을 발행받아 거래처의 신용을 이용하여 그 어음을 할인하여 융자를 받는다.
기승어음	2인 이상이 상대방의 신용을 이용하여 대출등을 받기 위하여 금액 · 만기일 등을 같게 하는 어음(기승어음)을 작성하여 교환하고 그 교환한 어음을 각각 **제3자에게 할인 · 양도하여 현금화하여 사용**한다.
어음사기단과 금융폭력단	• 어음사기단이란 자금난에 빠져 있는 회사를 노려 '당신회사의 어음을 싼 금리로써 할인하여 준다'는 수법으로 상대방을 믿게 한 후 융통어음을 발행시켜 편취하는 수법을 말한다. • 금융폭력단이란 어음사기단에 의하여 편취된 어음 · 수표를 폭력수단으로 지급받는 수법 활용

횡령죄	어음할인의 중개알선을 의뢰받은 자가 제3자로부터 어음금을 지급받은 때에는 특약 내지 특수한 사정이 인정되지 않는 한 그 할인에 의하여 얻은 돈은 의뢰인의 것이므로 **착복하거나 소비한 때에는 횡령죄**에 해당한다.
배임죄	어음할인의 중개알선을 의뢰받은 자가 다액의 수수료를 얻기 위하여 의뢰자에게 **손해를 주거나 자기 또는 제3자의 이익을 꾀할 목적으로 명시된 금리보다 높게 어음할인을 받은 때**에는 차액에 상당하는 손해를 가한 것이 되어 배임죄가 된다.

(2) 어음 · 수표를 이용한 사기

① **부도어음 이용**에 의한 사기

회사가 상품을 사들일 때에 처음에는 현금 또는 단기의 어음으로서 확실히 결제하고 점차 어음기간을 연장함과 동시에 거래금액을 높이고 어음들을 모두 부도처리하는 수법으로 상품을 편취하는 수법이다.

② **융통어음 이용**의 사기

상업어음인 것을 가장하기 위하여 허위의 증명서를 작성하거나 적극적인 기망행위가 있는 때에는 사기죄가 성립한다.

③ **보이기 위한 어음(대어음) 이용**의 사기:

'어음수취인 발행인에 대하여 '거래처를 신용시키기 위하여 보이는 것일 뿐 다른 곳에 사용하지 않는다'라고 의뢰하여 의뢰자를 수취인으로 하는 어음을 발행하는 것.

④ **사용료 어음(패어음)** 사기:

어음브로커 또는 금융브로커가 1매에 얼마로 액면의 몇 푼으로 매매되어 어음할인 편취 사기의 수단 등에 사용되며, 사용료 어음은 며칠 후에는 반드시 부도가 나서 어음의 최종 소지인에게 피해를 준다.

⑤ 딱지어음 이용의 사기

㉠ 딱지어음 · 수표의 개념 기출

부도날짜를 정해 놓고 금액란을 백지로 하고 어음지급 일자나 수표발행 일자 는 예정된 부도날짜 이후로 작성 · 발행하여 시중에 유통시키는 어음이나 수표를 말한다. 1장당 보통 50~80만원에 판매되고 있으며 당좌개설 후 3~8개월 만에 부도가 발생한다.

ⓛ 용어정리기출

자금책 (모도)	자금을 가지고 직접 또는 바람막이를 통하여 **은행에 어음구좌를 개설**하여 딱지어음을 처분하여 사기행위를 하는 실질적 어음개설자
바지	수표·어음과 결제능력이 없이 **당좌개설 명의만을 빌려주고** 일정한 대가를 받는 영업주 또는 법인의 대표이사
바람막이	자금책으로부터 자금을 지원받아 바지를 선정하고 바지명의로 당좌구좌를 개설하여 딱지어음, 수표를 유통시키도록 하는 **자금책의 역할을 대행**하는 사람
판매책	자금책으로부터 딱지어음을 매입하여 자기의 판매망을 통하여 판매하여 중간 이익을 취득한 자
일꾼	딱지어음을 가지고 물건을 구입하거나 자신이 직접 매입한 딱지어음으로 물건을 구입하여 덤핑으로 이를 처분하여 이익을 취득하는 자
세탁책 (조서방)	사용된 어음·수표 또는 미사용 어음·수표용지에 기재되었거나 압날된 고무인영 부분을 약품을 사용하여 지워주고 그 대가를 받는 자

ⓒ 딱지어음·수표사기용 당좌구좌 식별방법

ⓐ 당좌구좌 개설일로부터 **3~8개월에 부도난 구좌**

ⓑ 보통예금구좌 개설 후 **급격하고 빈번한 예금 인출입 구좌**

ⓒ 구좌 개설 후 일정기간(대개 1~2개월) 100만원 이하의 소액 수표어음 정상거래가 빈번한 구좌

ⓓ 부도난 어음·수표 금액이 고액이고 대개 일정한 구좌

ⓔ 구좌개설 1개월 전쯤 자산을 소유하고 있다가 개설 후 타인에게 이전한 구좌

ⓕ 신용조사서의 자산란에 근저당 또는 저당의 목적이 되어 있는 무가치한 부동산이 기재되어 있는 구좌

ⓖ 구좌개설자가 법인인 경우 대표자 명의가 변경된 구좌나 납입된 주금을 개설 후 찾아간 구좌

ⓗ 규정 이상으로 어음용지를 많이 타간 구좌

ⓘ 검거된 어음사기범의 수첩 등에 기재된 이름이 개설자로 되어 있는 구좌

ⓙ 개설명의자가 외지인으로 개설 전에 갑자기 나타났다가 부도 후 종적 없이 사라진 경우

도박범죄 수사

1 도박범죄

(1) 개념

우연적인 사정에 의하여 재물을 득실하는 것에 의하여 사회의 건전한 경제생활의 관습을 퇴폐시키는 것을 실체로 하는 죄를 말한다(형법 제246조). 보호법익은 국민의 건전한 근로정신과 조상에게서 물려받은 전통적인 공공의 미풍양속이다

(2) 도박범죄의 유형

① 단순도박죄(형법 제246조 제1항)

② 상습도박죄(형법 제246조 제2항, 제249조)

③ 도박개장죄(형법 제247조)

④ 경륜 · 경정법상의 영리목적 도박(동법 제24조) 등

* 단순도박죄의 경우에 일시 오락에 불과한 사안은 도박죄로 처벌되지 않으므로 사기도박의 경우 도박죄가 아닌 사기죄로 의율하여야 한다.

2 도박현행범인 검거

(1) 사전준비활동

도박개장사실, 장소, 기자재, 수사요원 확보

(2) 검거활동

도구	가장 중요한 증거품으로 화투나 카드를 확보한다.
도금	• 판돈이란 도박판에 깔린 돈 및 도박장에 나와 있는 돈으로 **소유자 또는 소재한 장소별로 구별하여 압수**한다. • 판돈은 판에 나와 있거나, 소지하고 있는 돈이다. **주머니에 있는 돈은 함부로 압수할 수 없다.** • 준비금은 도박을 위해 마련한 돈으로서 도박하기 위하여 소지한 돈 전부이다.
개평함 개평주머니 개평	개평함(개평을 넣는 상자), 개평주머니, 개평은 도박개장죄의 입증에 필요하다.
말(칩)	현금 대신 도박장 내에서만 사용하는 바둑알이나 셀룰로이드계의 표로 압수하여야 한다.

① 증거품을 압수

② 약도 작성과 사진촬영

③ 피의자를 검거

    피의자 검거반은 도주를 방지하기 위하여 출입구를 봉쇄하고 현장에 들어가서 개장자를 체포 등으로 임무를 분담한다.

3 비현행 도박피의자의 검거

(1) 피의사실의 특정

일시의 특정	• 도박개장장소가 숙박업소인 경우에는 숙박부 전표·영수증철을 활용한다. • 도박자금을 조사하는 데 은행·우체국의 자료도 활용한다.
장소의 특정	검거 후에는 압수·수색·검증 등을 실시하고 사진촬영 하여 개장장소를 특정해 두어야 한다.
피의자 특정	여러 명이 도박을 한 경우에는 조사 시에 가장 자백하기 쉬운 자, 개장자와 내통하지 않은 자를 우선 조사한다.

(2) 압수·수색 기출

① 도박사건과 관계 있는 일체의 물건(예 화투, 개평함, 말, 대금명세 메모, 판깔개, 주사위, 예금통장 등)과 도박개장 장소를 보호하기 위한 도검류, 기타 흉기 등이 있다.

② 증거물을 은닉할 가능성이 있는 장소를 확인하여 가능한 한 광범위하게 영장을 발부받아 두어야 한다.

4 도박자 조사사항

(1) 도박의 전과

각 피의자의 범죄경력조회를 실시하여 상습도박여부를 확인한다.

(2) 도박에 참석한 동기, 일시 및 장소의 특징

(3) 도박장에 갔을 때의 상황

(4) 도박 시의 상황

누구의 발언으로 시작하였는지, 개장자·개장알선자는 누구인지, 도객의 멤버·좌석의 위치는 어디인지 확인한다.

(5) 도박의 방법

도박방법, 도구, 계산방법을 확인한다.

(6) 금전흐름파악

판돈, 자금조달, 승부, 환전 등을 확인한다.

(7) 개평의 징수 상황

개평의 비율, 개평은 모은사람, 개평은 어느 정도인지 확인한다.

(8) 도박장의 상황

파수꾼, 문지기 · 안내 · 여관비 · 음식료 등 비용융통여부를 확인한다.

5 도박개장자 조사_{기출}

① 소속 단체의 상황과 단체 내의 지위와 그 조직구성

② 개장의 경위: 개장계획, 잔돈의 준비, 도백 개장장소 교섭, 도구의 준비와 그 소유자, 도객의 유인방법을 확인한다.

③ 개평의 징수상황과 배분상황, 환전상황, 개장 확인

④ 여죄의 추궁

용어 정리 기출

창고장 하우스장	• 도박개장자 • 도박장 운영에 필요한 딜러, 총책, 바카스, 상치기, 문방(내방, 외방), 모집책, 꽁지 등을 모집하여 도박을 개장하고 장소제공비를 받아 하부 운영자들에게 일당 지급
총책	줄도박에서 선을 잡은 사람으로 도박자금을 많이 가지고 있으며, 딜러로부터 패를 받아 놓는 게임의 오너
상치기	찍새와 찍새 사이를 오가면서 판돈을 걷어 나눠주고 고리를 받아 하우스장에게 전달하는 사람
딜러	• '앞방', '밀폐기', '일꾼' • 화투패를 나누어 주는 사람
모집책	• 몰이꾼 또는 연락책 • 하우스장이나 문방으로부터 도객을 모아 1차 집결지를 알려주는 등 평소 수십 명의 찍새로 데리고 다니는 사람
문방	도박장을 물색하고 장소를 선정하면서 사용할 화투, 창문가리개(커튼), 게임용 천 등을 장소에 준비
꽁지	도박장에서 돈을 빌려주는 역할을 하는 사채업자로 3~5부 이상 심지어 1할 이자를 받고 판돈을 빌려준다.
전주	도객에게 도박자금을 대어 주는 자로 꽁지와 전주의 역할을 하기도 한다.
커피장	• 일명 '주방', '식모', '바카스', '재떨이' 하우스장 • 도박장에서 커피, 담배, 간식 등 물품을 제공하는 심부름을 하는 자
손님	도객을 호칭하며 '선수', '찍새'라고 하며 여자 도객은 '보살'
뒷전	도박판에서 도박을 구경하는 자
통	화투를 원하는 대로의 끝수를 만들 수 있는 도박 기술자
딱지	현금대용으로 사용하는 약정된 표

대물범죄

001 다음 절도사건 수사방법 중 성격이 <u>다른</u> 것은?

14 승진
① 인상착의에 의한 수사
② 범인이 들릴만한 음식점 등에서 범행 전후의 행적수사
③ 수법에 의한 수사
④ 범인추리에 의한 수사

해설

①③④는 범인 중심 수사에 해당하고, ②는 현장중심 수사에 해당한다.

현장중심수사	㉠ 일정한 지역의 공지·하수 등의 수색에 의한 장물과 용구 등의 발견 ㉡ 부근 거주자로부터 범죄에 관계있는 사항의 검토 ㉢ 범인이 들를 만한 음식점 등에서 범행 전후의 행적수사
범인중심수사	㉠ 범인추리에 의한 수사 ㉡ 수법에 의한 수사 ㉢ 인상착의에 의한 수사
피해자중심 수사	㉠ 연고감 수사: 친족·전 고용인 등 피해자측과 어떤 관계가 있는 자의 물색 ㉡ 지리감 수사: 부근 거주자 등 범행지의 지리적 사정에 밝은 자의 발견과 그 물색
탐문수사	목격자, 현장부근 거주자, 교통기관의 종사자, 전과자, 불량배 등

002 절도사건 수사에 관한 설명이다. 이에 대한 설명으로 가장 적절한 것은?

16 2차
① 범인이 들를 만한 음식점 등에서 범행 전후의 행적수사는 범인 중심 수사에 해당한다.
② 인상착의에 의한 수사는 현장 중심 수사에 해당한다.
③ 연고감 수사는 피해자 중심 수사에 해당한다.
④ 부근 거주자로부터 범죄에 관계 있는 사항은 탐문은 피해자 중심 수사에 해당한다.

해설

① 범행 전후의 행적수사는 **현장중심수사**에 해당한다.
② 인상착의에 의한 수사는 **범인중심수사**에 해당한다.
④ 부근 거주자로부터 범죄에 관계 있는 사항의 탐문은 **탐문수사**에 해당한다.

ANSWER 001 ② 002 ③

003 소매치기에 대한 내용 중 〈보기1〉과 〈보기2〉가 가장 적절하게 연결된 것은?

〈보기1〉
㉠ 바닥치기 ㉡ 올려치기 ㉢ 안창따기 ㉣ 굴레따기

〈보기2〉
ⓐ 버스에 승차하려는 승객의 앞을 막고 핸드백을 열거나 째서 절취
ⓑ 핸드백 등을 열거나 째고 금품을 절취
ⓒ 목걸이나 팔찌 등을 끊어서 절취
ⓓ 양복 안주머니를 면도칼로 째고 절취

① ㉠ – ⓐ ② ㉡ – ⓒ ③ ㉢ – ⓓ ④ ㉣ – ⓑ

> **해설**
> ㉠ – ⓑ: 바닥치기 – 핸드백 등을 열거나 째고 금품을 절취(빽따기, 뻑치기)
> ㉡ – ⓐ: 올려치기 – 버스에 승차하려는 승객의 앞을 가로 막고 핸드백을 열거나 째서 절취
> ㉢ – ⓓ: 안창따기 – 양복 안 주머니를 면도칼로 째고 절취
> ㉣ – ⓒ: 굴레따기 – 목걸이나 팔찌 등을 끊어서 절취

004 최근 보이스피싱이라는 사기수법이 유행하고 있다. 이에 대한 설명으로 가장 옳지 <u>않은</u> 것은?

① 전화를 통한 사기를 일컫는 말로 음성(voice)과 개인정보(private data), 낚시(fishing)를 합성한 신조어이다.
② 조선족 등을 동원하여 전화를 무작위로 거는 수법으로, 수사기관, 국민건강보험공단, 각종 금융기관 등을 사칭하여 금원을 편취한다.
③ 검거사례에 의하면, 대부분 조선족 등을 동원하여 한국에서 전화를 무작위로 걸어 입금받은 후 중국 등지에서 현금을 인출하고 있다.
④ 대부분 통장명의자와 사용자가 다른 소위 대포통장 등을 범죄에 이용한다.

> **해설**
> ③ 대부분 조선족 등을 동원하여 **중국 등지**에서 전화를 무작위로 걸고 있으며 한국 내 은행에서 현금을 인출하고 있다.
>
> | 보이스피싱 |
> | --- |
> | ㉠ 전화를 통한 사기를 일컫는 말로 음성(voice)과 개인정보(private data), 낚시(fishing)를 합성한 신조어이다. |
> | ㉡ 대부분 조선족 등을 동원하여 중국 등지에서 전화를 무작위로 걸고 있으며 한국 내 은행에서 현금을 인출하고 있다. |
> | ㉢ 대부분 통장명의자와 사용자가 다른 소위 대포통장 등을 범죄에 이용한다. |
> | ㉣ 수사기관, 국민건강보험공단, 각종 금융기관 등을 사칭하여 금원을 편취한다. |

ANSWER 003 ③ 004 ③

005 문서 위·변조사범 수사에 대한 설명으로 가장 옳지 <u>않은</u> 것은?(다툼이 있는 경우 판례에 의함)

① 대기업 A의 입사시험을 치르면서 시험원서로 제출하는 이력서에 허위의 학력과 경력을 적어 넣은 甲에 대해 형법상 문서위조죄로 처벌할 수 없다.

② 타인의 주민등록증을 주위 사진을 떼어내고 자신의 사진을 바꾸어 붙인 경우 공문서 위조가 아니라 변조에 해당한다.

③ 주민등록증은 공무소에서 발행한 문서이므로 공문서가 된다.

④ 문서의 위·변조 행위에는 행사할 목적이 있어야 하므로 특별한 목적 없이 장난으로 위·변조한 경우는 처벌할 수 없다.

> **해설**
>
> 타인의 주민등록증을 주위 사진을 떼어내고 자신의 사진을 바꾸어 붙인 경우 **공문서 위조**이다.

006 통화 위조 범죄에 대한 설명 중 가장 옳지 <u>않은</u> 것은?

11 경간

① 수사의 곤란성 때문에 다른 일반 범죄에 비하여 검거율이 매우 낮다.

② 위조지폐 발견 시에는 분실의 우려 등이 있으므로 복사해 두어야 한다.

③ 위조지폐의 유류지문 감정을 보낼 때는 위조지폐를 만졌던 사람들의 인적 사항을 파악하여 함께 통보한다.

④ 청소년들의 호기심이나 모방성 동기에 의한 위조의 경우에는 잉크젯 칼라프린터를 이용해 수십 장 내외를 위조하는 경우가 많다.

> **해설**
>
> ② 복사 시에는 복사열에 의하여 지문이 상실되어 지문채취가 불가능한 경우가 많으므로 **절대로 복사하거나 팩스를 이용해서는 안 된다.**

007 위조지폐 발생보고 및 처리사항에 대한 설명으로 틀린 것은?

09 2차
① 위조통화 발견시고 접수시 위조통화의 진위를 확인하고, 신고자를 상대로 발견 당시의 정황 및 피해상황을 자세히 청취한다.
② 지방경찰청장은 위조통화를 발견한 경우 지체 없이 위조통화 송부서에 의하여 이를 경찰청장에게 송부하여야 한다.
③ 지방경찰청장이 수사의 신속을 기하기 위하여 필요하다고 인정할 때에는 한국은행 또는 한국조폐공사에 직접 감정을 의뢰할 수 있다.
④ 지방경찰청장이 직접 감정의뢰를 하여 감정결과를 통보받은 경우에는 지체 없이 위조통화부호제정표에 의하여 감정결과를 경찰청장에게 보고하여야 한다.

> **해설**
> ④ 지방경찰청장이 직접 감정의뢰를 한 경우에 감정결과를 통보받은 경우에는 지체 없이 위조통화 감정처리표에 의하여 감정결과를 경찰청장에게 보고하여야 한다. 감정 결과 경찰청장은 위·변조로 판명되면 위조통화별부호제정표에 의하여 부호를 부여하고, 지방경찰청장에게 감정결과, 부호, 발견구역, 발견장소, 참고사항을 송부·통지하고 위조통화를 반환하여 수사하도록 한다.

008 A경찰서 지능팀장 L경위는 팀원들에게 위조지폐 발견 시 주의사항에 대해 설명하고자 한다. 가장 적절하지 **않은** 내용은 무엇인가?

12 3차
① 신고를 접수받은 즉시 수사에 참여한 자 이외의 자가 만지거나 하여 지문이 멸실되지 않도록 유의하고 즉시 지문을 채취하여야 한다.
② 복사 시에는 복사열에 의하여 지문이 상실되어 지문채취가 불가능한 경우가 많으므로 절대로 복사를 해서는 안 되고, 즉시 팩스로 송부하여 지방청에 보고하여야 한다.
③ 위조지폐를 접거나 구기지 말고 장갑을 착용 또는 핀셋을 사용하여 비닐봉투에 넣어 밀봉하도록 한다.
④ 유류지문 감정을 위해 자료를 송부할 때에는 위조지폐를 만졌던 사람들의 인적 사항을 파악하여 통보해 주어야 한다.

> **해설**
> ② 복사 시에는 복사열에 의하여 지문이 상실되어 지문채취가 불가능한 경우가 많으므로 절대로 복사하거나 팩스를 이용해서는 안 된다.

009 다음은 어음 관련 범죄수사에 기본적으로 알고 있어야 할 어음과 관련된 용어들에 대한 설명이다. 이중에 **틀린** 것은?

06 1차

① 딱지어음이란 부도 날짜를 미리 정해놓고 어음지급 일자를 예정된 부도 날짜 이후로 작성 발행하여 시중에 유통시키는 어음을 말한다.

② 대(對) 어음이란 '보이기 위한 어음'이라고도 하며 어음수취인이 거래를 위한 신용의 용도로서만 사용한다는 약속을 하고 발행하는 어음을 말한다.

③ 융통어음이란 거래처의 신용을 이용하기 위하여 실제로는 상거래가 없음에도 불구하고 발행하는 어음을 말하며 대(對) 어음이나 기승(騎乘) 어음과는 별개의 어음형태이다.

④ 기승(騎乘) 어음이란 양인이 상호간의 신용을 위하여 금융을 받기 위해 금액, 만기일을 같게 한 어음을 작성하여 교환하는 경우 그 어음을 말한다.

> **해설**
>
> ③ 대(對) 어음이나 기승(騎乘) 어음도 **융통어음**의 일종이다.
>
> | | |
> |---|---|
> | 딱지어음 | 부도날짜를 미리 정해 놓고 금액란을 백지로 하고 어음지급 일자나 수표발행 일자는 예정된 부도날짜 이후로 작성 · 발행하여 시중에 유통시키는 어음이나 수표를 말한다. |
> | 백지어음 | 나중에 타인에게 어음요건의 전부 또는 일부를 보충시킬 의사로써 백지로 둔 채 유통 상태에 둔 미완성의 어음으로 어음법 제10조는 이를 유효하다고 규정하고 있다. |
> | 융통어음 | 거래처의 신용을 이용하기 위하여 실제로는 상거래가 없음에도 불구하고 발행하는 어음으로 자금을 필요로 하는 자에게 자기의 신용을 이용하여 자금을 융통할 수 있도록 하기 위하여 발행하는 어음이다. |
> | 대(對) 어음 | 어음수취인이 거래를 위한 신용의 용도로서만 사용한다는 약속을 하고 발행받는 어음 (보이기 위한 어음)으로 융통어음의 일종이다. |
> | 기승어음 | 甲 · 乙 양인이 상대방의 신용을 이용하여 금융을 받기 위하여 서로 금액 · 만기일 등을 같게 하는 어음(기승어음)을 작성하여 교환하고 그 교환하는 경우의 어음으로 융통어음의 일종이다. |

010 어음 · 수표사범들은 여러 명이 각자의 역할을 분담하여 범죄를 실행하는 등 철저
히 조직화된 모습을 보이고 있고, 그 맡은 역할에 따라 다른 이름으로 불리고 있
다. 다음은 무엇에 대한 설명인가?

09 2차

> 바지와 자금책의 중간에서 자금책으로부터 자금을 지원받아 바지를 선정하고 바
> 지명의로 당좌구좌를 개설하여 딱지어음, 수표를 유통시키도록 해주는 등 자금
> 책의 역할을 대행하는 사람

① 판매책　　　② 세탁책　　　③ 일꾼　　　④ 바람막이

해설

자금책 (모도)	자금을 가지고 직접 또는 바람막이를 통하여 명의로 은행에 어음구좌를 개설하여 딱지어음을 생산 · 처분하여 이익을 취득하는 실질적 어음개설자
바지	수표 · 어음과 결제능력이 없이 당좌개설 명의만을 빌려주고 일정한 대개를 받는 개인 영업주 또는 법인의 대표이사
바람막이	바지와 자금책의 중간에서 자금책으로부터 자금을 지원받아 바지를 선정하고 바지명의로 당좌구좌를 개설하여 딱지어음, 수표를 유통시키도록 해주는 등 자금책의 역할을 대행하는 사람
판매책	자금책으로부터 딱지어음을 일정액으로 매입하여 자기의 판매망을 통하여 판매하여 중간 이익을 취득한 자
일꾼	자금책의 심부름으로 딱지어음을 가지고 물건을 구입하거나 자신이 직접 매입한 딱지어음으로 물건을 구입하여 덤핑으로 이를 처분하여 이익을 취득하는 자
세탁책 (조서방)	기 사용된 어음 · 수표 또는 미사용 어음 · 수표용지에 기재되었거나 압날된 고무인영 부분을 약품을 사용하여 지워주고 그 대가를 받는 자

011

11 1차

어음 · 수표사범들은 여러 명이 각자의 역할을 분담하여 범죄를 실행하는 등 철저히 조직화된 모습을 보이고 있고, 그 맡은 역할에 따라 다른 이름으로 불리고 있다. 그중 속칭 '바지'에 대한 설명으로 가장 적절한 것은?

① 수표 · 어음과 결제능력이 없이 당좌개설 명의만을 빌려주고 일정한 대가를 받는 개인 영업 주 또는 법인의 대표이사

② 자금책으로부터 딱지어음을 일정액으로 매입하여 자기의 판매망을 통하여 판매하여 중간이익을 취득한 자

③ 자금책의 심부름으로 딱지어음을 가지고 물건을 구입하거나 자신이 직접 매입한 딱지어음으로 물건을 구입하여 덤핑으로 이를 처분하여 이익을 취득하는 자

④ 기 사용된 어음 · 수표 또는 미사용 어음 · 수표용지에 기재되었거나 압날된 고무인영 부분을 약품을 사용하여 지워주고 그 대가를 받는 자

> **해설**
> ② 판매책에 관한 내용이다.
> ③ 일꾼에 관한 내용이다.
> ④ 세탁책(조서방)에 관한 내용이다.

012

14 2차

「부정수표단속법」상 수표소지인의 명시한 의사에 반하여 공소를 제기할 수 없는 경우는?(단, 고의범에 한함)

① 금융기관(우체국을 포함한다. 이하 같다)과의 수표계약 없이 발행하거나 금융기관으로부터 거래정지처분을 받은 후에 발행한 경우

② 수표를 발행하거나 작성한 자가 · 수표를 발행한 후에 예금부족, 거래정지처분이나 수표계약의 해제 또는 해지로 인하여 제시기일에 지급되지 아니하게 한 경우

③ 금융기관에 등록된 것과 다른 서명 또는 기명날인으로 발행한 경우

④ 가공인물의 명의로 발행한 수표

> **해설**
> ② 제2항(**수표 발행 후 지급거절**)과 제3항(**과실**)의 죄는 수표를 발행하거나 작성한 자가 그 수표를 회수한 경우 또는 회수하지 못하였더라도 수표 소지인의 명시적의사에 반하는 경우 공소를 제기할 수 없다.(부정수표단속법 제2조 제4항)

013 다음 설명 중 옳지 <u>않은</u> 것은 모두 몇 개인가?

11 경간

> ㉠ 거래처의 신용을 이용하기 위하여 실제로는 상거래가 없음에도 불구하고 발행하는 어음을 통상 '딱지어음'이라고 한다.
> ㉡ 피의자가 부도수표 6장을 모두 회수하였는데 그중 4장은 발행일자가 기재되지 않은 것이고, 나머지 2장은 제시기일을 경과한 수표인 경우 발행일자 미기재는 혐의 없음, 나머지는 공소권없음을 사유로 불기소 의견으로 종결한다.
> ㉢ 어음·수표 범죄와 관련 있는 불량회사들은 일반적으로 사무소에 다른 회사의 간판이 몇 개나 붙어있거나, 사무소의 실계약 명의인이 회사대표의 명의인과 같은 외견상 공통점이 있다.
> ㉣ '딱지사범'중에서 수표·어음의 결제능력이 없이 당좌 개설 명의만을 빌려주고 일정한대가를 받은 개인 영업주 또는 법인의 대표이사를 '바지'라고 칭한다.

① 1개   ② 2개   ③ 3개   ④ 4개

해설

㉠ 융통어음에 관한 내용이다. 딱지어음이란 부도날짜를 미리 정해 놓고 금액란을 백지로 하고 어음 지급일자나 수표발행일자는 예정된 부도날짜 이후로 작성·발행하여 시중 에 유통시키는 어음이나 수표를 말한다.
㉡ 부도수표가 **발행일자가 기재되지 않거나 제시기일이 경과된 경우 혐의없음**에 해당하고, 부도수표를 회수한 경우 공소권 없음에 해당한다. 다만, 여러 가지 사유가 경합할 때는 형식판단을 우선한다.(**각하 → 공소권없음 → 죄안됨 → 혐의없음**) 따라서 피의자가 부도수표 6장을 모두 회수하였는데 그중 4장은 발행일자가 기재되지 않은 것이고, 나머지 2장은 제시기일을 경과한 수표인 경우 6**장 모두 회수하였으므로 공소권없음**을 사유로 불기소 의견으로 종결한다.
㉢ 어음·수표 범죄에 관계되는 불량회사의 종류로는 사무소의 실 계약 명의인이 회사대표 명의인과 다른 회사, 임원의 교체가 심하거나 회사의 상호가 자주 바뀌는 회사, 취급 상품의 변화가 심하거나 사들인 상품을 즉시 처분하는 회사, 사무소에 다른 회사의 간판이 몇 개나 있는 회사, 브로커의 출입이 많은 회사, 등기상의 대표이사와 실제의 경영자가 다른 회사 등의 일반적인 외견이 있다.

014

11
1차·해경

「특정범죄 가중처벌 등에 관한 법률」에서 규정하고 있는 공무원범죄 유형이 아닌 것은?

① 국고 등 손실 ② 특수직무유기 ③ 알선수재 ④ 피의사실공표

해설

④ 피의사실공표(형법 제126조)는 「특정범죄 가중처벌 등에 관한 법률」에서 규정하고 있는 공무원 범죄의 유형이 아니다.

「특정범죄 가중처벌 등에 관한 법률」상 공무원 범죄
ⓐ 국고 등 손실(제5조)
ⓑ 뇌물죄의 가중처벌(제2조)
ⓒ 공무상 비밀누설의 가중처벌(제4조의3)
ⓓ 알선수재(제3조)
ⓔ 특수직무유기(제15조)
ⓕ 체포·감금, 독직폭행·가혹행위 등의 가중처벌(제4조의2)

015

13 승진

국가공무원법상 수사기관이 공무원 범죄를 적발하여 수사를 개시 및 종결지었을 때에는 며칠 이내에 해당 소속기관의 장에게 통보하여야 하는가?

① 3일   ② 5일   ③ 10일   ④ 14일

해설

③ 감사원과 검찰·경찰, 그 밖의 수사기관은 조사나 수사를 시작한 때와 이를 마친 때에는 **10일 내**에 소속기관장에게 그 사실을 통보하여야 한다.

016

10 승진

공무원범죄에 대한 설명으로 가장 옳지 <u>않은</u> 것은?

① 공무원의 신분을 가진 자가 고의·과실로 저지른 모든 범죄를 광의의 공무원 범죄라고 한다.

② 공무원범죄 중 공무원의 개인적인 위법행위를 제외하고 직무와 직·간접으로 관련이 있는 범죄를 협의의 공무원범죄라고 한다.

③ 국가공무원법상 수사기관이 공무원범죄를 적발하여 수사를 개시한 때와 이를 종료한 때에는 30일 이내에 소속기관의 장에게 당해 사실을 통보하여야 한다.

④ 공무원이라는 신분에 의하여 형벌이 가중되는 신분범인 경우가 많고 공무원이 직권을 이용하였을 때 형을 2분의 1까지 가중하도록 하는 규정도 있다.

해설

③ 감사원과 검찰·경찰, 그 밖의 수사기관은 조사나 수사를 시작한 때와 이를 마친 때에는 **10일 내**에 소속기관의 장에게 그 사실을 통보하여야 한다.

ANSWER   014 ④   015 ③   016 ③

017 공무원범죄에 대한 설명으로 **틀린** 것은 모두 몇 개인가?

09 2차

- ⊙ 국가공무원법상 수사기관이 공무원에 대하여 수사를 시작한 때와 이를 마친 때에는 10일 이내에 소속기관의 장에게 그 사실을 통보하여야 한다.
- ⓒ 특정범죄가중처벌 등에 관한 법률에서 규정하고 있는 공무원범죄는 뇌물, 알선수재, 공무원비밀누설, 피의사실공표, 국고 등 손실, 특수직무유기 등이다.
- ⓒ 일반적으로 죄의식이 희박하다.
- ⓔ 형법상 단순수뢰죄, 제3자뇌물공여죄, 수뢰후부정처사죄, 알선수뢰죄 가운데 법정형이 가장 중한 범죄는 알선수뢰죄이다.

① 1개   ② 2개   ③ 3개   ④ 4개

> **해설**
> ⓒ 피의사실공표(형법 제126조)는 「특정범죄 가중처벌 등에 관한 법률」에서 규정하고 있는 공무원범죄의 유형이 아니다.
> ⓔ 형법상 단순수뢰죄, 제3자뇌물공여죄, 수뢰후부정처사죄, 알선수뢰죄 가운데 법정형이 가장 중한 범죄는 수뢰후부정처사죄(1년 이상의 유기징역)이다.

018 공무원 관련 범죄에 대한 내용 중 옳고 그름의 표시(○, ×)가 바르게 된 것은?

17 승진

- ⊙ 「국가공무원법」상 검찰·경찰 그 밖의 수사기관에서 수사 중인 사건에 대하여는 수사개시 통보를 받은 날부터 징계의결의 요구나 그 밖의 징계 절차를 진행하지 못한다.
- ⓒ 「국가공무원법」상 감사원과 검찰·경찰, 그 밖의 수사기관은 조사나 수사를 시작한 때와 이를 마친 때에는 지체 없이 소속기관장에게 그 사실을 통보하여야 한다.
- ⓒ 「특정범죄 가중처벌 등에 관한 법률」에서 규정하고 있는 공무원 범죄 유형에는 뇌물, 알선수재, 공무상비밀누설, 국고 등 손실, 특수직무유기 등이 있다.

① ⊙(○) ⓒ(×) ⓒ(×)   ② ⊙(○) ⓒ(×) ⓒ(×)
③ ⊙(×) ⓒ(○) ⓒ(○)   ④ ⊙(×) ⓒ(×) ⓒ(○)

> **해설**
> ⊙ 검찰·경찰 그 밖의 수사기관에서 수사 중인 사건에 대하여는 수사개시 통보를 받은 날부터 징계의결의 요구나 그 밖의 징계 절차를 진행하지 **아니할 수 있다.**
> ⓒ 감사원과 검찰·경찰 그 밖의 수사기관은 조사나 수사를 시작한 때와 이를 마친 때에는 10일 내에 소속기관장에게 그 사실을 통보하여야 한다.(국가공무원법 제83조 제3항)

ANSWER 017 ② / ⓒ, ⓔ   018 ④

019 공무원 범죄와 관련한 설명으로 가장 옳은 것은?

11 경간

① 공무원 범죄는 수사착수와 수사종결 시 각각 15일 이내에 소속기관의 장에게 관련사항을 통보하여 주어야 한다.

② 공무원 신분을 가진 자가 직무와 관련 없이 행한 폭행 등도 협의의 공무원범죄에 해당한다.

③ 「특정범죄 가중처벌 등에 관한 법률」에서 규정하고 있는 공무원직무에 관한 죄는 뇌물, 알선수재, 공무상 비밀누설, 국고등 손실 등이다.

④ 일반적으로 관련자가 있는 경우 순차적으로 검거한다.

해설

① 감사원과 검찰·경찰, 그 밖의 수사기관은 조사나 수사를 시작한 때와 이를 마친 때에는 10일 내에 소속기관장에게 그 사실을 통보하여야 한다.(국가공무원법 제83조 제3항)
② 협의의 공무원 범죄는 공무원범죄 중 공무원 개인적인 위법행위를 제외하고 직무와 직·간접으로 관련이 있는 범죄를 말한다. 따라서 공무원의 신분을 가진 자가 직무와 관련 없이 행한 폭행 등은 광의의 공무원범죄에 해당한다.
④ 공무원범죄는 관련자가 있는 경우에는 동시에 검거하여야 한다.

020 공무원 범죄에 대한 설명 중 가장 옳지 <u>않은</u> 것은?

11 승진

① 광의의 개념은 공무원의 범죄 중, 공무원의 개인적 위법행위를 제외하고 직무와 직·간접으로 관련이 있는 범죄를 말한다.

② 수사기관은 조사나 수사를 시작한 때와 이를 마친 때에는 10일 내에 소속기관의 장에게 그 사실을 통보하여야 한다.

③ 「특정범죄 가중처벌 등에 관한 법률」에서 규정하고 있는 공무원범죄에는 뇌물, 알선수재, 국고 등 손실, 공무상비밀누설 등이 있다.

④ 조사대상자가 자기업무와 관련한 조사에 대해 비교적 자신감을 가지고 범죄를 은폐하려 하므로 사전에 신문의 방법, 조사할 내용, 관련 법령에 대한 정밀한 검토를 하는 등 치밀한 준비를 한 후 조사에 착수한다.

해설

① 공무원범죄 중 공무원의 개인적인 위법행위를 제외하고 직무와 직·간접으로 관련이 있는 범죄를 협의의 공무원범죄라고 한다.

021 도박사범 수사에 대한 설명 중 가장 적절하지 <u>않은</u> 것은?

12 승진

① 도박사범 수사에 있어서 검거 시기는 도객이나 개장자가 도박에 열중하고 하고 있을 때, 파수꾼 등이 느긋해져 있을 때가 적당하다.

② 영리의 목적이 있어야 도박개장죄가 성립하므로 현실적으로 재산상 이익을 얻었는가를 명확히 입증해야 한다.

③ 도박개장한 자가 도박한 경우에는 도박개장죄 외에 도박죄도 입건한다.

④ 도금은 반드시 압수하여야 하나 도박에 제공되지 않은 돈, 즉 주머니에 있는 돈이나 봉투에 담아 따로 보관하고 있는 돈 등은 압수하여서는 아니된다.

해설

② 도박개장죄가 성립하기 위해서는 고의 이외에 영리목적이 필요하다. 다만, 영리의 목적이 있으면 충분하고 현실로 재산상의 이익을 얻었는가는 문제되지 않는다.

022 도박개장죄 피의자 수사와 관련하여 <u>틀린</u> 것은?

10 승진

① 영리의 목적이 있으면 현실로 재산상의 이익을 얻었는가는 문제되지 않는다.

② 도박개장한 자가 도박한 경우에는 도박개장죄만 성립한다.

③ 긴급체포 할 수 있는 대상범죄이다.

④ 스스로 주재자가 되어 그 지배 아래 도박장소를 개설하였는지 여부를 조사하여야 하며 단순히 도박장소를 제공하였을 뿐인 때에는 도박개장죄가 인정되지 않는다.

해설

② 도박개장한 자가 도박한 경우에는 **도박개장죄와 도박죄의 실체적 경합범**이 된다.
③ 단순 도박죄는 긴급체포 대상범죄가 아니지만 **도박개장죄와 상습도박죄는 긴급체포 대상 범죄**이다.

제3장

기타 범죄

제3장 기타 범죄

제1절 화재사건

1 화재사건

(1) 개념

화재사건은 증거물 적고 인과관계를 증명하기 어려워 전문적인 지식이 필요하다.

고의로 불을 지르거나 과실로 화재를 일으켜 사람의 주거나 사람이 현존하는 건조물·공용건조물·일반건조물 또는 물건을 불태워 공공의 위험을 발생하게 하는 범죄이다.

(2) 방화와 실화의 죄의 유형

> ① 일반건조물 등의 방화죄(형법 제166조 제1항)
> ② 일반물건의 방화죄(동법 제 167조 제1항)
> ③ 현주건조물 등의 방화죄(동법 제164조)
> ④ 공용건조물방화죄(동법 제165조)
> ⑤ 실화죄(동법 제170조), 업무상 실화·중실화죄(동법 제171조)
> ⑥ 진화방해죄(동법 제169조)
> ⑦ 연소죄(동법 제168조)

2 화인조사

(1) 의의 기출

① 화인(火印): 어떤 화원이 어떤 가연물에 착화되어 화재가 발생하였는가를 의미하며, 화재의 원인이다.

② 화인의 3요소:

화재 발생에는 **화원(점화에너지), 가연물, 공기**가 필요하다.

㉠ 화원: 아궁이, 온돌, 성냥, 초, 전기, 담배

ⓐ 유염화원: 불꽃이 나는 물질(종이 등)

ⓑ 무염화원: 불꽃이 나지 않은 물질(담배 등), 훈소(燻燒)

ⓒ 잠재성 화원: 열이 축적되어 화재가 발생하는 것(전지, 화공약품, 라디에이터)

ⓓ 소화법: 물이나 이산화탄소 소화기를 사용하는 냉각소화법

ⓛ 가연물

ⓐ 기체: 밀폐된 용기 속에 보관

ⓑ 액체: 휘발유, 신나 등(증발연소)이 있고, 방화자가 화상을 입기도 한다.

ⓒ 고체: 목탄, 숯, 왁스, 나프탈렌(증발연소), 석탄(분해연소)

ⓓ 소화법: 연소확대시 중간가연물을 파괴한다.

ⓒ 공기

ⓐ 산화공급원으로서 공기 중 특히 산소를 의미

ⓑ 소화법: 포말소화기, 모래 등 질식소화법

3 화재 유형

(1) 방화 사건

① 발화부가 평소 화기가 없는 장소인데 부근에 유류가 발견되거나 외부로부터의 반입물이 있을 경우

② 탈출구가 개방되어 있거나 부자연스러울 경우

③ 화재가 발생한 집의 거주자가 과한 화재보험에 가입되어 있는 경우

④ 화재가 발생한 집의 거주자에 대하여 치정·원한 등 방화동기를 가진 자가 있는 경우

⑤ 거주자가 화상을 입었을 경우

⑥ 발화부가 2개소 이상

(2) 실화 사건

① 평소에 화기가 있거나 자연 발화물이 존재하는 경우

② 화재가옥 내에 귀중품이 등이 평소상태대로 소실된 경우

(3) 자연발화사건

㉠ 염산칼륨에 목탄가루가 섞이면 발화된다.

㉡ 도금공장에서 사용하는 무수크롬산에 신나나 초산 신나가 들어간 경우

㉢ 페인트 가게에서 사용하는 아마인유라는 식물성 기름의 경우에 봄·가을의 흐린 날, 야간에 자연발화한다.

㉣ 복사용 카본지를 쓰레기통에 넣고 발로 밟으면 자연발화하는 경우가 있다. 특히 습기가 첨가되면 자연발화한다.

　　　㉤ 가솔린 · 신나 · 벤젠도 정전기를 일으켜 발화하는 경우가 있다.

(4) 전기 발화 사건_{기출}

　　① 누전, 전기기구, 전동기, 전선사고에 의한 발화가 있고 .발화부가 반드시 발열점과 일치하여야 한다. 안전기, 휴즈의 단락 유무, 기타 발견상황, 발화 전 전등, 텔레비전 등의 이상 유무를 조사한다.

　　② 누전화재가 입증되기 위해서는 누전점, 접지점, 발열점이 입증되어야 한다.

　　③ 합선(合線)에 의한 전기화재일 경우 단란(短絡)이 생기고 단락부근에 용융 현상이 나타난다.

　　④ 연소기구에서의 과열이나 발화 여부를 확인한 때는 연소기구에 전원이 들어가는 경우 원코드가 필요하다.

자료더보기

• 누전화재의 징후
　1. 수도꼭지를 만지다가 감전충격이 있다.
　2. 전등의 밝기에 변화가 있다.
　3. 전기 요금이 급증하고 퓨즈가 나갔다.
　4. 건물의 일부에만 전기가 잘 들어오지 않는다.

• 감전사
　1. 감전자국: 전류가 흐르는 부위에 생기는 피부를 비롯한 조직의 손상을 말한다.
　2. 일반적으로 원형 또는 계란형의 피부함몰로서 주름에 의하여 둘러싸이는 모습이다.
　3. 중심부는 백색 또는 회백색이고 편평화 된다.

---

4 조치 방법

(1) 초동조치

　수사요원이 임장하여 목격자 · 발견자 등을 확보하고 경계선을 설치하고 현장보존을 한다. **제1선에는 소방관**이 배치되며, 경찰은 2선 · 3선에 배치한다.

(2) 전문가의 임장 상황

① 방화·빌딩 등의 대규모 화재

② 병원·학교 등의 공공시설 화재

③ 전기·약품·자연발화성 물질에 기인한다고 인정되는 화재

(3) 현장관찰과 채증

① 최초발견자 및 불이 난 가옥의 소유자의 목격상황, 전기관계, 자연발화물의 존재상황 등을 종합적으로 관찰하는 등 일정한 순서에 의하여 객관적이고 과학적인 현장관찰을 실시하여야 한다.

② 현장발굴작업은 바깥쪽으로부터 순차적으로 낙하물을 제거하면서 실시하고, 반입물, 물건의 이동, 기름등의 존재상황, 기타 물건의 존재를 확인하다.

③ 족흔적, 유류품, 방화매개물 등에 대해서는 채증활동을 하고 처음 불이 난 장소의 발화물 또는 방화매개물이라고 인정되는 물건등을 채취하여 다른 증거물과 함께 감정의뢰한다.

(4) 화인조사(火因調査)

① 예비조사

㉠ 화재의 발생시간

㉡ 발견상황과 발견동기

㉢ 건물의 구조, 용도, 사용자

㉣ 기상관계

㉤ 전기관계 등 재설비관계

㉥ 피해상황

㉦ 이해관계자의 보험과 부채관계

㉧ 소방작전상황

㉨ 기타 자료수집과 사진촬영

② 본조사

㉠ 현장의 개관

㉡ 화원부

㉢ 발화부·출화부

㉣ 점화부

5 화재 검증요령

(1) 검증의 목적

방화범죄에 대한 현장검증 시 기재할 사항

> ㉠ 현장의 방위, 위치, 주의의 상황
> ㉡ 풍향, 풍속 등 기상상황
> ㉢ 발화, 출화 당시의 상태 및 시각
> ㉣ 연소상황
> ㉤ 피해상황
> ㉥ 증거물
> ㉦ 피의자가 발견되었을 경우 그 인적 사항

(2) 검증 순서와 방법 기출

> 부근의 관찰 ⇨ **소실가옥의 관찰** ⇨ **화원가옥의 확인** ⇨ 발화부 · 출화부의 확인
> ⇨ 출화원인의 확인 ⇨ 발화원인물의 조사

① **소실 부근**의 관찰

② 소실물의 종류 · 부위 · 범위 · 탄화 · 그을림의 정도를 파악

③ **화원(火元)가옥**의 확인

> ㉠ 화원가옥은 거주자 및 최초 발견자의 진술과 현장의 연소상황으로 판단된다.
>
> ㉡ 화원가옥은 다른 연소가옥에 비하여 소실도가 높고 토대의 밑부분 소실, 천장 · 지붕 등이 타서 무너지는 상황이다.

④ 발화부 · 출화부의 확인 기출

> ㉠ **발화부**: 불을 낸 장소, 즉 화재의 기점이 된 부위
> 출화부: 불이 타오른 장소
>
> ㉡ 발화부 · 출화부 확인의 착안점:
>
> ⓐ 발화부는 출화부의 아래쪽에 있는 경우가 많다.
>
> ⓑ 발화부는 불이 처음으로 타오르기 시작한 곳이기 때문에 연소가 경미하지만, 출화부는 불길이 치솟으므로 연소범위가 넓고 연소도가 깊다.
>
> ⓒ 전소현장에서 발화부 및 출화부를 확인할 수 있다.

연소의 상승성	화염은 수직가연물(垂直可燃物)을 따라 상승하고 역삼각형으로 연소한다.
도괴상황	발화건물의 기둥·벽·가구류는 발화부를 향하여 도괴(倒壞)되는 양상이다.
탄화심도	기둥 등의 목재표면이 거북등 모양으로 타화된 깊이를 말하며, 발화불에 가까울수록 탄화정도가 길다
균혈흔	목재표면의 균열흔은 발화부에 가까울수록 가늘어지는 경향
훈소흔	장기간에 걸쳐 무염연소(無焰燃燒)한 흔적 목재의 연결·접합부·부식부(腐蝕部)등에 잘 생기고, 출화부 부근에 훈소흔이 남아 있으면 그 부분을 발화부라고 판단할 수 있다.
용융흔	유리나 거울·알루미늄제품 등이 화열로 인하여 녹아 내린 흔적
박리흔	벽돌·콘크리트·물탈 등과 같은 시멘트를 재료로 한 건물의 불연성 건재류가 열에 오랜 시간 노출됨으로써 박리현상이나 변색상태
변색흔	녹거나 용융되지 않는 금속, 콘트리트나 물탈·철구조물, 철제 캐비넷, 책상·금고·선반·냉장고의 표면도색과 철재녹 색깔에서 변색된 상태를 보이게 되는 것을 말한다.
주연흔	내장백회벽이나 불연성질의 외벽에 생기고 화원부나 발화부 부근에 나타난다.
주염흔	화열을 발산하는 가연물이 연소시 내외벽에 형성하는 흔적으로 연한 갈색을 띠기도 하고, 박리현상(외장 타일 포함)으로 나타난다.
복사흔	주연이나 주연흔을 받는 건물 와주의 수목이나 전주·집적물 및 인근건물의 구조물이나 간판 등의 수열도를 비교하여 주염흔과 일치하는지를 판단한다.
기타흔	기타 소사체(燒死体)나 가금류(家禽類) 등의 사체의 위치·형태를 비롯하여 집적물건 등의 소락형태·위치·순서 등의 흔적이 있다.

6 수사 방법

동기·목적	대상	특색
경제적이익	보험가입 주택, 건물, 상품, 차량 등	거액, 최근 보험 가입
범죄은폐	범죄장소(건물, 차량 등), 사무실, 서류, 장부 등	변사체, 중요금품, 중요서류, 장부
원한, 복수, 미움	특정인 소유, 거주 장소, 물품	원한관계, 경쟁관계, 장애인, 동성 연애자, 외국인 등
스릴, 장난, 사회불안	불특정대상	• 어린이, 실업자, 사회불만자 • 손쉽게 방화할 수 있는 장소, 모 방범, 연쇄, 반복
방화병 (Pyromania)	불특정대상	• 심리, 정신장애, 마약, 알코올중독 • 연쇄, 반복
직업적보상	소방서 인근, 순찰선 내 건물, 소 방상 문제를 소지한 대상 등	• 소방직업 종사자 또는 주변 인 • 경비원 등 언론관심대상 • 연쇄, 반복

7 연쇄방화

(1) 단독범이 많고 범행시간은 심야로부터 새벽까지가 많다.

(2) 방화재료를 현장에서 조달하고 목적달성 시까지는 방화사건에 비하여 미수사건이 많고 그만큼 현장에 증거가 남을 확률이 높다.

(3) 미수사건이 많고 그만큼 현장에 증거가 남는다.

(4) 범인이 방화사건의 장소와 동일구역 내에 거주하는 경향이 있다.

제2절　마약류범죄

1 마약류 정의

마약은 외존성이 높고, 사용약물의 양이 증가하는 내성이 있고 중단할 경우 고통과 부작용을 동반하는 금단현상이 있다. 마약류관리에 관한 법률상 마약, 항정신성의약품, 대마를 뜻한다.

2 마약류관리에 관한 법률 제정

① 마약법, 대마관리법, 항정신성의약품관리법 등으로 규제대상이 분할되어 있던 것이 2000년 7월 1일 자로 마약류관리에 관한 법률로 통합되어 시행 중이다.

② 유해화학물질인 접착제(본드)와 부탄가스가 있으며 이것은 인체에 해를 주는 화학물질로서 유해화학물질 관리법에 의해 규제된다.

3 경찰 마약수사

① 1991년 8월1일 경찰청 형사과 마약계 신설

② 2000년대 6월1일 서울 등 7개 지방청 마약계 신설

③ 2001년 11월 17일 경찰청 마약지능과 신설

④ 2002년 10월 5일 경찰청 마약수사과 신설

⑤ 2002년 10월 17일 강원 등 7개 지방청 마약계 신설(전국 14개 지방청 모두 마약계 설치)

4 마약류의 종류

분류		종류
마약	천연마약	양귀비(앵속), 생아편, 코카나무잎, 코카인, 모르핀, 코데인, 헤로인
	한외마약	코데날, 코데잘, 유코데, 후리코, 세코날, 인산코데인말
	합성마약	페치딘계, 메사돈계, 프로폭시펜, 모리피난계
	반합성마약	헤로인, 히드로모르핀, 옥시코돈, 아세트로핀
향정신성 의약품		메스암페타민(GHB,MDMA), 암페타민류, 펜플루라민, 암페르라몬, L.S.D, 페이요트(메스칼린), 사일로사이빈, 바르비탈염류제, 비바르비탈염류제, 벤조디아제핀염제류, 러미나, GHB(일명 물뿅), S정, 아로바르비탈, 알프라졸람
대마		대마초(마리화나), 대마수지(해쉬쉬), 대마수지기름(해쉬쉬오일)

기타분류

1. 약리작용별 분류
   ① 각성제
      ㉠ 중추신경계를 자극하여 흥분을 유발시키는 암페타민계 물질을 말한다.
      ㉡ 아편, 마취제와는 달리 수면을 방해하고 혈압상승, 호흡맥박이 빨라지고 피로감을 없애며 공격적인 성향을 갖게 한다.
      ㉢ 암페타민이 대표적이며 히로뿅, 살빼는 약 등이 해당한다.
   ② 억제제
      ㉠ 중추신경계를 억제하여 중추신경이 비정상적으로 흥분한 상태를 진정시키는 약물을 말한다.
      ㉡ 호흡, 혈압, 심장 박동과 세포의 신진 대사와 같은 활동을 억제하며 긴장감을 풀어주고 근육을 이완시켜 편안함과 함께 졸음을 유발한다.
      ㉢ 알코올, 바르비탈류, 벤조디아제핀계, GHB, 메타콰론 등이 해당한다.
   ③ 환각제
      ㉠ 현실의 왜곡과 같은 정신상태나 기분에 급격한 변화를 일으키는 약물을 말한다.
      ㉡ 감각의 변화, 망상, 환상, 환시, 환청, 환취, 환촉 등을 일으킨다.
      ㉢ LSD, 사일로사이빈, 페이요티 선인장에서 추출하는 메스칼린 등이 해당된다.

2. 생성원별 분류
   * 크라톰, 5-메로-딥트, 디메칠암페타민, 2C-I가 향정신성의약품으로 추가 지정되었다 (마약류관리에 관한 법률 시행령, 2006.12.4.).

(1) 마약

천연마약	양귀비 	㉠ 양귀비는 아열대 기후의 세계 곳곳에서 자라고 있다. 특히 동남아 일대에 걸쳐 널리 재배되고 있는 양귀비는 3~4월에 파종하면 6~7월(집중단속기간)에 열매가 맺게 되는데 이 열매를 앵속이라고 한다. ㉡ **모르핀은 그리스 신화의 꿈의 신인 'Morpheus'**의 이름을 따서 칭한 것으로 피하주사기 발명과 미국남북전쟁(1861~1865)을 계기로 광범위한 사용이 시작되었으며 대부분 백색(고도정제)이나 커피색이나 황갈색도 있다. 생아편 원료로 제조되며 헤로인의 원료로 사용되고, 모르핀의 주요 생산국가는 아편생산국과 거의 일치한다.
	생아편 	㉠ 양귀비(Poppyplant)의 설익은 씨앗껍질에 상처를 내어 자극을 주면 알카로이드가 함유된 부약(열매에서 흘러나오는 액)이 흘러나오는데 이것을 긁어모아 말리면 생아편(Opium)이 된다. ㉡ 생아편 속에 20여종의 아편알카로이드라는 성분이 들어 있기 때문에 생아편 자체도 중추신경계 억제작용에 강한 효과가 있다. ㉢ 생아편은 암모니아 냄새가 난다. ㉣ 아편은 모르핀, 헤로인 등의 원료가 되며 파이프에 의한 흡연의 방법이 활용된다.
	코카나무잎, 코카인 코카인	㉠ 코카인(cocaine) ⓐ 이용: **국소 · 국부마취에 효과**가 있고 중추신경계 흥분제로 각성 효과가 뛰어나 운동선수들이 경기력 향상을 위하여 많이 복용한다. ⓑ 흡입방법: 코카인은 주로 **코로 흡입하며 코의 점막을 통해 흡수**된 코카인은 15~40분 정도의 각성 및 가벼운 도취감을 느낀다. 혈관주사를 사용하기도 한다. ⓒ 사용형태: 사용형태로는 가루가 대부분이나 때로는 헤로인과 섞어 스피드볼(Speed Ball) 형태로 사용하기도 하며, 최근에는 반죽형태로 된 프리베이스(Free Base)의 증가가 눈에 띈다. ⓓ 정신적효과 • 쾌락적인 **흥분과 환각적인 경험**을 일으킬 수 있으며 고도의 정신적 의존성을 일으킨다. • 말이 많아지고 힘이 넘치며 피로감을 느끼지 못하나 다량 사용 시에는 불안감을 일으킨다. • 코카인을 사용할 때에는 황홀감에 대한 내성이 생기며 **알코올, 진정제, 안정제, 아편** 등에서 볼 수 있는 금단증상은

천연마약	크랙	만성적인 코카인 남용자에게서는 관찰할 수 없지만 심리적 금단증상이 올 수 있다. • cokebugs: 피부 속에 기생충이나 뱀이 기어 다니는 듯한 환촉 현상을 나타내는 현상이다. ⓛ 크랙(crack) ⓐ 크랙은 코카인에 베이킹 파우더를 섞어 단단하게 하여 담배형태로 피울 수 있게 만든 것이다. ⓑ **가격이 저렴하여 미국 흑인들에게 애용**되고 있다. 그 효과는 코카인과 같다. ⓒ **스피드 볼(speed ball)**: 암페타민이나 코카인과 헤로인을 혼합하여 복용하는 것으로 황홀감이 하나의 경우보다 크며 헤로인은 이 황홀감을 연장하는 데 도움이 된다. ⓔ 프리베이스(free base): 흡연을 통하여 코카인을 흡입하기 위하여 만들어진 반죽형태이다.
	모르핀	
	코데인	
	헤로인	① 1874년 영국화학자인 Wright가 만든 것으로 1898년 독일의 바이엘 제약회사에서 시판하였다. ② **'강력하다'는 의미의 헤로이쉬(Heroisch)에서 유래**한 것으로 호흡기 계통의 안정제로 큰 인기를 끌었으며 당시 유럽의 폐렴과 결핵 치료제로 쓰였다. ③ 헤로인은 모르핀을 원료로 초산으로 화학 합성하여 아세틸화한 것 ④ 모르핀보다 **10배 이상 강하고 금단증상도 매우 강한 마약**이다.
	옥시코돈 (Oxycodone)	① 옥시코돈은 데바인으로부터 합성한 진통제로 중추신경계를 억제하여 진통작용을 하며 강한 중독성이 있다. ② 남용 시에는 보통 눈동자가 수축되고 분별력을 잃으며 졸립고 입술이 타며 호흡이 느려진다. ③ 경구투여를 하거한 정맥주사를 사용한다.
한외마약		① 의약품으로 사용하는 **합법적인 약품이 마약성**을 띠고 있는 것 ② 일정한 사용기준을 보건복지가족부령이 정한 것을 말하는데, 구 마약법 제2조 제1항 제4호 단서의 규정에 의하여 지정한 것을 말한다. ③ 특성: 한외마약은 일반약품보다 천연마약 및 화학적 마약성분을 미세하게 혼합한 약물로 신체적·정신적 의존성을 일으킬 염려가 없는 것이다. ④ **코데날, 코데잘, 유코데, 후리코, 세코날, 인산코데인말**

합성마약	① 합성마약은 모르핀과 유사한 효과를 갖는 강력한 진통제 개발의 필요성이 대두함에 따라 화학적으로 합성한 마약 ② 천연마약과 같이 의존성이 강하지 않으나 내성과 의존성 등 금단증상을 유발한다. ③ **페치딘(pethidine), 메사돈(methadone), 모르피난(morhinane)계, 아미노부텐(Aminobuten)** 등이 해당한다.
반합성 마약	헤로인, 히드로모르핀, 옥시코돈, 아세트로핀

(2) 향정신성의약품(마약류관리에 관한 법률 제2조 제4호) 기출

메스암페타민 	㉠ 1919년 일본에서 개발되었고, 제2차 세계대전 중 독일 병사들의 피로회복을 위해 사용되었다. ㉡ 신체적 효과: 호흡, 심장박동, 말초혈관, 수축이완, 혈압 등이 증가되며 기타 식욕부진, 땀, 동공이완, 소화기, 기관지, 방광 등의 평활근육의 경한 이완이 일어난다. 각성제는 식욕부진 및 입맛 억제효과 때문에 체중조절에 쓰여왔다. ㉢ 정신적 효과 피로감을 감소시키고 운동성 및 정신 활동이 증가하며 다행감(Euphoria)과 함께 기분이 증진된다. ㉣ 투여방법 ⓐ 증류수 등에 희석하여 정맥혈관에 주사한다. 이때 dir 0.03g 정도가 사용되며 성냥에 붙어 있는 화약 정도의 양이다. ⓑ **커피, 우유 등 음료수**에 섞어서 마시거나 종이 위에 놓은 후 빨대를 이용하여 코로 흡입한다. ⓒ **은박지에 올려놓고 그 밑을 가열**하여 연기를 낸 후 그 연기를 파이프를 이용하여 코로 흡입하는 방법이다. ⓓ 가열하여 연기를 흡입하는 경우에는 정맥주사 시보다 사용량이 다소 많이 소요된다.
엑스터시 	① 1949년 독일에서 식욕감퇴제로 개발된 것으로 기분이 좋아지는 약으로 불린다. ② **Hug drug**, 클럽마약, 도리도리 등으로 지칭되며 복용자는 테크노·라이브·파티방 등에서 막대사탕을 물고 있거나 물을 자주 마신다.

L.S.D	① 1938 스위스 알버트 호프만 박사가 호밀 맥각에서 추출한 물질을 인공적으로 합성시켜 만들었다. ② **무색무취로서 의존성, 내성, 금단증상이 강하다.** ③ 미량을 유당·각설탕·과자·빵 등에 첨가해 먹거나 우편·종이 등의 표면에 묻혔다가 뜯어서 입에 넣는 방법으로 사용 ④ L.S.D는 극소량으로도 환각효과를 나타낼 수 있어 1회 사용량이 $100{\sim}250\mu g$에 불과하다. ⑤ 환각효과는 **코카인의 100배, 메스암페타민의 300배**에 달하며 8~12시간 지속된다.
페이요트	① 미국·멕시코 국경 등지에서 자생하는 선인장에서 추출한 메스칼린을 합성해서 만든 것으로 분말이나 액상의 형태이다. ② 복용 시 의식이 또렷해지고 색과 형체가 뚜렷해 보인다. ③ 과다복용 시 환각작용과 혼수상태를 일으킨다.
사일로사이빈	남미에서 자생하는 사일로시비라는 버섯에서 추출한 것으로 복용 시 환각작용을 일으킨다.
바르비탈염제제	신경활동, 골격근, 심장근육 등에 상당한 억제효과를 미치는 억제제로 심리적 의존은 물론 내성이 형성되며 합법적으로 생산된다.
벤조다이아핀제제	불안, 각종 정신장애나 감정장애에 뛰어난 효과를 발휘해 의학적 사용이 넓어졌으며 항경련 작용과 근육이완 작용이 있다.
러미나	① **진해거담제**로서 약국에서 구입이 가능 ② 강한 중추신경 억제성 진해작용이 있어서 코데인 대용으로 시판된다. ③ 청소년들이 소주에 타서 마시기도 하고 **'정글쥬스'**라고 한다.
GHB	① **무색무취**로서 짠맛이 나는 액체로 '물 같은 히로뽕'이라는 뜻에서 '물뽕'이라고도 한다. ② 소다수 등의 음료에 타서 복용 ③ 미국이나 유럽 등지에서는 성범죄용으로 악용되어 **'데이트 강간 약물**(Date rape drug)'이라고도 한다. ④ 근육강화 호르몬 분비효과가 있고 15분 후에 효과가 나타나며 이후 3시간 동안 지속된다.
야마	① 야마(Yahmah)는 원기 나는 약이라는 의미 ② 최근에 필로폰에 대한 경계로 인해 '미치게 하는 약'으로 호칭됨 ③ **유흥업종사자나 육체노동자, 운전기사 등을 중심으로 급속히 확산** ④ 태국 등 동남아 지역에서 카페인, 에페드린, 밀가루 등에 필로폰을 혼합하여 제조되며 원재료가 화약약품으로 밀조가 가능하다.
카리소프로돌 (일명 s정)	① 골격근 이완의 효과가 있으며 과다복용 시 인사불성, 혼수쇼크, 호흡저하로 사망 ② 금단증상으로는 온몸이 뻣뻣해지고 뒤틀리는 증상이 나타난다.

(3) 대마(마약류관리에 관한 법률 제2조 제5호)

① 개념 기출

⊙ 대마는 대마초와 그 수지를 원료로 하여 제조된 제품으로 종자, 뿌리 및 성숙한 대마초의 줄기와 그 제품은 규제하지 않고, 종자의 껍질은 규제한다.

ⓒ 허가 없이 그 누구도 재배, 소지, 수수, 운반, 보관하거나 사용해서는 안 된다.

ⓒ 대마엘(Cannabis sativa L)이라는 학명을 가진 1년생 식물로 섬유작물의 일종이다.

② 영향

⊙ **식욕 증가와 단맛**을 원한다.

ⓒ 감지능력의 과장, 시간과 공간의 왜곡, 의기양양한 기분, 약한 환각작용 등이 나타난다.

ⓒ 인체의 중추신경계를 흥분 또는 억제시키는 역할을 하는 것으로 주로 **다행감, 도취감을 느끼게 하나 육체적 의존성(중독성) 및 내성은 없다.**

② 대마는 마약보다 정신적·신체적 의존성이 약하다.

③ 종류 기출

대마초 (Marijuana) 	• 대마의 잎과 꽃대 윗부분을 건조시켜 담배 형태로 피는 것(마리화나) • 주정신작용물질은 THC로 대마초 중 약 1% 정도 함유 • 잎을 말려서 담배형식으로 종이에 말아서 또는 파이프에 넣어서 피운다.
대마수지 (Hashish) 	• 성숙한 대마의 꽃대 부분의 수지성 분비물을 알코올로 침출, 채취 또는 가마솥에서 증류하여 건조·농축한 제품으로 마리화나보다 10배 가량 효과가 높다. • **찌꺼기가 말려진 덩어리고 갈색, 암갈색, 흑색** 등이다.
해쉬쉬 미네랄 오일 (Hashish mineral oil) 	• 대마수지(해쉬쉬)는 흡입 시 마취성이 있어 혼수상태에 빠질 수 있다. • 대마수지를 농축 또는 건조하지 않고 정제된 수지를 병이나 캔 속에 보관하고 기름상태로 사용하는 것이다. • 알코올, 설탕, 꿀, 향로 등을 타서 주로 마신다. • **해쉬쉬 미네랄 오일도 마리화나보다 10배 이상 다행감(Euphoria)을 느끼게 해준다.**

출처 : 대검찰청

THC

THC는 대마초에 함유된 성분 중 마취, 환각작용을 유발하는 성분으로 정식 명칭은 Delta-9 tetrahydrocannabinol이다.

통상 대마잎에는 1~3.5%, 해쉬쉬에는 2~10%, 대마유(해쉬쉬 오일)에는 20~63% 의 THC가 함유되어 있으며 THC가 많이 함유한 대마초일수록 인체에 미치는 해가 크다.

유해화학물질(유해화학물질 관리법)

1. 의의
   ① 마약류는 아니지만 인체에 유행성이 있어서 사용하면 환각작용을 일으키는 화학물질을 말한다.
   ② 유해화학물질
   1) 본드
      ㉠ 톨루엔(흥분 · 환각작용)
      ㉡ 초산에틸(마취작용)
      ㉢ 메틸알코올(휘발성, 실명(失明)
      ㉣ 기타 노르말핵산, 사이클로 핵산(환각작용)
   ③ 부탄가스주성분
      ㉠프로판
      ㉡노르말부탄
      ㉢이소부탄

2. 효과: 본드와 부탄가스의 경우 처음에는 취한 기분을 쉽게 느낄 수 있지만, 점차로 내성이 생겨 약물의 효과는 노출된 양의 농도에 따라 15분에서 여러 시간에 이르기까지 다양하다.

3. 위험성 기출
   ① 조직 손상의 위험성이 있다. 즉, 톨루엔(Toluene) 기타 유사성 용제가 체내에 높은 농도로 존재하면 골수, 뇌, 간장 및 신장에 조직 손상을 줄 위험이 있으며 또한 조직 손상이 회복 불가능할 수도 있다.
   ② 과다한 양을 복용할 경우에는 호흡 정지로 사망을 초래하게 하는 수도 있다.
   ③ 중독된 경우 공격적이거나 충동적인 성격을 가지게 되고, 동시에 판단력 장애를 나타내기 때문에 위험하며 때로는 생명에 위협이 있다.

4. 처벌대상

① 환각물질을 섭취 또는 흡입하거나 이러한 목적으로 시작한 자

② 환각물질을 섭취 또는 흡입하거나 하는 자에게 그 정을 알면서 이를 판매하거나 공여하는 행위

③ 청소년이 환각물질을 섭취 또는 흡입목적으로 소지한 경우도 유해화학물질관리법 위반으로 처벌된다.

④ 다만, 청소년이 환각물질을 섭취 또는 흡입하고자 하는 정을 알면서 판매·공여한 자는 청소년보호법으로 처벌한다.

5. 본드와 부탄가스 비교

구분	본드	부탄가스
흡입시간	30분~1시간	10~20분
지속시간	• 1차: 2시간~4시간(체질·섭취량에 따라 차이가 있음) • 2차: 인사불성 상태	2시간~3시간(체질·섭취량에 따라 차이가 있음)
흡입방법	• 비닐봉지, 플라스틱 통에넣어 입구를 통해 코로 냄새 흡입 • 비닐 또는 막걸리 통에 발라 코로 냄새 흡입	• 비닐 및 봉투에 가스 주입, 코·입으로 흡입 • 가스를 코에 뿜어 흡입
1회 사용량 및 가격	250g(1,500원)	200g(500원)
흡입 후 증세	• 환각(환락, 흥분, 환상) • 주취상태와 유사한 환각상태 및 약간 어지러움 증 • 고민 등 불안을 잊음 • 정신적 의존 및 공격적 행위	• 주취상태 • 본드와 유사함
인체에 미치는 해독	• 뇌손상, 간질환, 기형아 출산 • 식욕부진	없음(단, 유해성 물질 함유시 본드와 유사한 해독성 있음)

> **플래시백 현상(Falshback)**
>
> 플래시백 현상은 환각제 남용자가 환각제 복용을 중단하여도 환각상태를 다시 경험하게 되는 현상을 말한다. 플래시백 현상은 약물을 중단한지 일주일, 수년 후에도 나타날 수 있고 지속시간 또한 수초에서 수시간까지 다양하다.
>
> 공포와 두려움을 자아내거나 심한 감정억제를 일으켜 자살하는 경우가 있다.

5 마약류사범의 특성 및 관련조직

(1) 특성 기출

점조직으로 움직이고 제작장소를 파악하기 어렵다. 악질적이고 흉포하고 조직이 국제화되어 있고 재범, 누범의 확률이 높다.

(2) 코카인관련 국제조직기출

콜롬비아 커넥션	콜롬비아에서 미국의 플로리다와 마드리드항으로 코카인을 밀수출하며 **미국의 코카인 약 70%가 콜롬비아 커넥션**을 통해 마이애미와 뉴욕을 통해 밀거래되고 있다.
메델린 카르텔	콜롬비아 제2의 마약조직
칼리 카르텔	콜롬비아 제3의 마약조직

(3) 마약관련 국제조직 기출

프랑스 조직	프랑스 항구도시 마르세유를 근거로 헤로인 밀거래 마피아가 운영하고 전세계로 헤로인을 공급한다.
골든 트라이앵글	동남아의 **미얀마, 라오스, 타일랜드 국경 고산**지대에서 양귀비를 재배하여 마약을 공급
골든 크레슨트	**파키스탄, 이란, 아프카니스탄** 국경지대에서 헤로인, 모르핀을 거래
피자 커넥션	미국 동부지역 피자집에서 **헤로인을 거래하던 마피아**의 조직
나이지리아 커넥션	인도, 파키스탄, 아프카니스탄, 타일랜드, 미국 및 아프리카 전역에 영향
백색의 삼각지대	**중국-한국-일본 3국**을 연결하는 메스암페타민 밀거래 유통체계

백색의 삼각지대(White Triangle)

제2차 세계대전 후 일본에서 일하던 한국인 기술자들이 1960년대 일본 정부의 단속을 피해 귀국한 후 대만에서 밀반입한 원료로 메스암페타민을 제조하여 일본에 판매했다.

1960~70년대 대만 – 원료, 한국 – 제조, 일본 – 소비라는 백색의 삼각지대(White Triangle)가 형성되었다. 1980년대 우리 정부의 마약단속 강화조치가 내려지자 기술자들은 다시 중국으로 건너가 동북 3성을 중심으로 제조공장을 차리게 되었고 그곳에서 제조된 메스암페타민은 한국을 경유해 일본으로 밀매되었다.
1990년대 들어 국내 남용이 확산되자 중국 – 제조, 한국 · 일본 – 소비라는 형태로 신백색의 삼각지대(New White Triangle)로 불리게 되었다.

6 마약류사범의 단속기관

한국	① 경찰 – 마약수사과 ② 검찰 – 마약수사반 ③ 보건복지가족부 – 마약관리와 마약사범 치료(특별사법경찰권) ④ 세관–공항 · 항만 등에서의 밀수관계에 대한 수사 ⑤ 국가정보원 – 마약정보센터 운영
미국	**마약단속국(DEA), 연방수사국(FBI), 이민귀화국(INS), 국세청(IRS), 연방관세청, 해안경비대, 주경찰, 지방경찰**
일본	경찰, 세관, 후생성 마약취제관사무소, 해상보안청, 법무성
홍콩	세관
영국	경찰
국제기구	1. UN마약위원회: 1946년 경제 · 사회이사회 산하에 설립, 국제마약통제정책을 결정하기 위한 유엔 최고심의기구로 경제 · 사회이사회의 감독기능을 지원 2. INCB(국제마약통제위원회) • 1968년 마약오용과 불법거래에 유엔협약의 준수 여부를 감시하는 국제연합 산하기구 • 마약과 향정신성의약품 통제, 불법 제조에 사용되는 화학물질 통제, 국가별 마약 대응활동 평가 및 지원, 각국 정부간 의견교환, 마약통제전문가 교육 · 연감(Annual Report) 발행 3. UNDCP(유엔 마약통제계획) • 마약관련 최고 집행기구로 1991년 3월1일 기존 유엔사무국의 마약과(DND), INCB사무국, 마약남용통제기금(UNFDAC)을 통합 • 각국의 마약류 현황을 점검하고, 예산 및 기술지원 등 마약통제정책을 집행

7 수사방법

(1) 마약류사범 단속

① 마약류사범 수사의 기본방침

첩보를 수집하고 증거수집, 관계기관의 협조를 통해 조직적 수사를 한다.

② 마약사범

㉠ 단속·수사대상

ⓐ 마약류취급자가 아닌 자가 마약을 취급한 경우(마약류관리에 관한 법률 제4조)

ⓑ 마약일반행위 금지사항을 위반한 경우(동법률 제3조)

ⓒ 마약류수입업자가 아닌 자가 마약을 수입한 경우(동법률 제18조)

ⓓ 마약을 무단 양도한 경우(동법률 제9조)

ⓔ 무단 제조한 경우(동법률 제21조) 등 마약류관리에 관한 법률상의 규제대상행위(52종)

㉡ 인체에 나타나는 증세

인체에 나타나는 증세	신체기능 조정력 상실, 동공축소, 눈물, 콧물, 오한, 발한, 식욕감퇴, 졸림, 수면, 멍청함, 불안, 초조, 체중감소
마약중독자 남용자의 외관	• 마약 투약을 위해 팔뚝, 엉덩이, 손등, 팔꿈치 안쪽 혈관, 콧등에 투약한다. • 주사부위에 문신을 새기거나 화장을 진하게 한다. • 의류에 혈흔이 묻어 있거나 약솜이나 증류수를 소지한 경우, 피부질환이 심한 경우

㉢ 증거확보

ⓐ 마퀴스(Marquis) 시약

진한 황산에 포르말린을 넣은 것으로 **알카로이드 청색반응**에 사용되며, 그 대상은 모르핀, 코데인, 헤로인, 아편알카로이드류로서 시약으로 사용할 때에는 처음에 붉은 자색을 띠다가 **청색**으로 변한다. 최종적인 것은 전문 감정기관에 의뢰한다.

③ 착안사항

㉠ 수사대상

ⓐ 대마초를 수입 또는 수출하는 행위(마약류관리에 관한 법률 제3조 제8호)

ⓑ 대마를 매매 또는 매매의 알선을 하는 행위(동법률 제3조 제10호)

ⓒ 대마를 재배, 소지, 운수, 운반, 보관하거나 이를 사용한 자(동법률 제4조 제1항)

ⓓ 대마를 그 취급목적 이외의 목적에 사용한 자(동법률 제5조 제2항)

ⓔ 대마초를 흡연 또는 섭취한 자(동법률 제3조 제11호)

ⓕ 금지된 행위를 하기 위한 장소, 시설, 장비, 자금 또는 운반수단을 타인에게 제공한 자(동법률 제3조 제12호)

④ 유해화학물질사범

　㉠ 단속대상

　　ⓐ 흥분·환각 또는 마취의 작용을 일으키는 유해물을 함유하는 물질 또는 이에 준하는 유해화학물질로서 대통령령이 정하는 유해화학물질을 섭취 또는 흡입하거나 이러한 목적으로 소지하는 경우(유해화학물질 관리법 제43조 제1항)

　　ⓑ 환각물질을 섭취 또는 흡입하고자 하는 정을 알면서도 판매 또는 교부하는 경우(동법 제43조 제2항)

　㉡ 수사상 유의점

　　ⓐ 본드 흡입자는 공간 지각에 대한 장애가 있어서 고층에서 뛰어 내리거나 실족하는 사례가 있으므로 대비하여야 한다.

　　ⓑ 환각상태에서 사실대로 숨김없이 이야기하므로 자세한 진술을 자필로 쓰게 하거나 녹음 등의 조치를 하여야 한다.

　　ⓒ 흡입자는 비행경력을 가지고 있는 경우가 많으므로 들치기, 소매치기, 청소년폭력범 등에 대해서 접착제 및 부탄가스 흡입 여부를 복합적으로 조사해 볼 필요성도 있다.

(2) 마약사범 식별요령

① 마약은닉수법

　㉠ 주로 체내(항문, 음부, 위장), 머리카락 속에 은닉

　㉡ 유아동행의 경우 가짜 우유병, 보온병에 은닉

　　가방 또는 신발, 가방에 은닉

　㉢ 도자기 술병, 화장품통, 책의 두꺼운 표지, 터번 등 의상

② 특징

　㉠ 코 안쪽 점막에 구멍이 나 있거나 약물을 녹이기 위한 그을린 수저나 병마개, 병을 소지한 자

　㉡ 팔꿈치 안쪽 혈관, 정맥에 피하주사 자국이 있는 자

　㉢ 약솜이나 증류수를 소지한 자

　㉣ 대용주사기, 1회용 주사기, 지혈대를 보관하고 있는 자

⑩ 유흥업소를 배회하며 약물을 밀매하는 자

㉥ 금단증세, 불안, 대인기피 등 보이는 자

㉦ 주사기와 굽은 수저를 넣은 가방을 들고 다니는 자

㉧ 여러 약국에서 의심스런 의약품을 사 모으거나 병·의원에서 약품을 몰래 훔치는 자

(3) 수사순서 기출

정보 수집	① 조직 이탈자, 공범자를 정보원으로 마약감사원, 세관원 등으로부터 정보를 입수하여 홍보활동 강화 ② 전과자, 수형종료자, 기소중지자의 동향감시 활동을 통한 정보수집	
수사 계획	① 수집된 정보를 토대로 수사일정, 장소, 수사요원 편성 ② 관계수사장비나 타기관의 협조, 지휘, 보고문제 등도 유의	
수사 착수	범인검거 및 증거확보	① 제보자 보호 ② 마약현품, 제조기구 및 그 원료, 거래자금, 범인이 소지하고 있던 메모지, 수첩, 거래자금을 입금한 통장 등을 압수 ③ 밀조공장, 범인가옥, 연고지, 사용차량 등에 대한 수색
	조사	① 발작을 대비하여 2인이상이 감시 ② 검거 시 즉시 소변과 두발을 채취하여 필요한 증거물이나 주사자국 등을 촬영

8 간이시약검사 및 증거물 채취요령

(1) 간이시약검사

마약류 복용 피의자를 검거한 경우 **간이시약(Acusign)**으로 복용여부에 대한 검사를 한다. 아큐사인은 피의자의 소변을 이용하여 마약류를 복용하였는지 여부를 밝히는 검사법이다.

① 검사대상: 메스암페타민, 대마초(THC), 코카인(COC), 아편류(OPI)의 복용 여부를 검사

② 검사방법 기출

㉠ 피의자의 소변을 제출받아 피펫으로 3~4방울의 소변을 샘플 윈도우에 떨어뜨린다.

㉡ 3분에서 10분 사이에 결과를 판별한다. 10분이 경과된 후에 판별하는 경우 결과가 달라진다.

㉢ **비교띠(C-control line)와 시험띠(T-test line) 모두에 붉은 띠가 나타면 음성**

㉣ 비교띠에만 붉은 띠가 나타나면 양성(마약 복용 의심)으로 판별한다.

㉤ 양성일 경우 시험띠 위에 붉은 띠가 전혀 나타나지 않는 경우도 있으며 항원·항체

반응에 의한 시험방법에 따라 시험띠 위에 붉은 띠가 늦게 또는 흐리게 나타날 수 있으므로 시험띠 위에 붉은 띠가 조금이라도 나타나면 음성으로 판별하여야 한다.

ⓗ 비교띠가 현출되지 않는 경우에는 재검사를 한다.

③ 검사 후 조치기출

ⓐ 양성반응이 나온 경우 시간이 경과함에 따라 반응표시가 훼손될 수 있으므로 사진을 찍거나 간이시약 검사결과에 대하여 피의자의 확인서를 받는다.

ⓑ 간이시약 감정결과는 후 국립과학수사연구소 마약분석과에 정식감정을 의뢰한다.

ⓒ 시약검사결과 음성 판정이 나더라도 피의자를 석방하지 말고 정식 검사를 의뢰하여야 한다. 소변을 이용한 마약류 복용 여부 검사의 경우 필로폰은 초심자는 약 2~3일 정도, 중독자는 7~10일 지나면 양성반응이 나타나지 않으며, 대마의 경우 초심자는 7~10일 정도, 중독자는 약 30일 이내에만 양성반응이 나타난다.

(2) 증거물의 채취요령 기출

양귀비	열매 부위가 가장 함량이 높고 열매가 있는 전초를 되도록 채취한다.
아편성분	생아편, 모르핀, 헤로인, 페치딘, 메사돈의 경우에는 고형물, 분말, 앰플, 주사기, 담배 필터 모두 채취한다.
코카인	① 코카인 분말은 분말 자체와 흡입기구를 통해서 증거를 확인한다. ② 코카엽은 씹는 물질을 채취한다.
환각제	① L.S.D는 갈색 초자병 광차단 용기를 사용한다. ② 환각제 엘에스디(L.S.D)는 종이에 흡착된 상태이므로 종이를 채취한다. ③ 메스칼린(Mescaline) 천연물은 갈색 분말, 합성물은 백색결정 분말을 채취하여 적은 양이라도 손실되거나 오염되지 않도록 포장하여 송부한다.
수면제 및 신경안정제	주스캔, 요구르트 병, 드링크계류, 빨대, 먹다 남은 비스켓류 등을 채취하여 적은 양도 오염되지 않도록 포장하여 감정기관에 송부한다.
암페타민류 (각성제류)	• 메스암테타민의 경우에는 남은 히로뽕 분말과 주사기 등을 채취한다. • 밀제조 또는 소지와 관련된 경우에는 원료 및 중간합성물질도 채취한다.
대마초	대마엽, 대마씨앗, 대마건초, 담배필터, 파이프 등도 채취한다.
생체시료	• 가능한 빠른 시간에 뇨 30ml 정도 채취한다. • 채취 시간은 생아편과 모르핀은 **72시간**, 헤로인은 **40시간** 이내, • 페치딘과 메사돈은 **48시간** 이내, 매스칼린은 **48시간** 이내, • 대마는 **72시간** 이내 채취하여야 한다. • 유해화학물질의 경우는 **3일** 이내, • 본드는 **16시간** 이내에 채취하여야 한다. • 히로뽕에 한하여 모발은 30개 이상 필요하다. • 혈액은 초자용기를 사용하여 채취한다(플라스틱 용기×). 강제채혈은 안 되고 의사가 직접 채취해야 한다.

감식용 시약

1. 자외선 분광광도법:
   L.S.D에 대한 반응은 자외선(Ultru Violet)에 쪼이면 푸른형광색(Fluoresce)을 띤다.

2. 듀퀘노이스(Duquenois) 시약:
   대마초에 이 시약을 가하면 처음에 청색, 전청색 그리고 자색으로 변한다.
   그러나 커피, 파즐리유(油) 등에도 반응하므로 전문기관에 의뢰한다.

3. TBPE(Tetra Bromo Phenolphthalein Ethylester) 시약:
   뇨(尿) 3~5ml에 TBPE 시약 0.5ml를 가하면 필로폰 양성의 경우 적자색반응이 나타난다. 이는 복용 후 약 10일까지 검출이 가능하다.

4. 마퀴스(Marquis) 시약:
   모르핀, 코데인 등 알카로이드류에 대한 반응시 홍자색에서 청색으로 변한다.

제3절 폭발사건·사고수사

1 개설

(1) 폭발의 개념

다량의 가스와 열량이 발생하여 폭음·화염 및 파괴작용을 일으키는 현상으로 화약류에 의한 폭발과 가스류에 의한 폭발로 나뉜다.

(2) 폭약의 분류 기출

① 법규에 따른 분류

㉠ 화약(흑색화약, 무연화약)

㉡ 폭약(다이나마이트, TNT)

㉢ 화공품(도화선, 도폭선, 뇌관, 공포, 연화)

② 위력에 의한 분류

㉠ 저성능 폭약(흑색화약, 무연화약)

㉡ 고성능 폭약(다이너마이트, TNT, COMP-4, RDX, 아지드화연(LEAS AZID)

2 화약류 폭파사건

(1) 화약류의 개념 기출

① 화약류 종류

화약	흑색화약, 무연화약 등
폭약	다이너마이트, 카알릿, 초유폭약
화공품	전기뇌관, 공업뇌관, 총용전관, 실탄, 공포탄, 도폭선(폭약의 폭파, 시험용), 도화선(연소를 전하는 것으로 주로 공업뇌관용)

② 쉽게 제조할 수 있는 화약류 기출

종류와 명칭	원료	특징	비고
흑색화약 유사품	초산칼륨, 목탄, 유황	흑색 또는 회색 분말	• 원료분말을 혼합하면 제조가능 • 착화가 용이함
초산유제폭약 유사품	초산암모늄, 경우, 목탄	백색분말, 석유냄새, 흑색	• 원료분말을 혼합하면 제조가능 • 파괴력이 강함 • 기폭이 곤란하여 고도의 지식이 필요함
염소산염계제 폭약 유사품	염소산칼륨, 유황, 목탄	회백색의 분말결정체, 백색분말, 무취	• 원료분말을 혼합하면 제조가능 • 파괴력이 강함 • 원료입수가 용이함
과염소산염소 폭약 (카일릿 유사품)	과염소산칼륨, 알미늄분, 유황	–	• 아주 민첩하고 기폭이 용이함 • 파괴력도 강하나 원료입수가 곤란함

③ 기폭장치에 따른 폭발물 기출

폭발물을 기폭장치의 관점에서 분류하면 도화선 부착 폭발물, 시한장치 부착 폭발물, 혼촉식 폭발물, 기타 폭발물 등으로 분류

구분	용기	폭약	기폭방법
도화선 부착 폭발물	• 종이파이프 • 철파이프 • 손전등 • 통조림 등의 빈 깡통류	• 초산칼륨·목탄·마그네슘 • 염소산칼륨·이산화망간 • 다이너마이트 • 흑색화약·피그린산·초산암모늄·초산칼륨 • 염소산칼륨·알루미늄분·목탄·유황 • 초산칼륨·피그린산·설탕	• 수제 종이노끈 도화선 (뇌관을 사용하지 않고) 방식 • 담배와 수제 도화선을 조합한 방식 • 폭죽을 이용한 수제 도화선 방식 • 탈지면을 이용한 수제 도화선 방식
시한 장치 부착 폭발물	• 소화기 • 철파이프 • 빈 깡통 • 접속용 파이프 (양쪽 끝에 금속으로 된 뚜껑 부착) • 석유통	• 다이너마이트 • 염소산나트륨·알루미늄분·유황 • 염소산칼륨·유황	• 타임 스위치를 이용한 시한 방식 • 회중시계의 건전지 및 전기뇌관 또는 가스히터를 조합한 시한 방식

혼촌식 폭발물	• 철파이프 • 빈상자 • 보온병 등	• 염소산칼륨 · 훼로시안 화칼륨 · 설탕 • 염소산염 · 피그린산	짙은 유황산이 든 시험관 액즙 주입기, 콘돔식 물건 을 사용한 방식

기타
폭발물
	• 사이다병
	• 비닐파이프
	  (화염병 포함)
	• 소포꾸러미 같은 빈
	  상자
	• 도시락 크기의 상자
		• 완구용 연화
		• 염소산나트륨 · 설탕
			• 성냥알을 연결한 끈을
			  당기면 마찰판과 접촉
			  하여 연소 · 폭발하는
			  방식
			• 화염병에 의하여 유폭
			  하는 방식
			• 건전지 · 극판(알루미
			  늄)및 가스히터를 조합
			  한 것으로 극판에 접속
			  되어 있는 끈을 당기거
			  나 뚜껑을 열면 극판이
			  접촉하여 폭발하는 방
			  식
			• 스위치 · 건전지 · 가스
			  히터를 조합한 방식

(2) 수사방법

① 수사본부 기출

조직	임무
총괄반	경찰청, 시 · 도지방경찰청, 기타 관계기관의 연락자료의 작성
증거품반	수집증거품의 정리 · 보관, 증거의 분석 · 검토, 피해관계의 장악
감수사반	사건발생장소 및 부근 거주자, 폭파대상 출입자, 친족, 고용인 등 물색
지연수사반	현장을 중심으로 한 지연 · 행방에 대한 탐문
폭발물수사반	유류품 및 해명된 기폭장치, 폭발물의 용기, 화약 등 폭발물에 대하여 제조 치, 구입자 조사
정보수사반	폭발물에 관한 전과자, 동기적으로 보아 적격성을 지닌 개인에 관한 정보수집
특명수사반	중요 특이한 사건으로 극비에 속하는 것, 기타 필요에 따라 수사주무관이 지 시하는 특명수사를 분담

② 전문기술자 (국립과학수사연구소의 전문가나 학자)에게 임장요청을 하고 영장(압수 · 수색)신청한다.

③ 피해자 · 목격자 등에 대한 조사내용

　　㉠ 현장 상황

　　㉡ 신원확인과 인상 · 착의 등

　　㉢ 폭파 시의 위치 · 방향 · 행동조사

　　㉣ 충격도 · 폭발음 · 냄새 · 연기 등 현장상황확인

　　㉤ 부근에 있었던 자, 피해자의 행동과 구호자

　　㉥ 소지품의 점검과 부착물조사

④ 현장보존:

　　현장중심으로 출입을 금지시키고, 초기 현장활동이나 발생서 수사주무과의 간부 등 수사지휘자 외에는 출입을 통제한다(보존범위는 폭파중심으로부터 20~30m)

⑤ 감식활동

구분	연기의 색깔	연기의 양	불꽃	냄새	잔류물
염소산 염계 폭약	백	대	대	염소 및 염화수소를 수반한 눈 · 코 · 목구멍을 자극하는 느낌이 강한 자극	• 염화나트륨 • 염산
다이너 마이트	백 (약간 푸른빛)	소	–	키나(Kina)냄새가 나는 초산 성질을 가진 자극	• 초산 • 아초산 기타
카일릿	백 (약간 회백빛)	중	중 (다이너마이 트보다 큼)	염소 및 염화수소 냄새를 지 닌 자극	• 염화나트륨 • 염산 • 규산 기타
ANFO	백 (엷은 흑)	중	중 (작다는 설도 있음)	다이너마이트의 냄새와 유사 하며 경우에 따라서는 석유 의 냄새도 지님	• 초산 • 아초산 기타
TNT	흑	중	중	다이너마이트의 냄새와 유사	• 탄소 • 초산 • 아초산(폭심 주변이 검게 그을림)

각종 폭약의 폭발 후에 발생하는 연기의 색 · 양 · 염(불꽃) · 냄새 및 잔류물 등

* 1. 연기의 색깔은 목격자의 위치 · 높이를 확인한다.

* 2. 시간 · 장소 · 온도 · 명암 등에 따라서 달라질 수도 있다.

(3) 수사의 방법

　① 현장감식, 유류물, 폭발물 수사

　② 피해자 · 참고인의 조사 및 탐문수사

　③ 용의자 수사

　　㉠ 화약류 취급장소 등 수사

　　㉡ 화약 · 약품 수집광 등의 수사

　　㉢ 범행동기에 의거한 수사

　④ 유사사건의 검토

3 가스폭발사건 수사

(1) 고압가스 등 시설 확인

　① 행정감독관서의 직원에게 확인

　② 창고 · 저장소 등의 출입검사상황

　③ 시설의 불비 · 결함의 유무 확인

(2) 취급관계책임자 및 위험물취급자 등의 조사

　① 위험물의 성질조사

　② 위험물 저장 취급허가

　③ 취급관계자 등의 유무, 취급책임자의 면허, 점검 확인

(3) 제조장치 · 작업공정 등의 결함 유무

　① 제조장치 기획자의 조사

　② 최초발견자 조사

　③ 업무분장, 감독상황 확인

　④ 기술적 기준위반 및 조작미숙 등 확인

(4) 회사관계자에 대한 조사

　① 회사의 설립 · 등기 직원 성명 · 주소

　② 회사의 업무내용, 채권 · 채무 · 거래관계의 조사

　③ 회사의 전표 · 장부 등의 압수

　④ 위험물의 종류와 보관상황, 재고상황, 회사의 손해관계 조사

1 초동조치

(1) 초동수사 기출

① 협박내용을 상세하게 분석 · 검토하여 녹음기를 이용하여 녹음한다.

② 폭파예고의 경우에는 피해대상의 규모, 예고시간에 상응한 검색요원을 편성한다.

③ 수사 상황을 각 계 · 과에 보고하고 비밀유지를 한다.

(2) 녹음방법 기출

로제트방법	**전화선**에 직접 녹음하는 것으로 음질이 좋으나 설치에 어려움이 있어 고정적으로 설치해 놓을 때에는 효과적이다.
커플러 녹음법	전화 수화기에 커플러를 부착하여 전자기적인 방법으로 녹음하는 것으로 **가장 쉽고 정확한 음성을 녹음**이 가능하다.
픽업코일방식	전화픽업을 전화기에 부착하여 녹음하는 방법이나 녹음상태가 불량할 가능성이 높다.
음성정보채취 기록장치	전화음성 녹음장치로 송수화기를 들면 자동적으로 녹음되기도 하고 통화 도중에 녹음하는 것도 가능

2 녹음테이프의 증거능력

(1) 증거물로서의 현장녹음 기출

처리방법	• 수사기관의 녹음: 임의제출. • 피해자 녹음: 임의제출 · 압수 • 수사기관에 의뢰하여 피해자가 녹음: 임의제출, 녹음상황보고서 작성
증거능력	• 진술증거설: 성립의 진정이 인정되면 증거능력을 인정 • 비진술증거설: 사건과의 관련성만 증명되면 증거능력을 인정

(2) 진술녹음

처리방법	녹음테이프 외 진술조서 작성이 필요하고 증거품은 아니다.
증거능력	성립의 진정이 인정될 때 증거능력이 있다.

제5절 풍속범죄

1 개념

건전한 풍속을 해할 우려가 있는 영리 목적의 영업을 풍속영업이라 하고 영업행위를 금지하고 제한하는 경찰활동을 풍속영업사범 단속이라 한다.

2 풍속영업사범단속

(1) 청소년 유해업소

① 생활정보지, PC통신, 유흥업소 광고전단 등 확보

② 무허가 직업소개소단속, 가출인 소재수사

③ 장부, 카드조회기를 압수, 거래내역을 확인

④ 유흥업소 주변에서 여성을 승차시키고 운행 '보도방'일 가능성이 있음

⑤ 삐끼업소는 삐끼에게 이익금을 배당하므로 업주, 지배인 등을 공범으로 한다.

(2) 불법음란물 제작 · 유통사범

① 사전정보수집

음란물 판매지역의 위장판매업소, PC통신, 생활정보지, 편의점, 만화유통업체, 성인용품점, 노점상 등에서 음란물 판매에 대한 첩보를 입수한다.

② 몰래카메라 설치업소

㉠ 몰래카메라 감지장비를 활용하여 수사

㉡ 특수렌즈(직경 3cm 정도)가 부착된 비디오 카메라 구매자 확인

㉢ 녹화테이프를 확보하고 성폭력특별법상 카메라 등 이용촬영죄는 비친고죄이므로 인지수사한다.

③ 구입경로 추적:

비디오 협회, 소비자보호센터, 언론기관 등과 협조로 피해사례를 파악하고 테이프 구입경로를 추적수사한다.

④ 인터넷 및 사설전자게시판을 이용한 음란물 배포자 수사

㉠ 관련 인터넷 사이트 또는 사설전자게시판 발견 시 게재된 내용을 파일로 변환시킨 후 증거자료 확보

   ⓛ 한국전산원 인터넷정보센터에 인터넷 사이트 개설자의 주소 및 인적 사항 확인

   ⓒ ID, 전화번호, 예금통장번호 등 자료 확인

(3) 부당이득 및 불법행위 단속

  ① 전기통신사업법에 따라 전기통신사업자에게 서류의 열람·제출 협조요청

  ② 비밀장부 압수

3 청소년 보호법

(1) 개념

  청소년에게 유해한 매체물과 약물 등의 유통을 막고 유해 업소에 출입하는 것 등을 규제하고, 학교 폭력·학대 등 청소년 유해행위, 유해한 환경으로부터 청소년을 보호하는 것을 목적으로 한다.

(2) 용어의 정의

  ① "청소년"이란 **만 19세 미만**인 사람을 말한다. 다만, 만 19세가 되는 해의 1월 1일을 맞이한 사람은 제외한다.

  ② 청소년 유해 매체물

   ㉠ 청소년보호위원회가 청소년에게 유해한 것으로 결정하거나 확인하여 여성가족부장관이 고시한 매체물을 말한다.

   ⓛ 각 심의기관이 청소년에게 유해한 것으로 의결 또는 결정(이하 '결정'이라고 함)하여 청소년보호위원회가 고시하거나 법 제12조의 규정에 의하여 청소년에게 유해한 것으로 확인하여 청소년보호위원회가 고시한 매체물을 말한다.

  ③ 청소년 유해물 등

   ㉠ 청소년유해약물

    ⓐ 「주세법」에 따른 주류

    ⓑ 「담배사업법」에 따른 담배

    ⓒ 「마약류 관리에 관한 법률」에 따른 마약류

    ⓓ 「화학물질관리법」에 따른 환각물질

    ⓔ 그 밖에 중추신경에 작용하여 습관성, 중독성, 내성 등을 유발하여 인체에 유해하게 작용할 수 있는 약물 등 청소년의 사용을 제한하지 아니하면 청소년의 심

신을 심각하게 손상시킬 우려가 있는 약물로서 대통령령으로 정하는 기준에 따라 관계 기관의 의견을 들어 제36조에 따른 청소년보호위원회(이하 "청소년보호위원회"라 한다)가 결정하고 여성가족부장관이 고시한 것

  ⓛ 청소년 유해물건

   ⓐ 청소년에게 **음란한 행위**를 조장하는 성기구 등 청소년의 사용을 제한하지 아니하면 청소년의 심신을 심각하게 손상시킬 우려가 있는 성 관련 물건으로서 대통령령으로 정하는 기준에 따라 청소년보호위원회가 결정하고 여성가족부장관이 고시한 것

   ⓑ 청소년에게 **음란성·포악성·잔인성·사행성** 등을 조장하는 완구류 등 청소년의 사용을 제한하지 아니하면 청소년의 심신을 심각하게 손상시킬 우려가 있는 물건으로서 대통령령으로 정하는 기준에 따라 청소년보호위원회가 결정하고 여성가족부장관이 고시한 것

   ⓒ 청소년유해약물과 유사한 형태의 제품으로 청소년의 사용을 제한하지 아니하면 청소년의 청소년유해약물 이용습관을 심각하게 조장할 우려가 있는 물건으로서 대통령령으로정하는 기준에 따라 청소년보호위원회가 결정하고 여성가족부장관이 고시한 것

⑤ 청소년유해업소: 청소년의 출입과 고용이 청소년에게 유해한 것으로 인정되는 다음 가목의 업소(이하 "청소년 출입·고용금지업소"라 한다)와 청소년의 출입은 가능하나 고용이 청소년에게 유해한 것으로 인정되는 다음 나목의 업소(이하 "청소년고용금지업소"라 한다)를 말한다. 이 경우 업소의 구분은 그 업소가 영업을 할 때 다른 법령에 따라 요구되는 허가·인가·등록·신고 등의 여부와 관계없이 실제로 이루어지고 있는 영업행위를기준으로 한다.

청소년 출입·고용 금지업소	ⓐ「게임산업진흥에 관한 법률」에 따른 **일반게임제공업 및 복합유통게임제공업** 중 대통령령으로 정하는 것 ⓑ「사행행위 등 규제 및 처벌 특례법」에 따른 사행행위영업 ⓒ「식품위생법」에 따른 식품접객업 중 대통령령으로 정하는 것 ⓓ「영화 및 비디오물의 진흥에 관한 법률」 제2조제16호에 따른 비디오물감상실업·제한관람가비디오물소극장업 및 복합영상물제공업 ⓔ「음악산업진흥에 관한 법률」에 따른 **노래연습장업** 중 대통령령으로 정하는 것 ⓕ「체육시설의 설치·이용에 관한 법률」에 따른 **무도학원업 및 무도장업** ⓖ 전기통신설비를 갖추고 불특정한 사람들 사이의 음성대화 또는 화상대화를 매개하는 것을 주된 목적으로 하는 영업. 다만, 「전기통신사업법」 등 다른 법률에 따라 통신을 매개하는 영업은 제외한다. ⓗ 불특정 사람 사이의 신체적인 접촉 또는 은밀한 부분의 노출 등 성적 행위가 이루어지거나 이와 유사한 행위가 이루어질 우려가 있는 서비스를 제공하는 영업으로서 청소년보호위원회가 결정하고 여성가족부장관이 고시한 것 ⓘ **청소년유해매체물 및 청소년유해약물등을 제작·생산·유통**하는 영업 등 청소년의 출입과 고용이 청소년에게 유해하다고 인정되는 영업으로서 대통령령으로 정하는 기준에 따라 청소년보호위원회가 결정하고 여성가족부장관이 고시한 것 ⓙ「한국마사회법」 제6조제2항에 따른 **장외발매소(경마**가 개최되는 날에 한정한다) ⓚ「경륜·경정법」 제9조제2항에 따른 **장외매장(경륜·경정**이 개최되는 날에 한정한다)
청소년 고용금지 업소	ⓐ「게임산업진흥에 관한 법률」에 따른 **청소년게임제공업 및 인터넷컴퓨터게임시설제공업** ⓑ「공중위생관리법」에 따른 **숙박업, 목욕장업, 이용업 중 대통령령**으로 정하는 것 ⓒ「식품위생법」에 따른 **식품접객업** 중 대통령령으로 정하는 것 ⓓ「영화 및 비디오물의 진흥에 관한 법률」에 따른 **비디오물소극장업** ⓔ「화학물질관리법」에 따른 유해화학물질 영업. 다만, 유해화학물질 사용과 직접 관련이 없는 영업으로서 대통령령으로 정하는 영업은 제외한다. ⓕ 회비 등을 받거나 유료로 만화를 빌려 주는 **만화대여업** ⓖ 청소년유해매체물 및 청소년유해약물등을 제작·생산·유통하는 영업 등 청소년의 고용이 청소년에게 유해하다고 인정되는 영업으로서 대통령령으로 정하는 기준에 따라 청소년보호위원회가 결정하고 여성가족부장관이 고시한 것

(3) 청소년유해매체물의 청소년대상 유통 규제

① 청소년보호위원회와 각 심의기관은 제7조에 따른 심의를 할 때 해당 매체물이 다음 각 호의 어느 하나에 해당하는 경우에는 청소년유해매체물로 결정하여야 한다.

> ⊙ 청소년에게 성적인 욕구를 자극하는 선정적인 것이거나 음란한 것
> ⓛ 청소년에게 포악성이나 범죄의 충동을 일으킬 수 있는 것
> ⓒ 성폭력을 포함한 각종 형태의 폭력 행위와 약물의 남용을 자극하거나 미화하는 것
> ⓡ 도박과 사행심을 조장하는 등 청소년의 건전한 생활을 현저히 해칠 우려가 있는 것
> ⓜ 청소년의 건전한 인격과 시민의식의 형성을 저해(沮害)하는 반사회적 · 비윤리적인 것
> ⓗ 그 밖에 청소년의 정신적 · 신체적 건강에 명백히 해를 끼칠 우려가 있는 것

② 표시의무

청소년유해매체물에 대해서는 청소년에게 유해한 매체물임을 나타내는 표시(이하 '청소년유해표시'라 함)를 하여야 한다.

③ 판매금지

⊙ 청소년유해매체물로서 대통령령으로 정하는 매체물을 판매 · 대여 · 배포하거나 시청 · 관람 · 이용하도록 제공하려는 자는 그 상대방의 나이 및 본인 여부를 확인하여야 하고, 청소년에게 판매 · 대여 · 배포하거나 시청 · 관람 · 이용하도록 제공하여서는 아니된다.

ⓛ 청소년유해표시를 하여야 할 매체물은 청소년유해표시가 되지 아니한 상태로 판매나 대여를 위하여 전시하거나 진열하여서는 아니된다.

ⓒ 포장을 하여야 할 매체물은 포장을 하지 아니한 상태로 판매나 대여를 위하여 전시하거나 진열하여서는 아니된다.

④ 방송시간 제한: 청소년유해매체물로서 제2조제2호바목에 해당하는 매체물과 같은 호 차목 · 카목에 해당하는 매체물 중 방송을 이용하는 매체물은 대통령령으로 정하는 시간에는 방송하여서는 아니된다.

⑦ 광고선전 제한: 청소년유해매체물로서 간판, 입간판, 벽보, 전단, 기타 대통령령이 정하는 광고선전물은 이를 청소년출입 · 고용금지업소 외의 업소, 공중이 통행하는 장소, 청소년의 접근을 제한하는 기능이 없는 컴퓨터통신에 공공연히 설치 · 부착 또는 배포하여서도 아니 된다.

청소년 유해업소	• 청소년유해업소의 업주는 청소년을 고용하여서는 아니된다. 청소년유해 업소의 업주가 종업원을 고용하려면 미리 **나이를 확인**하여야 한다. • 청소년 출입 · 고용금지업소의 업주와 종사자는 출입자의 나이를 확인하 여 청소년이 그 업소에 출입하지 못하게 하여야 한다. • 청소년유해업소의 업주와 종사자는 제1항부터 제3항까지에 따른 나이 확 인을 위하여 필요한 경우 주민등록증이나 그 밖에 나이를 확인할 수 있는 증표(이하 이 항에서 "증표"라 한다)의 제시를 요구할 수 있으며, 증표 제 시를 요구받고도 정당한 사유 없이 증표를 제시하지 아니하는 사람에게는 그 업소의 출입을 제한할 수 있다. • 청소년이 친권자등을 동반할 때에는 대통령령으로 정하는 바에 따라 출입 하게 할 수 있다. 다만, 「식품위생법」에 따른 식품접객업 중 대통령령으로 정하는 업소의 경우에는 출입할 수 없다.
청소년 유해약물	• 누구든지 청소년을 대상으로 청소년유해약물 등을 판매 · 대여 · 배포(자동 기계장치 · 무인판매장치 · 통신장치를 통하여 판매 · 대여 · 배포하는 경우 를 포함한다)하거나 무상으로 제공하여서는 아니된다. 다만, 교육 · 실험 또는 치료를 위한경우로서 대통령령으로 정하는 경우는 예외로 한다. • 여성가족부장관은 청소년유해약물 등 목록표를 작성하여 청소년유해약물 등과 관련이 있는 관계기관등에 통보하여야 하고, 필요한 경우 약물 유통 을 업으로 하는 개인 · 법인 · 단체에 통보할 수 있으며, 친권자 등의 요청 이 있는 경우 친권자 등에게 통지할 수 있다.
청소년 유해행위	• 영리를 목적으로 청소년으로 하여금 신체적인 접촉 또는 은밀한 부분의 노 출 등 성적 접대행위를 하게 하거나 이러한 행위를 알선 · 매개하는 행위를 하여서는 아니된다. • 영리를 목적으로 청소년으로 하여금 손님과 함께 술을 마시거나 노래 또는 춤 등으로 손님의 유흥을 돋우는 접객행위를 하게 하거나 이러한 행위를 알선 · 매개하는 행위를 하여서는 아니된다. • 영리나 흥행을 목적으로 청소년에게 음란한 행위를 하게 하는 행위를 하여 서는 아니된다. • 영리나 흥행을 목적으로 청소년의 장애나 기형 등의 모습을 일반인들에게 관람시키는 행위를 하여서는 아니된다. • 청소년에게 구걸을 시키거나 청소년을 이용하여 구걸하는 행위 • 청소년을 학대하는 행위를 하여서는 아니된다. • 영리를 목적으로 청소년으로 하여금 거리에서 손님을 유인하는 행위를 하 게 하는 행위를 하여서는 아니된다. • 청소년을 남녀 혼숙하게 하는 등 풍기를 문란하게 하는 영업행위를 하거나 이를 목적으로 장소를 제공하는 행위를 하여서는 아니된다. • 주로 차 종류를 조리 · 판매하는 업소에서 청소년으로 하여금 영업장을 벗 어나 차 종류를 배달하는 행위를 하게 하거나 이를 조장하거나 묵인하는 행위를 하여서는 아니된다.

4 아동 청소년의 성보호에 관한 법률

(1) 개념 기출

아동·청소년대상 성범죄의 처벌과 절차를 정의하고 피해 구제 및 지원 절차를 마련하며 아동·청소년대상 성범죄자를 체계적으로 관리하여 아동·청소년을 성범죄로부터 보호하고 아동·청소년이 건강한 사회구성원으로 성장할 수 있도록 함을 목적으로 한다.

(2) 용어의 정의

① 아동·청소년: **19세 미만**의 자를 말한다. 다만, 19세에 도달하는 연도의 1월 1일을 맞이한 자는 제외한다.

② 아동·청소년대상 성범죄"란 다음 각 목의 어느 하나에 해당하는 죄를 말한다.

　㉠ 아동·청소년의 성보호에 관한 법률상 아동·청소년에 대한 강간·강제추행 등, 아동·청소년이용음란물의 재작·배포 등, 아동·청소년 매매행위, 아동·청소년 성을 사는 행위 등, 아동·청소년에 대한 강요행위 등, 알선영업행위 등(단, 아동·청소년이용음란물을 소지한 죄를 범한 죄는 제외한다.)

　㉡ 아동·청소년에 대한 「성폭력범죄의 처벌 등에 관한 특례법」상 특수강도강간 등, 특수강간 등, 특수 강간 등, 친족관계에 의한 강간 등, 장애인에 대한 간음 등, 13세 미만의 미성년자에 대한 강간·강제추행 등, 강간 등 상해·치상죄, 강간 등 살인·치사죄, 업무상 위력 등에 의한 추행의 죄를 범한 자와 위 죄의 미수범

　㉢ 아동·청소년에 대한 「형법」 강간, 강제추행, 준강간·준강제추행 등, 강간 등 상해, 강간 등 상해·치상죄, 강간 등 살인·치사죄, 미성년자 등에 대한 간음, 업무상 위력에 의한 간음, 미성년자에 대한 간음·추행죄

③ 아동·청소년대상 성폭력범죄는 아동·청소년이용음란물의 제작·배포 등, 아동·청소년매매행위, 아동·청소년의 성을 사는 행위 등, 아동·청소년에 대한 강요행위 등, 알선영업행위 등의 죄를 제외한 죄를 말한다.

④ 아동·청소년의 성을 사는 행위는 아동·청소년, 아동·청소년의 성(性)을 사는 행위를 알선한 자 또는 아동·청소년을 실질적으로 보호·감독하는 자 등에게 금품이나 그 밖의 재산상 이익, 직무·편의제공 등 대가를 제공하거나 약속하고 다음 각 목의 어느 하나에 해당하는 행위를 아동·청소년을 대상으로 하거나 아동·청소년으로 하여금 하게 하는 것을 말한다.

㉠ 성교 행위

　　　㉡ 구강·항문 등 신체의 일부나 도구를 이용한 유사 성교 행위

　　　㉢ 신체의 전부 또는 일부를 접촉·노출하는 행위로서 일반인의 성적 수치심이나 혐오감을 일으키는 행위

　　　㉣ 자위 행위

　⑤ 아동·청소년이용음란물: 아동·청소년 또는 아동·청소년으로 명백하게 인식될 수 있는 사람이나 표현물이 등장하여 ④의 어느 하나에 해당하는 행위를 하거나 그 밖의 성적 행위를 하는 내용을 표현하는 것으로서 필름·비디오물·게임물 또는 컴퓨터나 그 밖의 통신매체를 통한 화상·영상 등의 형태로 된 것을 말한다.

　⑥ 피해아동·청소년은 제②호 ㉡, ㉢의 죄 및 친족관계에 의한 강간 등, 장애인에 대한 간음 등, 아동·청소년이용음란물의 제작·배포 등의 죄의 피해자가 된 아동·청소년을 말한다.

(4) 아동·청소년대상 성범죄의 처벌과 절차

　① 피해자의 의사

　　㉠ 다음의 죄에 대하여는 **피해자의 고소가 없어도 공소를 제기**할 수 있다.

　　　ⓐ 아동·청소년에 대한 강간·강제추행 등

　　　ⓑ 강간, 강제추행, 준강간·강제추행과 위 죄의 미수범, 미성년자 등에 대한 간음, 업무상 위력에 의한 간음, 미성년자에 대한 간음·추행의 죄

　　㉡ 다만, 다음의 죄에 대하여는 피해자의 명시한 의사에 반하여 공소를 제기할 수 없다.

　　　ⓐ 업무·고용 기타 관계로 인하여 자기의 보호 또는 감독을 받는 사람에 대하여 위계 또는 위력으로써 추행

　　　ⓑ 공중 밀집 장소에서의 추행

　　　ⓒ 통신매체를 이용한 음란행위

　② 피해자 등에 대한 강요행위: 폭행이나 협박으로 아동·청소년대상 성범죄의 피해자 또는 「아동복지법」 제3조제3호에 따른 보호자를 상대로 합의를 강요한 자는 7년 이하의 유기징역에 처한다.

　③ 수사절차에서의 배려: 수사기관은 아동·청소년대상 성범죄를 수사함에 있어서 아동·청소년의 인권과 특성을 배려하고 그 명예와 존엄을 해치지 아니하도록 주의하여야 한다.

④ 비밀누설 금지

    ㉠ 아동·청소년대상 성범죄의 수사 또는 재판을 담당하거나 이에 관여하는 공무원 또는 그 직에 있었던 사람은 피해아동·청소년 또는 대상아동·청소년의 주소·성명·연령·학교 또는 직업·용모 등 그 아동·청소년을 특정할 수 있는 인적 사항이나 사진 등 또는 그 아동·청소년의 사생활에 관한 비밀을 공개하거나 타인에게 누설하여서는 아니된다.

    ㉡ 보호기관·시설 또는 단체의 장이나 이를 보조하는 자 또는 그 직에 있었던 자는 직무상 알게 된 비밀을 타인에게 누설하여서는 아니된다.

    ㉢ 누구든지 피해아동·청소년 및 대상아동·청소년의 주소·성명·연령·학교 또는 직업·용모 등 그 아동·청소년을 특정하여 파악할 수 있는 인적 사항이나 사진 등을 신문 등 인쇄물에 싣거나 「방송법」 제2조제1호에 따른 방송(이하 "방송"이라 한다) 또는 정보통신망을통하여 공개하여서는 아니된다.

    ㉣ ㉠부터 ㉢까지를 위반한 자는 7년 이하의 징역 또는 5천만원 이하의 벌금에 처한다. 이 경우 징역형과 벌금형은 병과할 수 있다.

(5) 아동·청소년대상 성범죄의 신고·응급조치와 지원

① 아동·청소년대상 성범죄의 신고

    ㉠ 누구든지 아동·청소년대상 성범죄의 발생 사실을 알게 된 때에는 수사기관에 신고할 수 있다.

    ㉡ 다음 각 호의 어느 하나에 해당하는 기관·시설 또는 단체의 장과 그 종사자는 직무상 아동·청소년대상 성범죄의 발생 사실을 알게 된 때에는 즉시 수사기관에 신고하여야 한다.

      ⓐ 「유아교육법」 제2조제2호의 유치원

      ⓑ 「초·중등교육법」 제2조의 학교

      ⓒ 「의료법」 제3조의 의료기관

      ⓓ 「아동복지법」 제3조제10호의 아동복지시설

      ⓔ 「장애인복지법」 제58조의 장애인복지시설

      ⓕ 「영유아보육법」 제2조제3호의 어린이집

      ⓖ 「학원의 설립·운영 및 과외교습에 관한 법률」 제2조제1호의 학원 및 같은 조 제2호의 교습소

      ⓗ 「성매매방지 및 피해자보호 등에 관한 법률」 제5조의 성매매피해자 등을 위한 지원시설 및 같은 법 제10조의 성매매피해상담소

ⓘ 「한부모가족지원법」 제19조에 따른 한부모가족복지시설

ⓙ 「가정폭력방지 및 피해자보호 등에 관한 법률」 제5조의 가정폭력 관련 상담소 및 같은 법 제7조의 가정폭력피해자 보호시설

ⓚ 「성폭력방지 및 피해자보호 등에 관한 법률」 제10조의 성폭력피해상담소 및 같은 법 제12조의 성폭력피해자보호시설

ⓛ 「청소년활동 진흥법」 제2조제2호의 청소년활동시설

ⓜ 「청소년복지 지원법」 제29조제1항에 따른 청소년상담복지센터 및 같은 법 제31조제1호에 따른 청소년쉼터

ⓝ 「청소년 보호법」 제35조의 청소년 보호·재활센터

② 다른 법률에 규정이 있는 경우를 제외하고는 누구든지 신고자 등의 인적 사항이나 사진 등 그 신원을 알 수 있는 정보나 자료를 출판물에 게재하거나 방송 또는 정보통신망을 통하여 공개하여서는 아니된다.

(6) 아동·청소년의 선도보호 등

① 대상아동·청소년에 대한 수사 등

㉠ 「성매매알선 등 행위의 처벌에 관한 법률」 제21조제1항에도 불구하고 대상아동·청소년에 대하여는 보호 및 재활을 위하여 처벌하지 아니한다.

㉡ 사법경찰관은 대상아동·청소년을 발견한 경우 신속하게 사건을 수사한 후 「소년법」에 따라 가정법원소년부 또는 지방법원소년부(이하 "법원 소년부"라 한다)의 보호사건으로 처리하는 것이 상당한지에 관한 의견을 첨부하여 지체 없이 검사에게 송치하여야 한다.

㉢ 검사 또는 사법경찰관은 대상아동·청소년을 발견한 경우 특별한 사정이 없으면 그 사실을 대상아동·청소년의 법정대리인 또는 사실상 그 아동·청소년을 보호하는 자(이하 "법정대리인 등"이라 한다)에게 통지하여야 한다.

㉣ 대상아동·청소년의 법정대리인 등 또는 제34조제2항 각 호에 해당하는 기관·시설 또는 단체의 장은 대상아동·청소년을 발견한 경우에는 이를 **관할 법원 소년부에 통고**를 할 수 있다.

② 가해아동·청소년의 처리

㉠ 10세 이상 14세 미만의 아동·청소년이 성폭력범죄의 처벌 및 피해자보호 등에 관한법률상 특수강도강간 등, 특수강간 등. 친족관계에 의한 강간 등, 장애인에 대한 간음 등, 13세 미만의 미성년자에 대한 강간·강제추행 등, 강간 등 상해·치상죄,

강간 등 살인·치사죄, 업무상 위력 등에 의한 추행의 죄를 범한 자와 위 죄의 미수범 및 아동·청소년에 대한 형법상 강간, 강제추행, 준강간·강제추행과 위 죄의 미수범, 강간 등 상해·치상, 강간 등 살인·치사, 미성년자 등에 대한 간음, 업무상 위력에 의한 간음, 미성년자에 대한 간음·추행의 죄와 아동·청소년에 대한 강간·강제추행 등의 죄를 범한 경우에 죄를 범한 경우에 수사기관은 신속히 수사하고, 그 사건을 관할 **법원 소년부에 송치**하여야 한다.

ⓛ 14세 이상 16세 미만의 아동·청소년이 제1항의 죄를 범하여 그 사건이 관할 법원 소년부로 송치된 경우 동법에 따른 보호처분 및 보호관찰 처분 시 수강명령 동시에 명할 수 있다.

ⓒ 사법경찰관은 제㉠항에 따른 가해아동·청소년을 발견한 경우 특별한 사정이 없으면 그 사실을 가해아동·청소년의 법정대리인 등에게 통지하여야 한다.

(7) 성범죄로 유죄판결이 확정된 자의 신상정보 공개와 취업제한 등

① 신상정보 등록대상자

㉠ 아동·청소년대상 성범죄로 유죄판결이 확정된 자 또는 아동·청소년대상 성폭력범죄를 범하였으나 형법상 심신장애자일 경우 처벌할 수 없는 자이나 아동·청소년대상 성폭력범죄를 다시 범할 위험성이 있다고 인정되는 자에 해당되어 공개명령이 확정자는 신상정보 등록대상자(이하 "등록대상자"라 한다)가 된다. 다만, 아동청소년의 성을 사는 행위 등의 죄는 그 죄로 2회 이상 유죄판결을 받은 경우이거나 대상아동·청소년이 13세 미만인 경우에 한한다.

㉡ 법원은 아동·청소년대상 성범죄로 ㉠의 판결을 선고할 경우에 등록대상자라는 사실과 다음 ②에 따른 신상정보 제출 의무가 있음을 등록대상자에게 알려 주어야 한다.

㉢ 법원은 ㉠의 판결이 확정된 날부터 14일 이내에 다음 ②의 고지사항을 서면으로 판결문 등본에 첨부하여 여성가족부장관에게 송달하여야 한다.

㉣ ㉡ 및 ㉢의 고지와 송달 등에 관하여 필요한 사항은 대통령령으로 정한다.

② 신상정보의 제출 의무

㉠ 등록대상자는 ①의 ㉢에 따른 송달을 받은 날부터 30일 이내에 다음 각 호의 신상정보를 자신의 주소지를 관할하는 경찰관서의 장 (이하 "경찰관서의 장"이라 한다)에게 제출하여야 한다. 다만, 등록대상자가 교정시설 또는 치료감호시설에 수용된 경우에는 그 교정시설의 장 또는 치료감호시설의 장(이하 "교정시설등의 장"이라 한다)에게 신상정보를 제출함으로써 이에 갈음할 수 있다.

ⓛ 등록대상자는 ㉠에 따라 제출한 신상정보(이하 "제출정보"라 한다)가 변경된 경우에 그 사유와 변경내용(이하 "변경정보"라 한다)을 변경사유가 발생한 날부터 30일 이내에 ㉠에 따라 제출하여야 한다. 다만, 사진은 최초 등록일부터 1년마다 새로 촬영한 사진을 제출하되, 교정시설 또는 치료감호시설에 수용된 자의 경우에는 석방 또는 치료감호 종료 전에 새로 촬영한 사진을 교정시설 등의 장에게 제출하여야 한다.

ⓒ 등록대상자로부터 제출정보 및 변경정보를 제출받은 관할경찰관서의 장 또는 교정시설 등의 장은 지체 없이 이를 여성가족부장관에게 송달하여야 한다.

ⓔ 제출정보 및 변경정보의 송달, 등록에 관한 세부절차 및 방법은 대통령령으로 정한다.

③ 등록정보의 관리

㉠ 여성가족부장관은 등록정보를 최초 등록일(등록대상자에게 통지한 등록일을 말한다)부터 **20년간 보존·관리**하여야 한다.

ⓛ ㉠의 기간이 끝나면 등록정보를 즉시 폐기하고 그 사실을 등록대상자에게 통지하여야 한다. 이 경우 등록대상자가 등록 원인이 된 아동·청소년대상 성범죄로 교정시설에 수용된 기간은 등록기간에 넣어 계산하지 아니한다.

ⓒ 관할경찰관서의 장은 등록기간 중 매년 1회 등록정보의 변경 여부를 확인하여야 한다.

④ 등록정보의 활용 등

㉠ 여성가족부장관은 등록정보를 아동·청소년대상 성범죄와 관련한 범죄예방 및 수사에 활용하게 하기 위하여 검사 또는 각급 경찰관서의 장에게 배포할 수 있다.

ⓛ ㉠에 따른 등록정보의 배포절차 및 관리 등에 관한 사항은 대통령령으로 정한다.

⑤ 등록정보의 공개

㉠ 법원은 다음 각 호의 어느 하나에 해당하는 자에 대하여 판결로 다음 ⓒ의 공개정보를 「성폭력범죄의 처벌 등에 관한 특례법」 제45조제1항의 등록기간 동안 정보통신망을 이용하여 공개하도록 하는 명령(이하 "공개명령"이라 한다)을 등록대상 사건의 판결과 동시에 선고하여야 한다. 다만, 피고인이 아동·청소년인 경우, 그 밖에 신상정보를 공개하여서는 아니 될 특별한 사정이 있다고 판단하는 경우에는 그러하지 아니하다.

ⓐ 아동·청소년대상 성폭력범죄를 저지른 자

ⓑ 「성폭력범죄의 처벌 등에 관한 특례법」 제2조제1항제3호 · 제4호, 같은 조 제2항 (제1항제3호 · 제4호에 한정한다), 제3조부터 제15조까지의 범죄를 저지른 자

ⓒ 13세 미만의 아동 · 청소년을 대상으로 아동 · 청소년대상 성범죄를 저지른 자로 서 13세 미만의 아동 · 청소년을 대상으로 아동 · 청소년대상 성범죄를 다시 범할 위험성이 있다고 인정되는 자

ⓓ 제1호 또는 제2호의 죄를 범하였으나 「형법」 제10조제1항에 따라 처벌할 수 없 는 자로서 제1호 또는 제2호의 죄를 다시 범할 위험성이 있다고 인정되는 자

ⓛ ㉠에 따른 등록정보의 공개기간(「형의 실효 등에 관한 법률」 제7조에 따른 기간을 초과하지 못한다)은 판결이 확정된 때부터 기산한다. 다만, 공개명령을 받은 자(이 하 "공개대상자"라 한다)가 실형 또는 치료감호를 선고받은 경우에는 그 형 또는 치료감호의 전부 또는 일부의 집행을 종료하거나 집행이 면제된 때부터 기산한다.

ⓒ ㉠에 따라 공개하도록 제공되는 등록정보(이하 "공개정보"라 한다)는 다음 각 호와 같다.

ⓐ 성명

ⓑ 나이

ⓒ 주소 및 실제거주지(「도로명주소법」 제2조제5호의 도로명 및 같은 조 제7호의 건물번호까지로 한다)

ⓓ 신체정보(키와 몸무게)

ⓔ 사진

ⓕ 등록대상 성범죄 요지(판결일자, 죄명, 선고형량을 포함한다)

ⓖ 성폭력범죄 전과사실(죄명 및 횟수)

ⓗ 「특정 범죄자에 대한 보호관찰 및 전자장치 부착 등에 관한 법률」에 따른 전자 장치부착 여부

⑥ 공개명령의 집행

㉠ 공개명령은 **여성가족부장관**이 정보통신망을 이용하여 집행한다.

ⓛ 법원은 등록정보의 공개판결이 확정되면 판결문 등본을 지체 없이 여성가족부장 관에게 송달하여야 한다.

⑦ 계도 및 범죄정보의 공표

㉠ 여성가족부장관은 아동 · 청소년 대상 성범죄의 발생추세와 동향, 그 밖에 계도에 필요한 사항을 연 2회 이상 공표하여야 한다.

ⓛ 여성가족부장관은 ㉠에 따른 성범죄 동향분석 등을 위하여 성범죄로 유죄판결이 확정된 자에 대한 자료를 관계 행정기관에 요청할 수 있다

⑧ 공개정보의 악용금지

㉠ 공개정보는 아동·청소년을 성범죄로부터 보호하기 위하여 성범죄 우려가 있는 자를 확인할 목적으로만 사용되어야 한다.

ⓛ 공개정보를 확인한 자는 공개정보를 아동·청소년을 성범죄로부터 보호할 목적 외에 다음과 관련된 목적으로 사용하여 공개대상자를 차별하여서는 아니된다.

ⓐ 신문·잡지 등 출판물, 방송 또는 정보통신망을 이용한 공개

ⓑ 공개정보의 수정 또는 삭제

ⓒ 공개정보를 확인한 자는 공개정보를 활용하여 다음 행위를 하여서는 아니된다.

ⓐ 고용(다만, 다음 ⑨의 ㉠에 아동·청소년 관련 교육기관 등에의 고용은 제외한다)

ⓑ 주택 또는 사회복지시설의 이용

ⓒ 교육기관의 교육 및 직업훈련

⑨ 아동·청소년 관련 교육기관 등에의 취업제한 등

㉠ 아동·청소년대상 성범죄 또는 성인대상 성범죄(이하 "성범죄"라 한다)로 형 또는 치료 감호를 선고받아 확정된 자는 그 형 또는 치료감호의 전부 또는 일부의 집행을 종료하거나 집행이 유예·면제된 날부터 10년 동안 다음에 따른 시설 또는 기관(이하 "아동·청소년 관련 교육기관 등"이라 한다)을 운영하거나 아동·청소년 관련 교육기관 등에 취업 또는 사실상 노무를 제공할수 없다. 다만, 제11호의 경우에는 경비업무에 종사하는 자에 한한다.

ⓐ 「유아교육법」 제2조제2호의 유치원

ⓑ 「초·중등교육법」 제2조의 학교 및 같은 법 제28조와 같은 법 시행령 제54조에 따른 위탁 교육기관

ⓒ 「학원의 설립·운영 및 과외교습에 관한 법률」 제2조제1호의 학원, 같은 조 제2호의교습소 및 같은 조 제3호의 개인과외교습자(아동·청소년의 이용이 제한되지아니 하는 학원·교습소로서 교육부장관이 지정하는 학원·교습소 및 아동·청소년을 대상으로 하는 개인과외교습자를 말한다)

ⓓ 「청소년보호법」 제35조의 청소년 보호·재활센터

ⓔ 「청소년활동진흥법」 제2조제2호의 청소년활동시설

ⓕ 「청소년복지지원법」 제29조제1항에 따른 청소년상담복지센터 및 같은 법 제31조제1호에 따른 청소년쉼터

ⓖ 「영유아보육법」 제2조제3호의 어린이집

ⓗ 「아동복지법」 제3조제10호의 아동복지시설

ⓘ 「성매매방지 및 피해자보호 등에 관한 법률」 제5조제1항제2호의 청소년 지원시설과 같은 법 제10조의 성매매피해상담소

ⓚ 「주택법」 제2조제3호의 공동주택의 관리사무소

ⓛ 「체육시설의 설치·이용에 관한 법률」에 따라 설립된 체육시설 중 아동·청소년의 이용이 제한되지 아니하는 체육시설로서 문화체육관광부장관이 지정하는 체육시설

ⓛ ㉠항(제ⓚ는 제외한다)의 아동·청소년 관련기관 등의 설치 또는 설립 인가·신고를 관할하는 지방자치단체의 장, 교육감 또는 교육장은 아동·청소년 관련기관 등을 운영하려는 자에 대한 성범죄 경력 조회를 관계 기관의 장에게 요청하여야 한다. 다만, 아동·청소년 관련기관 등을 운영하려는 자가 성범죄 경력 조회 회신서를 지방자치단체의 장, 교육감 또는 교육장에게 직접 제출한 경우에는 성범죄 경력 조회를 한 것으로 본다.

ⓒ 아동·청소년 관련기관 등의 장은 그 기관에 취업 중이거나 사실상 노무를 제공 중인 자 또는 취업하려 하거나 사실상 노무를 제공하려는 자(이하 "취업자등"이라 한다)에 대하여 성범죄의 경력을 확인하여야 하며, 이 경우 본인의 동의를 받아 관계 기관의 장에게 성범죄의 경력 조회를 요청하여야 한다. 다만, 취업자등이 성범죄 경력조회 회신서를 아동·청소년 관련기관 등의 장에게 직접 제출한 경우에는 성범죄 경력 조회를 한 것으로 본다.

1 컴퓨터 이용범죄

(1) 의의

컴퓨터 및 프로그램 · 데이터 등을 부정조작하거나 여러 범죄행위에 컴퓨터와 인터넷을 사용하는 범죄로서, 컴퓨터 자체에 대한 범죄와 컴퓨터를 이용한 범죄로 나눌 수 있다.

① 컴퓨터범죄의 특성

㉠ 행위자

연령대가 낮으며 컴퓨터 전문가 또는 내부 경영인이 많고 게임이나 단순한 유희, 경제적 · 정치적 목적,보복, 지적 모험심의 추구 등인 경우 죄의식도 낮다.

㉡ 범행 특성

ⓐ 반복성과 계속성:

컴퓨터의 특성상 동일한 범행 결과를 반복하고, 입증이 어려운 것을 악용한 행위자가 동종의 범행을 계속한다.

ⓑ 자동성과 광범성(원격성):

동시에 여러 곳의 컴퓨터에 동일한 결과가 나올 수 있으므로 컴퓨터범죄는 광범위한 장소에 동시에 발생한다.

(2) 컴퓨터범죄의 유형

① 전통적 분류:

컴퓨터 자체에 대한 범죄	ⓐ 컴퓨터 파괴 등: 폭파 · 약물투입 · 회로절단 · 자기테이프 손상 등 컴퓨터 자체를 외부적인 물리력에 의하여 파괴하거나 작동 불가능하게 하는 것 컴퓨터 파괴는 컴퓨터 자체에 대한 물리적 가해행위와 컴퓨터 자료에 대한 논리적 가해행위(예 프로그램 파괴, 자료접근의 방해행위)로 나눌 수 있다. ⓑ 데이터 · 프로그램 도용: 다른 사람이 개발한 데이터 또는 프로그램(예 자동설계프로그램) 등을 도용하는 것

컴퓨터를 이용한 범죄	ⓐ 프로그램을 조작: 컴퓨터 프로그램을 변경하거나 조작하여 아파트추첨 · 복권추첨 등 컴퓨터에 의한 당첨자를 조작하는 것 ⓑ 거짓데이터 입력: 은행의 온라인 시스템을 이용, 거짓 데이터를 입력함으로써 자기계좌에 입금시키거나 타인의 계좌에서 출금시켜 가져가는 것 ⓒ 현금자동지급기 조작: 현금자동지급기(CD) 등을 조작하거나 타인의 타인의 현금카드를 도용하여 현금을 인출 · 절취하는 행위

② 컴퓨터 관련 경제범죄:

컴퓨터 부정조작행위	ⓐ 컴퓨터의 처리결과를 변경시키거나 자료처리과정에 간섭하는 행위를 말한다. ⓑ 적용법률 　ⅰ) 전자기록 위작 · 변작(형법 제22조의2, 제32조의2) 　ⅱ) 공전자기록부실기재(형법 제228조 제1항) 　ⅲ) 컴퓨터등 사용사기 ⓒ 컴퓨터 부정조작의 유형 기출 （표）

투입 조작	일부 은닉 · 변경된 자료나 허구의 자료 등을 컴퓨터에 입력시켜 잘못된 산출을 초래케 하는 방법
프로그램 조작	기존의 프로그램을 변경하거나 기존의 프로그램과 전혀 다른 새로운 프로그램을 작성, 투입하는 방법
ConSole 조작	Console이란 컴퓨터 체계의 시동, 정지, 운영상태의 감시, 그리고 정보처리 내용과 방법의 변경 및 수정에 사용되는 것을 말하며, 이러한 ConSole을 부당하게 조작하여 프로그램의 지시나 처리될 기억정보를 변경시키는 방법
산출물 조작	산출된 산출물의 내용을 변경하는 방법

컴퓨터 파괴행위	ⓐ 컴퓨터의 정상적인 기능을 방해하는 행위 　ⅰ) 컴퓨터에 수록된 자료나 프로그램을 삭제하거나 변경 　ⅱ) 주컴퓨터의 비밀번호를 바꾸거나 바이러스를 감염시키는 행위 　ⅲ) 스팸메일(spam mail)에 의해 통신서비스를 마비시키는 행위 ⓑ 적용법률 　ⅰ) 전자기록손괴죄(형법 제333조 제1항) 　ⅱ) 공용전자기록무효죄(형법 제141조 제1항) 　ⅲ) 컴퓨터손괴업무방해죄(형법 제314조 제1항) 　ⅳ) 전산망보호조치침해 · 훼손죄(정보통신망 이용촉진 등에 관한 법률 제29조)

컴퓨터 스파이 행위	ⓐ 의의: 타인의 컴퓨터에 침입하여 정보를 탐지·획득·사용·누설하는 행위로서 경제적 이익을 얻고자하는 것으로 중요한 자료를 잃거나 손상되는 것 ⓑ 적용법률 　ⅰ) 비밀침해(형법 제 140조 제3항, 제316조 제2항) 　ⅱ) 전기통신감청(통신비밀보호법 제 16조 제1항) 　ⅲ) 전산망 비밀침해(정보통신망 이용촉진 등에 관한 법률 제28조) ⓒ 수법 　ⅰ) 시스템 **최고관리자 권능(루트권능)**을 획득한 후 자료를 무단열람하는 수법. 　ⅱ) **비밀번호**를 알아낸 후 이를 이용하여 수시로 컴퓨터에 수록된 자료를 열람하거나 복사하는 수법 　ⅲ) 국가권력의 비밀번호를 알아낸 후 산하기관으로 자신이 필요로 하는 정보를 제공받는 수법 　ⅳ) 컴퓨터스파이의 대표적 수단으로 자료의 유출·쓰레기 줍기·비동기침범·도청 등
컴퓨터 무단사용행위	ⓐ 의의: 권한 없는 자가 타인의 컴퓨터를 무단으로 사용하여 일정한 일을 처리하는 행위 ⓑ 적용법률: 제한적으로 컴퓨터손괴등업무방해(형법 제314조) 적용

③ FBI의 컴퓨터범죄 수법분류기출 :

자료변조 (Data didding)	• 자료가 최종적으로 컴퓨터에 입력되는 순간에 자료를 절취, 삭제, 변경, 추가하는 방법 • 자료준비원·자료운반원 등 자료에 접근이 용이한 사람들이 이용하는 수법
트로이 목마 (Trojan horse)	프로그램 목적을 실행하면서 일부에서 부정한 결과가 나오도록 프로그램 속에 명령문을 삽입시켜 이용하는 방법.
쌀라미 기법 (Salami techniques)	• **조그만한 이익을 긁어보이는 수법** • 금융기관의 컴퓨터 체계에 이자계산 시 단수 이하의 적은 금액을 특정계좌에 모이게 하는 방법
트랩도아 (Trap door)	프로그램 개발 과정에서 프로그램 검증을 위해 프로그램을 수정할 수 있는 명령이 끼워 넣어져 있는 것을 삭제하지 않고 범행에 이용하는 방법
슈퍼재핑 (super zapping)	• 컴퓨터가 작동정지되어 복구나 재작동절차에 의하여 해결할 수 없을 때 사용하는 **만능키와 같은 프로그램** • 프로그램의 강력한 힘을 이용 부정을 행하는 것으로서 이 수법은 체제(system) 프로그래머나 오퍼레이터에 의해 주로 사용

부정명령 은닉 (logic bomb)	• 프로그램에 조건을 부여하고 그 조건이 충족될 때마다 자동으로 부정 행위가 이루어지도록 하는 것 • 프로그래머나 프로그램을 이해하고 실제로 이를 실행할 수 있는 프로그래머, 업계종사자 등이 사용할 수 있는 수법
스카벤징 (scavenging)	• **컴퓨터 작업수행이 종료된 후 정보를 획득하는 방법**(일명 쓰레기 주워 모으기) • 컴퓨터 체제(system) 접근이용자들이 사용
전송시 은닉과 위장 (piggy backing and impersonation)	정규의 절차를 거쳐서 사용되고 있는 단말기의 회선을 전환시켜 자격이 없는 단말기에 연결·부정하게 컴퓨터를 사용하거나 사용허가를 받지 않은 자가 유적격자를 가장하여 컴퓨터를 부정사용하는 방법 ⓐ piggy backing 일정한 사람에게만 컴퓨터 사용이 허가된 지역에 사용자가 출입할 때 함께 들어가 컴퓨터를 사용하거나 자리를 비우거나 전원의 차단·통신 케이블의 장애로 일시 작업을 중단하였을 때 정당한 사용자처럼 컴퓨터를 사용하는 것 ⓑ impersonation 일반 컴퓨터 통신 암호를 알아내어 계정으로 접속하거나, 음성 또는 지문인식을 전제로 컴퓨터 사용이 허가된 경우에 음성과 지문을 음성합성기 등으로 복제하여 정당한 사용자인 것처럼 컴퓨터의 접속통제를 해체하고 컴퓨터를 사용하는 방법
부정접속 (wire tapping)	데이터 통신회사의 선로에 접속하여 단말기 등을 연결·조작하여 자료를 절취하거나 컴퓨터를 부정사용하는 방법이다.
시뮬레이션과 모델링(simualtion and modeling)	컴퓨터를 정상적인 시험이나 시뮬레이션을 하는 것처럼 하면서 실제로는 컴퓨터를 범행도구로 이용하여 부정행위를 자행하는 수법이다.
비동기성의 이용 (asynchronous attacks)	컴퓨터 운영체계의 비동기성을 이용하는 범죄.

2 사이버범죄의 의의

(1) 개념 기출

① 일반적인 사이버범죄란 사이버공간을 이용한 일반적인 불법행위로서 사이버도박, 사이버 스토킹과 성폭력, 사이버 명예훼손과 협박, 사이버선거사범, 전자상거래 사기 등이 있다.

② 사이버테러형 범죄는 정보통신망 자체를 공격대상으로 하는 불법행위로서 해킹, 바이러스 유포, 메일폭탄, 전자기적 침해장비 등을 이용한 컴퓨터시스템과 정보통신망 공격 등이 있다.

(2) 특성

① 비대면성, 익명성, 전문성, 범죄의식의 미약

② 시간적 · 공간적 비한정성,정보의 집약 및 전달의 신속성

3 사이버범죄의 유형

(1) 해킹(크래킹)

시스템의 관리자가 보안망을 무력화시켰을 경우를 해킹이라 하고 불법적으로 접근한 후 시스템 관리자의 권한을 불법적으로 악용하거나 자료의 유출, 위 · 변조 및 삭제, 시스템 장애 및 마비를 유발시키는 행위를 의미한다.

① 해킹 절차

㉠ **사용자비밀번호** 취득:

통신망에 침입하여 쉘(shell)을 사용할 수 있는 사용자의 권한을 얻는 단계

㉡ **관리자(Root)권한**의 취득:

침입한 통신망에 시스템의 오류 (명령체제의 버그)를 이용하여 관리자 권한을 획득

㉢ **Backdoor 설치**:

관리자가 비밀문을 설치하는 과정으로 범죄를 은폐하기 위한 수단을 구축하는 단계

② 해킹 종류

계정과 패스워드 해킹(스니킹)	운영체제의 버그를 이용하여 Root 권한을 획득하거나 네트워크상의 패킷을 해킹하는 방법
스푸핑(spoofing) 공격	자신의 IP를 다른 특정 컴퓨터의 IP인 것처럼 속여 그 컴퓨터와 신뢰관계에 있는 컴퓨터에 침투
패스워드 크랙	패스워드 파일을 가져와 패스워드 크래킹툴을 이용하여 패스워드를 획득

③ 수사요령

㉠ 첩보수집 및 신고

㉡ 로그파일 분석 및 백업

㉢ 파일 변조 여부, 백도어 등 확인 및 추적

㉣ 전화국 협조로 신원확인

(2) 컴퓨터 바이러스의 제작·유포

컴퓨터 바이러스	① 개념 • 컴퓨터에서 실행되는 프로그램의 일종으로 자기복제 기능을 가지고 전파 • 시스템의 오작동을 일으키거나 자료의 파괴·손상 또는 시스템 자체에 악영향을 미치는 프로그램 ② 종류 ㉠ 부트바이러스, 파일바이러스, 부트/파일 바이러스 등으로 구분된다. ㉡ 원시형 바이러스 ⇨ 암호형 바이러스 ⇨ 은폐형바이러스 ⇨ 갑옷형 바이러스 ⇨ 매크로 바이러스의 단계로 발전
분산 서비스 거부	① 개념 컴퓨터에 과부하를 발생시켜 서비스를 하지 못하게 공격하는 것을 말하고 DDOS(Distributed Denial of Service) 공격이라고도 한다. ② 종류: 버퍼 오버플로우 버그를 이용하거나 메일폭탄, 시스템·프로그램·서비스·프로토콜 등의 버그를 이용해 공격하는 방법 (예 ping, SYN Flooding 등)
사이버도박	① 사이버도박장에서 신용카드 등을 이용하여 블랙잭, 슬롯머신 등의 도박행위. ② 외국의 관련 사이트에 직접 접속하여 신용카드로 결제하고 도박을 하거나 외국 업체와 계약을 맺고 프로그램을 받아 국내의 상용 서비스망에 도박장을 개설하여 이익금을 받는 경우 ③ 국내의 상용망에 외국 사이버 도박회사의 지사 형태로 도박장을 운영하는 것은 단속할 수 있으나 외국사이트에 직접 접속하여 도박하는 경우에는 이를 단속하기 어렵다.
기타	① 사이버 스토킹 ② 사이버 성폭력 ③ 사이버 명예훼손·협박 ④ 전자상거래 사기 ⑤ 개인정보 유출 ⑥ 인터넷 포르노 사이트의 운용 ⑦ 소프트웨어 저작권 침해(프로그램 크랙) ⑧ BSB를 통한 음란정보 등 제공

4 사이버범죄 증거수집

(1) 임의수사

컴퓨터와 내장된 데이터의 소유자가 서로 다를 경우 압수·수색영장을 발부받아 수사한다.

(2) 압수·수색

① **영장주의 적용**: 체포영장에 의한 체포, 긴급체포, 현행범 체포, 구속하는 경우 현장에서 압수·수색·검증이 가능하며 범행 중 또는 범행 직후의 범죄현장에서의 긴급을 요하여 법관의 영장을 발부받을 수 없을 때에는 영장 없이 압수·수색이 가능하나 사후에 지체 없이 영장을 발부받아야 한다.

② 전자기록 등의 형태로 저장되어 있을 경우

- **감청의 대상: 정보통신망에 의하여 실시간으로 전송**되는 경우
- 압수·수색·검증: 전송이 완료되어 전자기록 등의 형태로 저장되어 있을 경우

③ 무형의 '정보'에 대한 압수:

정보통신망에 의하여 실시간으로 전송되는 경우는 '감청'의 대상

④ 허용범위

㉠ 압수대상과 장소는 반드시 특정되어야 한다.

㉡ 압수·수색의 허용범위는 증거와의 관련성을 고려하여 결정해야 한다.

㉢ 압수·수색 대상은 범죄사실과 관련된 정보에 대하여 최소화하여야 한다.

㉣ 실시간 모니터링: 통신비밀보호법상의 '감청'의 대상으로 시스템 관리 권한 범위 내에서의 통상적 관리를 위한 모니터링은 영장 없이 가능하다.

㉤ 주변기기에 대한 압수시에는 압수의 필요성이 존재해야 한다.

⑤ 수사기관의 전자기록 출력과 가공

압수된 전자기록 등의 정보에 대하여 수사기관이 컴퓨터를 이용하여 출력한 후 필요한 형태로 가공하는 행위는 가능하나 전자기록의 본질적 내용에 수정을 가하는 것은 증거능력이나 증명력이 인정되지 않고 위법의 소지가 있다.

> **사이버 범죄의 수사단계**
>
> 1. 수사첩보 수집: 웹사이트를 드나들며 해킹 등 유행하는 범죄행위의 정보를 수집
> 2. 피해증거 확보: 홈페이지, 이메일 등 피해 발생의 증거를 취득
> 3. 접속기록 확보: 정보통신업체(ISP) 등과의 협력을 통해 피해자의 로그기록을 확인
> 4. 접속자 확인: 접속자의 인적 사항을 확인한 후 피의자 신병과 증거물을 확보

제7절 신용카드범죄

1 신용카드범죄의 적용법률

① 형법

② 여신전문금융업법은 신용카드업, 시설대여업, 할부금융업 및 신기술사업금융업을 하는 자를 지원하고 금융편의를 도모하는 것을 목적으로 한다.

2 여신전문금융업법

(1) 적용대상

① 신용카드: "신용카드"라 함은 이를 제시함으로써 반복하여 신용카드가맹점에서 물품의 구입 또는 용영의 제공을 받거나 기획재정부령이 정하는 사항을 결제할 수 있는 증표로서 신용카드업자(외국에서 신용카드업을 영위하는 자를 포함한다)가 발행한 것을 말한다.

② 직불카드: "직불카드"라 함은 직불카드회원과 신용카드가맹점 간에 전자 또는 자기적 방법에 의하여 금융거래계좌에 이체하는 등의 방법으로 물품 또는 용역의 제공과 그 대가의 지급을 동시에 이행할 수 있도록 신용카드업자가 발행한 증표를 말한다.

③ 선불카드: "선불카드"라 함은 신용카드업자가 대금을 미리 받고 이에 상당하는 금액을 기록(전자 또는 자기적 방법에 의한 기록을 말한다)하여 발행한 증표로서 선불카드 소지자의 제시에 따라 신용카드가맹점이 그 기록된 금액의 범위 내에서 물품 또는 용역을 제공할 수 있게 한 증표를 말한다.

(2) 신용카드업

① 가맹점에 대한 책임

㉠ 신용카드업자는 다음의 1에 해당하는 거래에 따른 손실을 신용카드가맹점에 전가할 수 없다. 다만, 신용카드업자가 당해 거래에 대하여 그 신용카드가맹점의 고의 또는 중대한 과실을 입증하는 경우 그 손실의 전부 또는 일부를 신용카드가맹점의 부담으로 할 수 있다는 취지의 계약을 신용카드가맹점과 체결한 경우에는 그러하지 아니하다.

ⓐ 분실 또는 도난된 신용카드 또는 직불카드에 의한 거래

ⓑ 위조·변조된 신용카드 등에 의한 거래

ⓛ 위의 계약은 서면에 의한 경우에만 효력이 있으며, 신용카드회원 등의 중대한 과실은 계약서에 기재된 것이 한한다.

② 가맹점의 준수사항

⊙ 신용카드가맹점은 신용카드에 의한 거래를 이유로 물품의 판매 또는 용역의 제공 등을 거절하거나 신용카드회원을 불리하게 대우하지 못한다.

ⓛ 신용카드가맹점은 신용카드에 의한 거래를 할 때마다 당해 신용카드가 본인에 의하여 정당하게 사용되고 있는지의 여부를 확인하여야 한다.

ⓒ 신용카드가맹점은 가맹점수수료를 신용카드회원 등으로 하여금 부담하게 하여서는 아니된다.

ⓔ 신용카드가맹점은 다음의 1에 해당하는 행위를 하여서는 아니된다. 다만, 결제대행업체의 경우에는 ⓐ, ⓓ 및 ⓔ의 규정을 적용하지 아니한다.

ⓐ 물품의 판매 또는 용역의 제공이 없이 신용카드에 의한 거래를 한 것으로 가장하는 행위

ⓑ 실제 매출금액을 초과하여 신용카드에 의한 거래를 하는 행위

ⓒ 다른 신용카드가맹점 명의로 신용카드 등에 의한 거래를 하는 행위

ⓓ 신용카드가맹점의 명의를 타인에게 대여하는 행위

ⓔ 신용카드 등에 의한 거래를 대행하는 행위

ⓜ 결제대행업체는 물품의 판매 또는 용역의 제공 등을 하는 자의 신용정보 및 신용카드 거래의 대행내역을 신용카드업자에게 제공하는 등 대통령령이 정하는 사항을 준수하여야 한다.

3 신용카드범죄의 유형

부정취득	① 진정한 신용카드를 취득한 경우: 부정사용을 위하여 자기 또는 타인 명의의 카드 를 부정취득하거나 자기명의의 카드 부정취득과 타인명의의 카드 부정취득으로 나뉨 ② 신용카드를 위조한 경우: 신용카드 뒷면의 자기테이프에 타인의 정보를 입력하거나 공카드에 개인정보를 입력하여 타인명의의 신용카드를 위조하는 수법이다.
가맹점 범죄	① 현금대출: 사채업자가 불량가맹점을 개설하거나 다른 가맹점 명의를 대여받은 후 급전이 필요한 사람의 신용카드를 이용하여 물품을 판매한 것처럼 허위매출전표를 작성하고 선이자를 공제한 후 자금을 융통하여 주거나 중개·알선하는 수법

가맹점 범죄	② 매출전표의 할인 및 유통: 허위 가맹점을 개설한 후 다른 가맹점에 매출전표를 교부해 주었다가 돌려받아 할인 매입하거나 다른 가맹점에서 작성된 매출전표를 할인해 주고 고율의 선이자를 받는 수법 ③ 위조매출전표 작성: 가맹점 매출전표를 구입하여 전표를 견본으로 카드 양각부분을 위조하여 위조 매출전표를 작성한 후 신용카드 회사에 대금을 청구하거나 매출전표 유통업자에게 유통시켜 할인하는 수법 ④ 이중매출 전표 작성, 매출전표 금액변조: 유흥업소 종업원이 손님이 카드를 사용할 때 매출전표를 추가 작성한 후 서명을 위조하거나 매출전표의 금액을 변조하여 유통시키는 수법 ⑤ 가맹점 수수료의 회원전가: 판매금액에 가맹점수수료를 포함하여 판매하는 행위
부정사용	카드가맹점에서 물품을 구입하거나 제공받는 경우 현금자동지급기나 자동인출기에서 예금을 인출, 현금서비스를 받는 행위
부정처분	신용카드의 소유권은 신용카드회사에 있고 카드회원은 대여를 받아 사용할 권한을 갖고 있음에도 신용카드를 **양도·양수하거나 질권을 설정**하는 행위

4 단속방법

① 한국신용카드업협회 및 신용카드회사를 상대로 **상습재발급·체납자 명단, 카드 거래내역** 등 수사자료를 입수 활용

② 카드회사, 세무서와 협조하여 카드가맹점에 대한 사업자등록 진위확인을 통한 위장 가맹점을 조사

③ 나이트클럽, 룸살롱 등 유흥업소를 상대로 **허위매출전표 작성 여부**를 수사

④ 전자제품 덤핑판매업소 대상 **매출전표 불법유통 여부**를 수사

⑤ 일간지(지역정보지) 또는 통행인이 많은 지하도 등지에서 배포하는 전단지에 기재된 전화번호를 추적하여 **신용카드 담보 대출업소**를 파악 수사

⑥ 카드관련사범은 착·발신 분리전화를 사용하고, 출장대출 수법을 사용하므로 발신지 추적수사를 위하여 관할 전화국과 협조하여 수사

1 의의

　현행법상 지적소유권이란 산업재산권과 저작권 등 인간의 정신적 창조물인 무형재산에 대하여 인정되는 독점적·배타적 권리를 의미하고 세계지적소유권기구(WIPO), 베른조약, 세계저작권조약 등을 통하여 국제적으로 보호된다.

2 현행 지적소유권제도

구분	법률	보호대상	보호기간
산업재산권	특허법	자연법칙을 이용한 기술적 사상의 창작으로서 고도(高渡)한 것(발명)을 보호	출원일로부터 20년
	실용신안법	자연법칙을 이용한 기술적 사상의 창작으로 물품의 형상구조 조합에 관하여 고안한 것(실용신안)을 보호	출원일로부터 10년
	디자인보호법	물품의 형상·모양·색채 또는 이들을 결합한 것으로서 시각을 통하여 미감을 일으키게 하는 것(디자인)을 보호	설정등록일로부터 15년
	상표법	상품을 생산·가공·증명 또는 판매하는 것을 업으로 영위하는 자가 자기의 업무에 관련된 상품을 타인의 상품과 식별되도록 하기 위하여 사용하는 기호·문자·도형·입체적 형상 또는 이들을 결합한 것 및 이들을 색채를 결합한 것(표장)을 보호	설정등록일로부터 10년(연장가능)
저작권	저작권법	문학·학술 또는 예술의 범위에 속하는 창작물의 창작자를 보호	50년
	반도체집적회로의 배치설계에 관한 법률	반도체집적회로의 배치설계에 관한 창작자의 권리를 보호	배치설계된 등록일로부터 10년

기타	부정경쟁방지 및 영업의 비밀에 관한 법률	경제적 가치를 가지는 것으로서, 상당한 노력에 의하여 비밀로 유지된 생산방법, 판매방법, 기타 영업활동에 유용한 기술상 또는 경영상의 정보(영업비밀)를 보호	그 침해 행위가 시작된 날로부터 10년

 저작재산권은 특별한 규정이 있는 경우를 제외하고는 저작자가 생존하는 동안과 사망 후 50년간 존속한다. 다만, 저작자의 사망 후 40년이 경과하고 50년이 되기 전에 공표된 저작물의 저작재산권은 공표된 때부터 10년간 존속한다(저작권법 제39조 제1항).

3 지적소유권 침해사법 수사 시 유의점

① 지적소유권중 침해한 권리종류확인

② 권리침해행위가 관련법 침해행위인지 여부.

③ 기소되어 확정판결이 나지 않은 채 다시 적발된 경우 소위 영업범의 예에 의하여 기판력이 미치므로 **공소권없음** 의견으로 송치

4 수사기관의 인지여부

고소가 필요한 경우	① 실용신안권는 전용실시권을 침해한 자는 7년 이하의 징역 또는 1억원 이하의 벌금에 처한다. 상기 침해죄는 고소가 있어야 공소를 제기할 수있다.(실용신안법 제45조) ② 특허권 또는 전용실시권을 침해한 자는 7년 이하의 징역 또는 1억원 이하의 벌금에 처한다. 상기 침해죄는 고소가 있어야 논한다(디자인보호법 제82조). ③ 디자인권 또는 전용실시권을 침해한 자는 7년 이하의 징역 또는 1억원 이하의 벌금에 처한다. 상기 침해죄는 고소가 있어야 논한다(디자인보호법 제82조).
고소가 불필요한 경우	① 상표권 및 전용사용권의 침해행위를 한 자는 7년 이하의 징역 또는 1억원 이하의 벌금에 처한다(상표법 제93조). ② 따라서 상표법에 의해 보장되는 권리에 대한 침해행위는 고소없이도 수사기관이 자유롭게 인가하여 수사할 수 있다.

5 특허권

(1) 원칙

우리나라의 특허권제도의 원칙은 권리주의, 등록주의, 심사주의, 직권주의, 서면주의, 국어주의, 도달주의, 수수료납부주의, 1건1통주의가 있다.

(2) 침해행위

발명품	그 물건의 생산에만 사용하는 물건을직 업으로서 생산, 양도, 대여, 또는 수입하거나 그 물건의 양도 또는 대여의 청약을 하는 행위
용도발명	허가에는 그 방법의 실시에만 사용하는 물건을 업으로서 생산, 양도, 대여 또는 수입하거나 그 물건의 양도 또는 대여의 청약을 하는 행위

6 상표권 기출

(1) 상표

① 상표의 효력은 **속지주의의 원칙**에 따라 국내에서만 효력이 미친다.

② 상표권은 출원순위에 따라 인정되는 것이 원칙이며 각 상품마다 각각 상품을 등록하여야 보호받을 수 있다.

③ 상표등록을 하고 정당한 사유 없이 국내에서 3년 이상 사용하지 아니한 경우에는 취소심판의 대상이 되나 취소되기 전에는 보호되어야 할 권리이다.

(2) 침해행위

① 타인의 등록상표와 동일한 상표를 그 지정상품과 유사한 상품에 사용하거나 타인의 등록 상표와 유사한 상표를 그 지정상품과 동일 또는 유사한 상품에 사용하는 행위

② 타인의 등록상표와 동일 또는 유사한 상표를 그 지정상품과 동일 또는 유사한 상품에 사용할 목적이나 사용하게 할 목적으로 교부 또는 판매하거나 위조·모조 또는 소지하는 행위

③ 타인의 등록상표를 위조 또는 모조할 목적이나 위조 또는 모조하게 할 목적으로 그 용구를 제작·교부·판매 또는 소지하는 행위

④ 타인의 등록상표 또는 이와 유사한 상표가 표시된 지정사품과 동일 또는 유사한 상품을 양도 또는 인도하기 위하여 소지하는 행위

⑤ 상품을 표시하는 행위는 상품의 제조, 유통, 판매 등의 거래과정에서 특정상품을 다른 업자의 상품과 혼동이 일어나지 않도록 식별하기 위하여 그 상품의 표면에 인쇄, 첨부, 접착 등의 방법으로 표시하는 것으로 상품을 해체하지 않는 한 상표를 식별하기 어려운 상태라면 다른 업자의 상품과 혼동의 우려가 있을 정도의 표시에 해당한다고 할 수 없다(범죄혐의를 인정하기 어렵다).

⑥ 상표는 등록된 상표를 보호한다.

  ㉠ 상호는 상법, 부정경쟁방지 및 영업비밀보호에 관한 법류에 의하여 보호

  ㉡ 저명한 미등록 상표의 무단사용 및 원산지 허위표시 행위는 부정경쟁방지 및 영업비밀 보호에 관한 법률을 적용

  ㉢ 농수산물의 원산지 허위표시는 농산물품질관리법 및 수산물품질관리법을 적용

(3) 수사방법

① 위조상품의 거래는 야간이나 공휴일에 서울의 동대문, 남대문, 이태원 등 위조상품 대형유통업자에 의하여 이루어지므로 24:00~04:00 사이에 거래업소등 대상자를 파악하여야 한다.

② 위조상품 거래업자들은 단속을 피하기 위하여 견본만 소량 진열하거나 은닉해 두고 주거래객, 단골업자 등에게만 필요시 대량으로 공급하기 때문에 거래처 전화번호 등 대상자의 인적 사항을 수사하여 보관창고의 소재 및 수사대상자를 파악한 후에 그들의 거래일을 단속일로 설정하여 집중단속한다.

③ 사무실 등 거래장소에서 거래명세서, 위조상품 전량, 관계장부를 입수하여 구증자료 확보에 유의하여야 하며, 소유권포기각서를 받는다.

7 부정경쟁방지 및 영업비밀보호에 관한 법률

(1) 부정경쟁행위

① 국내에 널리 인식된 **타인의 성명, 상호, 상표, 상품의 용기·포장, 그 밖에 타인의 상품임을 표시한 표지와 동일하거나 유사한 것을 사용하거나 이러한 것을 사용한 상품을 판매·반포 또는 수입·수출하여 타인의 상품과 혼동**하게 하는 행위

② 국내에 널리 인식된 타인의 성명, 상호, 표장, 그 밖에 타인의 영업임을 표시하는 표지와 동일하거나 유사한 것을 사용하여 타인의 영업상의 시설 또는 활동과 혼동하게 하는 행위

③ ① 또는 ②의 혼동하게 하는 행위 외에 비상업적 사용 등 대통령령으로 정하는 정당한 사유없이 국내에 널리 인식된 타인의 성명, 상호, 상표, 상품의 용기·포장, 그 밖에 타인의 상품 또는 영업임을 표시한 표지와 동일하거나 유사한 것을 사용하거나 이러한 것을 사용한 상품을 판매·반포 또는 수입·수출하여 타인의 표지의 식별력이나 명성을 손상하는 행위

④ 상품이나 그 광고에 의하여 또는 공중이 알 수 있는 방법으로 거래상의 서류 또는 통신내 거짓의 원산지의 표지를 하거나 이러한 표지를 한 상품을 판매·반포 또는 수입·수출하여 원산지를 오인하게 하는 행위

⑤ 상품이나 그 광고에 의하여 또는 공중이 알 수 있는 방법으로 거래상의 서류 또는 통신에 그 상품이 생산·제조 또는 가공된 지역 외의 곳에서 생산 또는 가공된듯이 오인하게 하는 표지를 하거나 이러한 표지를 한 상품을 판매·반포 또는 수입·수출하는 행위

⑥ 타인의 상품을 사칭하거나 상품 또는 그 광고에 상품의 품질, 내용, 제조방법, 용도 또는 수량을 오인하게 하는 선전 도는 표지를 하거나 이러한 방법이나 표지로써 상품을 판매·반포 또는 수입·수출하는 행위

⑦ 다음의 어느 하나의 나라에 등록된 상표 또는 이와 유사한 상표에 관한 권리를 가진 자의 대리인이나 대표자 또는 그 행위를 한 날부터 1년 이전에 대리인이나 대표자이었던 자가 정당한 사유 없이 해당 상표를 그 상표의 지정상품과 동일하거나 유사한 상품에 사용하거나 그 상표를 사용한 상품을 판매·반포 또는 수입·수출하는 행위

㉠ 공업소유권의 보호를 위한 파리협약(이하 "파리협약"이라 한다) 당사국

㉡ 세계무역기구 회원국

㉢ 상표법 조약의 체약국

⑧ 정당한 권원이 없는 자가 다음의 어느 하나의 목적으로 국내에 널리 인식된 타인의 성명, 상호, 상표, 그 밖의 표지와 동일하거나 유사한 도메인 이름을 등록·보유·이전 또는 사용하는 행위

㉠ 상표 등 표지에 대하여 정당한 권원이 있는 자 또는 제3자에게 판매하거나 대여할 목적

㉡ 정당한 권원이 있는 자의 도메인이름의 등록 및 사용을 방해할 목적

㉢ 그 밖에 상업적 이익을 얻을 목적

⑨ 타인이 제작한 상품의 형태(형상·모양·색체·광택 또는 이들을 결합한 것을 말하

며, 시제품 또는 상품소개서상의 형태를 포함한다. 이하 같다)를 모방한 상품을 양도·대여 또는 이를 위한 전시를 하거나 수입·수출하는 행위. 다만, 다음의 어느 하나에 해당하는 행위는 제외한다.

㉠ 상품의 시제품 제작 등 상품의 형태가 갖추어진 날부터 3년이 지난 상품의 형태를 모방한 상품을 양도·대여 또는 이를 위한 전시를 하거나 수입·수출하는 행위

㉡ 타인이 제작한 상품과 동종의 상품(동종의 상품이 없는 경우에는 그 상품과 기능 및 효용이 동일하거나 유사한 상품을 말한다)이 통상적으로 가지는 형태를 모방한 상품을 양도·대여 또는 이를 위한 전시를 하거나 수입·수출하는 행위

(2) 영업비밀 침해행위

① 영업비밀: 독립된 경제적 가치를 가지는 것으로서, 상당한 노력에 의하여 비밀로 유지된 생산방법·판매방법 기타 영업활동에 유용한 기술상 또는 경영상의 정보를 말한다.

② 영업비밀 침해행위

㉠ 절취·기망·협박 기타 부정한 수단으로 영업비밀을 취득하는 행위(이하 "부정취득행위"라 한다) 또는 그 취득한 영업비밀을 사용하거나 공개(비밀을 유지하면서 특정인에게 알리는 것을 포함한다. 이하 같다)하는 행위

㉡ 영업비밀에 대하여 부정취득행위가 개입된 사실을 알거나 중대한 과실로 알지 못하고 그 영업비밀을 취득하는 행위 또는 그 취득한 영업비밀을 사용하거나 공개하는 행위

㉢ 영업비밀을 취득한 후에 그 영업비밀에 대하여 부정취득행위가 개입된 사실을 알거나 중대한 과실로 알지 못하고 그 영업비밀을 사용하거나 공개하는 행위

㉣ 계약관계 등에 의하여 영업비밀을 비밀로서 유지하여야 할 의무가 있는 자가 부정한 이익을 얻거나 그 영업비밀의 보유자에게 손해를 가할 목적으로 그 영업비밀을 사용하거나 공개하는 행위

㉤ 영업비밀이 ㉣의 규정에 의하여 공개된 사실 또는 그러한 공개행위가 개입된 사실을 알거나 중대한 과실로 알지 못하고 그 영업비밀을 취득하는 행위 또는 그 취득한 영업비밀을 사용하거나 공개하는 행위

㉥ 영업비밀을 취득한 후에 그 영업비밀이 ㉣의 규정에 의하여 공개된 사실 또는 그러한 공개행위가 개입된 사실을 알거나 중대한 과실로 알지 못하고 그 영업비밀을 사용하거나 공개하는 행위

8 저작권

(1) 저작물

① 소설 · 시 · 논문 · 강연 · 연술 · 각본 그 밖의 어문저작물

② 음악저작물

③ 연극 및 무용 · 무언극 등을 포함하는 연극저작물

④ 회화 · 서예 · 조각 · 공예 · 응용미술저작물 그 밖의 미술저작물

⑤ 건축물 · 건축을 위한 모형 및 설계도서를 포함하는 건축저작물

⑥ 사진 및 이와 유사한 제작방법으로 작성된 것을 포함하는 사진저작물

⑦ 영상저작물

⑧ 지도 · 도표 · 설계도 · 약도 · 모형 그 밖의 도형저작물

⑨ 컴퓨터프로그램저작물

(2) 2차적 저작물

① 원저작물을 번역 · 편곡 · 변형 · 각색 · 영상제작 그 밖의 방법으로 작성한 창작물(이하 "2차적 저작물"이라 한다)은 독자적인 저작물로서 보호된다.

② 2차적 저작물의 보호는 그 원저작물의 저작자의 권리에 영향을 미치지 아니한다.

(3) 편집저작물

① 편집저작물은 독자적인 저작물로서 보호된다.

② 편집저작물의 보호는 그 편집저작물의 구성부분이 되는 소재의 저작권 그 밖에 이 법에 의하여 보호되는 권리에 영향을 미치지 아니한다.

(4) 보호받지 못하는 저작물 등

① 헌법 · 법률 · 조약 · 명령 · 조례 및 규칙

② 국가 또는 지방자치단체의 고시 · 공고 · 훈령 그 밖의 이와 유사한 것

③ 법원의 판결 · 결정 · 명령 및 심판이나 행정심판절차 그 밖의 이와 유사한 절차에 의한 의결 · 결정 등

④ 국가 또는 지방자치단체가 작성한 것으로서 ① 내지 ③에 규정된 것의 편집물 또는 번역물

⑤ 사실의 전달에 불과한 시사보도

⑥ 공개한 법정·국회 또는 지방의회에서의 연술

(5) 저작재산권의 제한

① 재판절차 등에서의 복제

② 학교교육목적 등에의 이용

③ 시사보도를 위한 이용

④ 공표된 저작물의 인용

⑤ 영리를 목적으로 하지 아니하는 공연·방송

⑥ 사적 이용을 위한 복제

⑦ 도서관 등에서의 복제 등

⑧ 시험문제로서의 복제

⑨ 시각장애인 등을 위한 복제 등

⑩ 방송사업자의 일시적 녹음·녹화

⑪ 미술저작물 등의 전시 또는 복제

⑫ 번역 등에 의한 이용

1 다단계판매

(1) 의의

① "다단계판매"라 함은 판매업자가 특정인에게 다음의 활동을 하면 일정한 이익(다단계판매에 있어서 다단계판매원이 소비자에게 재화 등을 판매하여 얻는 소매이익과 다단계판매업자가 그 다단계판매원에게 지급하는 후원수당을 말한다. 이하 같다)을 얻을 수 있다고 권유하여 판매원의 가입이 단계적(판매조직에 가입한 판매원의 단계가 3단계 이상인 경우를 말한다)으로 이루어지는 다단계판매조직(판매조직에 가입된 판매원의 단계가 2단계 이하인 판매조직 중 사실상 3단계 이상인 판매 조직으로 관리·운영되는 경우로서 대통령령이 정하는 판매조직을 포함한다)을 통하여 재화 등을 판매하는 것을 말한다.

② "다단계판매자"라 함은 다단계판매를 업으로 하기 위하여 다단계판매조직을 개설 또는 관리·운영하는 자와 다단계판매조직에 판매원으로 가입한 자를 말한다.

(2) 피라미드형 불법다단계범죄

① 다단계판매와 불법피라미드판매의 비교

구분	다단계판매	피라미드판매
합법성	합법적 판매방식	**불법적 판매방식**
상품	우수한 품질의 중저가 소비재	품질이 나쁜 고가의 내구재
가입비	없음	각종 명목으로 금품징수
상품구매	강제구매 없음	하위판매원 확보의무 부과
수입원	상품판매에 의해서만 수익발생	판매원을 가입시키면서 수익발생
품질보증·환불제도	확실	미비하거나 없음
재고 부담	없음	강제적·의무적
사업장	철저한 무점포	사업장·대리점 형태
전산시스템	업무처리에 충분한 용량의 전산시스템 보유	허술한 프로그램
비즈니스 매뉴얼	공식책자	복사본 또는 없음
업무 구조	부업 유도	전업 유도

② 피라미드형 불법다단계범죄의 특징

　　㉠ 다단계판매조직이 친인척이나 아는 사람 등으로 구성

　　㉡ 고소득을 빙자하면서 퇴직실업자, 가정주부 등을 상대

　　㉢ 효능이 입증되지 않은 제품을 고가로 판매방법

　　㉣ 교육을 빙자하여 일정기간 집단으로 수용하고 폭력·협박 등을 행사

(3) 불법다단계범죄 수사

① 첩보수집

　　㉠ 시·도 지역경제과(소비자 담당), 소비자보호원, 각종 소비자단체
　　　방문판매 등에 관한 법률에 의한 신고 또는 등록 여부 확인하고 소비자보호단체
　　　등에 접수된 각종 피해사례 수집

　　㉡ 임대사무실이 많은 빌딩, 사무실 밀집지역: 대학생, 부녀자들이 집단으로 수시 출
　　　입하는지의 여부를 확인

　　㉢ 월세방이 많은 서민거주 주택가, 다세대 주택: 일정기간 단체교육을 위한 숙식장
　　　소로 활용

② 수사활동

　　㉠ 세무서의 협조를 얻어 **외형금액산출보**

　　㉡ 전화, FAX, PC통신을 이용하여 구매를 강요하는 경우 압수·수색영장을 발부받
　　　아 통화내역을 녹음

　　㉢ 각 단계마다 가입자의 진술확보가 필요

　　㉣ 하위판매원 강제모집할당·모집수당 지급 여부, 판매원의 가입경위 등 수사. 퇴직
　　　판매원의 명단을 입수하여 **퇴직사유 수사**

　　㉤ 내사단계에서 영업장 내부구조를 상세히 확인하고 **영업책임자 및 주요임원들**에
　　　대한 신원확인 등 신병확보대책 수립

　　㉥ 현장에서 다단계 판매혐의를 구증할 수 있는 최소한의 판매조직원(직렬 3명) 신병
　　　을 확보하여 조사하고, 불가 시 관련장부 등에 기재된 판매원 인적 사항을 확인하
　　　여 소재파악·신병확보

기타 범죄

001 화재감식에 관한 설명으로 가장 적절하지 <u>않은</u> 것은?

14 승진

① 화재원인의 3요소는 가연물, 화원, 공기이다.

② 가연물을 아궁이, 온돌, 성냥, 전기 등으로 분류할 수 있다.

③ 화재원인 3요소 중 한 가지만 부족해도 연소는 일어나지 않는다.

④ 증거인멸의 수단으로 방화가 이용되는 경우도 있다.

해설

② 화원은 가연물과 산소공급원을 활성화시키는 데 필요한 에너지로서 아궁이, 온돌, 성냥, 전기 등으로 분류할 수 있다. 가연물은 목탄, 왁스, 휘발유, 신나 등 산화되기 쉬운 물질을 의미한다.

002 다음 중 화재현장에 대한 관찰순서로 가장 적절하게 나열된 것은?

11 승진

13 2차

| ㉠ 출화원인의 확인 | ㉡ 발화부·출화부의 확인 | ㉢ 발화원인물의 조사 |
| ㉣ 소실가옥의 관찰 | ㉤ 현장부근의 관찰 | ㉥ 화원가옥의 확인 |

① ㉤ → ㉣ → ㉥ → ㉡ → ㉠ → ㉢   ② ㉤ → ㉣ → ㉡ → ㉥ → ㉠ → ㉢

③ ㉤ → ㉥ → ㉣ → ㉡ → ㉠ → ㉢   ④ ㉤ → ㉣ → ㉥ → ㉠ → ㉡ → ㉢

해설

화재현장은 ㉤ 현장부근의 관찰 → ㉣ 소실가옥의 관찰 → ㉥화원가옥의 확인 → ㉡ 발화부·출화부의 확인 → ㉠ 출화원인의 확인 → ㉢ 발화원인물의 조사 순으로 검증한다.

003 화재사건 수사에 관한 설명이다. 이에 대한 설명으로 가장 적절하지 <u>않은</u> 것은?

① 화인의 3요소는 화원, 가연물, 공기(특히, 산소)이다.

② 발화건물의 기둥, 벽, 가구류는 발화부를 향하여 사방으로부터 도괴된다.

③ 화원가옥은 다른 연소가옥에 비하여 소실도가 높다.

④ 출화부는 발화부의 아래쪽에 있는 경우가 많다.

> **해설**
>
> ④ 화세(火勢)는 일반적으로 위쪽으로 퍼지므로 발화부는 출화부의 아래쪽에 있는 경우가 많다.
>
> | 발화부의 특징 |
> | --- |
> | ㉠ 출화부 부근에 훈소흔이 있으면 발화부로 판단가능하다. |
> | ㉡ 목재표면의 균열흔은 발화부에 가까울수록 가늘어지는 경향이 있다. |
> | ㉢ 발화부에 가까울수록 탄화정도가 깊다. |
> | ㉣ 발화건물의 기둥, 벽, 가구류는 발화부를 향하여 사방으로부터 도괴된다. |
> | ㉤ 연소된 목재가 검은색에 가까울수록 발화부에서 먼 것으로 볼 수 있다. |
> | ㉥ 발화부는 출화부의 아래쪽에 있는 경우가 많다. |

004 수사경찰관이 화재현장을 관찰함에 있어서 가장 옳지 <u>않은</u> 것은?

① 화원건물의 중심으로부터 외부로 관찰한다.

② 관찰 장소는 소훼현장 뿐만 나이고, 주변건물까지 포함한다.

③ 소훼상황의 관찰은 약소부(弱燒部)에서 강소부(强燒部)로 관찰점을 이동해 간다.

④ 소화(消火), 주수(注水)된 부분에 대하여는 전체적인 소훼상황으로 연소경로에 부합하는지 여부를 검토한다.

> **해설**
>
> ① 화재현장의 검증은 **외부에서 내부로, 전체에서 부분으로, 좌(우)에서 우(좌)로, 위에서 아래로, 소훼상황의 약소부에서 강소부 방향으로** 실시한다.

ANSWER 003 ④ 004 ①

제3장_기타 범죄 · 565

005 화재사건에 있어서 실화로 안정할 수 있는 상황으로 가장 적절한 것은?

① 불이 발생한 가옥 내의 귀중품 등이 평소 상태대로 소실된 경우
② 불을 피할 수 있는 출입구·창 등이 개방되어 있거나 부자연스러운 경우
③ 발화부 부근에 유류가 발견되거나 물질의 이동 또는 외부로부터 반입물이 있을 경우
④ 화재가 발생한 집의 거주자에 대하여 치정·원한 등 방화동기를 가진 자가 있는 경우

> **해설**
>
> ②③④는 화재사건에 있어서 방화로 인정할 수 있는 상황이다.
>
> | | |
> |---|---|
> | **방화** | ㉠ 발화부가 평소 화기가 없는 장소일 경우
 ㉡ 발화부 부근에 유류가 발견되거나 물질의 이동 또는 외부로부터의 반입물이 있을 경우
 ㉢ 불을 피할 수 있는 출입구·창 등이 개방되어 있거나 부자연스러울 경우
 ㉣ 화재 가옥이나 인근 가옥이 과대한 화재보험에 가입되어 있는 경우
 ㉤ 화재가 발생한 집의 거주자 등이 불을 피하여 대비하였을 경우 그들의 복장·언동에 부자연스러움이 있는 경우
 ㉥ 화재 가옥에 대하여 치정·원한 등 방화 동기를 가진 자가 있는 경우
 ㉦ 발화부가 2개 이상인 경우
 ㉧ 불이 발생한 가옥 내의 귀중품 등이 사라진 경우
 ㉨ 화재현장에서 다량의 혈흔 등 다른 범죄로 의심되는 증거가 발견된 경우 |
> | **실화** | ㉠ 평소에 화기를 취급하는 장소에서 불이 발생한 경우
 ㉡ 발화부에 부자연성이 없는 경우
 ㉢ 불이 발생한 장소에 자연 발화물이 존재할 경우
 ㉣ 불이 발생한 가옥 내의 귀중품 등이 평소 상태대로 소실된 경우 |

006 화재수사에 대한 설명으로 옳은 것은?

11 경간

⊙ 화인조사의 순서로는 예비조사, 현장조사, 발화부와 출화부의 인정, 화원가옥 인정, 발화부 관찰, 발화원인물 조사 순으로 이루어진다.

ⓛ 현장발굴 시 발화부의 연소정도, 탄화심도, 소실범위, 상황 등을 고찰·검토하고 발화부에서 출화부로 순차적으로 현장을 발굴하여 조사한다.

ⓒ 인화물질 채취 시 발화지점 근처에서 탄화상태가 심한 부위에서 우선적으로 채취하여야 한다.

ⓔ 누전점, 접지점, 발열점 중 3요소가 모두 입증되어야만 누전화재로 처리된다.

ⓜ LPG에 의한 화재의 경우 단락이 동시다발로 생기며, 전열기 외부에 단락이 있으면 전열기의 과열에 의해 화재가 발생한 것이다.

① 없음　　　② 1개　　　③ 2개　　　④ 3개

해설

모두 옳지 않다.

⊙ 화인조사의 순서로는 예비조사 → 현장부근의 관찰 → 소실가옥의 관찰 → **화원가옥의 확인 → 발화부·출화부의 확인** → 발화부 관찰(출화원인의 확인) → 발화원인물의 조사 순으로 검증한다.

ⓛ 발화부에 있어서 현장을 복원하고 연소의 정도, 탄화심도, 화재로 인한 소실범위, 상황 등을 고찰, 검토하고 발화현장관찰은 주변을 충분히 관찰한 다음, 추정되는 **출화부로부터 발화부**로 순차적으로 현장을 발굴하면서 처리하고, 그 때마다 조사를 행하여야 한다.

ⓒ 인화물질 채취 시 발화지점 근처에서 탄화상태가 **심하지 않은 부위**에서 우선적으로 채취하여야 한다.

ⓔ 누전화재가 입증되기 위하여는 누전점, 접지점, 발열점이 입증되어야 하는데, 이 세 가지 중 두 가지 이상만 입증되면 누전화재로 처리된다.

ⓜ 전열기 과열에 의한 화재의 경우 전열기 **내부**에 있는 전기선들에서 우선 단락현상이 나타난다.

ANSWER 006 ①

007 마약 관련 국제조직에 대한 설명으로 가장 옳지 <u>않은</u> 것은?

① 피자 커넥션은 미국 동부지역 피자집에서 모르핀을 거래하던 마피아 조직이다.
② 골든 크레센트 파기스탄·이란·아프가니스칸 국경지대에서 헤로인·모르핀을 공급하는 조직을 말한다.
③ 골든 트라이앵글은 미얀마·라오스·타일래드 3국 접경 고산지대에서 양귀비를 주로 공급하는 조직을 말한다.
④ 중국, 한국, 일본 3국을 연결하는 메스암페타민 밀거래 유통체계를 백색의 삼각지대라고 한다.

해설

① 피자 커넥션은 미국 동부지역 피자집에서 **헤로인**을 거래하는 마피아 조직이다.

마약관련 국제조직	
프랑스 조직	프랑스 항구도시 마르세이유를 근거로 헤로인 밀거래를 하며, 마피아가 조종하여 전세계로 헤로인을 공급한다.
골든 트라이앵글 (황금의 삼각지대)	동남아의 미얀마, 라오스, 타일랜드 국경 고산지대에서 양귀비를 재배하여 마약을 공급하는 세계적인 루트이다.
골든 크레스트 (황금의초생달지역)	파키스탄, 이란, 아프가니스탄 국경지대에서 양귀비를 재배하여 마약을 공급하는 세계적인 루트이다.
피자 커넥션	미국 동부지역 피자집에서 헤로인 거래하던 마피아 조직이다.
나이지리아 커넥션	최근 알려진 조직으로 인도, 파키스탄, 아프가니스탄, 타일랜드, 미국 및 아프리카 전역에 영향을 끼치는 조직이다.
백색의 삼각지대	중국-한국-일본 3국을 연결하는 메스암페타민 밀거래 유통체계를 말한다.

008 다음 중 「마약류 관리에 관한 법률」상 마약으로 규정되어 있지 <u>않은</u> 것은?

15
1차·3차

① 양귀비   ② 아편   ③ 코카 잎(葉)   ④ 대마

해설

「마약류 관리에 관한 법률」상 마약류는 마약, 향정신성의약품, 대마로 구분되고(마약류 관리에 관한 법률 제2조 제1호), 마약은 천연마약, 반합성마약, 합성마약, 한외마약으로 분류된다.
① 양귀비 ② 아편 ③ 코카 잎(葉)은 천연마약에 해당한다.

마약	천연마약	양귀비, 생아편, 코카 잎(엽), 모르핀, 코데인, 크랙, 아세토르핀 등
	한외마약	코데날, 코데잘, 코데솔, 유코데, 세코날 등(처벌되지 않음)
	합성마약	메사돈계, 아미노부텐, 모리피난, 벤조모르핀, 페치딘계, 프로폭시텐, 아세틸메사돌 등
	반합성마약	히드로모르핀, 하이드로폰, 옥시코돈, 헤로인 등
향정신성의약품	각성제	엑스터시, 메스암페타민(히로뽕), 암페타민류
	환각제	L.S.D, 사일로사이빈, 페이요트(메스카린) 등
	억제제	알프라졸람, 바르비탈염제류제(아로바르비탈), 벤조다이아핀제제
대마		대마초(마리화나), 대마수지(해쉬쉬), 대마수지기름(해쉬쉬 미네랄 오일)

ANSWER   007 ①   008 ④

009 「마약류 관리에 관한 법률」에서 규제대상인 향정신성의약품에 해당하는 것은?

10 승진

① 페이요트   ② 아편   ③ 코카엽   ④ 모르핀

> **해설**
>
> ② 아편 ③ 코카 잎(엽) ④ 모르핀은 **천연마약**에 해당한다.

향정신성의약품의 분류	
각성제	엑스터시, 메스암페타민(히로뽕), 암페타민류
환각제	L.S.D, 사일로사이빈, 페이요트(메스카린) 등
억제제	알프라졸람, 바르비탈염제류제(아로바르비탈), 벤조다디아핀제제

010 마약류에 대한 설명 중 가장 적절하지 않은 것은?

13 승진

① 마약의 분류 중 반합성마약으로는 헤로인, 옥시코돈, 하이드로폰 등이 있다.

② 향정신성의약품 중 페이요트, 사일로사인빈은 환각제로 분류된다.

③ 향정신성의약품 중 L.S.D.는 곡물의 곰팡이, 보리 맥각에서 추출한 물질을 인공합성시켜 만든 것으로 무색, 무취, 무미한 특징이 있다.

④ 향정신성의약품 중 덱스트로메트로판은 강한 중추신경 억제성 진해작용이 있으며 의존성과 독성이 강하다.

> **해설**
>
> ④ 향정신성의약품 중 덱스트로메트로판(Dextromethorphan, 일명 '러미나')는 강한 중 추신경 억제성 진해작용이 있으나 의존성과 독성은 없어 코데인 대용으로 널리 시판되고 있다.

덱스트로메트로판(Dextromethorphan, 일명 '러미나')	
특성	• 진해거담제로서 의사의 처방전으로 약국에서 구입이 가능하다. • 강한 중추신경 억제성 진해작용이 있으나 의존성과 독성은 없어 코데인 대용으로 널리 시판되고 있다. • 청소년들이 소주에 타서 마시기도 하는데 이를 '정글쥬스'라고도 한다.
제조 및 효과	• 일반 용량의 수십배에 달하는 50~100정을 일시에 복용하면 도취감, 다행감, 환각 작용을 유발하여 대용마약으로 남용되기도 한다. • 과다복용 시에는 횡설수설하고 정신장애, 호흡억제 및 혼수상태에 사망에 이르는 경우도 있다.

011 다음 설명에 해당하는 마약류로 가장 적절한 것은?

16 승진

- 곡물의 곰팡이, 보리맥각에서 추출한 물질을 합공시켜 만든 것으로 무색, 무취, 무미함.
- 환각제 중 가장 강력한 효과를 나타내며 캡슐, 정제, 액체 형태로 사용됨.
- 미량을 유당·각설탕·과자·빵 등에 첨가시켜 먹거나 우편·종이 등의 표면에 묻혔다가 뜯어서 입에 넣은 방법으로 복용하기도 함

① L.S.D.   ② 야뱌(YABA)   ③ 엑스터시(Ecstasy)   ④ GHB(일명 물뽕)

해설

	L.S.D.
특성	• 1983년 스위스 알버트 호프만 박사가 곡물의 곰팡이, 보리 맥각에서 추출한 물질을 인공적으로 합성시켜 만들어 낸 것으로 무색, 무취, 무미하다. • 환각제 중 가장 강력한 효과(의존성, 내성)를 나타내며 캡슐, 정제, 액체 형태로 사용된다. • 극소량으로도 환각효과를 나타낼 수 있어 1회 사용량이 100~250μg에 불과하나 효과는 코카인의 100배, 메스암페타민의 300배에 달하며 8~12시간 지속된다.
효과	복용하면 동공이완, 창백함, 안면홍조, 체온상승, 심장박동 증가, 혈압상승, 오한, 수전증, 손바닥의 식은땀, 타액분비, 불규칙한 호흡, 식욕저하, 오심, 마비, 경련, 피로, 안면근육 변화, 일반적 능력상실 등이 나타난다.

012 다음 설명에 해당하는 마약류를 가장 적절하게 연결한 것은?

13 2차

> ⊙ 미국, 유럽 등지에서 성범죄용으로 악용되어 '데이트강간 약물'이라고도 불리는데, 무색무취로써 짠맛이 나는 액체로 소다수 등의 음료에 타서 복용하며 '물 같은 히로뽕'이라는 뜻에서 '물뽕'이라고도 한다.
> ⊙ 환각제 중 가장 강력한 효과를 나타내며, 미량을 유당·각설탕·과자·빵 등에 첨가시켜 먹거나 우편·종이 등의 표면에 묻혔다가 뜯어서 입에 넣는 방법으로 복용하기도 한다.

① ⊙ – GHB   ⓒ – L.S.D

② ⊙ – 엑스터시(Ecstasy)   ⓒ – L.S.D

③ ⊙ – 야바(YABA)   ⓒ – GHB

④ ⊙ – GHB   ⓒ – 야바(YABA)

해설

⊙은 GHB(물뽕), ⓒ은 L.S.D.에 관한 내용이다.

GHB(물뽕)	
의의	• 무색·무취로서 짠맛이 나는 액체로 소다수 등의 음료에 타서 복용하며 '물 같은 히로뽕'이라는 뜻에서 '물뽕'이라고도 불린다. • 미국이나 유럽 등지에서는 성범죄용으로 악용되어 '데이트 강간 약물(Date rape drug)'이라고도 불린다.
효과	• 1회 20mℓ 음료, 술에 혼합하면 15분 후에 효과가 나타나며 3시간 동안 지속된다. • GHB를 복용하면 근육강화 호르몬 분비효과가 있고 기분이 좋아지고 다소 취한 듯하면서 몸이 처지는 듯한 느낌이 드는데 알코올에 타서 마시면 그 효과가 상승하여 의식불명을 초래하기도 하고 과다복용하면 뇌사, 사망에까지 이를 수 있다. • 음료나 술에 섞어 무색 투명한 형태로 남용되고 있어 일반인들에게는 마약류로 식별되기 어려울 뿐만 아니라 24시간 이내에 인체에서 빠져나가기 때문에 사후 추적이 불가능하다.

013 L.S.D.에 관한 설명 중 적절하지 <u>않은</u> 것은 모두 몇 개인가?

13 승진

> ㉠ 곡물의 곰팡이, 보리 맥각에서 발견되어 이를 분리·가공·합성한 것이다.
> ㉡ 극소량으로도 효과가 강력하여 우편·종이 등의 표면에 묻혔다가 뜯어먹는 방법으로 복용하기도 한다.
> ㉢ 각성제 중 가장 강력한 효과를 나타낸다.
> ㉣ 강한 중추신경 억제성 진해작용이 있어 코데인 대용으로 널리 시판된다.
> ㉤ 무색, 무취, 무미하다.
> ㉥ 복용자는 테크노, 라이브, 파티장 등에서 막대사탕을 물고 있거나 물을 자주 마시는 등의 행위를 한다.

① 없음   ② 1개   ③ 2개   ④ 3개

해설

㉢ L.S.D.는 환각제 중 **가장 강력한 효과**를 나타낸다.
㉣ **덱스트로메트로판(러미나)**에 관한 내용이다.
㉥ 엑스터시(MDMA, XTC, Ecstasy)에 관한 내용이다.

014 다음 마약에 대한 설명 중 옳은 것을 모두 고른 것은?

11 경간

> ㉠ 코데솔, 코데날, 코데인 등 의약품으로 사용하는 합법적인 약품을 한외마약이라고 한다.
> ㉡ 근육강화 호르몬 분비효과가 있고 15분 후에 효과가 나타나며 이후 3시간 동안 지속되는 것은 GHB이다.
> ㉢ YABA는 카페인, 에페드린, 밀가루 등에 메스카린 혼합한 것으로 필로폰보다 순도가 20~30% 낮다.
> ㉣ 1949년 독일에서 식욕감퇴제로 개발된 것으로 기분이 좋아지는 약, 포옹마약으로 불리는 것은 MDMA이다.

① ㉠㉢   ② ㉠㉡㉢   ③ ㉡㉢㉣   ④ ㉡㉣

해설

㉠ 코데인은 **천연마약**에 해당한다. 천연마약에는 양귀비, 생아편, 모르핀, 코데인, 테바인, 코카인, 크랙, 아세토르핀 등이 있다.
㉢ 야바(YABA)는 **카페인, 에페드린, 밀가루 등에 필로폰을 혼합**한 것이다.

015

14 승진

페놀계 화합물로 특히 수면마취제라고 불리는 정맥마취제로서 수면내시경에 사용되나, 환각제 대용으로 오남용되는 사례가 있으며, 정신적 의존성 즉 중독증상을 유발시키기도 하여 향정신성의약품으로 지정되어 관리되고 있는 것으로 가장 적절한 것은?

① L.S.D.　　　② 러미나　　　③ 프로포폴　　　④ 데바인

해설

프로포폴
• 흔히 수면마취제로 불리는 정맥마취제로서 수면내시경 등을 할 때 사용된다. • 페놀계 화합물로 '우유 주사'등으로 불린다. • 환각제 대용으로 오남용되는 사례가 있으며, 정신적 의존성, 즉 중독증상을 유발하기도 하여 향정신성의약품으로 지정되어 관리되고 있다.

016

14 2차

「마약류 관리에 관한 법률」상 향정신성의약품에 관한 다음 설명 중 가장 적절한 것은?

① 야바는 원재료가 화공약품인 관계로 양귀비의 작황에 좌우되는 헤로인과는 달리 안정적인 밀조가 어렵다.

② L.S.D.는 각성제 중 가장 강력한 효과를 나타내며 캡슐, 정제, 액체 형태로 사용된다.

③ L.S.D.는 곡물의 곰팡이, 보리 맥각에서 발견되어 이를 분리 · 가공 · 합성한 것으로 무색, 무취, 무미하다.

④ 페이요트는 흔히 수면마취제라고 불리는 정맥마취제로서 수면내시경 등에 사용되나, 환각제 대용으로 오 · 남용되는 사례가 있어 향정신성의약품으로 지정되어 관리되고 있다.

해설

① 야바(YAMA)는 원재료가 화공약품인 관계로 양귀비의 작황에 좌우되는 헤로인과는 달리 안정적인 밀조가 가능하다.
② L.S.D.는 환각제 중 강력한 효과(의존성, 내성)를 나타내며 캡슐, 정제, 액체 형태로 사용된다.
④ 프로포폴에 관한 내용이다.

017 마약류에 대한 다음 설명 중 가장 적절하지 <u>않은</u> 것은?

12 3차

① 덱스트로메토르판(Dextromethorphan) – 강한 중추신경 억제성 진해작용이 있어서 청소년들이 소주에 타서 마시기도 하는데 이를 '정글쥬스'라고도 한다.

② 엠디엠에이(MDMA) – 1949년 독일에서 식욕감퇴제로 개발되었으며 일명 포옹마약, 클럽 마약, 도리도리 등으로 지칭된다.

③ 카리소프로돌(Carisoprodol) – 중추신경에 작용하여 골격근 이완의 효과가 있으며, 과다사용 시 치명적으로 인사불성, 혼수쇼크, 호흡저하를 가져오며 사망에 이를 수 있다.

④ 지에이치비(GHB) – 1938년 스위스 알버트 호프만 박사가 곡물의 곰팡이, 보리 맥각에서 추출한 물질을 인공적으로 합성시켜 만들어낸 것으로 무색, 무취, 무미하다.

> **해설**
> L.S.D.에 관한 내용이다. GHB는 무색·무취로써 짠맛이 나는 액체로 소다수 등의 음료에 타서 복용하면 '물 같은 히로뽕'이라는 뜻에서 '물뽕'이라고도 불린다. 미국이나 유럽 등지에서는 성범죄용으로 악용되어 '데이트 강간 약물(Date rape drug)'이라고도 불린다.

018 마약에 관한 다음 설명 중 가장 적절한 것은?

14 승진

① 반합성마약이란 일반약품에 마약성분을 미세하게 혼합한 약물로 신체적·정신적 의존성을 일으킬 염려가 없어 감기약 등으로 판매되는 합법의약품이다.

② 러미나는 금단증상으로 온몸이 뻣뻣해지고 뒤틀리며 혀 꼬부라지는 소리 등을 하게 한다.

③ 성범죄용으로 악용되어 '데이트 강간약물'이라고도 불리는 것은 GHB를 말한다.

④ L.S.D.는 각성제 중 가장 강력한 효과를 나타낸다.

> **해설**
> ① 한외마약에 관한 내용이다.(마약류 관리에 관한 법률 제2조 제2호 바목) 반합성마약은 천연마약을 합성하여 제제화된 것으로 진통, 진해제로 사용되는 의료용 마약 물질을 말한다.
> ② S정(카리소프로돌)에 관한 내용이다.
> ④ L.S.D.는 환각제 중 가장 강력한 효과(의존성, 내성)를 나타낸다.

019 마약류 관리에 관한 법률에서 규제하는 마약류에 관한 설명 중 가장 적절하지 않은 것은?

① 한외마약이란 일반약품에 마약성분을 미세하게 혼합한 약물로 신체적·정신적 의존성을 일으킬 염려가 없어 감기약 등으로 판매되는 합법의약품으로서 코데날, 세코날, 인산코데인정 등이 있다.

② 야바(YABA)는 카페인, 에페드린, 밀가루 등에 필로폰을 혼합한 것으로 순도가 20~30% 정도로 낮고, 원재료가 화공약품인 관계로 헤로인과 달리 안정적인 밀조가 가능하다.

③ L.S.D.는 곡물의 곰팡이, 보리 맥각에서 추출한 물질을 인공합성시켜 만든 것으로 무색, 무취, 무미하며, 캡슐·정제·액체 형태로 사용된다.

④ GHB는 무색·무취의 짠맛이 나는 액체로 소다수의 음료에 타서 복용하며, 특히 미국, 유럽 등지에서 성범죄자용으로 악용되어 '정글쥬스'라고도 불린다.

> **해설**
> ④ GHB는 무색·무취의 짠맛이 나는 액체로 소다수의 음료에 타서 복용하며, 특히 미국, 유럽 등지에서 성범죄자용으로 악용되어 '데이트 강간 약물'이라고도 불린다. '정글쥬스'라고 불리는 것은 덱스트로메토르판(러미나)이다.

020 항정신성의약품의 종류에 대한 설명으로 **틀린** 것은 모두 몇 개인가?

10 1차

> ㉠ 독일에서 식욕감퇴제로 개발된 것으로 기분이 좋아지는 약은 사일로사이빈이다.
> ㉡ 진해거담제로서 의사의 처방전으로 약국에서 구입이 가능하며, 청소년들이 소주에 타서 마시기도 하는 것은 카리소프로돌(일명 S정)이다.
> ㉢ 곡물의 곰팡이, 보리맥각에서 추출한 물질을 인공적으로 합성시켜 만들어낸 것으로 무색, 무취, 무미한 특징을 나타내는 것은 L.S.D.이다.
> ㉣ 태국 등 동남아 지역에서 주로 생산되어 유흥업소 종사자, 육체노동자, 운전기사 등을 중심으로 급속히 확산되고 있으며, 카페인·에페드린·밀가루 등에 필로폰을 혼합한 것으로 강력한 각성효과가 있는 것은 GHB(일명 물뽕)이다.
> ㉤ 중추신경에 작용하여 골격근 이완의 효과가 있는 근골격계 질환 치료제이며, 금단증상으로 온몸이 뻣뻣해지고 뒤틀리며 혀꼬부라지는 소리 등을 하게 되는 것은 페이요트(메스카린)이다.

① 2개   ② 3개   ③ 4개   ④ 5개

해설

㉠ 엑스터시(MDMA, XTC, Ecstasy)에 관한 내용이다. 사일로사이빈은 남미에서 자생하는 **사일로시비**라고 부르는 버섯에서 추출한 것으로 복용시 환각작용을 일으킨다.
㉡ **덱스트로메트로판**(Dextromethorphan, 일명 '러미나')에 관한 내용이다.
㉣ **야바(YABA)**에 관한 내용이다.
㉤ S정(카리소프로돌, Carisoprodol)에 관한 내용이다.

021 마약류에 대한 설명으로 옳지 <u>않은</u> 것은 모두 몇 개인가?

10 2차

> ⓐ 천연마약으로 양귀비, 해쉬쉬, 옥시코돈 등이 있다.
> ⓒ GHB는 소다수 등의 음료에 타서 마시기도 하는데 이를 '정글쥬스'라고도 한다.
> ⓒ 영국에서 식욕감퇴제로 개발된 L.S.D.는 곡물의 곰팡이, 보리 맥각에서 추출한 물질을 인공적으로 합성시켜 만들어낸 것으로 무색, 무취, 짠맛이 난다.
> ⓔ S정은 중추신경에 작용하여 골격근 이완의 효과가 있는 근골격계 질환치료제인 카리소프로돌(Carisoprodol)을 말한다.

① 1개   ② 2개   ③ 3개   ④ 4개

해설

ⓐ 대마수지(해쉬쉬)는 대마의 종류이며, 옥시코돈은 반합성마약의 종류이다.

마약	천연마약	양귀비, 생아편, 코카 잎(엽), 모르핀, 코데인, 크랙, 아세토르핀 등
	한외마약	코데날, 코데잘, 코데솔, 유코데, 세코날 등(처벌되지 않음)
	합성마약	메사돈계, 아미노부텐, 모리피난, 벤조모르핀, 페치딘계, 프로폭시펜, 아세틸메사돌 등
	반합성마약	히드로모르핀, 하이드로폰, 옥시코돈, 헤로인 등
향정신성 의약품	각성제	엑스터시, 메스암페타민(히로뽕), 암페타민류
	환각제	L.S.D, 사일로사이빈, 페이요트(메스카린) 등
	억제제	알프라졸람, 바르비탈염제류제(아로바르비탈), 벤조다이아핀제제
대마		대마초(마리화나), 대마수지(해쉬쉬), 대마수지기름(해쉬쉬 미네랄 오일)

ⓒ 덱스트로메트로판(Dextromethorphan, 일명 '러미나)에 관한 내용이다.
ⓒ L.S.D.는 **1993년 스위스 알버트 호프만 박사**가 곡물의 곰팡이, 보리 맥각에서 추출한 물질을 인공적으로 합성시켜 만들어 낸 것으로 무색, 무취, 무미하다.

022 「마약류 관리에 관한 법률」상 대마에 대한 설명으로 가장 적절하지 <u>않은</u> 것은?

15 승진

① 대마를 흡연 또는 섭취하는 행위는 처벌대상이 아니다.
② 대마초와 그 수지를 원료로 하여 제조된 일체의 제품을 말한다.
③ 일명 삼나무의 잎과 꽃을 말한다.
④ 대마에서 추출된 수지를 응고시킨 대마수지(Hashish) 등은 「마약류 관리에 관한 법률」상 규제대상이다.

해설

① 대마 또는 대마초 종자의 껍질을 흡연하거나 섭취한 자는 5년 이하의 지역 또는 5천만원 이하의 벌금에 처한다.

023 「마약류 관리에 관한 법률」상 규정된 마약류에 관한 설명이다. 이에 대한 설명으로 가장 적절하지 <u>않은</u> 것은?

16 2차

① 대마에는 대마초의 뿌리와 종자를 제외한다.

② 대마초 종자의 껍질을 흡연 또는 섭취하는 행위는 「마약류 관리에 관한 법률」의 처벌대상이 아니다.

③ 다른 약물이나 물질과 혼합되어 다시 제조하거나 제재할 수 없고, 그것에 의하여 신체적 또는 정신적 의존성을 일으키지 아니하는 것으로서 총리령으로 정하는 것을 한외마약이라 한다.

④ 양귀비는 마약에 해당한다.

> **해설**
>
> ② 대마 또는 대마초 종자의 껍질을 흡연하거나 섭취한 자는 5년 이하의 지역 또는 5천만원 이하의 벌금에 처한다.(마약류 관리에 관한 법률 제61조 제4호 가목)

024 「마약류 관리에 관한 법률」상 마약류에 관한 다음 설명으로 가장 적절한 것은?

17 승진

① 진해거담제로 의사의 처방전이 있으면 약국에서 구입 가능하고, 강한 중추신경 억제성 진해작용이 있어 코데인 대용으로 널리 시판되는 것은 카리소프로돌(일명 S정)이다.

② 대마란 대마초와 그 수지 및 대마초 또는 그 수지를 원료로 하여 제조된 일체의 제품을 말한다.

③ 페놀계 화합물로 흔히 수면마취제라고 불리는 정맥마취제로서 수면 내시경 등에 사용되며, 환각제 대용으로 오남용되는 사례가 있으며, 정신적 의존성 즉 중독증상을 유발하기도 하여 향정신성의약품으로 지정되어 관리되고 있는 것은 메스암페타민(필로폰)이다.

④ 「마약류 관리에 관한 법률」상 규제하는 대마에 대마초의 종자 및 뿌리도 포함된다.

> **해설**
>
> ① 덱스트로메트로판(Dextromethorphan, 일명 '러미나')에 관한 내용이다.
> ③ 프로포폴에 관한 내용이다.
> ④ 대마초의 종자(種子)·뿌리 및 성숙한 대마초의 줄기와 그 제품은 대마에서 제외한다.(마약류관리에 관한 법률 제2조 제4호) 다만, 대마 또는 대마초 종자의 껍질을 흡연하거나 섭취한 자는 처벌된다.

ANSWER   023 ②   024 ②

025 다음 마약류 중 경작지 단속을 통해서 예방조치를 할 수 없는 것은?

11 2차   ① 헤로인   ② 해쉬쉬   ③ 코카인   ④ 필로폰

> **해설**
>
> ④ 헤로인은 양귀비를 원료로 하며, 해쉬쉬는 대마를 원료로 하고, 코카인은 코카 잎(엽)을 원료로 하기 때문에 경작지 단속을 통해 예방조치가 가능하다. 다만, 필로폰은 염산에페드린 등 화공약품을 원료로 하므로 경작지 단속과는 거리가 멀다.

026 풍속영업의 규제에 관한 법률 및 동법 시행령 상 풍속영업의 범위에 포함되는 것

13 승진   으로 가장 적절하지 <u>않은</u> 것은?

① 음악산업진흥에 관한 법률 상 노래연습장업
② 영화 및 비디오물의 진흥에 관한 법률상 비디오감상실업
③ 식품위생법 상 일반음식점영업
④ 체육시설의 설치 · 이용에 관한 법률 상 무도장업

> **해설**
>
> ③ 식품위생법상 일반음식점영업은 풍속영업의 규제에 관한 법률 및 동법 시행령 상 풍속영업의 범위에 포함되지 않는다. 식품위생법에 따른 풍속영업은 **단란주점영업, 유흥주점영업**을 말한다.

027 「풍속영업의 규제에 관한 법률」상 풍속영업자 및 종사자의 준수사항으로 가장 적

16 승진   절하지 <u>않은</u> 것은?

① 도박 기타 사행행위를 하게 하는 행위금지
② 성매매, 음란행위를 하게 하거나 알선 또는 제공금지
③ 음란한 물건을 반포 · 판매 · 대여하는 행위금지
④ 19세 미만 청소년의 출입통제

> **해설**
>
> ④ 19세 미만 청소년의 출입통제는 「풍속영업의 규제에 관한 법률」상 풍속영업자 및 종사자의 준수사항이 아니고, 「청소년보호법」상 **청소년 · 고용금지업소에서 준수**할 사항이다.
>
> | 풍속영업자 및 종사자의 준수사항(풍속영업의 규제에 관한 법률 제3조) |
> |---|
> | 1. 「성매매알선 등 행위의 처벌에 관한 법률」 제2조제1항제2호에 따른 성매매알선등 행위 |
> | 2. 음란행위를 하게 하거나 이를 알선 또는 제공하는 행위 |
> | 3. 음란한 문서 · 도화(圖畵) · 영화 · 음반 · 비디오물, 그 밖의 음란한 물건에 대한 다음 각 목의 행위 |
> | 　가. 반포(頒布) · 판매 · 대여하거나 이를 하게 하는 행위 |
> | 　나. 관람 · 열람하게 하는 행위 |
> | 　다. 반포 · 판매 · 대여 · 관람 · 열람의 목적으로 진열하거나 보관하는 행위 |
> | 4. 도박이나 그 밖의 사행(射倖)행위를 하게 하는 행위 |

028 다음 중 「청소년보호법」상 청소년 출입이 가능한 업소로 가장 적절한 것은?

15 1차

① 「사행행위 등 규제 및 처벌 특례법」에 따른 사행행위영업
② 「영화 및 비디오물의 진흥에 관한 법률」에 따른 비디오물소극장업
③ 「영화 및 비디오물의 진흥에 관한 법률」 제2조제16호에 따른 비디오물감상실업
④ 「체육시설의 설치·이용에 관한 법률」에 따른 무도학원업 및 무도장업

해설

청소년 고용금지업소(청소년 보호법 제2조 제5호 나목)

1) 「게임산업진흥에 관한 법률」에 따른 청소년게임제공업 및 인터넷컴퓨터게임시설제공업
2) 「공중위생관리법」에 따른 숙박업, 목욕장업, 이용업 중 대통령령으로 정하는 것
3) 「식품위생법」에 따른 식품접객업 중 대통령령으로 정하는 것
4) 「영화 및 비디오물의 진흥에 관한 법률」에 따른 **비디오물소극장업**
5) 「화학물질관리법」에 따른 유해화학물질 영업. 다만, 유해화학물질 사용과 직접 관련이 없는 영업으로서 대통령령으로 정하는 영업은 제외한다.
6) 회비 등을 받거나 유료로 만화를 빌려 주는 만화대여업
7) 청소년유해매체물 및 청소년유해약물등을 제작·생산·유통하는 영업 등 청소년의 고용이 청소년에게 유해하다고 인정되는 영업으로서 대통령령으로 정하는 기준에 따라청소년보호위원회가 결정하고 여성가족부장관이 고시한 것

029

17 승진

「청소년보호법」제2조 제5호의 "청소년유해업소"란 청소년의 출입과 고용이 청소년에게 유해한 것으로 인정되는 청소년 출입·고용금지업소와 청소년의 출입은 가능하나 고용이 청소년에게 유해한 것으로 인정되는 청소년 고용금지업소를 말한다. 다음 중 옳지 <u>않은</u> 것은?(이 경우 업소의 구분은 그 업소가 영업할 때 다른 법령에 따라 요구되는 허가·인가·등록·신고 등의 여부와 관계없이 실제로 이루어지고 있는 영업행위를 기준으로 한다)

	청소년 출입·고용금지업소	청소년 고용금지업소
①	「게임산업진흥에 관한 법률」에 따른 일반게임제공업	「게임산업진흥에 관한 법률」에 따른 청소년게임제공업
②	「영화 및 비디오물의 진흥에 관한 법률」에 따른 비디오물소극장업	「영화 및 비디오물의 진흥에 관한 법률」제2조제16호에 따른 비디오물감상실업
③	「사행행위 등 규제 및 처벌 특례법」에 따른 사행행위영업	「게임산업진흥에 관한 법률」에 따른 인터넷컴퓨터게임시설제공업
④	「체육시설의 설치·이용에 관한 법률」에 따른 무도학원업	회비 등을 받거나 유료로 만화를 빌려 주는 만화대여업

> **해설**
>
> ② 「영화 및 비디오물의 진흥에 관한 법률」에 따른 비디오물소극장업은 청소년고용금지업소에 해당하고(청소년 보호법 제2조 제5호 나목), 「영화 및 비디오물의 진흥에 관한 법률」제2조제16호에 따른 비디오물감상실업·제한관람가비디오물소극장업 및 복합영상물제공업은 청소년 출입·고용금지업소에 해당한다.(청소년보호법 제2조 제5호 가목)

030

14 승진

다음 중 청소년의 출입은 가능하나 고용이 청소년에게 유해한 것으로 인정되는 청소년 고용금지업소는 모두 몇 개인가?(이 경우 업소의 구분은 그 업소가 영업할 때 다른 법령에 따라 요구되는 허가·인가·등록·신고 등의 여부와 관계없이 실제로 이루어지고 있는 영업행위를 기준으로 한다)

> ㉠ 「사행행위 등 규제 및 처벌 특례법」에 따른 사행행위영업
> ㉡ 「체육시설의 설치·이용에 관한 법률」에 따른 무도학원업
> ㉢ 「영화 및 비디오물의 진흥에 관한 법률」 제2조제16호에 따른 비디오물감상실업
> ㉣ 회비 등을 받거나 유료로 만화를 빌려 주는 만화대여업

① 1개   ② 2개   ③ 3개   ④ 4개

> **해설**
>
> ㉠㉡㉢: 청소년 **출입·고용**금지업소 ㉣: 청소년 **고용**금지업소

031 청소년 출입 및 고용이 금지된 업소는 모두 몇 개인가?

11 승진

| ㉠ 티켓다방 | ㉡ 단란주점 | ㉢ 소주방 |
| ㉣ 무도학원 | ㉤ 유료 만화대여방 | ㉥ 비디오감상실 |

① 1개   ② 2개   ③ 3개   ④ 4개

해설
㉡㉣㉥: 청소년 출입·고용금지업소 / ㉠㉢㉤: 청소년고용금지업소

032 보기 중 현행법성 청소년 출입과 고용이 모두 금지된 업소는 몇 개인가?

12 승진

㉠ 유흥주점영업	㉡ 단란주점영업	㉢ 휴게음식점영업 중 티켓다방
㉣ 비디오소극장업	㉤ 무도학원업	㉥ 무도장업
㉦ 일반음식점영업 중 소주방		㉧ 유료만화대여업

① 2개   ② 3개   ③ 4개   ④ 5개

해설
㉠㉡㉤㉥: 청소년 출입·고용금지업소 / ㉢㉣㉦㉧: 청소년고용금지업소

033 「청소년보호법」상 '청소년유해행위'로 가장 적절하지 <u>않은</u> 것은?

16 승진
① 차 종류를 조리 · 판매하는 영업장 내에서 근무 묵인
② 신체적 접촉 등의 성적 접대
③ 청소년 남녀를 혼숙하게 하는 영업
④ 청소년을 직접 이용한 구걸

> **해설**
> ① 차 종류를 조리 · 판매하는 영업장 내에서 근무 묵인은 청소년유해행위에 해당하지 않는다.
>
> | 청소년 유해행위(청소년 보호법 제30조) |
> |---|
> | 1. 영리를 목적으로 청소년으로 하여금 신체적인 접촉 또는 은밀한 부분의 노출 등 성적접대행위를 하게 하거나 이러한 행위를 알선 · 매개하는 행위 |
> | 2. 영리를 목적으로 청소년으로 하여금 손님과 함께 술을 마시거나 노래 또는 춤 등으로 손님의 유흥을 돋우는 접객행위를 하게 하거나 이러한 행위를 알선 · 매개하는 행위 |
> | 3. 영리나 흥행을 목적으로 청소년에게 음란한 행위를 하게 하는 행위 |
> | 4. 영리나 흥행을 목적으로 청소년의 장애나 기형 등의 모습을 일반인들에게 관람시키는 행위 |
> | 5. 청소년에게 구걸을 시키거나 청소년을 이용하여 구걸하는 행위 |
> | 6. 청소년을 학대하는 행위 |
> | 7. 영리를 목적으로 청소년으로 하여금 거리에서 손님을 유인하는 행위를 하게 하는 행위 |
> | 8. 청소년을 남녀 혼숙하게 하는 등 풍기를 문란하게 하는 영업행위를 하거나 이를 목적으로 장소를 제공하는 행위 |
> | 9. 주로 차 종류를 조리 · 판매하는 업소에서 청소년으로 하여금 **영업장을 벗어나 차 종류를 배달하는 행위를 하게 하거나 이를 조장하거나 묵인하는 행위** |

034 「게임산업진흥에 관한 법률」에서 규정하고 있는 게임물의 등급분류에 해당하지 <u>않</u>

15 3차
<u>는</u> 것은?

① 전체이용가   ② 청소년 이용불가   ③ 15세 이용가   ④ 13세 이용가

> **해설**
> ④ 13세 이용가는 「게임산업진흥에 관한 법률」에서 규정하고 있는 게임물의 등급분류에 해당하지 않는다.
>
> | 게임물의 등급분류(게임산업진흥에 관한 법률 제21조 제2항) |
> |---|
> | 1. 전체 이용가: 누구나 이용할 수 있는 게임물 |
> | 2. 12세 이용가: 12세 미만은 이용할 수 없는 게임물 |
> | 3. 15세 이용가: 15세 미만은 이용할 수 없는 게임물 |
> | 4. 청소년이용불가: 청소년은 이용할 수 없는 게임물 |

035

10 2차

성매매알선 등 행위의 처벌에 관한 법률에서 정의하는 성매매 피해자에 해당되는 자는 모두 몇 개인가?

> ㉠ 업무관계, 고용관계, 그 밖의 관계로 인하여 보호 또는 감독하는 사람에 의하여 「마약류관리에 관한 법률」 제2조에 따른 마약·향정신성의약품 또는 대마에 중독되어 성매매를 한 사람
> ㉡ 청소년, 사물을 변별하거나 의사를 결정할 능력이 없거나 미약한 사람 또는 대통령령으로 정하는 중대한 장애가 있는 사람으로서 성매매를 하도록 알선·유인된 사람
> ㉢ 위계, 위력, 그 밖에 이에 준하는 방법으로 성매매를 강요당한 사람
> ㉣ 성매매 목적의 인신매매를 당한 사람

① 1개 ② 2개 ③ 3개 ④ 4개

해설

모두 성매매피해자에 해당한다.(성매매알선 등 행위의 처벌에 관한 법률 제2조 제1항 제4호)

성매매피해자(성매매알선 등 행위의 처벌에 관한 법률 제2조 제1항 제4호)

가. 위계, 위력, 그 밖에 이에 준하는 방법으로 성매매를 강요당한 사람
나. 업무관계, 고용관계, 그 밖의 관계로 인하여 보호 또는 감독하는 사람에 의하여 「마약류관리에 관한 법률」 제2조에 따른 마약·향정신성의약품 또는 대마(이하 "마약등"이라 한다)에 중독되어 성매매를 한 사람
다. 청소년, 사물을 변별하거나 의사를 결정할 능력이 없거나 미약한 사람 또는 대통령령으로 정하는 중대한 장애가 있는 사람으로서 성매매를 하도록 알선·유인된 사람
라. 성매매 목적의 인신매매를 당한 사람

036

11 승진

성매매사건 처리요령으로 가장 옳은 것은?

① 성매매사건 조사 시 피해사실의 비밀보장을 위해 동석자는 일체 허용되지 않음을 고지한다.
② 단속현장에서 동행 시 업주와 성매매 여성은 함께 동행한다.
③ 성매매 여성의 감금여부와 채권채무관계 여부도 조사한다.
④ 단속정보 유출방지를 위해 NGO 등과 합동단속은 지양한다.

해설

① 수사기관은 신고자 등을 조사할 때에는 직권으로 또는 본인·법정대리인의 신청에 의하여 신뢰관계에 있는 사람을 동석하게 할 수 있다.(성매매알선 등 행위의 처벌에 관한 법률 제8조 제2항)
② 업주와 성매매여성은 반드시 분리 동행하도록 한다.
④ 성매매 피해자 조사 등 NGO의 협력이 효과적인 경우가 있으므로 NGO 등과 합동 단속을 지양해야 하는 것은 아니다.

ANSWER 035 ④ / ㉠, ㉡, ㉢, ㉣ 036 ③

037

15 승진

「아동 · 청소년의 성보호에 관한 법률」상 아동 · 청소년의 성을 사는 행위로 가장 적절하지 <u>않은</u> 것은?

① 노래와 춤 등으로 손님의 유흥을 돋구는 접객행위
② 성교 행위
③ 구강 · 항문 등 신체의 일부나 도구를 이용한 유사 성교 행위
④ 신체의 전부 또는 일부를 접촉 · 노출하는 행위로서 일반인의 성적 수치심이나 혐오감을 일으키는 행위

해설

① 노래와 춤 등으로 손님의 유흥을 돋구는 접객행위는 「아동 · 청소년의 성보호에 관한 법률」상 아동 · 청소년의 성을 사는 행위에 해당하지 않는다.

아동 · 청소년의 성을 사는 행위(아동 · 청소년의 성보호에 관한 법률 제2조 제4호)
"아동 · 청소년의 성을 사는 행위"란 아동 · 청소년, 아동 · 청소년의 성(性)을 사는 행위를 알선한 자 또는 아동 · 청소년을 실질적으로 보호 · 감독하는 자 등에게 금품이나 그 밖의 재산상 이익, 직무 · 편의 제공 등 대가를 제공하거나 약속하고 다음 각 목의 어느 하나에 해당하는 행위를 아동 · 청소년을 대상으로 하거나 아동 · 청소년으로 하여금 하게 하는 것을 말한다. 가. 성교 행위 나. 구강 · 항문 등 신체의 일부나 도구를 이용한 유사 성교 행위 다. 신체의 전부 또는 일부를 접촉 · 노출하는 행위로서 일반인의 성적 수치심이나 혐오감을 일으키는 행위 라. 자위 행위

038 다음 중 「아동·청소년의 성보호에 관한 법률」에 대한 설명으로 가장 적절하지 **않**
12 1차 / **은 것은?**

① 여성가족부장관은 등록 대상자의 신상정보를 최초 등록일부터 10년간 보존·관리하여야 한다.

② 아동·청소년대상 성범죄 또는 성인대상 성범죄로 형 또는 치료감호를 선고받아 확정된 자는 그 형 또는 치료감호의 전부 또는 일부의 집행을 종료하거나 집행이 유예·면제된 날부터 10년 동안 아동·청소년 관련기관 등에 취업 또는 사실상 노무를 제공할 수 없다.

③ 아동·청소년대상 성범죄의 공소시효는 성범죄로 피해를 당한 아동·청소년이 성년에 달한 날부터 진행한다.

④ 아동·청소년의 성을 사는 행위는 성교행위, 유사성교행위, 자위행위, 신체의 전부 또는 일부 접촉·노출하는 행위로서 일반인의 성적 수치심이나 혐오감을 일으키는 행위를 말한다.

> 해설
>
> ① **법무부장관**은 신상정보 등록의 원인이 된 성범죄로 3년 이하의 징역·금고형을 선고받은 사람 또는 「아동·청소년의 성보호에 관한 법률」 제49조 제1항 제4호에 따라 공개명령이 확정된 사람의 기본신상정보를 최초로 등록한 날로부터 **15년**간 등록정보를 보존·관리하여야 한다.

039 사이버 범죄의 유형 중 사이버테러형 범죄로 구성된 것은?
10 승진
① 바이러스 유포, DOS공격　　② 해킹, 개인정보유출
③ 바이러스 유포, 사이버 성폭력　　④ 해킹, 전자상거래 사기

> 해설
>
> ② 개인정보 유출 ③ 사이버 성폭력 ④ 전자상거래 사기는 일반적인 사이버범죄에 해당한다.

040 사이버 범죄의 유형 중 '사이버테러형 범죄'로만 짝지어 진 것은?
10 승진
① 해킹, 사이버스토킹, 메일폭탄
② 전자상거래 사기, 바이러스 유포, 메일폭탄
③ DOS공격, 해킹, 사이버스토킹
④ DOS공격, 해킹, 바이러스 유포

> 해설
>
> ①③ 사이버스토킹은 일반적인 사이버범죄에 해당한다.
> ② 전자상거래 사기는 일반적인 사이버 범죄에 해당한다.

ANSWER　038 ①　039 ①　040 ④

041 컴퓨터 바이러스의 발전단계를 1세대부터 순서대로 나열한 것은?

10 1차
16 2차

⊙ 원시형 바이러스	ⓒ 암호형 바이러스	ⓒ 은폐형 바이러스
② 갑옷형 바이러스	⑩ 매크로 바이러스	

① ⊙ → ⓒ → ⓒ → ② → ⑩   ② ⊙ → ② → ⓒ → ⓒ → ⑩

③ ⊙ → ② → ⓒ → ⓒ → ⑩   ④ ⊙ → ⓒ → ② → ⓒ → ⑩

해설

컴퓨터 바이러스는 ⊙원시형 바이러스 → ⓒ암호형 바이러스 → ⓒ은폐형 바이러스 → ②갑옷형 바이러스 → ⑩매크로 바이러스 순으로 발전되었다.

발전단계	이름	특징
제1세대	원시형 바이러스	⊙ 아마추어 프로그래머들에 의해 제작 ⓒ 컴퓨터 바이러스의 실제 존재의 가능성 증명하는 수준 ⓒ 분석하기 쉽고 백신프로그램의 제작이 쉬움 ② 돌 바이러스, 예루살렘 바이러스 등
제2세대	암호형 바이러스	⊙ 어느 정도 실력을 갖춘 프로그래머에 의해 제작 ⓒ 바이러스 프로그램 일부 쪼는 대부분을 암호화 시켜서 저장함 ⓒ 실행이 시작되는 부분에 존재하는 암호를 푸는 부분은 항상 일정함(큰 실효를 못 봄) ② 폭포 바이러스, 느림보 바이러스
제3세대	은폐형 바이러스	⊙ 사용자나 백신 프로그램의 진단과정을 방해하는 기법을 사용함 ⓒ 자신은 은폐할 뿐만 아니라 사용자나 백신 프로그램에게 거짓정보를 존재하게 함 ⓒ 감염된 파일의 길이를 증가하지 않는 것처럼 보이게 하고 백신 프로그램으로 감염된 부분을 읽을 때는 전의 내용을 보여주기도 함 ② 브레인 바이러스, 조쉬 바이러스, 512바이러스, 4096바이 러스
제4세대	갑옷형 바이러스	⊙ 백신 프로그램으로부터 여러 단계의 암호화와 고도의 자체 수정기법 등을 통해 백신 프로그래머가 컴퓨터 바이러스를 분석하고 백신 프로그램을 만드는 것을 까다롭게 함(개발 시간 지연) ⓒ 다형성 바이러스 ⓒ 고래 바이러스, FCL 바이러스, 한국변형 Cri – cri 바이러스 등
제5세대	매크로 바이러스	⊙ 운영체계와 관계 없이 동작하는 응용 프로그램 내부에서 동작하는 것이 가장 큰 특징 ⓒ 매크로 기능이 있는 MS사 오피스 제품군 이외에 비지오, 오토캐드 등 VBS를 지원하는 다양한 프로그램에서 활동하기 때문에 현재 등장하고 있는 바이러스 중 가장 높은 비중을 차지하고 있다. ⓒ 아직까지 한글에서 활동하는 매크로 바이러스는 등장하지 않았다.

ANSWER　041 ①

042 다음 사이버범죄 수사와 관련된 설명으로 가장 옳지 않은 것은?

11 경간

① 사이버테러형 범죄에는 정보통신망 자체를 공격대상으로 하는 해킹, 바이러스 유포, 메일 폭탄, DOS 공격 등이 있다.

② 컴퓨터 바이러스의 발전단계 중 암호화 바이러스(2세대)에는 폭포 바이러스, 느림보 바이러스가 있다.

③ 컴퓨터 부정조작사건의 유형으로는 정당하게 처리 · 산출된 산출물의 내용을 변형시키는 방법, 프로그램이나 자료를 권한 없이 획득 · 사용하는 방법이 있다.

④ 컴퓨터 범죄의 수법 중에서 어떤 일을 정상적으로 수행하면서 관심 밖에 있는 조그만한 이익을 긁어모으는 수법을 쌀라미 기법이라고 한다.

해설

③ 프로그램이나 자료를 권한 없이 획득, 사용, 누설하는 행위는 컴퓨터 스파이에 관한 내용이다.

	의의	자료조작 및 프로그램 조작
컴퓨터 부정 조작	Console 조작	Console이란 컴퓨터 체계의 시동, 정지, 운영상태의 감시, 정보처리내용과 방법의 변경 및 수정에 사용되는 것을 말하며, Console을 부당하게 조작하여 프로그램 지시나 처리될 기억정보를 변경시키는 방법
	프로그램 조작	㉠ 기존의 프로그램을 변경하거나 기존의 프로그램과 전혀 다른 새로운 프로그램을 작성, 투입하는 방법 ㉡ 트로이목마, 슈퍼 재핑, 트랩 도어, 부정명령 은닉, 시뮬레이션 방법 등
	투입 조작	일부 은닉 · 변경된 자료나 허구의 자료 등을 컴퓨터에 입력시켜 잘못된 산출된 초래케 하는 방법
	산출물 조작	정당하게 처리, 산출된 산출물의 내용을 변경시키는 방법
컴퓨터 스파이	의의	타인의 컴퓨터에 침입하여 중요정보를 탐지하고 나아가 이를 절취하는 방법을 말한다.(자료유출과 불법복제)
	수법	㉠ 프로그램이나 자료를 권한 없이 획득, 사용, 누설하는 행위 ㉡ 전산망에서 시스템 최고권리자 권능(이른바 루트권능)을 획득한 후 자료를 무단 열람하는 수법 ㉢ 컴퓨터 통신망에서 회원의 비밀번호를 알아낸 후 이를 이용하여 수시로 컴퓨터에 수록된 자료를 열람하거나 복사하는 수법 ㉣ 국가기관의 비밀번호를 알아낸 후 산하기관으로부터 자신이 필요로 하는 정보를 제공받는 수법 ㉤ 스카벤징(Scavenging), 비동기 침범, 부정접속 등

043 다음은 FBI의 컴퓨터범죄 분류수법 중 무엇에 대한 설명인가?

09 2차

> 프로그램 목적을 실행하면서 일부에서 부정한 결과가 나오도록 프로그램 속에 범죄자만이 아는 명령문을 삽입시켜 이용하는 방법

① 트랩도아(Trap Door)　　　　　② 쌀라미 기법
③ 트로이 목마　　　　　　　　　④ 슈퍼 재핑(Super Zapping)

해설

① 트랩도아(Trap Door)는 프로그램 개발과정에서 프로그램 검증을 위해 프로그램을 수정할 수 있는 명령을 끼워 넣게 되는데 이것을 삭제하지 않고 범행에 이용하는 것을 말한다.
② 쌀라미 기법(Salami Techniques)은 어떤 일을 정상적으로 수행하면서 관심 밖에 있는 조그만한 이익을 긁어모으는 수법으로 금융기관의 컴퓨터 체계에 이자 계산 시 단수 이하의 적은 금액을 특정계좌에 모이게 하는 방법이다.
④ 슈퍼 재핑(Super Zapping)은 컴퓨터 작동이 정지된 상태를 복구나 재작동 절차에 의하여 해결할 수 없을 때 사용하는 만능키와 같은 프로그램인데 이 프로그램의 강력한 힘을 이용하여 부정을 행하는 방법이다.

044 다음은 FBI의 컴퓨터범죄 분류수법을 설명한 것이다. 가장 적절한 것은?

10 2차
13 2차

> 프로그램 개발과정에서 프로그램 검증을 위해 프로그램을 수정할 수 있는 명령을 끼워 넣게 되는데 이것을 삭제하지 않고 범행에 이용하는 것을 말한다.

① 트랩도아　　② 쌀라미 기법　　③ 스카벤징　　④ 부정명령 은닉

해설

② 쌀라미 기법(Salami Techniques)은 어떤 일을 정상적으로 수행하면서 관심 밖에 있는 조그만한 이익을 긁어모으는 수법으로 금융기관의 컴퓨터 체계에 이자 계산 시 단수 이하의 적은 금액을 특정계좌에 모이게 하는 방법이다.
③ 스카벤징(Scavenging)은 컴퓨터의 작업수행이 완료된 후에 그 주변에서 정보를 획득하는 방법으로 일명 쓰레기 주워 모으기라고 한다.
④ 부정명령 은닉은 프로그램에 어떤 조건을 넣어주고 그 조건이 충족될 때마다 자동으로 부정행위가 이루어지도록 하는 방법이다.

ANSWER　043 ③　044 ①

045 FBI의 컴퓨터범죄 분류수법 중 〈보기1〉과 〈보기2〉가 가장 적절하게 연결된 것은?

11 2차

〈보기1〉
㉠ 슈퍼재핑(Super Zapping)
㉡ 트랩도아(Trap Door)
㉢ 스카벤징(Scavenging)
㉣ 쌀라미 기법(Salami Techniques)

〈보기2〉
ⓐ 프로그램 개발과정에서 프로그램 검증을 위해 프로그램을 수정할 수 있는 명령을 끼워 넣게 되는데 이것을 삭제하지 않고 범행에 이용하는 것을 말한다.
ⓑ 컴퓨터 작동이 정지된 상태를 복구나 재작동 절차에 의하여 해결할 수 없을 때 사용하는 만능키와 같은 프로그램인데 이 프로그램의 강력한 힘을 이용하여 부정을 행하는 방법이다.
ⓒ 어떤 일을 정상적으로 수행하면서 관심 밖에 있는 조그만한 이익을 긁어모으는 수법으로 금융기관의 컴퓨터 체계에 이자 계산 시 단수 이하의 적은 금액을 특정계좌에 모이게 하는 방법이다.
ⓓ 컴퓨터의 작업수행이 완료된 후에 그 주변에서 정보를 획득하는 방법이다. 단순한 방법이 있으며, 보다 기술적이고 정교한 방법으로는 작업수행이 끝나고 난 컴퓨터의 기억장치에 남아있는 정보를 찾아 획득하는 방법이 있다.

① ㉠-ⓐ   ② ㉡-ⓒ   ③ ㉢-ⓓ   ④ ㉣-ⓑ

해설

㉠-ⓑ: **슈퍼재핑(Super Zapping)**: 컴퓨터 작동이 정지된 상태를 복구나 재작동 절차에 의하여 해결할 수 없을 때 사용하는 만능키와 같은 프로그램인데 이 프로그램의 강력한 힘을 이용하여 부정을 행하는 방법이다.

㉡-ⓐ: **트랩도아(Trap Door)**: 프로그램 개발과정에서 프로그램 검증을 위해 프로그램을 수정할 수 있는 명령을 끼워 넣게 되는데 이것을 삭제하지 않고 범행에 이용하는 것을 말한다.

㉢-ⓓ: **스카벤징(Scavenging)**: 컴퓨터의 작업수행이 완료된 후에 그 주변에서 정보를 획득하는 방법이다. 단순한 방법이 있으며, 보다 기술적이고 정교한 방법으로는 작업수행이 끝나고 난 컴퓨터의 기억장치에 남아있는 정보를 찾아 획득하는 방법이 있다.

㉣-ⓒ: **쌀라미 기법(Salami Techniques)**: 어떤 일을 정상적으로 수행하면서 관심 밖에 있는 조그만한 이익을 긁어모으는 수법으로 금융기관의 컴퓨터 체계에 이자 계산 시 단수 이하의 적은 금액을 특정계좌에 모이게 하는 방법이다.